上教心理学教材系列

Psychology（Second Edition）

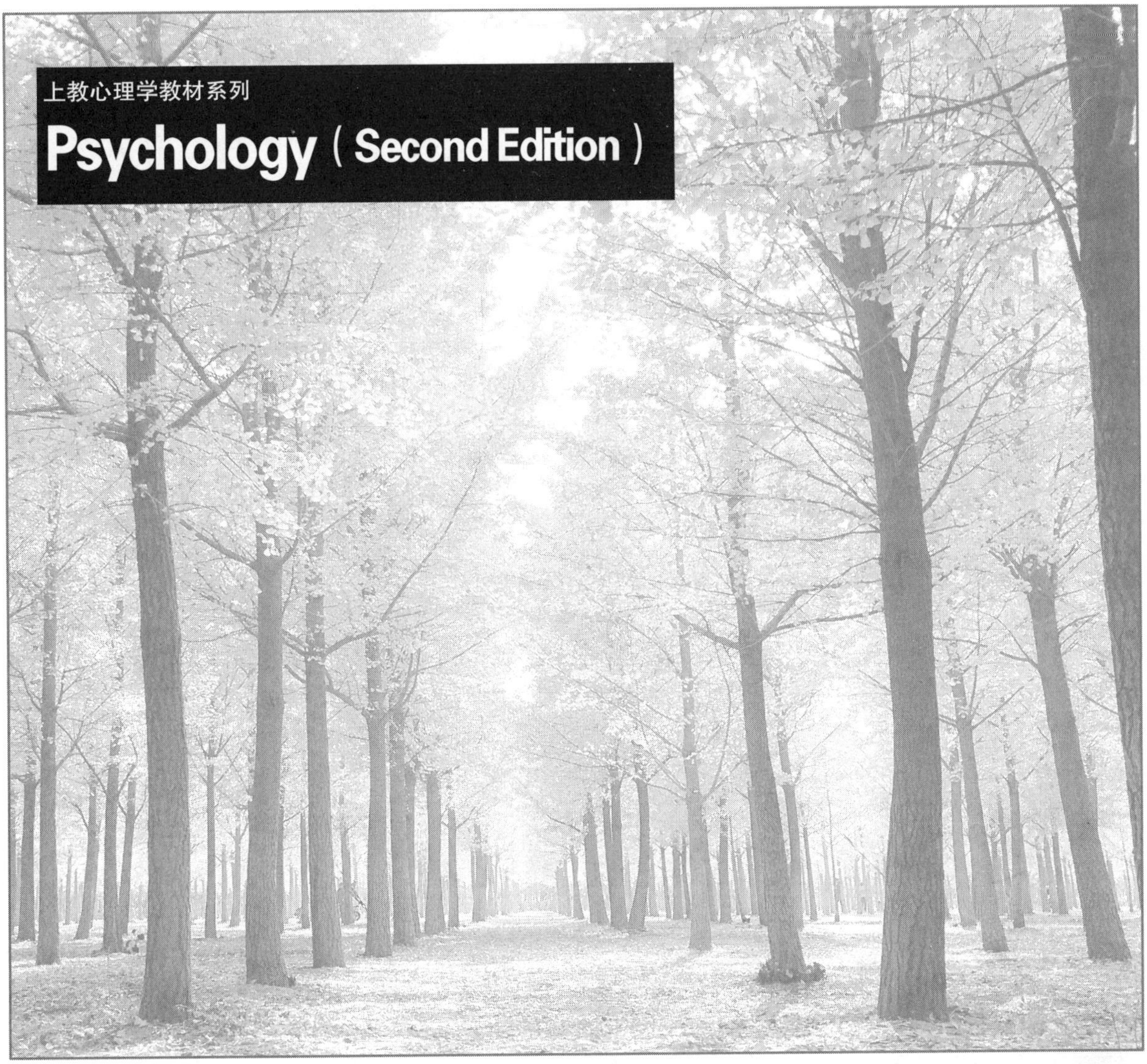

高 等 师 范 院 校 公 共 课 教 材

心理学（第二版）

黄希庭　毕重增　主编

图书在版编目（CIP）数据

心理学 / 黄希庭, 毕重增主编. —2版.— 上海：上海教育出版社，2020.11
（上教心理学教材系列）
ISBN 978-7-5444-9951-4

Ⅰ. ①心… Ⅱ. ①黄… ②毕… Ⅲ. ①心理学 – 高等学校 – 教材
Ⅳ. ①B84

中国版本图书馆CIP数据核字(2020)第230942号

责任编辑 谢冬华 王佳悦
封面设计 王 捷

上教心理学教材系列
高等师范院校公共课教材
心理学（第二版）
黄希庭 毕重增 主编

出版发行 上海教育出版社有限公司
官 网 www.seph.com.cn
地 址 上海市永福路123号
邮 编 200031
印 刷 上海叶大印务发展有限公司
开 本 787 × 1092 1/16 印张 26
字 数 537 千字
版 次 2020年11月第2版
印 次 2020年11月第1次印刷
书 号 ISBN 978-7-5444-9951-4/B·0179
定 价 65.00 元

如发现质量问题，读者可向本社调换 电话：021-64377165

第二版前言

《心理学》(第一版)是顺应20世纪末高等师范教育公共课改革的形势,由中国心理学会心理学教学工作委员会组织编写的高等师范院校公共课心理学教材,是七所高等师范院校锐意改革,耕耘在一线的心理学家经过三年努力共同打造的成果。由于《心理学》(第一版)既注意心理学基本知识,又注意提供系统的教学辅助资料,切中高等师范院校公共课心理学的实际需求,自1997年出版以来,获得广泛应用。配套教学改革内容"面向21世纪高师公共课心理学教学内容和课程教学改革"获国家级教学成果奖二等奖(2001年)。

随着我国由制造大国向制造强国的转型,社会对人才培养提出了新要求。师范生是未来的教师,他们的教育思想、教育方法和教育策略直接塑造未来一线教育的面貌,他们的职业成长需要系统把握心理学的理论和方法。与此同时,心理学近些年的发展突飞猛进,各种新兴的研究领域、方向和研究范式不断涌现,新研究、新发现层出不穷,这种多样性为学习、把握和应用心理学理论与知识提出了新的挑战。以上因素都促使《心理学》(第一版)要作进一步的修订,以适应与时俱进的要求。

为了做好修订工作,2015年9月责任编辑谢冬华受主编委托征求第一版编者参与修订工作的意愿,他们因各种因素不能参与,于是我们组织了八所高校中活跃在一线的心理学教学和科研人员进行修订,并制定了如下修订原则。

1. 科学性。(1)增加了近年心理学研究的新理论、新发现、新例证。(2)所有纳入的理论和发现都应该是公认的、确定性的。(3)对于新增加的体现学科方向性的内容,应注意与确定性的内容在表述时有所区别。

2. 实用性。(1)贴近高等师范院校公共课心理学的实际需要。(2)覆盖教师素质对心理学知识和能力的要求。(3)实例、本章小结、复习思考题的设置着眼于提高读者学习的兴趣、动机和效率。整体上突出提升师范生的心理学素养,既使学生懂得如何调节自己的心理,又启发学生运用心理学理论与方法理解或解决教育教学中的心理现象和问题。

3. 可读性。(1)继承和发展第一版在语言和写作方面成熟的风格。(2)根据需要增设相关内容专栏。

4. 密切联系实际。立足服务于当前的教育教学实践和改革,更多地采用国内的科学研究成果,树立学术自信和文化自信。

各章修订分工如下:

第一章　心理学的性质(黄希庭,西南大学)

第二章　人格与学校教育(吴继霞、何雯静,苏州大学)

第三章　人格的毕生发展(李祚山、王婧,重庆师范大学)
第四章　行为的动力机制(徐华春,四川师范大学)
第五章　自我意识(何嘉梅、胡金生,辽宁师范大学)
第六章　认知学习(邓铸,南京师范大学)
第七章　问题解决与创造性思维(邓铸,南京师范大学)
第八章　动作技能的学习(毕重增,西南大学)
第九章　智力与智力开发(阮昆良,西南大学)
第十章　教学心理(胡金生、何嘉梅,辽宁师范大学)
第十一章　道德品质的形成与发展(何雯静、吴继霞,苏州大学)
第十二章　学校的群体心理(王德强,河北师范大学)
第十三章　学校的人际关系(王晓刚,西南民族大学)
第十四章　课堂学习管理(毕重增,西南大学)
第十五章　中学生心理健康与辅导(徐华春,四川师范大学)
第十六章　教师心理(王德强,河北师范大学)

经过两年多的修改和完善,《心理学》(第二版)以崭新的面貌与大家见面了。我们期望本书继承第一版成功的经验,有助于公共课一线的教学,也期望读者在使用过程中给我们建设性反馈和建议,以资提高。

本书适合作为师范院校本科生的公共课心理学教材,也可以作为教育学院、教师进修院校的学员和广大教育工作者的参考用书。

黄希庭　毕重增

2019 年 12 月

第一版前言

本书是由中国心理学会心理学教学工作委员会组织编写的高等师范院校公共课心理学教材，也可以作为教育学院、教师进修学校的学员和广大教育工作者的参考用书。

1993 年 10 月 8 日，在北京举行的中国心理学会第六届常务理事会决定，为了推进我国心理学教学事业的发展，特成立心理学教学工作委员会。该委员会的一项重要工作任务是推进我国高等师范院校公共课心理学的教学改革。1994 年 7 月在上海师范大学召开的中国心理学会教学工作委员会第一次学术会议上，与会者一致认为，联系师范生实际，努力反映当代心理学的新成就，使高等师范院校公共课心理学的教学内容更好地在我国的师范教育中真正发挥其作用，是当前心理学教材建设中的一个重要课题，并提出要编写一本公共课心理学新教材的建议。1995 年 8 月在北京师范大学召开的中国心理学会心理学教学工作委员会第二次学术会议——"面向 21 世纪心理学教学研讨会"上，再一次讨论了高等师范院校公共课心理学的教学改革问题并委托西南师范大学黄希庭教授主持高等师范院校公共课心理学教材的编写工作。

在高等师范院校，公共课心理学是为了实现培养合格中学教师的目标而开设的一门重要的教育专业基础课。我国心理学历来十分重视这门课程的教材建设，自中华人民共和国成立以来，特别是近十年中已出版过不少此类教材。它们在心理学课程建设中发挥了积极的作用。但是，随着心理科学的发展和中学教育改革的不断深入以及对未来中学教师教书育人的要求日益提高，肩负着培养师范生基本素质使命的公共课心理学的教材改革已经显得相当迫切。自《心理学报》1992 年第 3 期发表关于高等师范院校公共课心理学教材改革的呼吁以来，许多任课教师在《心理学报》《心理科学》《心理学探新》等杂志上发表文章，表达了改革公共课心理学教材的要求，并提出了改革教材内容的建议。本书就是在这样的形势下产生的。

本书的编写力求贯彻"教育要面向现代化，面向世界，面向未来"的精神，体现科学性与思想性的统一、理论与实际相结合，为培养合格的中学教师的师范素质服务。为此，本教材在以下四个方面作了一些努力。

1. 力求密切联系师范生实际，以培养师范生素质为基点选择和组织好教材内容，使这部教材有助于培养师范生的教书育人的能力。

2. 力求更新观念，试图用人的心理的整体观点来阐述教材内容，努力克服只讨论个别心理现象不讨论人格的弊端，以帮助学生树立起正确的心理观。

3. 力求更新教学内容，努力跟踪学科发展，反映较新的心理学研究成果，尽量不用或少用描述性的知识,进一步提高教材的科学性。

4. 努力建设体现师范特色的综合性的心理学课程,而不拘泥于某门或某几门的心理学体系的结合,让教师根据课程目标和教学时间,灵活地设计课程,使本教材的适用面较广些。

从对中学教师、教育主管部门以及在校师范生的调查来看,本书基本上纳入了师范生必须具备的心理学基础知识。但是,目前我国高等师范院校公共课心理学课程一般只有36课时(每周2课时,一学期以18周计算)。这样少的课时,教师显然不可能讲完全书。我们建议,教师可以根据学生的专业特点和国家教委对师范生心理学知识的基本要求灵活地设计课程:可以有重点地详讲若干专题,教材的其余部分由学生自学;也可以只讲各章的重点、难点,易懂的部分由学生自学。

本书各章由下列教授撰写:黄希庭(第一章、第二章),刘华山(第三章、第十五章),卢家楣(第四章、第五章、第十章),刘爱伦(第六章、第七章),郭德俊(第八章、第九章、第十四章),周国韬(第十一章、第十六章),郭亨杰(第十二章、第十三章)。全书由黄希庭统稿、定稿。

本书是中国心理学会心理学教学工作委员会的一项成果。在该委员会举行的两次学术会议上,来自高等师范院校公共课心理学教学第一线的教师所提出的教学改革的宝贵意见,给编者以很大的启发。本书的出版得到上海教育出版社的资助。没有上海教育出版社的资助,本书的大纲讨论会和初稿讨论会便无法举行。该社教育编辑室陈人雄先生自始至终参加了上述两次会议,给予我们很大的帮助。各位编者的所在单位——北京师范大学、东北师范大学、上海师范大学、杭州大学、华中师范大学、南京师范大学、西南师范大学的领导也给予大力支持。本书采用了国内外的许多研究成果,没有这些先行者的辛勤劳动,本书也无法完成。在此,我们一并表示衷心的感谢。由于编写时间较短和编者的学术水平有限,书中定有各种缺点甚至错误,敬请读者批评指正,以便将来进一步修订。

编者

1997年2月

目 录

第一章

心理学的性质

当前，几乎每个人都知道心理学，心理学已渗透到生活的方方面面。例如，中国人讲面子，你是否在人际交往中体会到这个问题？国家生育政策怎样影响人们对子女的教养？广告怎样影响你的消费行为？城市化造成的噪声、拥挤会给人们带来怎样的压力？特别是对师范生来说，心理学对于你们的成长和今后从事的事业，非常重要。"学高为师，身正为范"，在掌握培养下一代的知识技能，形成高尚品德方面，心理学将发挥积极的作用。本章将概要地讨论心理学的性质，主要内容如下：

1. 心理学的领域与任务；
2. 心理学的取向；
3. 心理学的方法；
4. 心理学与学校教育。

第一节　心理学的领域与任务

一、心理学的领域

心理学(psychology)可以定义为对心理现象进行科学研究的学问。这个定义包含的内容十分庞杂。为了对这种多样性有一个大概的了解，下面列举与本书有关的心理学家正在研究的六个问题和一些例子。其详细内容，在本书的后续各章中将作详细讨论。

1. 人格及其发展

简单地说，人格是一个人的各种特征组成的综合体。体格、能力、思想、言语、情绪和行为等，都包括在人格的范围之内，集合这种种特征便成为一个人的人格。因此，当有人问及某君的人格怎样时，我们通常是描述其各种特征。例如："某君体弱多病，衣着不整，天资聪慧，富于想象，刚毅果断，有些口吃，易冲动，不喜欢结交朋友……"这种描述就是从整体上来说明一个人的独特风格，而一个人的独特风格也影响他与环境的交互作用。在生活历程中，个体的人格有一个形成和发展的过程，它是遗传素质与环境交互作用的结果。本书第二、第三这两章将专题讨论人格及其发展的一些问题。

2. 动机和自我

动机是指引和激发行为的内在动因。自我是一个独特的、持久的同一身份的我。两者在性质上虽不尽相同,但从中小学生成长和发展的角度来看,动机和自我的联系相当密切。本书第四、第五这两章将专题讨论动机和自我的问题。下面是这方面的几个例子。

自觉控制力(perceived control)是个体对自己和环境的控制能力。自古以来,人类不断奋斗的目的之一就是保持对自己和环境的控制。例如,一个 4 岁的孩子用力想拉上外衣的拉链,他试了又试还是不成功。你看到他动作如此吃力,忍不住蹲下来想帮他的忙,换来的却很可能是愤怒的尖叫:“我自己会拉!”

在学期的上半段,经过三次测验后,有一位大学生终于知道这位教授的课太难了,无论他怎样努力也没法过关。而这门课是必修的,不学又不行。他丧失了自信心,破罐子破摔,情绪相当低落。

第二次世界大战期间,有人曾详细描述过纳粹集中营惨不忍睹的罪行。集中营里的人开始相信狱卒的话:获释无期,必然死亡。他们认为自己的处境全然无法控制,于是冷漠地不去关注任何事情(包括自己的生命)。

上述例子说明了个体具有控制力的重要性。每一个人都想有控制力。如果这种努力受到阻碍就会产生各种情绪反应:愤怒、攻击、抑郁、冷漠,甚至导致个体死亡。想维持控制力是个体的一种基本动机。

3. 学习心理

学习心理是当代心理学的一大主题,研究学习心理的目的在于探讨个体在与环境交互作用时的行为获得或经验改变的过程。学习并不限于知识的习得,也包括感知经验、言语、记忆、思维、动作技能、智慧技能等的获得以及道德品质的形成。本书第六、第七、第八、第九和第十一这五章讨论的内容均属于这一范畴。学习的范围十分广泛,下面的例子仅是一种学习类型。

如果将一只老鼠放在一个封闭的箱子里,并定期使地板通电给老鼠以中度电击,每次电击之前响起一个乐音。在乐音与电击相结合多次呈现之后,即使只有乐音响起,老鼠也会表现出恐惧反应,如缩作一团、排便排尿等。这表明老鼠对一种无害的刺激形成条件性恐惧(conditioned fear)。人类的恐惧心理也会以这种方式习得,特别是在儿童早期。如果小孩身心受到某人的不断虐待,那么只要听到此人的说话声或脚步声,这个小孩就会马上产生不寒而栗的反应。这种习得的恐惧很难用言语说服的方式(如说“现在已没有什么可怕的了”)消除。

4. 教学与管理心理

教学是师生相互作用的过程。教学心理和课堂学习管理,是从教师角度将心理学的原理应用于教学和课堂管理之中,以促进教学质量的提高。本书第十、第十四、第十六这三章将分三个专题讨论这一范畴的内容。下面是在教学管理中影响甚广的一项研究。

罗森塔尔和雅各布森(2003)曾做过一项研究,并在他们的著作《课堂中的皮格马利翁》中报告了此项研究成果。研究者布置了他们的实验情景,告诉一所小学的教师,经过一项特别的测验,可以鉴定出他们的学生中哪些人属于"即将绽放的花朵",具有在不久的将来展现"学业冲刺"的潜力,但不让教师和学生知道所谓"即将绽放的花朵"完全是随机选择的。教师完全相信了测验的鉴定结果。学年终末进行的测验结果显示,被随机圈定为"即将绽放的花朵"的学生的成绩都显著高于对照组,而在实验前,他们与对照组学生的成绩是不相上下的。研究者对这一现象的解释是,教师把"即将绽放的花朵"的期望传达给了这些学生,于是他们将教师的期望内化为自己的期望并相应地"绽放了"。教师的这种期望效应被称为皮格马利翁效应(Pygmalio effect)。皮格马利翁是希腊神话中的塞浦路斯国王,由于他的热诚渴求竟使一个美丽的少女塑像变成活人。后来不少教师采用皮格马利翁效应来做学习落后学生的工作,以加强课堂学习的管理。影响皮格马利翁效应的因素很多,其中一个重要因素是学生对教师的期望作出的反应。如果学生把教师的期望内化为自己的期望,那么他们就会真正地"绽放"。

5. 社会心理

社会心理主要包括个体和团体在社会环境中的行为。本书将在第十二、第十三这两章中专题讨论学校的群体心理和学校的人际关系。下面的一项研究说明,群体刻板印象对学业有关行为的影响。

斯蒂尔和阿伦森(Steele & Aronson, 1995)邀请具有同等测验知识和测验技能的美国白人学生和非洲裔美国学生参加研究,实验任务是接受高难度、能引发挫折感的词汇推理测验。这种挫折感能够令非洲裔美国学生感到焦虑,因为这种挫折感意味着他们很有可能会验证关于非洲裔美国学生缺乏心智能力的刻板印象。但对于美国白人学生,这种挫折感并不意味着他们属于哪个群体,因为并不存在关于美国白人智力低的负面刻板印象。研究结果发现,在这个限时 30 分钟,包含 30 道题目的测验中,美国白人学生平均比非洲裔美国学生多答对 4 道题目。如果在同样的测验情境中,研究者告诉参加实验的人,这套测验不是用于评估个人智力水平的测验,而是一个一般课业问题"任务",那么,非洲裔美国学生与具备同等知识水平和技能水平的美国白人学生表现得一样出色,而且他们的测验成绩明显高于之前那些认为自己正在接受词汇能力测验的非洲裔美国学生。斯蒂尔的其他研究还发现,性别刻板印象对于某些学科的学习也会产生类似的影响。

6. 心理健康与辅导

心理健康是一种生活适应良好的状态。如果个体无法有效地适应生活环境就会导致心理不健康甚至心理疾病。帮助心理困扰者减缓精神痛苦的过程称为心理辅导。前面所举的条件性恐惧的那个例子,如果儿童早期习得了对人的恐惧,怎样来进行矫正呢?本书第十五章将专题讨论学生的心理健康与辅导。

二、心理学的任务

心理学的问题无论怎样复杂,心理学研究的任务是揭示心理的事实、规律、机制和本性。

心理学研究的第一类问题,也是最起码的一项工作,是以质和量的方式确定心理的具体事实。例如,在研究大学生的自觉控制力时,就要确定自觉控制力具有哪些质的和量的特点。有研究表明,相对于低自觉控制力者,高自觉控制力者抱负水平高,对目标的设定较实际,对挑战性任务付出较多的努力,在困难任务上坚持较久,常将成功归因于自己,而将失败归因于不稳定的来源(Burger, 1985)。这就是说,抱负水平、对挑战的反应、坚持性和成败归因这几方面的综合表现了自觉控制力某些质的特点。在内外控量表(Internal-External Control Scale)上的分数则可以作为自觉控制力的量的指标。

心理学研究的第二类问题是揭示心理的规律。科学研究不能只限于对心理事实的描述,还应从对心理现象的描述中探求心理的规律。如果每当具备一定的条件,某种心理和行为必然会出现,就可以说,这种心理和行为将合乎规律地发生。例如,对学习过的资料的遗忘速度是先快后慢,这是艾宾浩斯用实验得出的一条记忆规律(Ebbinghaus, 1949; Wixted & Ebbesen, 1991)。

心理学研究的第三类问题是揭示心理的机制。机制原指机器的构造和动作原理,心理学借用来指心理的内在工作方式,包括有关心理结构组成成分的相互关系和变化,以及相应的生理生化变化及其相互联系。对心理机制的探讨往往离不开对与之相应的生理机制的探讨。例如,对进食动机的研究,除要研究进食的心理因素之外,还要研究进食的生理机制,如饥、饱中枢的研究。

心理学研究的第四类问题是揭示心理的本性。这是一个十分复杂、涉及哲学层面的根本问题。例如,人的行动是自由的还是由外部因素决定的?或者说,人对自己行动的控制有多少是自由的,有多少是由意识之外的因素决定的?人的基本特性有多少是由遗传素质决定的,有多少是由环境塑造的?如果说人的基本特性是遗传与环境交互作用的结果,那么它们是如何交互作用的?这些问题构成心理学研究的一个重大领域,即从心理学的取向来研究人性。

因此,从心理学研究的基本任务来看,我们又可以把心理学定义为研究心理的本性、机制、规律和事实的科学。

第二节 心理学的取向

冯特(Wilhelm Wundt, 1832—1920)1879年在德国莱比锡大学创建世界上第一个心理学实验室,这标志着科学心理学的诞生。科学心理学诞生以来,心理学家曾以各种不同的取向对心理现象做过许多研究。这些研究取向并不必然是相互排斥的，现在来看，它们是从不同的侧面或层次探讨复杂的心理现象。当代心理学家在研究复杂的心理现象时都力求把各种研究取向综合起来。

一、现代心理学的取向

心理学的任何主题都可以从各种不同的取向进行研究。现代心理学主要有七种取向，即生物学取向、行为取向、认知取向、精神分析取向、现象学取向、发展取向和社会文化取向。

1. 生物学取向

生物学取向（biological approach）是指以生物学的知识为基础对个体的心理和行为所作的解释。生物学取向具有悠久的历史。被称为"西方医学之父"的希波克拉底（Hippocrates，约前 460—前 377）认为，脑是心理的器官。他说："是由于脑，我们思维，理解，看见，听见，知道丑和美、恶和善。"神经科学的研究发现已经使脑活动与心理活动之间的关系变得清楚起来。

在学习和记忆领域，生物学取向已取得相当大的成绩。例如，神经科学家对条件作用学习提出了单个细胞的解释。以老鼠从小平台上跳下便在地板上受到电击形成的回避跳下条件反射为例，这种条件反射包含着神经细胞之间联结内的电化学变化，而这些神经变化又会导致脑内某些化学物质量的变化。有关研究还证明某些脑结构的重要性。例如，用电刺激大脑右侧颞叶（temporal lobe）会引发对过去事件逼真的记忆，刺激前额叶会改变自我控制等。

在动机和情绪领域，生物学取向也取得了相当大的成绩。例如，用微电极刺激下丘脑的不同部位会引起动物（大鼠、猫、猴子）的贪食和厌食反应，而刺激其他部位则会引起恐惧、愤怒、痛苦、愉快等情绪反应。治疗人脑疾病时，刺激脑的有关部位也会引起患者的愉快、痛苦、恐惧等情绪反应。当然，人类的动机和情绪具有社会性，其生理机制要比大鼠、猫等动物复杂得多。

生物学取向除了上述神经科学方面的研究，还体现在进化心理学研究上。进化心理学认为人类的许多行为来自远古时期形成的遗传倾向，该领域得到新近兴起的基因研究的大力推动。根据进化心理学，通过环境的自然选择，心理和身体上最适应环境的个体得以生存、繁衍（Zimbardo, Johnson, & McCann, 2016）。进化心理学家特别关注从进化视角解释人类行为，如亲社会行为、择偶偏好等。

人脑约有 120 亿个神经细胞，细胞与细胞之间有着几乎无限多的相互联络和通路。人脑是宇宙间最为复杂的结构，对它如何产生心理活动我们至今仍知之甚少，目前我们了解到的脑活动与心理活动之间关系的知识，不是来自对动物和脑疾患者的研究，就是采用了相关研究方式，因果性知识还有限。因此，单凭生物学取向来建构心理学观念，会有很大的片面性，显然是不妥当的。

2. 行为取向

行为取向(behavioral approach)是指把个体所有行为的产生和改变看作是刺激与反应之间的联结关系。这种取向最早是由美国心理学家华生(John B. Watson，1878—1958)于 20 世纪初期提出的。当时在心理学中占主导地位的是把心理学解释为对意识经验的研究，其研究方法是内省的自我报告。华生认为，只有直接观察到的东西才能成为科学研究的对象，只有客观的方法才是科学的方法。意识不能直接观察，因而不能成为科学心理学的研究对象；内省法不能提供客观的事实材料(不能进行客观的观察和测量)，因而不能作为科学心理学的方法。他主张只有从可观察到的、可测量的刺激和反应方面去研究，心理学才能成为一门客观科学。行为主义的刺激—反应心理学至今仍有其影响力。

以行为取向研究学习已经取得不少进展。在条件性恐惧的例子中，乐音刺激在电击刺激之前出现，经多次结合，动物形成条件反射，乐音就成了电击的信号。一旦乐音出现，动物就会发生条件反射，出现与恐惧有关的一些特定行为，如缩作一团、排便排尿等。同样，看暴力影视作品和玩暴力游戏也会奖赏和强化儿童的攻击行为。

以行为取向研究社会行为和行为矫正也取得了不少的成绩。例如，课堂上的皮格马利翁效应，用行为取向看乃是教师对学生特定行为加以奖赏的结果。而对于条件性恐惧，用条件性消退进行治疗是很有效的。

严格的行为取向并不考虑心理活动。然而，心理活动是客观存在的，不考虑心理活动只研究行为显然不能解释心理活动规律。心理与行为虽有着密切的联系，但心理与行为毕竟是不同的。因此，严格的行为研究并不能解释心理学的规律。现在一些非行为主义的心理学家在研究人的行为时往往记录个人意识到的言语报告，再根据这些客观资料对其心理活动作出推论。这类研究与认知取向已相当接近。

3. 认知取向

认知取向(cognitive approach)就是用信息加工的方式来研究感觉、知觉、注意、表象、学习记忆、思维和语言等心理过程。认知心理学在一定程度上是对行为主义的反动。因为仅仅根据刺激和反应来考察人的行为，对于研究简单行为也许是可行的，但是这种研究完全忽视了人的认知活动和意识活动。人类有语言，能思维，能进行推理、计划和决策，这些复杂的心理活动都被行为主义忽视。现代的认知取向部分是对心理学中的认知研究取向的回归。但是，它与 19 世纪 80 年代心理学刚诞生时的认知研究取向不同，它不是根据内省法而是采用客观的方法来研究认知。现代的认知取向将人脑与计算机进行类比，将人脑看作类似于计算机的信息加工系统。其特点是：(1)研究行为的内部机制，即探讨被行为主义忽视的意识或内部的心理过程；(2)将心理过程理解为信息的获得、贮存、加工和使用的过程，即经历一系列连续阶段的信息加工过程；(3)以客观的方式进行研究，而不是只根据个人的内省报告。

在第一节中举出的例子也可以用认知取向来研究。老鼠学会害怕乐音可以视为老鼠形成了一种认知结构："当听到乐音，将有痛苦的电击。"正是这种认知结构使老鼠产生了恐惧反应。皮格马利翁效应则可以解释为教师根据研究者告知的信息对其学生形成"即将绽放的花朵"的认知图式，并以此认知图式来对待这些学生。即使这些学生有时调皮捣蛋，有时不能完成作业，也被教师解释为"聪明""精力旺盛"或"一时的疏忽"，而学生则以教师的期望来塑造他们自己。儿童观看暴力影视作品或玩暴力游戏后变得更富有攻击性也可以用认知学习来解释。

在心理学中，认知取向在人类的认知过程、智力发展、情绪和心理治疗等领域都取得了相当大的进展。

4. 精神分析取向

对人类心理和行为研究的精神分析取向（psychoanalytic approach）是由奥地利精神病学家弗洛伊德（Sigmund Freud，1856—1939）提出的。弗洛伊德是一位受过严格训练的医学博士，他熟知当时的生理学和意识心理学。弗洛伊德的精神分析在某些方面是 19 世纪生理学与弗洛伊德临床经验的混合。在弗洛伊德看来，意识仅仅是人的整个精神活动中位于表层的很小部分，潜意识才是人精神活动的主题，处于心理的深层。

弗洛伊德认为，人类的很多行为是由潜意识支配的。潜意识（unconscious）是指个人没有觉知到的却影响着行为的那些冲动和欲望。他认为，儿童期被父母和社会加以禁止和处罚的许多冲动和欲望都来自先天的本能。这些冲动和欲望因不符合社会道德标准而被禁止，被压抑进入潜意识，但它们仍然继续影响着行为，表现为做梦、口误或怪癖，情绪问题、精神疾病症状，或者被升华为受社会赞许的行为，如文学艺术创作活动。

弗洛伊德认为，所有行为都是有原因的，但原因往往是某种潜意识动机，而不是人们意识到的理由。弗洛伊德对人性基本上持否定态度。他把人和动物都看作受一些基本本能（主要是性和攻击）驱使。人类总是不断地与控制人类本能冲动和欲望的社会力量相对抗。以精神分析取向来看，儿童观看暴力影视作品后变得更富有攻击性，乃是天生本能的表现。大多数心理学家不赞同弗洛伊德关于潜意识动机取向，却同意个体有不能充分觉知到的认知活动。

例如，一些心理学家对内隐记忆特别感兴趣。内隐记忆（implicit memory）是指人们并不有意识地知道自己拥有这种记忆，却能在特定任务的操作上表现出来。内隐记忆最初是从因大脑局部损伤而引起健忘症的患者身上发现的。健忘症患者具有正常的知觉、言语和智力功能，却记不住近期发生的事件。例如，有医生曾为一位患有健忘症的妇女施行了一次针灸治疗，之后这位妇女就拒绝与他握手，尽管她已记不起医生对她进行过针灸这件事。这表明，拒绝与这位医生握手是患者对事件记忆的一种潜意识表达方式（杨治良，1994）。

5. 现象学取向

与其他的研究取向不同,现象学取向(phenomenological approach)几乎完全集中于主观经验,即探求个体对各种事件的私人取向。这种研究取向部分是对被现象学家认为的其他心理学取向的外显机械观的反动。现象学心理学家力求排除这些观念,即行为由外部刺激控制(行为取向),或由知觉和记忆中的信息加工控制(认知取向),或由潜意识本能控制(精神分析取向)。现象学心理学家的基本假设是,个体所有行为取决于他对世界的知觉和看法。他们聚焦于对个体内心生活和经验的描述,而不大关心理论的发展和行为预测。

现象学心理学家认为,人类的基本动机是成长和自我实现的需求。人类不是按照某种控制不了的力而行动,而是能够支配自己命运的行动者。每一个人都是一个自由的行动者,能够自由地作出选择和制定目标,并能够解释自己的生活选择。正是由于这些见解,有些现象学理论也被称为人本主义取向(humanistic approach)。在人本主义心理学家看来,每一个人都有一种力求充分发展自己潜能、超过自己目前状况的基本需求;虽然每一个人都会遇到环境和社会的各种阻挠和障碍,但人们的天性是趋向于实现自己的潜能。

因为强调个体的主观经验和发展个体的潜能,现象学取向的研究十分重视对个体主观经验的调查。要了解个体的主观经验,最直接的途径是去倾听他们的诉说。正是这个缘故,诸如条件性恐惧、攻击行为之类的问题,现象学取向是很难予以研究的。

但是,用现象学取向可以研究人们的行为,特别是自我意识。从现象学取向来看,自觉控制力是个体成长和自我潜能实现的一种表现。正如人本主义心理学家罗杰斯(Rogers, 1951)所说:"有机体有一个基本的倾向和驱力——实现自己、维持自己、提高自己。"正因为如此,每个人都想有控制力。因自我潜能不能得到实现而会产生各种情绪反应,甚至导致死亡。

现象学心理学家的用语大多具有模糊性和主观性,很难对其下操作性定义。这种研究取向与人文科学的关系要比与自然科学的关系更为密切。此外,由于不能直接观察他人的主观经验,我们必须由这个人的行为和言语来推论,现象学取向往往导致循环论证。

6. 发展取向

生活中,变化无时无刻不在发生。根据发展取向(developmental approach),心理的改变是先天与后天相互作用的结果。不同于生物学取向更关注先天遗传,以及行为取向更关注后天的环境、教养,发展心理学家关注的是先天因素与后天因素如何作用于人的心理模式,以及心理模式在人生各个阶段的改变是怎样的。

需要注意的是,发展心理学家相信,在遗传与环境的影响下,随着成长,人们会发生可预测的改变(Zimbardo, Johnson, & McCann, 2016)。在人生的不同阶段,人们有着不同的心理发展任务,面对不同的人生课题。例如,在婴儿期,个体不但经历身体的迅速成长,也开始发展出社会性微笑、依恋、自我；在成年早期，个体经历流体智力发展的顶峰，同时也开始面对工作、结婚等社会性课题。

相对于以往发展心理学更多关注儿童心理，现在越来越多的研究者认同人的发展持续一生，因而老化也得到了更多的研究。

7. 社会文化取向

社会文化取向（sociocultural approach）将人看作社会性动物，主张在特定社会文化背景下研究人的心理与行为。与其他研究取向不同，社会文化取向看到了人类心理、行为发生的宏观背景因素。

社会文化取向的研究者关心文化（亚文化）、社会规范、预期等影响因素，关注在何种情况下，可以用社会文化情境来预测人的心理与行为，以及不同文化的作用有何差别。例如，对偏见、从众、攻击等的研究让我们看到作为社会性动物的人，在不同情境中有着不同的表现。再者，有关文化的研究展示了不同文化下人们思维和行为的差异。例如，研究者发现西方文化中的个体更加关心自我的独特性，有着独立型自我构念，而东方文化中的个体则更注重关系，形成互依型自我构念。近年来，研究者从主要关注不同文化的差异性影响，到开始关注文化之间的融合、碰撞对个体心理与行为的影响。

二、当代心理学的综合观

人的心理是一个开放的动态系统，它与脑、环境刺激、行为活动处于各种不同的关系中，表现出不同质和量的特点。心理现象的复杂性要求我们用综合取向（synthetical approach）研究人的心理。

个体的心理现象包含的内容十分庞杂，例如包含认知活动、情绪活动和意志活动，等等。心理现象离不开物质载体，心理是人脑的产物，依存于环境刺激，表现在行为中。同时，人的心理又反作用于物质载体。在人的发展历程中，心理与其物质载体不断交互作用。下面让我们来考察心理现象的复杂性。

1. 个体心理的多维度多层次

当代心理学的一种流行取向是把个体的心理现象看成一个复杂系统。任何系统都可以作多种描述，人的复杂的心理系统也可以从不同的维度进行分析。

从动态—稳态的维度，可以把人的心理现象分为心理过程、心理状态和心理特征。

心理过程（mental process）是动态的，泛指心理操作的加工程序，包括认知过程、情绪过程和意志过程。认知过程（cognitive process）是个体获取知识和运用知识的过程，包括感觉、知觉、记忆、思维、想象和言语等。通过五官（眼、耳、鼻、舌和皮肤），我们感知到周围的事物及其直接的联系。感知过的经验能贮存在我们的记忆中。通过思维对已有知识经验的加工，我们能认识事物的本质和规律。我们大多数的认知活动是与言语活动相联系的。个体在认知周围世界的时候会产生愉快或不愉快以及喜、怒、哀、惧等情绪和情感。

情绪过程(emotional process)是个体对待他所认知的事物、所做的事情以及他人和自己的态度体验。人不仅能认识世界,对事物产生情绪体验,而且能以自己的意志来选择环境,建构环境。意志过程(will process)是趋向目标追求时的意识活动。

在现实生活中,个体的认知、情绪和意志活动并不是彼此孤立进行的,而是紧密联系、相互作用的。个体的情绪和意志受认知活动的影响,所谓"知之深,爱之切"就说明认知对情绪的影响,而"知识就是力量"则说明认知对意志行动的重要影响。个体的情绪和意志也影响着认知活动,积极情绪、锐意进取的精神能推动认知活动,而消极情感、萎靡不振、畏难苟安则会阻碍认知活动。情绪和意志也是密切联系、相互作用的。情绪既可以成为意志行动的动力,也可以成为意志行动的阻力,而意志则可以控制、调节情绪。

有时,我们的心理活动在一段时间里会出现相对稳定的持续状态,这类心理现象称为心理状态(mental state)。例如,思维活动可能会出现灵感状态或刻板状态,意志活动可能会产生犹豫不决或果断的状态,等等。心理状态持续时间可以是几个小时、几天或几个星期。它既不像心理过程那样变化不居,也不同于心理特征那样持久、稳定。

心理特征(mental qualities)是指心理活动中经常表现出来的稳定特点。例如,有的人的观察经常是敏锐、精确的,有的人经常是粗枝大叶的;有的人记忆力强,有的人记忆力差;有的人思维灵活,有的人思维迟钝;有的人情绪稳定、内向,有的人情绪易波动、外向;有的人做事经常是果断的,有的人做事经常是优柔寡断的,等等。在个体的认知、情绪、意志活动中经常表现出来的稳定特征,就是这个人的心理特征或人格特质(personality trait)。

在人的心理生活中,心理过程、心理状态和心理特征密切联系着。首先,心理状态和心理特征是在心理过程进行中形成和表现出来的。如果没有对自己和周围世界的认知、情绪和意志行动,个体的心理状态和心理特征便无由形成,也无法表现出来。其次,心理过程的进行受心理状态和心理特征的影响和制约。例如,心灰意懒的心理状态会使人情绪低落,降低认知和行动效率;而精神振奋状态会使人的情绪高涨,也影响认知和行动的效率。最后,心理状态和心理特征也密切联系。如果说心理特征是个人经常的、稳定的特征,尴尬则是暂时的心理状态。心理状态是一种介于心理过程与心理特征之间的相对稳定状态。如果某类心理状态(如漫不经心)经常反复出现,并且持续时间愈来愈长,那么这类心理状态就有可能转化为这个人的心理特征(粗心大意的人格特征)。而心理特征又会影响心理状态。内向、顺从的人受到挫折时多半会产生内疚、自责等心理状态,而机灵活泼、自信心强的人面对挫折则往往泰然自若。总之,人的心理过程、心理状态和心理特征是既有区别又密切联系的。

从觉知性维度,可以把个体的心理现象分为意识和潜意识。

意识(consciousness)是我们现时觉知到的心理现象。在清醒状态下,我们能够觉知到作用于感官的外界环境(如感知到各种颜色、声音、车辆、街道、人群,等等),能够觉知到自己的心理特点和行为特点,还能觉知到自我与非我的相互关系。个人对自我的觉知被称为自我意识(self-consciousness)。意识使人能够认识事物、评价事物、认识自身、评价自身,并实现对环境和自身的能动改造。

除了意识活动,人还有潜意识。潜意识(unconscious)是指潜伏在意识之下难以被觉知的心理现象。我们每个人都有做梦的经验,梦境内容可能被我们意识到,但梦的产生和进程是我们意识不到的,也是不能进行自觉控制的。我们自动化了的活动,在通常情况下是觉知不到其结构的。无法回忆起的记忆或无法理解的情绪通常也属于潜意识范围。偶尔,潜意识中的一些东西也会闯入意识之中,诸如失言或者说漏了嘴、笔误,会把个体潜意识的欲望泄露出来。总之,潜意识也是人的心理活动。在人的日常生活、学习和工作中,意识活动和潜意识活动紧密联系着,它们都属于人的心理现象。

心理现象的层次性,可以从各种角度来分析。例如,从认知发展角度来看,新生儿先是产生感觉,然后出现知觉,1 岁左右出现对当前事物和具体事物的思维,在 2—7 岁时才出现以符号来代表物体、地点和人物的思维活动,等等。总之,人的心理现象是多维度多层次的复杂系统。

2. 个体心理对物质载体的依存性

心理现象是观念的东西,它离不开物质载体。例如,大脑皮质前部的布罗卡区(Broca's area)因肿瘤或脑血栓而受到损伤,患者虽能看懂文字和听懂别人的谈话,但丧失了说话的能力。接受治疗癫痫的手术切断大脑左右半球之间的神经纤维联系后,右利手者说话、阅读、书写和计算等活动只能在左侧半球内进行而不能传至右侧半球。左侧半球与词语性思维有关,右侧半球与空间概念、对言语的简单理解和非词语性思维有关。脑电研究发现,人在闭目养神、无忧无虑时与努力学习工作时及半睡眠状态时的脑电波是不同的。脑是心理活动的器官,没有人脑这一物质基础,人的心理活动就不可能产生。长期以来,神经科学家使用各种方法来探讨脑以怎样的活动产生心理和意识(见专栏 1-1),而且取得了很大进展。

专栏 1-1

探讨心理脑机制的方法

探讨心理和行为的脑机制,主要有六种方法。

1. 切除法,即切除或损毁动物脑的一定部位或切断通向该部位的神经通路,然后观察其行为变化(包括那些因负伤、脑溢血、肿瘤或癫痫而导致一定脑部位受损的患者)。例如,损毁大脑枕叶最后部分的枕极(occipital pole)后,虽然视觉器官和视觉神经通路完好,但视觉完全丧失。因此,该部位被认定是视觉区(visual area)。

2. 刺激法,即用弱电流刺激脑特定部位以观察患者的行为反应。在切除患者脑部癫痫病灶时,手术在头部局部麻醉下进行,可以获得患者的口头报告。潘菲尔德在手术过程中征得患者及其家属同意后,刺激患者颞叶有关部位。患者报告,他看到熟悉的人、房屋、狗等,或听到单词、句子、歌曲等。在刺激布罗卡区时,患者往往立即停止说话,去除电刺激后立刻又接着说下去。这表明,如果布罗卡区损伤将丧失说话能力。

3. 脑电图法。借助仪器在头皮上记录到脑皮质神经细胞的电活动,这种电活动的图形被称为脑电图(electroencephalogram),主要有α、β、θ、δ四种波。研究表明,人在安静、不瞌睡、不作思考时出现α波。而当睁眼视物或听到突然响声或思考时,α波阻断,出现β波,情绪激动或焦虑状态时β波增多。θ波是成人在困倦时出现的脑电波,表明中枢神经系统处于抑制状态。成人清醒时出现δ波,则表明脑某个部位可能病变或出现智力障碍。近年来,有关脑电研究主要采用事件相关电位(event-related potential)范式探讨心理神经活动的模式和规律。

4. 单个神经细胞记录技术,即用微电极(直径小于0.1微米)插入脑中,非常接近某个神经细胞并引导出单个神经细胞的电活动。结果发现,有的神经细胞只对光的开关起反应,有的既对光的开关起反应又对声音刺激起反应,有的只对直线起反应,或只对曲线起反应,或只对锐角起反应,或只对圆形起反应,还有的只对刺激的变化起反应(这种神经细胞称为注意细胞),有的则对任何刺激都不起反应。这些神经细胞也有严格的布局。

5. 功能性核磁共振技术。脑神经活化导致周围血流增加以补充被消耗的氧气,通过检验带氧血红素与去氧血红素之间磁导率不同导致的磁场变化,能够实现脑功能成像。功能性核磁共振技术产生的图像包括结构像和功能像,其中结构像收集大脑内各组分中特定原子核的磁共振信号,功能像则收集血氧水平依赖(blood oxygen level dependent, BOLD)信号。该技术的空间分辨率相对较高。

6. 近红外脑功能光学成像技术,是一种通过高生物体穿透性的近红外光谱对脑功能进行无侵入性测量的技术。其原理是通过三个特定波长的近红外光测量大脑皮层的含氧血红蛋白和脱氧血红蛋白,以及总血红蛋白含量,从而对大脑在接受外界刺激或思维过程中的反应和功能进行表征。该技术具有灵活、易用、成本低、时间精度高、实时和非侵入性的特点,可以在认知活动的自然情境中实现实时功能成像(Meiri et al., 2012)。

除上述几种方法外,计算机体层摄影(computerized tomography, CT)、正电子发射型计算机断层成像(positron emission computer tomography, PET)、光遗传、磁遗传等仪器和有关方法也给探讨心理和行为的脑机制提供了途径。

人的心理离不开环境刺激。无论是简单的还是复杂的心理现象,其源头都可以在客观世界的环境刺激中找到。例如,你看到的黑板是因为你面前有这块黑板作用于你的眼睛,因而在你的头脑中才有黑板的形象。头脑中妖魔鬼怪的形象(如牛头、马面、青面獠牙)看来是超现实的,但构成它的原始材料都来自现实世界。正如恩格斯(1971, p.265)所说:"一切宗教都不过是支配着人们日常生活的外部力量在人们头脑中的幻想的反映,在这种反映中,人间的力量采取了超人间的力量的形式。"

心理与行为联系密切。行为能表现个体的心理,但心理不同于行为。行为(behavior)是可观察测量的反应或活动,如肌肉运动、腺体分泌、言语、表情等。在日常生活中,人的行为很复杂,吃饭、穿衣、写文章、人际交往、驾驶汽车等均属之。行为能表现心理,这种表现可能是能觉知到的、有意识的,也可能是没有觉知到的、无意识的。

3. 个体心理的能动性

心理现象不是可有可无的副现象,它对个体生活具有巨大的能动性。这种能动性主要表现在以下三个方面。

第一,心理对行为具有支配和调节作用。心理对行为的支配和调节往往很复杂:可以毫不掩饰目的地支配行为去实现某种目的;可以有意地掩盖自己的某些心理,不在行为中表现出来;也可以表现出与内心不符的行为,甚至有些行为个体自己也不能充分觉知或完全没有觉知。这就是说,个体的外部行为与内部心理活动的关系往往不是单义的,而是多义的。例如,微笑这种行为既可能表示好感,也可能是嘲笑他人的愚蠢,还可能是笑里藏刀,心里盘算着暗害某人,等等。即使将自己的心理不加掩饰地表现在行为上,其强度和表现方式也可能不同。

第二,心理对环境具有选择和建构作用。个体对环境的认知具有选择性。对于同样的环境,人们的感受往往不同。例如,在同一家庭里,外向的孩子关注着周围的人和事,而他内向的妹妹却对这些充耳不闻。每一个人都从自己的心理背景出发在客观环境中选取主观心理环境,因而对于同样的环境,人们的感受和理解往往是不同的。此外,个体还会以自己的方式选择和建构他们喜欢的环境,从而积极地作用于客观环境。例如,一个有志向而勤奋的学生,即使家境困苦,仍会想方设法努力学好功课,争取考入大学;而一个懒惰、不爱学习的学生,即使家中有很好的学习条件,他也会另外编造理由,建构出能使自己偷懒、逃避学习的环境。总之,人的意识不仅能反映世界,而且能改造世界。

第三,心理对脑的活动具有调节作用。心理是脑的机能,但个体的心理、意识又能对脑的活动起反作用。这种调节作用可以用生物反馈来加以说明。生物反馈(biofeedback)是指根据身体内部生理变化显示的线索,通过条件反射原理,逐渐学习到由自己的意识来控制原来不能控制的生理活动。许多研究表明,运用生物反馈的方法不仅能控制心跳的快慢,胃液和胆汁分泌的多少,而且能控制某种脑电波的出现与否(高觉敷,1981)。

三、各种心理学取向的合理因素

现代心理学的七种取向均是从某一维度或层次上对心理现象的探讨,有助于我们从某一侧面来认识心理现象的事实、规律、机制和本性,但是仅以某一维度或层次上的探讨来取代或否定其他维度或层次上的探讨,则将使我们陷入片面性,不能对人类的心理现象有合理的认识。例如,用生物学取向来研究心理现象,有助于我们理解心理的生理机制,而将心理学概念还原为更基础的生物学概念的做法,则会陷入还原论(reductionism)的窠臼。探讨心理的生理机制是有必要的,但生物还原论并没有解释心理现象其他方面的特点。正如恩格斯(1971, p.226)所说:“终有一天我们可以用实验的方法把思维‘归结’为脑子中的分子的和化学的运动,但是难道这样一来就把思维的本质包括无遗了吗?”

对一种心理现象的研究,心理学的七种取向有时互相补充,有时则互相矛盾、互相排斥。例如,攻击行为既有生物学的(例如,有一种强烈的暴行是由大脑颞叶障碍引起的)、行为的(例如,由于受到奖励而形成攻击行为)、精神分析的(例如,把攻击视为人类的一种基本本能)、认知的(例如,把攻击视为受某种认知结构的支配)原因,也有社会文化的(例如,社会情境中的某些因素导致)原因。可以看出,从不同的维度和层次上研究个体为什么会有攻击行为,都有某种合理性,也都会有独特的发现和贡献。因此,我们应当以辩证法为指导,分清精华与糟粕,从中吸收其合理因素,把它们综合起来,这样才能形成科学合理的心理学观念。如果各种研究取向对同一种心理现象的解释发生矛盾、相互排斥,这可能表明我们对这种心理现象的认识仍有缺陷,而这正是心理学研究进一步发展的新起点。

第三节 心理学的方法

要科学地研究人的心理现象,解释心理的本性、规律、机制和事实,必须以辩证唯物论为指导,针对所要研究的问题,做好研究设计,按照一定的研究程序,采用合适的方法进行研究。

一、研究的基本程序

心理学研究的基本程序主要由建立假设、搜集资料、分析资料、作出结论四个步骤组成。

1. 建立假设

科学研究的基础是观察。经观察,如果对未知现象及其关系产生了疑问,研究者便根据科学事实和原理对它作出尝试性或假设性的推测。这种尝试性或假设性的推测被称为假设。在心理学研究中,假设可能来自研究者对日常生活经验的推想,也可能来自某项研究或某一理论的推论。假设使科学研究带有自觉的性质。研究者根据自己的假设,确定自己的研究方向,作出研究设计,进行有目的、有计划的观测和实验。

2. 搜集资料

假设的真伪需要验证。建立假设后,下一步便是搜集资料,以便根据资料来验证假设。为了有效地验证假设，研究者必须选择合适的研究方法，作出研究设计，创设验证性的情境，使被研究的问题受到有效观测。关于心理现象的资料可以从外部观察和自我观察两个方面来收集。外部观察适用于人和动物心理的研究，自我观察则仅适用于人的心理，特别是研究者自身心理的研究。研究设计是根据假设作出的，研究者搜集的资料应当尽量直接与假设有关。但是，研究者不能受固定思想的束缚，不能因先入之见，只搜集预期的资料而忽略其他意外的资料。

3. 分析资料

分析资料是采用适当的方法对搜集到的原始资料加以整理、分类，使之系统化和简约化的过程。在量化心理学研究中，对资料的分析通常是采用各种统计方法完成的。统计分析的主要作用，一是简化原始资料，以便把握资料分布的情况，二是检验各类资料的关系以及关系的程度。因此，在分析量化资料时必须借助统计方法和理论思维。而质性研究的资料分析，主要依赖研究者的理论思维。

4. 作出结论

就某一项特定的心理学研究来说，其最后阶段是作出结论。心理学研究的结论必须基于实证资料，而不能凭空臆测。通过研究设计、(统计)分析、作出结论，就可以对研究初期提出的假设进行检验。如果假设得到了验证，那么这个假设的可信度便提高了。假设的进一步发展有可能形成理论或定律。应当注意，在心理学研究中，由于种种原因(如研究对象的错综复杂)往往会出现虚假的实验验证。心理学假设的验证不是一次性的，而是不断进行的。能重复验证的假设便具有科学价值，有可能发展成某种心理学理论。如果假设得不到验证，那么这个假设就应被否定。

上述四个步骤密切联系，任何一个步骤上有错误都将导致研究失败。

二、研究的主要方法

心理学研究的主要方法有观察法、实验法、调查法和个案研究法。这些方法各有其优缺点，在确定使用哪一种方法来研究心理和行为时，均应考虑其适用性。

1. 观察法

观察法(observational method)是在自然情境中搜集被观察者的资料，以了解其心理和行为的一种方法。观察法广泛应用于心理学的各种研究之中。

观察可以分为非系统观察和系统观察。非系统观察(unsystematic observation)是日常生活中人们常用的一种方法。许多研究取向都源于非系统观察。例如，当我们几次观察到 4 岁的孩子喜欢独立地完成自己的事情(如拉上外套的拉链，系上自己的鞋带等)而不让大人来帮忙，一两岁的孩子则无这种现象，那我们就可能推测:孩子的自觉控制力是否与年龄有关呢？这样，非系统观察就可能激发我们做进一步的系统研究。系统观察(systematic observation)是有计划有目的地搜集资料的过程。在系统观察时，首先要建立起一个记录行为的分类系统和等级量表,并定出记录方法。例如,要观察记录“攻击行为”,就必须对“攻击行为”加以界定,并把它分为“言语攻击”和“行动攻击”两类;再对之进行分类,如将“言语攻击”分为“骂人”“讽刺挖苦”……,将“行动攻击”分为“推人”“打人”……,并对攻击的严重性定出等级。这样的观察记录客观、系统,可用于验证研究假设。此外,实际观察时,由于观察者的立场不同而有两种不同身份:一种是参与观察者,也就是观察者实际参与被观察者的活动,以其中一员的身份,随时记录身边所见所闻;另一种是非参与观察者,即以旁观者身份随时记录所见所闻(张春兴,2005)。需要注意的是,无论以哪种身份进行观察,都不宜使被观察者发现他被别人观察,从而影响到真实的观察行为。

观察法的主要优点是被观察者在自然条件下的行为反应真实自然;其主要缺点是观察资料的质量容易受观察者的能力和其他心理因素的影响,而且观察的资料数量有限,往往难以作出概括性的结论。

2. 实验法

实验法(experimental method)是在控制的条件下系统地操纵某种变量的变化,以研究这种变量的变化对其他变量产生的影响。由实验者操纵变化的变量被称为自变量(independent variable)或实验变量(experimental variable);由实验变量引起的某种特定反应被称为因变量(dependent variable)。实验需要在控制的情境下进行,其目的在于排除实验变量以外一切可能影响实验结果的无关变量(irrelevant variable)。在实验中,实验者系统地控制和变更自变量,客观地观测因变量,然后考察因变量受自变量影响的情况。因此,实验法不但能揭示问题“是什么”,而且能进一步探求问题的根源“为什么”。

用实验法研究心理学问题,必须设立实验组(experimental group)和控制组(control group),并使这两个组各方面的条件大致相同,控制无关变量的影响,然后对实验组施加实验变量的影响,控制组则不施加影响,考察并比较这两组的反应是否不同,以确定实验变量的效应。

实验可以分为现场实验和实验室实验。现场实验(field experiment)是在实际生活情境中对实验条件作适当控制进行的实验。例如,要研究小学一年级儿童普遍存在的感知算式错误(把加法做成减法或把减法做成加法)的原因,实验者在一个班里按一定的计划加强实验性训练,对另一平行班则不进行这种实验性训练而是正常教学。对获得的材料加以整理和分析,就可以找出影响小学一年级儿童感知算式错误的原因。现场实验的优点是把心理学研究与平时的业务工作结合起来;研究的问题来自现实,具有直接的实践意义。其缺点是容易受无关因素的影响,不容易严密控制实验条件。要精密地控制实验条件,还需用实验室实验。

实验室实验(laboratory experiment)是在严密控制实验条件下借助一定仪器进行的实

验。例如，为了比较人的视觉与听觉简单反应时间的差异，在实验中布置好秒表、光声刺激器、电键等仪器，令研究对象将一只手放在电键上，要求他每看到或听到信号时，便立即按下电键，经过多次实验，便可求出它们在统计学上有无差异。实验室实验的最大优点是对无关变量进行了严格控制，对自变量和因变量作了精确测定，精确度高。其主要缺点是研究情境具有人为性，难以将结论推广到日常生活中去。

3. 调查法

调查法(investigation method)是以提问题的方式了解研究对象心理活动的方法。根据研究的需要，可以向研究对象本人作调查，也可以向熟悉研究对象的人作调查；可以用问卷或量表调查，也可以用访谈方式调查。例如，黄希庭等人(1994)对分布于我国东、南、西、北、中各个地区的理、工、农、医、师范各类高校近 30 所大学生的人生价值观、政治价值观、道德价值观、人际价值观、审美价值观、宗教价值观以及自我观、婚恋观、幸福观进行调查，在此基础上写出《当代中国青年价值观与教育》一书，系统探讨了我国当代大学生的价值观的特点。调查法的优点是能够收集到大量的资料，效率高。其缺点是研究结果难以排除某些主、客观因素的干扰。因此，要进行科学的调查，必须有经过预先检验的问卷，有受过培训的调查者，有能够反映总体的样本，还要采用正确的资料分析方法。这样，调查结果才能有学术或实践价值。

4. 个案研究法

个案研究法(case study method)是搜集单个研究对象各方面资料以分析其心理特征的方法。通常搜集的资料包括个人的生活史、家庭背景、生活环境、人际关系、身体特征和心理特征等方面的资料。根据需要，也会进行智力测验和人格测验，从熟悉研究对象的亲近者那里了解情况，或从研究对象的书信、日记、自传或他人为研究对象写的资料(如传记、病历)等入手进行分析。用这种方法的研究，不同于用一种方法的研究，或对许多研究对象进行调查搜集资料、用统计分析得出一般性倾向的研究，是兼用多种方法，如调查法、测验法等。

个案研究法的优点是能加深对特定个人的了解，有助于教育和辅导工作的针对性，因材施教。它的缺点是，收集到的资料往往缺乏可靠性。例如，个人写的日记和自传往往因自我防卫而缺乏真实性。他人为研究对象写的传记也会因记忆误差和情感上的好恶而失真。

第四节　心理学与学校教育

心理学与学校教育的研究对象都是人，它们的任务都是提高人们的生活质量，促进人类的文明、进步和幸福。心理学与教育是密切联系、相互促进的。心理学的知识和方法将有助于教师描述、解释、预测和控制学生的行为，使学生朝着教学目标的方向变化。教育实践又不断为心理学家提出研究课题，检验心理学理论，促进心理学的繁荣和发展。

一、心理学对学校教育的促进作用

1. 描述与解释

学校教育(school education)是在学校中对学生的身心施加的一种确定的、有目的、系统的影响，以便在学生身上养成教育者期望的品质。要对学生有效地施加影响，形成教育者期望的品质，首先要了解学生的心理特点，即对学生的行为进行科学描述，并对行为背后的心理原因作出解释。

对学生心理和行为作定量描述有助于教师较准确地把握学生的特点。许多心理学方法有助于教师对学生心理和行为进行定量描述。例如，用注意测量方法可以较准确地描述学生注意的特点，用记忆测量法可以较准确地描述学生的记忆力，用智力量表、人格量表、成就动机量表和心理健康量表可以较科学地描述学生在智力、人格、成就动机和心理健康方面的特点，还可以用社会测量法较准确地描述学生人际关系的特点和人际关系能力。这些方法在本书以后各章中均有所讨论。

要教育好学生，教师不能仅停留在对学生外部行为的了解上，更重要的是要了解行为背后的心理原因。心理学知识将有助于教师了解学生行为的心理原因。例如，同一个班上相邻而坐的两个学生，他们高矮相近，经测验智商也相近，行为却大相径庭，一个认真迅速地完成作业，课堂上积极主动，考试成绩优秀，另一个却对作业一筹莫展，课堂上消极被动，考试经常不及格。其原因何在？这两个学生行为上的差异很可能是学习动机上的差异引起的。用教师的话来说："前一个学生学习很努力，而后一个学生虽有能力，却不愿意努力。"对于这个问题，心理学上的动机理论能帮助教师对这两位学生的行为原因作出解释。读者在学习本书第四章之后，就会对学生的学习动机有更深入的理解。

2. 预测与控制

心理学的知识将有助于教师预测学生的心理和行为趋向。例如，经韦克斯勒儿童智力量表测量，一位儿童的操作智商分明显高于言语智商分，那么就可以相当有把握地预测他今后的技能学习成绩会优于语言文字学习成绩。

在教育上，教师对学生的控制是指教师积极引导学生朝着教育目标规定的方向发展。例如：教师可以根据知觉的规律培养学生的观察力；根据注意的规律组织好教学，使学生上课专心听讲；根据思维的规律使学生正确地理解概念，形成严密的逻辑思维能力；根据记忆的规律，指导学生正确地进行复习，牢固地掌握知识技能；根据人格的发展和形成规律，培养学生良好的品德，矫正其不良行为。

二、学校教育对心理学的促进作用

无论是过去还是现在，教育实践都为心理学家提出大量的心理学研究课题。目前，我国有关教育的报刊上还经常看到这样的标题：

少年的逆反心理与教育；

教会学生学会学习和思维；

培养学生的创新意识；

校风班风对学生行为的影响；

学生的心理健康不容忽视；

优秀教师应具备的品质。

这些标题说明教育实践中需要解决这些问题。应当说，心理学家对这些问题曾做过许多研究，积累了相当多的资料，但需要进一步研究，特别是联系教育实际做深入研究。因此，这也为心理学家提出了进一步研究的课题。而对师范生来说，掌握目前心理科学解答这些问题的科研资料，则是使他们成为优秀教师的重要知识储备。

与教育有关的心理学理论是否正确，必须经得起教育实践的检验。例如，詹姆斯(James，1890)曾提出一个著名的公式：自尊＝成功/抱负，也就是说一个人的自尊水平取决于成功与抱负水平的比值。如果一个人想提高自尊，就可以通过提高成功度或降低期望值(抱负水平)实现。后来，教育实践的研究表明，这一公式还受到其他因素(如校风班风、年龄特征、自我价值观等)影响。因此，教育实践不仅检验与教育有关的心理学理论的正确性，而且能促进心理学理论的发展。

本章小结

心理学是对心理现象进行科学研究的学问，其中与教育教学有紧密关系的主题包括人格及其发展、动机和自我、学习心理、教学与管理心理、社会心理、心理健康与辅导。心理学研究的任务是揭示心理的事实、规律、机制和本性。

现代心理学主要有七种取向，即生物学取向、行为取向、认知取向、精神分析取向、现象学取向、发展取向和社会文化取向，它们从不同的侧面或层次探讨复杂的心理现象。个体心理是一个多维度多层次的系统，可以分为心理过程、心理状态和心理特征，也可以分为意识和潜意识。个体心理对物质载体有依存性，但个体心理也具有能动性。

心理学研究的基本程序主要由建立假设、搜集资料、分析资料、作出结论四个步骤组成，主要方法有观察法、实验法、调查法和个案研究法。

心理学通过描述与解释、预测与控制促进学校教育的提升，学校教育对心理学研究和实践同样具有促进作用。

推荐阅读

1. Zimbardo, P.G., Johnson, R.L., & McCann, V.(2016).*津巴多普通心理学(第7版)*.钱静,黄珏萍,译. 北京:中国人民大学出版社.

2. 戴维·迈尔斯.(2018).*心理学精要(第6版)*. 黄希庭,等译. 北京:人民邮电出版社.

复习思考题

1. 解释下列概念:

   心理学　心理过程　认知过程　情绪过程　意志过程

   心理状态　心理特征　意识　潜意识　个案研究法

2. 举例谈谈心理学的研究领域。
3. 阐述心理学的任务。
4. 现代心理学研究有哪些主要取向?
5. 心理学有哪些主要研究方法?
6. 怎样看待心理学取向与心理现象复杂性的关系?
7. 请谈谈师范生学习心理学的意义。

第二章

人格与学校教育

在日常生活和心理学研究中，“人格”这个词出现得相当频繁，但其含义往往大不相同。比如，“他/她有着高尚的人格”，这是从道德品质或道德伦理层面对人的整体进行评价。又如，“某某公司强迫雇员对老板下跪‘感恩’，简直是在侮辱人格”，这是从法律法规角度表述公司对雇员人身权利的侵犯。有时会在网络上看到形形色色的测试，如“从选择坐在哪个位置看你的人格特质”，这是从日常生活经验视角来预估个体的某个侧面。在学校心理健康测试中，常见的艾森克人格问卷、卡特尔 16 种人格因素问卷等心理测试里提到的人格往往是指从某个特定的理论体系出发，对个人特质的综合评估。心理学中的人格到底是指什么呢？人格与学校教育又有怎样的联系呢？接下来将讨论人格的特性及其与学校教育的关系。本章主要内容如下：

1. 人格的内涵与特性；
2. 人格动机与学校教育；
3. 气质差异与学校教育；
4. 性格差异与学校教育。

第一节　人格的内涵与特征

一、人格的含义

古代汉语中并无“人格”一词，人格是近代意译自英文“personality”(黄希庭，2002)。源于拉丁文“persona”，本意是指面具，实际上包含两层意思：一是指个人在生活舞台上表演的各种行为，即表现于外的给人以印象的特点或公开的自我；二是指个人蕴藏于内，外部未表露的特点，即被遮蔽起来的真实的自我(黄希庭，郑涌，2015)。古希腊演员在舞台上演出时会依据剧情或人物角色的需要戴上相应的面具(类似我国京剧中的脸谱)。心理学借用这个术语来体现个体表露在外的印象和特点，在生活中扮演的角色及其与之相应的个人特质、行事风格和内在特性。

在心理学领域尚未产生统一的人格定义。不同的研究者对人格理解不同，给出的定义也很不相同。奥尔波特(Gordon W.Allport)在《人格：心理学的解释》(1937)中，从语言学、宗教、历史、法律、哲学、心理学和社会学等领域全面探讨了人格的含义,列举了50种不同的定义,并提出"人格是个体内在心理物理系统中的动力组织,它决定一个人对环境独特的适应"(Allport, 1961)。艾森克(Hans J.Eysenck)认为,"人格是个人的性格、气质、智力和体格相对稳定而持久的组织,它决定着个人适应环境的独特性"(Eysenck,1970)。普汶(Pervin, 2001)的定义在当代颇具代表性:"人格是为个人的生活提供方向和一致性的认知、情感和行为的复杂组织。"也有学者认为,人格指的是人们在不断成长的过程中逐渐显现的自身在思想、价值观、社会关系、行为模式、情感体验等各个方面的大体趋势(McAdams & Olson, 2010),以及在这些方面与其他个体的差异(Kazdin, 2000)。郭永玉(2016)则认为,人格是个体在各种交互作用过程中形成的内在动力组织和相应行为模式的统一体。在本书中,**人格**是指个体在行为上的内部倾向,它表现为个体适应环境时在能力、情绪、需要、动机、价值观、气质、性格和体质等方面的整合,是具有动力一致性和连续性的自我,是个体在社会化过程中形成的给人以特色的心身组织(黄希庭, 范蔚,2001)。

专栏 2-1

我国传统文化中对人格的理解

在我国文化中,人格的含义显然不同于西方。从词源上看,依据《说文》,"格"是"木长貌",意为树木长出"枝",即从树干上长出枝,形成树的形式,"格"就是分枝而有"格局"的意思;另据《广韵》,"格"是"度也,量也",即衡量的准绳,于是引申为"规格"。说一个人"有格""无格"或"格的高低",是把"人格"视为一种"做人"的方式,属道德规范的范畴。在典籍中提到"人的格",首见于《礼记·缁衣》:"言有物而行有格,是以生则不可夺志,死则不可夺名,故君子多闻,质而守之。""行有格"是指行为有方式,有规范。一个人的行为有规范,终生不渝,更由其生前的行为方式成为死后"历史"的证据。这样的人格会受到社会的尊崇。张岱年说:"一个人的人格亦即一个人的'为人'。《论语》记载:'叶公问孔子于子路,子路不对。子曰:汝奚不曰:其为人也,发愤忘食,乐以忘忧,不知老之将至云尔。'孔子的'为人'即是孔子的人格。一个人的人格包含一个人的心情胸怀和德行事业。"这些论述都是强调"为人",而不是强调个体的独特性。因此,从词源上看,东西方对人格的理解是不同的。

以"一个真实的人"来说,我国传统文化对人的理解,强调的是"天人合一"。老子讲"天人合一",孔子也讲"天人合一"。孔子曰:"子罕言利,与命与仁。"(《论语·子罕》)在古文中,"与"不仅有"和""同"的意义,还有"称赞、歌颂"的意思。这里的"与命与仁",应解释为"称赞命,称赞仁"。"命"就是"天命",就是"天道";"仁"指的是和谐的人际关系,就是"人道"。"与命与仁"也就是"天人合一"。"仁"是孔子的核心思想。《论语》中多处讲到"仁",都强调个体要正确处理与他人、与集体、与社会、与自然界的关系。在中国人的人格特征中蕴含着明晰的社会化色彩。

资料来源:黄希庭(2004b)

二、人格的基本特征

人格具有整体性、稳定性、独特性和社会性四个基本特征。

1. 人格的整体性

人格的整体性(unity of personality)是指人格具有多种成分和特质,如能力、气质、性格、情感、意志、认知、需要、动机、态度、价值观和行为习惯等,它们在一个现实的个体身上并不是孤立存在的,而是由所有成分和特质紧密联系、共同构成的综合的有机组织。正常人的行动并不是某一个特定成分(如气质、动机)单独运作的结果,而是各个成分紧密联系、有机协作的活动。人的行为是整体机能的表现,就好比火车各个车厢都朝着同一个方向,作为一个整体来协同运行。

人格的整体性或完整性是心理健康的标志之一。精神分裂症的典型症状就是丧失了人格的完整性,以及与现实保持一致的能力。精神分裂症患者虽然仍保持着感知、记忆、思维、想象等心理机能,但这些心理机能在发病期间或如碎片一样难以保持完整,或无法与客观现实保持一致,就如一个失去指挥的交响乐团一般杂乱无章。正常人的心理是多样性的统一,健全的人格必然是统一运作的有机整体。

2. 人格的稳定性

人格的稳定性(stability of personality)是指个体的人格特征具有跨时间和情境的一致性。一项跨越四十年的追踪研究为人格特征的稳定性提供了证明(Blatny, Jelinek, & Osecka, 2007)。研究者发现,尽管在四十年间,研究对象经历了人生中漫长而复杂的变化,但出生后不久即表现出来的人格特质仍然与他们不惑之年时的人格特质存在相当的一致性。那些在婴儿时期就对外界更感兴趣、整体活泼程度与敏感性都更高的人,在成年后更可能成为外向的人。在日常生活中经常可以看到类似的例子:一个外向性高的人,在幼儿期就表现出乐于与人在一起,愿意和小伙伴在一起玩耍;到了学校中,就表现为喜欢与人交际,积极参与班集体活动,乐于表现自己。这一倾向不仅在幼儿期就体现出来,历经小学、中学,乃至大学和走向社会后也依然如此。

人格的稳定性受到基因与生理因素的双重影响,其影响从胎儿期开始,从出生到年老,一直稳定地体现在个体的方方面面。童年期以后,人格的各方面逐渐得到完整的显现,个体的人格特征也愈发清晰。正是基于人格的稳定性,人格心理学家才能够从个体童年乃至青少年期的人格特征预测个体成年后的人格特征及各种行为表现,同样也可以基于一个成年人的人格特征谨慎地推论此人早年的特征与表现。

人格的稳定性并不等同于人格是一成不变的。首先,人格特征的表现形式会随着年龄的增长与环境的变化,在不同时期呈现出不同的特点。一个内向的人,在幼儿期可能会表现为不太爱与同龄儿童一起玩耍,在成年人和陌生人面前表现不活泼。到了读书的时候,在班级中表现低调,玩得好的朋友虽不是很多,但与好朋友的关系十分紧密而长久。到成年工作的时候,出于工作的需要,在工作时会与人积极接触、态度热情,但在生活中更多地享受一个人的时光,不太热衷于工作以外的交际活动。到了老年时也更多地好静而非好动,更偏爱书法、太极等沉静独立的活动,不太会参加广场舞这类群体性活动。其次,人格的稳定性也会受到对个体具有重大意义的事件、环境因素的改变或机体因素的影响。例如,迁居异地、家庭变故、重大的自然灾害事件、身心创伤、脑部损伤等,这些都有可能会导致人格特征的变化,如价值观、人生观、个人信仰甚至整个人格特征的改变。

3. 人格的独特性

人格的独特性(uniqueness of personality)是指个体的人格特征与他人互不相同,具有个体独有的特征,体现为个人独有的风格。人格结构的组合具有多样性和多重性,每个人的人格特征都有其独特的风采。

在强调人格的独特性的同时也需要说明,人与人之间的心理和行为也有一定的共同性。人是社会性动物,同一个种族、同一个阶级、同一个群体的心理与行为特征有一定的相似之处,可以归纳为同一种社会文化性人格。这一现象被文化人类学家称为群体人格(group personality)或众数人格(modal personality)。例如,有研究发现,在神经水平上,母亲也是中国人集体主义自我的一个组成部分。在西方文化中,自我参照的回忆成绩优于其他形式的语义加工,如母亲参照、他人参照和一般语义加工的回忆成绩,这一记忆优势可能缘起于自我在内侧前额叶(medial prefrontal cortex, MPFC)的定位;然而,中国人母亲参照与自我参照,无论是在记忆成绩上还是在自我觉知的程度上都非常类似,这暗示母亲可能与自我共同分享了这一区域(张力,周天罡,张剑,刘祖祥,范津,朱滢,2005)。也就是说,在中国人的自我观中,自我不仅是指自身,也包括母亲等重要他人。这一研究结果与西方文化中自我的独立定位是不同的。虽然不同的人可能有着某些相同或相似的人格特征,但由于人格结构的多样性,各种人格特征在每个人身上整合而成的人格依然是各不相同的,这也是人格独特性的体现。

4. 人格的社会性

人格的社会性(sociality of personality)是指社会化将人融合为社会的一员,人格是社会化的人所特有的。社会化(socialization)是指个体在与他人的交往中掌握社会经验和行为规范,获得社会性自我的过程。

人类作为社会性动物,天生具备社会生活的需要和使社会生活成为可能的能力。现代人类相比于其他动物有更为发达的大脑额叶,为使用语言与他人沟通,借助概念进行思维,抽象、提炼习得的经验并进行交流与传播提供了有力的生理基础。

社会化的内容与人类社会本身一样,蕴含着多元化的方向。社会性发展的实质在于人的社会属性系统的不断完善和社会参与能力的逐步提高。对现今的大多数社会来说,人们是以父系血缘来确定自己的亲缘关系,并建立相应的家庭和家族观念,但对生活在我国泸沽湖畔的纳西族摩梭人来说,奉行的则是母权制家庭形式,家庭成员的血统完全以母系计算，没有翁婿、婆媳、妯娌、姑嫂、叔侄等关系，与常见的家族模式截然不同。社会化与个人所处的文化背景、社会制度、种族、民族、社会阶层、家庭密切相连，人格既是社会化的对象，也是社会化的结果。

人格是个体的自然性和社会性的综合，人的生物性需要和本能受人的社会性制约。年幼的孩子在进食和排泄的时候往往只服从生理的本能性需求，但随着年龄的增长和社会化进程的发展，会逐步选择那些符合社会规范和习俗的方式来满足自己的生理性需要。

三、个体差异

在日常生活中，我们时常会以“个性”来代替人格，实际上，个性(individuality)是指人格的独特性。个体差异(individual difference)是指不同个体之间在身心特征上的差异性现象。受到遗传、发育、教育、环境和社会文化背景的影响，个体间在身心特征上或多或少都会有不同之处，其中最为主要的是能力、动机、气质和性格的差异。

个体差异对人的影响是多方面的，人的各项活动会受到各种差异因素的相互作用。很长一段时期以来，很多人都认为学生的学业成就是由其能力水平的高低决定的，甚至有人直接认为智力水平是决定学业成就的唯一因素。然而心理学的研究表明，如以智力水平(即智商)来预测学生的学业成就，预测效度只能达到 0.50 左右；而以智力水平来预测学生的未来职业成就，其预测效度仅有 0.20 左右(Matatrazzo，1972)。这充分说明，学业成就不仅与智力水平有关，更与学生人格中的非智力因素(如动机、气质、自我控制、抗挫折能力，甚至乐观水平等)有关。接下来的部分我们将分别讨论人格动机、气质和性格，智力将在第九章介绍。

专栏 2-2

智力的个体差异

智力属于个人能力的范畴。人类的学习能力和智力水平有着巨大的个体差异。

19 世纪经济学家和哲学家约翰·斯图尔特·穆勒(John Stuart Mill)3 岁时即开始在父亲詹姆斯·穆勒(James Mill)的指导下学习希腊语，6.5 岁时写了一部罗马史，8 岁时不仅掌握了拉丁语，还同时开始学习几何和代数。如果用传统的比内—西蒙智力测验评估他的智力水平，约翰·斯图尔特·穆勒的智商应高达 190 分。一般说来，智商达到 140 分即可归为天才，人类中仅有 0.01%的人智商高于 160 分。

对一些特殊个体来说，虽然他们的智力远低于一般水平，却可以做到常人无法想象的事情。例如，一位名叫苏珊的姑娘，智力障碍严重，27 岁时还生活在一个智力障碍者服务机构，智商只有 37 分；她没有读写能力，甚至不会自己吃饭、穿衣，还一直对人傻笑。但令人吃惊的是，任何诗她只要听一遍，就能一字不差地背诵下来。被称为

“人体照相机”的英国艺术家斯蒂芬·威尔特希尔(Stephen Wiltshire)的智商虽低于一般水平,也很难与人进行正常的社会交往,却有着极为惊人的记忆力。他曾乘坐直升机游览纽约市,游览全程只有15分钟,但在接下来的5天时间里,他完全凭记忆绘制出纽约市全貌,而且细节精准,笔下的景色与真实景色的细节相似度高达90%。

这类人被称为“天才白痴学者”,亦称“白痴天才”,通常智力水平低下,社会适应能力极差,甚至生活无法自理,但在某一方面表现出非凡的能力。

第二节 人格动机与学校教育

一、人格动机的概念

动机(motivation)是激发并维持个体进行活动,并使活动朝向某一目标的心理倾向。动机是个体行为的动力,也是激发个体行为的直接原因;既是人格连续性与稳定性的来源,也赋予个体行为以意义的力量。个体的动机分类体系众多。从人格特征的角度出发,个体的动机可以分为情境动机和人格动机。情境动机(situational motivation)是指个体在某种特殊的情境(如饥饿时)产生活动,寻找目标(食物)以满足需求的动机,这类动机是暂时性的、非普遍性的,不属于个体稳定的人格特征。人格动机(personality motivation)是指个体追求的目标不因情境改变而有所差异,而是稳定、持续地推动个体的活动,人格动机与一个人的价值取向和人生目标追求密切相关,如成就动机、权力动机、亲和动机、求知、审美等。

二、人格动机的类型

德国哲学家斯普兰格(Spranger, 1928)曾根据人生追求目标的不同,将人格划分为六种类型,包括理论型、经济型、审美型、社会型、政治型和宗教型。由默里(Henry A. Murray)开创而后由麦克莱兰(David C.McClelland)和阿特金森(John William Atkinson)发展的动机研究,深入探讨了成就动机、权力动机和亲和动机。

成就动机(achievement motive),是个体追求自认为重要的、有价值的工作,并使之达到完美状态的动机,即一种以高标准要求自己并力求取得活动成功为目标的动机(莱因贝格,2012)。麦克莱兰认为,具有强烈成就需求的人渴望将事情做得更为完美,提高工作效率,获得更大的成功。高成就动机者追求的是在争取成功的过程中克服困难、解决难题、努力奋斗的乐趣,以及成功之后的成就感,并不看重成功带来的物质奖励。需要强调的是,成就动机与外界环境有着密切的关系,家庭、朋友等社会支持系统对个体成就的鼓励和支持是十分重要的。

权力动机(power motive),是指个体欲在某些方面取得一定支配地位的内在动力(黄希庭,郑涌,2015)。这种动机的核心需求是希望对他人的感情、思维、行动产生影响,并希望抗拒来自外部旨在改变自己的感情、思维、行动的企图。权力动机又可以具体分为两种:一种是个人化权力动机,即追求个人权力,体现为围绕个人需求行使权力,参与活动的目的是表现自己,满足个人的利益或愿望;二是社会化权力动机,是指寻求社会化权力的个体往往倾向于以个人的贡献和才干来影响他人,寻求权力的目的是为他人和社会服务,并愿意接受约束,从体验行使权力的过程中得到一种满足。

亲和动机(affiliative motive),又称交往动机,是建立友好亲密人际关系的动机,具体是指个体在社会生活中与他人亲近、交往以获得他人的关心、理解与合作的动机。亲和动机是与人亲近的内在动力,主要表现为每个人都愿意归属于某个群体,喜欢与人交往,希望得到别人的关心、友谊、支持、合作与赞赏。亲和动机是一种基本的社会动机,是一个情感连续体,包含着个体从低级到高级的各种集群需要,与社会学习密切相关。

鉴于人格动机的分类系统众多,金盛华等人(2009)基于本土化研究提出,中国人的价值观是一个八因素结构,具体包括品格自律、才能务实、公共利益、人伦情感、名望成就、家庭本位、守法从众和金钱权力,并认为中国人整体上表现出以品格自律、才能务实、公共利益、人伦情感为优先取向的亲社会结构,具有鲜明的"好人定位"的特点,当代中国人仍然高度认同"先立德而后立身"的社会期许价值观。人格动机会受到个体所处的社会文化背景、教育、家庭观念和生活经验影响,个体经验影响着个人价值观的形成,而社会文化则为个体的人格动机赋予了社会化的色彩。

三、人格动机差异的教育含义

我国现阶段的教育目标是全面贯彻党的教育方针,以提高民族素质为根本宗旨,以培养学生的创新精神和实践能力为重点,造就"有理想、有道德、有文化、有纪律"的、德智体美劳全面发展的社会主义建设者和接班人。培养社会主义建设者和接班人,是我们党的教育方针,是我国各级各类学校的共同使命。全日制中学的任务具体包括,为成人作准备,为未来公民作准备,为终身发展作准备,为升学作准备,为就业作准备(石中英,2015)。

每一个个体的成长,不仅受到社会文化的熏陶和教育的影响,而且是个体自身经验不断融合、塑造自我的历程。要实现教育目标,不仅要求教师遵从教育方针认真执教,更要求教师在教育教学活动中紧密结合学生的心理发展规律和年龄阶段特点,理解动机理论,掌握人格动机的功能,并根据学生的个体差异塑造良好人格。如果教师忽视了学生的心理需求和人格动机,仅从社会要求和一般性教育原则出发,很难实现人格健全与终身发展的教育目标。了解学生的人格动机,帮助学生建立良好的价值观体系,对教师达到教学目标,促进学生良好人格的健全发展有着重要的意义。

怎样了解学生的人格动机呢?除了学生的自我觉察之外,教师还可以通过问卷测量和操作性测验的形式测评学生的人格动机,如黄希庭等人(1994)修订的价值观研究量表及价值调查表,高志华等人(2016)修订的肖像价值观问卷中文版等。已有的成就动机评估较为复杂,可以用成就动机量表(叶仁敏,1992)和客观性成就动机测验(张锦坤,白学军,2006)等。

成就动机不是一成不变的,可以通过教育与引导得到提升。哈佛大学的心理学家曾设计一个培训课程以期有效地提升参与者的成就动机,其总体框架包括四个主要目标:(1)教育参与者怎样像高成就得分者那样思考、谈吐、行事,如学会编写能使成就得分变高的故事,并学会为自己设置适当的目标;(2)鼓励参与者为自己的今后两年设置更高的、计划周密的现实目标,并每六个月核查一次,检视成果;(3)利用心理学技巧帮助参与者更好地了解自己;(4)通过分享参与者的希望与担忧、成功与失败,在安全的环境中共享感情经历,创造群体的团结精神。这一框架对年龄较大、人格发展比较成熟的参与者十分有效,经过有针对性的修改与调整,也可以作为培养学生形成良好成就动机的有效手段使用。不过,麦克莱兰(McClelland, 1985)在对初中生的培训中发现,虽然培训在短时间内也可以取得相应的成果,但要长期保持成就动机,仍需要为学生建构一个良好的外在环境,包括但不限于家人、朋友和教师的真诚的鼓励与支持。

第三节 气质差异与学校教育

一、气质概论

气质(temperament)是个体与生俱来的心理活动的典型而稳定的动力特征,是人格的先天基础。气质是表现在心理活动的强度、速度、灵活性、指向性等方面的一种稳定的个性心理特征。气质在胎儿期就已形成并表露于个体的各个方面,对个体的影响会伴随一生。观察新生儿即可发现,有的新生儿一出生就对周围的环境更好奇、爱动,周围一有声音就会响应;有的新生儿则比较安静,对环境中的刺激变化比较镇定。随着个体的成长,这一稳定的动力特征会逐步显现在个体的各项心理活动之中。生活环境和教育虽然会对个体产生一定的影响,但本质上,气质的神经活动特征(如对情绪刺激的感受性、心理活动的强度、反应的灵活性和指向性)很难改变。俗话说"江山易改本性难移",体现的就是气质的稳定性。气质也具有一定的可塑性,在外部环境和教育的影响下,个体气质也会发生某些改变,但改变往往只是外部表现的改变,这一现象被称为气质的掩蔽现象。

古希腊医生希波克拉底(Hippocrates,前 460—前 377)最早观察到人有不同的气质。他认为,人体内有血液、黏液、黄胆汁和黑胆汁四种体液,并根据这四种体液所占比例的不同,将人划分为多血质、黏液质、胆汁质和抑郁质四种气质类型。在这之后,对气质类型的分类还有体型说、激素说、血型说和特性说等多种体系。学界普遍认同的是,气质是依赖个体的遗传素质和神经类型的人格特征，是人格的自然基础。气质使得个体所有的心理活动都染上独特的色彩。

二、气质类型

气质类型(temperamental type)是指以某种特征为标准对人们的气质所作的分类。最早的气质类型分类，即希波克拉底提出的四种类型说，多血质、黏液质、胆汁质和抑郁质的分类名称沿用至今，并在学者后续的研究中进行了新的界定。其中，以巴甫洛夫学派为代表，将气质与高级神经活动类型联系起来，认为气质是由高级神经活动的特性，如神经活动的强度、均衡性和灵活性决定的。这四种气质类型的大致特点如下。

多血质(sanguine temperament)：活泼好动，反应敏捷、迅速，注意易于转移；善于交际，乐于与人交往；容易接受新事物，但印象不是很深刻；情绪和情感反应快而易变，易显露于外，体验往往较浅。显著特点是灵活性很高，容易适应变化的环境条件。

黏液质(phlegmatic temperament)：安静沉稳，反应较慢；交际适度，较为沉默；善于克制自己，情绪不易外露；注意稳定但较难转移；善于忍耐，沉着坚定，对环境的适应较慢。其显著特点是安静、均衡。

胆汁质(choleric temperament)：直率热情，精力旺盛；易于冲动，较为急躁；反应迅速，但准确性较差；情绪明显表露于外，不过持续时间不长，情绪来得快去得也快。其显著特点是兴奋性很高，行为表现有不均衡性和周期性。

抑郁质(melancholic temperament)：敏感细腻，反应速度慢；情绪情感不易外露，体验往往深刻独到；具有很高的感受性，善于觉察别人不易发觉的细小事物，对环境条件的变化更为敏感。其显著特点是敏感、细致。

需要注意的是，虽然根据典型特征对气质进行分类是一种认识他人的经济、快捷的方式，然而在现实生活中，人类的气质是十分复杂的，成年人的气质类型基本上都是两种或两种以上气质的混合，纯粹的单一气质类型是很少的。一般情况下，人们都兼具几种气质类型的特点，只是其中某种气质类型的特点更为突出而已。生命第一天呈现出的形象并不是气质类型，而是气质类型后期发展的基础，气质类型是环境作用于这一基础的产物。气质类型随着研究的深入越来越多，而且涉及人类情感、行为和智力等各个层面(王争艳，王莉，陈会昌，王京生，2000)。例如，美国心理学家巴斯等人(Buss & Plomin，1984)提出，气质是出现于儿童早期的遗传性人格特质，并以活动性、情绪性、社交性和冲动性为划分气质的指标，区分出四种气质类型：活动性气质、情绪性气质、社交性气质和冲动性气质。美国遗传学家克洛宁格(Cloninger，1987)认为气质是指对经验的自动化反应，一生稳定且有中等程度的遗传(徐世勇，2007)，并在遗传和神经生物学的基础上发展了气质模型。该模型包括四个相互独立的维度：探求新奇性(novelty seeking)、躲避伤害性(harm avoidance)、奖赏依赖性(reward dependence)和坚持有恒性(persistence)。

三、气质差异的教育意义

了解学生的气质特点，对于做好教育工作，帮助学生更好地适应环境，促进健全人格的全面发展，有着重要的意义。

第一，教师应当认识到每一种气质类型都各有其优缺点，气质无好坏之分，优缺点各有不同。教育者的任务在于结合每个学生自身的气质特点，在组织教育教学活动时帮助学生全面地认识自己，扬长避短，促进学生良好人格的全面发展。比如，多血质的优点是活泼好动，反应敏捷、迅速，乐于与人交往，其缺点在于情绪情感体验不深刻，注意容易转移。黏液质的优点在于善于忍耐，沉着坚定，安静沉稳，但其缺点在于注意转移慢，学习新事物的速度较慢。教师应根据学生不同的气质特点，采取不同的教育措施，帮助学生逐步认识自身的气质特点，有意识地促进学生人格的健全发展。还有一点应注意，不同气质类型在形成某种优良个性品质上的难易度是不同的。例如，多血质的学生较抑郁质的学生更易形成热情大方的个性品质，黏液质的学生较胆汁质的学生更易形成沉稳坚毅的个性品质。因此，应结合学生自身的气质特点，进行有针对性的引导。

第二，对不同气质类型特点的学生应采取不同的教育方式方法。同一种教育方式方法，对不同气质特点的学生产生的影响很可能完全不同。例如，对多血质和黏液质的学生来说，严厉而单纯的批评可能会帮助他们发现并更快地改正自己的错误。对抑郁质的学生来说，这样的方式很可能会使学生感到恐惧，甚至会害怕和教师交流。对胆汁质的学生来说，又是另外一种情况。胆汁质本身比较容易激动，教师严厉而直接的批评很可能会导致反效果，不仅不能帮助学生正视自己的错误，还可能会激起学生的反抗情绪。对于胆汁质的学生，温和的引导才会起到良好的教育效果。

第三，根据学生的气质特点进行职业指导。气质作为个体的天赋个性特征，在人的各项行为中均有体现；对学生未来的成长和发展来说，如果选择的发展方向和职业能与本身的气质类型相契合，无疑能取得更好的效果。教师应结合学生本身的气质类型和职业兴趣，进行有针对性的引导，这更有助于学生今后的成长和发展。

第四，还应强调的是，教师自己也应正确认识自身气质类型的优缺点。教育者也需要加强自身修养，持续学习和成长。此外，在认识自己气质类型的同时，也需要考虑如何更好地与不同气质类型的同事进行协作互助。

第四节　性格差异与学校教育

一、性格的概念

“性格”一词最早源于希腊文“kharakter”，原意为“印记”“雕刻”，后指“标记”“特征”，在心理学中是指由外界环境引发的，个体相对比较稳定的、深层的人格结构。

性格（character）是指个体对现实的态度和相应的比较稳定的行为倾向。性格是人格的核心部分，最能体现人们的个体差异。作为与社会联系最为紧密的人格特征，对性格的许多表述都带有社会道德评价的色彩。我国古代早已有对性格的表述，孔子（前551—前479）曰："质胜文则野，文胜质则史。文质彬彬，然后君子。"（《论语·里仁》）意为，性情过于直率就显得粗鲁，礼仪过于恭敬就显得虚浮不实。恰当地表露性情并礼仪得当，才是君子该有的样子。在古今中外的众多戏剧、小说和文学作品中，对人物性格的描述都是不可或缺的重要元素。

早期的学者认为，性格是由后天习得的，环境和教育因素对性格的影响是决定性的；随着脑神经科学与基因遗传学研究的进展，现代研究者认为遗传和生物因素也会对人的人格产生影响，性格是受先天与后天因素共同影响而成。性格的结构十分复杂，时至今日，学界对性格的研究仍在不断发展，尚未形成统一定论。

二、性格特征

性格是十分复杂的心理现象，有着诸多分类标准，可以从不同维度进行分析。性格特征可以分为态度特征、意志特征、理智特征和情绪特征四个维度，其中最重要的是个体对现实态度的性格特征和意志的性格特征。

1. 对现实态度的性格特征

性格的态度特征是指人对待现实的态度方面的特征，是性格最重要的组成部分。人们生活在现实世界中，对于纷繁复杂的外部世界，总会以一定的态度给予反应。由于客观现实的多样性，人们对现实的态度的性格特征也是多种多样的。例如，在对待社会和集体方面，有人关心社会、关心集体、乐于履行对社会和集体的义务，也有人对社会、集体漠不关心，甚至回避接触。在对待他人方面，有人诚实、守信、正直，也有人待人虚伪、狡诈，欺骗利用；有人富有同情心、体贴待人，也有人对人淡漠甚至冷酷；有人善于交际、热情好客，也有人孤僻沉默。在对待自己方面，有人自信、自卑，也有人自强、自立与自甘堕落。在对待学习、工作和劳动方面，有人勤劳或懒惰，有人责任心或粗心大意，有人认真或马虎，有人创新精神或墨守成规等。

2. 意志的性格特征

意志（will）是个体为了一定的目的，自觉地组织自己的行为并克服困难力求达到目标的心理过程，是个体在调节自身心理活动时表现出的心理特征。意志是人类特有的，将内部意识向外部动作转化，以达到预期目的的心理活动。意志的性格特征主要表现在独立性、坚定性、果断性和自制力四个方面。

独立性（independence）表现为个体有能力作出并执行重要的决策，有责任心并愿为自己的行为承担后果，而且对行为的可执行性有自身的判断。独立性与武断不同，武断是无视具体情境与他人意见而一意孤行,独立性则基于理性分析,往往有着对具体情境的充分评估。与独立性相反的是易受暗示性或盲从。

坚定性(insistence)表现为确信自己决策的合理性,并能长时间坚持不懈地执行。具有高度坚定性的人,往往有着顽强的毅力和百折不挠的精神。与坚定性相反的是,做事见异思迁,虎头蛇尾,三天打鱼两天晒网或刚愎、执拗。

果断性(resolution)表现为能够迅速地明辨是非,并及时地进行合理决策,执行决定。果断性与轻率截然不同,果断性以充分的依据和理性的思考为基础。与果断性相反的是优柔寡断、轻信。

自制力(self-possession)是自我监控与自我管理的能力,指个体自觉控制自身的情绪和行动,坚定地推行既定的行动,并排除外界干扰,主动抑制那些不符合既定目的的行为。与自制力相反的是任性、放纵,任意胡为,意气用事。

3. 理智的性格特征

理智的性格特征是指人在认知活动中表现出来的心理特征,主要指人在感知、记忆、想象、言语、思维等认知过程中表现出来的认知特点和风格的个体差异。其中,表现在感知方面的有主动与被动、抽象与具体,表现在记忆方面的有主动记忆与被动记忆、保持的持久性等个体差异,表现在言语方面的有生动与简略、情境性与叙事性等差异,表现在思维方面的有独立性与依赖性、分析性与综合性,表现在想象方面的有广阔与狭隘、丰富与贫乏等。

4. 情绪的性格特征

情绪的性格特征是指个体产生情绪活动时,在情绪的强度、稳定性、持续性和主导心境等方面表现出来的心理特征。例如,有的人情绪情感体验比较强烈,一经引起就久久难以平复;有的人情绪情感体验比较弱,不会轻易受到情绪的影响。有的人情绪容易波动,起伏程度大;有的人情绪一直比较稳定,不易看出起伏波动。有的人情绪活动维持时间短,来得快去得也快;有的人情绪活动持续时间长,对自我心理会产生较深的影响。有的人总是心境开朗,振奋快乐;有的人则多愁善感,压抑沉闷。

个体的各种性格特征是相互联系、相互影响的。一个工作认真、严谨的人,也常常有着较好的坚持性与自制力;一个工作草率马虎、责任心较差的人,也常常表现出自制力差、果断性和坚定性差的特点。现实中的每个人都是一个整体,各种性格特征必然是有机联系在一起的,心理学也据此由某种性格特征来推论其他的性格特征,并将相应的性格特征进行分类。

三、性格类型

性格类型(character type)是指按照某种标准对个体的性格进行分类。由于性格结构本身的复杂性与多面性,心理学界迄今尚未形成公认的性格分类理论。下面介绍几种具有代表性的性格类型。

1. 以生活适应为标准划分的性格类型

以生活适应为标准，可以把性格划分为内倾型和外倾型。

内倾型（内向型）(introvert type)，内倾型个体更加关注自身的内部世界，多为个性沉静，对社会交往需求不高的人。外倾型（外向型）(extrovert type)，外倾型个体更加关注外部世界，多为个性好动，喜好社会交往的人。这两种性格主要表现在人际适应上的不同倾向。最早对内—外倾概念进行研究的是奥地利精神病学家格罗斯(Otto Gross, 1877—1920)，之后由瑞士心理学家荣格(Carl Gustav Jung, 1875—1961)将内—外倾的概念引入人格研究领域。艾森克(Hans Eysenck, 1916—1997)将个体的生活适应与神经系统的兴奋过程和抑制过程相联系，并发现高外倾性的人兴奋过程发生慢、强度弱、持续时间短，抑制过程发生快、强度强、持续时间长，故需要来自外部环境的大量刺激；高内倾性的人兴奋过程发生快、强度强、持续时间长，抑制过程发生慢、强度弱、持续时间短，这样的人往往会回避过于强烈的外部刺激。艾森克(Eysenck, 1985)对此有详细描述（见表 2-1）。

表 2-1 艾森克对内倾型和外倾型性格特点的一般性描述

内倾型特点	外倾型特点
1. 倾向于事先计划，三思而后行，严格控制自己的感情，很少有攻击行为	1. 关注外部世界发生的事情，追求刺激，喜欢冒险
2. 性情安静，内省，生活有规律	2. 无忧无虑，随和、乐观，爱开玩笑，易怒也易平息，常常不加思考地行动
3. 对书的爱好甚于与人交往，除亲密朋友外，对人的态度是相对冷淡的，保持一定的距离	3. 有与他人交往的需求，好为人师，容易冲动
4. 重视道德规则，但有些悲观	4. 喜欢变化，热衷交友
5. 安静，不喜交际	5. 喜欢交际，不愿独自完成任务

（引自 Eysenck, 1985）

迈尔斯—布里格斯类型指标(Myers-Briggs Type Indicator, MBTI)，由美国学者迈尔斯(Isabel Myers)和布里格斯(Katherine Briggs)基于荣格心理类型理论提出。该类型指标认为，人的心理可以通过四个维度来描述（曾维希，张进辅，2006）：个体能量的流动方向（内倾与外倾）；个体获取信息的感知方式（感觉与直觉）；个体处理信息的决策方式（思维与情感）；个体与周围世界的接触方式（知觉与判断）。该类型指标可以反映性格类型的四维八极，由此构成十六种性格类型，并形成相应的测量量表，经专家学者不断修订、完善，现已有十余种版本（顾雪英，胡湜，2012）。下面简要介绍迈尔斯—布里格斯类型指标的四个维度(Matz, Yin, & Kosinski, 2016)。

内倾(introversion, I)—外倾(extraversion, E)维度：个体的注意较多地指向外部的客观环境还是内部的概念建构和思想观念。内倾型更多地表现为个体的注意指向内部的精神世界,在内部世界中获得支持并看重事件的概念和意义等。内倾型个体的许多活动是精神性的,倾向于独自安静地思考并加工信息。而外倾型更多地表现为个体的注意指向客体,在外部世界中获得支持并依赖外部环境中发生的事件。外倾型个体需要通过经历来了解世界,更喜欢大量的外界活动,偏好以谈话的方式来辅助思考,在语言的交流中加工信息。外倾型个体经常先行动后思考,而内倾型个体经常耽于思考,有时因此导致缺乏行动。

感觉(sensing, S)—直觉(intuition, N)维度:个体是倾向于通过感官去注意现实、直接、实际、可观察的事件,还是对将来的各种可能性及背后隐含的意义、符号和理论感兴趣。感觉型个体倾向于关注真实而有形的事件,重视可测度与证据,关注当下,相信自己的经验。而直觉型个体偏好辨认和寻找事物内在的含义,重视想象力,愿意努力改变事物,更注重将来。感觉型个体被视为更具有实际意识,而直觉型个体被视为较有变革意识。这一维度在问题解决过程中有重要作用。

思维(thinking, T)—情感(feeling, F)维度:个体在作决定时偏好客观的逻辑推理或主观的情感和价值观念。情感型个体往往期望自己的情感与重要他人保持一致,进行决策时更多地考虑什么对自己和他人是重要的,在进行理性判断时依据的更多是个人的价值观。而思维型个体则倾向于通过对具体情境进行客观的逻辑分析,注重因果关系并寻求事实的客观尺度,较少受个人感情的影响。

知觉(perceiving, P)—判断(judging, J)维度:个体倾向于以一种较固定的方式生活或者以一种更为自然和随性的方式生活。虽然人们能够同时使用知觉和判断,但随着生活经验的累积,多数人会慢慢地发现采用某种生活方式往往比另一种更加轻松、愉悦,因此在与外部世界交互时更倾向于采用这种生活态度。知觉型个体偏好知觉经验,会不断收集信息,保持弹性和自然,努力使事件保持开放性。而判断型个体倾向于以有序的、有计划的方式对生活进行规划,期望看到问题被解决,习惯于并喜欢作决定。

2. 以认知方式为标准划分的性格类型

认知方式(cognitive style),又称认知风格,是指个体解决问题时从感知、记忆、想象、思维等认知角度,经由外部行为表现出的习惯性特征。认知方式的研究内容丰富,迄今已有七十余种模式,每种模式下至少包含两种不同的认知方式。下面介绍比较有代表性的认知类型。

第一,场依存型(field-dependent style)和场独立型(field-independent style)。这一分类方式的依据是个体在信息加工过程中依赖身体内参照还是外在参照的倾向(两者的主要特征见表2-2)。该分类最早源于对第二次世界大战期间飞行员的方位知觉判断力测试。自1962年威特金(Herman A.Witkin, 1916—1979)等人提出第一个解释场依存性认知方式的理论模型——心理分化模型,并于1979年修订以来,认知方式已成为连接认知和人格——心理学中两大传统研究领域的桥梁(李寿欣,2008)。

表 2-2 场依存型和场独立型的主要特征(基于 Hawkey, 1982)

场依存型	场独立型
1. 个人导向:在处理信息时依赖外在参照框架	1. 客观定位:在处理信息时依靠身体内参照框架
2. 注重整体:感知整个领域,基于背景整合信息	2. 解析:感知领域的各个组成部分,较少考虑部分与背景之间的关系
3. 依赖:自我观源于他人	3. 独立:个性的独立
4. 社会感知:更好的人际关系/社交关系方面的技能	4. 较弱的社会意识:在人际关系/社会关系方面缺乏技巧

(引自 Ellis, 1999)

场依存与场独立不仅会影响人的交往模式,也会对个体深层的认知产生影响。例如,场依存型个体和场独立型个体在学习偏好方面存在明显差异。威特金等人(Witkin et al., 1977)曾对 1 586 名学生(男女各半)进行了一项长达十年的追踪研究。结果发现,场独立型学生往往偏爱需要认知改组技能的、与人际交往无关的学科(如自然科学类),而场依存型学生偏爱重视人际关系的学科领域(如初等教育);同时还发现,学生从事与其性格类型一致的学科学习时成绩表现会更好。一般认为,这种认知方式在儿童时期就已基本形成。凌辉和黄希庭(2008)研究了场依存—独立型认知方式与儿童自立发展水平之间的关系。结果发现,自立行为水平与儿童的认知方式特点密切相关,场独立型倾向者自立水平较高而场依存型倾向者自立水平较低。曾晓青等人(2010)考察了不同认知风格类型个体的编码和提取中的方式和策略。结果发现,场依存型个体的意识性提取与外显记忆成绩好于场独立型个体,场独立型个体的自动提取与内隐记忆成绩高于场依存型个体,中间类型个体的成绩总是介于场依存型个体与场独立型个体之间。

第二,冲动型(impulsive style)和审慎型(reflective style)。这一分类方式由卡根(Kagan,1964)等人提出,具体测评形式是选配相同的图形。冲动型个体往往在简短考察各种可能性后迅速地作出决定,常常能够快速形成自己的看法,回答问题时能很快地作出反应。而审慎型个体在反应前往往深思熟虑,仔细考虑所有的可能性,不急于作出回答,而是对各种可能的答案进行评估,然后选择较有把握的答案。卡根认为,这两种性格类型都是在 2 岁左右开始养成的。

第三,聚合型(convergent)与发散型(divergent)。这一分类方式由美国心理学家吉尔福特(Guilford,1985)在研究智力模型时提出,分类依据是学习者使用和存储信息的方式。聚合型个体思维严谨、有条不紊、概括能力强,善于抓住事物的本质属性;发散型个体偏好采用搜索策略,善于整合各种有关的图式,呈现出创造性的思维特点。聚合型个体在思考问题时,概括能力更强,希望抓住事物的本质特征,偏好运用逻辑规律来搜集、整理信息与知识,但往往只注意某个方面,追求单一、确定的答案。而发散型个体的思维具有跳跃性,思考问题时能基于某一点向与之相关的方向扩散,常常能作出合乎条件的多种解答而非唯一解,容易产生富有新意的发现。

四、性格差异的教育含义

1. 性格有好坏之分

本章第三节概述过气质,气质是没有好坏之分的,但性格有着好与坏的差别,性格的定义本身就带有社会道德评判色彩。性格好坏之分的主要原因在于:(1)性格特征具有社会文化的价值。每一种文化都有其崇尚的特定性格;为了文化的存续和发展,每一种文化都会试图努力塑造符合自身需要的性格特征。从进化心理学的角度出发,东方文明的基础是农耕,农耕文明崇尚的是责任、服从和互助,因为在农业社会,食物的获得不仅需要按时播种、耕作,也需要邻里、集体之间的互助,熟人之间的关系往往也比较紧密;而大多数西方文明的基础是渔猎,崇尚高度的个人成就、独立和自信,因为在渔猎活动中,个体必须发挥自身高超的技艺和主观积极性才能获取足够的生活资源。(2)性格特征具有道德评价的意义。性格是与意志相联系的心理特征。个体在意志行动中追求的目标往往具有道德意义。在日常生活中,往往会以"品行优良"和"品质恶劣"来评判一个人的性格,评判的标准源于社会道德标准。(3)性格特征与个体的潜能发挥、身心健康也有着密切关系。例如,乐观、勇敢、坚毅、勤奋等优秀品质,有助于个人潜能的发挥和事业发展;而懒惰、轻信、怯懦等不良性格,可能会阻碍个人潜能的实现和事业发展。性格开朗、宽宏豁达有利于身心健康,而孤僻忧郁、多愁善感可能会为心理健康带来不良影响。因此,必须重视学生优良性格的培养。

2. 早期教育的重要性

卡根(Kagan, 1981)对 14 个月的婴儿进行了陌生情境实验,提出在个体早期就可以区分害羞型、大胆型、乐观型和忧郁型这四种基本的性格类型。如果婴儿在陌生情境中表现出敏感、退缩、胆怯等抑制行为,则属于害羞型。如果表现出乐于交际、主动接近等非抑制行为,就是大胆型。他认为,儿童对陌生情境的反应是儿童生理性神经活动类型的结果,这种反应特点在整个学前阶段会一直持续。害羞型(shy type)儿童敏感、内向,在陌生环境中会感到明显不安,在陌生人面前会感到不自在,总是设法逃避陌生的、不确定的东西。大胆型(daring type)儿童外向、活泼,不大会害怕陌生的对象,较喜欢探索新事物,认识新朋友,喜欢与人交往。乐观型(joyful type)儿童乐观、开朗,对人和人生的看法偏向光明,不太容易陷入自责和自怨的情绪。忧郁型(melancholy type)儿童沉静、敏感,对人和人生的看法偏向悲观,容易受到消极情绪的影响。

卡根发现,害羞性格在婴儿期就露出端倪,父母对不同反应类型的婴儿也会有不同的反应。对于非常害羞的儿童,如果父母很少理解、安慰,常常批评或难以容忍,父母的这种反应也会对儿童产生影响,会使得儿童更加害羞;对于非常奔放的儿童,如果父母很少管制,较多容忍,则父母的反应也会使得儿童更加粗放。在这里必须强调的是,害羞的孩子长大后不见得都是害羞的，只要给予适当的教养，孩子害羞的性格是可以改变的，关键是孩子在成长过程中习得的行为方式。在这一方面，最重要的是父母的应对和教育方式。例如，父母懂得逐步让孩子训练胆量，通过适当的训练帮助孩子适应陌生环境，这些胆小的孩子到幼儿园后便不再害羞；而与人交往的良好体验也会鼓励孩子更加积极、主动地与人发生联系。观察家庭教养的情况可以发现，有的父母会想尽一切方法来保护害羞的孩子，而有的父母则会帮助孩子直面恐惧，克服胆怯心理。结果是，过度保护型父母教养下的孩子更加胆小，锻炼型父母教养下的孩子会逐渐变得勇敢。

3. 不良性格的矫正

不良的性格品质可以通过教育和引导来慢慢改变。一类典型的不良性格是攻击型性格（aggressive character），主要表现为常常误感到他人行为或态度的轻视或敌意，对无关刺激也容易感知为受到威胁；情绪易波动，并以攻击为习惯性的防御反应模式。这类性格的形成与社会环境有一定关系，缺乏温暖的家庭、无原则的严厉家庭管教方式，以及对儿童缺乏明确的行为指导和活动监督等都可能造成儿童成年后的高攻击性。此外，遗传因素也可能会对儿童的攻击型性格形成造成影响。遗传学研究发现，若男性体内的单胺氧化酶A基因（MAOA基因）发生变异，其暴力倾向会明显增加。麦克德莫特等人（McDermott, Tingley, Cowden, Frazetto, & Johnson, 2009）曾设计了一个实验：让一个不认识的施与者给研究对象一些钱，研究对象如果对自己所得不满意的话，可以花钱买点辣酱油灌到这个人的嘴里以示惩罚。结果显示，携带MAOA基因的研究对象倒的辣酱油总是多些。研究人员分析原因时发现，施与者给携带MAOA基因的研究对象的钱数也相对少一些，因为后者略显沮丧的消极情绪会让施与者对他们更加漠视，从而给的钱数也更少。实际上，MAOA基因携带者在特定环境下才与攻击性有关，不少人（无论是否携带MAOA基因）的攻击性本来就来源于他人的轻视或不友好态度。也有研究表明，携带MAOA基因者的好斗表现更像是在面对别人的不屑一顾时的过激反应。这也就是说，很多的攻击性行为表现并非由个体自身的基因所致，在适当的教育和引导下可以得到矫正。

矫正攻击型性格有发展性干预和治疗性干预两种思路，典型的方法有游戏矫正（含行为矫正、游戏治疗和经验性矫正）和移情训练。叶平枝（2003）曾采用倒返实验对三名研究对象进行游戏矫正，编制并实施专业化集体游戏以矫正幼儿的攻击性行为。洛克曼（Joh E.Lochman）等人曾以攻击型性格的小学生为对象进行综合矫正，以心态的改变为主要目的，帮助学生分析自身攻击性产生的原因，并学着以他人的观点来思考在同样的情形下别人是怎样看待和应对的，帮助学生掌握控制自身情绪的具体方法。三年之后再对当时的受训学生进行追踪，发现与未受训练的学生相比，受训学生更少发生不良行为，且受训时间越长，青春期时性格越温和（Coie, Underwood, & Lochman, 1991）。

4. 良好性格的自我塑造

积极心理学对性格优点和美德进行了一系列研究，结合跨文化研究发现了某些普遍存在的人性优点(见表 2-3)。

表 2-3 性格优点和美德分类(Peterson & Seligman, 2004)

美　德	性格优点
智慧和知识(获得和使用知识的认知优点)	创造性(有新的想法和观点) 好奇心(对外部世界感兴趣,喜欢探索) 心胸开阔、思想开明(公平地看待所有证据) 对学习的热爱(系统化地增长自己的知识) 愿景、远见(理解世界,明智的忠告)
勇气(情感性优点,践行意志以达成目标)	勇敢(面对威胁和困难的时候不退缩) 毅力(善始善终,坚持不懈) 正直(真实地展现自我) 活力(感到兴奋和充满活力)
人性(人际性优点,培养关系)	爱(珍视亲密关系) 善良(帮助和照顾他人) 社会智力(理解社会、世界)
正义(奠定健康社会生活的公民美德)	公民行为(社会责任、忠诚、团队合作) 公平(平等地对待每一个人) 领导力(组织团体活动)
节制(防止过度的性格优点)	原谅和宽恕(原谅他人) 谦卑/谦虚(不过度抬高自己) 谨慎(小心进行各种选择) 自我管理(管理自己的情感和行动)
超越(赋予意义,与世界产生联结的优点)	对美和卓越的欣赏(善于发现生活中的美) 感恩(对生活中的美好事物表示感激) 希望(期望并向着美好的未来努力) 幽默(看到生活中光明的一面) 精神性(对目标和意义的信念)

(引自张宁,张雨青,2010)

人无完人,每个人的性格或多或少都会有某些缺点,但人是有主观能动性的,通过对美德的追寻与人性优点的修养,每个人都可以造就自身良好的性格。通过自我修养来塑造良好性格的主要途径有:(1)树立正确的人生目标。正确的人生目标和崇高的追求是性格自我修养的航标。只有确立了目标,个体才能通过自我分析、自我接纳、自我激励、自我矫正、自我监控等方式来促成自我修养计划的实现。(2)不断强化提升自我修养的决心,养成良好性格和克服不良性格都不是一朝一夕的事,只有坚持不懈、持之以恒才能奏效。(3)加强自我教育与自我管理。自我教育不会一帆风顺,要改变自己已经形成的不良性格需要克服许多困难,而人又往往有惰性,因此应时时在意、处处留心,秉持正确的人生目标,始终坚定自我提升的意志,从每一件小事做起,逐步塑造良好的性格修养。

此外，教师在引导学生，特别是中小学学生培养良好性格和矫正不良性格时还应注意充分调动学生的自主性需求。自我决定理论（self-determination theory）认为，人类天生就有自己决定自己行为活动的自主性需求（刘靖东，钟伯光，姒刚彦，2013）。当学生的自主性需求与其行为的内部动机相符合时，效果往往事半功倍。如果学生将某种行为活动的外部价值（例如获得奖励）转化为内部动机，就能够体验到自我决定感，其自主性需求也能够得到极大的满足，进而推动行为的进一步转化。如果能帮助学生在成长过程中将外部设定的规则、价值观与自我的内部动机相整合，让学生认同做这件事情是我自己觉得很有趣，我自己希望做好，那么学生就能不断获得自我调节和自我约束的力量，进而形成良好性格，最终实现自我成长。

本章小结

本章的目的是概述人格的基本理念，阐释人格与学校教育的关系。人格是指个体在行为上的内部倾向，它表现为个体适应环境时在能力、情绪、需要、动机、价值观、气质、性格和体质等方面的整合，是具有动力一致性和连续性的自我，是个体在社会化过程中形成的给人以特色的心身组织。人格具有整体性、稳定性、独特性和社会性。人格的独特性表明每个个体都是不同的，学校教育一定要结合学生的特点因材施教。人格的社会性则为健全人格的塑造与养成奠定了社会基础。人格动机是指个体追求的目标不因情境改变而有所差异，而是稳定、持续地推动个体的活动。了解学生的人格动机，帮助学生建立良好的价值观体系，对促进学生良好人格的健全发展有着重要的意义。

气质是个体与生俱来的心理活动的典型而稳定的动力特征，是人格的先天基础。气质无好坏之分，每一种气质类型都各有其优缺点。性格是指个体对现实的态度和相应的比较稳定的行为倾向，是人格的核心部分，与社会文化紧密相连。通过正确的教育引导与自我修养，每个人都可以塑造自身良好的性格。人格反映着个体的人生经验，不仅与生物遗传和基因有关，而且受到个体身处的社会文化的影响。健全人格的塑造贯穿人的一生。

推荐阅读

1. 大卫·范德.(2018).*人格心理学：人与人有何不同*.许燕，邹丹，译.北京：世界图书出版有限公司北京分公司.

2. 罗伯特·弗雷格，詹姆斯·法迪曼.(2017).*人格心理学：人格与自我成长(第七版)*.胡军生，译.北京：中国人民大学出版社.

复习思考题

1. 解释下列概念：

   人格　人格的整体性　人格的稳定性　人格的独特性　人格的社会性

   个体差异　人格动机　气质　性格　意志　认知方式

2. 阐述人格动机差异的教育含义。
3. 阐述气质差异的教育含义。
4. 阐述性格差异的教育含义。
5. 举例说明你对人格基本特征的理解。
6. 根据本章内容，阐述你对“因材施教”的理解。

第三章

人格的毕生发展

人格发展是个体心理发展的重要内容之一，也是心理学家关注的重要课题。婴儿刚刚降生时，还只能被视为一个生物个体，并不具备完整的人格和稳定的人格特质。个体在漫长的社会化过程中成长为真正意义上的社会人。那么，个体是如何在与生活环境长期相互作用的过程中发展起自己独特的人格，人与人之间的人格差异是如何形成的呢？对这一问题的探讨，不但可以增进我们对人的本性的理解，而且能为学生的人格教育提供帮助。本章主要内容如下：

1. 人格毕生发展的基本问题；
2. 贯穿毕生的人格发展；
3. 学生健全人格的培养。

第一节　人格毕生发展的基本问题

人格毕生发展(life-span development of personality)是指从受孕到死亡的整个生命历程中，个体之人格及其各成分随年龄推移发生的连续变化。本节将讨论人格发展中的若干基本理论问题。

一、人格发展的基本性质

人格发展是指人格的多种成分和特质随年龄推移而发生的连续变化，以及这些人格成分和特质在人的自我意识支配下不断协调和整合而构成的一种人生定向运动。人格的发展变化不仅有量的改变，而且包含质的变化；既包括向前推进和获得性的变化，也包括衰退消亡和丧失的过程。人格发展毕生观强调人格发展贯穿从受孕到生命终止的生命全进程。

1. 连续变化中的阶段性

在对人格发展的本质与过程的看法上，一直存在两种对立的观点。一种观点认为，人格发展是一个由小到大、由简到繁的数量变化过程，其变化是连续的。儿童不过是“微缩版成人”,两者只存在程度上的差异。连续变化的本质是量变,而不是性质上的变化。另一种观点则认为,人格发展是一个由量变到质变的过程,当某种新质要素还较微弱,其量的积累还没有达到一定程度时,发展表现为一种连续的变化,而当新质要素的累积超过一定程度、取代旧质要素而占据优势地位时,量变就引起质变,发展过程就出现“飞跃”“间断”,显现出阶段的更替。因此,人格发展的实际过程是,连续变化中呈现出阶段性,而每个阶段既包括前一阶段的因素,又孕育着后一阶段的新质,体现了发展的连续性。后一种对人格发展的看法是符合辩证唯物主义发展观的,也是目前大多数心理学家认同的观点。

关于人格发展阶段的具体划分,心理学家依据不同的标准提出了不同的方案。本书采用一种较为通用的方案,即依据生理年龄将人的发展划分为产前期(受孕至出生之前)、婴儿期(0—3 岁)、幼儿期(3—6 岁)、儿童期(6—11、12 岁)、少年期(11、12—14、15 岁)、青年期(14、15—20 岁)、成年期(20 岁至生命终止)七个阶段,其中成年期时间跨度较大,又可以进一步分为三个子阶段:20—45 岁为成年早期,也称壮年期;45—65 岁为成年中期,也称中年期;65 岁以后为成年晚期,也称老年期。

2. 定向发展中的顺序性

人格发展是一种定向运动。许多人格特质的发展都由笼统到分化再到整合。例如,新生儿的情绪只是一种弥散性的激动,到 3 个月时从原始的激动反应中分化出痛苦与快乐两种对立的情绪,到 6 个月时从痛苦中分化出惧怕、厌恶和愤怒,到 12 个月时从快乐中分化出高兴和喜爱(转引自孟昭兰,1989)。在定向发展过程中,各个阶段之间的更替、衔接总是遵循着固定的顺序,不可颠倒,也不可逾越,这就是发展的顺序性。例如,根据皮亚杰的研究,儿童对“生命”这一概念的把握按照下述顺序发展:一切活动的东西都有生命——唯有行走的东西才有生命——唯有能自己行走的东西才有生命——唯有动物和植物才有生命。

3. 统一发展中的不均衡性

各种人格特质或成分处于相互影响、相互制约的统一发展过程中,但发展是不均衡的。首先,不均衡性表现在人格整体特征在生命周期中的发展快慢不均,而不是等速的。从总体发展趋势上看,在个体生命的整个周期中存在婴儿期和青春期这两个发展加速期。其次,不均衡性还表现在各种人格特质在发展起止时间、发展速度、到达成熟的时期等方面存在差异。例如,气质倾向上的个体差异在婴儿出生不久就有所表现,自我意识开始于两三岁以后,而人生观问题进入个体意识要晚至青年初期。

4. 共同模式下的个体差异

所有或者说绝大多数正常的人格发展都遵循着大体相同的发展模式,如发展沿着共同方向、经历共同的基本阶段、总体发展速度上出现两个快速增长期,但在各种人格特质或成分的具体发展速度、发展终止时间、达到的最高水平及其发展优势领域上存在广泛的个体差异。

二、人格发展的制约因素

人格是先天预定的还是后天养成的，是历代哲学家、思想家、教育学家、心理学家争论不休的一个问题。例如，在科学心理学兴起后的20世纪初，结构主义倾向于重视先天，行为主义则倾向于重视后天。当代心理学家对该问题的解答是，人格发展是遗传与环境交互作用的结果。影响人格发展的因素除了遗传因素和环境因素之外，自我和自我意识也是重要的因素。

1. 遗传因素与人格发展

遗传决定的个体特征由受精卵内23对染色体中的大量基因支配。遗传对发展的影响通过成熟表现出来。成熟(maturity)是相对独立于外部环境的、预先决定的生长或身体变化的顺序。为了探索遗传因素对人格发展的影响到底有多大，心理学家尝试用多种策略寻求答案。

第一种策略是家谱分析和血缘关系的研究。家谱分析是对具有某一特征或某种异常行为的典型个案的家谱作调查，分析这种特征或行为在这个家族中出现的模式。早在19世纪中后期，英国心理学家高尔顿(Francis Galton，1822—1911)就利用家谱分析研究了人格差异的遗传基础。尽管高尔顿的研究因未将遗传和环境因素区分开来而存在诸多局限，但是它为人类行为的研究提供了档案并说明了行为变异存在遗传基础。

第二种策略是双生子对比研究。同卵双生子的遗传背景精确一致，因此，研究者通过对出生时就被收养而在不同环境中抚养的同卵双生子的人格特征进行研究，可以很清楚地评估环境的影响。然而，由于伦理道德问题，该策略在实际研究中的使用受到很大限制。于是，研究者更常用的策略是比较异卵双生子之间的人格特征相关程度和同卵双生子(遗传上完全一致)之间的人格特征相关程度，如果同卵双生子的相关程度平均比异卵双生子要高，则可认为遗传在那个特征上的表达起到了重要作用。例如，朱文芬等人对66对12—18岁青少年双生子的研究发现，焦虑/抑郁情绪、攻击性行为因子的遗传效应在0.52—0.57之间(朱文芬，傅一笑，李涛，邓伟，王英诚，2017)，而张悦等人(2008)对233对6—15岁同性别双生子智力水平的研究报告遗传对儿童少年智力具有中等程度影响。

2. 环境因素与人格发展

影响人格发展的环境因素，以个体出生时间为界可以分为胎内环境和出生后环境(包括自然环境和社会环境)。胎内环境包括母亲孕期的营养状况，以及烟酒、药物、放射线、病毒、微生物等对胎儿的影响。国内外研究结果均认为，孕期有害化学物质暴露、不良生活方式、心理社会应激等均会导致胎内环境改变，进而对子代的身心发育产生负面影响。例如，孕期汞(Hg)暴露会增加儿童出现神经发育障碍的风险(陶舒曼，陶芳标，2016)。母亲摄入过量的咖啡因(每天三杯咖啡)会导致流产或新生儿体重轻，烦躁易怒和其他症状(黄希庭，2007)。

出生后环境按性质又可以分为自然环境(地理气候、食物营养等)和社会环境。社会环境的含义非常广泛,包括社会、家庭、学校、同伴等。在这些环境因素中,属于社会方面的有文化类型、社会制度、风俗习惯、生活方式、道德规范、大众传媒等;属于家庭方面的有家庭结构与规模、父母的特征、家庭情绪气氛、父母对子女的期望、家庭教养方式等。在这里,我们仅分析家庭教养方式与儿童人格发展的关系,而学校教育与学生人格发展的关系问题,将在第三节中加以讨论。

教养方式领域最广为人知也最为经典的研究,可能要数鲍姆林德(Baumrind, 1967, 1971)对学龄前儿童及其父母所做的研究。鲍姆林德对样本中的每个儿童在幼儿园和家庭的表现进行观察,并据此评估儿童在社交、自立、成就、情绪稳定性和自我控制等多方面的表现。与此同时,鲍姆林德还访谈了儿童的父母,观察父母在家庭情境下与孩子的互动情况,从接纳/反应性、要求/控制性两个维度判定父母的教养方式。结果发现,教养方式可以归为下列三种:(1)专制型教养方式(authoritarian parenting):严格限制的教养方式,父母对孩子的管束、监控程度高,会对孩子提出许多要求,设置众多规定,并要求孩子严格遵守,经常采用批评、惩罚的方式对待孩子的不遵从行为,对孩子的支持和关爱程度低。(2)权威型教养方式(authoritative parenting):关爱与适度、理性控制相结合的教养方式,父母会对孩子提出许多合理的要求,赏识并尊重孩子的观点,对孩子施加控制的方式理智、民主(而不是严厉、专制),对孩子的支持和接纳高。(3)放任型教养方式(permissive parenting):接纳但过于宽松的教养方式,父母很少对孩子提出要求,允许孩子自由表达自己的感受和欲望,对孩子的管束、监控程度低,放纵孩子的不成熟行为。

鲍姆林德进一步将这三种教养方式与儿童发展联系起来。结果发现,权威型父母的孩子表现最为成熟、自信,乐于与他人合作,有社会责任感,有成就导向。专制型父母的孩子容易喜怒无常,易激怒,不友好,做事无目标。放任型父母的孩子表现最不成熟,通常冲动而富有攻击性,独立性和自控力差。

从上述研究结果中,我们不难发现家庭教养方式对儿童人格发展具有重要影响。儿童的人格特点并不是由父母个体行为决定的,而是受父母整个教养行为模式的影响。那些在教养子女问题上行动坚决一贯、对子女表示慈爱、尊重子女意见的父母,倾向于造就有能力、有自立精神、乐于交往、有自控力的儿童。关爱与适度、理性的控制相结合的教养方式是与积极的发展结果联系最为紧密的教养方式。随着研究的深入,研究者还发现,父母之间教养方式的一致性对儿童人格发展具有重要影响,父母教养方式不一致对小学生人格情绪稳定性具有负面作用(刘沙,2016),合作型的父母共同养育是最有利于小学生人格发展的模式(Jones, Cassidy, & Shaver, 2015)

3. 自我意识与人格发展

个体在自身人格发展过程中不是一个被动的、单方面接受影响的客体。人在接受环境影响的同时,也在对环境产生影响,换句话说,人积极地参与创建影响自身成长与发展的环境。大多数心理学家都曾论述个体自身或自我与自我意识在人格发展中的作用。新精神分析学派心理学家阿德勒(Alfred Adler，1870—1937)认为，人是目标导向的，人能在自主意识支配下决定自己的未来，创造自己的生活。社会学习理论的代表人物班杜拉(Albert Bandura，1925—　)认为，人是主动的，有选择和自我调整的能力，作为人格主动性与统一性的核心的自我，以及人的自我意识，在自身人格发展中发挥着组织者、推动者的作用。学生自我意识在其人格发展中的作用表现在各个方面：(1)对社会、学校教育影响有主动选择的能力；(2)不只单方面接受学校与教育影响，而且可以反过来影响教师，在一定程度上改变教育环境；(3)学生可以自己制定目标和计划，并通过自我修养、实践躬行等多种措施，自觉地塑造自己的人格。

4. 各种因素的交互作用

人格发展是各种制约因素交互作用的产物。在对人格发展产生影响的时候，上述各因素并不是孤立地各自平行地发挥作用。遗传、环境与自我或自我意识之间，已经形成的人格主体与其所处的社会环境之间，发生着各种形式的复杂交互作用。

交互作用意味着对于人格发展，一个因素作用的大小取决于另一个因素处于何种水平。研究表明，同卵双生子患抑郁症的一致率为40%，超过异卵双生子，这说明抑郁症的发生与遗传造成的个人的脆弱易感素质有关。这种脆弱易感素质是否导致现实的抑郁症，又取决于后天生活环境，如有无持久的失败经历、重大的应激事件、不良的人际关系等。反过来说，一个人如果没有这种脆弱易感素质，在经历较大的环境压力时可能也不易被诱发这种心理障碍。

遗传提供了发展的潜在的可能范围，环境教育将潜在可能性转化为现实水平。遗传决定个体某种人格特质水平并不是一个“点”，而是一个“范围”，实际上，正常个体的大部分人格特质的遗传范围相当广阔，这就给社会环境和学校教育的影响留有充分余地。正是在这一意义上，环境条件对个体人格发展可以起决定作用，也就是说，环境，特别是学校教育环境，在遗传提供的潜在的可能范围内决定人格发展的现实水平。

已经形成的人格与环境之间也发生着各种交互作用，从而影响着人格的进一步发展。例如，对于教师的一次批评，过分敏感的学生会感到悔愧、委屈和不安，而自信、开朗的学生不会因此而过分激动。这就是说，对个体心理与行为能产生影响的环境，并不是纯粹的客观环境，而是个体的心理环境。又例如，攻击性强的学生会唤起周围同伴的不友好的反应，而这种不友好的反应又会构成一种环境条件，进一步强化当事人的敌对态度。

三、心理发展的研究设计

在研究心理发展时，心理学家不仅对某一个时间点上的行为感兴趣，而且希望知道个体的心理现象和行为怎样随着时间发展或者变化。为此，心理学家经常采用横断研究设计、纵向研究设计和断代序列研究设计三种不同的发展研究设计。

1. 横断研究设计

横断研究设计(cross-sectional design)就是在同一时间或较短时间内对不同年龄层的个体群组进行观察、研究并加以比较的一种研究设计,也是心理发展研究者最常用的设计方式。例如,一个研究者想考察2岁、4岁、6岁儿童有机会把自己喜欢的私人物品(如糖果和玩具)分给其他同伴时,他们是不是随着年龄增长越来越乐意与他人分享。通过比较不同年龄组儿童的反应,研究者就可以分析分享行为随年龄发生的变化。

横断研究设计的优点是显而易见的,使用这一研究策略可以在短时间内从不同年龄研究对象中获得资料,省时省力,而对多个连续的年龄阶段进行研究也可以在一定程度上对发展规律进行归纳和概括。然而在使用这一研究设计时必须注意,每个年龄水平上的研究对象是来自不同的年龄群。年龄群是指年龄相同,在成长中处于相似的文化环境或者经历相同历史事件的一群人。横断研究设计得出的不同年龄阶段发展水平的差异可能是因不同年龄群所处的文化环境或者经历的历史事件不同而产生的效应,即年龄群效应(cohort effect),而不是单纯的年龄发展效应。

2. 纵向研究设计

纵向研究设计(longitudinal design)是指随着某一特定个体或群体年龄的增长,在其发展的不同阶段对其系统地进行重复观测,从而取得研究对象连续性发展资料的一种研究设计。例如,有研究者想了解分享行为是否随年龄而发展,于是首先选择一群儿童,在儿童2岁时为其提供分享的机会,之后当这些儿童长到3岁、4岁、5岁时再分别对他们的分享行为进行相似的评估。通过重复测量相同的研究对象,研究者可以获得每个研究对象的发展变化模式,并通过比较不同研究对象的发展模式,查明发展中个体差异的基础。此外,通过寻找大多数或者全部研究对象的共同之处,研究者可以发现一般发展趋势。

纵向研究设计有不可否认的优势,但也存在一些局限性。首先,纵向研究设计,特别是持续时间较长的纵向研究设计的一个主要缺点是跨代问题(cross-generational problem)。纵向研究设计中的研究对象一般是从一个年龄群中选取的,因而据此得出的心理发展模式不一定适用于描述不同年龄群。换句话说,环境的跨代变化可能限制了纵向研究设计结论的适用性。其次,纵向研究通常要持续较长的时间,因此较之横向研究设计具有费时、费钱、费力的缺点。此外,选择性损耗(selective attrition)也是纵向研究设计的一个问题,纵向研究设计通常需要在较长时间内对相同的研究对象进行多次的重复观测,研究对象有可能因为各种原因流失,导致样本越来越小,变成一个缺乏代表性的样本,进而影响研究结果的可靠性和有效性。

3. 断代序列研究设计

由于横断研究设计和纵向研究设计都存在自身难以克服的缺点,心理学家提出了将两者结合起来的第三种研究设计,即断代序列研究设计(cohort-sequential design)。断代序列研究设计结合横断研究设计和纵向研究设计的做法，同时对不同年龄组的研究对象进行追踪。这样既可以获得多个时间断面上多个组群的静态资料，也可以同时分别获得多个年龄组的纵向发展资料。使用这种方式进行研究可以获得更全面的研究资料，在一定程度上同时克服了横断研究设计和纵向研究设计的不足，保留了它们的优势。不过，采用这种策略可能存在的问题是研究过程也许会更难操作，横断研究设计和纵向研究设计的不足也有可能同时发生作用。

第二节　贯穿毕生的人格发展

本节将按照年龄划分的阶段顺序，结合埃里克森（Erik H.Erikson）的心理社会性发展阶段理论，分析各时期人格发展的某些重要方面，如情感、社会交往、价值观、性别角色获得、自我同一性等。人的智力、品德等方面的人格特质的发展，将在其他各章作专门介绍。

一、产前期与婴儿期的人格发展

1. 出生前的发展

生命的孕育开始于受孕，即两性交合时女性的卵细胞与男性的精子相遇、受精，并形成受精卵。受精卵在出生前需要经历胚芽期、胚胎期和胎儿期。尽管产前期发育模式大致相同，但不同胎儿的行为有明显差异。例如，有些胎儿特别活跃，有些胎儿则比较安静。有些心率比较快，有些则比较慢（黄希庭，2007）。这些差异一部分来自遗传，一部分来自胎儿所处的产前环境。在众多产前环境因素中，带来最严重后果的是致畸物。致畸物（teratogens）是指会导致先天缺陷的环境因素，如药物、化学物质、病毒等。虽然胎盘能够屏蔽很多潜在的物质，但并不能百分百地阻止。在胎儿发育的不同阶段和不同器官对致畸原的敏感性不同。例如，如果母亲感染风疹，且生命孕育处于胚胎期，那么有一半以上的婴儿会出现心理发育迟缓，然而到了怀孕后期，风疹的危害越来越小。如果母亲艾滋病呈阳性，就会在怀孕或分娩时把病毒传给孩子（这类孩子中约有三分之一会感染这种病毒）。艾滋病病毒会对大脑造成破坏，引起注意、记忆、运动控制和推理能力的障碍。然而，如果患艾滋病的母亲在孕期服用 AZT（齐多夫定）等抗病毒药物，则只有不到 5%的婴儿在出生时感染这种病毒。怀孕时吸食海洛因或可卡因会导致新生儿身体缺陷、性情暴躁、睡眠和注意障碍（黄希庭，2007），这些婴儿的表现可能与其他婴儿很不同。此外，越来越多的证据提示，怀孕期间母亲摄入即使是少量的酒精或尼古丁也会阻碍胎儿的发育，对未出生的孩子产生深远的影响。生活在良好环境中的孕妇对胎儿的健康发展很有利。音乐胎教和孕期的社会支持都会给胎儿带来潜在的有利影响。

2. 婴儿期的人格发展

根据心理学家埃里克森的心理社会性发展阶段理论，在生命开始的前18个月，个体经历了信任对不信任阶段，而在婴儿的晚期(18个月到3岁)，个体进入自主对羞愧怀疑阶段。这两个阶段的危机顺利解决，个体就能够发展出信任、独立、自主的人格品质。而婴儿的危机能否顺利解决，主要取决于婴儿的需要在多大程度上得到养育者的满足，以及婴儿探索行为的发展水平。下面从依恋和气质两方面来阐述婴儿期的人格发展。

依恋(attachment)是指婴儿依附于养育者(大多是母亲)的一种社会情绪性联系。对养育者形成安全型依恋，一方面可以激发养育者更精心照料后代，另一方面可以为婴儿提供探索环境必需的安全感，促进婴儿探索行为的发展，并为日后的人际关系奠定良好的基础。

婴儿与养育者之间形成的依恋关系存在质的差别。发展心理学家安斯沃斯(Mary Ainsworth，1913—1999)利用其设计的陌生情境对12—18个月的婴儿进行实验研究，揭示了婴儿依恋质量的差异。陌生情境由一系列阶段性情境构成。研究中记录分析婴儿对不同情境的反应，包括探索活动、对陌生人和分离的反应(如哭泣、接近母亲程度、尝试与陌生人接近的倾向)，特别是与母亲重聚时的表现(周宗奎，1995)。结果发现，婴儿在实验情境中有四种类型的依恋行为：(1)安全型依恋。婴儿以母亲为安全基地，母亲离开时会表现出难过，通常停止探索活动，与母亲重聚时受到抚慰，很容易回到游戏或探索活动中。(2)回避型依恋。当母亲离开时，婴儿很少哭叫，对母亲的返回表现出忽视或主动回避。(3)抵抗型依恋。婴儿极力与母亲黏在一起。当母亲离开时，婴儿会表现出强烈的痛苦；分离重聚时，婴儿会大发脾气，有时会把母亲推开，表现出矛盾行为。(4)无组织/无定向型依恋。婴儿对与母亲的分离和重新团聚，表现出矛盾的、没有组织的反应；母亲返回时，婴儿可能哭叫，但又跑开，或者一边看着其他地方，一边接近母亲。

依恋关系对孩子今后的行为有重要影响。安全型依恋的孩子在幼儿园和学校中更有能力，更独立自主，更好奇，更有弹性，更自信，更具社会能力。无组织/无定向型依恋的孩子很可能在应对压力方面有困难，有更多的问题行为。而不安全型依恋(包括回避型依恋和抵抗型依恋)的孩子很可能在今后的生活中表现出焦虑和机能上的紊乱。依恋剥夺和受虐待的孩子则有更多的问题行为。值得注意的是，个体的依恋类型会随着时间的推移而发生变化(Konrath，Chopik，Hsing，& O'Brien，2014)。

除了与婴儿自身的气质倾向有关系之外，婴儿的依恋类型主要由母亲育儿方式导致。安全型依恋婴儿的母亲多数能够敏感地对婴儿的需要作出反应，主动调节自己的行为去适应婴儿的行动节律，达到亲子间的同步互动。不安全型依恋婴儿的母亲多数按自己的时间条件和情绪状态处理育儿事务。

专栏 3-1

成人依恋类型

成人的依恋类型可分为以下四种。

(1) 安全型依恋的成人,他们很容易与人相处和信赖对方。

(2) 回避型依恋的成人,他们怀疑那些说爱他的人,害怕离他们太近会受到伤害。他们也因分离不可避免而害怕付出情感。

(3) 焦虑矛盾型依恋的成人,他们对同伴的爱缺少安全感,以致过于苛求对方,他们太希望受到注意以致吓跑了同伴。

(4) 恐惧型依恋的成人。这些人认为自己不值得爱……回避与他人的亲密关系,因为他们害怕被拒绝的痛苦。

依恋类型会影响我们的爱情关系……但我们应该为不安全型依恋的人说句宽心话。当这些人进入一个安全的长期的成人人际关系时,他们要想改变自己的依恋类型也是可能的。

资料来源:Jerry M.Burger (2014)

从出生开始,婴儿就表现出一般倾向上的气质差异。例如,有些婴儿相对比较平静,而有些婴儿表现得总是无休止地运动着。气质是人格各成分中发展较早的成分,同时也是婴儿人格特征研究的重点。托马斯和切斯在纽约纵向追踪研究中,将141名婴儿的气质划分为三种类型:(1)易养型婴儿,这类婴儿具有很强的适应能力,生活习惯规律,情绪愉快,喜欢探索,主动交往,约40%的婴儿属于这种类型。(2)难养型婴儿,这类婴儿通常难以适应环境,生活无节律,交往困难,负性情绪多,对新异刺激反应消极,约10%的婴儿属于这种类型。(3)缓慢型婴儿,这类婴儿不大活跃、对环境适应缓慢,情绪通常不甚愉快,对新刺激慢慢感兴趣,约15%的婴儿属于这种类型。其余约35%的婴儿属于混合型。需要注意的是,早期的气质特点并不一定会延续到个体以后的人生阶段,换句话说,气质是可以改变的,其中一个很重要的影响因素就是儿童的气质类型与父母教养方式之间的良好匹配。

专栏 3-2

家庭氛围与幼儿安全感

依据情感安全理论(emotional security theory),儿童先天具有从家中感到安全的情感需要,而这种安全感在很大程度上受父母之间关系质量的影响。过往通常将父母间的冲突视为单维变量,认为这种冲突与家庭功能紊乱有关,家庭内部持续冲突会导致儿童一系列行为问题和不安全感。然而新近研究结果显示,父母冲突与幼儿安全感的关系可能受到父母双方各自采取的表达和处理冲突的策略,以及其一致与否的影响。科佩斯滕斯卡(O.Kopystynska)等人以"Building Strong Families"项目中低收入未婚情侣及其第一个孩子(3岁,语言发展达到能够理解父母争吵内容的年龄)为研究对象,考察不同冲突处理策略(破坏性和建设性),以及父母处理策略一致性与否对幼儿安全感的影响。其中破坏性方式包括敌对、语言和身体攻击,建设性方式包括尊重、情感表达和问题解决导向。研究结果显示,父母均采用破坏性处理方式的家庭,儿童的安全感反而更高。研究者认为,产生这一现象的原因可能是这种类型的家长会极端敏感和严苛,这种极端环境对儿童安全感的影响可能比冲突问题更大。

资料来源:Kopystynska et al. (2017)

二、幼儿期与儿童期的人格发展

孩子从3岁至11岁或12岁,身心发展迅速,很难把幼儿期与儿童期截然分开。本节将把幼儿期和儿童期合并起来加以讨论。

1. 性别角色获得

性别角色获得是指儿童在成长过程中,逐渐获得他(她)生活的社会认为的适合男性或女性的价值、动机、性格特征、情绪反应和行为态度的过程。通过这一社会化过程,个体的人格特征与行为态度越来越符合特定社会的性别角色标准,并表现出明显的性别差异。儿童性别角色获得包括性别同一性、性别角色观、性别定型行为这几个相互联系方面的发展。

性别同一性的发展,即获得一个人是男是女和性别不变的知识。区分男女,并将自己归到其中一类,是形成性别同一性的第一步。有些1岁儿童能够正确地区别男性和女性的照片。到3岁时,几乎所有儿童都能准确地将自己和周围人贴上男性或女性的标签。到5—7岁时,儿童能认识到自己与他人的性别是恒定不变的,认识到一个人的性别与其外貌或活动的变化无关。

性别角色观的发展是指儿童能够理解不同性别角色的行为模式。大约2岁半在开始意识到自己是男孩或女孩的同时,儿童已经有了一些性别角色分化的知识,如男女小孩都认为:女孩爱说话、不打架,爱玩洋娃娃,喜欢帮妈妈忙,爱说"我需要帮助";男孩喜欢玩汽车玩具、造房子、帮爸爸忙,爱说"我要打你"。3—7岁的儿童对不同性别适宜行为的认识还比较刻板,不能容忍跨性别行为模式,把性别角色标准看作不可违反的共通原则。直到8—9岁时,儿童的这些观念才变得不再那么刻板和绝对,但并没有消失。与此同时,儿童在性别角色认知的发展速度上具有性别差异,如奥布赖恩等人(O'Brien et al., 2000)的研究显示,在36个月大的时候,男孩对性别角色的了解比女孩要少。

性别定型行为就是儿童更倾向于表现出与其性别相符的行为,这是性别角色观在儿童行为上的反映。观察儿童游戏的内容以及选择玩伴的情况,可以发现儿童在2岁时就已表现出与其性别角色符合的行为。例如,2 岁大的女孩就已经偏爱和其他女孩子一起玩,而且在 3 岁以前,男孩往往会选择男孩而非女孩作为同伴。随着年龄增长,从小学到中学,儿童性别差异日益明显地表现在人格特质上。例如,肖三蓉等人研究发现:女生在人际交往中更具亲和力,情感丰富、诚信、重感情等内在品质更突出,利益导向更低;男生情绪更稳定、更有目标;性别差异在高中阶段要比初中阶段更明显(肖三蓉,徐光兴,2007)。研究还发现,在遵守性别角色模式方面,男孩和女孩存在差异,男孩比女孩面临更大的压力。例如,在 4—10 岁之间,女孩比男孩更可能保持对跨性别玩具、游戏和活动的兴趣。出现这种现象是由于在大多数文化中,男性和男性性别角色地位比较高,女孩意识到男性化的行为受到较高的重视,进而受到男性化角色的吸引;同时,社会对女性参与跨性别行为的包容度大于男性参与跨性别行为,较之"假小子",社会对"女孩气的男孩"存在更为激烈的指责或排斥。

2. 社会性

社会性(sociality)是指个体在社会环境交互作用过程中学习到的如何依据社会规范对待自己、对待他人、遵纪守规等方面的态度、观念和行为。例如,友谊是个人重要的社会特征,是与亲近的同伴、同学等建立起来的特殊亲密关系。友谊对儿童的人格发展具有重要的意义。它为儿童相互学习社会技能、交往、合作和自我控制提供了条件,是个体安全感和社会支持的一个重要来源,为儿童以后的人际关系发展奠定基础。3 岁之前,儿童的大部分社会活动仅发生在同一时间同一地点,并无真正的社会互动。直到 3 岁左右,随着活动范围的进一步拓展,这个时期的儿童开始表现出越来越明显的同伴取向,开始发展友谊,但是他们中只有很少的人能够建立亲密的联系。到了小学阶段,儿童对朋友的重要性更为敏感,建立和维持友谊关系成为儿童社会生活的重要部分。据塞尔曼(Robert L.Selman)的研究,儿童友谊的发展经历了以下五个阶段。

第一阶段(3—7 岁),此时儿童的友谊关系很不稳定。儿童认为,朋友就是喜欢他们并愿意与他们一起玩游戏的人。这个阶段的朋友关系建立的主要基础是共同的游戏活动。如果问儿童谁是其好朋友,回答通常是"在一起玩的"或"他和我一起玩""他不打我"等。这个阶段的儿童还没形成友谊的概念,他们之间的关系还不能称为友谊,仅是短暂的游戏伙伴关系。

第二阶段(4—9 岁),为单向帮助阶段。此时的儿童要求朋友能够服从自己的愿望和要求。顺从自己就是朋友,否则就不是朋友,如这个阶段的儿童可能会说"他不再是我的朋友,因为他不肯跟我走"。

第三阶段(6—12 岁),为双向帮助但不能共患难的合作阶段。该阶段儿童对友谊的交往有了一定的了解,但仍具有明显的功利特点。

第四阶段(9—15 岁),为亲密的共享阶段。这个阶段的儿童具有了较强的观点采择能力,他们对朋友的理解是,朋友之间应相互分享,友谊会随时间推移而逐渐形成和发展,朋友之间应相互信任、忠诚、甘苦与共，此时儿童开始从品质层面来描述朋友，认为自己与朋友的共同兴趣是友谊的基础。友谊关系开始具有一定的稳定性，并出于共享和双方的利益而与他人建立友谊。在这种友谊关系中，朋友之间可以相互倾诉秘密，讨论、制定计划，相互帮助，共同解决问题，此时的友谊有排他性和独占性的特点。

第五阶段(12 岁以后)，儿童的友谊向更高阶段发展。随着年龄的增长，儿童对朋友的选择性逐渐加强，他们的友谊网络在数量上开始减少，但建立的友谊关系持续时间进一步增加。

三、青少年期的人格发展

青少年期(adolescence)是指青春期开始到身心渐臻成熟的发展阶段，是从儿童期向成人期过渡的时期。青少年期的年龄范围很难明确划定，大体上从 11、12 岁进入青春期到 20 岁左右进入成人期。

1. 青少年发展中的特殊问题

第一，身心失衡带来的困扰。在青春期，个体生理上发生了两个显著的改变：一是身高与体重陡增，身体发育进入第二个加速期；二是性成熟和第二性征出现。然而与同样发展迅速的婴儿期不同，青春期的个体能够很好地意识到身体发生的变化，并产生相应的心理反应和困惑。一方面，生理上的快速变化往往给青少年带来震动和不安，而随着社会经济的发展、医学的进步以及社会开放程度的增加，个体生理成熟年龄有逐渐提前、成熟过程逐渐缩短的趋势，这就意味着现代的青少年可能要在更早、更短的时间内适应身体迅速变化带来的冲击；另一方面，由于学校教育期延长，家庭、学校忽视生活教育，新一代的青少年因缺少生活经历的磨炼致使心理成熟延后。生理成熟的提前与心理成熟延后，导致现代青少年心理困扰增多。

第二，独立性与依赖性的矛盾。青少年处于具有过渡性质的特殊年龄阶段。在这一阶段，一方面随着个体身体的迅速发展，以及认知能力、自我意识和自主性的增强，青少年越来越多地寻求自主、独立性和对生活的控制感，他们开始强烈地要求摆脱对父母的依赖而走向独立，要求更多地支配自己的行为的权利；另一方面，由于受教育时间延长，独立谋生时间错后，青少年在经济上的不独立又使得他们不得不依赖父母，难以做到真正的独立，与此同时，青少年心理上的不成熟也使得他们在寻求独立的同时，又不愿独立承担过多的责任。

第三，同辈群体和父母价值观的冲突。在传统的代际关系中，价值观的传承是通过亲代一代接一代地向子代单向传递，子代非常信任和依赖亲代教导的一切。然而在当今知识爆炸的时代，新观念层出不穷，文化在一定程度上失去连续性，单向传递的价值观传递模式也被打破，父辈的生活方式和价值观不一定能被子女认同。此外，青春期日益增加的自主和独立的要求，以及对父母权威的质疑，可能会进一步导致对父辈的不认同。与此同时,同伴关系的重要性在青春期进一步增加,其重要程度可能超过生命中其他任何阶段,使得同辈群体在青少年价值观中的影响不断增强,因此青少年需要同时面对传统价值观与现代价值观的冲击和碰撞。当然,需要特别说明的是,青少年与父母之间的冲突并不是不可避免。研究表明,青少年在大多数重大问题上与其父母的意见仍相当一致。此外,温暖和严格的养育方式是使青少年健康成长的最佳方式,而且能够有效地减少青少年不良行为的风险。父母的适当管控能够减弱儿童和青少年与不良行为同伴的联系,从而减少这些对儿童行为的影响(Ray et al., 2017)。

第四,自我探索中的迷惑。进入青少年阶段后,对自我的探索开始出现在首要位置。青少年对自我的理解日益增长,一方面他们以更加广阔的视角看待自己,可以同时看到自己的不同方面,而且这种关于自己的观点随着年龄推移变得更有组织性和一致性;另一方面他们能从自己和他人的角度来综合地看待自己,当他们试图描述“我是谁”时,可以将自己的观点和他人的观点综合起来考虑。但是,达到统一的自我认识需要一个过程,因此我们可以看到青少年早期的自我描述常常出现不一致的情况,他们能够意识到他们不可能在所有情境中都是同一个人,这样的不一致让他们感到困惑甚至气愤。青少年还会认为自己的行为在他人眼中非常重要,产生以自我为中心的心理,将自己的感受与别人的感受混在一起,并常常因为自己的感受而变得烦躁或困扰。

2. 自我同一性

根据心理学家埃里克森的心理社会性发展阶段理论,青少年面临的主要发展危机是建立自我同一性(ego-identity),一种对“我是谁,我将走向何方,我在社会中处于何种地位”的稳定连续感。自我同一性是在应对许多选择中形成的:什么样的职业是我想要的?我该信仰什么宗教、道德和政治价值?作为有性别的我该承担什么责任?社会上哪里适合我?然而,获得同一性的过程可能是漫长的、曲折的,青少年在获得稳定的同一性之前常常会感到混乱甚至焦虑,埃里克森用同一性危机(identity crisis)来描述这一现象。

马西亚(Marcia, 1980)用自我同一性现状访谈方法,评估青少年有关职业、宗教、政治信仰和性行为态度的认同状况。结果发现,青少年有四种同一性状态。(1)同一性混乱(identity diffusion),这类人还没有开始认真思考同一性问题,更不用说作出什么承诺了。(2)同一性早定(identity foreclosure),这类人会不假思索地接受父母的或传统的观念,完全没有自己的价值判断。(3)同一性延缓(identity moratorium),这类人正在经历埃里克森预言的危机,仍然在各种选择之间犹豫不决。(4)同一性获得(identity achievement),这类人已经度过危机阶段并作出最终决定。在这四种同一性状态中,同一性混乱是最不成熟的状态,同一性获得是最成熟的状态。

埃里克森曾假定,同一性危机出现在青少年早期,大多在15—18岁前得到解决。然而,一项对12—24岁男性的横断研究表明,仅有刚刚超过半数的研究对象在24岁时达到同一性获得状态,同一性获得要延续至成年期(Meilman, 1979)。自我同一性的发展是一个逐渐变化的过程,在不同领域间表现出不同步现象,即在一个领域获得了稳定的统一感,而在其他领域仍处于探索阶段。有研究指出,人际关系领域发展比意识形态领域发展较早(安秋玲,2007)。

3. 人生价值观的形成

人生价值观(life values)是指个体在对待人生的追求和怎样实现这种追求等问题上的态度、观念和行为。人生价值观随着人生实践逐步形成和发展。青年期是人生价值观形成并逐步定型的关键时期。在少年期,个体就开始对人生意义作一些零散的、具体的探索。到青年早期,探索逐渐具有一些理性认识的成分,但往往有较大的局限性。到青年晚期或进入成年早期后,大部分人已形成比较明确的人生价值观。实际上,人生价值观的发展贯穿毕生的过程。影响人生价值观形成的因素是多方面的。青少年期个体生理、心理的一定发展水平是人生价值观形成的基础;社会文化、学校与家庭教育熏陶等社会因素在人生价值观的形成中起决定作用。

关于当代青少年人生价值观的特点,可以从一项专门的调查研究(黄希庭,张进辅,李红,1994)中获得一定了解。该项研究以国际上广泛使用的罗克奇价值调查表为工具,调查对象为武汉、广州、深圳、成都、重庆等地 14 所高校和 9 所中学的 2 125 名各年级学生。罗克奇价值调查表内容包括终极性价值观和工具性价值观两个部分。其中,终极性价值观列有 18 项价值:舒适的生活、兴奋的生活、有所作为、世界和平、美的世界、平等、家庭安全、自由、幸福、内心平衡、成熟的爱、国家安全、享乐、拯救灵魂、自尊、社会承认、真正的友谊、才智。

调查中要求受调查学生按 18 项价值对自己的重要性依次排序。调查所得的重要结论有:(1)我国青少年学生对“有所作为”“真正的友谊”“自尊”“国家安全”评价最高,对“内心平静”“舒适的生活”“兴奋的生活”“拯救灵魂”评价最低。这说明我国青少年在人生价值观目标方面基本上是积极向上的。(2)在有些青少年中存在不求上进、胸无大志、个人主义严重等消极观念,但随着年级的升高,个人价值取向有逐步增强的趋势。(3)男女青少年学生终极价值观相当一致。在个别价值排序上也存在一些性别差异。例如,对于“美的世界”“自尊”“成熟的爱”三项,男生分别将它们排在第 11 位、第 4 位、第 10 位,女生分别将它们排在第 8 位、第 7 位、第 15 位。(4)从初中一年级到大学四年级,学生对一些价值的排序相当稳定,但对另一些项目的排序有变化,如随年级的升高,学生对“自由”“成熟的爱”“社会承认”等项目的重要性的评价有逐渐增强的趋势。

然而,在社会转型的过程中,当代青少年价值观并不总是稳定不变的。文萍等人 2004 年对全国 7 个城市 1 080 名中学生和大学生进行了价值观调查,并将其与 20 世纪 80 年代和 90 年代的调查结果进行历时性分析比较。结果显示,青少年的价值观从 20 世纪 80 年代到 2004 年经历了重要变化,转向更为强调个人取向的价值观,而且这种个人取向的价值观逐渐由雄心壮志、奋斗进取向追求个人自我的舒适和快乐转变(文萍,李红,马宽斌,2005)。

四、成年期的人格发展

成年期是个体生命周期中持续时间最长的阶段,一般认为从 20 岁开始直至生命终止。在漫长的成年期,个体既要经历生理机能发生的一系列变化,又需要面对许多社会化课题,如继续完成学业、参加职业活动、经济独立、建立家庭、养育子女、参与社会性事业、退休、死亡等。人格及其各成分在成年期会得到持续发展。

1. 成年早期的人格发展

按照埃里克森的心理社会性发展阶段理论(见专栏 3-3),成年早期是个体的亲密对疏离阶段,这一阶段的主要发展任务是与他人发展亲密关系,获得亲密感。亲密感是在人们承担家庭或社会共同义务时发展起来的。在这个阶段,个体面临建立家庭和选择职业两大社会化问题。成年早期要发展恰当的兴趣、角色态度和价值观,社会期待个体肩负起成人的责任和义务,行为符合该社会文化的要求,扮演好配偶、父母、独立的劳动者等角色。如果个体能顺利地通过前五个阶段建立稳定的个人同一性,意识到个人对社会的义务,在家庭生活及社会活动中获得成功,就会产生亲密感。如果个体在该阶段不能适应人们期望的成人标准,不能承担相应的社会责任,就会产生挫折感。

2. 成年中期的人格发展

成年中期是个体一生中在家庭生活与职业上的创造力感和成就感的高峰期,同时也是大部分个体不断意识到身体机能和健康状况下降、工作和生活压力增加的时期。成年中期社会化的中心问题是事业的发展和生理上的变化。依据埃里克森的理论,成年中期的危机是停滞。如果个体能继续保持上一阶段在家庭内和亲密朋友间建立起来的亲密关系,而且将这种关系扩展到下一代,关心和积极促进下一代人的幸福,就会获得创造力感。如果安于自足,只关心个人安逸,就会产生停滞感。

3. 成年晚期的人格发展

成年晚期,也称为老年期(old age),是人生历程接近尾声的时期,也是埃里克森人格发展理论的最后一个阶段,该阶段的发展危机是完善感对绝望感。这个时期的特点是回顾和评价过去经历,生活回顾和怀旧成为老年人生活的重要内容,对老年个体当前的生活起着非常重要的作用。一方面,它提供了过去和现在之间的联结,提高老年人对当前世界的认识;另一方面,它能够发展个体看待过去事件和他人的新认识,使得老年人的人格继续发展。如埃里克森理论所述,如感到自己一生有幸福生活并有所贡献,就会有完善感。如回顾一生时带有悔恨的心情,把生命看作一连串的机遇丧失和失败,就会有绝望感。

专栏 3-3

人生八阶段

埃里克森提出的心理社会性发展阶段理论(theory of psychosocial development stage)在所有关于心理毕生发展的理论中最著名。埃里克森认为,人的毕生发展过程包括一系列的心理社会性发展阶段,每个发展阶段都会出现一个主要冲突或危机,个体若想成功应对后面发展阶段的冲突,就需要在特定阶段充分解决这个主要冲突或危机(Erikson, 1950, 1968)。

第一个发展阶段的婴儿需要通过与看护者之间的交往建立基本信任感。食物、温暖和由身体接触带来的安慰使儿童对父母产生依恋和信任,如果儿童的这些基本需要没有得到满足,就可能发展出强烈的不安全感、焦虑感和不信任感。

在第二个阶段,随着运动的发展和语言技能的出现,儿童探索和操作物体(有时是与人交往)的能力提升,儿童对自己身体进行自主控制而发展出安全的自主感和价值感。这时,监护者过分的约束和批评可能导致自我怀疑,过高的要求可能破坏儿童处理新任务的坚韧性。

第三阶段对应着学前期,该阶段养成基本信任感的儿童能够主动尝试完成新事情,激发新想法,培养起对自己的信任。外界对儿童自主活动的反应可能会促进这种自主感和自信感,也可能导致儿童产生内疚感,使他们感到没有能力进入成人的世界。

第四阶段对应着小学阶段,此时儿童必须学习文化技能,致力于任务中的乐趣,克服自卑情绪。与同伴的交往为儿童提供了发展社会技能的场所,学校活动和体育活动为儿童学习知识技能和运动技能提供了场地。追求这些技能使儿童感到自己胜任的能力。如果儿童在活动中经历了太多的失败,或者满足于作为旁观者,那么自卑感就会产生。

青春期阶段的基本危机是形成自我同一性。青少年面对不同人要扮演不同的角色,并在这种混乱中学习社会角色规范,确定自我形象,形成认同。解决这个危机使青少年培养出对自我的一致感。如果失败则导致缺乏稳定核心的自我形象、角色混乱,没有固定的标准,感到虚伪。

成年早期的危机是解决亲密和孤独之间的矛盾,即寻求与他人建立亲密关系和获得亲密爱情,以及为事业定向。达到这些目标需要克制某些个人偏好,承担责任,作出妥协。无法完成这个任务则很可能导致孤独,缺乏亲密感。

成年中期的危机是停滞,成功应对这一挑战需要个体通过创造性的生产活动贡献社会,把承诺扩展到家庭、工作、社会以及后代,获得繁衍感。不能成功解决这个危机的个体会失去对工作的兴趣,人际关系贫乏,自私自利。

成年后期的危机是自我完满对绝望。老年人回顾一生,如果前几个阶段的发展是顺利的，其信赖感超过不信赖感，自主感超过羞愧感，有独立感和事业感，取得了自我的认同，发展了亲密感，是一个有贡献的人，能够完成对社会的义务和职责，那么他就会有自我完满感，觉得度过了丰富的一生，坦然面对并接受死亡。相反，各个发展阶段的失败会使个体在晚年丧失热情，愤恨，怕死，对生活和生活中已得到的或没发生的事情感到痛苦、失望，毫无意义感，认为自己虚度了一生且为时已晚、无法弥补。

埃里克森试图用心理社会性发展阶段理论来描述个体的毕生发展，但这个理论也具有类似精神分析的弱点：论证不够严谨，理论解释任意，支持和反对的证据矛盾。另外，该理论中发展阶段的划分以及各阶段主要矛盾的确定是否合理，是否适合不同文化和时代背景，都需要在借鉴时加以注意。

资料来源：黄希庭，郑涌(2015)

第三节　学生健全人格的培养

人格发展是个体与其所处的环境相互影响、相互作用，学校作为儿童青少年的主要社会化场所，对其人格形成具有举足轻重的作用。本节将主要围绕如何在学校教育中培养学生健全人格展开讨论。

一、学校在学生人格发展中的作用

学校是学生个体社会化的重要场所，学校教育是制约学生人格发展的重要环境条件。与其他社会环境因素比较起来，学校教育影响具有一些特殊性质。

第一，学校教育是一种有目的、有计划的影响。从总体上看，学校教育的各种要素，对学生多种人格特质成分(动机、态度、价值观、行为习惯等)的作用，具有连续性和一致性，这就比某些偶然的、零散的社会影响更加强而有力。

第二，学校教育影响因凭借学生集体的力量而更加有效。学生活动多半是集体活动，学校的各种教育要求，经常以集体规范、集体舆论、多数成员一致的意见或共同行动等形式，对学生个人的认识、态度、行为产生多方面的影响。

第三，学校教育影响时间跨度大，贯穿个体人格发展的重要时期。许多重要的社会化课题，如培养勤奋精神，建立自我同一性，掌握重要的道德观念与法律观念，形成人生观，发展基本的社交能力等，都主要在学校学习期间完成。

学校教育作为影响学生人格发展的环境条件，包括许多因素，如学校精神、班级气氛、教师特征、教师教育观念与教学风格、师生关系、同伴关系等。教师对学生人格发展的影响是多方面的：教师通过日常教学活动，包括各类学科课程与活动课程的教学，对学生人格施加有意识的影响;教师本人的人格力量、一言一行,作为一种榜样,在学生人格发展中发挥着潜移默化的作用;教师对学生行为的评价与奖惩,可以帮助学生分辨是非善恶,积累情感经验;教师对学生的不同期待将会在学生方面引起不同的反应。此外,学生同伴的相互作用也是影响学生人格发展的重要因素。对于学生个人来说,同伴既是自己行为的强化者,又是一个可以模仿的示范者,还是将自己行为同别人进行社会比较时的参考标准。

二、促进学生人格发展的教育措施

学校教育的目的不限于向学生传授各种知识技能,更为重要的是要根据人格形成和发展的规律,促进学生人格的全面发展。为此,在教育过程中教师应考虑到以下六点。

1. 重视学生人格的整体发展

重视学生人格的整体发展本是中外教育家共有的观念。我国教育传统中就有“经师”“人师”之说,认为只有既当“经师”又当“人师”的人,才能被称为良师。后来,这种观念就被单纯重视科学知识传授和智能发展的教育观念代替。时至今日,许多学校在教育目标的把握上严重失衡,给学生人格的健全发展带来诸多不良后果。国内外教育界有识之士曾大声疾呼,反对唯知主义或唯智主义的教育偏向,倡导全人教育(whole-person education)。强调学校教育对象是完整的人,不是人的局部,也不是人的智能侧面(张春兴,1996)。

教书、育人是教师的两大职能。其实,教书的目的仍在育人。从教书的角度看,任何优秀教师都无法使所有学生在学科学习上获得同样优异的成绩。从育人的角度看,每个学生都可以在适当的教育条件下发展其完整的人格。人格培养是比知识传授更重要的目标。例如,藤野先生讲授的解剖学,对于鲁迅先生并没有多大的实用价值。鲁迅先生当时的解剖学成绩“不过是没有落第”,然而藤野先生的伟大人格却对鲁迅先生之为人,产生了深远的影响。

人格是由多种心理成分构成的有机整体。为了促进学生人格的整体发展,在确定教育目标时,不能只考虑知识的传授与智能的发展,而应给道德教育,情感、意志、价值观、社交能力的培养,适当性别角色的获得,自我概念的完善等以应有的地位。

2. 遵循个体心理发展顺序

人格整体及其各种特质成分的发展都有一定的顺序性,故人格教育应根据学生所处年龄阶段的现有水平和发展任务,确立恰当的教育目标和有效的教育方法。例如,根据科尔伯格(Lawrence Kohlberg, 1927—1987)的道德发展阶段理论,中学生在道德判断的发展上大多数处于习俗道德水平。他们能够从符合成人期望、遵从世俗规范的角度,进行道德推理判断,而不像10岁前的小学生,仅能依据行为的具体后果与自身利害关系进行道德推理判断。因此,对中学生进行法规教育,就有可能收到较好的效果。

3. 帮助学生获得成功的经验

为了促进学生人格的健康发展，必须使学生有机会获得成功的经验。人都有尊重的需要，包括自尊和受到他人尊重的需要。人的自尊心来源于他的自我价值感。当一个学生在活动中取得成功，得到他人认可和赞许，感受到自身的价值时，自尊心就会得到维护和加强，就会有一个积极的自我形象。这样的学生对自己充满信心，对新事物充满主动探索的精神，他的人格就会得到健康发展。

为了使学生获得成功的经验，教师应鼓励学生选择挑战性任务，不放过争取成功的机会，要从他们的实际出发，给他们设计难度适中的课程与作业；给那些学得慢的学生提供个别指导与帮助，以减少他们学业上的挫折感；要让学生在不同领域中施展才华，为每个学生展示自己的特长提供条件。

4. 建立良好的人际关系

埃里克森的心理社会性发展阶段理论认为，每个阶段发展危机的解决，都在一定程度上取决于特定人际关系（如亲子关系、同学关系、师生关系、合作与竞争的伙伴）的性质。在学校里，学生要拥有良好的人际关系，一是靠学生自己去建立，这就要求学生不断提高自己的人际交往能力，改善人际交往态度；二是靠教师在班级有计划地营造。在相互尊重和谅解的同学关系和师生关系中，在民主和融洽的课堂气氛里，学生不必害怕嘲笑、挖苦、讽刺，不必为自己不太成熟的言行羞愧和自卑。只有这样，学生才敢于尝试，敢于探索，敢于表达自己的真实意见，提出自己的疑问，同他人分享自己的感受，不断检验和修正自己的态度、动机、价值观，发展各项人格特质。

5. 重视学生人格的自我教育

从根本上说，人格发展是一个主动自觉的过程，人格教育则是一种终身的自我教育。正如心理学家维果茨基（Lev Vygotsky，1896—1934）所说：“学生归根到底是自己教育自己。在他自己身上，而不是在别的任何地方发生着长期地决定他的行为的各种影响的决战。”中学生的自我意识迅速发展，主动性日益增强，教师可以指导学生采用自我修养的方式不断完善自己的人格特质，做人格发展的主人。在自我修养的过程中，学生应有人格自我教育的意向，确立发展目标；要积极参加社会实践和人际交往活动，在人际互动的过程中认识自己，了解他人，澄清自己的价值观念；注重人生哲理方面的指导，学习有关心理学的理论和方法，为自己树立人生楷模等。所有这些对人格的自我教育都有帮助。

6. 加强与家庭教育的配合

学校在对学生进行人格教育时，只有得到各种社会环境因素，特别是家庭教育的紧密配合，才能收到预想的效果。如果家庭教育与学校教育的标准不统一，就会使受教育者产生许多不必要的心理冲突，增加混乱性，从而影响健全人格的形成和发展。约翰逊（Johnson，1979）在分析少年犯罪问题时曾说明，家庭、学校、同辈友伴这几种社会环境因素相互作用对少年犯罪行为的影响过程（见图 3-1）。从中也可以看出，这几种社会环境因素在少年人格一般发展中的作用。

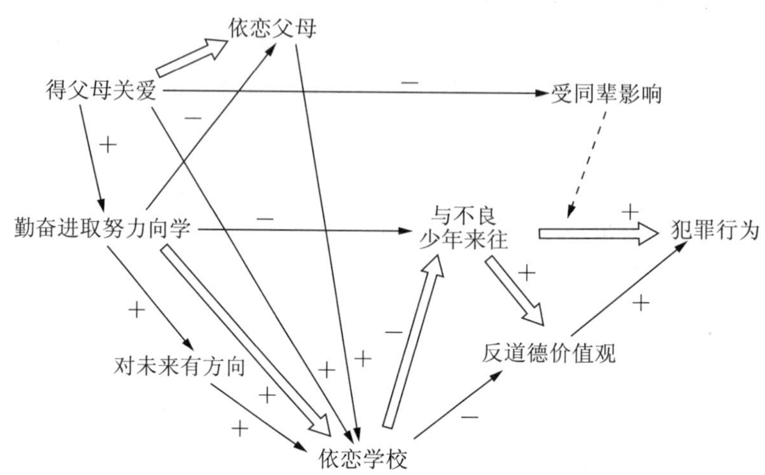

图 3-1 社会环境因素与少年犯罪的心理过程

注:图中箭头表示因素之间的相关关系,双线箭头表示高相关关系,正负号分别表示正负相关

从图 3-1 中可以看出,父母对子女的关心与爱,与子女对父母的安全依恋以及子女的勤奋好学有关。依恋父母的孩子,入学后也依恋学校。他们很少与不良少年往来。相反,自幼得不到父母关爱而不能形成安全型依恋的孩子,入学后也不会以学校为依恋对象,而受家庭以外的同辈影响较多,与不良少年来往频繁,在心理上存有反道德价值观,最终有可能酿成犯罪行为。

在儿童与青少年成长过程中,家庭和学校是直接影响其人格发展的两股强大力量。学校在对学生进行人格教育时,应主动争取与家庭配合。除了加强与学生家庭的一般联系之外,还可以开办家长学校,开展对学生家长的辅导,推行亲职教育,举办母亲座谈会,以促进学生父母协助学校搞好学生的人格教育。亲职教育(parental education)是从家庭教育中演变出来的新观念,但又不同于家庭教育。家庭教育是家长对子女的教育,亲职教育则是父母为实施成功的家庭教育而接受的自我教育。

专栏 3-4

因为和别人不一样就被欺负,应该怪自己还是怪环境?

为探索青少年的人格特质与其被欺凌的关系,博埃勒(S.Boele)等人 2017 年对来自荷兰初中的上百名学生(平均年龄为 13.5 岁)进行了一项调查研究。所有参与这项研究的学生都完成大五人格(外倾性、情绪不稳定性、宜人性、开放性和尽责性)测验和黑暗三人格(精神病态、自恋和马基雅维利主义)测验。他们还报告了班级中哪些人欺负过他们,哪些人被欺负过。这项研究中的欺凌既包括肢体上的冲突,也包括语言上的攻击。研究者给这些学生建立了人格档案，并根据他们的得分进行了排序，以比较单个学生在人格方面与班级整体的平均水平的差异。

结果表明，学生的人格特质越偏离所在班级的平均水平，就越可能成为同龄人的欺凌对象。由于偏离群体规范的年轻人更有可能被排斥，他们在群体中更加没有地位和发言权，他们面临着被同龄人欺凌的风险。需要指出的是，这项研究中的数据是相关关系，所以欺凌与人格之间的因果关系有待确定。学生的人格偏离班级的平均水平可能导致他们遭受欺凌，但是欺凌也可能反过来影响人格的形成和发展。

资料来源：Boele et al.（2017）

本章小结

人格毕生发展是指从受孕到死亡的整个生命历程中，个体之人格及其各成分随年龄推移发生的连续变化。人格发展的基本性质包括连续变化中的阶段性，定向发展中的顺序性，统一发展中的不均衡性，共同模式下的个体差异。遗传、环境、自我和自我意识等因素交互作用并共同制约着人格的发展。

在研究心理发展时，心理学家经常采用横断研究设计、纵向研究设计和断代序列研究设计三种不同的发展研究设计。

按照年龄划分的阶段顺序，各个时期人格发展的情感、社会交往、价值观、性别角色获得、自我同一性等重要方面有着不同的特点。产前期胎儿的发育模式虽大致相同，但其行为因遗传和所处产前环境的不同而存在明显差异。婴儿早期个体经历了信任对不信任、自主对羞愧怀疑阶段，这两个阶段的危机顺利解决，个体就能够发展出信任、独立、自主的人格品质。3—12 岁的儿童身心迅速发展，在性别角色获得方面，逐渐获得他（她）生活的社会认为的适合男性或女性的价值、动机、性格特征、情绪反应和行为态度，通过这一社会化过程，个体的人格特征与行为态度越来越符合特定社会的性别角色标准，并表现出明显的性别差异；在社会性方面，儿童 3 岁左右开始表现出越来越明显的同伴取向，开始发展友谊，但是他们中只有很少的人能够建立亲密的联系。到小学阶段，儿童对朋友的重要性更为敏感，建立和维持友谊关系成为儿童社会生活的重要部分。

青少年发展中存在一些特殊问题，比如身心失衡带来的困扰、独立性与依赖性的矛盾、同辈群体和父母价值观的冲突以及在自我探索的过程中产生的迷惑，等等。青少年面临的主要发展危机是建立自我同一性。青年期也是人生价值观形成并逐步定型的关键时期。

成年期是个体生命周期中持续时间最长的阶段，个体既要经历生理机能发生的一系列变化,又需要面对许多社会化课题。成年早期的个体面临建立家庭和选择职业两大社会化问题,这一阶段的主要发展任务是与他人发展亲密关系,获得亲密感;成年中期社会化的中心问题是事业的发展和生理上的变化,依据埃里克森的理论,成年中期的危机是停滞;成年晚期的特点是回顾和评价过去经历,该阶段的发展危机是完善感对绝望感。

在学生健全人格的培养过程中,教师应当重视学生人格的整体发展,遵循个体心理发展顺序,帮助学生获得成功的经验,建立良好的人际关系,重视学生人格的自我教育,加强与家庭教育的配合。

推荐阅读

1. Jerry M.Burger(2014).*人格心理学(第8版)*.陈会昌,译.北京:中国轻工业出版社.
2. 林崇德.(2018).*发展心理学(第三版)*.北京:人民教育出版社.

复习思考题

1. 解释下列概念:

   人格毕生发展　成熟　横断研究设计　纵向研究设计

   断代序列研究设计　依恋　社会性　同一性危机　人生价值观
2. 如何理解遗传与环境因素在人格发展中的作用?
3. 如何理解人格发展中各因素的交互作用?
4. 父母的教养方式对子女的人格发展有何影响?
5. 试述自我同一性在青少年人格发展中的地位。
6. 试析学校中影响人格发展的因素。
7. 如何发挥学校教育在学生健康人格养成中的作用?

第四章

行为的动力机制

当我们对一群人进行定格观察时会有趣地发现，几乎在同一时刻，人们可能正从事着完全不同的行为：有人在电脑前工作，有人在操场上运动，有人在咖啡间与友人聊天，有人在自然美景前自拍，有人在演唱会上热情地挥舞着荧光棒，还有人在公交车上静静地发呆……当我们对某一个人进行跟踪观察时又会发现，他会从早到晚忙忙碌碌地做出各种不同的行为：早起洗漱，搭车上班，开会发言，撰写文案，欣赏音乐，洗衣做饭，看书读报等，而在各种行为活动中他又会表现出不同的积极性。即便是在同一场合行为相同的一群人，比如同在一间教室上课的学生，也会表现出不同的行为积极性。人们为什么会出现不同的行为或行为的不同积极性？究竟是什么在支配着人的行为呢？这便涉及行为发生的动力机制，它与个性的整个动力系统有关，而作为基本心理机制，其核心则是动机。对人的行为动力的研究，是心理学的一个重要领域，其研究成果对调控一个人的行为，尤其是学校教育中学生的学习行为具有十分重要的意义。本章主要内容如下：

1. 行为动力机制概述；
2. 影响行为动力的因素；
3. 学习动机及其培养和激发。

第一节　行为动力机制概述

人类行为表现多种多样，其原因各不相同，但其发生和维持过程又遵循基本的心理规律。心理学使用动机概念来解释行为的原因。具体来说，动机又是由个体内部因素和外部因素共同决定的。要解释和预测人类行为，需要掌握与动机相关的一些基本概念、功能及其相互作用关系，并了解动机系统及其结构。

一、动机的内涵

动机(motivation)是直接推动个体进行行为活动的内部动力。例如，饮食动机会让人产生饮食行为，学习动机会让学生产生学习行为。动机在人的行为活动中具有以下四方面功能。

第一,激发功能。动机能激发个体产生某种行为。这里动机是引起行为的原动力,对行为起着始动作用。例如,一位学生因身材过胖而产生减肥的动机,他便会在这一动机的驱动下产生相应的行为。

第二,指向功能。动机能使个体的行为指向某一目标。这里动机是引导行为的指示器,对行为起着导向作用。在上例中,那位学生在减肥动机的引导下,会将激起的行为明确指向体重减轻这一目标,并围绕这一目标组织一系列具体行动方案,包括运动健身、规范饮食等。

第三,维持功能。动机能使个体的行为维持一定的时间。这里动机是保持行为的续动力,对行为起着续动作用。在上例中,那位学生会在减肥动机的作用下,维持相当时间的减肥行为。

第四,调节功能。动机能调节个体行为的强度、时间和方向。这里动机是调节行为的控制器,对行为起着调控作用。上例中,那位同学进行减肥活动的行为强度、维持时间的长短,都受到动机的制约。一旦目标达成或者受到其他因素干扰,导致减肥动机降低,相关的减肥行为就会减少甚至停止。如果该同学设定和执行的行动方案无法有效达成目标,动机还将驱使他转换行为的活动方向以达到既定目标。

正因为动机有上述功能,心理学家也把动机定义为激发和维持个体行为活动,并使之朝向某一目标的心理倾向或动力。

二、需要及其种类

如果个体的行为是由他的动机推动的,那么个体的动机又是怎样产生的呢?从根本上来讲,人类行为的动力都起源于需要,需要是人类动力的源泉。所以,要了解人类行为的动力必须从了解需要开始。

需要(need)是有机体内部的某种缺乏或不平衡状态,表现出有机体生存和发展对客观条件的依赖性,是有机体活动的积极性源泉。当个体的某种需要没有得到满足时,它就会促使个体去从事满足这种需要的行为活动,从而产生该行为的动机。例如,一个在寒风中瑟瑟发抖的人,出于对温暖的强烈需要,会产生寻求温暖的行为活动;走在崎岖小径上的人,担心自己会摔倒,出于对自身安全的需要,会做出缓慢行走、相互搀扶的行为;初到班集体的新同学,出于与他人建立友谊的需要,会做出主动与他人交流、帮助他人的行为。需要是个体积极性的源泉,是动机产生的最根本的心理基础。

个体的需要是多种多样的。有关需要种类的划分,在心理学界存在不同的理论观点,其中尤以马斯洛的需要层次理论(need hierarchy theory)影响最大(见图 4-1)。该理论强调人类的一切行为源于其有别于一般动物的独特内部动力系统,该系统主要由不同层次和性质的需要组成。具体而言,人类需要由低级到高级依次表现为七大类:第一类是生理需要，指人类生存最基本的需要，如吃、喝、睡、性、排泄等方面的需要；第二类是安全需要，如人身安全、生活稳定以及排除不安定因素等方面的需要；第三类是归属和爱的需要，包括友谊、爱情、归属、信任与接纳的需要；第四类是尊重需要，包括自尊和受到别人的尊重两方面，也可概括为自尊心、自信、威望、地位等方面的需要；第五类是认知需要，它驱动人类对自身和周围世界的探索、理解以及解决疑难等行为；第六类是审美需要，它驱动人追求对称、秩序、完整结构以及自身行为完美等行为；第七类是自我实现需要，也被人本主义心理学家认为是最反映人性的需要，它驱动人通过创造和追求自我理想，充分发挥和表现自己潜能的行为。各种需要由低级到高级依次出现，低一级需要的满足才会带来个体对高一级需要的追求，而各层次需要的满足程度，将决定个体的人格发展境界。马斯洛又把前四层需要称为基本需要或缺失性需要，将后三层需要称为成长需要或生长性需要。基本需要是一般人都会追求满足的，但成长需要不是所有人都会表现出来的。

需要层次理论对教师实施教学管理和制订教学策略都极具启示意义。首先，在教学管理中，教师不能片面提高学习任务的数量和要求，而必须顾及和满足学生的基本需要。例如，就最基本的生理需要而言，教师必须考虑其课时安排以及课业量对学生休息睡眠的影响。又例如，有些特殊家庭的学生缺乏学习动机可能是由于归属和爱的需要没有得到充分满足。其次，对人类的学习而言，它本质上应当以促进个体价值、潜能与个性的充分发展为目的。教师应当在教学中围绕学生的自我实现需要进行艺术性引导，激发和引导出他们的高层次学习动机。

总而言之，马斯洛把人类需要看成一个组织系统，并按其优先顺序排列成等级，这对我们是有启发的。但这种划分缺乏明显的标准，把人的所有基本需要都视为先天潜在的似本能(instinctoid)需要，也不符合客观事实。

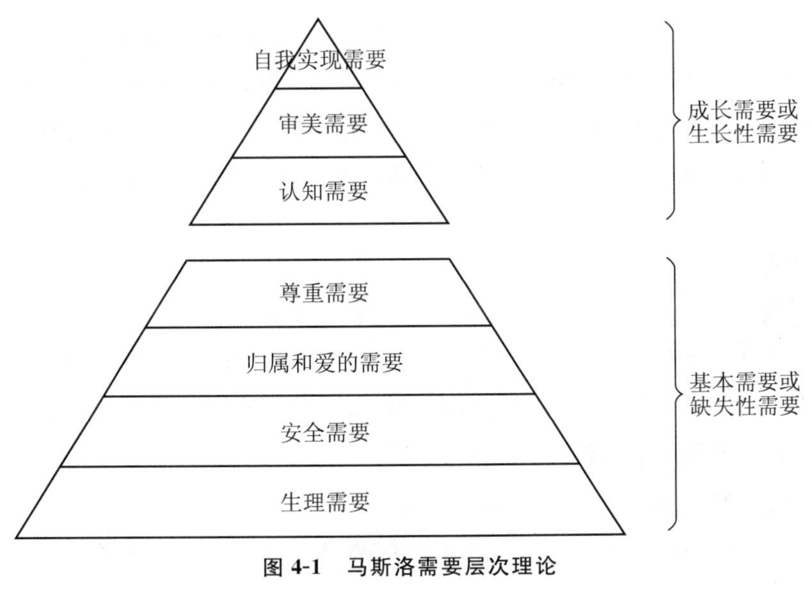

图 4-1 马斯洛需要层次理论

(Maslow, 1954)

还有很多心理学家把需要划分为生物性需要和社会性需要。生物性需要(biological need)是指保存和维持个体生命与延续种族的需要,如生理需要、安全需要、运动需要等,其大部分为人和动物所共有的(当然两者仍有本质区别)。社会性需要(social need)是指与人的社会生活相联系的需要。由于人的社会性需要十分复杂,又可以细化为基本社会性需要和高级社会性需要。基本社会性需要较少受社会影响,带有一定的先天成分。例如,依恋需要、探究需要、交往需要、美的需要等,往往在个体生命早期就已出现,在动物中也广泛存在。哈洛(Harlow, 1966)就曾用恒河猴做过这样的实验。他们制作了三种不同的金属母猴:第一种是金属框架,用海绵和毛织物包裹起来,在胸前安装一个奶瓶;第二种只在表面包着绒布,但没有奶瓶;第三种是身上装有奶瓶,却未包绒布。然后观察幼猴对这三种代理母猴的态度。结果发现,幼猴最喜欢第一种母猴;第二种和第三种母猴相比之下,幼猴多数时间都依偎在第二种母猴身边,只有在饥饿时才会到第三种母猴那边去。这表明接触柔软物质带来安慰和情感依恋,与饥饿、干渴等生理需要一致,均是人类的基本需要,甚至对动物来说也不是派生的。高级社会性需要则更多受外在教育环境影响,完全是后天发展的结果,为人类所独有,如求德需要、求美需要、求知需要、成就需要、贡献需要等,是人类需要高度发展的结果。在生物性需要与高级社会性需要之间划分出基本社会性需要,更符合人的需要发展的实际,更能反映人在生物属性和社会属性之间,由生物性需要向基本社会性需要、高级社会性需要发展的轨迹(卢家楣,1988)。

三、内驱力和诱因

虽然需要是动机产生的最根本的心理机制,但在具体情境中,个体的某种需要产生之后不一定都能将其转化为动机。模糊意识到的、未分化的需要叫意向(intention)。当个体有某种意向时,可能意识到一定的行为活动方向,却不一定明确行为活动依据的具体需要,因而缺乏对行为的动力作用的意识。明确意识到并想实现的需要叫愿望(desire)。如果愿望仅仅停留在头脑中,不把它付诸实际行动,则这种需要还是不能成为活动的动因。那么,静态的需要怎样才能引起动机,产生行为呢?这便涉及行为发生机制中的内驱力和诱因。

1. 内驱力

如前所说,需要往往以个体内部的某种缺乏或不平衡状态,当这种缺乏或不平衡状态以动力的方式来表现其对客观条件的依赖性时,需要便以内驱力的形式从个体内部产生行为的动力。因此,内驱力(drive)是个体内部的某种缺乏或不平衡状态产生的、旨在恢复稳定的一种内在推动力。例如,没有来得及吃早饭的学生可能会在上完第一节课后就由于血糖水平降低而呈现生理的不平衡状态和焦虑情绪,产生内驱力,最终引发急切的觅食动机和行为。当他的饮食需要得到满足,内驱力就降低,觅食的动机和行为也就减弱或停止。需要指出的是,在有关的理论中,有不少人将内驱力囿于生理性范畴,认为只有当个体在生理需要得不到满足时才产生内驱力。其实，内驱力与需要一样，也有生理性内驱力和社会性内驱力之分。例如，当一个有上进心的学生意识到自己的某些个性品质不符合自己的期望，阻碍了自己的进一步发展时，就会引发心理的不平衡和不安情绪，产生内驱力，表现出自我塑造和提升的积极行为。

2. 诱因

个体最终能否产生动机和行为，往往不只由内驱力决定，在一般情况下还需要一定的外部条件，这个外部条件就是我们要说的诱因。诱因(incentive)是指能满足有机体需要的物体、情境或活动，是有机体趋向或回避的目标。有了诱因才能促使个体产生具体的行为动机；如果诱因缺失，个体就不会产生具体的动机和行为。例如，一个人身处荒岛，会存在与人交往的强烈需要，但荒岛缺乏交往的对象(诱因)，归属需要就无法转化为具体的交往动机。诱因可以分为正诱因和负诱因。凡是能使个体因趋向或获得它而满足其需要的刺激物为正诱因(positive incentive)，能使个体因逃离或回避它而满足其需要的刺激物为负诱因(negative incentive)。许多动物实验表明，内驱力并不能直接推动机体的动机行为，必须使机体处于更易反应、准备反应的状态，诱因才能使机体真正产生动机，导致行为。在训练老鼠走通道的实验(Hull, 1943)中，如果在路线终点没有食物(无正诱因)，饥饿的老鼠(有较大内驱力)不会比饱食的老鼠(缺少内驱力)更积极，若在路线终点放了食物(有正诱因)，饥饿的老鼠就立刻飞跑。当实验者将食物由大量换成小量，饥饿的老鼠也会相应放慢速度，而当食物增多，饥饿的老鼠又会增加奔跑速度。这一实验突出反映诱因对动机行为的调节作用。事实上，在人类生活中也有许多类似的情况。一个已经饱食的人(缺少对食物的内驱力)看到异常精美的点心(正诱因)，仍会忍不住再品尝一下，此举动不是出于内驱力的推动，而是源于诱因的刺激。我们也常在教学活动中看到，枯燥的教学不但不能激起求知内驱力不强学生的听课动机，而且也难以激起求知内驱力较强学生的听课动机；而精彩有趣的教学不但能够激发求知内驱力较强的学生产生较强的听课动机，而且也能激起求知内驱力不强的学生产生较强的听课动机。因此，重视和强调诱因对个体动机的作用，在教学实践中更具有现实意义。教学的主要手段正在于向学生提供各种诱因，促使学生产生学习动机，进而养成良好的学习习惯。

很多时候，满足各种需要的诱因是个体基于后天经验逐步形成的。例如，同样是满足进食需要，有人更偏好面食，有人则喜欢米饭；同样为满足自尊的需要，有的学生通过努力学习获得好成绩来获得周围同学的尊重，有的学生则通过发挥运动特长为班集体争光来获得大家的认可。当有机体在个体活动中把自己的各种需要与能满足其需要的物体、情境联系在一起时，这些物体或情境就成为行为的目标。

综上所述，我们可以概括出反映行为发生机制的基本心理模式：个体的行为是由动机直接引发的。动机可以主要由个体的内驱力推动，也可以主要由外部的诱因拉动。在一般情况下，动机往往是内驱力和诱因共同作用的结果。内驱力是在需要的基础上产生的内在推动力,诱因是满足需要的外在刺激物。归根结底,个体的行为动力是由内因和外因,内在的主观需要和外在的客观事物共同制约和决定的。

四、动机系统

在个体与其周围世界的相互作用、相互影响下,决定个体行为的动力过程是十分复杂的。确切地说,在现实生活中,决定个体行为尤其是比较重要的行为的,常常不是某个单一的动机,而是一个动机系统。

1. 动机种类

要认识动机系统对个体行为的作用,首先应了解动机系统中动机究竟有哪些种类。人类动机可以从不同的维度进行归类划分。

根据动机的起源,可以把动机区分为生物性动机、基本社会性动机和高级社会性动机,它们分别与人的生物性需要、基本社会性需要和高级社会性需要相联系。例如,在教育活动中,有避免惩罚的动机、避免侮辱的动机、获得物质奖励的动机,有赢得同伴尊重的动机、获得教师赞扬的动机、与同学交往的动机,有求知动机、成就动机、奉献动机等。

根据动机的社会性质,可将动机分为高尚动机和低级动机。高尚动机是与社会利益相一致的、有利于个体健康发展的动机。例如,发现周围的人需要帮助而表现出主动的利他行为。低级动机指不符合社会利益和个体健康发展的动机。例如,在完成任务的过程中做出损害他人利益的行为。

根据动机的引发原因,可以把动机区分为内在动机和外在动机。内在动机(intrinsic motivation)是指由内在因素引起的活动动机。个体追求的奖励来自动机活动的内部,即活动成功的本身就能满足个体的需要。例如,为掌握知识而努力学习,便属内在动机范畴。外在动机(extrinsic motivation)是指由外在因素引起的活动动机。个体追求的奖励来自动机活动的外部,即不是活动成功本身,而是活动成功带来的活动之外的报酬或奖励。例如,为争取奖学金而努力学习,便属外在动机范畴。自我决定理论认为,个体的行为动机是一个从外在动机到内在动机的连续体,内化程度较高的活动动机将提高个体对这项活动的注意水平,保证行为的持续性,提升工作效率,并促进个体健康成长(Deci & Ryan, 2000)。

根据动机行为与目标的远近关系,可以把动机区分为远景性动机和近景性动机。远景性动机是指动机行为与长远目标相联系,近景性动机是指动机行为与近期目标相联系。例如,学生在复习功课时,有的只考虑在临近的考试中能够表现出色,因而对书本知识采取牵强附会、死记硬背的学习方式;有的则考虑将来对该学科的实际应用乃至该方向上的职业生涯,因而会仔细理解和掌握每个知识点。他们的复习动机便分别属于近景性动机和远景性动机。

根据动机涉及的具体活动,又可以把动机细分为学习动机、游戏动机、劳动动机、工作动机、犯罪动机、自杀动机等。

2. 动机系统的静态结构

从静态上分析，个体的动机系统包含若干个动机，这些动机以不同种类、不同强度有机结合，相互联系，形成动机系统的内部结构。在这个内部结构中，有的动机被称为“主导性动机”或“优势性动机”，它往往最强烈、持久，是决定个体内部结构特点的主要成分，在个体行为的驱动上发挥主导作用。其余的非主导性动机处于相对次要的地位。最终决定个体行为的内在动力往往是由若干动机组成的动机系统产生的合力。由于每个人的动机系统中的动机种类和强度不同，产生的行为方向和力度也有所差异。例如，网络游戏的动机就由很多不同的动机种类组合而成，包括乐趣、沉醉、社交、逃避、好奇和竞争等，不同动机种类的强度大小会影响个体对网络游戏的喜好程度以及花费的时间(魏华，范翠英，平凡，郑璐璐，2011)。又例如，张敏和雷开春(2005)的研究发现，四至六年级小学生的学习动机包括回报动机、求知动机、交往趋利动机、利他动机、学业成就动机、生存动机、实用动机等多种类型。

3. 动机系统的动态结构

从动态上分析，个体的动机系统内的各种动机都处于相互作用、不断变化之中，其动态特征表现在动机的冲突、合成和转化三个方面。

动机冲突主要由个体内部需要与需要之间以及需要与外界客观现实之间的矛盾引起，可以归纳为四类冲突情况：(1)双趋冲突(approach-approach conflict)，指当个体具有分别追求两个目标的两个动机，但又必须在这两个目标中作二择一的选择时发生的冲突情境。例如，世界杯足球赛总在临近学期末的时间举行，喜欢看足球的同学就会产生内心的冲突：既想观看高水平的球赛，又想好好准备期末考试，获得好的学业成绩。(2)双避冲突(avoidance-avoidance conflict)，指个体想分别躲避两个目标的两个动机，但又必须在两个目标中作二择一的回避选择时发生的冲突情境。例如，有的学生既想回避艰苦的学习活动，又想回避考试不及格的结局，便处于这种冲突之中。(3)趋避冲突(approach-avoidance conflict)，指个体面对同一个目标，同时产生接近和回避两种动机，但又必须作出取舍时产生的冲突情境。例如，有的学生既想通过当班干部锻炼自己的组织能力，又害怕班级事务太繁杂会耽误自己有限的时间和精力，由此陷入矛盾与冲突。(4)双重趋避冲突(double approach-avoidance conflict)，当个体面临两个甚至两个以上的目标，而每个目标都有积极和消极两个方面时，便发生这类冲突情境。这实际上是多个趋避冲突混合而成的一种复杂模式。例如，处在学习气氛不浓的大学生宿舍里，有的同学想独善其身，努力学习，但又怕被其他室友孤立和嘲笑；想不理他们，走自己的路，但又恐影响人际关系；转而想随大流，但又觉得虚度光阴，于心不安。在现实生活中，人们遇到的更多是这类复杂的动机冲突。

当个体为了某一目标而采取行动时，其行为受动机系统内部各有关动机合力的支配。

这个合力由与个体各种有关动机相联系的内驱力、诱因以及种种影响因素引起的各式各样的作用力合成。在动机合成过程中,主导性动机无疑起着主要作用,但也不可忽略非主导性动机的力量。克服动机系统内部协调动机的消极作用,发挥协调动机的积极作用,最终增强整个动机系统对个体行为的推动力,是极有意义的实践课题。

由于个体的动机受其内部和外部各种条件制约,而这种内外条件又处在不断变化之中,因此动机系统内部的动机也会发生转化。一是动机种类上的转化。每当个体动机系统中有的动机消退,新的动机就会产生。例如,当学生从起初的被迫行事,到真正认识到那些看似枯燥的知识学习对扩展视野、锻炼思维,以及培养情操等方面的促进作用时,他可能就会克服过去为分数、为让家长满意而学习的动机,代之以为追求自我提升和实现自我价值的动机,学习就会变得自觉而主动。二是动机强度上的转化。由于种种原因,原本的主导性动机的强度可能减弱,下降为非主导性动机,而原本的非主导性动机的强度可能增加,上升为主导性动机。例如,当一个篮球校队的队员被任命为队长后,他出于维护学校荣誉而努力练球的动机就可能超越原来锻炼身体和追求个人成就的动机,成为打球时的主导动机。

第二节 影响行为动力的因素

从行为发生的基本心理机制上看,动机是推动个体行为的直接动力,而个体的行为动机在主观需要和客观事物的共同作用下,通过内驱力和诱因引发。在具体情境中,情况要复杂得多,还有其他因素影响着个体的行为动力。

一、价值观因素

价值观(values)是用来划分好坏标准并指导行为的心理倾向系统。它引导着个体去发现事物对自己的意义、设计自己、确定并实现奋斗目标。价值观是个体出生后在社会生活实践中逐渐萌发和形成的。一旦形成,将具有相当的稳定性,每个人时时处处都会自觉和不自觉地根据内心的尺度来衡量客观事物的价值。虽然事物是客观存在的,但由于人的价值观不同,不同个体对同一事物的评价和认识也存在差异,这就进而影响人们对该事物的需要状况或程度、对人的行为产生相应的动力作用。

价值观是一个开放的动态系统,是具有各种机能的有机整体(黄希庭,2014)。德国心理学家斯普兰格(Spranger, 1928)根据社会文化生活方式,把人的价值观分为经济价值观、理论价值观、审美价值观、社会价值观、政治价值观和宗教价值观。帕森斯等人(Parsons, Shils, & Smelser, 1965)则把价值观分为自我取向价值观、集体取向价值观和社会取向价值观。美国社会心理学家罗克奇(Rokeach, 1973)根据工具—目标维度,把价值观分为工具性价值观和终极性价值观。

从价值观与动机的关系看，价值观主要通过对外在诱因的价值评判而起作用。同时，价值观具有高抽象水平，其与行为由各个逐渐具体化的目标相连接。价值观的作用常见于兴趣、信念和理想这三种表现形式，对人的行为动力的影响也主要通过这些形式得以具体化。

1. 兴趣

这里指的是属于个性心理倾向的兴趣，而不是属于情绪状态的兴趣。兴趣(interest)是人的认识需要的心理表现，它使人对某些事物优先给予注意，并带有积极的情绪色彩。兴趣也是人们用以评价事物好恶的内心尺度，是价值观的初级形式。由于个体的兴趣指向与其需要相一致，又伴有积极的情绪体验的支持，它对个体的活动尤其是认知活动具有巨大的推动作用。个体对活动的兴趣往往会发展为活动的内在动机，对活动产生持续作用。特别是在认知活动中，当个体的某种需要得到满足，其兴趣不但不会减弱，反而会更加丰富和深化，产生与更高认知活动水平相应的新的兴趣，而这种新的兴趣又会进一步增强对此认知活动的内在动机。但是，兴趣的稳定性相对较差，人们往往不一定有意地用这个尺度来评价事物，与之相关的行为表现也通常是自发的。

2. 信念

信念(belief)是人对生活准则的某些观念抱有坚定确信感和深刻信任感的意识倾向。信念是知和情的升华，也是知转化为行的中介和动力，是知、情、意的高度统一体。信念作为一种认知活动，与人的知识经验和以这种知识经验为依据对未来所作的推断有密切关系。与此同时，信念是价值观的核心层次，充满高级情感，稳定性较强，能指引个体的思想和行为，是一种被意识到的具有理论性的价值取向。它对处于个性心理倾向中的基础部分的需要具有控制和调节作用，往往通过对个体需要的调控来影响其动机和行为。例如，抱有"天生我材必有用"信念的青年总能够直面各种困难，永远敢于尝试，敢于自我挑战，在失败和挫折面前不气馁，以自信乐观的态度维持自己的成就行为直至自我满意。

3. 理想

理想(ideal)是符合客观规律并同奋斗目标相联系的想象。它与信念紧密联系在一起，以一定的信念为基础，是信念对象的未来形象和具体内容。理想比信念更具体，更丰富，更确定，更具情感意义上的感召力。理想总是与奋斗目标相联系，影响人的行为动力，引导人的活动向着一定的方向和对象奋进，引发巨大的激励力量。随着理想朝着理性的方向发展，它对个体行为的激励作用也会变得更为稳定、持久而有实际效能。理想又具有十分明显的年龄特点。姚本先等人(2015)对全国 12 省份 5 000 名青少年的调查发现，初中生更关注道德、人格和社会等方面的理想，大学生主要追求物质、身体、学业和职业方面的理想。

二、情感因素

情感(affect)是人对客观现实的态度的体验。也就是说,人们在实践活动中出现的喜怒哀乐,以体验的方式反映主观需要、预期与客观事物之间的关系。客体满足个体需要,个体会产生愉快之类的积极情感,相反,则会产生悲痛、愤怒、恐惧之类的消极情感。客体超出个体预期越大,个体产生的情感越强烈,反之则越微弱(卢家楣,1988, 1995)。在心理学史上,由于缺乏对情感现象的深入认识,曾在相当长的时期内,人们视情感为心理活动的副现象,甚至作为干扰因素而予以排斥。随着心理学的发展,人们对情感现象有了较多的研究和认识,揭示了情感的许多功能,其中一个十分突出的功能,便是情感的动力功能,即情感对个体行为活动具有增力或减力效能。它最典型地体现在人类生存的适应性价值上。一项考察公司主管对员工信任的研究显示,主管的情感信任直接影响着员工的任务绩效,而且情感信任的影响作用远大于认知信任的影响作用(韦慧民,龙立荣,2009)。可见,情感对人的各种行为活动都存在显著的动力效应。

美国心理学家汤姆金斯(Tomkins, 1962)明确指出,情感具有“放大”内驱力的作用。例如,个体体内缺水,因而血液成分发生变化并感到口渴,这是感觉。但这种感觉不会立即导致机体衰竭。口渴到急迫程度,使人无法忍耐,就形成情绪。这种情绪进一步“放大”了内驱力,内驱力激活了我们必须解决口渴的动机。这种动力作用,确切地说,主要表现在对动机发动行为强度的影响上。在情绪高涨和情绪低落两种情况下,人的活动动力强度有着十分明显的差别:情绪高涨时,会全力以赴、努力奋进、克服重重困难,直达预定目标;情绪低落时,则缺乏冲劲和拼劲,稍遇阻力便畏缩不前、半途中辍。也许正是从这一意义上看,一些情感心理学家更倾向于把情感视为第一性动机。美国心理学家利伯(Leeper, 1948)明确提出情感本身就是动机的观点。他认为,情绪性动机在指导行为上的效果,可以与有心理基础的动机一样,但它们不依赖生物组织的需要,可由更细致而复杂的社会信号激发,受刺激物的意义(过去的和现在的)制约。伊扎德(Izard, 1977)在其提出的动机体系中也把情感列为动机系统的重要组成部分。他认为,情绪之所以起动机作用,是因为情绪的主观体验成分是驱动有机体采取行动的重要力量。各种情绪体验是个体在主观上感受到的感情色调(即体验的主观内容),是驱策有机体采取各种行动的动机。

情感可否直接归属于动机范畴尚需进一步探讨,但它对行为动力的重要调节作用是普遍存在的。孟昭兰(1989)也强调指出:“情绪的动机作用并不只体现在对内驱力的放大作用上。情绪因素在人类高级目的行为和意志行为的驱动作用中十分重要。”科学心理学创始人冯特也曾经强调情绪在意志行为中的动力作用。简单的意志行为可以引起冲动,复杂的意志行为可以引起有意行为和选择行为。而冲动行为的简单意志起源于原始情感,有意行为表现出立意情感,选择行为中包含着的相反动机的斗争,形成抑制过程中的决断情感(高觉敷,1983)。

三、认知因素

认知也是影响行为动力的一个因素。客观事物符合自己需要的程度如何？满足的可能性有多大？这些都取决于个体的主观认知。随着认知心理学的发展，认知因素成为解释人们动机行为的一个重要组成部分。

1. 效价和期望评价

弗罗姆(Vroom，1964)充分研究激励过程中的各种因素后提出期望理论(expectancy theory)。他认为，人之所以会从事某项工作并达成目标，是因为这些工作和目标会帮助他们达到自己的预期，满足自己某方面的需要。而人们采取某项行动的动力或激励力取决于其对行动结果的价值评价和对取得该结果的可能性的估计。换言之，目标或诱因能否激起个体的行为以及带来个体动机强度的多少，取决于它们对个体具有的价值大小以及获得的概率，前者称为效价(valence)，后者称为期望(expectancy)。用公式可以表示为：

行为动机＝效价×期望

这里的效价和期望，都是个体的主观认知，而不是客观实际。效价反映个体对某一成果或奖酬的重视和渴望程度，而期望是个体根据以往经验对某一行为带来特定成果的可能性或概率的估计和判断。也就是说，对同一个行为目标而言，不同的人可能会作出不同的认知评价：或视之为很有价值的目标或诱因，或相反；或视之为有很高的获得概率，或相反。这都取决于个体如何进行评价，不同的评价结果会对个体的行为动力施与不同的影响。一般而言，对客体的效价评估和期望评估越大，动机强度也就越大。

2. 自我效能感

个体对期望的估计，在很大程度上与个体对自己从事该活动的胜任能力的判断有关，这种对自我能力的判断因而会影响行为动力。班杜拉(Bandura，1982，1977)认为，在个体行为动机过程中起主要作用的不是能力，而是个体对自己能力能否胜任该任务的主观判断，他称之为自我效能感(self-efficacy)。自我效能感与自信(self-confidence)不尽相同。自信指个体信任自己，对自己所知晓的、所做的事具有信心，而自我效能感指个体对自己从事某项工作具有的能力的主观评价和确信。

班杜拉等人的研究还进一步发现，自我效能感对个体行为的具体影响包括：(1)对活动选择性的影响。自我效能感较高者通常选择富有挑战性的任务。(2)对活动坚持性的影响。自我效能感较高者更容易表现出坚持不懈的行为，反之则容易放弃或转向。(3)活动中遇到困难时的态度。自我效能感较高者勇于克服困难。(4)在活动时的情绪状态。自我效能感较高者的情绪更加积极和饱满，反之则充满恐惧和焦虑。(5)新行为在活动中的习得和习得行为的表现。自我效能感较高者总是勇于尝试，乐于也善于接受新经验，积极主动地获得新的、有价值的行为模式。

一般来说，自我效能感主要受个人成败经验的影响。个体的成功经验会提高其自我效能感,失败经验则降低其自我效能感。除此之外,它也与后面要讲的归因方式有关。

3. 目标意识

个体对效价和期望的估计还与自己的目标意识有着密切的联系。目标(goal)是行为要达到的目的,也是引起行为动机的外部条件刺激。目标与诱因类似,但又有区别。诱因是外部提供的刺激物,目标是个体设定的行为方向。在一般情况下,两者并不统一。例如,奖学金是学校向学生提供的一种诱因,而学生是否争取奖学金,争取何等奖学金,还要看学生自己在学习上的努力程度。只有当诱因与目标相一致时,两者才在同一客观事物上获得统一。动机是个体的行为指向一定的目标,反过来,目标的设立也会通过自我激励机制对个体动机产生作用。因此,目标意识也是影响个体行为动力的一个因素,并表现在以下四个方面:(1)目标的明确性。头脑中对目标的意识越清晰、越具体,对个体行为动力的引发越有利。(2)目标的适切性。目标过低会降低成功价值,目标过高又会降低成功的概率。(3)目标的价值性。目标的实现对满足个体需要越有效,其价值越高,而价值越高,就越有利于增强个体的行为动力。(4)目标的自觉性。这不仅涉及目标的设立是否出于自觉,而且涉及对目标达成程度的充分意识,包括对活动结果的原因了解和相应的目标调整。

除此之外,无意识的目标启动也会对个体的行为带来影响。例如,研究发现,无意识的健康目标启动可以减少人们对高热量食物的选择和消费(耿晓伟,张峰,王艳净,范琳琳,姚艳,2018),具体内容见专栏 4-1。

专栏 4-1

健康目标启动降低高热量食物消费

目前中国男性肥胖人数为 4 320 万人,女性 4 640 万人,已经超过美国,位居全球第一。肥胖是导致心脑血管疾病、肾脏疾病、糖尿病以及肌肉骨骼疾病的重要风险因素,严重威胁人们的健康。肥胖的原因之一是高热量食物摄入导致的能量正平衡,即能量摄入大于维持生命和身体活动的能量消耗。

耿晓伟等人(2018)的研究关注如何通过健康目标启动减少高热量食物的摄入,进而减少肥胖,促进健康。目标启动(goal priming)是指通过外部线索激活目标进而影响追求该目标的行为。而健康行为会受无意识目标启动的影响。例如,古希腊雕塑家米隆的作品《掷铁饼者》中掷铁饼者完美地展现了健美的人体,是积极的形象,同时直接体现了追求健美身材、减少肥胖的动机。具体而言,研究者通过三个实验考察健康目标启动的作用与机制。

实验 1 在实验室中进行。研究者采用《掷铁饼者》图片作为健康目标启动的材料,要求大学生认真观看图片后(控制组则观看几何图形),想象自己进入一家西餐厅,并在牛肉三明治和蔬菜三明治之间作出选择。结果发现,健康目标启动以后,大学生对高热量食物(牛肉三明治)的选择减少,对低热量食物(蔬菜三明治)的选择增加。实验2在真实情境中进行。研究者在大学校园内支起M&M的品尝点,采用相同的启动材料,询问路过的学生是否愿意品尝高热量(或低热量)巧克力豆。结果发现,健康目标启动以后,被告知该巧克力豆为高热量型时大学生实际摄入的分量显著减少。实验3以大巴车上的成年游客为研究对象。具体而言,给大巴车上的成年游客提供的食物菜单的左半部分呈现高清彩色打印的《掷铁饼者》图片(控制组则是几何图形),右半部分为供选择的食物信息。实验结果与之前一致,健康目标启动条件下游客显著降低了对高热量食物(奶油夹心饼干)的选择,提高了对低热量食物(鲜葱无糖饼干)的选择。三组实验结束后询问研究对象之前看的图片对食物选择是否有影响,被试全都回答没有影响,说明目标启动的影响是无意识的。

进一步的分析表明,对食物的情感预测中介了健康目标启动对高、低热量食物选择和消费的影响。具体而言,健康目标启动降低了人们对高热量食物带来的快乐的预测,从而减少了人们对高热量食物的选择和消费;健康目标启动增加了人们对低热量食物带来的快乐的预测,从而增加了人们对低热量食物的选择和消费。健康目标启动以后,目标内容具有更高的可获得性,激活了人们实现目标的无意识动机。为了实现目标,人们会进行动机性推理,即高估低热量食物带来的快乐程度,而低估高热量食物带来的快乐程度。人们对低(高)热量食物的积极(消极)情感预测又会促使人们采取相应的行为,以促进目标的实现,从而增加对低热量食物的摄入,减少对高热量食物的摄入。

该研究具有较好的实践启示。具体而言,实践中可以考虑以下两个方面。

第一,创设启动健康目标的环境。例如,在超市入口张贴《掷铁饼者》的图片,可以在购物网站上呈现健美图片,还可以将手机屏幕设置成《掷铁饼者》的健美图片,时刻提醒人们追求健康和健美的目标。

第二,降低人们对高热量食物的积极情感预测,提高对低热量食物的积极情感预测。启动健康目标可以有效地降低人们对高热量食物的情感预测,并提高对低热量食物的情感预测。另外,宣传可以使人们认识到高热量食物不利于健康,低热量食物有利于健康,以改变人们的信念,进而改变对高、低热量食物的情感预测。

4. 归因作用

当人们进行某种活动成功或失败时,都会有对行为结果有所探求的倾向。这种对行为结果原因的推论,就是归因(attribution)。研究发现,归因不仅影响个体对自己行为的反思和再认识,而且会影响个体后续行为的动力。韦纳(Weiner, 1972, 1980)提出归因理论来分析个体的动机过程,他将人们对行为成败原因的分析归纳为能力、运气、努力、任务难度、身心状态和外界环境六个因素。而这些因素又可进一步归纳为控制性(可控与不可控)、稳定性(稳定与不稳定)和原因源(内部与外部)三个维度,从而形成八种类型的因素:(1)内部、可控、稳定因素,如行为习惯;(2)内部、可控、不稳定因素,如个人努力;(3)内部、不可控、稳定因素,如能力;(4)内部、不可控、不稳定因素,如疲劳;(5)外部、可控、稳定因素,如人际关系;(6)外部、可控、不稳定因素,如他人帮助;(7)外部、不可控、稳定因素,如任务难度;(8)外部、不可控、不稳定因素,如运气。

一般认为,将行为成败的原因归结为外部的或不可控的因素,会降低个体对后续行为的动力;将成败的原因归纳为内部的、可控的因素,则会增强个体后续行为的行为动机;而更多将成功归因为内部的、稳定的因素还有助于个体自我效能感的提升。

5. 认知冲突

以费斯廷格(Festinger, 1957)为代表的一些心理学家提出了认知失调的动机理论。认知失调(cognitive dissonance)是指个体具有两个彼此矛盾的认知,从而产生不愉快的体验。个体有保持心理平衡的倾向,当个体对同一事物产生两种或多种不一致的认知时,会产生心理紧张的失衡现象。个体为恢复平衡,便会产生旨在消除认知不一致的动力,因而认知失调具有认知动机作用。例如,当学生在课堂上发现某种新知识与自己头脑中的已有知识发生矛盾时,就会引发其试图弄懂新知识究竟是怎么回事的动机,以便与自己认知结构中已有的知识统一,消除认知失调,恢复平衡状态。当个体通过努力认知使认知不平衡引起的紧张感消除后,就会产生轻松、满意的情绪体验。从行为主义的观点来看,这种积极的情绪体验会对认知行为起到强化作用,增强个体认知活动的动机。

四、行为因素

个体的行为是在其动机驱动下发生的,而行为产生的结果又会影响个体随后行为的动机。行为结果对个体后续行为动机的影响主要表现在两个方面。

1. 对行为动机的强化作用

行为反应带来愉快的结果会提高有机体作出这种反应的概率,这一过程被称为强化(reinforcement)。例如,一位学生在课堂上积极发言、向教师提问,如果得到积极回应或者赞扬,他就会很高兴,以后在课堂上踊跃发言和提问的频率会增加。该例中,学生的发言行为受到强化,而教师的表扬便是强化物。斯金纳(Skinner, 1938)把能起强化作用的刺激物分为两类:一类是因呈现而增加反应频率的刺激物,称为正强化物(positive reinforcer),如食物、奖励等。对学生来说,诸如教师的言语表扬、家长的实物奖励、周围同学的亲近等均为正强化物,当这些强化物均对应积极的学习行为时,学生便会维持较高的学习动机。另一类是因被撤除而增加反应频率的刺激物,称为负强化物(negative reinforcer),如批评、重复作业等。强化物与前面提到的诱因类似,但有区别。诱因作为一种刺激物,呈现于个体行为发生之前,旨在激发动机,引起个体当前的定向行为。强化物也是一种刺激物,往往呈现于个体行为发生之后,旨在影响个体后继行为的反应倾向。在关于人类动机行为的研究中,强化一直是行为主义心理学的一个核心概念。行为主义心理学家不仅用强化来解释学习行为的发生,而且用强化来解释动机的产生原因。按照他们的观点,个体之所以产生某种行为动机,是因为先前的行为与刺激之间通过强化建立了牢固的联系。例如,某学生偶然尝试早上六点起床看书备考,随后获得了好成绩,那么未来该学生就很可能保持早起学习的动机和习惯。

2. 通过对自我效能感的影响作用于行为动机

作为认知因素的自我效能感,虽是个体对自己从事该活动的胜任能力的主观判断,但毕竟还是会受客观现实的制约。个体实际的行为效果好不好,能否胜任,自然会影响个体的主观判断,进而影响个体的动机。

第三节 学习动机及其培养和激发

学生在学校的学习表现会有很大不同,有的学生积极主动,勤学好问;有的学生循规蹈矩,按部就班;有的学生则心不在焉,消极抵触。面对不同学科、科任教师,学生都可能表现出完全不同的学习状态。其中的原因是什么?教师又可以采取怎样的措施加以改善呢?当我们把对个体行为动力机制的探讨进一步引申到对教学中这些问题的解决时,学习过程中的一个重要变量——学业成就动机便凸现出来。学业成就动机对促进学生的学习活动,提高学生学习活动的积极性和主动性,具有十分重要的作用。

一、学习动机的内驱力成分

奥苏伯尔(Ausubel, 1968)认为,学校情境中的成就动机应包括三方面的内驱力,即认知内驱力、自我提高内驱力和附属内驱力。后来,科温顿(Covington, 1984)又提出自我价值感内驱力。

1. 认知内驱力

认知内驱力(cognitive drive)是一种了解和理解事物、掌握和运用知识以及系统阐述和解决问题的内部动力。它在个体身上最初表现为探究的需要。这种需要带有一定的先天性,是在探究反射基础上发展形成的,具有明显的生物学意义,在高等动物和人类早期都可以发现探究的各种表现形式。进化心理学认为,探究的需要是为了保证个体对外界环境的安全性和确定性而产生的。已有实验研究表明,在没有任何奖赏的情况下,猴子、老鼠都会表现出不同程度的探究需要(Loewenstein, 1994)。

至于人类,早在婴幼儿时期就表现出三种形式的探究活动:感官探究——凡有新奇事物出现,便以视觉、听觉感官探索;动作探究——在感官探究的基础上,以动作去摸索;言语探究——使用已掌握的言语向他人询问、求解。进入学校后,个体对某学科的认知内驱力远不是先天性的,而是依赖于特定的学习经验。特别是在学生不断地获得学习的乐趣、成功的体验,看到知识的力量、学习的价值后,就会更加期望在随后的学习中进一步得到满足。这就使学生逐渐形成认知内驱力。认知内驱力可以使学生的学习动机直接指向学习任务本身(为获得知识),而满足这种动机的奖励(知识的实际获得)也是由学习本身提供的。因此,认知内驱力引发的是内在动机,是学习活动最重要最稳定的动机,对学习者具有持续且强有力的推动作用。它是成就动机中的第一个内驱力组成部分。

2. 自我提高内驱力

自我提高内驱力(ego-enhancement drive)是指想要通过学业成绩获得相应地位的内部动力。这种内驱力与认知内驱力最大的不同在于,它并不是由学习本身提供的,而是由学习成就之外的因素诱导产生,引发的是外在动机。在社会上,个体的成就总是与他的社会地位相联系。同样,在学校里,学习成绩好的学生不论是在同学、教师、邻居还是家长心目中都会有更高的地位。在自我提高内驱力的影响下,努力学习成为很多学生(尤其是家境或外貌不占优势的学生)为自己赢得地位和影响力的一种手段。

3. 附属内驱力

附属内驱力(affiliative drive)是指个体追求与别人(如家长、教师等)亲近,以期获得他人——尤其是长者或权威人物——认可的心理倾向。在此内驱力的影响下,学生是为了获得教师的赞许、家长的认可而学习,并不指向学习本身的内驱力。因此,附属内驱力引发的也是外在学习动机,只是满足这种动机的奖励不是学习成就之外的地位,而是获得他人的接纳和认可。需要指出的是,在附属内驱力中,学生与长者在感情上具有依附性,学生将获得从长者的赞许或认可中引申出来的派生地位(这种地位不是由他本身成就水平决定的),享受到这种派生地位乐趣的人会努力使行为符合长者的期望,以不断获得赞许,巩固派生地位。

4. 自我价值感内驱力

自我价值感内驱力(self-worth drive)是一种追求成功的内部动力。成功经验通常会在克服困难之后才获得,而克服困难需要相当的能力。个体对自己获得成功的能力的评价可产生自我价值感。因此,能力、成功、自我价值感三者之间便形成前因后果的连锁关系:有能力的人更容易成功,成功经验促生自我价值感。多次体验这样的经历之后,对自我价值感的追求也就成为成功动机的内驱力。对很多优秀学生来说,他们之所以努力学习,追求学业成功,正是为了从求学的成功经验中提升他们的自我价值。

以上概述了几种学业成就动机的内驱力,这里还需要作两点说明。首先,上述只是心理学家揭示的学业成就动机的几种主要内驱力成分。其中,认知内驱力、自我提高内驱力与学业成就呈正相关,但附属内驱力与学业成就呈现负相关(张宏如,沈烈敏,2005)。事实上,学业成就动机的内驱力成分并不仅限于此。例如,出于奉献集体的需要,为中华民族伟大复兴作贡献以及维护家族荣誉而产生的内驱力,也是十分重要的、与学习相关的内驱力。另外,为逃避失败惩罚、丧失自尊威胁而努力学习的内驱力,在学生中也相当普遍。还有人把学业成就动机内驱力分为学习目的内驱力(learning goal drive)和表现目的内驱力(performance goal drive)两大类,前者旨在追求内在成长,从学习中获得知识与能力,后者旨在表现自我以博取好评(Dweck, 1986)。

其次,上述几种内驱力在个体学业成就动机中的组成和地位,通常随着学生的年龄、性别、家庭社会经济地位、种族以及人格结构的不同而发生相应变动。一般而言,在儿童期,附属内驱力是学业成就动机中的主要成分。到了儿童后期和青少年期,附属内驱力不仅在强度上有所减弱,而且开始从父母那里转向同龄伙伴,伙伴的赞许便成为强有力的动机因素,同时自我提高内驱力、自我价值感内驱力逐渐增强。

二、学习动机强度与学习效率

学习动机是推动学生进行学习活动的内在动力。那么,是否这种动力越强,学习的积极性越大,学习的效率也一定越高呢?实际情况并不如此简单。在学习活动中,我们经常可以看到,甚至亲身体会到这样的情况:当我们怀着无所谓的态度,缺乏成功动机,直接去考场考试,结果肯定不会好。若我们带着过于强烈的成功动机,以绝对不允许失败的心态去考试,其结果也不见得好,甚至可能因此出现临场发挥失常的现象。在一项关于动机强度对理解影响的研究中,设计了三种阅读情境:考试中、课堂上和阅读室里。研究请学生谈谈如果看同一篇文章,在哪种情境下理解更好。结果是中度动机下(认真、专心、从容)理解良好的比例远高于低度动机下(放松、随意)和高度动机下(紧张)理解良好的比例,它们分别是80.1%、45.3%和43.5%(陈红兵,董奇,1992)。

事实上,学习动机强度并不是越强越好,学习效率与学习动机强度之间也并不是简单的线性关系。学习动机的强度存在一个动机最佳水平。在一定范围内,学习效率随学习动机强度的增大而提高,直至达到学习动机最佳强度而获最佳效率,之后则随学习动机强度的进一步提高而下降。此外,某个具体学习任务中的动机强度最佳水平点还与该学习任务的难易程度有关。一般说来,从事比较容易的学习活动,动机强度最佳水平点会高些,而从事比较困难的学习活动,动机强度最佳水平点会低些,这便是耶克斯—多德森定律(Yerkes-Dodson law)(见图4-2)。实践发现,这一动机强度的最佳水平点还会因人而异,表现出一定的个体差异。进行同样难度的学习任务,有的学生的动机强度最佳水平点要高些,有的学生的动机强度最佳水平点则要低些。

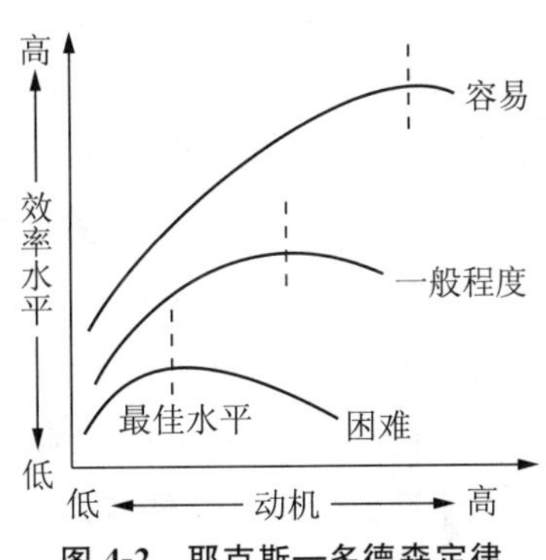

图4-2 耶克斯—多德森定律
(采自 Yerkes & Dodson, 1908)

三、学习动机的培养和激发

保持一定的学习动机强度是学生得以进行有效学习的必要条件。倘若缺乏足够的学习动机,无论多么聪明的学生,应用多么好的学习策略,都难以真正提高学习效率。因此,形成良好的学习心向和动机,是学生(未来社会需要的公民)的基本素质。培养和激发学生的学习动机,既是教学的手段又是教学的目标,是教学的重要任务之一。在学校教学环境中,培养学习动机是指通过教学手段,帮助缺乏指向学习的内驱力的学生形成学习动机;激发学习动机是指通过教学手段,调节诱因,使学生的学习动机得以引发。学习动机的培养和激发相互联系,相辅相成。学习动机的培养为学习动机的激发创造了内部条件,学习动机的激发又为学习动机的培养发挥了进一步强化的作用。因此,在教学实际中,既不应把学习动机的培养与激发混为一谈,也不能截然割裂开来。

1. 学习动机的培养

第一,进行人生观、价值观教育。价值观作为个性心理倾向高层次的部分,也左右和影响着生活中诸多具体活动的动机,包括学习动机。具体而言,要想维持学生持久而内在的学习动力,比较单纯的好奇心已然不足够,日益发展形成的信念和理想将起到真正的支配作用,而这归根结底受到人生观的制约。积极的人生观、价值观会使学生树立远大的理想、坚定的信念,进而转化为强大的学习动力,推动学生的学习行为。如果缺乏完整积极的人生观、价值观,学生就容易随波逐流,在各种外界干扰和诱惑面前,失去继续前进的动力和目标。基于这一目的的教学要点在于,联系现实社会与学生实际,切忌空泛说教。事实上,价值观会随时代的变迁而自然改变,唯有符合社会发展的正确价值观才是有意义的。这在我国社会整体处于转型期,社会价值观日益多元的今天,尤为重要。

当前社会上的一些不良观念和暂时不合理的现象,在网络等传播媒介的放大作用下,很容易诱导学生产生极端错误的思想。有不少学生正是由于这方面的原因形成诸如“读书无用”“拼搏不如拼爹”“有才华不如有颜值”“学得好不如嫁得好”等错误的人生观、价值观,导致学习动力不足。这进一步突显了学校教育中人生观、价值观教育的重要性,也要求我们在相关教学工作中必须与时俱进,将学生个人长远发展与时代特征结合起来,帮助学生以高远的视角理解世界,理解人生,培养高尚的远景性动机。

第二,增进民族责任感、社会使命感、时代紧迫感。个体进入青少年时期,社会活动范围日益增大,社会联系日趋增多,在身心发展的基础上,个体的社会成熟度也日见提高。在这样的情况下,着力增进他们的民族责任感、社会使命感和时代紧迫感,使他们的学习动力带有鲜明的社会性特点,不仅是可能的,而且是完全必要的。只有这样,才能使他们站在“民族”“社会”“时代”的高度来认识自己肩负的历史重任,认清自己的学习意义,为自己的学习找到新的强有力的动力源。运用这种方法的要点是组织各种活动,甚至让学生走出校门,走上社会,通过亲身的调查、询问、考察,深切感受民族的期望、社会的要求和时代的召唤，从而激发为中华民族伟大复兴、为我们社会繁荣和进步、为赶上时代飞跃发展而奋发学习的热忱。应该说，在当代学生中已有许多人具有这种学习动机。例如，越来越多中国留学生在海外求学过程中更加体认国家、民族的意义，坚定自己作为代表中国人的形象努力奋进、学成之后回馈祖国的信念。但从国内现实的中小学生学习积极性状况来看，这种动机的强度还不够。一个重要的原因很可能是缺乏亲身感受，较多停留在理论认识上。这种方法的实质是将社会和教育的外部要求转化为学生内在的需要，旨在培养学生高尚的远景性学习动机。

第三，发展学习兴趣。这是培养学生学习动机的又一种有效方法。人类与生俱来的求知欲和好奇心是内部动机最核心的成分，是激发学生内在学习动机的基础。爱因斯坦曾深刻指出："在学校里和在生活中，工作的最重要的动机是工作中的乐趣，是工作获得结果时的乐趣，以及对这个结果的社会价值的认识。启发并加强青年人的这些心理力量，我看是学校最重要的任务。只有这样的心理基础，才能催生一种愉快的愿望，去追求人的最高财富——知识与艺术技能。"已有研究表明，原始的认知需要是一个健康的人类有机体具有的一种带有生物学本能特性的需要（Petty, Briñol, Loersch, & McCaslin, 2009），它往往表现为好奇心，随新奇事物的产生而产生，随新奇事物的消失而消失。教师应该抓准这一原始特性，加以引导，把学生不稳定的好奇心引导到对自然、社会规律的稳定兴趣上去。采用这种方法的要点是，使学生在学习活动中感受到乐趣。这种方法的实质是通过兴趣作用把学习活动变成学生自己的需要，以培养学生强烈的内在学习动机。

第四，创设问题情境。创设问题情境是指提供能使学生产生疑问、渴望从事活动、探究问题的情境，以激发学生的好奇心和求知欲。伯利纳（Berlyne, 1962）曾对大学一年级学生做过这样一个实验。他把学生分成实验组和对照组，共同学习动物学的一章。对实验组的教学采取三个步骤：(1)预测验——问题是关于无脊椎动物的知识；(2)学习期间——关于无脊椎动物的系统知识；(3)正测验——考查他们对所学知识的掌握情况。对照组的教学则缺少预测验这一步骤。正测验结果表明，实验组的成绩远优于对照组。原因在于，预测验内的问题激发了实验组学生的探究心理，使他们在学习时特别注意与预测验有关的知识，产生了良好的动机效果（转引自卢家楣，1991）。运用这种方法的要点，是采取适合学生特点的富有探索性的启发式教学，既可结合教学内容提出一些发人深省、值得探讨的问题，也可联系学科的最新发展和社会实践的迫切需要组织有关课题的研讨、辩论，使学生在活动中碰到问题，然后抓住时机进行教学。《论语》中有"不愤不启，不悱不发"之说，意即在学生遇到问题并积极思考，但尚未想通（谓之"愤"），或对某一问题已有所悟，但未能准确表达，正欲条理化（谓之"悱"）之际，进行启发，才恰到好处。这种方法的实质是造成学生认知失调，引起探究的心理，以培养直接的或近景性学习动机。

第五,促使动机迁移。迁移指的是先前学习的知识、技能对获得新知识、新技能的影响。例如,学会一种外语有助于掌握另一种外语,学会几何学的逻辑推演有助于物理定律的理解和掌握,等等。这些便是常见的迁移现象。其实,这种迁移现象不仅表现在知识和技能的原理习得方面,也表现在学习态度、动机的形成方面。布鲁纳(Bruner, 1960)在《教育过程》一书中,就把原理与态度的迁移视为"教育过程的核心"。运用这种方法的要点在于,善于发现学生原有的某一方面的强烈动机,把它与当前的学习活动联系起来,使学生认识到通过当前的学习活动能够达到自己的目标。例如,某学生缺乏学习动机,但有强烈的收集飞机模型的爱好,教师就可设法引导他学习必要的飞机发展史、制造原理、现有技术等知识,以开阔该学生眼界,深化学生对飞机的理解,产生对更多飞行知识的好奇心。这样,逐渐使该生从为收集飞机模型而学习知识,发展到为了解更多知识而学习。这个过程对学生未来理想的建设也具有积极作用。这种方法的实质是使学生通过重新认识动机活动与目标的关系,产生新的动机,旨在培养外在学习动机,并使外在学习动机转化为内在学习动机。

2. 学习动机的激发

第一,提高教学的艺术性。激发学生学习动机关键在于提供学习诱因。在实际教学中,教师可以采取各种不同的策略和方法调动学生的学习动机。研究发现(赖丹凤,伍新春,吴思为,胡博,2012),我国中学教师常用的激励方式依据其使用频率的高低,依次为惩罚、奖励、直接指导、家长参与、威胁、强迫命令、鼓励自信、刺激自尊、鼓励表达、提醒责任、调动同伴、激发兴趣、拉近师生、说明价值、人际比较等,又可进一步概括为个体支持型、个体控制型、关系支持型和关系控制型。其中,个体支持型(如激发兴趣、鼓励表达)和关系支持型(如拉近师生、调动同伴)更可能促进学生学习动机的内化,提高学生在学习过程中的积极情绪体验和主动卷入行为。教师在教学中应当将重点放在艺术性地呈现书本知识、激发学生兴趣方面。教学内容毕竟要通过教师实施的教学形式和方法为学生所接受,作为教学内容载体的教学形式和方法的艺术性便是激发学生学习动机最有效的方法。同样的教学内容,经不同教学处理,会产生完全不同的教学效果:优秀的教师能把教材变活,而再好的教学内容也会在缺乏教学艺术的教师手里变得枯燥、平淡、乏味。在学校中经常可以看到这样的情况:由于某位教师方法好,一门本不太受学生欢迎的课也会意想不到地激起学生的学习热情。它集中体现教师在"小气候"里充分发挥激发学生学习积极性的主观能动作用。运用这种方法的要点是提高教师的教学技巧,使教学活动尽可能生动、有趣、富有吸引力。其实质是向学生提供学习活动的正诱因,以激发学生的近景性内在学习动机。

第二,明确学习目标。通过明确学习目标来激发学习动机,也是教学中不可忽视的一个方面。具体而言,教师不仅要帮助学生明确总的学习目标,而且要帮助学生明确具体的学习目标。

总的目标要高些，使之不乏挑战的刺激。正如当前的网络流行语所言："人一定要有梦想，万一实现了呢？"高尔基也曾经反复说过："一个人追求的目标越高，他的才能就发展得越快，对社会就越有益，我确信这也是一个真理。"这是因为确立高远的目标，有利于激发潜能，增强远景性动机。

学生要有与总的目标相联系的、切实可行的具体学习目标，使具有远景性动机的学习行为能在具体情境中为一系列近景性动机所激励。洛克等人(Locke & Bryan, 1968)提出的目标设置理论就强调，目标的明确度、难度和可接受性对行为绩效有直接影响。目标越具体，学生对目标的理解越深，行动力也会越强。一个"跳一跳，够得着"的目标才最有吸引力。例如，对大学生而言，他需要设定整个大学期间的学习目标、某一学年的学习目标、某一学科的学习目标，并进一步落实到每个具体阶段学习目标、单元学习目标乃至某节课的学习目标。许多同学有这样的切身体会：只是笼统地给自己提出要在学期提高外语水平的要求，但往往因方向不明，无从入手，抓抓停停，动力不大。与其如此，倒不如定个明确的目标，如争取在两年内达到外语四级水平。这样，自己还会制定每学期的阶段目标，在词汇、听力、阅读和写作四个方面分配精力，踏踏实实，分段达标，表现出较强且较持久的学习动力。运用这种方法的要点在于，根据教学要求，结合学生的实际，帮助学生确立适当的具体目标。总而言之，这种方法的实质是运用目标刺激动机，以激发学生远景性与近景性相结合的学习动机。

第三，提供成功机会。让学生在学习过程中不断得到某些成功的体检，是激发学习动机的最重要的手段之一。这样既能使学习动机获得成功体验的强化，又有助于产生自信心，增强自我效能感。而这又会对学习动机产生积极的促进作用。可以说，通过成功的机会来激发学习动机，具有多方面的综合效益。上海市闸北第八中学"成功教育"取得的成效，就是这方面教学实践的一个有力佐证。

运用这种方法的要点，一方面是要控制教学的进度和难度，使学生的某些具体的学习目标不断得到实现；另一方面也要尽可能创造条件，使学生有机会走出课堂，走向社会，将学得的知识运用于社会实践，在为社会服务的过程中获得"学以致用"的成功感。这种方法的实质是既提高学生对学习活动成功概率的主观估计，又充分利用强化自我效能感等作用，以增强学习动机的强度和稳定性。

第四，正确对待挫折。学生在学习中遇到挫折是普遍现象，但如果认识不正确，很可能会导致学习动机减弱。这种情况在学生学习的初期阶段尤为突出。因此，要引导学生对挫折进行正确归因。学校教学中的实际情况比较复杂，涉及的因素比较多，这里根据韦纳提出的归因模式，并结合学校实际，将学生可能的归因分析列于表 4-1。运用这种方法的要点在于，促使学生的归因朝着有利于吸取教训、总结经验、增强信心、再接再厉的方面分析。这种方法的实质是利用归因对学习动机的积极影响，以避免挫折可能导致的学生学习动机减弱。

表 4-1 学生对挫折的归因

	内部原因		外部原因	
	较稳定原因	较不稳定原因	较稳定原因	较不稳定原因
易控制原因	学习态度 兴趣、方法	努力、注意	教学质量 师生关系	教师指导 同学帮助
不易控制原因	能力、经验 习惯、体质	心境、疲劳 疾病	任务难度 学习条件	运气 偶然事件

第五,创设良好的学习心理环境。让学生的学习活动处于良好的心理氛围之中,对激发和维持学生的学习动机都有十分重要的意义。为此,教师在创设良好的心理环境时,应特别注意三点:(1)要避免学生出现高度的焦虑。高度焦虑的学生难以发挥自己实际的认知操作水平,而且高焦虑个体通常会更青睐低风险、低回报的行为(Xu et al., 2013),而有这样问题的学生很可能因此降低学习动机的强度。(2)要有合作化的教学取向。在学校教学中引入一定的竞争机制以激励学生学习是必要的,但也有研究表明(Slavin, 1991),相对于竞争型目标结构和个体化目标结构,创设为共同目标而努力的合作化目标结构的教学机制能够最大限度地调动学生学习的积极性,帮助学生完成更复杂的智力任务,还可以促进形成同伴之间、教师与学生之间的积极互动。(3)要尽量满足学生的基本需要。这将为促进学生发展高层次的学习动机创造条件。

本章小结

动机是激发和维持个体行为活动,并使之朝向某一目标的心理倾向或动力。动机与需要密切相关,人类行为的动力起源于需要。内驱力是在需要的基础上产生的内在推动力,诱因是满足需要的外在刺激物,一般情况下,动机往往是内驱力和诱因共同作用的结果。完整动机系统包括各种类型的动机以及各动机之间的冲突、合成和转换。除此之外,影响行为动力的因素还有价值观因素、情感因素、认知因素和行为因素。

学生学习动机中主要包括认知内驱力、自我提高内驱力、附属内驱力和自我价值感内驱力,但学习效率与学习动机强度之间并不是简单的线性关系。在学校教学环境中,要通过教学手段,帮助缺乏指向学习的内驱力的学生培养学习动机,还要善于调节诱因,激发学习动机。

推荐阅读

1. Jerry M.Burger(2014).*人格心理学(第 8 版)*.陈会昌,等译.北京:中国轻工业出版社.

2. 亚伯拉罕·马斯洛.(2013).*动机与人格(第3版)*.许金声,等译.北京:现代出版社.
3. 约翰·华生.(2014).*行为心理学*.刘霞,译.北京:现代出版社.

复习思考题

1. 解释下列概念:

   动机　需要　社会性需要　内驱力　诱因　动机冲突　价值观　强化

   自我效能感　认知失调

2. 请你结合学习活动,谈谈动机有哪些具体功能。
3. 既然动机在学习活动中很重要,那么学习时是不是动机强度越大越好?
4. 同学考试受挫时,应如何帮助他正确归因?
5. 情感在推动个体的行为方面有什么作用?
6. 通过理想、信念、价值观等方面的教育来调动学生的积极性是否有科学道理?
7. 当你在教学中发现班上的学生学习积极性不高时,你怎样运用已经学过的有关动机的知识来激发学生的学习动机呢?

第五章

自我意识

《老子》三十三章:“知人者智,自知者明。”一个人要认识他人,认识客观事物,尚属不易,需依靠智慧的力量;一个人要认识自己,乃至改造自己,则更为困难,非凭借人独有的自我意识不可。自我意识是隐藏在个体内心深处的心理结构,是人的意识发展的高级阶段,是人格的自我调控系统。个体正是通过自我意识来认识和调节自我,在环境中获得动态平衡,求得独特发展。在学校教育中,人们越来越重视学生的主体作用,而学生主体作用的发挥,是以学生自我意识的发展为前提的。帮助学生了解自我意识,探索学生自我意识发展的规律,具有十分重要的意义。本章主要内容如下:

1. 自我意识概述;
2. 自我意识的主要成分;
3. 自我意识的发生、发展和促进。

第一节　自我意识概述

自我意识具有复杂的结构,对人格的发展具有重要影响。

一、自我意识的含义

自我意识(self-consciousness)是个体对自己的意识,也就是对自我的意识,简谓“我”对“我”的意识。詹姆斯(James, 1890)把“我”分解为主体的我(I)和客体的我(me)。自我意识也就是主体的我对客体的我的意识。例如,个体对自己身高体重的了解,对自己个性特点的知晓,对自己正在进行的思维过程的觉知,对自己在集体中相互关系的理解,对自己近阶段的表现感到欣慰或者不满,对自己行为的检点和自制,等等,都是自我意识的表现。概括地说,自我意识包括个体对自身的意识,以及对自身与周围世界关系的意识两大方面。

意识(consciousness)是人在社会实践活动中产生的,是借助语言反映客观现实的高级形式,是心理发展的高级阶段。意识具有自觉性和能动性两个重要的基本特性,这两个基本特性决定了人对客观现实的心理反映是一种有目的的意识活动，也决定了人的意识不仅反映客观世界，而且改造客观世界。而当这种意识指向自身时，便成为我们所说的自我意识。自我意识使人的心理发展进入一个全新的阶段，使人不仅能认识和改造客观世界，而且能认识和改造主观世界。

二、自我意识的结构

自我意识是一个多维度、多层次的复杂心理系统，可以从形式和内容上对它进行分析。

从形式上看，自我意识表现为认知的、情感的和意志的三种形式，分别称为自我认识、自我体验和自我调节。自我认识(self-knowledge)是自我意识的认知成分，指个体对生理自我、社会自我和心理自我的认识。其中，自我概念(self-concept)和自我评价(self-evaluation)是自我认识中最主要的方面，集中反映个体自我认识乃至整个自我意识的发展水平，也是自我体验和自我调节的前提。前面谈到的对自己身高体重的了解，对自己在集体中相互关系的理解，对自己正在进行着的思维过程的觉知等，就属于自我认识的范畴。自我体验(self-experience)是自我意识的情感成分，指个体对自己的情感体验，它是在自我认识的基础上产生的，反映个体对自己持有的态度。它包含自尊、自信、自强、自卑、内疚、自豪、成功感、自我效能感，等等。其中，自尊(self-esteem)是自我体验中最主要的方面。对自己近阶段的表现感到欣慰或者不满，就属于自我体验的范畴。自我调节(self-regulation)属于自我意识的意志成分，指个体对自己行为和心理活动的自我作用过程。它包括自制、自立、自我监督、自我控制、自我教育等，其中，自我控制(self-control)和自我教育(self-education)是自我调节的主要方面。对自己行为的检点和自制，就属于自我控制范畴。

从内容上看，自我意识还可以分为生理自我、社会自我和心理自我。生理自我(physical self)是指个体对自己的生理属性的意识，包括个体对自己的存在、行为，对自己身体、外貌、体能等方面的意识。社会自我(social self)是指个体对自己的社会属性的意识，包括个体对自己在各种社会关系中的角色、地位、权利、义务、人际距离等方面的意识，如对自己在集体中相互关系的理解，就属于这类意识范畴。心理自我(mental self)是指个体对自己的心理属性的意识，包括个体对自己的人格特点、人格倾向、心理状态、心理过程等方面的意识，如对自己正在进行着的思维过程的觉知，就属于这类意识范畴。

三、自我意识对人格发展的影响

自我意识属于人格结构中的自我调控系统。人格是在社会实践活动中，在环境因素与生物因素的共同作用下形成和发展的。自我意识对人格发展过程的调控作用主要表现在以下两个方面。

1. 对个体所处环境的选择作用

例如,同样是与人交往,有的人自觉选择与品行端正的人为友,有的人则选择与崇尚哥们义气的人为伍。又例如,同样是观看一部电影,有的人注意学习英雄人物的优良品质,有的人则悄悄模仿暗黑人物的行为举止。这些都说明自我意识在对环境的选择上起着调控作用。

2. 对个体生理特点的发挥和矫正作用

个体的某些生理特点有助于某种人格特质的发展。例如,运动员需要一定的身体素质,歌唱家需要一定的生理素质,如果个体能够意识到自己这方面的生理素质,就有可能使生理素质的优势得到发挥。又例如,个体的某些气质特点容易形成某种人格特点而不容易形成另一种人格特点,个体意识到这点后,就有意识地加强或削弱某种人格特点形成的倾向,来矫正生理因素的影响。例如,知道自己的神经类型属于弱型的人,就需要格外注意自信、勇敢和豁达等人格特点的培养,谨防自卑、胆怯和孤僻等人格弱点的形成。

自我意识对人格形成和发展的调控作用主要通过反省性思维和自我监督等机制来实现。例如,当个体思考时,他能够对自己正在进行的思考活动本身进行反思,来检查自己思考内容和形式是否恰当;当个体谈论时,他能够对自己正在进行的言语活动本身进行反省,来审视自己正在谈论和将要说出的话是否妥帖。个体可以凭借这种功能,随时监督和调控自己正在发生的心理与行为,而且通过自我教育的机制使自己的行为符合人格发展的具体目标。

第二节 自我意识的主要成分

自我意识的成分十分复杂,下面仅讨论自我概念与自我评价、身体自我、自尊、自信、自立、自强、自我控制等几种与学生成长密切相关的心理成分。

一、自我概念与自我评价

1. 自我概念与自我评价的内涵及其关系

自我概念(self-concept)是人格的核心(刘凤娥,黄希庭,2001),是个体对自己所有方面的知觉,是一个多维度、多层次、有组织的结构,具有评价性,可以把自己与他人区分开来(黄希庭,1996)。它包括对自己的生理状态、人格、态度、社会角色、过去经验等方面的认知,是由一系列态度、信念和价值标准组成的有组织的认知结构。积极的自我概念能够促进个体在未来学业上的投入,提高学业成绩,进行合理的职业规划和发展(姜金伟,姚梅林,2011; Jansen, Scherer, & Schroeders, 2015; Prince & Nurius, 2014; Taskinen, Schütte, & Prenzel, 2013),还能够促进个体适应社会,提高主观幸福感(王钢,张大均,吴明霞,2011；Wouters，Germeijs，Colpin，& Verschueren，2011)。

自我评价是对自我所作的某种判断。自我评价与自我概念始终联系在一起。自我概念的形成过程中就有自我评价成分的融入,而且在自我概念初步形成后,又为进一步的自我评价提供了框架。因此,自我概念也被定义为"关于自我特性的认知评估"(Hattie,1992)。

2. 自我概念的组成

自我概念通常可以分为现实自我、理想自我、应该自我和镜中自我。现实自我(actual self)是个体从自己的立场出发,对现实中的我的认识,也就是对实在的我的认识。理想自我(ideal self)是个体从自己的立场出发对将来的我的认识,也就是对想象的我的认识。例如,当问及自己"是怎样一个人"和"想成为怎样一个人"时,前一个问题涉及的是现实自我,后一个问题涉及的是理想自我。镜中自我(looking-glass self)指从别人眼中反照出的自我形象。也就是说,在个体看来别人是怎样看自己的。从自己的视角来看,应该自我(ought self)指个体自己认为有义务或有责任具备的特性的表征(Higgins，1987)。除此之外,在未来时间方向上还存在可能自我。可能自我(possible selves)是有关个体如何思考自己的潜力和未来形象的自我概念,以及有关未来定位的自我描述,也就是我们想要成为的自我、可以成为的自我和害怕成为的自我(杨雪,宫火良,2010),即希望自我、预期自我和恐惧自我。希望自我类似于理想自我,是人们希望得到并努力追求的自我形象,如独立的自我、乐观的自我等。预期自我是个体认为自己将来可以实现的自我形象。恐惧自我是人们不想要且试图避免的自我形象,如脆弱的自我、悲观的自我等。

自我概念的内容多种多样。谢夫尔逊等人提出的自我概念多维度多层次理论模型(Shavelson，Huber，& Stanton，1976),认为自我概念是通过经验和对经验的理解形成的自我知觉。一般自我概念是对自我的整体性、概括性理解,处在最顶层。向下分为学业自我概念和非学业自我概念。学业自我概念包括针对具体学科的自我概念,如英语、历史、数学和科学等自我概念。非学业自我概念包括针对社会的、情绪的、身体的自我概念。再往下,学业和非学业自我概念分为更加具体的行为领域,这些具体的行为领域处在自我概念结构的最底层,是整体自我概念形成的基础。桑和哈蒂(Song & Hattie，1984)对谢夫尔逊等人提出的模型进行了改进,认为在学业方面,成就自我概念(实际成就的自我知觉)、能力自我概念(有能力实现的自我知觉)、班级自我概念(班级活动中的自信心)共同组成学业自我概念。社会自我概念和自我表现自我概念(self-regard/presentation self)共同组成非学业自我概念。社会自我概念还分为更具体的家庭和同伴自我概念。自我表现自我概念包括身体自我概念,以及与人们怎样向他人表现自己有关的自信。

3. 自我评价的途径

人们往往采用各种评价来了解自己,包括:(1)自我评价(self-appraisals),个体自己怎样看待自己;(2)反思自我评价(reflected self-appraisals),个体认为他人怎样看待自己(岳彩镇,黄希庭,岳童,2012; Pfeifer, Masten, Borofsky, Dapretto, Fuligni, & Lieberman, 2009);(3)他人的实际评价(actual appraisals),他人对个体的实际看法(岳彩镇,黄希庭,彭玉,廖翌凯,2008)。

其中,他人针对个体在某个特殊领域(例如,学业、运动方面)内的实际评价,对个体的自我概念有直接影响;但是他人针对一般任务的评价对个体自我概念的影响并不大,只能通过反思自我评价来间接影响个体的自我概念(Amorose, 2002; Nurra & Pansu, 2009; Trouilloud & Amiel, 2011; Asencio, 2011)。人们更多地依靠自我评价来推断别人对自己的看法(Lemay & Clark, 2008; Lemay & Dudley, 2009),由于个体对自己的人格和行为有较多的认识,所以在与他人的交流过程中,往往把自己的观点投射到对他人评价的理解上,认为他人对自己的看法与自己看待自己的看法是一样的。

青少年非常重视同龄人对自己的评价和看法,把同龄人对自己的评价看作与成年人对自己的评价一样重要,而且随着年龄的增长,他们越来越看重同龄人对他们的评价,逐渐开始忽视成年人对他们的评价(林崇德,2002),认为亲密朋友能够比父母更好地倾听和理解自己(辛自强,池丽萍,2008)。

人们可以采用维度比较、社会比较、自我时间比较等方法来进行自我评价,了解自己。维度比较通过比较自身不同领域的能力,来帮助个体评价自身在某一领域的能力,进而形成在特定领域上的自我概念(Möller & Marsh, 2013)。例如,与语文相比,我的数学怎么样?当学生意识到自己的语文成绩比较好、数学成绩不太好时,想到比较好的语文成绩可以使学生感觉良好,获得比较积极的体验;想到自己不太好的数学成绩时,学生可能会更加关注自己的数学能力,分析自己数学成绩较差的原因,来努力提高自己的数学能力(李振兴,郭成,邓欢,毛俊,邹文谦,王芳,2016),也可能因不良的数学成绩而经历着比较消极的情绪体验。维度比较是一把“双刃剑”,一方面它通过提高个体在能力相对较好领域的自我概念来增加个体的积极情绪体验,另一方面也会降低个体在能力相对较弱领域的自我概念来增加个体的消极情绪体验。但是,维度比较的净效应是正向的,个体在能力较强领域提高的自我概念和情感体验的强度往往大于个体在能力较弱领域减少的自我概念和情感体验的强度(Pohlman & Möller, 2009)。因此,特定领域的自我概念能够帮助个体充分认识自己的优势和劣势,帮助个体作出正确的决策。

把自己的观点和能力与他人进行社会比较(social comparison)。个体可以选择与比自己表现好的人进行上行社会比较来提升自我,也可以跟比自己境遇更糟糕或者表现更差的人进行下行社会比较来增强自我、维护自尊、改善情绪,还可以与和自己相似的其他人进行平行社会比较来准确地了解自我的情况(Taylor, Wayment, & Carrillo, 1996;韩晓燕,迟毓凯,2012)。中国人的自我是一种互依性(interdependence)自我(杨中芳,2009),包含自己、他人以及彼此之间的关系,而且中国人崇尚榜样教育,强调向优秀人物学习,更加重视上行比较,通常仅在自尊水平比较低的时候才使用下行比较(如阿Q精神)。因此，中国文化背景中的个体习惯性地将日常生活中常用的且优于自己的参照群体作为比较对象（韩晓燕，迟毓凯，2012）。

自我时间比较（temporal self-comparison）指个体比较自己在不同时间上的自我品质，关注过去自我、现在自我和未来自我之间的异同或者连接与分离的关系（Peetz & Wilson，2013）。在时间维度上的高自我认同者有着更大的现在广度和更积极、远景开放的未来取向，他们的过去自我、现在自我和未来自我之间的联系更加紧密，既重视现在又积极面向未来，能够并用联系和发展的观点来看待他们的过去、现在和将来。低自我认同者的过去广度更大，过去取向更多，在时间维度上更可能出现过去自我、现在自我和未来自我之间的分裂，他们对现实要求感到无所适从，对未来方向感到彷徨，试图从对过去的追寻中来找到自身稳定性的支点，他们的过去、现在和将来似乎是互不相干的（黄希庭，郑涌，2000）。人们通常通过贬低距离现在较远的过去自我，将消极的过去自我知觉为更遥远的过去，高估现在自我，看好未来自我等方法来进行时间比较，获得积极的自我评价和实现自我的提升。时间比较有同化效应和对比效应两种结果。同化效应是指个体觉知到过去自我、现在自我和未来自我之间是相互连接的，对它们的评价是一致的。对比效应是指个体觉知到过去自我、现在自我和未来自我之间是相互分离的，对它们具有明显不同的评价（孙炯雯，郑全全，2004）。自我时间比较可以使现在自我与那些在日常生活中突显出来的事件（上大学、结婚等具有个人意义的事件，以日历为参照的事件，或者地震、洪水等公共事件）发生之前的未来自我发生同化效应，与这些事件发生之后的未来自我发生对比效应。在对自己重要的特质上，人们一般会称赞与现在自我发生同化效应的近距离时间自我，贬低与现在自我发生对比效应的远距离时间自我（Wilson & Ross，2001）。

具体而言，人们通过对与未来有关的想法，以自我为参照点，把当前环境向想象中的未来环境进行知觉转换，将自我定位到未来（D'Argembeau & Linden，2012），形成未来自我。现在自我和未来自我在决策中扮演着不同的角色。现在自我扮演着决策者的角色，而决策带来的后果主要由未来自我承担（Pronin，Olivola，& Kennedy，2008）。当未来自我与现在自我之间的相似性越高时，个体越愿意选择对未来自我有利的结果（Bartels & Rips，2010；Bartels & Urminsky，2011；Hershfield，Garton，Ballard，Samanez-Larkin，& Knutson，2009；Hershfield，2011）。当以更加生动的方式将未来自我呈现给现在自我时（Hershfield & Galinsky，2011），当以积极的方式看待未来自我时（Hershfield et al.，2009；Hershfield et al.，2011），个体倾向于作出对未来自我有利的决策。

在心理上，未来的心理时间包括以秒和分为计时单位的“较近的未来”，以小时、日和月为计时单位的“近的未来”，以及以年为计时单位的“远的未来”（黄希庭，1994；黄希庭，孙承惠，胡维芳，1998）。相对于“近的未来”的自我表征，“远的未来”的自我表征涵盖了更广泛的、更高层次的身份，而且“远的未来”的个体行为与个人的自我概念联系更加紧密（Wakslak，Nussbaum，Liberman，& Trope，2008）。远的时间距离视角引起了一个更高水平的、抽象化的自我概念,这种自我相对比较稳定,反映了自我的本质特性;近的时间距离视角产生了一个较低水平的、具体化的自我概念,这种自我是具体的、具有背景依赖性的,涵盖一些与真实自我无关的特征(Wakslak, Nussbaum, Liberman, & Trope, 2008)。由此,人们常常采用高度抽象的、概括性的语言,多用"为什么"来描述发生在"远的未来"的事件;采用抽象程度低的、具体性的语言,多用"怎么"来描述发生在"近的未来"的事件。

4. 自我概念各个部分之间的差异对提升自我的作用

理想自我、应该自我、现实自我和可能自我之间可能存在差异,个体减少这些差异的努力会促进自我的提升。理想自我和应该自我是引导现实自我的标准,当现实自我与理想自我、应该自我之间存在差异时,个体就会产生减少这些差异的动机,促使现实自我与理想自我和应该自我相匹配。现实自我与理想自我之间的差异表示没有达到自己的理想状态,可能导致"积极的结果没有出现",引起抑郁、失望、挫折感、羞耻等与沮丧有关的情绪。现实自我与应该自我之间的差异表示没有尽到自己的责任或义务,可能导致"消极结果的出现",引起与焦虑有关的情绪(杨荣华,陈中永,2008)。此时,人们可以通过两种动机,或者关注怎样达成自己的理想、抱负,或者关注怎样履行自己应尽的责任、义务来避免惩罚、批评,从而促使现实自我匹配理想自我和应该自我(Higgins, Shah, & Friedman, 1997)。对我国在校大学生进行的理想自我的调查发现,大学生的理想自我更注重高层次的理想,社会自我的实现;理想自我的内涵具有明显的个人主义倾向。女大学生的理想处境中更强调男女机会均等,家庭美满;男生强调开拓进取的理想心理品质,以及富有刺激的生活方式;城市学生期待真诚友善的社会环境;农村学生更期望能够出人头地,得到社会尊重;文科生追求独立的、创新的心理品质,重视理想、抱负的实现;理科生更强调理想社会环境的安宁太平、人际以及家庭的融洽和谐(赖小林,乐国安,1996)。而且,大学生理想自我与现实自我之间的差异主要存在于人际、品性、学业、情绪、家庭、魅力六个方面(贾远娥,李宏翰,2007)。

可能自我是自我结构中的薄弱部分,由想象的自己具有的潜在能力构成。它的实现受到个体的智力、潜能开发、重要他人的期待、个体采用的方法、机遇、环境以及突发事件等因素的影响(King & Hicks, 2007)。可能自我可以预测和激发人们的行动(杨雪,宫火良,2010)。例如,可能自我能够帮助个体在特定领域里产生与工作有关的思维和感受,帮助个体利用这些与工作相关的思维和感受完成工作。认可自己在某一领域中的能力的个体会形成在该领域的希望自我,他们还可能在该领域有更优异的表现。可能自我还可以指导和调整人们的行为(Frazier, Hooker, Johnson, & Kaus, 2000)。例如,想象自己成绩优异并害怕失败的可能自我可以降低青少年的犯罪率,促使他们获得更好的成绩。当面临多种选择时,可能自我还可以帮助人们更好地作出决策。例如,当大学生需要在就业还是继续深造之间作出抉择时,思考自己的希望自我和预期自我属于社会型还是学术型有利于他们作出决定。因此,可能自我是一种提升自我的有效方式(Hoyle & Sherrill,

2007)，不仅有利于个体实现目标，而且能帮助个体积极有效地应对现状和解决困难，有效地调节个体的情绪，提升个体的自信，使个体相信自己可以通过努力来摆脱困境并创造出积极的自我形象。

5. 自我概念的功效

自我概念对个体身心发展的影响既可能是积极的也可能是消极的，统称为自我概念的功效。这里概括为如下三个方面。

第一，行为导向。个体倾向于采取与自我概念相一致的行为方式。例如，在同样情况下，自认为很慈善的人会捐出更多的钱，自认为很整洁的人更加不会乱扔垃圾，自认为诚实的学生更可能把捡到的铅笔交给教师(Triandis，1989)。要理解一个人行为的意义，一个很重要的方面就是要了解他的自我概念系统。

第二，行为动力。理想自我或者希望自我与现实自我之间的差异，应该自我与现实自我之间的差异都会使个体产生减少这些差异的动机，使个体或者关注理想、抱负的达成，或者关注责任、义务的完成以避免惩罚、批评。

第三，信息加工。自我概念也是一种认知结构，这种对自己的认知结构被称为自我图式(self-schema)。它影响着对有关自我的信息的加工。例如，个人自立有助于个体减少消极的注意偏向，更好地调配注意资源(夏凌翔，黄希庭，2011)。高个人自立者会对自我相关信息存在积极的注意、记忆和解释等认知偏向，低个人自立者则会存在消极的认知偏向(夏凌翔，耿文超，2012)。负面身体自我图式能够增强个体对图式一致信息的注意偏向(高笑，王泉川，陈红，王宝英，赵光，2012)，高胖负面身体自我女大学生对胖身体轮廓图注意维持时间更长(冯文锋，罗文波，廖渝，陈红，罗跃嘉，2010)。相貌负面身体自我女性对消极相貌词表现出注意警觉，对积极相貌词表现出注意回避(寇慧，苏艳华，罗小春，陈红，2015)。

专栏 5-1

动机会影响我们对自己的认识

1951 年 11 月，达特茅斯学院和普林斯顿大学的橄榄球队在普林斯顿大学的帕尔默体育场进行了一场比赛。比赛开始不一会儿，球场上的形势就已经非常混乱，普林斯顿大学队最终赢得了比赛。虽然，比赛双方在这场混乱的橄榄球赛中都得到了相同数量的黄牌和红牌，但是比赛双方相互指责对方犯规，而且这些相互指责甚至延续到比赛结束后较长一段时间，越演越烈。这场混乱的相互指责吸引了研究者哈斯托夫(A.H.Hastorf)和坎特里尔(H.Cantril)的关注。这两位研究者在赛后让两校学生观看相同的比赛录像，采用相同的评价系统记录他们观察到的犯规行为。结果发现，两校学生仍好像观看了不同比赛录像一样，相互指责对方有更多的犯规行为。研究者认为，这种现象是由于两个学校的学生在观看球赛、球赛的视频录像时，带着为自己学校的球队开脱的动机来评价双方的犯规行为。因此,动机影响了人们对人、事的看法,使得每件事情对不同的人来说都是不同的,人们只会知觉到他们想要知觉到的东西。

在认识我们自己时,我们也可能会受到动机的影响,毕竟我们都认为自己拥有的优点越多越好,缺点越少越好。因此,在认识我们自己时,应保持一颗平常心,尽量客观地认识自己,既不要妄自菲薄,也不要自鸣得意,尝试使用维度比较、社会比较、自我时间比较等多种自我评价的方法,从不同的角度来认识自己。

资料来源:Hastorf & Cantril(1954)

二、身体自我

身体自我(physical self)是指个体对自己身体的认知评价,是自我观念形成和发展的基础。青少年的身体自我包含头发、皮肤、牙齿等相貌特征,体质、力量、灵活性等运动特征,体重、脂肪、身高等与身材有关的身体特征,性器官、性功能和胸部等与性有关的性特征,以及与残疾、疤痕和体味等有关的负面特征五个维度。对初中生、高中生和大学生的研究发现,青少年学生对自己的身体总体上是满意的。青少年学生在身体自我的五个维度中,最满意的是相貌特征,最不满意的是负面特征。性特征、运动特征和身材特征分别处于第二、三、四位。随着年级的升高,青少年学生身体自我的满意度总体上呈现下降趋势,对自己的身体有越多的不满意(黄希庭,陈红,符明秋,曾向,2002)。

理想身体自我是个体对自己最想拥有的身体状态的认知和评价。也就是我们一般所说的,长成什么样子才最漂亮?什么样的身体是最美的?对成都和重庆等地青少年学生的研究发现,青少年的理想身体自我是多维度的。男性理想身体自我包含性感魅力、运动健康、高大力量、浓眉大眼等;女性理想身体自我包含性感魅力、匀称健康、苗条飘逸、洋气骨感等。青少年常常采用健康、黑发、匀称、运动、有魅力、高大、双眼皮、短发、强壮等典型特征来描述理想的男性身体,采用健康、皮肤细腻、匀称、苗条、黑发、双眼皮、线条明显、长发、皮肤白、有魅力等典型特征来描述理想的女性身体(陈红,冯文锋,黄希庭,2006)。

三、自尊

1. 自尊的内涵

自尊(self-esteem)是一种自我体验,是个体对自己有价值感、有重要感的体验。它包含自尊心和尊重感两种成分。自尊心是个体自己尊重自己的情感体验。尊重感是与个体要求他人尊重自己的需要相联系的情感体验。这两种情感成分以自尊心为基础,密切联系在一起。

自尊受到社会文化价值观的影响。在个人主义文化中,个体的自尊更强调个人的成就和品质,更关注个人自尊。西方文化下,个体的自尊以独立性的自我为中心,即使在自我与亲密他人的关系中，个体仍然会以个人利益最大化的方式来维护和提升自尊。不论是在外显与内隐层面，还是在公开与私密情境中，西方文化中的个体都倾向于以直接的方式来表达自尊。在集体主义文化中，个体的自尊更强调社会性和集体性。中国人的自尊不只涉及个人，还包容与自我有关的亲密他人，通过“荣辱与共”的社会投射表现出来。虽然东方文化中的个体在内隐层面和私密情境中表现出较高的自尊水平，但是在外显层面和公开情境中会采用更含蓄的方式来表达积极的自我评价（黄希庭，尹天子，2012）。

自尊是中国人理想人格的一部分，指的是尊重自己，保护自己的人格尊严，不向别人卑躬屈膝，不容许别人歧视侮辱，是孔子、孟子等人尊崇的作为一个独立的人的卓然独立的品质。主要表现为在强势的他人与机构面前不肯屈膝、不肯折腰的态度和行为，是个体希望能够挺直脊梁的内在追求的体现。研究发现，中国大学生的自尊在结构上包含不卑躬屈膝、不允许言辞侮辱、不允许强力欺压三个维度（舒首立，郭永玉，黄希庭，2015）。

2. 自尊的分类

自尊可以划分为整体自尊与特殊自尊（Rosenberg, 1979），特质自尊与状态自尊，外显自尊与内隐自尊，条件自尊与无条件自尊。

整体自尊（global self-esteem）是个体在整合一切对自我的评价与感受之后产生的整体性的“对自己赞许与否的态度”。特殊自尊（specific self-esteem）是个体对自己在特殊领域的能力与表现的评价。人们在自己看重的领域建构自尊，以具体的自我评价为基础建立起整体自尊（Pelham & Swann, 1989），人们整体上对自己的喜欢使得他们相信自己拥有很多积极的品质（Brown, Dutton, & Cook, 2001），两者虽有重叠但彼此层次不同，不能够相互替换。

特质自尊（trait self-esteem）把自尊看成一种人格维度，是个体长期发展而成的一种稳定的特质。状态自尊（state self-esteem）把自尊看成个体在特殊情境下暂时的心理表现，是个体在成功或失败的情境中引起的自尊的暂时波动（杨国枢，陆洛，2009）。特质自尊和状态自尊拥有既各自独立（例如，特质自尊受到海马的影响，状态自尊受到前脑岛的影响）又相互共享（例如，前部内侧前额叶皮层和前扣带回皮层）的大脑机制。因此，特质自尊可以通过调节个体在社会排斥中的大脑活动和神经内分泌反应来影响个体的状态自尊（王轶楠，2016）。

存在于潜意识或者下意识中的那种个体自己无法或者没有意识到的自尊是内隐自尊（implicit self-esteem）；相应地，用自我报告的方式测量出的自尊是外显自尊（explicit self-esteem）（石伟，黄希庭，2003）。外显自尊水平高的个体较少体验到抑郁情绪，低外显自尊水平者在失败后更容易关注消极后果，责备自己并怀疑自己的能力，由此，他们的外显自尊水平有较大程度的波动。内隐自尊可以调节外显自尊，缓冲压力对个体抑郁的影响，高内隐自尊水平者较少表现出“在乎缺点”的倾向，降低了消极情境线索对抑郁的负面作用（吴明证，孙晓玲，耿开迪，丁莹，2009）。

条件自尊(conditional self-esteem)指个体根据自己对目标的实现而获得的对自身有能力、有价值的自我感受(方平,马焱,朱文龙,姜媛,2016)。如果高条件自尊者的行为目标无法达成,或者遭到他人的排斥或拒绝,会使他们陷入对自己的否定和失望。随着目标的达成,高条件自尊者通过激发自身行为获得成就的愉悦感也会消失。高条件自尊与不安全依恋有关(Tracy & Robins, 2003; Foster, Kernis, & Goldman, 2007),当孩子没有达到父母对孩子过高的要求时,父母会让孩子遭受拒绝、忽略、惩罚等挫折体验。这种脆弱高自尊的孩子会知觉到更多的来自父母的批评,有更多的心理控制(例如,"如果你爱我,你就不要这么做"),不承认他们的积极行为(Kernis, Brown, & Brody, 2000)。成就满足不了人们对无条件关爱的需要,也无法弥补他们经受的无条件关爱的缺失(Epstein, 2013)。

无条件自尊(unconditional self-esteem)是个体对自身现实的充分接纳和积极体验,这种自我感受并不依赖个体的实际表现而产生,也不受他人反馈的影响。拥有高无条件自尊的个体有明确的内外部观念,虽然他们会对自己的错误或者失败的行为感到失望,并采取行动来修正和改善自己的错误与失败,但是他们并不会因为外部事件的消极结果而对自身感到失望,不需要利用特定目标的实现来巩固和检验他们体验到的积极自我感受的正确性(方平,马焱,朱文龙,姜媛,2016)。无条件自尊就像父母无条件的爱(Epstein, 2013),能够帮助个体增强社会适应性(Milburn, 2011)。

3. 自尊的功效

当个体接收到消极的评价时,自尊能够发挥中介调节作用(Baumeister & Heatherton, 1996)。例如,高自尊对儿童具有保护作用,能够减少同伴侵害引发的问题行为(董会芹, 2015)。所有的个体都会因遭受到挫折和失败而不高兴,但是只有低自尊者才会认为自己很糟糕,对自己有很差的自我感觉,体验到内疚、羞愧、自责等情绪。高自尊者不会对自己有很差的自我感觉,不会认为自己能力低,只会认为自己暂时缺乏某些能力或者在某些方面做得不好,才导致失败和挫折。总的来说,高自尊者比低自尊者有更积极的未来预期,在行动上更努力,而且坚持得更久(陈建文,王滔,2007)。

不同自尊水平的个体,特别是处于自尊水平两端的个体在认知、人格、社会关系、行为等方面有不同的特点。低自尊者比高自尊者更保守、谨慎,自我概念的清晰度更低、稳定性更差(唐日新,解军,林崇德,2006),在行动失败后更可能责备自我(self-blame)、打击自我(self-defeating),更容易忽视情境的作用,对消极生活事件进行内部归因,认为是自己的原因才导致失败。低自尊个体存在对拒绝信息的注意偏向,很难把注意从他人对自己的拒绝中解脱出来,而在高自尊个体身上没有发现这种偏向(李海江,杨娟,贾磊,张庆林,2011; Dandeneau, Baldwin, Baccus, Sakellaropoulo, & Pruessner 2007; Dandeneau & Baldwin, 2009; Gyurak & Ayduk, 2007; Gyurak, Hooker, Miyakawa, Verosky, Luerssen, & Ayduk, 2011)。在遭遇失败后,低自尊个体倾向于注意负面的结果,因失败而责备自己，对自己的能力进行不切实际的低估；高自尊个体则采取各种防御性策略，认为可能是因为高估了自己对环境的控制能力，倾向于对负面结果进行外部归因，将注意指向自己其他的优点。低自尊个体更容易产生抑郁、焦虑和适应不良等负性情感，而高自尊个体更多地表现出自信、乐观、期望成功、自我提升和低焦虑水平(李海江，杨娟，袁祥勇，覃义贵，张庆林，2012；Baumeister，Campbell，Krueger，& Vohs，2003；Brown，1986)。

高自尊也是异质的。例如，脆弱高自尊与安全高自尊(王曼，陶嵘，胡姝婧，朱旭，2010)。安全高自尊者对自己的缺点直言不讳，与自我相关的负性信息和负性情绪对他们来说威胁感不大。脆弱高自尊者可能完全不确定自己的价值感和重要性，他们的自我价值感容易受到表面信息、外界看法、微小生活事件的影响，可能过激地防卫、保护和提高他们的自我价值感，维持高自尊(Kernis，2003)。有三种脆弱高自尊：外显自尊得分高、内隐自尊得分低造成的不一致高自尊，这种高自尊者在意识水平上持积极的自我意象，但在无意识或者较少意识水平上有消极的自我价值感(Bosson et al.，2008)；个人的自我价值感随时间和情境波动的不稳定高自尊；条件高自尊。不同类型的脆弱高自尊都表现出低水平的心理幸福感(Paradise & Kernis，2002)，更多的敌意、攻击(Thomaes，Bushman，Stegge，& Olthof，2008；Thomaes，Stegge，& Olthof，2007)等消极心理特征。个体的自尊越脆弱，就越会采用言语防御、理智化、逃避、愤怒、攻击、过度反应等防御手段(Kernis & Lakey，2010)。

四、自信

自信(self confidence)的核心是个体对自己的判断和能力的确信、有信心，它是以客观理性为基础的主观性自我结构，表达了个体对自我的确认，饱含着肯定的情感和与之相对应的行为倾向。因此，信心判断可以影响个体对目标的价值、自身达到目标的条件和可能性的认知，进而左右个体是否采取相应的行为，是否坚持该行为，最终影响行为效果。自信者会选择比较有挑战性的活动。这种积极的自我肯定可以从情感层面带来个人的幸福感。它能够维护并调节各种压力带来的对自我概念和心理健康的威胁。自信不足的人缺乏问题解决的动力，无法对自身健康负责。但是，过于自信也可能导致人们对潜在不利因素重视不足，导致人际关系紧张(毕重增，黄希庭，2007)。

对高中生和大学生的研究发现，青年学生的自信在内容上包含才智自信(对自身创新潜力、能力的肯定，以及对新知识、新观念、新事物、新信息接纳能力的肯定)、人际自信(对交往活动的能力、控制感、适当感的判断，以及对朋友关系质量、人际环境和谐、被帮助、被接纳的肯定)、品质自信(对自己的忠诚、真诚、公平、信任等个性品德的肯定)、应对自信(涉及健康维护与恢复，以及对遭遇困难、挫折等事件时心理调整能力的肯定与确信)和成就自信(涉及婚姻、家庭、夫妻关系的建立、子女养育等内容的信息，以及对获得学习成功、事业成就能力的肯定)(毕重增，黄希庭，2009)。研究发现，从自信的特质层面来说，大学生的自信是一个多维度、多层次的心理系统,具有复杂的结构,包含整体自信和具体自信两个层次以及学业自信、社交自信和身体自信三个维度(车丽萍,黄希庭,2006)。

对大学生、高中生和初中生的自信研究发现,从自信强度和自信清晰度两个维度,可以把青年学生分为成熟型、盲目型、滞后型、游离型和中间型五种基本类型。不同类型的自信群体具有不同的心理健康状况,成熟型自信者具有最佳的心理健康状态,游离型自信者的心理健康状态最差(毕重增,黄希庭,窦刚,2008)。自信强度指自信的水平高低,是个体自信行为、自信体验、自信认同的指标。自信清晰度指个体对自身自信的清楚、确信程度。自信清晰度低表示个体实际上无法确认自己是否自信,此时,如果个体武断地坚持自己是自信的,高估了自己的自信品质,那么该个体就属于盲目型自信;如果此时个体认为自己不自信,那么该个体属于游离型自信。自信清晰度高表示个体能够稳定地感受到自己自信的信息,如果此时个体认为自身自信的水平较高,那么该个体就具有成熟型自信;如果此时个体认为自身自信的水平较低,那么该个体就属于自信判断滞后于自信图式的滞后型自信。

五、自立

自立是个体摆脱过去曾经依赖的东西而独立的过程。自立人格包含或者涉及个体解决现实问题的能力因素,有利于个体解决现实生活问题(夏凌翔,黄希庭,万黎,杨红升,2011)。对大学生和中学生的研究发现,青少年学生的自立人格包含人际自立和个人自立两个方面,它们各自包含五种特质(夏凌翔,黄希庭,2008)。人际自立是个体在解决自己遇到的基本人际交往问题中形成的带有人际色彩的特征,包含五种特质:人际独立(能够自己从事基本的人际活动)、人际主动(主动地与人交往)、人际责任(对人忠、信)、人际灵活(不刻板地坚持人际交往的原则与方式,能够权变和现实地处理人际关系问题,以维护交往各方的需要、利益和面子)和人际开放(积极容纳他人)。个人自立是个体在解决自己遇到的基本个人生活问题中形成的非人际色彩的特征,也包含五种特质:个人独立(能够解决自己遇到的基本个人生活问题)、个人主动(自发、自觉、及时地解决个人生活问题)、个人责任(行为严谨)、个人灵活(不刻板地坚持已有的东西,如规则、思想、计划等,能权变和现实地处理个人生活问题)和个人开放(乐于接纳自己没有接触过的物品、思想等新事物)。对大学生的研究发现,中国大学生的自立意识基本上是健康的,他们具有经济自立、心理自立、与个体要承担的社会角色有关的社会自立、希望不受任何约束的抽象自立四种自立意识。他们最看重经济自立,其次是心理自立和社会自立,最不看重抽象自立(黄希庭,李媛,2001)。

六、自强

仁爱人格、弘毅人格和革新人格是自强人格的主要内容,这些人格包含丰富的内涵,涉及恭、宽、信、敏、惠、忠、恕、敬、讱、刚、毅、木、讷、克己、变革、创新、意志坚强、目标远大、艰苦奋斗等具体的人格特征，最终的发展归宿是养成健全的人格，即“止于至善”。自强人格以个人取向为基础和出发点，以社会取向为最终目标，从个人取向逐渐扩展至社会取向。实践学习、克服偏私、正确处理情理关系和人际关系是培养自强人格最主要的四条途径（郑剑虹，黄希庭，2007）。对成年人的调查发现，自强主要指持久的意志力，自强意识产生的时间主要在参加工作以后，自强分为顺境自强、逆境自强、竞争性自强、成长性自强和他向性自强，其中逆境自强最重要（郑剑虹，黄希庭，2004）。

七、自我控制

自我控制是一种需要个体付诸努力才能够成功执行的行为，需要注意的参与并考验着个体的自律能力或意志力（Metcalfe & Mischel, 1999）。

如果人们在完成自我控制任务时具有的心理资源不够充足，那么自我控制可能会失败。可以采用某些方法来帮助恢复可供使用的心理资源。例如，进行适当的休息（Tyler & Burns, 2008; Derrick, 2013），摄入加糖的饮料来补充身体消耗的血糖成分（Gailliot & Baumeister, 2007）；明确完成相应的工作和任务所需的方法、途径，从而更有效率、自动化地完成任务，减少自我调节资源的消耗（Webb & Sheeran, 2003）；提高动机水平（Muraven, 2008），或者远离可能导致自我控制失败的线索，如在节食者的视线范围内摆放食物可以增加他们暴饮暴食的可能性（Jansen, 1998），等等。

另外，负性情绪也是导致个体自我控制失败的一个重要因素。心情沮丧的个体极易表现出攻击（Anderson & Bushman, 2002）、过度消费（Bruyneel, Dewitte, Franses, & Dekimpe, 2009）、冒险（不安全的性行为）（Bousman, Chernera, Akea, Letendrea, Atkinsona, & Pattersona, 2009）、抽烟（McKee, Sinha, Weinberger, Sofuoglu, Harrison, Lavery, & Wanzer, 2010）、酗酒（Sinha, 2009）、赌博和吸毒（Witkiewitz & Villarroel, 2009）等成瘾行为，甚至可能放弃对人生目标的追求。因此，还可以通过诱发积极情绪来帮助人们成功地执行自我控制行为（Ren, Hu, Zhang, & Huang, 2010）。对节食行为的研究发现，负性情绪影响了节食者的节食行为（Heatherton & Baumeister, 1991）。节食者为了摆脱与体貌特征有关的消极自我映象带来的不愉快感受，可能会把注意放在眼前的食物上，把没有成功控制住饮食摄入量作为自己“胖”的借口，来避免他人认为自己没有具备坚持完成节食计划的能力，最终形成“吃—变胖—吃”的恶性循环。“旧态复萌”是成瘾者和节食者群体中最常见的一种自我控制失败（Baumeister & Heatherton, 1996）。虽然一次小的放纵可能并不足以对个体的自我控制目标构成威胁，但是它会导致个体一而再、再而三地犯错。例如，戒瘾、节食计划的一次打乱往往会导致多次使用该药物（Marlatt & Gordon, 1985），或者放纵自己摄入更多的食物（Herman & Mack, 1975; Heatherton & Baumeister, 1991）。

虽然受到血糖等因素影响的心理资源丰富程度确实会影响个体自我控制的表现，但是这种影响还受到个体持有的信念调节。只有当个体相信自我控制资源是一种容易损耗的资源时，其在自控任务中的表现才会受到影响；当个体相信自我控制是一种能够不断自我更新的资源时，其自我控制行为可以得到较大的改善，大大减少拖延等自我控制失败行为(Job, Walton, Bernecker, & Dweck, 2013, 2015；窦泽南，方圆，周伟，乔志宏，2017)。个体拥有的掌控自我的能力和外部资源的限制都不能完全决定个体的行为，个体的意愿才是最终的决定因素。比起那些被迫抵抗诱惑的个体来说，主动抵抗诱惑的个体往往能够更好地进行自我控制(Muraven, 2008)。因此，可以通过提高个体进行自我控制的动机强度，来促进个体的自我控制(詹鋆，任俊，2012；Webb & Sheeran, 2003；Muraven, Shmueli, & Burkley, 2006；Boucher & Kofos, 2012)。

专栏 5-2

都是环境的错？

我们常常通过自己的行为来认识自己，通过解释自己为什么这样做、为什么那样做来了解自己。例如，为什么我会控制不住地打游戏，为什么我总是忘记自己定下的“先做功课，再玩耍”目标？全都是游戏的错，都怪游戏太好玩了。这是借口，还是理由？

琼斯(E.E.Jones)、尼斯比特(R.E.Nisbett)等研究者发现，在解释行为的原因时，人们的解释会受到行为人和观察者视角的影响。人们看待自己的行为时主要关注行为当时所处的环境，人们在看待别人的行为时主要关注行为人稳定的个性因素，所以人们倾向于对自己的行为作出情境归因，总是为自己找借口；倾向于对别人的相同行为作出个性归因，总是说他/她就是那样的人。在尼斯比特及其合作者 1973 年完成的一个著名实验中，他们要求男性大学生回答四个问题：(1)在过去一年中，他们为什么喜欢其最经常约会的女孩？(2)他们为什么选择现在的专业？(3)在过去一年中，他最好的朋友为什么喜欢其最经常约会的女孩？(4)他最好的朋友为什么选择现在的专业？结果发现，这些大学生在解释自己的行为时，更多地倾向于进行情境归因，例如，“她是一个非常轻松的人”“这个专业以后是一个很挣钱的专业”；在解释他们的朋友的行为时，更加倾向于进行个性归因，例如，“他需要一个能够轻松相处的人”“他希望挣到很多钱”。

因此，在通过解释我们自己的行为来认识我们自己时，需要注意我们有没有过多地把我们的行为归结于情境的影响。是糖果太有诱惑，游戏太有魅力，都怪它们太诱人，还是自己的确未能坚持住，未能控制住自己，是自己的错？

同样，当我们把自己和他人放在一起，采用上行社会比较来认识我们自己时，也需要注意我们有没有过多地对别人取得的成功进行个性归因，忽视了别人当时所处的环境可能带来的帮助，产生了榜样这样优秀、那样优秀、样样都好是因为他们本来就优秀的想法。

因此，在认识自己时，应该客观地对待环境的作用，既要考虑自己的主观能动性的作用，又要考虑我们生活在其中的环境对我们的影响。既不能把责任全部推给环境，也不能完全抛弃环境可能发挥的作用，一味地自怨自艾。

资料来源：Jones & Nisbett(1972)；Nisbett，Caputo，Legant，& Marecek(1973)

第三节　自我意识的发生、发展和促进

自我意识的发生和发展具有年龄特征，可以针对不同年龄的特点促进自我意识的发展。

一、自我意识发生和发展的一般规律

18个月左右大的幼儿看到镜子中自己鼻子上的红点，认出镜子中的自己，知道自己在正常情况下不是红鼻子，由此频繁地触摸自己鼻子上被画上去的红点。20—24个月大的时候，幼儿开始使用第一人称代词“我”。这些都标志着儿童逐渐形成自我意识(帕帕拉·黛安娜，奥尔兹·萨莉，露丝·费尔德曼，2013；罗伯特·费尔德曼，2013)。

自我概念在个体5—7岁之间有一次飞跃发展。此时，儿童对自己的描述发生了改变，从只能用具体的、可观察的行为和外显的特征，如头发的颜色等物理特征、自己偏爱的事物、自己拥有的事物、家庭成员等来描述自己，发展到可以用概括性的特点来描述自己，如自己是聪明的，是受欢迎的。儿童从不明白自己可能擅长某些方面，但不擅长其他方面，到能够同时关注多个维度的自我，例如，能够明白自己擅长画画，但不擅长跳舞。从不能把现实自我与理想自我区分开来，到能够比较现实自我与理想自我，能够通过与他人的比较来判断自己是否符合社会标准(帕帕拉·黛安娜，奥尔兹·萨莉，露丝·费尔德曼，2013；罗伯特·费尔德曼，2013)。

按照皮亚杰的观点，儿童的认知发展从2岁开始一直到7岁左右都处于前运算阶段，儿童的符号思维和表征能力有了迅速的发展，能够使用心理符号、词语或物体来代替和标志一些不在眼前的东西。在这一阶段，儿童具有自我中心主义(egocentrism)的特点，过分地以自己的观点为中心，不能考虑其他人的观点。由于儿童缺乏他人可能从不同角度看待事物的意识，不能意识到他人可能持有与自己不同的想法、感受和观点。儿童有很大一部分语言行为只对他们自己有意义，没有包含社交动机。例如，即使旁边有别人，儿童还是会自言自语，还是可能会忽视他人与自己说的话，他们没有意识到自己的行为引发了他人的反应和回复(帕帕拉·黛安娜,奥尔兹·萨莉,露丝·费尔德曼,2013;罗伯特·费尔德曼,2013)。

从7岁到12岁,儿童的认知发展处于具体运算阶段,开始能够主动地、恰当地使用逻辑。儿童的自我中心程度降低,能够从多个方面考虑情境,具有了去中心化的能力。他们对自己的描述更加抽象、复杂,开始以心理特征、内部特质为基础。儿童的自我概念开始区分出个人领域和学术领域。开始使用社会比较的方法,通过与他人进行比较来判断自己的能力水平(帕帕拉·黛安娜,奥尔兹·萨莉,露丝·费尔德曼,2013;罗伯特·费尔德曼,2013)。

从11岁左右开始直到20岁左右,个体进入青春期。青少年的自我描述与儿童的自我描述之间存在着质的差异。随着年龄的增长,个体越来越少地采用身体特征来描述自己,越来越多地使用心理特征来进行自我描述,更经常性地、更广泛地概括他们的人格特点,更多地反映他们在想些什么(卡拉·西格曼,伊丽莎白·瑞德尔,2009)。他们以更加广阔的视角来看待自己,可以同时看到自己的不同方面(罗伯特·费尔德曼,2013)。在11、12岁左右,青少年开始形成抽象思维能力,逐渐进入形式运算阶段。此时,青少年能够对自己和他人的观念进行思考。但是,在专注自己的心理状态的同时,他们常常会认为其他人也与他们一样在思考着相同的事情,出现假想观众。青少年认为这个假想观众会与自己一样关注着他们的思想和行为。青少年在这个阶段还会认为自己是特别的,自己的经历是独特的,规则是用来约束除自己以外的其他人的(帕帕拉·黛安娜,奥尔兹·萨莉,露丝·费尔德曼,2013;罗伯特·费尔德曼,2013)。对中学生的研究发现,不论是一般的自尊情感、特殊指向的自我意识,还是独立意识,都随着年级的升高而逐渐深化和稳定。自我意识在初一、初二的发展较平缓,初二到高一是自我意识迅速发展的时期,高一、高二是趋于稳定的时期。学生的自我意识的指向逐渐由生理转向内在心理品质和社会交往,在自我评价的基础上产生了更高级的情感体验和对自我的接纳(程乐华,曾细花,2000)。

二、我国青少年自我意识发展的特点

1. 自我概念发展的特点

在青春期,青少年会经历自我概念发展的低谷。周国韬等人对11—15岁中小学学生的自我概念发展趋势的研究发现,11—15岁学生的能力、成就、班级、家庭、同伴、自信、学业和非学业等自我概念(身体自我除外)基本上表现出U形发展趋势,而且初一(13岁)是自我概念发展的最低点。在身体自我概念上没有发现年级差异,但是女生在初一、初二时的得分都低于男生(周国韬,贺岭峰,1996)。对中学生和大学生的研究发现,青少年的自我概念在初中、高中和大学之间具有差异(熊恋,凌辉,叶玲,2010)。随着年级的增长,自我概念波动的幅度增大,初一到初二的年级阶段,自我概念呈下降趋势;初二到高二的年级阶段,自我概念大致处于上升趋势;高三到大四的年级阶段,除了大三之外,年级越高,自我概念越消极。另外，高二的自我概念发展最好，大四的自我概念发展最差，初二、高三和大四分别是初中、高中、大学三个时期中自我概念发展的低谷。

青春期是个体的性生理和性心理逐渐发育成熟，从童年向成年的转变和过渡时期，是个体发育的第二个重要阶段和最重要的时期。青少年在青春期经历的生理变化对他们有着重要的心理影响。男性和女性承担着不同的社会角色，使得男性和女性有不同的自我建构方式。女性倾向于从与他人的联系方面来描述自己，采用相依性自我建构方式，把重要他人或者所属群体作为自我概念的一部分，所以女孩可能因担心别人对她们的长相有不好的评价而更加关心自己的长相(Cauffman & Steinberg, 1996)；男性采用独立性自我建构方式(Markus & Kitayama, 1991; Wang, Kitayama, & Han, 2011)，在描述自己时更注重与他人相区别的独立方面，认为自我相对独立于重要他人，更希望自己体重增加，对自己身体形象的评价比女孩积极(Rosenblum & Lewis, 1999; Richards, Boxer, Petersen, & Albrecht, 1990)。另外，由于初中女生进入青春期的年龄不同步，青春期开始时间上的个体差异使得部分青少年承受着一定的社会和心理压力，可能出现人格与社会性发展等方面的问题。因此，青春期开始时间早晚也对初中女生自我概念的发展有一定影响，青春期开始时间晚或者早都不利于女生自我概念的发展(张建人，秦启文，2013)。

2. 自我评价发展的特点

第一，自我评价的独立性日趋增强。儿童自我评价具有很大的依赖性，他们的评价标准是成人取向的，评价的结果往往是成人评价的翻版。青少年阶段的自我评价具有明显的独立倾向，而且大致经历了两个发展阶段。在第一个阶段，自我评价开始摆脱对成人、权威的依赖，表现出反叛和对抗；评价标准也从儿童期的成人评价标准取向变为同龄团体评价标准取向，形成相对独立的自我评价。在第二个阶段，自我评价既摆脱了对成人的依赖，又逐渐克服了同龄团体的强烈影响，表现出真正的个体独立意向，形成个体独特而鲜明的自我评价。研究发现，我国青少年的自我评价的独立性随着年龄的增长而增长，而且从小学阶段到初中阶段自我评价的独立性的增长速度大于从初中阶段到高中阶段自我评价的独立性的增长速度，高一以后独立性增长的速度突然放缓。这说明自我评价的独立性发展到初三年级后就处于相对稳定的水平。到了大学阶段，自我评价的独立性水平又有了新的发展(韩进之，等，1990)。

第二，自我评价的概括性日益提高。儿童自我评价的概括性较差，他们的自我评价局限于外部行为，缺乏对自己内心世界的评价能力，而且他们的自我评价往往直观、具体。例如，在评价自己是否达到好学生标准时，小学生会依据“上课认真听讲，课后按时完成作业，不打闹，不干坏事”这样一种对具体的、局限的外部行为的描述来进行自我评价。个体进入青少年期后，抽象思维能力得到迅速发展，社会化进程加速，使他们的自我评价逐步摆脱了外部的、具体直观的局限，从个体的外部行为深入到内在的人格特点，从具体事物发展到抽象事物，概括程度日益提高。例如，在评价自己是否达到好学生标准时，中学生会采用比较概括的评语:“好学生是思想品德好、智能发展好、身心健康、团结友爱、谦虚、自信。”大学生更多地从社会现实和发展的角度进行评价,进一步提高自我评价概括性的社会化程度:“今天的好学生,不仅知识面广、动手能力强、人际交往圈大,而且有时代的紧迫感、民族的忧患意识,敢于面对世界的挑战。”

第三,自我评价的恰当性。儿童自我评价未能摆脱具体、外部现象,缺乏综合、统摄的能力,恰当性较差。进入青少年期,随着思维能力,尤其是辩证思维能力的逐步发展,青少年的自我评价逐渐趋向于与实际情况相符。对初中和高中学生的研究发现,评价的适当性随着年级的升高而提高,而且年龄小的青少年容易偏高评价自己,年龄大的青少年容易偏低评价自己(左其沛,1985)。对大学生的研究发现,大学生的自评与他评之间存在显著相关,90%以上的大学生自评与他评之间的分数差距的绝对值在1分以内,其中62%的大学生的分数差距仅为0.5分。这表明大学生自我评价的客观水平有了明显提高(黄希庭,徐凤姝,1988)。

第四,自我评价的广泛性日益增强。青少年的自我评价内容也比儿童广泛,而且形成由表及里、由内而外的发展轨迹。青少年初期由于身体发育上的巨大变化,尤其是第二性征的出现,使得个体对自己身体容貌的关注和评价成为进入青少年期后出现的第一个热点。这一时期的青少年特别喜欢照镜子,担心外貌不美,因而这一阶段也成为第二镜像阶段(第一镜像阶段出现在幼儿时期)。这是恐貌不美综合征的多发阶段。随着年龄的增长,青少年一方面对身体容貌的关注仍然保持着一定的热度,另一方面也把评价的热点移向内心世界,不时萦绕其心头的是“我究竟是怎样的人?”“我的性格怎样?”之类的问题。对大学生的研究发现,青年大学生自我评价的内容包括生理自我、社会自我和心理自我三个方面,具有广泛性(韩进之,等,1990)。

第五,自我评价的稳定性不断增加。儿童易在不同时间、不同场合,因为一些具体的外部事件和行为而改变自我评价,所以他们的自我评价的稳定性很差。进入青少年期,稳定性才逐渐提高。但是在青少年初期,这种稳定性也比较差,既容易因一时的成功而过高地评价自己,也容易因一时的挫败而过低地评价自己,而且非常容易受到同龄人评价的影响。随着年龄的增长,自我意识的整体成熟,自我评价才趋于稳定。为了了解青少年自我评价的稳定性,有研究者利用同样的问卷对相同的个体先后相隔一周实施两次测查,检查两次结果之间的相关程度,相关系数越高,表明稳定性越好。对全国9个地区中小学的研究发现,反映自我评价稳定性的相关系数随着年级的升高而增大(韩进之,等,1990)。

3. 自我体验发展的特点

第一,自我体验的丰富性日趋增强。个体进入青少年期后,一方面出现许多在儿童期很少经历的自我体验,如自怜、自爱、自惭等;另一方面又比儿童好动感情,不仅容易为一些小事掀起内心的波澜,而且会“无缘无故”动情,表现出丰富的体验。对大学生的调查表明,青少年自我体验的基调词倾向于热情、憧憬、自信、舒畅、紧张、急躁等。其中,男性的基调词倾向于紧张、自信、热情、憧憬、急躁,女性的基调词倾向于热情、急躁、舒畅、憧憬、愁闷等(黄希庭,徐凤姝,1988)。

第二,自我体验的深刻性日益增强。随着自我评价由自我的外层深入到自我的内层,青少年的自我体验也渐趋深刻。青少年初期,自我评价的热点是身体容貌,他们的自我经验也多与对身体容貌的自我评价有关,以至于不少青少年为自己的身材高矮、形体好坏、相貌美丑而沾沾自喜或者苦恼不堪。但是,到了青少年中后期,他们的自我评价更多地与自己的道德品质、自我存在的社会价值、社会贡献联系在一起。随着自我评价转入内在的个性特征,社会性程度不断提高,他们更加关注自己学业是否成功、工作有无建树、事业能否发展、才能可否发挥等一系列问题引起的自我体验,这在日益成熟的青少年身上显得尤为强烈。

第三,自尊感突出。自尊感是自我体验中最重要的方面,青少年期自我体验中的自尊感有十分突出的特点。这主要表现在三个方面(卢家楣,1989):首先,青少年自尊感特别强烈,青少年把自尊感放在其他情感之上,当自尊感与其他情感发生抵触、冲突时,青少年会毫不犹豫地将维护自尊感放在首位。青少年自尊的情感体验、反应特别强烈,尤其当自尊需要没有得到满足、自尊感受到损害时,常常表现出极大的愤怒、恼羞,容易引发激情。其次,对自尊感特别敏感。青少年本身自尊感强烈,再加上他们在实际中还很难把握什么是真正的自尊、他尊(尊重他人),自尊与他尊之间是什么关系,什么样的事情才涉及自尊等问题,以至于他们的自尊感往往会达到过度敏感的程度,一些在成人眼中微不足道的小事,也常常会被青少年联系到维护自尊感的"重大问题"上去,引发强烈的情感反应。最后,青少年的自尊感容易波动。遇到顺境,他们容易产生优越感,获得一次小小的成功或受到表扬就会得意起来,自我感觉良好,甚至自傲、自负;遇到逆境则又容易产生自卑感,犯了一次小小的过失或遭到挫折就会自责、失望,甚至自暴自弃。这些都与青少年早期个体辩证逻辑思维的发展相对滞后于形式逻辑思维(林崇德,董奇,陈英和,1990)、自我评价不成熟有关。

从青少年期到成年早期,自尊的稳定性在增加,但是进入青少年期,个体自尊水平有明显的下降,青少年早期自尊水平很低(魏运华,1998),12 岁是青少年自尊发展的关键时期,13 岁是自尊发展的转折时期。对中学生的研究发现,38%的青少年是高自尊者,52%是中等自尊者,10%是低自尊者,男生、女生的自尊情况大致相同(唐日新,解军,林崇德,2006)。从初一到初三,青少年的亲子关系和认知自主对自尊发展有着显著的促进作用,学业压力对自尊发展有着明显的抑制作用,师生关系对自尊发展没有明显影响(潘颖秋,2015)。对高中生的研究发现,高中生自尊也存在显著的年级差异,高二的自尊发展水平最高,高中生自尊发展总体水平性别差异不显著(张丽华,邸秀娟,赵玲,尹小磊,2013)。一项大规模的研究发现,青少年的自我价值感总体上呈现上升趋势,在高三年级,学生的自我价值感显著下降,然后逐步提高,到大学三年级,学生在人际关系、家庭等维度上的自尊达到最高水平(黄希庭,凤四海,王卫红,2003)。对1993—2013年间自尊研究的横断历史元分析发现,我国大学生的自尊水平在这20年间呈现下降趋势。相比于1993年,2013年我国大学生的自尊水平下降了0.89个标准差,男女大学生的自尊水平下降趋势大致相同,城镇与乡村大学生的自尊水平下降趋势大致相同(沙晶莹,张向葵,2016)。大学生自尊水平下降的可能原因在于,高等教育的普及与推广使得大学教育从原本的"精英教育"转变为"大众化培养",而且在严峻的就业形势下,大学生在与其他人的社会比较中,自我能力感与价值感也受到冲击。

4. 自我调节发展的特点

第一,由被动性自我控制向主动性自我控制发展。儿童到了一定年龄就具有某种自我控制的能力。一项全国性的调查研究表明,小学三年级学生的自我控制能力就已经相当高,例如,能够坚持做作业,坚持认真听课,坚持劳动等(韩进之,等,1990)。但是,这种自我控制主要来自权威人物(如教师、家长)的外在控制力,依赖外部的暗示、劝说、告诫,甚至命令,具有明显的被动性,实际上属于被动性自我控制。

进入青少年期,个体主动性自我控制能力明显增强,他们会为了实现预定目标而刻苦攻读,为了形体的优美而参加健美锻炼。他们的自我控制能力有时会达到惊人的程度。但是,总的说来,从儿童期到青少年期,个体自我控制能力的发展并不是直线上升的,特别是在由被动性自我控制转向主动性自我控制的过程中,个体的自我控制能力会出现一定的波动,甚至下降。一项中小学生自我意识的大规模测查表明,这一现象出现在小学五年级到高一年级阶段(韩进之,等,1990)。

第二,由自我控制向自我教育发展。儿童期的自我控制水平不高,而且带有明显的被动性,但是儿童身上毕竟已经出现自我控制的能力。自我调节的最高形式——自我教育在青少年期才开始出现。因此,青少年自我调节的另一个重要标志性特点是自我教育的出现。

进入青少年期后,随着身心发展和社会化的进程,个体的自我意识获得新的觉醒。对"我应该成为一个什么样的人""我怎样才能成为一个那样的人"等问题的思考,促使个体萌发重塑自我的愿望,设计自我、完善自我的需要日益迫切。这是自我教育的一个重要标志。一项对大学生的调查发现,77%的人希望成为"德才兼备、博学多才、富有开拓精神、适应性强的大学生",16%的人希望成为"合格的大学生",只有7%的人愿意成为"能混得过去,不被人注意的大学生"(黄希庭,徐凤姝,1988)。与此同时,自我反省作为自我教育的一种重要形式,也在青少年的心理生活中逐渐出现。对大学生的自我反省情况的调查发现,大学生的自我反省状况可以分为四类:第一类,能够自我反省,独自进行自我调节;第二类,能够自我反省,但是需要他人的帮助;第三类,能够自我反省,但是自我反省愿望极小;第四类,不能自我反省。我国绝大多数大学生属于第一、第二类,而且第一类大学生的人数比例有随着年级升高而递增的明显趋势。一些大学生在调查中这样说:"我向来是在反省中前进的。""我常常提醒自己，树立起坚强的信心，鼓足勇气，克服我的弱点，有目的地锻炼自我。""我才华疏浅，常立志而又往往不能力行，所以至今学无成就，平淡如水，但我要立志做一个真正的人。"（韩进之，等，1990）以上反映了我国大学生积极向上的自我反省状况。

自我教育不完全是一个自发的过程，它是个体在自我意识觉醒之后，在主动性自我控制发展的基础上，在外部教育的影响下逐渐发展的，起步较晚，到青少年中晚期才可能达到较高水平，而随后的发展过程将贯穿整个人生。

三、促进青少年自我意识发展的教育建议

自我意识在青少年期的新觉醒，一定意义上是个体的"第二次诞生"，它对个体在青少年期乃至整个人生历程中的发展都具有深刻的影响。通过教育促进青少年自我意识的健康、积极发展，是一个十分重要的课题。

1. 帮助青少年正确认识自己

与儿童相比，青少年自我认识的能力，尤其是自我评价的能力虽然有了很大的提高，但是他们要真正认识自我绝非易事。为此，教育工作者应该引导青少年充分利用前面提到的自我认识和评价的多种途径，从多个角度来认识自己。在这个方面，教师和同学的评价是青少年借以认识自我的一面最重要的镜子。教育工作者要把握好这面镜子，使它照出青少年的真实自我，要让青少年既能够看到自己的优点和长处，也能够看到自己的缺点和短处，而且无论是让他们看到优点和长处，还是让他们看到缺点和短处，都要予以积极的引导。

2. 帮助青少年培养自尊、自信、自立和自强意识

教育工作者应设法引导青少年进行积极的自我评价，培养青少年的自尊、自信、自立和自强意识。特别是当有些青少年遇到较多挫折时，他们往往会更多地看到自己的弱点或者缺陷，这就需要教育工作者加以积极引导。具体而言，要根据青少年辩证逻辑思维的发展相对滞后于形式逻辑思维的情况，加强青少年自我评价的辩证性，防止片面、偏激倾向；要积极地创设成功的机会，让青少年获得成功的体验，增强自信心，形成自尊感，培养他们的自立和自强意识。

3. 帮助青少年进行积极的自我教育

学校在促进青少年自我意识发展方面，最重要的莫过于促进他们的自我教育。一方面，自我教育是自我调节的最高形式，集中体现了个体的主观能动性，而且自我教育的发展又必然带动自我认识、自我体验，推动着整个自我意识的发展；另一方面，自我教育不完全是一个自发的过程，也需要外部教育的启蒙和引导。另外，一切教育效果最终取决于能否充分发挥学生的主观能动作用，能否让学生将外在教育要求内化，而这又都取决于学生自我教育的情况。

为此,教育工作者应该着力抓住两个环节。(1)要帮助青少年确立理想自我、希望自我的目标。自我教育的心理实质是现实自我与理想自我、希望自我之间的积极统一的过程。其中,理想自我、希望自我起着主导作用,代表着自我的发展方向。因此,有必要促进青少年自我教育,帮助他们合理地设计自我,确立正确的理想自我目标。这里要谨防青少年最易出现的两种不良倾向:一是完全脱离自我现实,向往不切实际的自我;二是完全不顾社会现实,向往以个人为中心的、狭隘的自我。这两种倾向都会将自我教育引入误区。教育工作者应在引导青少年正确认识自我的同时,推动青少年广泛接触社会,深入了解社会,认识社会发展的方向和自己将要肩负的历史使命,在自我现实和社会发展的两维坐标上来确立正确的理想自我目标。(2)要帮助青少年改变现实自我。一旦理想自我目标确立,就要不断地改变、完善自我,实现积极的自我统一过程。这是一个长期而艰苦的自我改造和磨砺的过程,需要意志的努力、情感的激励和认识上的反省。为此,需要提高青少年在改变现实自我过程中的自我控制水平,并针对青少年从被动自我控制向主动自我控制过渡阶段中表现出来的力图摆脱成人束缚又难以管住自己的特点,加强对他们自制力的培养。要把基点放在青少年主动性自我控制的培养上。此外,还要提高青少年自我反省的意识,使青少年自我改变、完善的过程始终处于自我反思、检讨之中。发挥青少年自尊、自立、自信和自强意识的动力功能,把完善自我与赢得自尊、自信、自立、自强联系起来,使他们在改变现实自我的过程中不断获得情感上的激励。

本章小结

自我意识是个体对自己的意识,也就是对自我的意识。自我意识是隐藏在个体内心深处的心理结构,是人的意识发展的高级阶段,是人格的自我调控系统。帮助学生了解自我意识,并探索学生自我意识发展的规律,具有十分重要的意义。

自我意识是一个多维度、多层次的复杂心理系统。从形式上看,自我意识表现为认知的、情感的和意志的三种形式,分别称为自我认识、自我体验和自我调节。从内容上看,自我意识还可以分为生理自我、社会自我和心理自我。自我意识主要通过反省性思维和自我监督等机制来调控人格的形成和发展。

自我意识的成分十分复杂,本章分别介绍了自我概念与自我评价、身体自我、自尊、自信、自立、自强、自我控制等几种与学生成长密切相关的心理成分。自我概念是人格的核心,而且自我评价与自我概念始终联系在一起。自我心理成分通过不同的途径和心理机制调控着人格的形成和发展。

自我意识的产生和发展具有年龄特征。儿童使用社会比较的方法,通过与他人比较来判断自己的能力水平。青春期个体则越来越多地使用心理特征来进行自我描述,更经常性地、更广泛地概括他们的人格特点，更多地反映他们在想些什么。

教育工作者需要根据自我意识的规律乃至青少年的发展特点来促进青少年自我意识的健康、积极发展。教育工作者应该帮助青少年正确认识自我，帮助青少年自尊，自立、自信和自强，帮助青少年进行积极的自我教育。

推荐阅读

1. 黄希庭，郑涌.(2015).*心理学导论(第三版)*.北京：人民教育出版社.
2. 罗伯特·费尔德曼.(2008).*心理学与我们*.黄希庭，主译.北京：人民邮电出版社.

复习思考题

1. 解释下列概念：

   自我意识　自我概念　现实自我　理想自我　自我体验　身体自我

   时间自我　价值观　自尊　自立　自信　自强　自我控制　自我教育
2. 自我意识在人格的健康发展中起着什么作用？
3. 如何正确认识自我概念中的矛盾现象？
4. 联系实际谈一谈你是如何通过各种途径来认识和评价自己的。
5. 为什么说自尊感是自我体验中最重要的一种情感？它对青少年的发展有什么影响？
6. 为什么说确立正确的理想自我是自我教育的关键？
7. 应该怎样深刻理解教育与自我教育的关系？

第六章

认知学习

认知学习(cognitive learning),就广义来说,是增长知识才干的学习,包括知识学习、技能学习和智力发展;就狭义来说,主要指知识学习,即通过对事物或信息的感知、注意、记忆、思维和想象建立起来的知识结构(knowledge structure)。这一知识结构主要以表象为基础,由概念、判断和理论建立起来的事物关系认知构成。本章不专门讨论技能学习和智力发展,主要聚焦狭义的认知学习,即以课程形式体现的知识学习。当然,这不是说,知识学习与技能形成、智力发展无关。事实上,学生课程学习更为重要的任务就是通过知识学习、技能训练,提高学习能力,发展解决问题的综合创新能力和实践智慧,甚至需要借助知识学习促进形成正确的价值观。本章主要讨论:

1. 注意与认知学习;
2. 认知学习的过程;
3. 认知学习的类型;
4. 认知学习的监控。

第一节　注意与认知学习

即使是将讨论范围限定在知识学习范畴,认知学习依然是一个复杂的信息加工过程。外部环境中的各种刺激作用于人的感觉器官,通过一定的选择和加工,以神经能传递的方式被输送到脑的相关结构,与在大脑皮层储存的信息发生相互作用,形成知识并被储存。在这一过程中,还可能会发生思维等高级认知活动,产生新认识、新思想等。发生这一系列过程需要多方面的心理基础,特别是注意,它是信息加工中最重要的心理基础(李小平,2005)。

一、注意的概念

注意(attention)是心理活动对一定对象的指向和集中。其中,注意的指向是心理活动的选择机制。在日常生活中,每时每刻都有许许多多的事物作用于我们的感官。但由于感官功能和大脑加工信息的资源有限,心理活动并不能同时有效地认识它们,而是有选择地指向特定对象。例如，学生听课时，其注意首先要指向教学活动。但是，要在意识中真正反映一个事物，仅将感官指向它是不够的，还要意识到它。

注意的集中是指心理活动聚焦在被选择的对象，同时离开其他无关事物，抑制多余活动。聚精会神地听课、全神贯注地阅读等，都是注意集中的体现。注意的集中就像舞台上的聚光灯，聚光灯照到哪里，哪里的人物、场景就非常清晰，观众就能看得很清楚。同样，我们将心理活动集中于某一事物，就是将“意识之光”集中于这一事物，这时注意的对象就在我们的心里变得清晰，其他事物就不被反映或反映得不清晰。

不过，与探照灯不同的是，注意不仅可以指向外部对象，也可以指向我们自身，即注意的对象既可以是外部世界，也可以是我们自己的身体、行为和观念。当人们“倾听内部声音”、每日“三省吾身”的时候，就是在注意我们自己的内心。

注意的指向性和集中性表明，注意具有方向和强度的特征。美国心理学家詹姆斯(James, 1890)在《心理学原理》一书中指出：“注意是心理以清晰而又生动的形式对若干种似乎同时可能的对象或连续不断的思维中的一种的占有。”出于心理活动对一定事物的指向和集中，注意的对象就有可能得到清晰、完整和深刻的认识。

专栏 6-1

双耳分听实验和鸡尾酒会效应

英国心理学家彻里(Cherry, 1953)曾经做过一个双耳分听实验：他同时向研究对象双耳输入不同刺激，要求研究对象复述事先规定的那只耳朵听到的项目。利用复述任务使研究对象尽可能地只注意一只耳朵的信息(追随耳)，而不需注意另一耳朵的信息(非追随耳)。实验结果表明，研究对象能很好地再现追随耳的刺激，但对非追随耳的刺激则不能报告出任何东西；甚至非追随耳的刺激从法文改为德文、英文或拉丁文，把录制语言材料的磁带倒过来放，研究对象都未能觉察到这种变化。不过，研究对象还是能够觉察非追随耳的刺激的一些物理特征，能报告语音的变化以及男声换为女声等。莫里(N.Moray)也发现，将一个刺激重复呈现给他的非追随耳，他是能够识别的。

上述现象在日常生活中也可以观察到。例如，在鸡尾酒会上，当你专注和某人谈话，可能完全注意不到其他人在说什么。但假如在房间另一边有人提到你的名字，你或许就能觉察到。这说明未被注意到的信息并不完全被阻断了，如果信息的内容与你高度相关，你依然会注意到。这种现象被称作鸡尾酒会效应。

资料来源：王甦，汪安圣(1992)

二、注意的功能

注意对人类生活具有十分重要的意义，对心理活动起着维持和组织的作用，使人们能够及时地集中自己的心理活动,清晰地反映客观事物,更好地适应环境。具体而言,它具有选择、保持、调节和监督功能。

1. 选择功能

在现实生活中,人们每时每刻都处在无数刺激的包围之中,但往往只对其中的某些刺激作出反应,这就是注意的选择功能。浏览网页,我们会选择感兴趣的页面和内容;在超市购物,更多是看到自己想采购的东西。注意的基本功能就是对信息的选择,它使心理活动更多指向有意义的、符合需要的、与当前活动任务相关的各种刺激,避开或抑制其他无意义的、干扰当前活动的各种刺激。注意的选择功能保证了心理活动的方向性和有效性,否则,人的心理活动将会变得一片混乱。

2. 保持功能

注意不仅使心理活动有选择地指向一定的对象,而且使心理活动保持对该对象作出反应,直至完成活动,达到目的。当然,其间也会因其他因素的影响而导致对该对象注意的中止。注意的保持功能使注意的对象始终处在意识之中,以便我们清晰深入地反映注意的对象。注意的保持功能与感知觉、记忆、思维等心理过程有着非常密切的关系。正因为有了注意,我们才能有效地感知信息,在感知基础上记住信息并进行思维加工。

3. 调节和监督功能

注意还能对我们的心理活动进行调节和监督。在注意状态下,一旦心理活动偏离了预定的方向或目标,或者受到无关刺激的干扰,人就会立即发现并及时予以调整,适时地将注意转移到正在进行的活动上来,保证活动向着一定的目标和方向前进。另外,我们还可以通过注意,适当分配和适时转移意识活动。我们在学习和工作中出现的错误、发生的事故常常与注意的分散或注意没有及时转移有关。正因为如此,注意被称为对智力活动的监督。

三、注意的种类

注意有许多种,我们根据产生注意和保持注意时有无目的,以及是否需要意志努力,将注意分为无意注意、有意注意和有意后注意。

1. 无意注意

无意注意(involuntary attention)是指事先没有预定目的,也不需要意志努力就能保持的注意。这种注意往往由强烈的、新颖的刺激自然而然引起,它的发生主要与刺激的特性有关,但也与个体的心理因素有关。引起无意注意的刺激特点主要包括刺激物的强度、刺激物之间的对比关系、刺激物的运动或变化、刺激物的新异性等。

第一,刺激物的强度。刺激物的强度是引起无意注意的重要原因。一般来说,强烈的刺激容易引起人们的注意,如强光、巨响,都能使人不由自主地去关注。刺激物的强度不仅指绝对强度,也包括相对强度,如寂静夜晚树叶的沙沙声、细雨的飘落声等也都很容易引起注意。

第二，刺激物之间的对比关系。刺激物在强度、形状、大小、颜色和持续时间等方面与其他刺激物存在显著差别时会引起人们的无意注意。“鹤立鸡群”，我们会注意到“鹤”；“万绿丛中一点红”，在树叶的衬托下，我们更容易注意到其中的红花。

第三，刺激物的运动或变化。运动或变化的事物容易引起人们的无意注意。例如，刺激物的突然出现或停止、增强或减弱，以及空间位置的变化等都容易引起注意。生活中人们常常被夜空中飞逝的流星、夜晚街道上闪烁的霓虹灯吸引，原因也在于此。

第四，刺激物的新异性。新异的事物很容易成为注意的对象。刺激物的新异性是指刺激物异乎寻常的特性。新异性可以分为绝对新异性和相对新异性。绝对新异性是指人们从未经历过的事物及其特征，相对新异性是指刺激物特性对我们而言有些熟悉又有些陌生和新奇。研究表明，刺激物的相对新异性更能引起人们的注意。例如，东方明珠广播电视塔名字中的“东方明珠”与《东方之珠》这首歌的名字既相似又不同，比一个全新的名字更容易引起人们的注意；青菜豆腐汤直白地叫青菜豆腐汤没人注意，而叫翡翠白玉羹就会吸引人的注意——翡翠、白玉是宝石，宝石竟然能做“羹”？——这与人已有的经验不符，引起了人们的好奇。可是，如果起的名字与大家的经验毫无联系，即便是全新的东西，也常常引不起人们的注意。

引起无意注意的另一类原因是个体本身的状态，具体包括如下两方面。

第一，需要和兴趣。凡是能够满足个体一定的需要和兴趣的事物，都容易成为无意注意的对象，因为这些事物对他具有重要的意义。从地下挖出的残砖碎瓦也许不会引起建筑工人的注意，却可能让考古学家或收藏家拿着放大镜非常专注地研究半天；熟睡的母亲可能不会注意夜晚打雷的声音，可是孩子轻轻的哭闹声马上就会引起她的注意。

第二，情绪状态。情绪状态对人的注意有着非常大的影响。通常，心情好的时候，外界事物更容易引起个体的注意。心理学家研究人的助人行为时发现，个体在情绪好的时候会更多地帮助别人，而在抑郁的时候，常常丧失对外界事物的兴趣，这时他人的困境也就无法引起个体的注意。在情绪非常激动时，个体的注意也会受到影响，此时注意的范围常常很狭窄，个体被情绪左右和支配，对与其情绪无关的事就视而不见、充耳不闻。

在身体疲惫的时候，个体的注意的范围也会大大减小，其注意保持的时间也较身体健康、精神饱满时短。对亚健康的研究表明，如果个体觉得自己最近常常注意难以集中，对外界事物常常没有兴趣，那么这可能正是身体健康状况不良的信号。这也正说明人的身体状况与注意之间存在密切的关系。

2. 有意注意

有意注意(voluntary attention)是指事先有预定目的，必要时还需要意志努力的注意。这种注意受意识支配和调节，是注意的高级形式。有意注意具有目的性和意志性两个特征。目的性是指人要注意什么，不是由刺激物本身的特点决定的，而是由预定的任务决定的;意志性是指为了实现目的任务,要排除干扰,克服困难,付出一定的意志努力。

有意注意是在生活实践中发展起来的。人们在参加各种实践活动时,有时需要完成一些与自己的兴趣并不一致的任务,这就需要付出一定的意志努力,迫使自己把注意集中到这些活动中来,直到完成任务。例如,士兵站岗是有一定目的和任务的,注意是有意识的。可是日复一日地站岗,就没有新鲜感,士兵不是因为有趣而去站岗,而是在执行任务。这时候,他必须有意识地努力调节自己的注意,迫使自己专注而不分心。

有意注意在我们的生活和学习中起着非常重要的作用,诸如技能的掌握、知识的获得主要是有意注意的结果。引起和保持有意注意的条件有如下四点。

第一,对活动目的和任务意义的理解。人们对活动的目的、任务的重要意义理解得越清楚、越深刻,就越能有意识地调整自己的注意,使自己专注与任务有关的对象。士兵越能深刻认识到晚上站岗的重要性,他的责任心越强,也就越能保持高度警惕的状态。

第二,培养间接兴趣。间接兴趣是指对活动本身没有兴趣,但对活动的结果有兴趣的心理现象。培养对事物的间接兴趣,有助于提高有意注意的水平。例如,有的人可能对某门课程不感兴趣,但对学习课程后的结果(如考试成绩)感兴趣,因为考试成绩与能否毕业或者能否获奖有关。因此,尽管课程本身不能吸引他,但他仍然能集中注意努力学习。

第三,进行实际操作。在进行智力活动时,将头脑中的智力活动和外部的实际操作结合起来,对保持有意注意有重要作用。例如,对于计算机、物理、化学等实验课程,如果仅仅听教师讲授,学生很难学进去。如果教师把讲授与学生操作结合起来,学生的注意就会高度集中并保持始终,从而收获良好的学习效果。在这里,操作实际上指的是参与,不仅是像计算机这样的特殊课程需要学生的参与,在其他课程中,如果教师能适当采用提问、讨论等方式来组织教学,即把单向的讲授变成师生的多边活动,也可以提高学生的注意水平,增进学习效果。

第四,对注意进行监控。在进行有意注意的过程中,如果对注意的过程进行有意识的监控,有益于注意保持。例如,在学习中常常问问自己:我在专心地看吗?我在专心地听吗?我有没有走神?这样就能够及时地发现注意是否离开了既定目标,如果离开,再把注意集中到预定的目的上来。

3. 有意后注意

有意后注意(post voluntary attention)是指事前有预定目的,但又不需要意志努力就能保持的注意。有意后注意与无意注意一样,不需要意志努力,注意就能很集中也很轻松;它又与有意注意一样,指向预定目的和任务。因此,有意后注意兼具有意注意和无意注意的优点,是注意的最佳形态,是一种更为高级的注意形式。

有意后注意往往由有意注意转化而来。一个人原本是因为对活动的结果感兴趣而专注活动,但随着活动的深入,他对活动的过程也产生了兴趣,注意就慢慢地从有意注意转变为有意后注意,即他的注意不再需要意志努力就能保持。这时他会陶醉于他喜爱的活动之中,流连忘返,乐此不疲。另外,大量练习也可以使有意注意转化为有意后注意。例如,初学骑自行车时,肯定需要注意的高度集中,而学会后就不需要刻意集中注意了,这也属于有意后注意。经过反复练习最终达到熟练甚至可以自动化进行的行为,都是有意后注意(Sternberg & Sternberg,2016)。

有意后注意也可以由无意注意转化而来。一个人的注意原本是受刺激物本身的特点吸引而发生,可是在注意的过程中,他慢慢地变得有目的,这时无意注意就转化为有意后注意。

总之,有意后注意是注意的最佳形式,既符合目的要求又不需要意志努力,既专注又轻松,是人们从事创造性活动的必要条件。

专栏 6-2

注意缺陷障碍儿童的神话

注意缺陷障碍(attention deficit disorder),在我国常被称为多动症。这种疾病被认为正在折磨着大约两百万美国儿童。近年来,美国各地的精神病医生给所谓的注意缺陷障碍开了几百万份利他林,这种药原本用于控制成人的轻度抑郁症和衰老。

注意缺陷障碍具有三个主要特征:活动过度(烦躁,过多的奔跑,在教室的座位爬上爬下)、冲动(在班级里脱口说出答案,打断别人说话,排队等待时不耐烦)、漫不经心(健忘、丢三落四,不守秩序,由于疏忽出差错)。

没有人会否认,有许多孩子有规律地出现活动过度、冲动和漫不经心三种现象。但是,多年来一直研究各种学习类型的托马斯·阿姆斯特朗(Thomas Armstrong)博士明确指出:“不存在注意缺陷障碍。”他在《注意缺陷障碍儿童的神话》中写道:“这些孩子并非不正常。他们很可能是用另一种方式来思考、注意和行动。是普遍的社会和教育成见造就了这种不正常,而不是孩子们的问题。”

他认为,帮助这些孩子的最佳方法不是强加给他们医学标签和药物疗程,而是“给他们提供各种充满关怀、刺激和鼓励的活动,这对所有孩子都是有利的”。例如,“一个孩子可能在集中注意或行为上有困难,因为他的家庭陷入一场危机,因为他的性格与他的父母合不来,因为他的学习方式与学校的教育方式不一致,因为它对牛奶过敏,或者因为他的焦虑和忧郁”。

阿姆斯特朗博士提出50种不用药物、标签或压制的方法,来改善孩子们的行为和注意时间。这些方法涉及从饮食习惯到体能教育,从武术课程到轻音乐演奏,从把能量引向艺术创造到计算机训练等各个方面。

资料来源:顾瑞荣(1998)

四、注意规律在教学中的应用

认知学习的有效性与学习者的注意密切相关。教师可以利用注意规律组织教学,以达到良好的教学效果。为此,应注意以下三点。

1. 正确运用无意注意的规律组织教学

符合人的需要与兴趣的刺激物以及刺激物之间的对比关系都容易引起无意注意。刺激物的特点既可以成为促进教学的有利因素,也可以成为干扰学生学习的分心因素。因此,在教学过程中教师要善于利用刺激物的有利方面,防止刺激物的不利影响。(1)教学环境中要尽可能减少分散学生注意的因素。教室周边要保持安静,内部装饰不宜太繁杂,教师的穿着要适宜,不着奇装异服。(2)教学内容要新颖丰富。教师讲授时,每次都应增加新内容,而且在讲述新内容的同时又不能脱离学生已有的知识基础,要与学生已有的知识相联系,这样才能提高学生学习的积极性,有效地维持注意。教学内容过难或过易都会引起注意分散。(3)教学方法力求生动活泼,尽量防止单调呆板。例如,演示、图示、促进思考的问题、黑板板书甚至教师本人,都可成为吸引学生注意的刺激。教师在教室的走动,讲课的声调、语速、响度,手势运用,暂停讲课等互动交替使用,都有利于捕获学生的注意。有经验的教师在提问与选择学生回答之间都会留有一定的时间空挡,为的就是引导所有学生将注意指向问题,开展思维活动。

2. 运用有意注意的规律进行教学

有意注意是受人的意识自觉调节和支配的注意形式。为提高教学效果,教师可以:(1)让学生加深对活动目的和意义的理解。对活动意义理解得越清楚、越深刻,完成任务的愿望越强烈,那么完成这一任务所需要做的以及相关刺激就越能引起有意注意。(2)让学生清楚地了解活动的具体任务,不断组织自己的行为,使自己的注意集中于所要完成的活动上。(3)让学生运用自我提醒和自我命令。在活动的进程中经常提醒自己,特别是在要求加强注意的紧要关头,自我提醒和自我命令对组织注意起着重要作用。(4)让学生在进行智力活动时把智力活动与外部的实际动作结合起来,以便保持注意,更稳定地区分出注意的对象。

3. 根据不同年龄学生注意发展的特点组织教学

中小学生年龄不同,其注意的范围、注意的分配和注意转移的品质也有所区别。例如,初中生虽也能注意一些抽象的概念和结论,但仍偏重直观形象的东西,而高中生对抽象的理论原理也能保持高度的注意,它们不仅能长时间地保持自己的注意,而且能把注意集中在毫无直接兴趣的或非常困难的学习活动上。因此,对初中生来说,如何讲解教材是吸引学生注意的重要因素;而对高中生来说,深刻分析教材内容、揭示教材的内在联系,对吸引学生注意更具有意义。

第二节　认知学习的过程

知识是以表象、有意义的符号(语词为主)、概念或命题的表征形式,存储在头脑中的知识经验或者说信息。表征(representation)是指记载或表达信息的方式,如一个特定的形象表征某个同学,一个句子的文字表达形式表征若干概念之间的语义关系。新的信息就是以上述形式被表征,进而被加工和整理的。在认知学习中,新的观念和新的经验,或者被纳入学习者现有的知识结构,或者改造学习者现有的知识结构,使先前的知识被重新提炼,或者使学习者产生新的认知范畴。可以说,认知学习就其本质来说,就是学习者通过对新信息的内部加工,获得意义和表象,从而形成或重新组织知识结构的过程。

一、认知学习的基本框架

为了更好地理解认知学习的过程,认知心理学家倾向把人看成信息加工系统,认为认知学习(cognitive learning)就是人类通过感官觉察、注意、辨认、转换、记忆外界环境信息或学习内容的一系列内在心理活动,获得知识和保持知识。图 6-1 简要概括了信息加工学习的整个流程。外界环境信息或学习内容首先以光能或声能等形式传到人的相应感觉器官——信息的接收装置。环境信息输入后首先进行感觉登记,在那儿保持非常短暂的时间(视觉系统约 0.5—1.0 秒)——刚够用以选择哪些信息需要注意作进一步加工。在这里,作用于感官的各种事物都会获得感觉记忆(sensory memory),但有些不被进一步加工。注意负责信息的筛选,把无用的信息过滤掉,而受到注意的信息则经过辨认,形成知觉经验。短时记忆(short-term memory)中的材料包括个体正在考虑的每件事物。它有两个基本来源:由外部环境而来的新的感觉信息以及长时记忆中提取的先前学得的信息。这两种信息在短时记忆中相互作用。例如,几何课首次接触菱形时,它的模样是通过个体的感官、感觉记忆进入短时记忆的新信息,但这时个体想起了许多关于平行四边形的定理,于是从长时记忆(long-term memory)中提取出来的关于平行四边形的信息与由感觉器官而来的关于菱形的新信息在短时记忆中便融合起来。如果不继续以某种方式加工材料,如复述(rehearsal),那么它在短时记忆中只保留很短的时间(大约 15—20 秒)。当人们要对某个刺激作出口头或行为的反应时,它必定来自短时记忆。因为感觉记忆保持信息的时间太短,不能加工信息,而长时记忆保持的信息又不能直接被人们意识到。

要使信息保持在长时记忆中,通常要使用某种方式对它进行编码(encoding)。编码是一种形成有关学习内容关键特征的心理表征的加工。信息通过编码,以后需要时就能提取它。信息在记忆储存系统中保持的时间和编码方式都可以不同。已经储存起来的信息常常会因其他信息的干扰或本身的消退而引起提取的困难,这就是人们常说的遗忘。信

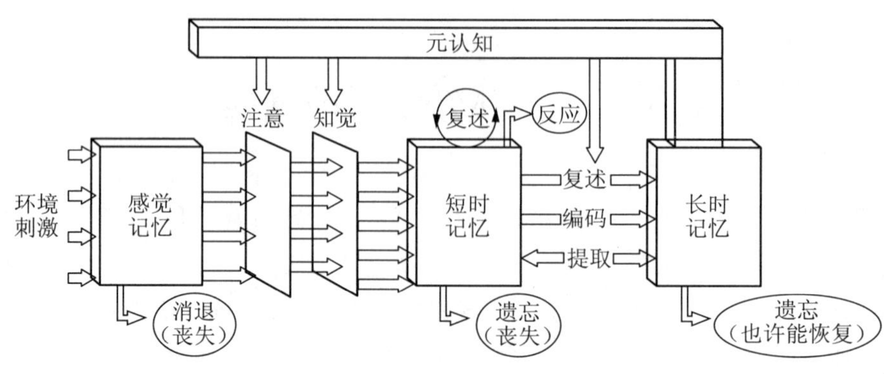

图 6-1　信息心理加工过程

(采自:Gagnè, 1985; Kail & Pellegrino, 1985)

息加工活动总会受到人们如何觉察和理解信息的影响。长时记忆中的过去经验与在已有知识基础上产生的对输入信息包含的意义的期望和解释,总会参与到对实际环境刺激的加工活动之中。

信息加工理论关于知识获得与保持的学习过程的观点,具有坚实的实验结果基础,它对教学过程富有指导意义。下面将详细讨论信息加工理论中短时记忆和长时记忆的基本概念与过程。

二、早期加工

感觉记忆也称感觉登记(sensory register),信息保存时间非常短暂。其功能仅仅是为了有选择地注意和鉴定哪些信息需要在短时记忆中作进一步加工。感觉记忆中的材料是无组织的,基本上是一个事物的知觉复本。未被挑选作进一步加工的材料则非常迅速地从感觉记忆中消退(视觉约 0.5—1.0 秒,听觉约 3.0—4.0 秒),人们通常意识不到感觉记忆中的信息。

感觉记忆迅速消退,实际上是人类信息加工系统的一个适应性特征。如果我们觉察到的每件东西都较长时间地保留在感觉记忆中,则会在视觉系统感受到双重视像,在听觉系统感受到混淆的声像。

感觉登记中的部分信息会被觉察到,并伴随一定的印象和整体解释,这就是知觉(perception)。它是对捕捉到的信息进行的意义加工。从我们认出所读的几个特定字母或听某人说话发出的特定声音,到认出面前的小动物是条小狗,都属于知觉。

知觉具有整体性特征,即知觉过程有把所输入的信息组织起来加以解释的倾向。人们有许多组织信息的原则,如格式塔组织原则(Gestalt laws of organization)。"格式塔"是德文,意指"完形"或"整体"。格式塔组织原则包括封闭、相似、接近、同命运和连续等(如图 6-2 所示)。封闭涉及通过心理填补使刺激成为某个单元,如图 6-2A 中将黑色碎片和白色短线条看成一个白色立方体和一些黑色圆盘。相似原则和接近原则涉及把空间或时间上具有相似特点或接近成分看作一个单元，图 6-2B 和图 6-2C 即表现了这两条原则。同命运原则指有相似运动模式的成分被看作一个单元，它在舞蹈、音乐中是一个非常重要的原则。良好的连续性在视知觉中常指一条线或其他尽管存在交叉但仍被看作连续的信息，如图 6-2E 中的直线被看作穿过曲线而不是转弯变成曲线。在知觉中，不管最终把刺激确定为什么，往往都有运用这些原则的加工。

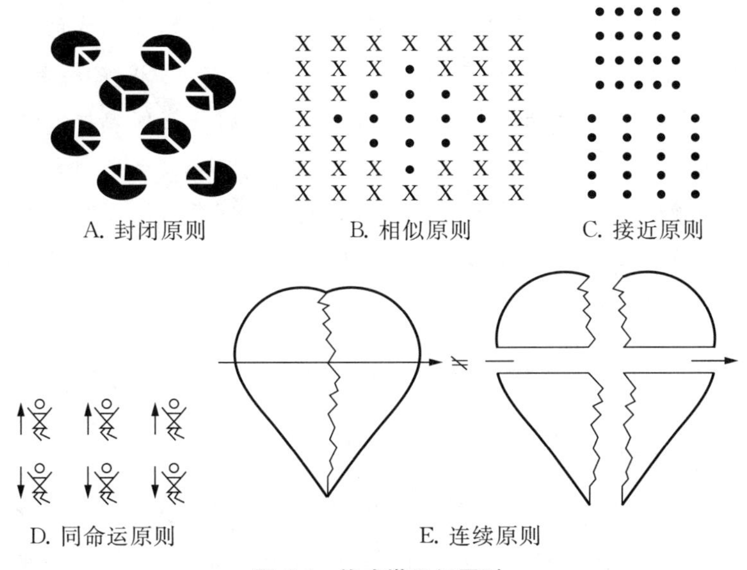

图 6-2　格式塔组织原则

我们赋予刺激的意义在很大程度上取决于我们过去的经验。此外，我们的期待也影响着对事物的解释。例如，我们正期待与某人会面，而事先有人告诉你“他与你很像，很开朗幽默”，或告诉你“这人很小气，不好相处，你只能顺着他”，在这两种情况下会面，你对同一个人的知觉可能会有所不同。知觉在学习中是关键的，它意味着信息不完全以客观真实的形式进入工作记忆，而是以经过我们解释的形式进入工作记忆。如果学生错误解释了作用于感官的刺激，那么保持在他们工作记忆中的信息就是无效的或错误的，最终转换到长时记忆后也将是无效的或错误的。

专栏 6-3

闪光灯记忆

闪光灯记忆(flashbulb memory)是关于特殊的、重要的或令人惊讶的事件的鲜活记忆，它们像真实的快照那样描绘了事件。心理学中关于闪光灯记忆的研究最早是由针对美国约翰·肯尼迪总统和马丁·路德·金的暗杀事件促发的。当被问及这些可怕的事件时，美国和全世界的许多人都发现，他们不仅能清晰回忆起事件，而且能记得他们当时在哪里、和谁在一起、听到这一事件时正在做什么等具体细节。布朗和库利克(Brown & Kulik, 1977)认为，当全国性或世界性的事件发生时，这些事件会像拍照时的闪光灯一样，直接引入人的记忆。其他学者则认为，这些琐碎的细节之所以会被清晰地记住，是因为这些事件被重复说起。

闪光灯记忆并不能保存最初事件的每一个细节。当被问及四十年前听到约翰·肯尼迪总统被刺杀的消息时在做什么时，有人陈述说他清楚地记得自己正坐在十年级几何学的课堂上。虽然能回忆起自己坐在哪里、同学们对这个消息的反应，却怎么也想不起自己那天穿的什么衣服、午饭吃的什么。闪光灯记忆回忆起来的内容也常常是不准确的。有人曾以辛普森谋杀案的判决作为素材研究闪光灯记忆的准确性。在谋杀案判决宣布的3天后，请参与研究的大学生描述自己是如何听到这个消息的。然后，分别在15个月后和32个月后让他们回答同样的问题。结果发现，15个月后再次回答相同的问题时，只有50%的大学生的回忆是非常准确的；32个月后，只有不到三分之一的回忆是准确的。

资料来源：Feldman(2004)

三、短时记忆加工

挑选出来作进一步加工的材料就进入短时记忆。短时记忆中包含的主要是我们正在思考和操作的信息，因此它又叫作工作记忆(working memory)。不过，后来研究逐渐揭示，短时记忆与工作记忆并不完全相同。工作记忆指的是一个容量有限的系统，用来暂时保持和存储信息，是知觉、长时记忆与动作之间的接口，因此是思维过程的一个基础支撑结构(Baddeley, 2003)。工作记忆其实是一种假设：某种形式的信息的暂时存贮对许多认知技能来说是必要的(如理解、学习和推理等都属于需要信息暂时存贮，即工作记忆技能)，它是认知心理学提出的人脑存贮信息的活动方式之一。人作为一种信息加工系统，将接收到的外界信息，经过模式识别加工处理而放入长时记忆。以后，人在进行认知活动时，需要长时记忆中的信息处于这种活动的状态，就叫工作记忆。它被认为与通常所说的意识觉察有关，即进入工作记忆中的信息就是人们自身意识中的内容。工作记忆中还存在元水平的加工，即对环境、任务、问题等输入信息加工的计划、调节和评定。这种记忆易被抹去并随时更换。海马损伤后，这种记忆会发生困难。

心理学专业之外的人士在讨论这些记忆时，还是习惯用短时记忆来表达。短时记忆是我们当前能意识到的信息，它们有的是从长时记忆中激活的信息，有的是通过知觉的感官和感觉登记进入的新的刺激信息。短时记忆中的材料并不长时间处于激活状态，除非它不断以某种方式被运用。正是因为这种保持短暂的特点，我们把它叫作短时记忆。

短时记忆的一个最重要特点是它的容量有限，它是限制信息加工能力的因素，所以我们把它看作认知系统的瓶颈。我们的思维活动、问题解决和学习等都依赖于在储存、加工和转移信息时能否使它们有效地进出工作记忆。短时记忆的容量为7±2个单元或组块。例如，当你听到别人读一张数字表时，只能立即正确倒着重复7±2个数字。单位不同，其包含的信息量差异很大，可以是7个数字、7幅画，甚至是7个单词。通过组块化(chunking)加工的单位即组块(chunk)，它可以包含相当多的信息。组块化就是把识记材料的几个小单位组成一个较大单位的过程。例如，可以把兔子、帽子和自行车三个单位想象成一个“戴着帽子的兔子骑着自行车向你招手”的较大单位，这个较大的单位就是组块。

短时记忆的另一个重要特点是快速消退。假如信息不被继续注意或者不以某种方式接受加工，它在短时记忆中保持15—30秒后便会消退。这种快速消退的特性实际上有很大的适应性，使大脑不被已经思考过、加工过的信息充塞。

1. 复述

复述是短时记忆中一种重要的加工，使信息在记忆中短暂地循环激活。复述分维持性复述(maintenance rehearsal)和精制性复述(elaborative rehearsal)。维持性复述只是使信息能较长时间地保持在短时记忆内，往往发生在不要求以后提取的情境中(Coon, & Mitterer, 2014)。例如，你查完电话号码后对自己作复述以便拨号时不忘掉，但并不是要把它编码到长时记忆中去。精制性复述不单是重复要记住的信息，而且要把它同已经在长时记忆中的其他概念建立联系，是在概念之间形成联系的加工。例如，通过与已学过的概念建立联系(如母亲、美丽、地大物博、富饶、边疆、解放军等)来学习“祖国”这个概念。精制性复述在为了考试而学习课堂内容时非常有用，它有助于较稳固地记忆所学习的内容。

2. 编码

信息加工过程中最关键的加工是编码。听觉编码(acoustic code)则是短时记忆中表征信息的一种非常重要的形式。研究表明，即使是视觉呈现，C和T在短时记忆中也比C和O更容易混淆。短时记忆中也存在视觉编码(visual code)和语义编码(semantic code)。例如，在短时记忆自由回忆测验中，人们会按语义将同一类别的词放在一起回忆。

3. 遗忘

对短时记忆的遗忘，一方面可以从记忆痕迹随着时间减弱导致遗忘来解释，另一方面可以运用干扰(interference)的概念来解释。例如，由于相似的其他材料通过置换或歪曲等方式造成记忆材料遗忘。干扰可以是倒摄抑制(retroactive inhibition)，即新学的材料对回忆先前学习的材料的干扰作用。例如，晚会上最先介绍给你认识的是张三然后是李四，因为倒摄抑制你可能喊张三为李四。如果相反，你喊李四为张三就是前摄抑制(proactive inhibition)，因为这是先前学习的材料对回忆后学习的材料的干扰作用。消退和干扰这两种解释都有一定的合理性。

四、长时记忆加工

1. 信息的编码

信息从工作记忆转到长时记忆时,必须经过在学习材料的关键特征与长时记忆中已经存在的信息之间建立联系的编码加工。这种将新信息附加到旧有信息上的编码加工是学习活动的关键成分,也正是背景知识重要的原因。

长时记忆两种普遍的编码形式是表象和语言。表象(image)指在人脑中与实际事物外表性质类似的表征。例如,有两只钟,它们的指针分别指向 4:25 和 9:10 这两个时间,请问哪一只钟面上时针与分针的夹角更大?回答这个问题时你可能会想象两个那样的钟面,并利用这些视觉表象来比较这两个夹角。表象可以出现在所有感觉通道中,如"想一下贝多芬第五交响乐最前面几个音符是什么"时的心理反应就是听觉表象。当想象"闻到炉子上煮红烧肉的味道"时便出现嗅觉表象。表象结构具有高度的可塑性。我们头脑中储存的心理表象要比毕加索、张大千曾经创作的图画丰富得多。在人们的创造发明活动中,表象起了非常重要的作用。例如,"他扔鱼雷似的向负责人提出了问题"。语言表征、信息记载等表达方式可以不同于事物本身,甚至可以完全是抽象的和任意的。一般来说,词与它表征的事物之间的关系是约定俗成的"任意联系"。例如,"狗"在不同语言中具有不同的名称。正因为语言与其指代的事物有任意联系的特性,因此它才成为表达思想的工具。我们可以对任何事物给出一个名称,它包括真理、美、正义、所有制等抽象的概念。表象与语言编码之间的划分不是绝对的,两者互相联系、互相影响。上面提到的对语言的理解也往往包含表象的运用。

长时记忆储存的知识分为"知道什么"和"知道如何"两大类。前者称为陈述性知识,后者称为程序性知识。陈述性知识包括词的知识和所知道的事实的知识。例如,"油比水轻"。这种知识可以用语言交流。程序性知识是指如何进行有先后顺序活动的知识,包括动作技能和认知技能两部分。这种知识一般不容易用语言表述清楚,是通过练习获得的。陈述性知识是学校知识教学的主体,而程序性知识则是学校技能教学的主要目标。此外,长时记忆还包括元认知知识和技能,后面将详细介绍它。

2. 信息的提取

第一,有效编码是信息提取的前提。任何信息都必须通过编码加工才能进入长时记忆。编码是建构记忆表征的过程,即建立起一个能代表我们正在考虑的信息的表征。这种建构可以有意识地、精细地进行,也可以无意识地、偶然地进行。当我们要提取信息时,就要重建这个记忆表征。例如,在某种场合偶然碰到某个人或某件事时,并没有想到要对他或它形成一个评价,后来出于某种原因需要考虑那个信息,此时,就会从长时记忆中提取有关信息,重新建构那个最初的输入。在重建过程中,最初建构的记忆表征保持得越完整,重建的表征也就越真实。因此,有效编码是信息提取的前提。教师的一个重要任务是要帮助学生建构起一个好的记忆表征,使信息对学生具有意义。教师通常运用活动、组织、精致加工和记忆术等方法帮助学生编码信息，使它们进入长时记忆。

学习者在学习过程中应该是一个积极参与者，从信息加工观点看，这是学习的核心。学习时，教师应尽可能帮助学生进入积极参与活动的状态，因为教学中的信息最终要学生自己来编码。

组织是指按类别或模式将信息组织起来。组织起来的信息有内在联系，为信息赋予了意义，有助于编码。有经验的教师常采用将新内容组织起来并指导学生理解这个组织结构的方法，帮助学生编码信息。例如，一位小学教师，通过让学生找圆、圆柱和圆锥各有关知识的内在联系，建立他们已学过知识的网络结构。学生只要利用已经形成的这种知识的网络结构，就可以推测其需要应用的公式。常用的组织方式如下：(1)图表和矩阵。在将大量的、其他方法无法建构的信息组织起来时特别有用，如门捷列夫元素周期表等。(2)等级组织。可以按年月顺序、因果关系、部分与整体等为线索，图解、简图、表格、概要等形式把信息组织起来。

精致加工是增加信息之间联系数量的加工，通过与已有知识形成的联系或者通过增加新的知识来实现。它是课堂中运用最广泛的编码策略之一。例如，在人群众多的场合，对方的谈话常常会有些字没听清楚，我们就要通过推理加工将其内容补上，从而使信息有意义。阅读或听课也一样存在重新构造的加工，有时甚至还会歪曲信息使之与我们期待的相匹配。精致加工能提升学习效果，其原因在于通过这种加工可使所有信息，包括旧的、新的，都变得互有逻辑上的联系，任何一点都可以用来作为提取信息的起点。古今中外各种记忆技巧，究其实质都是对记忆材料的精致加工。

记忆术(mnemonics)是通过形成内容中实际上不存在的联系来帮助编码的策略。它也是精致加工的一种形式。记忆术主要有两类，第一类是运用想象，第二类是运用文字符号。常用的记忆术有以下几种。(1)轨迹法，指按空间或时间顺序来编码信息和提取信息。(2)关键字法，指运用表象联想编码信息和提取信息。例如，记忆英语单词时利用英语单词的谐音联想："light"[lait]意为日光、阳光——"癞头"上反射日光或阳光。谐音引起的表象联想不仅可以用来记忆外文单词，而且可以用来记忆不熟悉的医学、生物、化学等学科难记的术语，以及厂名、地名、人名等。(3)主观组织法，指个人主观上将若干彼此毫无关系的事物或信息组织起来的编码方法。例如，在学习"桌子、电灯、烟灰缸、青蛙……"构成的词表时，有的实验参与者将其编成这样的故事："厨房里有张桌子，桌子上放着电灯，还有烟灰缸，青蛙在它们之间跳来跳去……"这就是主观组织法的运用。

第二，信息提取依赖编码与提取前后变量的一致性。许多研究发现，回忆的概率依赖学习编码时的情境与测验提取时背景条件的一致性。在与学习相同的背景中回忆显得更容易些。情境、声音、气味、温度和教师的姿态等物理条件的前后一致性，都可能以某种方式与记忆材料形成联系从而起到促进提取的作用。甚至相同的心理状态下，学习的信息的提取也更容易。

第三,遗忘。编码无效或者信息提取失败必然导致遗忘(forgetting)。遗忘的一个重要原因是,一开始学习材料没有得到恰当的编码,即我们在短时记忆中运用材料时,没有用积极的、精致加工的策略把它转入长时记忆中去。遗忘的另一个原因是,在长时记忆中寻找不到有关的材料。选择一个合适的提取信息的线索是提取过程的关键。不同的人有效提取信息的线索有所不同。

某些恐怖事件由于具有会激起人焦虑的性质,常常被人们潜意识地排除在意识之外,即通过建立阻止它成为意识的防卫屏障使我们不能提取这些信息。在治疗中,特别是在传统精神分析治疗中,心理医生着力打破这个屏障,使患者被压抑在记忆中的事件得以回忆出来。

在长时记忆中同样存在记忆信息的衰退与干扰问题。与短时记忆一样,存在干扰造成遗忘的证据。

3. 信息的理解

知识的获得与保持,长时记忆中记忆表征的构建,都有赖于对学习材料的理解。学生学习中的一切理解活动都是在言语中进行的,对语言材料的理解不仅是要了解词语所标记的事物,而且要以每个人自身独特的生活经历、知识结构去把握和解释。理解是一个需要个体创造性的加工活动。音位、语义、句法和实用水平等言语材料本身的特点均可指导理解;运用期望基础上形成的假设或者先前的知识和背景线索,可以预测讲话者说什么。对陈述性知识理解起主要作用的因素是主题、先前的知识、观点和图式。

第一,主题。若干个句子只要与某个主题有关,理解时这些句子就被整合成一个记忆表征,可以用这个记忆表征来代表这个主题,而这些句子的表层结构(精确的字词)通常就被遗忘了。学习材料总的主题是影响学习者对材料理解的最重要的因素之一,它使学习者形成文章是关于什么的期望,从而对理解该材料起指导作用。例如,要理解或记住这句话会有困难:"干草堆是非常重要的,因为布撕裂掉了。"如果知道这是摘自以"跳伞兵跳伞"为主题的文章,就既好理解也好记忆了。

第二,先前的知识和观点。对某些东西的理解取决于对话题领域具有的知识如何。例如,在学完一篇介绍橄榄球的文章后,熟知橄榄球比赛规则的人就比不了解的人记得更多内容。因为前者能更好地把新信息与储存着的有关比赛的目标、结构等信息整合起来。许多学生之所以理解、记忆或阅读有困难,是因为其记忆中与要理解和记忆有关的知识结构十分贫乏。

第三,图式。理解者与输入信息的材料这两个独立系统之间的相互作用还可以通过图式在加工中的运用表现出来。图式(schema)是一种知识表征的结构,指人们头脑中关于一个事件、情境或物体被组织起来的单位(黄希庭,1997)。在言语材料的记忆中,图式可对获得的材料进行重建或改造。

图式的种类很多,它可以是关于特定主题领域一般知识的图式,如"三角形"是什么样子,“教师”是什么样的职业,“篮球赛”有什么比赛规则;也可以是一个非常特定的事物的图式,如字母“A”是什么样子,“惊险故事”是什么风格的文学作品;它还可以是围绕一个动机组织起来的图式,如对“教师”这个角色来说,“压倒一切的目的或目标”是什么;还可以是关于特定行为的图式,如“乘高铁”有哪些步骤,“使用柜员机”有哪些程序。我们记忆中最丰富也最复杂的是自我图式,它是关于自己的个性、价值、动机、常用的策略等的认识和记忆。

图式在人类认知学习的信息加工过程中具有重要作用。具有丰富图式的人,学习材料时能选择合适的图式加以利用,进而促进理解和记忆的内容就多。上面关于橄榄球的例子就表明了这一点。由于图式预示了不同信息的相对重要性,导致我们提取信息时还原成要点,细节则被丢弃;编码时图式可以帮助人们精致加工,指导人们对学习材料进行抽象推理,作出超出所给信息范围的解释说明。例如,读到“发生车祸”四个字时,人们就会填补如破碎的车子、鲜血、受伤的人、警察、救护车等许多信息。通过图式,还可以把信息整合起来加以表征,如我们把桌、椅、人、房间等子图式综合起来纳入“上课”的图式之中。总之,图式从选择、抽象概括、解释说明到整合综合,都参与人们对信息的编码和提取的活动,从而影响人们对信息的理解。

意义的理解不完全取决于输入材料的性质,而是理解者与输入材料之间相互作用的结果。最初是声音(听)或字母(阅读)被学习者知觉和再认,然后构成词,再运用头脑中知识结构内的信息和词法、句法结构的知识解码(decoding)成语义。在建构一系列词的完整意思时,学习者又从记忆中提取有关的知识、图式,在此基础上抽象推理,并参考周围的讲话或课文来考虑其实际可能的含义。总之,构成意义的理解是通过对几种信息(语音的、词汇的、句法的、实际运用的)进行一系列加工来实现的。

第三节 认知学习的类型

人类的学习,内容庞大,领域众多,方式各异。本章限定讨论的范围主要是学生在学校的科学文化知识的学习。学校学习是人类学习中的一种特殊形式,其目的是在比较短的时间内接受前人积累的丰富科学文化知识和经验。学校传授知识的教学活动要确保所输入的信息最大限度地与学生已有的知识结构相适合,最终使学生在已有知识结构中实现外界信息意义的获得和重建。学生在学校的认知学习,包括教师如何发出信息和学生如何接收信息两个方面。教学形式起主导作用。它决定学生的学习方式,也决定学习过程的特征。学校中常见的学生认知学习方式有发现学习和接受学习。

一、发现学习

布鲁纳是世界著名的心理学家、教育家,主要从事认知与发展心理学研究。他吸取了德国格式塔心理学的理论和皮亚杰发展心理学的学说,在批判继承杜威教育思想的基础上,加上自己长期的研究,逐渐形成发现学习的模式和理论(Bruner, 1960)。

发现学习(discovery learning)是指学生在学习情境中通过自己的探索、调查从而获得问题答案和形成新的观念的一种学习方式。这里的发现包括让学生独立思考、改组材料、自行探索新知识、发现事物的意义、掌握原理和原则。教师的任务不再是讲解和灌输现成的知识,而是要注重设置问题情境,帮助学生提高学习的积极性。教师可以为学生提供有效材料,不断让学生比较和推测不同材料之间的差异与原因,鼓励学生为测试他们的假设作进一步验证,得出必要的结论,从而达到对客观规律或知识的掌握。

发现学习既是教的方法,又是学的方法。格拉泽主张,应把"靠发现而学习"(learning by discovery)与"以发现为目标的学习"(learning to discovery)区分开来,前者是指通过发现过程进行学习的方法,后者则是把学习发现的方法本身作为学习的目标(黄希庭,1997)。因此,发现学习是以培养探究性思维方法为目标,利用基本教材使学生通过一定的发现步骤进行学习的一种方式,其主要特点表现为学习的主要内容必须由学生自己去发现。

很明显,发现学习具有多种优点:(1)发现学习有助于提高智慧。发现本身意味着对已知观念的改组,使那些观念与学习者面临的新知识更好地联系起来,因此发现学习有利于学习者直觉思维、批判性思维、创造性思维的发展。(2)发现学习有利于激发学习者的好奇心和探索未知事物的兴趣。在发现学习中,学习者将发现作为自我奖赏,从而使外在动因转化为内在动因,提高学习积极性。(3)通过练习解决问题和发现知识,有助于学会发现的探索技巧与方法,有助于学习者解决今后实际生活中的问题。(4)发现学习有助于学生提高记忆能力。人类记忆的关键在于有效探索,发现学习主动改组知识结构,因而也提高了有效检索信息的能力。

确保发现学习能顺利进行的前提:一是学习材料的结构本身具有逻辑意义;二是学习内容在学习者学习能力范围之内,即学习者自身的知识结构中应具有相关的适当的观念,这些观念提供与新知识相联系的可能性;三是学习者具有积极主动地联系新旧知识的倾向性,这是认知学习的重要保证。为了更好地运用发现学习,教师应事先根据学生已有的知识经验对教材作适当组织,使学习难易适中,并在学习前清楚地阐明学习情境和教材性质,拟定明确的目标。学习中,教师可以采用质疑的方式向学生提出问题,而不是向学生指示该学什么,问题的答案是什么,避免介入或作批评,以免阻碍学生的进一步思考,同时鼓励学生间相互质疑,相互补充。教学进程应依学生的反应而发展,不事先决定"逻辑结构"。教学结束时,教师应简明地作总结,让学生了解学习目标已经达到,问题已经澄清。

发现学习是极为生动活泼的学习。它有利于学生学会发现的技巧和学习能力的迁移。但发现学习受学习材料、学习者发现水平以及教师教学技巧和心理品质的制约。如果忽略这些,无限制地一味推广,未必都能取得好的学习效果。

二、接受学习

接受学习(reception learning)是与发现学习相对的一种学习方式,即学习者将以现成的定论的形式呈现给自己的学习材料与其已形成的认知结构联系起来,实现对材料的掌握的学习方式。接受学习不依靠学习者的独立发现。美国教育心理学家奥苏贝尔是倡导这种学习方式的代表。

接受学习是学习者在教师指导下接受事物意义的学习。在接受学习中,学生接受或者说采纳教师提出的观念,而不是自己揭示、发现观念。接受学习表现为一种言语学习,如学习一首古诗或一条几何公理。学习者接受知识的心理过程是,首先在知识结构中找到与新知识有关的观念(概念或命题),然后找到新知识与起固定点作用的观念之间的相同点,最后区分出新旧知识的不同点,在积极的思维活动中使新旧学习内容有机结合起来,通过内化融会贯通,使知识不断系统化,形成一个更进一步分化的知识结构。教师通常呈现关键信息和以前学过的有关知识,在为学习者提供一个框架后,用许多例子和问题来指导和评估学生对材料的理解与掌握程度,同时提供必要的纠正和说明。这种教学的关键在于教师把新内容放到一个有意义的背景中进行介绍和评论。它是课堂学习的主要形式。

接受学习常被认为是鹦鹉学舌式的机械学习。奥苏贝尔用有意义学习理论加以科学分析,指出不能将接受学习与机械学习画等号,它也还是一种有意义学习。接受学习是机械的还是有意义的,取决于学习发生的条件(皮连生,2012)。有意义学习需具备两个条件:(1)学生要具备有意义学习的心向,即把新知识与认知结构中原有的适当观念联系起来的意向;(2)学习材料对学生具有潜在意义,即学习材料具有逻辑意义,与学生认知结构中的有关观念存在内在联系。这两个条件缺一不可,否则就会导致机械学习。这就是说,不管学习的材料内容有多大的潜在意义,如果学生的心向是要逐字逐句死记硬背,学习就可能是机械的;不管学生有怎样的有意义学习心向,如果学习的材料内容纯属随机的联想,学习也不可能是有意义的。倘若符合上面提到的条件,教师能将有潜在意义的学习材料同学生已有的认知结构联系起来,学生也能采取相应的有意义学习的心向进行学习,那么这里发生的学习就是有意义学习。奥苏贝尔的接受学习故特称为有意义接受学习(meaningful reception learning)。

接受学习具有多种优点:(1)通过教师的传授,学生可以在短时间内掌握大量系统的间接知识。它是学习者掌握人类文化遗产和先进科学技术知识的主要途径。(2)学习获得的知识是系统的、完整的、精确的,因而便于在记忆中储存和巩固。(3)学习者在新知识与旧有知识结构中的适当观念之间建立联系,有助于学生抽象理解能力的发展。(4)接受学习强调学习新知识时学生内在的知识结构对吸收新知识的重要性,认为影响学习的最重要因素是学生已经知道了什么。教学的最高原则是依据学生的已有知识状况开展,只有这样,才能使学生形成学习的主动性。为了更好地组织接受学习,教师应详细规划教材,使教材成为有系统有组织的知识,然后条理分明、言语清晰地为学生讲解;可以采用举例和类比等方式使学生了解新旧知识的异同,最后将分化后的知识再前后连接起来成为一个有组织的知识体系。

在课堂中,发现学习与接受学习的主要性质和基本过程很不相同,它们在智力发展和认知功能中的主要作用也不一样。事实上,大量材料是通过接受学习获得的,而各种问题是通过发现学习解决的。两者相互作用,通过接受学习获得的知识可以用来解决问题,而发现学习也有扩大知识面和检验知识理解程度的作用。因此,应根据不同的学习者和教学目标合理选择这两种学习形式,或者将两种学习形式有机结合,灵活运用。

专栏 6-4

发现与接受两种教学法相结合

在教学生求平行四边形面积时,教师通常借助图 A 着手进行这个定理的证明:平行四边形的面积等于底乘高,因为两个三角形如果各条边和各个角是相等的,那么两三角形全等。每进行一步,教师都根据已经学过的定理、公式和公理,阐明相等和全等的概念,最后得到结论:平行四边形的面积等于底乘高,命题得到证明。然后教师举出很多例子,即一些不同大小、不同边、不同角度的平行四边形,要求学生求出它们的面积,结果每个问题都得到正确解决。下课前,教师又布置了十几个类似的问题作为家庭作业。但这样的教法没有引导学生去积极思考,让学生主动应用已掌握的知识进行探索。学生只学会了逐字逐句重复教师所说的话,或者只能进行一些简单的灵活运用。学习内容的要点未必得到掌握。例如,给出图 B,要他们证明其面积等于底乘高,他们就不知所措了。

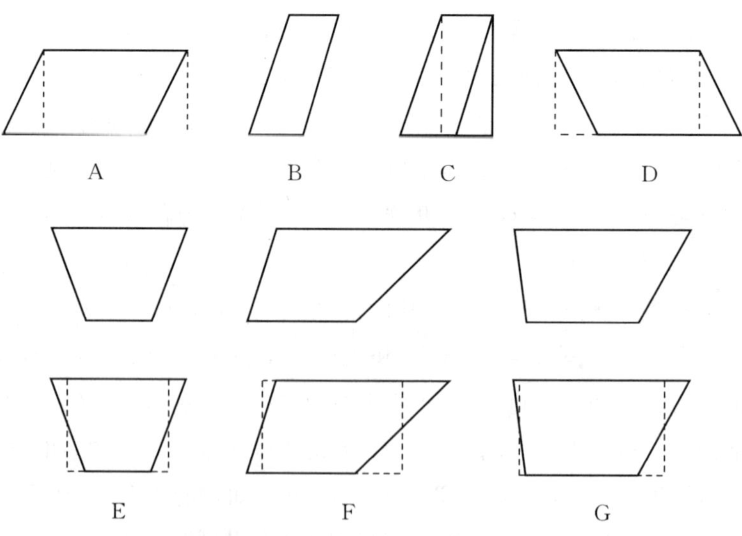

图 6-3 求平行四边形与梯形面积

(采自:韦特海默,1987)

> 如果教师运用发现与接受相结合的方法进行教学：给学生演示如何分析问题，将长方形与平行四边形作比较，帮助学生添加辅助线，然后引导学生自己推导求证平行四边形的面积，以后学生在求梯形 E、F、G 中任何一个图形的面积时，只要经过一番思索，或者有时给他们一点帮助，学生就能得出有关这些图的精彩的答案。
>
> 资料来源：黄希庭(1997)

第四节　认知学习的监控

学生在学校的学习是一个系统有计划的知识获取与重建的过程，会受到众多主客观因素的影响和制约。相关的研究和经验证明，将学习纳入有效的自我监控是取得高绩效学习的重要策略。

一、元认知的基本概念

认知加工活动不是简单的输入输出。随着知识经验的积累和完善，个体逐渐了解它们并学会控制它们。例如，上课时通过做课堂笔记使自己的思想不开小差，既是对自己的注意的体验，也是注意的控制，这都是元认知的表现。元认知(metacognition)是对认知的认知，即认知主体对自己的认知加工的认知和控制(张庆林，1997)。通常，人们的认知活动都有元认知的参与，只不过参与的程度和有效性因人而异。个体的元认知从学前期开始产生，经中学、大学直至以后，都一直在发展。元认知的基本结构由元认知知识、元认知体验和元认知调控三部分组成。

1. 元认知知识

元认知知识，是指了解自己的认识活动、过程、结果以及与之有关的知识。例如，了解思维以及内部的心理过程与外部的行动、事件之间的不同，人们可能会说谎、伪装或通过猜测来对付测验。又如，了解人类的认知过程具有差异性，个体的记忆和遗忘、视觉表象形成、做梦、推理、联想和猜测等心理过程是不同的。

2. 元认知体验

元认知体验是对学习过程和结果的认知，以及由此产生的内心体验，包含认识和情绪情感两方面因素。例如，在听课的过程中，意识到自己的思想开小差，或者体验到教师所讲的内容很难或很容易等；在思考的过程中，觉得自己的思路很清晰或很混乱；对自己得到的问题答案不太放心，觉得哪些环节好像不对，等等。

3. 元认知调控

元认知调控，是指基于元认知的体验，对学习的过程进行调控，或对认知的结果进行重新审视和纠正。例如,上课记笔记,阅读时画重点以阻止分心。元认知调控起着计划、调节和评价认知过程、选择有效认知策略、控制和执行认知活动等作用。

二、元学习的概念与结构

莫雷(1996)认为,个体的学习从性质来看可以分为两类或两个层次,第一类型的学习是指个体获得知识、技能和经验的学习,而第二类型的学习则是指个体获得学习机制的学习。后者涉及的是个体如何获得其赖以进行学习的机能的问题,它较之第一类型的学习更具本源性。我们把第一类型的学习称为一般学习,即我们通常所说的“学习”,而把第二类型的学习称为元学习。毫无疑问,元学习的概念是在元认知的研究框架下提出的。

1. 元学习的概念

元认知体现在学习中便构成元学习的概念。这一概念虽然提出的时间不长,但早在2000多年前,我国古代思想家、教育家孔子就指出“学而不思则罔,思而不学则殆”,“博学之,审问之,慎思之,明辨之,时习之,笃行之”(《论语》),强调在学习过程中要经常进行反思,进行自我监控和调整。王夫之发展了孔子的思想,认为“学非有碍于思,而学愈博则思愈远,思有助于学,而思之困则学之勤”,即认为学习促进思考,思考有助于学习,通过学与思的辩证关系说明元学习的重要性。我国最早的一部教育专著《学记》中也指出“学然后知不足,教然后知困,知不足然后能自反也,知困然后能自强也”,意即经过学习活动才能发现自己知识水平不够,通过教学过程中的调节与反馈才能发现自己教学质量不高,知道不足就能督促自己加紧学习。《学记》充分注意到自强、自反等的作用,而这实际上就是元学习、元认知在教育过程中的作用。

西方也有古希腊哲学家亚里士多德的有关论述。20世纪初,瑞士认知发展心理学家皮亚杰、美国教育家杜威、美国教育心理学家桑代克等学者都从不同角度论述和研究了智力活动中的自我监控与调节问题。他们都强调并说明了自我意识过程、积极监控行为以及批判评价能力在智力活动、学习活动中的重要性。

元学习(metalearning)是指个体对学习活动的监控,包括目标设置、活动前的认知准备和控制循环(即执行行为、监督行为、判断和自我评价)。个体对学习活动的自我监控包括目标选择、目标认知、方向维持、方向改变和目标终结。泰勒(Taylor, 1984)认为,元学习就是指学生和自己订立了“个人学习契约”:我想要达到什么目的,为了达到这个目的我应该做些什么,如果我做不到这些,我就违反了自己的协议,我就会失败。最简单的契约至少应包括意愿和技巧两个方面:(1)我想达到什么目的?我的动机是什么?(2)为了达到这个目的,我该怎样前进?应采取什么策略?齐默尔曼(Zimmerman, 1997)则认为元学习由对动机、方法、结果、情境等方面的自我调控构成。他认为,要理解人类的学习必须回答以下问题:为什么要学习?怎样进行学习?与谁学习学习的结果如何?何时与在哪里学习?这便构成元学习的所谓“WHWWW”结构(字母分别指“why、how、who、what、 where”的第一个字母)。元学习理论由比格斯和穆斯(Biggs & Moose, 1993)正式提出,他们认为人能够确立自己的学习目标,能够意识到不同的学习方式方法会产生不同的学习效果;人能够意识到自己当前的学习方式方法,能监视自己的心理活动;人能够从自己的学习方式方法产生的后果中获取反馈信息,进一步评价自己的学习;人还能够根据是否有助于达成学习目标来调节自己采用的学习方式方法,以便更好地达到学习目标。人也有预见性,能够预料事物发展的进程和后果,所以人既能事先拟定学习计划,也能在执行计划的过程中根据反馈信息适当调整自己的计划。

2. 元学习的结构

最为系统的元认知监控模型是由纳尔逊提出的(Leonesio & Nelson, 1990)。他认为,学习和记忆过程中的元认知包含两个成分:(1)监视成分,如学习容易度判断和知道感判断;(2)控制成分,如学习时间的分配。这两种成分是相互作用的。这一模型的不足是,虽然涉及动机因素对学习的影响,但范围仅限定在对学习时间分配的影响,而且只论述了动机因素对学习时间总量的影响,并未考虑动机因素对项目之间时间分配的影响。其实,动机因素会影响项目之间的时间分配,例如,一个缺乏动机的人不愿意在困难的项目上多花时间。越是困难的项目,有些人花时间越少,因为他们对这样的项目感到厌烦。

具体的学习监控过程主要涉及四个方面的内容:(1)动机维度,自我调节学习的一个显著特点就是这种调节是自我发动的,出于一种内在的动机。因此,个人的目标、自我效能感、价值观、归因都会影响个体的自我调节,共同构成自我调节的动机维度。(2)方法维度,它体现了自我调节的计划性特点。这一维度主要指学习方法选择,即针对不同的情况选择合适的学习策略,同时也涉及对学习时间的计划和管理,以及对自身情绪的调控。(3)内容维度,主要指个体对学习结果的自我意识。这一维度包括自我监测(self-monitoring)、自我判断、行为控制、意志力等等。在学习过程中主要体现为对学习进程的调节和学习的坚持性、自愿性。(4)环境维度,指个体对自己所处的物质的和社会的环境条件的选择和建构。例如,对所用学习媒介的选择,对所处环境的安排,寻求他人的帮助。

三、元学习监控能力的培养

通过对熟练阅读者与低劣阅读者的比较,常常可以发现,低劣阅读者在活动中往往缺乏使用监控的学习策略。一项研究(Myers, 1991)比较了四年级学生中熟练阅读者与低劣阅读者的理解和记忆技能。主试用自发监控、直接强调和观察学习行为三种手段测量学生对那些既繁难又不规则的信息的监控能力。自发监控用学生朗读时自发产生的犹豫、重复或改正的词和词组的百分比为指标;直接强调用学生画出的不懂的词和词组的百分比为指标;观察学习行为则通过口头提问和自由回忆来测试学生的理解程度。三项测试的指标都表明,低劣阅读者在运用监控的手段上不如熟练阅读者,他们明显地表现出缺乏对监控作用的理解和使用。这一差异与事后的口头提问和研究参与者本人的回顾也相一致。学习成绩不良儿童明显地表现出学习监控能力上的缺失。

在我国现行的学校教学活动中,传统的教学方法使学生很少有自己确定学习目标、分析学习任务的机会。学习任务通常都是教师指定的,学生的主要目标只是去完成它,并不去思考完成这一任务是为了达到什么目的。例如,在完成教师布置的作业时,很少有学生意识到完成不同的作业是为了达到不同的教学目标。多数学生并不把自己看作一个主动求学的学习者、认知学习活动的主体,而是把自己看作一个被教师管束的帮教师完成任务的“雇工”。这就是对自己认知活动缺乏监控意识的表现。

如何训练学生的学习监控能力呢? 可以采用以下一些方法:

- 建立每个学习单元的学习目标(“教师今天布置的作业是为了达到什么目的?”);
- 树立主动使用学习策略的意识(“为了达到目标,我该怎样前进?”“为了达到目标,我该采取什么策略?”);
- 明确学习策略的运用条件(“什么时候运用这个策略?”“为什么必须运用这个策略?”“这个策略用在这儿有效吗?”);
- 检验学习目标的实现程度(“我是否已经达到了预定目标?”);
- 检验并修改实现目标的策略(“我为什么错了?”“是知识或思维方法的哪一个环节未达标?”);
- 辨别作业问题和限定条件(“我要做的是什么?”“已知条件足以确定未知量吗?”);
- 反应中集中注意和必要时自我询问(“现在,停下来,仔细重复一遍指导语!”);
- 确立标准与自我评估的自我强化(“好,我干得不错!”);
- 复制(“教师上课时也是这样分析的!”);
- 回顾与反思(“我能检验结果的正确性吗?”“我能检验推理过程吗?”“我能将这个结果或方法运用于其他问题吗?”);
- 积极建构知识的“有意义学习”(“整理一下今天所学知识的脉络,与哪些已学的知识有关? 还需要补充哪些习题?”)。

元学习能力的训练,通常在教师或实验者的指导下以模仿的方式进行(先是大声复述,最后达到不出声复述);也可以通过教师先示范,然后学生观察、讨论、互相交流的方式进行;还可以在操作前由教师提出问题,以此带动随后活动的方式进行。研究表明,元学习训练对提高学生的学习能力具有显著效果。

本章小结

认知学习在本章主要指知识学习,也就是通过对事物或信息的感知、注意、记忆、思维和想象建立起来的知识结构。学校中的认知学习主要通过课程教学完成,包括接受学习和发现学习两种主要形式。在学习中，外部刺激作用于人的感觉器官，通过一定的选择和加工，以神经能传递的方式被输送到脑的相关结构，与大脑皮层储存的信息发生相互作用，形成知识并被储存。这一过程包括早期加工、短期记忆加工和长时记忆加工。发生这一系列过程需要多方面的心理基础，特别是注意，它是信息加工中最重要的心理基础。注意是心理活动对一定对象的指向和集中，具有选择、保持、调节和监督功能。教学中可以利用有意注意、无意注意和有意后注意的规律，提高教学效果。但是，学生在认知学习中不是被动的，而是要在元学习能力调控下，以内在图式整合外部输入信息，建构新的认知图式，不断发展认知结构。总之，学生的认知学习是主体不断接纳新信息并进行内在的自我重构的过程。

推荐阅读

1. 约翰·安德森.(2012).*认知心理学及其启示*.秦裕林，等译.北京：人民邮电出版社.
2. 丹尼尔·夏克特.(2015).*心理学*.傅小兰，等译.上海：华东师范大学出版社.

复习思考题

1. 解释下列概念：

认知学习　发现学习　接受学习　陈述性知识

程序性知识　感觉记忆　工作记忆　注意　有意注意

无意注意　有意后注意　知觉　短时记忆　长时记忆

表象　前摄抑制　倒摄抑制　元认知　元学习

2. 注意的基本功能有哪些？
3. 注意在认知学习过程中起什么作用？教师应如何运用注意的规律来组织教学活动？
4. 短时记忆有哪些特征和重要加工？
5. 教学活动中应采取哪些策略来保证信息的有效提取？
6. 为什么说信息的理解是理解者与输入材料之间相互作用的结果？
7. 阐述认知学习过程中的注意、知觉、短时记忆与长时记忆之间的关系。
8. 为什么强调教师传授知识应最大限度地与学生已有的知识结构相适应？
9. 试论述接受学习与发现学习的区别和联系。
10. 试论述元认知与元学习的区别和联系。
11. 学生在自己的学习活动中应如何积极发挥主动性？

第七章

问题解决与创造性思维

认知学习是人们通过与环境的互动，不断获取生活经验和科学文化知识，发展自身认知结构的过程，其目的是提高人在适应环境、解决工作和生活中的问题，以及开展创新创造活动等方面的能力。因此，本章着重讨论人们运用知识解决问题的心理过程和影响因素，包括在解决问题过程中表现出来的创造性品质等方面的内容，具体包括：

1. 问题与问题解决的概念；
2. 问题解决的策略与影响因素；
3. 创造性思维；
4. 中小学生创造性思维的培养。

第一节　问题与问题解决的概念

人们在日常生活、学习和工作中，经常会遇到各种困难，或者实现某种目标受阻，这时就遇到这里所说的问题(problem)。例如，上涨的河水阻断了前进的道路，出现过河问题；上下班高峰，车多缓行，出现交通拥堵问题；教师给学生出了一道较为复杂的数学应用题，学生无法利用回忆直接提取题目答案，出现数学问题，等等。有些问题是简单的，容易得到解决；有些问题很复杂，其解决过程会涉及众多主客观因素；有些问题是难以解决的。为了研究问题解决，帮助人们提高问题解决的能力，心理学家对问题及其类型进行了界定和划分。

一、问题的概念和类型

1. 问题的概念

当人们不能采取显而易见的直接手段达到目的时，就有了问题。问题其实就是人们面临的一种认知情境，在这种情境中人们实现目标存在某些障碍。因此，问题存在需要给定、目标和障碍三种基本成分(梁宁建，2014)。

成分一：给定(givens)，是一组关于问题条件与问题情境的描述，即问题的起始状态。

成分二：目标(goals)，是关于问题结论的描述，即问题要求的答案，也就是问题的目标状态。

成分三：障碍(obstacles)，从问题的起始状态到目标状态之间的某些未知的中介状态和各个操作步骤。因为这些中介状态和连接这些状态之间的步骤未知，所以就形成从起始状态到目标状态之间的障碍。

总之，问题是给定的信息与目标之间有某些障碍需要加以克服的情境，在达到目标之前可能会有一些错误和曲折，有许多中介的步骤(汪安圣，1992)。

2. 问题的类型

世界各地每天都在发生着各种各样的问题，小到生活琐事，大到世界性的风险危机。用"千差万别"都不足以表达这些问题之间的差异关系。为了科学研究，也为了分门别类地寻求解决方法，形成解决策略，人们可以按不同标准对问题进行分类。下面介绍几种认知心理学研究常常采用的分类方法。

第一，格里诺的问题分类。格里诺(Greeno，1978)按照问题的典型结构，把问题划分为归纳结构问题、排列问题和转换问题三种形式。

归纳结构问题(problem of inducing structure)：给出几个条件，解决者必须发现隐含在条件中的结构模式才能解决问题。例如，以下的数列填空问题、类推问题等。

问题举例1：2、8、18、?、?、72，问号处应该添加什么数字？

问题举例2：镰刀——茅草、渔网——鲇鱼、钢笔——?、卡车——？问号处应该填什么？

排列问题(problem of arrangement)：给出某一问题结构的所有成分，解决者必须以某种合理的方式对这些成分进行排列，才能达到问题的目标状态。

问题举例3：纽厄尔密码算术问题。如图7-1所示，已知加法算式中的字母A、B、D、E、G、L、N、O、R、T各自代表0—9中的一个阿拉伯数字且互不相同。已知D=5，那么其他各个字母代表的数字是多少时，这个加法算式才是成立的？在这个问题中，字母代表的数字的全体已经给出，只是这些数字如何在这个加法算式中排列是未知的，所以叫排列问题。

```
  D O N A L D
+ G E R A L D
-------------
  R O B E R T
```

图7-1　纽厄尔密码算术题

(摘自：Newell & Simon，1972)

转换问题(problem of transformation)：给出问题的起始状态和目标状态，而且问题结构成分均已知，只是其存在的状态不一样。最典型的例证是传教士与野人过河问题、河内塔问题、八瓦游戏问题等。

问题举例4:传教士与野人过河问题。一天,三个传教士和三个野人同时来到渡口准备过河。渡口只停着一条小船,这条小船一次最多只能承载两个人,而且因为没有船工,所以过河的人要自己划船。因为野人比较野蛮,如果河两岸任一边的野人数量大于传教士数量,传教士就有被野人吃掉的危险。请问:这六个人该如何渡过河去呢?

问题举例5:河内塔问题(tower of Hanoi problem)。如图7-2所示,在一木制底座上有三个立柱A、B、C,立柱A上套着n个圆盘。要求用最少的搬动次数把这n个圆盘搬到立柱C上去。在搬动过程中,每次只能搬一个圆盘,可以用立柱B作为中转,而且只允许小的圆盘压在大的圆盘上,不能将大的圆盘压在小的圆盘上。为使n个盘子转移到立柱C,并保持其原始的上下相对位置不变,最少需要搬动y(n)次。列出y(n)的差分方程式并求解。

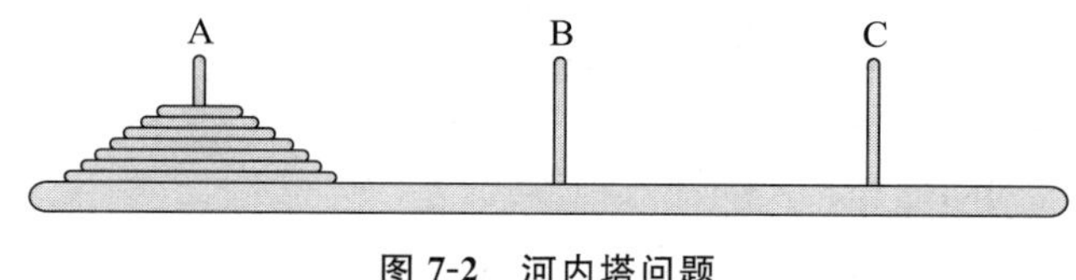

图7-2 河内塔问题

问题举例6:八瓦游戏问题。如图7-3所示,将数字1—8分别写在八块瓦上,按左图的顺序摆放构成问题起始状态。要求解决者在3×3的方格内移动瓦片,每次只移一块,而且不允许移出方格。请问:最少要移多少次才能将八瓦摆放顺序转变成右图中的样子?

起始状态

2	1	6
4		8
7	5	3

→

目标状态

1	2	3
8		4
7	6	5

图7-3 八瓦游戏问题

第二,雷特曼的问题分类。雷特曼(Reitman, 1965)根据问题条件与目标状态的界定清晰性将问题划分为界定明确问题(well-defined problem)和界定不明确问题(ill-defined problem)。

界定明确问题的初始状态、目标状态和可用的认知操作都是确定的。知识贫乏领域的问题(如算术谜题、河内塔问题等)以及大部分知识丰富领域的问题(如物理问题、数学问题等),都是界定明确问题。例如,对解方程ax−b=c这一问题来说,这里给出的问题很明确,目标是求x,操作是代数规则。

界定不明确问题正好相反,其起始状态和目标状态、可用的操作均是模糊的、不明朗的。日常生活、社会管理、科学研究中的大量问题都属于界定不明确问题。因为问题解决的起点条件、路径约束、可利用资源、可用认知操作等均具有模糊性,界定不明确问题解决的结果也具有不确定性，如社会老龄化问题、世界性灾害"厄尔尼诺"现象问题等。人们在日常生活中，也经常面临一些界定不明确问题，如儿童学习成绩下降、大学生的心理障碍增多，等等。

第三，人工问题和专门领域问题。有的心理学家根据问题解决是否依赖专门领域的知识，把问题划分为人工问题和专门领域问题，也可以称为知识贫乏(knowledge-lean)领域问题和知识丰富(knowledge-rich)领域问题。人工问题一般不依赖专业领域中的理论与知识，多依赖思维技巧来解决；专门领域问题，也可叫作学科问题，一般是依赖特定的学科知识、原理或定理来解决。

二、问题解决的概念

安德森(Anderson, 1980)对问题解决的定义在认知心理学中具有代表性。他认为，问题解决具有以下三个特征：具有明显的目的性；是一个操作序列；包含认知性的操作序列。因此，问题解决就是有目的的认知操作序列。

在认知操作过程中，随着问题解决者采取一系列的认知操作，问题的状态会发生不断变化。把这些状态按照操作的顺序排列出来就构成一个由各种相互连接的问题状态分布图，心理学中把这种图叫作问题行为图(problem behavior graph)。

问题解决是心理学家长期研究的重要课题。不同观点的心理学家强调的侧重点不同。有的心理学家认为，问题解决就是问题结构的重建，用新的方式对成分进行组合。有的心理学家认为，问题解决是把问题分解成简单的刺激—反应序列，从而逐步解决的过程。近期，受到计算机和信息加工理论影响的心理学家的研究占了统治地位，认为问题解决不是孤立的，它与记忆、知识和认知策略有密切关系，问题解决过程不只是知识的运用，也是一个学习过程，是解题者知识结构不断变化的过程。

认知心理学使用环状结构来描述问题解决的认知操作，即问题解决环(problem-solving cycle)。这个环包括以下周而复始的步骤：问题识别、问题界定、策略建立、信息组织、资源分配、监控和评价(Sternberg & Sternberg, 2016)。

问题解决环中各个阶段的顺序并不是固定不变的，而是可以视不同的问题情境灵活变通，顺序可以改变，甚至可以跳过或添加某些步骤，只要解决者觉得合适就行。图 7-4 中的各个步骤是：(1)问题识别。洞察或识别是否有需要解决的问题。(2)问题界定。明确面临的实质性问题是什么？(3)策略建立。考虑如何解决这个问题，对问题的解决进行分析规划，如可以把复杂问题分解为可把握的组成元素。或者相反，采用综合的策略，即把各种元素综合起来，形成某种问题解决的操作工具。在这一阶段，要充分发挥思维的功能，在广泛开放的认知空间中寻找解决问题的方法和策略，如采用发散思维或聚合思维。(4)信息组织。尽量全面把握问题情境中的信息，以外显的或隐藏的信息为基础，准确地表征问题或组织问题解决的流程。(5)资源分配。考虑能够在这个问题上花费的时间、精力或经费。(6)监控。对问题解决的过程进行跟踪监测,以实现任务的顺利达成。(7)评价。检验答案,评价问题解决方案的有效性。

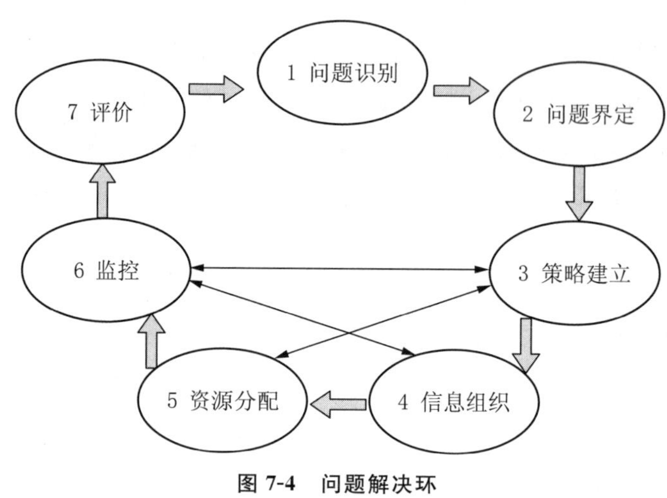

图 7-4 问题解决环

(摘自:Sternberg & Sternberg, 2016)

第二节 问题解决的策略与影响因素

问题解决就是要通过一系列的运算操作,搜索一条从起始状态到达目标状态的途径。那么,人是怎样进行搜索的呢?问题解决中的搜索有两种不同的策略,即算法式(algorithm)和启发式(heuristic)。算法式是把解决问题的所有方法都列出来,逐一尝试,以求最后找到答案。它是保证产生一种解决方案的策略,但问题解决速度慢,浪费时间。启发式是一种凭借经验解决问题的策略或方法。它是通过运用预感、好的猜测、实践经验产生的一种解决问题的策略。启发式方法可以减少尝试的次数,迅速解决问题,但不排除失败的可能。

一、算法式策略

算法式策略是指在问题解决的所有可能路径中搜索,直至选出有效的问题解决方法。具体的操作方法主要有规则算法和尝试错误法。

1. 规则算法

规则算法是指问题答案必须按照固定计算规则得到。能否成功解决问题的关键在于已知条件的完备性、变量提取的准确性和规则使用的正确性。在学校教育中,学生在数学、物理、化学等课程中遇到的大量应用题多属于这类问题。这些应用题往往会以直接或隐蔽的方式给出已知条件,解题者需要正确理解和提取出其中的已知条件,选择正确的算法规则,这样就可保证问题得到正确的解决。

问题举例 7：老王和小李出售柠檬水，每桶 2 千克重的柠檬水进价 10 元，他们以每杯 2 元的价格卖给顾客，每杯柠檬水重 250 克，共卖了 15 千克。问：他们每卖出一杯柠檬水可获利多少钱？

在这一问题中，解题的条件是完备的，算法规则也是确定的。能否顺利获解，取决于两点：已知信息的提取；规则使用的正确性。

解题规则：每杯柠檬水赢利＝每杯柠檬水的售价－每杯柠檬水的进价

每桶柠檬水的杯数＝每桶柠檬水的重量÷每杯柠檬水的重量

每杯柠檬水进价＝每桶柠檬水的进价÷每桶柠檬水的杯数

已知条件：每杯柠檬水的售价＝2 元

每杯柠檬水的重量＝250 克

每桶柠檬水的重量＝2 千克

每桶柠檬水的进价＝10 元

出售总量＝15 千克。

解决该题所需的条件是完备的，规则是确定的。解题者只要正确提取已知信息，使用规则，问题就可以保证得到解决。

2. 尝试错误法

在对如何解决问题一无所知的情况下，人们常采用尝试错误法。尝试错误法（trial-and-error method）就是逐个尝试每一种可能性，若发现某一尝试是错误的就改换另一种尝试，直到问题解决为止。

例如，图 7-1 所示的公式中，每个字母代表 0—9 中的一个阿拉伯数字，且各不相同，已知 D＝5，问题是要找出每个字母代表的数字，使得算式成立。如果运用算法式搜索，采取尝试错误法解决，情况会怎样呢？任意给每个字母分配一个数字，尝试各种可能性，那么需要尝试 $9!=3\times10^5$ 次。这样的尝试是难以想象的。

在人类社会发展过程中，许多技术进步或问题解决，或多或少都带有尝试错误法的特点。当然，如果问题解决的可尝试性操作太多，此时，尝试错误法就是低效的，甚至是无效的。

二、启发式策略

启发式策略就是在问题的状态空间中进行搜索时，充分利用已有知识经验和智力技巧，选择最少的可能性尝试，这样可以省略大量无谓的搜索路径，增加成功解决问题的机会。常用的启发式策略包括选择性探索、爬山法、手段—目的分析法、逆推法等。

1. 选择性探索

选择性探索，就是选择需要尝试的可能性最少的环节进行探索。这种方法能够充分利用问题的已知条件或约束条件，先从最容易的地方找到突破口，然后层层推进，使得问题的解决高效推进。纽厄尔密码算术问题就可以采用选择性探索的方法来解决。如图 7-1 所示,解决者可以最先选择的突破口是:根据 D=5,立即得出 T=0,而且会有一个进位;随之可以选择 2L+1=R 或 10+R 这个探索位置,立即可以推测 R 只能是奇数,排除 5 的可能性后,得出 R 可能是 1、3、7、9 中的一个……

2. 爬山法

这是一个形象的比喻。爬山法是指每走一步便估计一下是否离目标更近,如果更近就继续下去,从而离目标越来越近,最终使问题得到解决。爬山法与尝试错误法的区别在于,每尝试一次就要估计一次离目标的距离。教师在教学时常用这种方法来确定下一步的教学内容和教学进度。爬山法的最大缺点在于,常常只到达一个"小山丘"而不是真正的山顶。克服的办法就是,问题解决者最好在运用爬山法时选择几个不同的起点(方法)一起尝试,如果几个起点到达的都是同一个点,这一点才算是真正的目的地。

3. 手段—目的分析法

手段—目的分析法(means-ends analysis method)是指个体认识到解决问题的目标与自己当前的状态之间存在着差距,于是进行分析,搜索途径缩小这样的差距,从而实现目标的方法。例如,我现在在杭州,要去重庆开会,我的目标与现有状态之间有一个地理差距,如何消除这个差距呢?我可以选择乘高铁、乘轮船、乘飞机等手段。如果我选择乘高铁,那么我又必须实现一系列子目标:订票、去售票处取票……最后,乘上火车到达重庆。

手段—目的分析的关键在于,把大目标分解为下一级的子目标。这种分析有两种方式:一种方式是把当前状态转化为目标状态;另一种方式是寻找消除差距的算子。算子(operator)是指在解决问题过程中采取的使状态改变的行为。这两种方式的流程如图 7-5 所示。

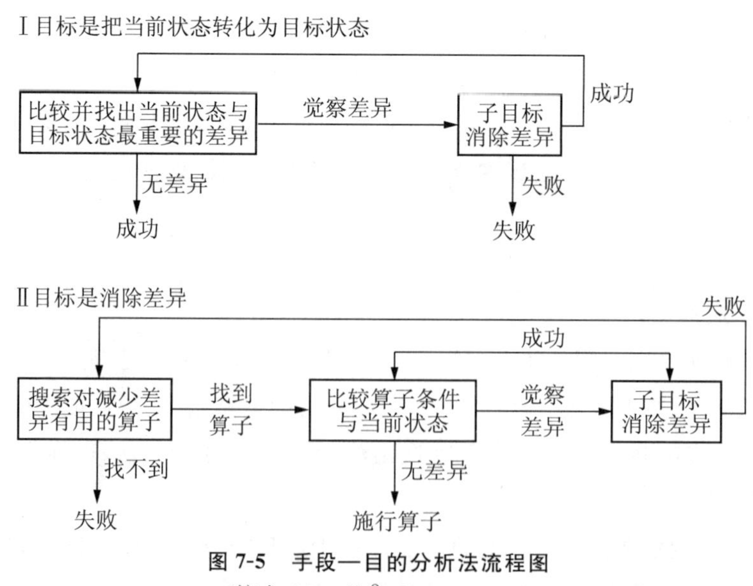

图 7-5 手段—目的分析法流程图

(摘自:Newell & Simon, 1972)

问题举例 8:以河内塔问题为例,具体说明运用手段—目的分析法解决问题的过程。图 7-6 所示的河内塔问题中有三根小柱子和三个大小不同、可套在小柱上的圆盘,每次只能移动一个圆盘,如果同一根小柱子上套有几个圆盘,则只能先移动上面的圆盘,而且较小的圆盘只能放在较大的圆盘上面。根据这些规则,将柱 1 上的三个圆盘全部移到柱 3 上。

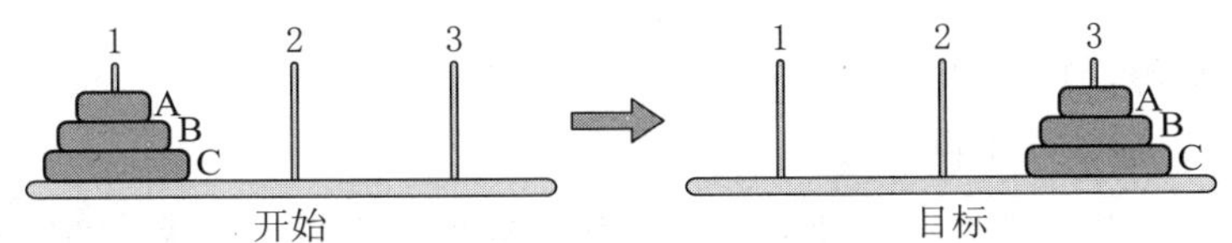

图 7-6 三个圆盘的河内塔问题

这个问题给出的目标是把 A、B、C 三个圆盘移到柱 3。这个目标首先把我们引向图 7-5 流程图Ⅰ的分析。目标状态与当前状态之间的一个重要差异是 C 不在柱 3 上,这就要建立起子目标来消除这种差异。如何消除这个差异呢?这就要搜索减少这种差异的算子。选择的算子当然是把 C 移到 3。运用这个算子的条件是 C 圆盘上面不能有其他的圆盘。但现在 A、B 在 C 上面,算子条件与当前状态之间存在差异。于是,又要选择新的子目标来减少这些差异中的一个,即 B 在 C 上。这个子目标又使我们回到图 7-5 流程图Ⅱ的起点,要选择将 B 移掉的算子。第二次选择的算子是把 B 移到 2,然而仍不能直接把 B 移到 2,因为 B 上面还有 A。因此,又得建立起另一个子目标,要将 A 移开。这个子目标又使我们回到流程图Ⅰ的起点,需要找到达到这个子目标的算子。这个算子是把 A 移到 3,而把 A 移到 3 这个算子的条件与当前状态之间不存在差异,我们可以实施这个算子,完成把 A 移到 3 的子目标。这时,我们又回到早先把 B 移到 2 的子目标。这步算子与当前状态之间不存在差异,所以又可以施行这个算子完成把 B 移到 2 的子目标。完成这个子目标之后,又回到把 C 移到 3 这个原先的目标,然而这时 A 在柱 3 上,于是又有另一个当前状态与算子条件之间的差异,而要消除这个差异,又需要建立子目标,即把 A 从柱 3 移开。算子是把 A 移到柱 2。这个算子条件与目前状态之间没有差异,可以施行。完成这个子目标之后,进而可以施行把 C 移到柱 3 的算子。……依此类推,不断循环,一步一步分析,最终达到把 A、B、C 移到柱 3 的目标。

这类解决问题的程序也称为问题减少程序,因为它是把一个总问题分成许多子问题,通过一个个子问题的解决,最终实现总问题的解决。

4. 逆推法

逆推法(working backward)就是从目标出发向反方向推导。

问题举例 8:如解下列几何题。

已知:AB=AC, BD=DC

求证:BE=CE

要证明 BE=CE

则要证明△BEA≌△CEA
要证明△BEA≌△CEA
则要证明△ABD≌△ACD
要证明△ABD≌△ACD
则要证明∠1=∠2 和∠3=∠4
因为等量加等量和相等,所以∠ABD=∠ACD
到此为止,问题实质上已经解决。

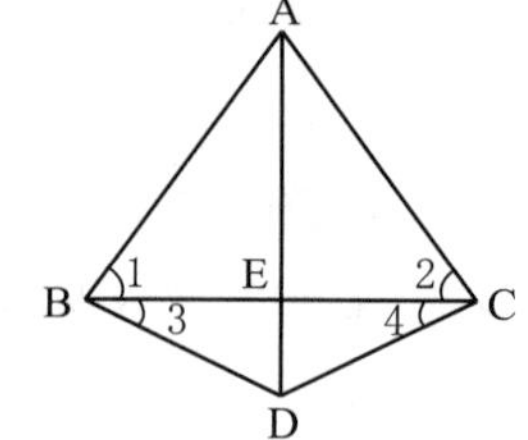

在那些从初始状态出发有多种走法但只有一条路能达到目标状态的问题解决中,逆推法是较为可行的解决问题的方法。

人们用于解决问题的方法有很多,每一种方法往往对应于某类或某几类问题,因而并不存在一种或几种特别好的方法。解决不同的问题,应有针对性地采用不同的方法。

三、问题解决的影响因素

问题解决受多种主客观因素的影响和制约。这里主要分析影响问题解决的心理因素。

1. 刺激模式

问题情境是指个人面临某种刺激模式不知用何种手段才能到达某个特定目标时的心理困境。刺激模式与个人的知识结构越接近,就越容易选用恰当的知识和策略使问题得到解决。

问题举例 9:已知一个圆的半径是 2 厘米,求圆的外切正方形的面积,用 A、B 两种不同方式画出标示圆半径的辅助线(如图 7-7 所示)。A 图中很难看出圆的半径与正方形的关系,因此问题解决较难;而在 B 图中,人们很容易看出圆的半径与正方形边长的关系,因此问题较易解决。在日常生活和学习中,经常出现原本简单而熟悉的问题,因为呈现的方式改变,呈现的刺激模式与个人知识结构之间存在差异,干扰或妨碍了问题的解决。

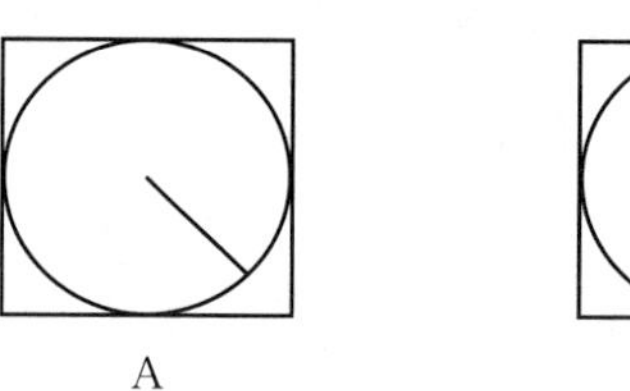

图 7-7 两种标示圆半径的问题呈现方式

2. 问题表征

问题表征是问题解决的一个中心环节,它直接决定解决者对问题结构的理解,涉及在问题情境中如何抽取有关信息,包括目标是什么、目标状态与当前状态的关系、可能运用的算子有哪些,等等。问题表征不同,产生的解决方案就会不同,它直接影响问题解决的成败。

问题举例 10：两只烧杯装着不同的液体，烧杯 A 装蒸馏水，烧杯 B 装纯橘子汁，用匙子从 A 杯取一匙液体倒进 B 杯并充分搅拌，再从 B 杯取一匙液体倒入 A 杯充分搅拌。现在两杯都不纯了，问：A 杯比 B 杯更纯些，还是 B 杯比 A 杯更纯些，抑或两杯一样纯？许多学生认为 A 杯不如 B 杯纯，因为他们只追踪倒入每个烧杯液体的纯度，即倒入 A 杯的不纯，是混合液体。也有学生认为，A 杯比 B 杯纯，因为从 A 杯倒入 B 杯的全是 A 杯，从 B 杯倒入 A 杯的含有一点 A 杯，所以 A 杯的浓度比 B 杯高。这两种错误都在于只按每个烧杯加入的是什么来表征，而不是表征最后保留的是什么。如果用后一种表征，那么学生就会以不同的方式来考虑问题。重要的是知道两次有多少液体移动了，一些水倒到橘子汁里，但不都留在那里，有一小部分与橘子汁混在一起又返回 A 杯，最后 B 杯里保留的水是一匙不到，因而第二匙倒入水里的也只是不纯的橘子汁，即最后 A 杯里保留的橘子汁也是一匙不到。当然，这种顿悟并不能完整地证明两个烧杯的纯度完全相等，但它提出了证明的思路。

3. 定势

定势（set），又称心向，是指主体对一定活动的预先准备状态。在问题解决过程中，如果之前曾以某种思路或操作程序解决某类问题并多次获得成功，则以后再遇到这类问题，解决者很可能会重复同样的解决方法。这种思维的习惯性倾向就是定势。

问题举例 11：卢钦斯（Luchins，1950）的量水实验。该实验如表 7-1 所示，要求研究参与者用三种容器量出所要求的各种水量。当研究参与者解决 1—5 题时，形成了 B－A－2C 量水方法的定势，便倾向用同样的方法解决 6、7、8 题。其实，6、7、8 题完全可以用更简单的办法解决（见表 7-1 注）。在这个例子中，定势使问题解决的思维刻板化，在很大程度上妨碍了人们根据实际情况灵活地解决问题。定势有时也有利于问题解决，如解释一系列语义上有关的字词的字谜游戏（如一个房间中的各种家具名称：sofa、stool、table、desk、bed、folding、chair、bench）就比解释一系列语义上无关的字词快得多。

表 7-1 卢钦斯的定势实验

问题	三种容器的容量			要求量出的水量	习惯解决	注
	A	B	C	D	D=B－A－2C	
1	21	127	3	100	D=B－A－2C	
2	14	163	25	99	D=B－A－2C	
3	18	43	10	5	D=B－A－2C	
4	9	42	6	21	D=B－A－2C	
5	20	59	4	31	D=B－A－2C	
6	23	49	3	20	D=B－A－2C	D=A－C
7	15	39	3	18	D=B－A－2C	D=A+C
8	28	76	3	25	D=B－A－2C	D=A－C

4. 功能固着

功能固着(functional fixedness)是一种从物体的常规功能角度来思考问题的定势。

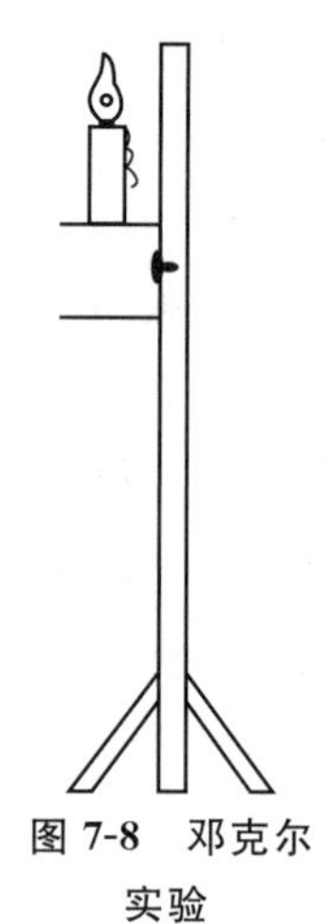

图 7-8 邓克尔实验

问题举例 12:邓克尔(Duncker, 1945)实验。房间里放着一扇屏风、几张椅子、一张桌子,桌子上有三个硬纸盒,盒里分别装着火柴、蜡烛和图钉。要求研究参与者把一支蜡烛竖装在屏风上,可以用它来照亮房间。许多研究参与者东找西找,找不到合适的材料而最终束手无策,一半以上的被试在规定时间内不能完成任务。对于另一组研究参与者,邓克尔预先把纸盒中的火柴、蜡烛、图钉等倒出来,把它们和空纸盒一起放在桌子上。这一批研究参与者大多数(28 人中的 24 人)都能轻易地解决问题:用图钉将硬纸盒钉在屏风上,然后用熔化的蜡将蜡烛竖立在纸盒上(如图 7-8 所示)。出现两种结果的原因是:第一组研究参与者看到的是装着东西的纸盒,于是他们只将纸盒当作容器而看不出纸盒可以有别的用处;第二组研究参与者看到的是空纸盒,于是对纸盒的其他功能作了更广泛的思考。

5. 酝酿效应

当人们花了很长时间解决一个问题还是不能成功时,把它搁在一边几小时、几天或者几星期,而后再来解决这个问题,似乎立刻就发现了解决途径,这种现象被称为酝酿效应。酝酿效应似乎与定势效应有关。个体开始考虑的解决途径不成功,走到解题死胡同后,离开这种情境一会儿,就能用另外的方式进行探索,结果找到了有效的方法使问题得到解决。酝酿效应实际上是出现了顿悟,打破了个体原先不恰当的思路,从一个新角度来解决问题,从而使问题得到解决。例如,工艺品商店出售红、白相间的玻璃串珠,每串 12 个,用钢丝串连,其中有一串发现多装了一个白珠,且排列次序为:

白 红 白 红 白 红 白 白 红 白 红 白 红

问:如何在其他各珠原位不动且不改换钢丝的条件下取下那个多装的白珠?如果从如何去掉白珠思考解决此问题,问题则永远解决不了。实验中,在规定的 10 分钟之内只有 47%的研究参与者解决了问题;另一组被试考虑 5 分钟后再做 20 分钟简单数学和语词联想练习,然后再用 5 分钟解这个题,此时,有近 80%的研究参与者都正确地作出了“敲碎这个多余白珠”的答案。

6. 动机

动机和情绪状态会影响问题解决。在一定限度内,动机强度与解决问题的效率呈倒 U 形关系,动机太强或过弱都会削弱解决问题的效果。动机太强会使个体过于紧张,注意过度集中于目标,容易忽略问题情境中对问题解决有帮助的其他线索。动机太弱又会使个体注意分散,容易被无关因素吸引。个体处在中等强度的动机时,思维灵活,便于较好地解决问题。

动机还会影响对所解决问题的选择。成就动机高的人对成功的希望大于对失败的恐惧，故倾向选择比较困难的问题，以期获得成功后的快乐；而成就动机低的人对失败的恐惧大于对成功的希望，或倾向选择解决简单的问题，避免事后失败的痛苦，或倾向选择非常难的问题，以便问题解决不了也不至于太难堪。

7. 专家与新手

解决问题是一个应用知识的过程。一个领域中的专业知识对于解决这一领域的问题至关重要。这体现了专家与新手的区别。专家是指具有某一领域丰富知识并经过长期专业训练的人，新手则指具有某一领域的必要知识但未经过长期专业训练的人。

有研究(Chi, Feltovich, & Glaser, 1981)发现，专家与新手的知识结构特征不同。专家记忆中的知识经过较好组织，在搜索解决问题途径时能很好地得到使用。专家知识结构中还包括大量组块和"如果—那么"产生式系统。例如，给国际象棋大师和新手同看一盘棋局(即棋盘上有若干棋子，像正式下棋那样形成一个格局)，5 秒钟后撤去棋子，象棋大师能记住 20 个以上棋子的位置，而新手只能记住四五个棋子的位置。

解题方式上，专家与新手也存在不同。从表面上看，专家通常不需要中间过程就能解决问题，他们以更抽象的方式表征问题。例如，一颗子弹从枪口射出的速度为 400 米/秒，枪膛长 0.5 米，假定子弹在膛内作匀加速运动，求子弹在膛内的平均速度。对于这样的问题，专家阅后会很快地说："很明显，400 米/秒的一半是 200 米/秒。"新手则需要在口述报告中说用什么方式把数代进去计算："平均速度＝(初速＋末速)/2＝(0＋400 米/秒)/2＝200 米/秒。"显然，新手解题比专家要多花 4 倍时间。此外，专家与新手解题时运用的策略也差别很显著。专家运用的是从已知条件前进到目标的策略，新手则倾向从未知数倒退到已知条件的策略。例如，假定要求 C 值，新手就试图找到 C 是因变量的方程 C＝A＋B，其中一个变量 B 的值不知道，于是就通过 B＝K÷L 来实现寻找 B 值的目标，而 L 又是未知数，他们又通过 L＝X×Y 的方程来实现寻找 L 值的目标。当 L 产生了，再用它找到 B 值，再用 B 值来找到 C 值。专家则从已知的条件往前想，他们具有大单位知识，把 A、K、X、Y 的值填入到 C＝A＋K÷(X×Y)的方程式中就直接产生了未知值 C，不需要像新手那样运用不断提出目标的多步骤加工策略来寻找问题的解决方案。

专家的知识结构与信息加工方式是长期学习和应用知识的结果。任何训练有素的头脑，任何学会五万个模式以及相关知识图式的头脑，都能拥有一套奥秘，不需要通过一步步有意识的搜索和推理就能快速有效地解决问题。

专栏 7-1

问题表征

认知心理学家将信息在头脑中的呈现方式统称为表征。表征是问题解决的中心环节。研究发现，问题结构上的不同并不解释问题难度上的差异，问题解决者想象、构建或考虑问题的方式才是决定问题难度的关键。

1. 问题表征的信息加工过程

问题解决者需要充分有效地提取问题信息,再根据问题解决者自身的经验和知识对信息进行组织与分析,发现问题结构,建构问题空间。

以智力数学题为实验作业,通过详细分析大学生的问题表征过程和问题解决结果,傅小兰和何海东(1995)探讨了问题表征的信息加工过程及其对问题解决结构的影响。结果表明:(1)正确的问题表征是解决问题的必要前提,在错误的或不完整的问题空间中进行搜索,不可能求得问题的正确解;(2)正确的问题表征是对问题信息提取和理解的过程,问题规则在问题表征中起重要作用;(3)在问题表征过程中,导致建构出错误的或不完整的问题空间的主要因素包括信息遗漏(未能将问题的有关信息全部提取出来)、信息误解(对某些问题信息作出错误的分析和理解)、隐喻干扰(问题信息中潜在的歧义使实验参与者困惑或误导实验参与者)等。

2. 问题规则的表征

问题表征包括四个因素:(1)问题的初始状态;(2)目标状态;(3)算子;(4)对算子的约束。傅小兰和何海东(1995)的研究表明,对问题规则(约束条件)的理解与掌握,在构建问题空间的过程中具有重要作用。

王东晖和傅小兰(1997)以结构简单、规则明确的换位棋为实验作业,通过详细记录大学生问题解决的过程,研究了问题规则的表征问题。结果表明:(1)问题规则的正确表征是解决换位棋问题的必要前提,对问题规则信息的误解和遗漏是导致解题错误的重要原因;(2)发现问题的关键结构是解决换位棋问题的必要条件,应用正确的搜索方式(手段—目的分析法、逆推法等)有助于发现问题的关键结构。

3. 专家的问题表征特点

在现实世界中,专家是指擅长解决某个领域问题的人。傅小兰等人以广告设计任务为实验作业,通过比较广告设计专家、新手和生手的问题表征,研究了广告设计专家的问题表征特点和过程。结果表明,广告设计问题表征的思维结构要素主要包括信息提取、先期经验、算子和算子约束。问题表征过程分四个阶段:(1)从问题陈述中提取信息。专家的特点是注重提取关键信息。(2)进入搜索先期经验阶段。专家的特点是注重体现设计对象的具体明确的、可操作性的特征。(3)进入确定算子阶段。专家的特点是注重以启发式有效缩小问题空间,选择算子时对各种具体约束的考虑已趋于自动化。(4)表征结果的输出。

资料来源:傅小兰(2001)

四、学生问题解决能力的提升

要帮助学生提高解决问题的能力,教师可以做好下列八件事。

1. 营造接纳意见的气氛

教师应鼓励学生积极投入解决问题的活动之中，创造性地看待问题，让学生有时间酝酿和讨论。如果学生觉得他们的任何想法都会得到认真考虑并有可取之处，他们就会更愿意参与解决问题的活动。因此，教师要创造一个接纳学生意见的氛围，对学生间的个体差异予以注意。这对增强学生积极参与解决问题的活动相当重要。

2. 仔细界定问题

学生在试图解决问题之前必须正确理解问题。教师应当让学生用文字界定问题并进行练习，检查学生是否理解问题，包括目标、给定的算子以及运用算子的操作有何限制，培养学生仔细界定问题的好习惯。

3. 示范如何分析问题

教师通过给学生示范如何分析一个问题，教会学生区分重要信息与不重要信息，然后让学生考虑并写出他们面临的是什么样的问题，必须使用哪些条件，以及如何运用它们来解决问题中的每一个子问题，学会对问题的解决作出计划。

4. 提出假设

教师可以引导学生使用头脑风暴法(brainstorming method)，即鼓励两个或更多的学生尽可能多地提出许许多多不同的主意，而不对它们的价值作评判(到另一个时间再作评判)，以培养学生创造性地从多种角度解决问题的能力。这里强调的是数量，而不是质量。头脑风暴法倾向教学生提出多种假设，避免学生过早地只局限于一种解决问题的途径。

5. 评价每个假设的优缺点

先让学生考虑或写出解决同一个问题的几种假设的意义，然后教师自己把这个过程演示给学生看，帮助学生决定哪一种是最好的假设，让学生知道他们最初选择的不一定是最好的。这样做的目的在于教导学生不匆忙作出结论。有时候，几种假设可能都有说服力，但它们之中必定有一个是花费时间较少的解决途径。教师应教会学生在选择解决途径时，把时间价值、金钱投入与道德要求结合起来，评价每个假设的优缺点，然后选定解决途径。

6. 考虑影响问题解决的因素

这是一种定势吗？需要把问题搁一会再来做吗？具备了必备的知识吗？关键成分鉴别得正确吗？对问题的界定正确吗？教师应告诉学生影响问题解决的因素有哪些，让他们知道遇到这些障碍是正常的，只要他们认识到这些障碍并加以克服，他们就会是好的问题解决者。

7. 运用类比

要解决一个不熟悉的问题时，将其与一个曾得到成功解决的相似问题进行类比是一个好办法。运用类比有助于学生把新的信息与先前具有的知识整合起来。这种整合有利于从记忆中唤起更多的知识,把解决相似问题的成功经验用到解决当前的“新”问题上,从而减少错误和所需时间。

8. 提供练习解决问题的机会并给予反馈

教师可以介绍自己解决实际生活、工作和学习中问题的经验;可以用有问题与答案的谜语书、数学书、物理书等,让学生练习解决问题;可以鼓励学生和他们的家长提出可供全班同学思考的问题;可以建立问题解决学习中心,奖励学习问题解决成绩好的优秀学生,以鼓励学生正确有效地思维。这里还应强调提供反馈信息的重要性。假如有一个问题学生不能解决,教师就应该对学生遭遇了什么障碍进行分析和确定,帮助他们克服障碍,提升他们提高解决问题的技能。

第三节 创造性思维

一般认为,创造性(creativity)是指个体产生新奇独特的、有社会价值的产品的能力或特性,也称为创造力。新奇独特意味着能别出心裁地做出前人未曾做过的事,有社会价值意味着创造的结果或产品具有实用价值或学术价值、道德价值、审美价值等,如发明创造、科学发现、艺术创作等都是典型的创造性活动。创造性以创造性思维为核心,所以学校教育常常从培养创新意识和训练创造性思维等方面来培养学生的创造性能力。

一、创造性与创造性思维

1. 创造性的概念

创造性(creativity)作为名词时,主要是指创造力。写一部小说,设计一座桥梁,设计一个心理学实验或发明癌症的新的治疗方法等,都被看作创造性行为。创造性行为是以思考和执行的新奇性与适宜性为特征的。新奇性是指与众不同或前所未有。当然,新奇、独创的标准是相对的。对成人来说,可能是相对于同一类型的所有其他作品而言;对儿童来说,则是以他的经验范围为依据来判断的。适宜性是指思维产物具有社会价值或情境适应性,即创造性的作品必须在有关领域内是适宜的或有用的。并非所有新奇独特的东西都会被认为具有创造性。创造性活动是人类有目的的社会活动,创造性的作品应该在实用、理论或审美方面具有一定的价值。我们可以把创造性行为的产品看作问题解决的特例,其特殊性不在思维过程本身,而在于思维的结果。只要解决者有效地解决大多数人都不能解决的某个问题,那么解决这一问题的行为就是创造性行为。创造性的核心是创造性思维,创造性活动的过程从思维角度来看就是创造性思维过程。

专栏 7-2

创造性地解决九点问题

经典的九点问题被用来研究创造性，如图 7-9A 所示。任务是笔不离纸用 4 条直线把 9 点连起来，标准的解决方法如图 7-9B 所示。多数人解这个题有困难。因为他们看到点形成一个正方形，人为地树立了边界，而要解决这个问题就要把线画得超出这个正方形。许多失败者都是受到这种知觉障碍的阻碍。在这个问题中还有其他的阻碍吗？这些点能用比 4 条更少的直线连起来吗？让我们看一下其他的一些解决方法。

图 7-9C 表示一种 3 条直线的解决办法，假如并没有要求直线必须通过点的中心就可以这么做，而现在条件并没有那么规定。

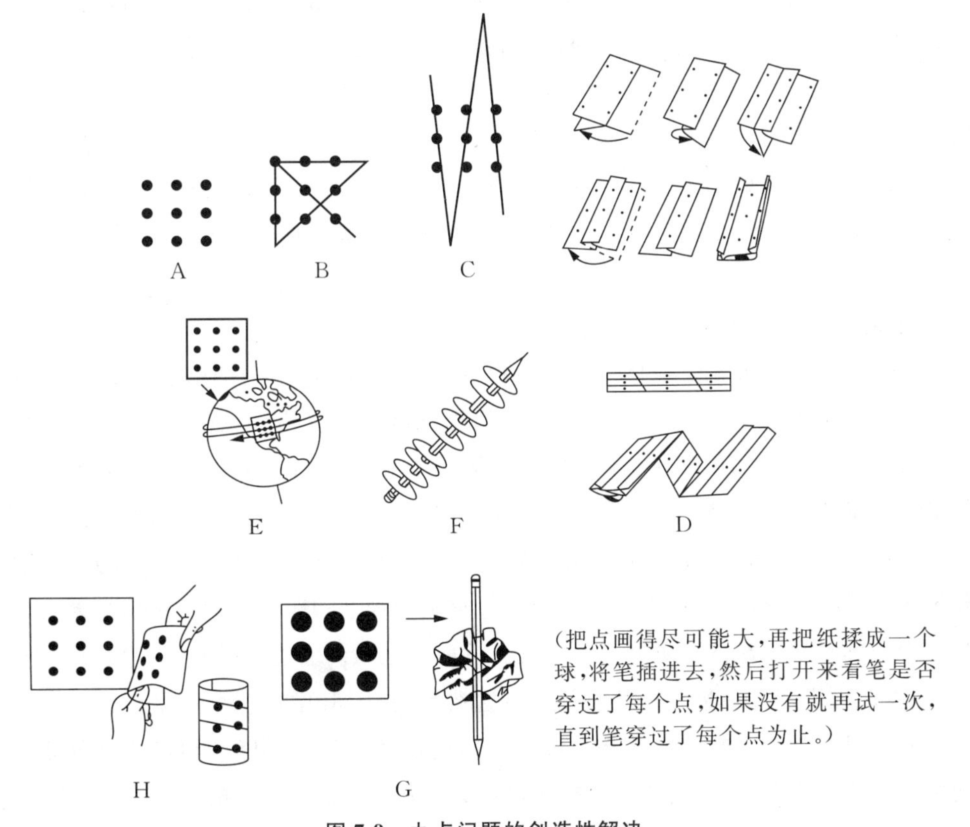

图 7-9　九点问题的创造性解决

你可以用一种恰当的方式把纸折起来，或者你还可以用一条直线连结所有的点，如图 7-9D 所示。图 7-9E、F、G、H 展示了另外 4 种解决方法。

资料来源：黄希庭(1997)

2. 创造性思维的阶段

通常认为，创造性过程或者说创造性解决问题的过程可以分为准备期、酝酿期、豁然期和验证期四个阶段。

准备期。收集有关资料,并对问题进行调查研究,有意识地致力于创造或问题解决。

酝酿期。可以借用"背景加工"这个词来形容。个体表面上是在休息或做别的事,但头脑中关于某个要解决的问题的信息仍在无意识状态中得到加工。

豁然期。豁然开朗与顿悟相似,指寻找到一个可能解决问题的途径。

验证期。验证和核对问题解答的各种细节,最终验证问题是否已解决。

虽然并不是所有的创造性解决问题的过程都经历这四个阶段,如有的创造性解决问题过程并不经历休息酝酿而直接获得新奇的结果,但不少传记资料和口述报告表明,许多新奇而有价值的观念、重大的科学发现或文艺作品,是经历了无意识酝酿阶段而突然出现在头脑中的。不管怎样,如果没有本人事先刻苦地收集丰富的资料、概念,没有经过不断地反复思考和有选择地搜索解答,有价值的新观念、新思想是不会无意识产生的。在任何领域,人们都要花费大量精力和时间才能产生真正创造性的观念。例如,一个象棋大师在记忆中至少存贮了五万个棋局。有人研究了许多作曲家的生平,得出结论:一个作曲家从开始下苦功研究到完成第一首优美的曲调,中间必须经过十年的"沉默期"。有名的作曲家莫扎特、门德尔松、舒伯特等莫不如此。当然还有许多其他因素也会影响人们的创造活动。

3. 创造性思维的特征

有关创造力的研究是20世纪50年代由吉尔福特倡导的。他把思维分成发散思维和聚合思维。发散思维(divergent thinking)是指思维能不拘一格地从已有信息中尽可能地扩展开,通过多种思考,开拓途径,寻找尽可能多的解决问题的办法,不受已有的方式、方法、规则、范围约束。它是一种沿着各种不同的方向思考、探索、追求多样性的思维。聚合思维(convergent thinking)则是尽可能多地利用已有知识和经验,把信息引导到条理化的逻辑推理中,通过分析综合作出集中的回答。它是一种把问题提供的各种信息聚合起来,得出一个正确答案或最佳解决方案的思维。发散思维强调的是数量和多样性。在创造性过程中,发散思维产生的是几种解决问题的途径和方法,其中一些可能是新颖的,所以通常认为发散思维是创造性活动的基本过程。但创造性过程并不随着尽可能多的联想、假设或解决方法的出现而结束,还要依据人们过去的知识经验、目的和价值标准对它们进行选择,选出其中适宜的、有用的,而这就要求在创造性过程中也进行聚合思维。实际上,人们的创造性过程总是包含这两种类型的思维。发散思维只有与聚合思维巧妙结合,才可能创造性地解决问题。

吉尔福特(Guilford, 1967, 1968)认为,发散思维表现在行为上,即代表个人的创造性,而这种创造性在行为上主要表现出流畅性、灵活性和独创性三个特征。

流畅性(fluency)是指在一定时间内所能给出的解决问题的方案有多少。创造力高者其心智活动少阻滞,多流畅,能在短时间内针对问题给出较多的解决方案。而对给定的问题产生的可供选择的解决方案越多,问题解决的可能性就越大。

变通性(flexibility)是指对给定问题产生的可供选择的解决方案的种类。一个人对给定问题产生的可供选择的解决方案的种类越是多样,他解决这一特定问题的变通性也就越大。变通性与流畅性,在看待所提供选择的方案的性质上有所不同。例如,问两个学生可以对一个球做些什么。一个说可以踢它,拍它,滚动它,在空中扔它;另一个说能扔它,坐在它上面,用油漆涂它,可以用它压住纸不被风吹掉。两个学生的流畅性分数都是4,因为他们都产生了4种反应。但前者的变通性分数只有1分,而后者可得4分,因为前者反应的性质相同,后者的反应是不同种类的。又如,认为砖头可以用来做书架,不被看作创造性的反应;如果认为用一块砖头可以使天花板上悬挂的活动装置启动,这种反应就被看作创造性的。

独特性(originality)是指想出的主意的独特程度,或者说不寻常的程度,即别人很少这样想。独特性在创造性成分中最重要。例如,前面例子中坐在球上的想法是不常见的,因此这种想法更具有创造性。

二、创造性个体的心理特征

1. 能力特征

许多研究表明,高智力不是创造性的充要条件。一些高智力的人非常有创造性,但有一些并非如此。同样,一些一般智力的人非常有创造性,而有一些人也并非如此。似乎展现出创造力的人只需要有一般的智力发展水平。研究还表明,创造性个体还具有以下一些能力:敏锐的感知能力、协同能力、捕捉意外收获的能力。此外,在思考问题时的发散思维也起重要作用。

富有创造性的个体往往都具有敏锐的感知能力。具有创造性的个体的显著特点在于具有发现问题的能力,而不仅仅是解决这些问题的能力。图7-10是"妻子和岳母"图片,你能否识别出一个年轻女子的侧身像和一个老妇人的侧身像?具有创造性的人能敏锐地感知一些被常人忽视的客体的细节。

图7-10 "妻子和岳母"
(你能在这张图上识别出一位老妇人和一位年轻女子吗?)

协同能力是指将看似分离的各个部分组织在一起,使之成为有用的有机整体的能力。例如,远距联想(remote association),即由眼前联想到关系不太密切,甚至与眼前无关的事物,就是利用协同能力的结果。又如,米加勒(Migarler)将高额的建房花费与扔在路边的可乐罐问题联系起来,建造了一幢由铝制饮料罐筑起的房子。在建造第二幢房子时,他在罐中装满水,这样太阳加热罐中的水就能提供房间所需要的能量。

捕捉意外收获的能力就是捕捉机遇的能力。著名科学家传记中常常记载着有关他们捕捉机遇的故事。例如,一种新的具有奇迹般疗效的药物有可能是一次事故的结果。当然,要捕捉这样的机遇,只有这位科学家在研究这种药物方面有相当积累之后才有可能,因为只有这时他才能对这一产生药物的事件结果作出评价,才能抓住这一机遇。总体上,具有明确的动机并坚持不懈进行科技探索的人,才能捕捉到这类机遇。

2. 人格特征

人格因素与创造性关系密切。很多人格特征,如坚持性、好奇心、自信心等本身就是创造力的组成因素。具有创造性的个体首先必须能自我激励。有些教师往往只是对那些善于死记硬背、考试得高分者给予高度评价,而这通常是缺乏创造性的。在这种情况下,具有创造性的个体对自己的创造性思维进行自我激励就显得相当重要。另外,还需要有敢冒险、不怕失败的精神,因为个体不按常规进行的与众不同的思维探索,往往难以顺利进行,势必会遇到许多困难,甚至可能失败。这时,如果个体没有敢冒险、不怕失败的精神,那么创造性思维的火花就会被扑灭。有研究表明,高创造性的人具有很少从众、不落俗套、很少考虑给他人留下好印象的人格特点。他们常常有较强的幽默感,善于自娱自乐,对所从事的任务有坚持性,能很好地处理那些无头绪的问题,对待生活有丰富的幻想,倾向用新的、不一般的方法探究问题。

斯腾伯格曾提出易于使个体作出创造性决策的20个人格特征或环境特征(Sternberg,2006),有选择地列举如下:(1)乐于重新界定问题、质疑和分析假设;(2)积极而主动地"兜售"新思想;(3)鼓励新思想的产生;(4)有理性地冒险;(5)相信自己,有自我效能感;(6)延迟满足;(7)进行思维"杂交";(8)奖赏创造;(9)允许犯错;(10)鼓励合作;(11)从他人立场看问题、看事情;(12)享受成功,更敢于承担失败的责任。

第四节 中小学生创造性思维的培养

人的创造力是智力、知识、思维风格、人格、动机和环境六种资源汇合的结果,创造过程也是调用和配置这六种创造力资源的决策过程,创造力是可以在教育训练中发展的。基础教育中可以挖掘出一系列的创造力训练机会(邓铸,2008)。

一、知识教学与学生的智力发展

斯腾伯格认为,成功智力有分析智力、综合智力、实践—情境智力三种成分,它们的作用各有不同。分析智力帮助个体识别各种思想的价值,综合智力帮助个体以新方法看待问题和摆脱习惯性思维,实践—情境智力则使个体能有效传播新思想和落实新计划。这三种智力的平衡发展和使用可以帮助个体有效摆脱习惯思维，发现和推广新概念；孤立而过度使用某一成分，则会出现认知偏差。

如何在教育中促进学生智力的平衡发展呢？自主学习、发现学习、做中学、以问题为导向的学习等都是符合成功智力发展规律的学习方式，但是当把这些概念简单转换为一种教学模式的时候，它可能会走向人们期望的反面。

知识的发生、积累和更新自有其特点：(1)知识从根本上说发生于主体与外部世界的相互作用，或者说来自实践中的矛盾；(2)知识共同体是由无数大小片段整合起来的，每一孤立部分只有部分的真理性；(3)知识的积累和更新是否定之否定的过程；(4)知识的表达和传递需要相当抽象化、符号化，由此易导致知识传递中产生变异或解读错误。据此，学校中知识教学至少具有以下创造力训练机会。

第一，介绍或引导学生搜索有关知识形成的背景资料，使学生认识到这些知识是在何种矛盾中经历怎样的曲折反复后被逐步抽象出来的，或者是在学生自主的搜索、比较、甄别中把握知识的形成过程，以培养学生实践的、矛盾分析的、比较辨析的意识和能力。

第二，展现科学知识从局部到整体的发展过程，使学生体验到真理的认识是许多片面的、局部的、不同层次或水平上的认识联合的结果。还可以有选择地为学生提供诸多片段的知识，引导学生从片段知识中探索出对某一事物或事物间关系的整体认识，这是综合智力发展的有效途径。

第三，利用知识形成的否定之否定过程，培养学生对科学假设的质疑和分析能力，即在提供科学知识发展过程中这类否定之否定的样例的前提下，引导学生追溯某些知识和生活事件。知识教学要提供综合应用多学科知识的机会，均衡发展学生的分析智力、综合智力和实践—情境智力。智力培养不能脱离知识教学，知识教学更不可以流于课堂灌输。

二、不同学科教学与学生的思维风格

前已述及创造性活动是发散思维与聚合思维巧妙结合的结果。但创造性思维更偏向发散思维，发散思维是一种从多角度、多方位探索问题答案的种种非常规的、反常规的思考方式。

中小学课程大致有三类：语言类，包括语文与英语；数理实验类，包括数学、物理、化学、生物等；人文地理类，包括：历史、地理、艺术、常识等。这三类课程知识的结构性质、呈现方式、积累方式，特别是对学生思维方式的要求都有很大不同，其对学生思维方式的影响也不同。

第一，语言类课程的学习对创造性思维的训练。此方面的训练不仅包括符号化的言语逻辑思维，而且包括意象性的非逻辑思维。意象思维主要是以内部表象为素材的思维加工，其核心机制是想象，是超越逻辑约束的意象联结。许多时候，它是在无意识状态下完成的,因此很难经受逻辑的、现实合理性的审察,但它恰恰是创造性活动需要的。要想有效地发挥语言类课程对学生思维方式、思维能力的训练功能,至少要重视以下三点:(1)在对经典优秀文学作品的赏析中,要启发学生与作者的共情,体验到意象思维的美学价值,并发展这种思维;(2)减少抽象符号化的动漫作品对青少年课余时间的占领,发掘我国古代经典作品中原始思维的创造性元素,在朴素的、生动的、民族的情感中培养学生的意象思维和创造性;(3)言语逻辑思维也是综合智力、分析智力中的成分,所以语言类课程教学也要注意逻辑思维的训练,特别是要在合适的年级,将言语逻辑思维与意象思维的训练有机结合。这个合适的年级,或许主要是高中阶段。

第二,数理实验类课程的学习对学生创造力的训练。数理实验类课程是学生科学素养培养、研究能力和技能训练的重要途径。在这些课程中,学生不仅要获取大量人类已知的客观世界运动的规律性知识,而且要从这些知识的获取过程中了解和掌握发现知识的过程与能力。从我国基础教育的课程改革来看,数理实验类课程的教学有所削弱,许多高中大幅削减了这些课程的教学时数,不能有效促进物理、化学、生物等实验科学类课程教学,不利于科技创新人才的培养。要想在数理实验类课程的教学中培养学生的创造力,至少可以加强以下四个方面的工作:(1)增加科技发展的背景介绍,了解科学知识的产生和积累过程;(2)设置问题情境,引导学生进行研究性学习;(3)增加科学实验课时,在感性直观和科学探索的过程中呈现科学知识;(4)将多学科的知识融会贯通,在知识的联合中训练多种智力。应该说,数理实验类课程可以全面有效地训练科学幻想意象思维力、分析智力、综合智力和实践智力,提升个体创造潜质。

三、环境气氛与学生的创造性决策习惯

知识、智力与思维风格属于创造性活动中的认知资源,人格、动机和环境则作为创造性活动的动力系统决定个体的认知资源能否被有效使用的心理环境。中小学教育过程中,要特别重视有利于创造力发展的心理环境建设,培育青少年学生开展创造性活动的动力定型、价值取向和评估与选择机制。从一定程度上说,创造是一种习惯,而习惯是养成的,因此在教育教学中要给予学生创造性思维、创造性活动和创造性决策的表现机会,以帮助学生养成创造性习惯。

第一,注重价值引领,淡化和延迟逻辑性和现实合理性评判,促进学生创造性思维能力的发展。价值引领就是要培养学生正确的动机系统。失去价值观约束的能力发展,带来的结果具有随机性,走向我们期望之反面的概率增大。以升学动机替代价值观教育,带来两个明显问题:(1)在中小学教育阶段,考试成绩好的学生受宠,考试成绩差的学生失宠,并由此造成师生隔阂或对立,继而带来家长焦虑,亲子关系遭到破坏,学生的心理健康问题随之出现;(2)造成个体价值体系缺陷,使个体成人后偏离正常人生道路的概率增加,自我约束的失败必然带来严重后果。发展学生符合社会价值导向的意象思维能力,是青

少年创造力培养的重要途径。初级的意象思维是儿童早期思维的主要方式，从幼儿阶段开始有所表现，直至初中，意象思维都是个体思维的主要成分。因为较少受到意识监控和逻辑筛选，意象思维更具新颖性、灵活性、情感性、非逻辑性和创造性。在中小学教育中，要使学生养成意象思维的习惯，充分发展意象思维能力。

第二，恰当识别学生错误的本质和原因，就事论事，不过度泛化，呵护学生的效能感。青少年学生的社会性价值判断、行为能力、控制能力尚处于较低水平，做错事是常有的，也是正常的，纠正这些错误并发展学生行为能力是教师和家长的职责。但要注意保护学生的创造热情，促进其创造力的发展。教育工作者要善于发掘学生失误过程中表现出来的积极元素，在给予鼓励的同时，与学生共同寻找改进的途径，使学生的错误反过来成为成长的契机。错误之后是发展，而不是停滞。

第三，开展问题导向教学，在逐步增加问题约束条件的过程中，培养学生先发散后集中的思维习惯。问题导向教学仍属于新理念教学，它是培养具有创新能力的科技人才的重要教学策略。认知心理学的研究表明，知识贫乏领域问题与知识丰富领域问题的表征和解决机制有所不同，科学发现和科技创新过程都依赖于专门知识。因此，要培养学生的创新能力，应该结合课程教学展开。在数学、物理、化学、生物、美术、音乐等课程中，设置问题情境，促进学生在小组讨论等合作学习中、"一题多解"的发散过程中，寻找不同知识之间的新的结点，归纳和形成新的问题图式，提高知识的迁移能力和问题解决能力。而且，要适时地改变或增加问题的约束条件，让学生有机会不断地变换视角，从不同角度分析、表征和解决问题，发展学生多维度、多目标、更全面的思维习惯，养成创造性思维习惯。

第四，培养学生以任务为导向的研究性学习兴趣，提高学生延迟满足的能力。个体的创造性成就往往是在个体钟爱的领域中取得的，也就是在吸引个体的工作中取得的，有任务导向性。正如斯腾伯格指出，兴趣不是与生俱来的，而是要靠培养获得，包括以任务为导向的研究也是一种需要培养的习惯。在学校教育教学中，开展一定规模的研究性学习活动，培养学生的课程学习兴趣，并使学生能够为了这些兴趣，学会制定中长期学习计划，追求在一个较长时间后获得较大成功体验的动力倾向，即培养延迟满足的能力。教育教学需要机智，而且这种机智不会被某种僵化模式束缚。从斯腾伯格的理论看，创造力和创造力的作用过程都是多种个体心理资源、社会心理资源相互作用的结果，不是哪一个僵化模式能够承担得起的。因此，在教育教学实践中，多去发现培养学生创造力的机会，而不是去构建一个一个的模式，因为模式的构建往往是作茧自缚，必将适得其反。

四、开设思维训练课

为学生开设一定的思维训练课，并结合课堂之外的实践课题，培养学生思维品质，促进学生创造性思维的发展。

1. 思维的流畅性训练

思维的流畅性体现了思想的丰富性。在短时间内产生的观念多,表明思维流畅性大,反之,思维缺乏流畅性。

训练思维的流畅性可使用以下四种方法:(1)用词的流畅性训练。例如,要求学生在一定时间内说出尽可能多的含有规定的字母或字母组合的词,并提供范例进行训练。(2)联想的流畅性训练。例如,要求学生在限定时间内对一个指定的词说出尽可能多的意思以及该词的同义词或反义词,并提供范例进行训练。(3)表达的流畅性训练。例如,要求学生按照句子的语法结构和语意要求,运用尽可能多的词汇造出一个句子来。(4)观念的流畅性训练。例如,要求学生在限定时间内提出尽可能多的、满足一定要求的观念,即提出尽可能多的、解决问题的答案。

前三种训练都要运用语言,后一种既可借助语言也可借助动作。训练既可个别进行,也可集体进行,如头脑风暴法就是一种集体观念的流畅性训练方法。头脑风暴是指运用人的智慧去冲击问题。它采用开会形式组织人们对特定的问题进行讨论,当一个与会者提出一种设想或看法后,就会激发其他成员的联想,而这些联想又会激发更多更好的联想,这样就形成一股"头脑风暴"。由于各人在起点、掌握的材料、观察问题的角度和研究方法等方面具有差异,因此会产生各自独特的见解,然后通过相互间的启发、比较甚至是质问、责难,可在短时间内产生解决某一问题的许许多多的方法。想法越多,最后得到有价值见解的可能性就越大。头脑风暴既是开拓人们思路的训练方法,也是使人们产生具有创造性的设想,得到意想不到的问题解决方式的好途径。

2. 思维的变通性训练

思维的变通性体现了思维的灵活性,即摈弃旧的习惯思维方法,开创不同方向思维的能力。训练思维的变通性可用以下三种方法:(1)物体功能变通性训练。例如,要求学生在一定时间内提出普通物体,如桌子、木块等,尽可能多的用途。(2)远距离联想变通性训练。例如,训练学生在意义距离相隔甚远,表面看似不存在联系的事物之间建立新联系。(3)问题解决变通性训练。例如,要求学生解决一系列问题,而其中每个问题的解决都需要运用一个不同的策略,从而增强思维灵活性的意识。

3. 思维的独特性训练

思维的独特性体现了产生不寻常的反应和不落常规的能力,重新定义或按新的方式组织我们的所见所闻的能力。训练思维的独特性可用以下四种方法:(1)命题独特性训练。例如,要求学生对给予的一段故事情节给出一个适当又富有新意的题目,并且越有新意越好。(2)后果推测独特性训练。例如,给出一些独特性的事情,如"如果国家和地方的法律都突然被废止","在宇宙飞船上分娩"等,让学生想象可能会发生什么事。(3)故事结尾独特性训练。例如,给出一些短的故事或寓言,但缺少结尾,要求学生作出独特性的结尾来完成这些故事或寓言。(4)问题解决独特性训练。这是要求学生尽可能用独特的方法解决所提出的问题。

4. 思维的辩证性训练

有关思维辩证性训练的研究，学者们尚在探讨之中。不过，归纳推理能力与演绎推理能力的训练对这一问题的探讨有借鉴意义。

第一，归纳推理能力的训练。归纳推理是人类思维最基本的形式之一。它是通过考察个别事物或现象具有的某种属性，从而推出这类事物或现象普遍具有这种属性的过程。因此，归纳推理训练任务的基本形式都是先呈现一组元素，然后要求归纳出一个规则或把规则应用到一个例子中。常见用于训练的任务有系列完成任务，即要求学生根据系列已有部分的特点来完成这些系列，如字母系列：cdcdcd________，npaoqapraq________；数字系列：32 11 33 15 34 19 35________，72 43 90 71 47 85 70 51 80________，等等，都可以用来训练学生的归纳推理能力。

第二，演绎推理能力的训练。演绎推理是由一般推及特殊的过程，是个体思维的一种重要形式。由于演绎推理反映了人类信息加工的基本特点，演绎推理能力的提高被视为思维辩证性训练的主要内容。三段论是最典型的一种演绎推理。

三段论是从两个反映客观对象之间关系的判断中得出新的判断。训练三段论推理能力的常用办法是把三段论推理程序教给受训者。当然，训练中应逐步引入三段论推理的概念。美国心理学家利普曼（Matthew Lipman）等人在这方面进行了很好的尝试。他在《儿童的哲学》中首先让儿童了解句子转换后句子的性质也会变化，如“所有的狗都是动物”变成“所有的动物都是狗”，然后引导他们认识转换规则在逻辑结构中的应用，让他们做许多练习。

向学生传授思维技能并非一朝一夕便能立竿见影。教师应结合学科教学进行思维训练，即在教学中结合实例讲解和实际练习提高学生的思维能力。

本章小结

当人们不能采取直接手段达到目的时，就有了问题。问题其实就是人们面临的一种认知情境，在这种情境中，人们要想达到目标，存在某些障碍。问题解决就是有目的的认知操作序列，是在问题的起始状态与目标状态之间建立合理联结的心理过程。建立这一联结的影响因素既包括问题刺激情境因素，也包括解决者的主体因素，如刺激模式、问题表征、心理定势和动机等。有效策略可以促进问题的解决。学校教育可以启发或训练学生的问题解决策略和能力，特别是创造性解决问题的能力。创造性是指个体产生新奇独特的、有社会价值的产品的能力或特性，故也称为创造力。创造性以创造性思维为核心，所以学校教育常常从培养创新意识和训练创造性思维等方面来培养学生的创造性能力。

推荐阅读

1. 约翰·波拉克.(2016).*创新的本能:类比思维的力量*.青立花,等译.北京:中信出版社.

2. Hunt, R.R., & Ellis, H.C.(2004). *Fundamentals of Cognitive Psychology*. New York: McGraw-Hill.

复习思考题

1. 解释下列概念:

   问题　归纳结构问题　排列问题　转换问题　问题解决
   问题解决环　算法式策略　启发式策略　选择性探索　爬山法
   手段—目的分析法　逆推法　定势　功能固着　创造性　创造性思维
   发散思维　聚合思维　头脑风暴法　分析智力　综合智力
   实践—情境智力　思维风格

2. 结合实例分析问题解决的过程。
3. 常见问题解决的策略与方法有哪些?
4. 试述影响问题解决的因素。
5. 专家与新手在问题解决上有何区别?对我们有何启示?
6. 我们应如何在教学中提高学生解决问题的技能?
7. 我们应如何在教学中培养学生的创造性思维能力?
8. 哪些思维形式有助于创造性活动?

第八章

动作技能的学习

从生产过程中的机械操作，到日常休闲中的体育运动，动作技能都是不可缺少的组成部分。动作技能也是人才培养的一个重要方面，优秀人才不仅要有优良的品格、发达的智力，还要有充分发展了的动作技能。本章将阐述动作技能的内涵和种类，动作技能学习，以及如何根据动作技能的特点和形成规律指导动作技能学习。本章主要内容如下：

1. 动作技能与动作技能学习；
2. 动作技能学习中的练习与反馈；
3. 动作技能教学的过程和模式。

第一节　动作技能与动作技能学习

动作技能是人类运动中最广泛最复杂的身体活动与社会活动的产物，通常需要学习才能形成。

一、动作技能的概念和种类

1. 动作技能的概念

动作技能(motor skill)，又称运动技能，是主要借助神经系统和骨骼肌肉系统实现的外显操作活动。动作技能是表现能力的重要形式，如叉车司机对叉车的操作、厨师对厨具的运用、运动员身体技能的展示，都需要充分发展了的动作技能的参与。动作技能通常由一系列指向特定目标或任务的具体动作组成，这些动作模式往往需要通过学习才能形成。

动作技能是能力的组成部分，其内涵有别于智力技能。智力技能(mental skill)指由认识主导的活动，是由记忆、想象、思维等组成的内隐心智操作方式，如心算技能。虽然智力技能与动作技能的主导成分不同，但两者关系紧密，不仅在发展过程中相互支撑、相互促进，而且在完成较复杂的活动时也会相互配合。

2. 动作技能的种类

动作技能种类繁多，可以从不同维度对动作技能进行分类。例如，根据动作是否连贯可以分为连续性动作技能(continuous motor skill)(如跑步、骑车)与非连续性动作技能(discontinuous motor skill)(如举重、射击);根据完成动作技能时涉及的肌肉群的性质可以分为精细的运动技能(fine motor skill)(如写字、绣花)与粗大的运动技能(gross motor skill)(如游泳、打篮球);根据完成动作技能对环境条件的依赖程度可以分为开放性动作技能(open motor skill)(如踢足球、打排球)与闭锁性动作技能(close motor skill)(如跳舞、练习瑜伽);根据完成动作技能时是否使用工具可区分为工具性动作技能(instrumental motor skill)(如打字、驾驶)与非工具性动作技能(uninstrumental motor skill)(如健身操、跑步);根据动作技能的熟练程度可以分为初级的(刚学会的、不熟练的)动作技能和高级的(熟练的、自动化的)动作技能,高级的动作技能也称技巧(acrobatic skill),如街舞比赛中,高难度表演需要系列技巧的支撑。与此类似,还有以动作技能学习者会能度为标准进行的分类(董文梅,毛振明,包莺,2008)(见表 8-1)。

表 8-1 动作技能的分类

大　类	亚　类	典型动作技能举例
会与不会有明显区别的动作技能	完整技能	蛙泳、独轮车、跨栏、背越式跳高、挺身式跳远、铁饼、标枪等
	分立技能	排球正面双手传球、正面上手发飘球、正面扣球;乒乓球削球、弧圈球;篮球跳投、运球转身;足球头顶球等
中间型动作技能	完整技能	鱼跃前滚翻、滑步推铅球、蹲踞式跳远、少年拳、短跑、健美操、轮滑等
	分立技能	篮球原地双手胸前投篮、排球侧面下手发球、足球脚内侧踢球、羽毛球发高远球、乒乓球挡球和推挡球等
会与不会没有明显区别的动作技能	完整技能	前滚翻、徒手操、长跑等
	分立技能	篮球双手胸前传球、高运球,乒乓球发平击球等

二、动作技能学习的阶段

动作技能学习(motor skill learning),也称运动技能学习,是指在练习的基础上形成按某种规则或操作程序顺序完成某种肌肉运动或身体动作的过程。动作技能学习(或者说动作技能形成)的途径和方法是练习。动作技能学习可以分为认知、联结和自动化三个阶段。由于某些动作技能和某些学习者很难达到自动化阶段,而是逐步接近自动化,故还可以将自动化阶段细分为前自动化和自动化两个亚阶段(于素梅,毛振明,2009)。

1. 动作的认知阶段

动作的认知阶段主要是一个认知准备和模仿过程。动作技能学习的初期,练习者通过接受指导和观察,认识动作的基本原理和要求,并进行初步的操作尝试,在头脑中形成动作技能的表象。对动作的认知可以来自阅读操作说明书或学习手册,观看真人示范或录像,以及聆听讲解。

在动作的认知阶段，学习者在操作动作技能时注意范围比较窄，只能注意个别动作，整体动作既不连贯也不协调；由于受习惯动作的干扰，不仅动作速度慢而且有许多多余动作，不能控制动作的细节，注意十分紧张，记忆也不准确。整个动作是在意识控制下，主要是在视觉控制下进行的。

2. 动作的联结阶段

动作的联结阶段是继续模仿练习到自主练习阶段，学习者掌握了一系列动作，并开始将这些动作联系起来。学习者从开始阶段的动作认知转向动作操作，但由于各个局部动作之间的联系仍不紧密，学习者需要克服以前动作习惯的干扰。通过动作的交替练习，肌肉运动感觉逐渐清晰和准确，对动作的控制和调节能力逐渐加强，各个局部动作形成一个完整协调的结构体系。在这个阶段，尽管学习者的协调性、稳定性和灵活性加强，但一旦遇到某种意外事件或者特殊场合（如竞赛），多余动作或者错误动作又会出现。

3. 动作的自动化阶段

自动化阶段是动作技能的完善阶段，动作之间形成了一个完整的自动化动作系统。如果学习者学习时数不够，在顺利度过联结阶段后还会停滞于未完全自动化的前自动化阶段。在体育教学中，大部分学习者都停留在这一阶段。真正达到动作技能的熟练程度，学习者完成动作时的紧张状态和多余动作已完全消失，动作已改由大脑的较低级中枢控制，几乎不需要有意识控制。在这一阶段，动作执行由有意识转向无意识，调节以内反馈为主并形成稳定的动作协调模式。

表 8-2　动作技能学习的三个阶段及相应心理特点

	认知阶段	联结阶段	自动化阶段
信号来源	视听知觉获得观察示范讲解动作主要结构的外部信息	视觉与肌肉运动觉提供的外部信息和内部信息的结合	神经肌肉运动和各关节活动提供的内部信息
注意	注意范围窄，不能分配和转移，指向集中于动作的主要特征或方面	注意范围扩大，分配和转移能力增强，指向集中在完成动作的薄弱环节	从完成动作的过程中解放出来，指向集中在完成这个任务的其他重要方面
记忆与思维	动作的主要结构、特征和个别单一的动作	将局部的、单一的动作联合成整体的动作	动作的系统性、整体性与创造性
知觉与表象	视听知觉、运动知觉及其留下的表象模糊不清、不准确	视听知觉、运动知觉及其留下的表象清晰、准确	运动知觉精细分化并形成专门化知觉，运动表象清晰、准确
控制调节反馈	视觉表象控制与调节动作	视觉表象监督下的动觉表象占主导地位	完整动作表象控制与调节动作

专栏 8-1

虚拟现实、增强现实与动作技能训练

虚拟现实(virtual reality, VR)和增强现实(augmented reality, AR)是在计算机系统与传感器技术模拟基础上生成的可交互虚拟世界,在竞技体育和重要操作技能学习中具有十分重要的价值。

虚拟现实实现的是一种崭新的人机交互状态,通过对虚拟世界中的物体进行考察和操作,参与其中的事件,并同时提供视、听、触觉等直观而又真实的全感知体验。增强现实是让不存在的物象与现实世界的图像融合在一起,交互后的影像投射或投影到其他装置和介质上。增强现实不仅展现了真实世界的信息,而且将虚拟的信息同时表达出来,虚与实相互补充、无缝叠加,提供了不同于日常感知、超越现实观感的体验。

虚拟现实、增强现实具有相似性,但它们的核心技术大不相同。现阶段的虚拟现实如同电影拍摄,影像可取自实景也可数字创作,在应用上主要关注虚拟场景是否有良好的体验和交互。虚拟现实如同照镜子,影像通常伴随实物而变化;增强现实则强调复原人类视觉的功能,自动去识别和跟踪物体,然后进行多维建模、场景融合,最后显示在设备屏幕上,并可实时交互虚拟信息。

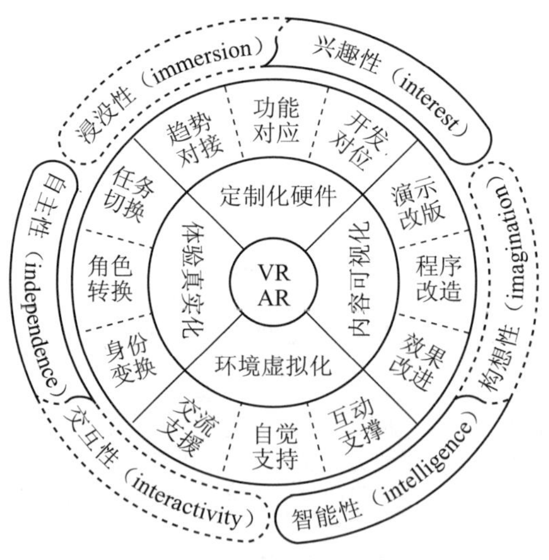

图 8-1 基于虚拟现实、增强现实的学习生态圈图

(采自张枝实,2017)

虚拟现实、增强现实的环境让学习者仿佛置身于现实世界,不仅可以直接操控虚拟物体,而且能感觉到反作用,使用户沉浸其中、投入热情,完成通常繁琐枯燥的学习训练和知识汲取,实现寓教于乐。虚拟现实和增强现实可通过定性与定量学习,帮助学习者获得对客观事物和世界的理性、感性认识，建构新的创意，优化教学过程；通过提供智能引导，充分调动大数据、云计算等服务，将数据分析和服务推送工作前置，不仅能够给学习者提出合理建议，而且能够协助学习者走出认知误区；系列化的专业或课程可能会转变为情节不同、场景定制的演出，“现场脑补”的技能实训和现实考验可以把抽象的概念变得形象具体，从而使学习者获得比实际教学更全面系统、精细震撼的知识冲击，形成更好的记忆链条。虚拟现实和增强现实将用户与系统视为一个整体，通过对复杂数据进行可视化操作，强化人机交流，帮助学习者克服心理障碍和交流恐惧，自由地理解、使用和创生信息，进而提高学习效率。

虚拟现实技术在运动训练中有独特的优势。它解决了传统研究中知觉与动作分离的现象，能够帮助人们更好地理解运动员如何获得信息并完成复杂运动技能，使研究更加接近真实运动情景；能有效地监控、预测和评价运动技术动作，让虚拟运动员事先尝试新动作，降低运动训练的风险，提高运动训练的效率。对棒球、手球、足球等虚拟运动情境中知觉与动作之间关系的研究发现，运动员在虚拟情境中能够做出准确的拦截动作。虚拟运动情境中感知与动作匹配程度影响知觉动作绩效，匹配程度越高，动作绩效越好。相关研究也证实了运用这些技术时专家优势的存在。

三、动作技能学习的理论

对动作技能学习的理论解释，经历了从生理到心理，从行为到认知，从认知与行为相对分离到统一的过程。

1. 联结理论

苏联学者加加耶娃将动作技能学习分为掌握局部动作、初步掌握完整动作、动作的协调和完善三个相互联系的阶段（丁俊武，2007）。联结理论认为，动作技能学习的实质就是在大脑皮层上形成稳固的神经联系系统（或称为自动化的运动条件反射系统）。

联结理论将动作技能学习看成一个由易到难、由简到繁、由局部到整体、由低级到高级、由不熟练到熟练的循序渐进的发展过程，这为动作技能学习提供了方法论依据（阶段练习法）。但是，联结理论仅仅将动作技能学习的机制归结为动力定型的形成，没有注意到人的主观能动性和认知因素在动作技能学习过程中的重要作用，使得该理论在解释高级复杂技能学习时不可避免地遇到诸多局限。

2. 习惯理论

习惯理论是行为主义基于学习是 S—R 联结的基本观点提出的动作技能学习理论，其中最有代表性的是连锁反应理论（chain reaction theory）。从 S—R 联结的观点看，动作技能学习就是人的外显动作行为在外部影响作用下的变化过程，其结果就是形成稳定、连贯、准确的动作序列和动作习惯，动作技能的提高就是动作序列和动作联结不断延长，而动作技能形成后用于完成新的任务，就是动作习惯的泛化。

刺激引起反应，第一个动作的动觉反馈调节着第二个动作，第二个动作的动觉反馈又调节着第三个动作……从而产生了动作技能的连续性运动。例如，儿童学会用钥匙开门的连续性动作：首先用手拿钥匙，对准锁孔，确认插入的位置是否准确，将钥匙完全插入并向正确方向旋转，推门。这一动作系列的连锁反应如图 8-2 所示。

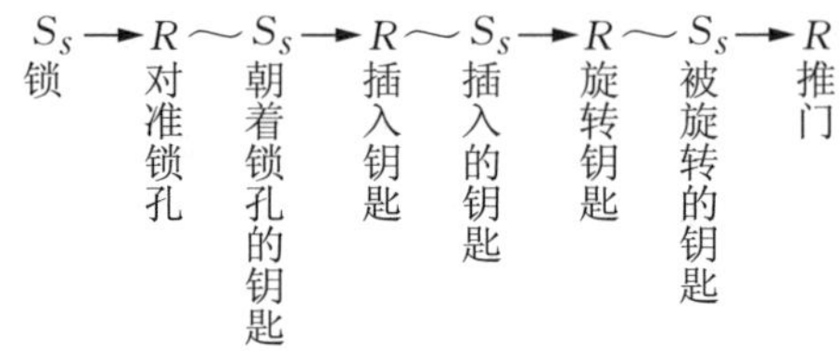

图 8-2 用钥匙开门的连锁反应图示

(采自黄希庭，1991)

在这种情况下，每一个动作(S_s→R)如果不按上述顺序进行，就达不到目的。因为如果钥匙的方向不对，就无法插入锁孔；如果钥匙没有全部插入，就不能旋转。如果顺利地完成一切操作，门就可以打开了。开门的最后一个动作是对整个连锁反应的强化。

连锁反应理论强调练习和强化在动作技能学习过程中的关键性作用，抓住了人类学习的外部影响条件，但没有深入动作技能学习的内部心理过程，没能解决高层次的学习动机问题，没有认识到认知因素在动作技能学习过程中的重要作用，因而不能有效解释复杂的高水平的动作技能的获得，更难以解释动作创新问题。

3. 闭环理论

20 世纪 70 年代，亚当斯(Adams, 1987)提出动作技能学习的闭环理论(closed-loop theory)，标志着专门的动作技能学习理论初步形成。闭环理论揭示了动作学习的内部控制机制，认为知觉痕迹和记忆痕迹是动作技能学习的基础。知觉痕迹是在动作过程中获得的一种即时的内部反馈系统，是联系当前动作与以往动作记忆痕迹的中介，起着反馈和修正动作的作用。记忆痕迹是以往多次动作反应积累起来的信息库，是一种内部参照系统，起着选择和发动动作的作用，同时也作为一种判断标准，与知觉反馈来的信息比较，鉴别错误动作。动作技能是在动作反应、知觉痕迹和记忆痕迹这三种因素的共同作用下形成的。

闭环理论的开创性贡献在于初步揭示了动作技能学习的内部心理机制，它提出的知觉反馈、错误勘测、动作矫正、过程控制等见解为后续研究开拓了思路。但是，该理论对解释动作技能学习存在不足，难以解释：(1)记忆如何储存那么多的动作细节，并在需要的时候准确提取；(2)何以能在瞬间对多变的快速动作知觉作出反馈；(3)人在新异情境下为何能根据环境和任务的要求作出灵活的适应性动作。

4. 图式理论

图式理论(schema theory)用图式这一概念解释动作技能学习,是一种基于认知心理学的理论(Schmidt & Lee, 1999)。图式(schema)是知识的一种综合性表征形式,是人脑中一类有组织的知识结构。一个图式中往往既含有概念和命题,又含有表象和脚本等心理表征形式。图式表征的是事物或事件的一般特征而非独特特征,因而具有抽象性、概括性和层次组织性。图式理论认为,动作图式(motor schema,或运动图式)是在观察和练习基础上在大脑中形成的一种概括化动作结构,它反映的不是具体的动作细节,而是具有一定概括性的动作变量关系和一般性的动作程序及原理。这些图式按概括程度的不同构成一个多层次的动作图式系统,正是这个图式系统起着选择、发动和校正动作的作用。

研究表明,经过练习形成的运动图式就是程序性知识在长时记忆中的储存。例如,弹琴、打字、驾驶汽车等动作技能要形成动作图式,必须经过 1 000 小时至 1 500 小时的练习。一个有 1 000 小时以上驾驶经验的司机,对驾驶途中可能遇到的情况以及相应的处理措施,在其头脑里构成一套套的动作图式。这些动作图式随着练习的增加不断精炼,就如整装待发的战士,随时待命。在活动之前,这些动作图式构成一种总的动作图式,并在无反馈的情况下使活动进行下去。

图式理论有效地解决了动作技能学习中的储存容量问题、新异性问题、反馈时限问题和认知问题,对动作技能学习的解释也更加全面、合理和深刻。

5. 信息加工理论

信息加工理论由辛格(Robert N.Singer)等人提出,也是一种强调认知的动作技能学习理论,将动作技能的学习看作一个信息的接收、转换、加工、存储和输出过程,并强调信息加工过程中个体主观能动性的作用(Singer, 1980)。该理论认为,个体在动作技能学习的认知阶段会形成对动作技能学习的预期,而这种预期包含目标意向和目标期望两种成分。目标意向是指在了解了动作的性质等内容后,对过去的动作经验进行回忆并形成表象,明确要完成的反应模式;目标期望是指根据以往成功和失败的经验,结合自身的能力水平和任务的难易程度,对自己的学习结果形成一种期望。预期对动作学习起着定向和动机作用,使学习定向于一定的目标,体现了动作技能学习的目的性。

6. 认知负荷理论

认知负荷理论(cognitive load theory)的基本观点:(1)长时记忆的容量可视为无限的,工作记忆的容量则极为有限。工作记忆是信息加工的场所,长时记忆是信息的贮存场所。(2)认知加工包括两类,一类是有意识的加工,需要占用注意资源,速度较慢;一类是快速的、自动的并行加工过程,是无意识的,不占用注意资源。(3)经过充分练习,所有的认知加工过程都可达到自动化。(4)长时记忆中的信息是有结构的,图式是知识表征的最基本单位,可以将多个元素组织成一个整体,从而减少工作记忆中信息加工单元的数量。

认知负荷有三种来源:(1)内在认知负荷,取决于学习材料的难度,材料的复杂度和难度水平都会增加认知负荷。(2)外在认知负荷,来自学习材料的呈现方式及其要求的学习活动,会干扰图式的获得和自动化。这种负荷是不必要的,是由与学习过程无关的活动引起的,不是学习者建构图式必需的,因而又称无效认知负荷。(3)关联认知负荷,附加的、非必需却又有利于图式建构的认知负荷,如做笔记会增加认知负荷,但也能促进学习。

增加关联认知负荷有助于促进运动技能掌握。增加学习者的自我解释(如本次练习有哪些优点、不足之处?有哪些需要改正?),不但有利于学习者图式的建构(Van Merriěnboer & Sweller, 2010),而且是一种增加关联负荷的有效方式。减少外部负荷也有利于增加关联负荷,如梅耶(Mayer, 2005)的研究表明,在向工科学生讲授电机工作原理时,文本附以图片的讲授形式能降低学生的外部认知负荷,学生的保持和迁移成绩要好于纯文本的讲授。而讲解动作技术要领时,将学习材料以图片的形式呈现给学习者,将会使学习者释放出大量的记忆容量,为提高关联性认知负荷提供了可能(庞维国,2011;梁波,商伟,姜勇,2012)。

第二节 动作技能学习中的练习与反馈

熟能生巧是传统智慧对动作技能学习中练习作用的深刻认知,而反思和点拨提供的反馈则是动作技能进阶和完善的促进因素。

一、练习

动作技能学习是相对永久的行为变化,练习是从临时(暂时)掌握到相对永久保持的途径。练习(exercise)是为掌握某种活动方式而反复操作的过程,通常以操作时间间隔15秒为界限分为分散练习和集中练习两种基本形式。

总体而言,动作技能学习成绩随练习而逐渐提高,主要表现为速度的加快和准确性,这是动作技能学习的共同趋势。练习成绩的进步情况可以用练习曲线或学习曲线(learning curve)表示,该曲线表示技能学习或形成过程中练习次数与练习成绩的一般关系。练习曲线有各种表现形式,有的技能练习曲线会表现为成绩进步先快后慢,而有的技能练习曲线会表现为成绩进步先慢后快。复杂的动作技能练习到一定时期,成绩的提高还会出现暂时性停滞,这种现象被称为高原现象(plateau phenomenon)。高原现象往往是练习方法和练习动机综合作用的结果,也是动作技能学习质量提升的关键阶段。改进练习方法和克服生理与心理的困境可以帮助学习者消除高原现象。总而言之,动作技能练习成绩的提升，受技能性质、练习形式、练习动机等多种因素的影响。

练习有不同的形式，从时间安排上可以分为分散练习(distributed practice)和集中练习(massed practice)，前者在练习过程中插入一些休息，后者在练习期间不间断地反复进行练习。根据练习的内容可分为整体练习(holistic practice)和分解练习(part practice)，前者进行一次次完整的动作技能练习，直到学会为止，后者把完整的动作技能分解为各个部分，分别进行练习。

对各种练习形式效果的研究发现(王健，曲鲁平，赖勤，2015)：(1)分散练习对动作技能学习产生的整体效果优于集中练习，复杂的动作技能练习更是如此；(2)在运作技能的掌握和保持阶段，分散练习对不同肌肉参与类型动作技能的掌握和保持均有较好效果；(3)不同练习的分布方式对动作技能的掌握均也有较好效果，但是在保持阶段，练习间隔的学习效果优于单元间隔。

技能的性质、学习者的年龄、能力、身体素质等都会影响练习的效果。就大学生来说，游泳采用整体练习的方式效果较好；排球采用分解练习的方式效果较好；而对于羽毛球的学习，两种练习方式的效果没有明显差异。若学生的能力较低，动作技能的熟练程度还达不到一定水平，则较适宜采用分解练习的方式；反之，使用整体练习更有效。

干扰会影响练习的效果(金亚虹，于宗成，常淑芝，吉承恕，戴群，2010)：在练习中插入对自身操作错误的评估活动，有利于运动技能的学习；练习中插入学习相似任务操作错误的评估活动，最不利于运动技能的学习。

二、反馈

反馈(feedback)是指个体在练习期间或练习后获得的、关于动作技能操作的信息。反馈是除了练习以外另一个影响动作技能学习的重要变量。

根据反馈作用的发生时机，通常将反馈分为前反馈、同步反馈和之后反馈。根据反馈的信息来源，一般将反馈分为内在反馈和外在反馈。内在反馈是动作完成后不需要凭借其他方式自然产生的信息，是动作的必然结果，又称为固有反馈。内在反馈不需要他人告知，可通过自身感觉系统得知，既可来自身体外(外感受性)，也可来自身体内本体感受器。人类感觉系统中的视觉、听觉、触觉、本体感觉等信息，是内在反馈非常重要的信息源。外在反馈是指动作执行后自身体验不到的、凭借外力和外物对动作结果外加的信息，是对内在反馈信息的补充，又称为追加反馈。个体可通过外在反馈给自己的技术动作定位或为改进动作提供参考信息。

在动作技能教学中，反馈频率、反馈时机、反馈方式是影响反馈效果的最基本因素。

第一，反馈频率。在简单动作技能学习中，信息加工负荷较小，低频率反馈比高频率反馈等更能促进技能学习，而在复杂动作技能学习中，信息加工负荷较大，高频率反馈比低频率反馈更为有效。

第二,反馈时机。在技能学习中,同步外在反馈(指个体在操作技能或运动过程中提供的外在反馈)、末端外在反馈(指个体完成技能操作或运动后提供的外在反馈)、即刻反馈或延迟反馈等的提供都不是固定的,受到诸如任务难度、任务性质、个体技能熟练程度、年龄和视觉反馈等多种情境因素的影响。给予适宜外在反馈的总体趋势是:(1)在信息加工负荷较小(操作任务简单)时,提供末端外在反馈或延迟反馈能促进个体形成自身察觉错误的能力,促进学习;当信息加工负荷较大(操作相对复杂任务)时,则应在关键时刻给予同步外在反馈,或在练习结束后提供即刻反馈,以降低任务难度,提高学习效果。(2)在技能学习初期多采用同步外在反馈有助于初学者学习,而在技能学习熟悉阶段,采用末端外在反馈效果更好。

第三,反馈方式。言语反馈和录像反馈是反馈的两种方式,针对不同的学习任务,合适的反馈方式有助于促进动作技能学习。

除了以上反馈形式的影响,在动作技能学习和教学中,注意焦点、自我控制反馈、替代反馈和复合反馈也是提升反馈效果的途径。

第一,注意焦点。注意聚焦于外部比聚焦于内部更有利于动作技能学习。外部注意焦点的优势来自对动作效果的注意而非与动作相关的事物,注意焦点与身体的距离越远,动作技能学习效果越好。限制行为假设认为,当个体采用内部注意焦点时,会限制受自动加工动作的控制,采用外部注意焦点能够用更少的意识来控制行为,从而避免影响自动化的动作。例如,边骑自行车边聊天,关注骑自行车会影响骑行。共同编码理论认为,在人脑中,知觉与动作之间存在共同表征,它们享有共同的神经基底,每当知觉过程和动作同时进入人们的共同表征,相互的干扰就会出现。以发球为例,发球动作和对发球时身体运动的知觉共用一个神经基底,在关注身体本身即感受发球动作的同时做出发球动作,两者就会发生冲突,导致动作执行的效果不佳(曹子义,任杰,严进洪,2013)。

第二,自我控制反馈。在学习过程中,自我监控指个体为了达到预定的目标,将自身正在进行的实践活动过程作为对象,对其进行持续的积极自觉的计划、监察、评价、反馈、控制和调节的过程,属于智力技能。自我监控对动作技能有调节作用,能逐步提高动作技能学习效果。出声思维法、他人提问法、录像反馈法和自我监控技能的程序化训练法,有助于培养自我监控能力(刘学涛,陈桂岭,刘微娜,2012)。

第三,替代反馈。替代反馈来自观察学习理论,是在动作技能学习过程中,通过观察某人操作技能来习得该项技能。观察学习对技能学习的帮助情况取决于示范者的水平和示范的角度。单纯的初学者示范比高水平示范更好,这有助于观察者更积极地思考,有利于将不同动作模式与不同动作结果联系起来,从中找出和发现改正错误的方法。高水平和初学者混合示范的方式对一般动作模式的形成和发展效果更好。就示范角度而言,背面示范(学生在教师背后进行学习)比正面示范(教师与学生面对面)更好,但最好以背面示范为主,配合使用镜面示范。

第四，复合反馈。复合反馈模式建立在观察学习和自我控制理论的基础上（王海燕，2013），包含引导观察、模仿练习、自我监控指导、自我调节四个阶段。复合反馈比简单反馈更能促进动作技能学习。

第三节 动作技能教学的过程和模式

一、动作技能教学的一般过程

天才手工艺人和优秀运动员如果能掌握科学的教学方法，就能把自己的动作技能更好地传授给新手。高效的动作技能教学遵循一定的过程。

1. 明确目的和任务

练习不是无目的的简单重复，教学的目的和任务明确，才有可能对照练习的动作与要掌握的动作技能的要求，进行有效练习。动作技能学习需要经过认知阶段而掌握技能的原理、原则。

第一，明确学习或练习的目的，即要学什么，以及通过练习后，动作技能应达到什么标准。

第二，说明动作技能的性质和类别，学习的动作技能是简单的还是复杂的，是工具性的还是非工具性的，等等。

第三，讲解学习的程序和步骤，明确学习动作技能的步骤、动作顺序、练习时间和分配方式。

第四，注意事项。例如，什么时候最容易发生什么错误和危险，以及如何进行防范。

2. 科学示范

动作技能教学一开始就要教给学生正确的动作。教师示范动作必须准确，不但要把动作技能中的每一个动作清楚地展示出来，而且要突出重点。通常可以通过分解动作的方式演示动作过程。例如，可以控制录像播放速度，或者现场演示正常的过程，使学生获得整体印象，而后分段、放慢速度展示每一个动作。

示范方式对动作技能学习也有重要影响。例如，教师讲解的方式、对学生的要求等，都会影响学习效果。

3. 反馈与练习

合理反馈、选用最有效的练习策略，会提高学习的效率。与智力技能相结合、进行动机管理，也会提升反馈与练习的效果。

智力技能与动作技能之间有密切的联系，智力训练有助于运动表象、动作概念的形成。例如，尝试回忆（practice of trail recollection）就是一种动脑筋的练习，学生通过回忆可以知道自己哪些动作技能的要领掌握得不清楚，哪些动作做得不正确，从而更加自觉地练习尚未掌握的动作。这样的练习,效果会明显提高。诸如篮球、足球、排球等运动技能,教师为学生提供智力训练的时间,对运动成绩的提高也很有必要。

动作技能的学习或形成要经过一个长期而又困难的过程。激发学生的练习动机,将会增强他投入练习的努力程度,对待困难的态度,练习的坚持性,以及如何使学生动作技能达到标准,形成熟练技巧。动机的强度也会影响学生动作技能的学习。动机过弱,不利于动作技能的发挥;动机过强,学生容易产生焦虑,也不利于动作技能的发挥。

二、动作技能训练的新模式

动作技能训练的传统模式是外显学习的阶段论。不过,内隐学习和表象训练的模式作为传统模式的有力补充,在一些特定领域表现出不可替代的效果。

1. 内隐学习

动作技能学习可以通过内隐学习获得,并且存在一定的优势。内隐学习颠覆了一些传统技能类教学的理解(郭秀艳,2004)是,如果学习者能够内隐地获得环境规则知识,就没必要在他们练习时去问他们究竟看到了什么,想到了什么;向学习者提供一些简单明了的语言线索,指明环境中重要信息“在哪里”,而不是“是什么”,让学习者在多种不同的环境下练习。在动作技能教学中,一般会强调有意注意、记忆等意识活动以及理性力量的参与,而内隐学习的研究表明,人们完全有能力去把握动作技能中暗含的动作要领和规则,教师的主导作用应体现在对学生的启发、引导、知道、释疑等方面。

尽管内隐学习与外显学习的学习方式截然不同,但两者并非完全对立。大量国内外实验表明(王媚,喻坚,2016),单独的动作技能内隐学习或单独的动作技能外显学习其效果都远不如内隐和外显的结合学习。对比研究发现,在简单材料学习中,外显学习与内隐学习效果相当;在较高水平技能学习中,外显学习可能阻碍技能的形成;外显学习在复杂动作技能,在增加动作技能难度的情形下起到了阻碍作用,而内隐学习明显好于外显学习。

宋修娟(2005)的实证研究表明,没有技能基础的学习者,先进行小段时间的内隐学习,再进行大段时间的外显学习,操作绩效最好;有一定基础的学习者,先进行大段时间的内隐学习,再进行小段时间的外显学习,操作绩效比较好。就项目的复杂性而言,当其复杂程度较高,学习者不易把握时,应主要采用内隐学习;反之,则主要采用外显学习,而且外显学习中给出的对规则、要点的指导越精当越有利。就学习者是否有基础而言,若学习者已有一定基础,应主要先进行大量内隐学习,再进行外显学习;反之,则应先进行小段内隐学习,再进行大段外显学习。

动作技能内隐学习研究范式主要有以下四种(胡桂英,许百华,胡婷婷,2009)。

第一,双任务学习。要求学习者在动作技能学习中分别使用外显学习策略和内隐学习策略。外显学习策略是指在学习过程中向学习者传授动作要领,指导学习者使用正确的方法；内隐学习策略是指在学习过程中，不向学习者传递任何技术要领，同时还要求学习者完成与练习无关的任务以阻止学习者自发形成动作技能的外显知识。技能学习结束之后，要求学习者尽可能详细地报告学习过程中使用的方法、策略、技术等信息，通过比较双任务学习组和外显学习组报告信息的多少来判断是否产生内隐学习。若双任务学习组报告的信息显著少于外显学习组，则证明学习者存在内隐学习。

第二，无错误学习。与尝试错误学习相反，学习者在无错条件下以被动方式获得技能，是一种内隐或者无选择模式的学习。研究者认为，在技能学习过程中减少错误的发生会减弱工作记忆的参与，从而减少如何有效完成操作技能有关的陈述性知识的干扰。

第三，反馈阻止学习。在学习者的学习过程中，不向学习者提供任何学习结果的视觉反馈以阻止学习者进行假设验证，从而防止陈述性知识的形成，但不影响程序性知识的积累，从而只能以内隐的方式进行学习。

第四，类比学习。为了减轻学习过程中工作记忆有意识处理的信息量，将与任务有关的规则和知识囊括为单一的力学隐喻，从而避免学习任务卷入大量外显知识。该方法不基于规则传递知识，但能高度表达概念规则之间的关系。

2. 表象训练

表象训练(imagery training)是心理技能训练的一种形式。表象训练是在暗示语的指导下，在头脑中反复想象某种运动动作或运动情境，从而提高运动技能和情绪控制能力的方法(马启伟，张力为，1998)。表象的念动功能使表象训练与身体训练存在一定程度的功能等价，可以作为辅助手段加快动作技能形成速度(朱小林，孙天威，钱振勤，2015)。

表象训练通过多重途径影响动作技能训练的效果。(1)表象的动机功能使表象训练可以调节动作技能训练中的身心唤醒水平，增强自我效能感，将注意指向与任务相关的活动，提升训练成效。(2)表象的编码功能使表象训练可以加强对动作技能的认知学习，熟悉动作的时空特征，建立正确动作的动力定型。(3)表象不但可以发挥编码系统的功能来帮助人们理解或获得运动模式，而且由于形象材料的记忆效果和记忆速度要好于语义材料的记忆效果和记忆速度，这种信息加工优势会提升技能习得的速度。

总体上来看，表象训练对动作序列进行符号练习，优化动作心理图式，强化心理蓝图的认知学习过程具有一定优势。费尔茨和兰德斯(Feltz & Landers, 1983)通过对 60 多项有关表象的文献的元分析发现，表象训练对完成认知成分较多任务的效果总是好于那些纯运动性任务的效果。

依据在动作技能学习中具有的功能，表象分为五种类型，分别是激发具体动机的表象、激发具体认知的表象、激发一般唤醒动机的表象、激发一般控制动机的表象、激发一般认知的表象(李姐，付全，2013)(见表 8-3)。

表 8-3 表象的认知和动机功能

	动机	认知
具体	目标定向反应 例如,想象在比赛中获胜,站在领奖台上接受颁奖	技能 例如,想象高尔夫中的推杆动作
一般	唤醒和控制 例如,想象用深呼吸保持放松的状态,想象自己每一次击球时都有积极的想法	策略 例如,想象在比赛中实施某一策略

3. 认知行为干预

认知行为干预(cognitive-behavioral intervention)是常见的表象训练方法。这种方法是将认知成分(如表象、问题解决、认知重构)与行为成分(如放松)相结合的一种综合性措施。认知行为干预主要包括视动行为演练、压力预防训练和压力管理训练,共同点是都将放松训练与表象联系到一起。视动行为演练分三步实施:第一步,先进行深呼吸和渐进放松训练,这种放松可以简化些,用较短时间进行,使运动员处于一种放松的状态;第二步,表象运动技能和运动情境;第三步,在真实的有压力的情境中运用表象练习一个特殊技术。这样使运动员更容易处理真正比赛中的压力,因为平时的练习情境很少与比赛情境相似,运动员练习时,教练总是想尽办法减少对运动员的干扰(杜丛新,李改,王郁平,2012)。

三、运用迁移规律提升效率

无论是学习者还是训练者,了解动作技能学习中的促进和干扰规律,都有利于提升教与学的效果。

1. 动作技能的迁移

在学习新动作技术时,已经形成和掌握的运动技能对新动作技能的形成与掌握会产生影响。迁移(transfer)就是指已经形成的一种技能对另一种技能掌握的影响。已经形成和掌握的动作技能对新动作技能的形成与掌握具有积极作用,促进新动作技能的形成与掌握,这种情况通常也称为动作技能的正迁移(positive transfer)。例如,学会了羽毛球有利于学习网球。已经形成和掌握的动作技能对新动作技能的形成与掌握具有消极作用,阻碍新动作技能的形成与掌握,这种情况则通常称为动作技能的负迁移(negative transfer),也称干扰(interference)。例如,学会蹬自行车后,再学习蹬三轮车,往往感到非常困难。

动作技能迁移主要有动作性迁移、语言—动作迁移和两侧性迁移。动作性迁移(motor transfer)是一种动作技能向另一种动作技能的迁移,如体操的技能对学习舞蹈有促进作用。语言—动作迁移(language-motor transfer)是指动作技能的语言表述向动作技能的迁移,这种迁移实际上是提高学习者对动作技能的调控能力。两侧性迁移(two tailed transfer)是指个体单侧动作执行器官学习的技能向对侧器官的迁移,如右手练习某种动作技能之后,左手学习同类种动作技能会更快更容易。

2. 迁移规律的使用

第一，将有可能产生正迁移的两种技能的教学与训练活动，按照由简到繁、由易到难的基本原则前后衔接起来，尽可能地促进动作技能正迁移的出现。

第二，确保学生在一种动作技能稳固形成以后，再进行下一个技术动作的学习。对于容易出现负迁移的技能则隔开来开展教学与训练活动，让学生先学习和掌握其中较为简单、难度较低的一种，在学生熟练掌握并形成稳固的动力定型之后，再开展另外一种技能的教学与训练活动。例如，跳高和跳远，虽然都属于跳跃类项目，在技术上具有一定的相似之处，但是，由于两者需要克服的障碍性质不同，所以无论是在助跑技术、起跳技术还是腾空技术等方面都存在明显差异，如果将两个运动项目的教学与训练活动安排在一起，或者时间安排比较近，就很容易产生动作技能负迁移。因此，合理的安排应是在学生熟练掌握其中一项技术之后，再开展另外一项技术的教学与训练。

在简单动作技能的学习过程中，优化学习者关联性认知负荷能促进简单动作技能的学习保持和迁移，而调控学习者内部认知负荷与降低学习者外部认知负荷对简单动作技能的学习保持和迁移影响不大。调控学习者的内部认知负荷能促进复杂动作技能的学习，降低学习者的外部认知负荷能促进复杂动作技能学习的保持，优化学习者关联性认知负荷有利于复杂动作技能学习的迁移（梁波，金珂屹，姜勇，宋冬寒，2016）。

马启伟和张力为（1996）建议体育教师和教练员在指导动作技能训练时，根据动作技能之间的相互关系，利用迁移规律提高训练效率。其要点如下：

- 两任务的训练条件高度相似时，迁移量最大；
- 刺激相似而反应相同时会产生正迁移，随着刺激相似性的增加，正迁移量也会增加；
- 刺激相似而反应不同时会产生负迁移，随着新反应与旧反应相似性的减少，负迁移量会增加；
- 两任务的反应如果不同，则刺激越相似，正迁移量越小；
- 学习一些关联任务时，连续练习有助于学会如何进行学习；
- 对序列性相关任务进行大量练习可使顿悟发生得更频繁；
- 先前任务的练习量越大，迁移量就越大；
- 理解两任务或更多任务共同具有的一般原则，即建立对两任务的认知关系后，迁移量可能加大。

本章小结

动作技能是主要借助神经系统和骨骼肌肉系统实现的外显操作活动，动作技能学习可以分为认知、联结和自动化三个阶段。对动作技能学习的理论解释,经历了从生理到心理,从行为到认知,从认知与行为相对分离到统一的过程,包括联结理论、习惯理论、闭环理论、图式理论、信息加工理论、认知负荷理论。

动作技能学习是相对永久的行为变化,练习和反馈是影响动作技能学习的最重要变量。分散练习和集中练习的效果取决于动作技能的复杂程度和学习阶段等因素,练习成绩的进步情况可以用练习曲线或学习曲线表示;反馈频率、反馈时机、反馈方式都会影响学习的效果。

动作技能教学的一般过程包括明确目的和任务、科学示范、反馈与练习三个基本阶段。动作技能训练的传统模式是外显学习的阶段论,新兴的模式是内隐学习和表象训练。认知行为干预是常见的表象训练方法。遵循迁移规律进行教学和训练可以取得最佳效果。

推荐阅读

1. 季浏,殷恒婵,颜军.(2016).*体育心理学(第3版)*.北京:高等教育出版社.

2. 国家体育总局训练局国家队体能训练中心.(2017).*身体功能训练动作手册*.北京:人民体育出版社.

复习思考题

1. 解释下列概念:

　动作技能　智力技能　动作图式　练习　练习曲线　高原现象

　分散练习　集中练习　整体练习　分解练习　正迁移　负迁移

2. 什么是动作技能?动作技能与智力技能有什么关系?
3. 动作技能有哪几种类型?
4. 动作技能的学习可以分为哪些阶段?
5. 概述动作技能学习的理论解释。
6. 动作技能教学应遵循哪些原则?
7. 可以利用哪些迁移规律来提高训练的效率?

第九章

智力与智力开发

智力是日常生活中经常被提及的概念,也是心理学科高度关注的研究课题。智力差异是最显著的个体差异之一。战国时期的韩非说过:“智力不用,则君穷乎臣。”(《韩非子·八经》)东汉的王充说过:“王贤者才能未必高而心明;智力未必多而举是。”(《论衡·定贤》)三国的曹操说过:“吾任天下之智力,以道御之,无所不用。”(《三国志·魏志·武帝记》)本章围绕智力的本质、智力的测量、智力的发展,以及智力的开发等智力心理学研究的主要内容进行分析和探讨,试图呈现智力心理学的整体研究内容和进展。本章主要内容如下:

1. 智力概述;
2. 智力测验;
3. 智力的发展与开发。

第一节　智力概述

本节通过阐述智力的概念、结构和影响因素来探讨智力的本质。由于智力的复杂性,对智力的本质也存在不同的观点。

一、智力的概念

1. 什么是智力

心理学家对智力的定义主要集中于两个取向:一是描述性取向,对智力作抽象的或概括的描述,如智力是抽象思维能力,智力是解决问题的能力,智力是适应环境的能力等;二是操作性取向,采用具体的或操作性的方法或程序界定智力,如认为智力是智力测验测得的能力(黄希庭,郑涌,2005)。随着脑科学的研究,探索智力本质也有了新的期待和思路(郭爱克,2016)。心理学家大多认为,智力(intelligence)就是个体顺利完成某种活动所必需的各种认知能力的有机结合,是个体有目的地行动、合理地思考、有效地应付环境的一种综合能力。

公众对智力概念的理解,有相当多的成分与心理学家的意见吻合(Sternberg et al.,1981),与认知心理学的智力观相当一致(张厚粲,吴正,1994)。公众认为的成人高智力特征可以聚合成三大类:思维开放性特征群,如逻辑思维、接受新事物的能力、创造性、适应性等;智力信息加工特征群,如好奇心、洞察力、记忆力、想象力、自信心等;非认知因素特征群,如精力充沛、有幽默感、兴趣广泛、独立性、表达能力和动手操作能力等(张厚粲,吴正,1994)。

对智力的理解尚未达成一致的原因可能是:(1)智力本质比较复杂;(2)每个人的角度不同,强调不同的侧重点;(3)很多学者追求一个高度概括、适合各年龄段的智力定义,但忽视了不同年龄人群的智力差异;(4)不同职业的人,其聪明才智表现不同,以往给智力下定义的时候没有考虑到这一点(白学军,2004)。

2. 智力与相关概念的辨析

第一,智力与能力。能力(ability)是个体顺利完成某种活动必须具备的那些心理特征。包含个体现在实际"所能为者"(实际能力)和将来"可能为者"(潜能)(张春兴,2005)。对于能力与智力的关系,主要有三种观点(张积家,2015):(1)能力包括智力。智力是能力的一种,即认知能力。(2)智力包含能力。这是西方心理学家的观点。(3)智能相对独立论。智力和能力是相互联系又相互区别的概念,智力侧重认知,能力侧重活动。许多心理学家认为,诸如观察力、记忆力、思维力、想象力等一般能力的综合就是智力(黄希庭,郑涌,2015)。

第二,智力与知识和技能。智力与知识和技能有密切联系。知识(knowledge)是信息在头脑中的储存,技能(skill)是个体掌握的动作方式。智力(能力)与知识和技能共同作用,保证个体的活动顺利进行。智力是在掌握知识和技能的过程中逐步形成和发展的,而掌握知识和技能又要以一定的智力为前提。因此,不能凭一个人的知识和技能的多少来判断其智力的高低,不能用知识和技能的评定代替智力鉴定(张积家,2004)。

第三,智力与创造力。创造力(creativity),也称作创造性,是人类特有的利用一定条件产生新颖独特、可行适用的产品的心理素质(张庆林,Sternberg,2002)。创造力与智力密切相关。智力是创造力的主要成分,创造力是智力在创造活动中独特发展的结果。同时,创造力可以进一步推动智力的发展。

二、智力的结构

智力的结构指智力由哪些成分组成,不同成分是怎样组织的。

1. 智力的因素理论

英国心理学家斯皮尔曼(Charles Edward Spearman, 1863—1945)应用因素分析的方法,发现人在不同智力测验上的成绩高度相关,由此提出智力由 G 因素(general factor,一般因素)和 S 因素(specific factor,特殊因素)组成,即智力的二因素理论(two-factor theory of intelligence)。人完成任何一种任务都需要这两种因素共同参与。其中,G因素是一切智力活动的基础,是个体全部智力活动共有的能力,而S因素是个体完成各种特殊活动必须具备的智力,是保证个体完成某些特定活动所必需的。一个人具备完成某一种活动的S因素,不一定具备完成另外一种活动的S因素,因此个体之间的S因素既有数量大小的区别,也存在有无的区别。个体具有的S因素之间既可能是彼此独立的,也可能有一定的重叠。G因素被斯皮尔曼当作个体智力水平高低的标志,S因素则作为个体在认识领域内差异的表现。斯皮尔曼的智力二因素理论为后来的智力测验提供了理论依据。

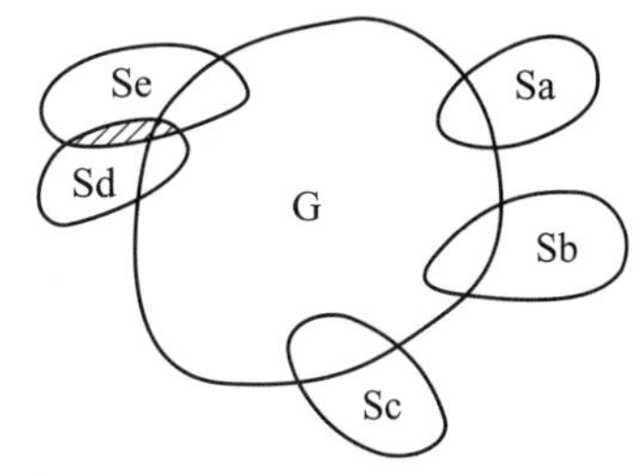

图9-1 智力的二因素理论

美国心理学家瑟斯顿(Louis Leon Thurstone, 1887—1955)根据对实际智力测验分数进行因素分析的结果,提出智力是由一些彼此独立的基本心理能力组合而成的,并不像斯皮尔曼提出的一般因素和特殊因素。彼此独立的心理能力有七种,即词语理解能力、语词运用能力(词语流畅性)、计算能力、空间知觉能力、记忆能力、速度知觉能力、推理能力。该理论被称为智力的群因素理论(group factor theory of intelligence)。

美国心理学家卡特尔(Raymond Bernard Cattell, 1905—1998)根据因素分析的结果,按照心理功能上的差异,将智力分成液态智力和晶态智力两种不同的形态。有人把卡特尔的观点称为智力的形态论(张春兴,2005)。液态智力(fluid intelligence)是个体生来就能进行的智力活动的能力,是在信息加工和问题解决过程中表现出来的能力,依赖先天的禀赋。晶态智力(crystallized intelligence)是个体通过其液态智力学到并得到完善的能力,是通过学习语言和其他经验发展起来的,取决于后天的学习。晶态智力依赖于液态智力。

2. 智力的结构理论

美国心理学家吉尔福特(Joy Paul Guilford, 1897—1987)使用心理测量方法和因素分析方法探讨智力的结构,提出智力因素可以分为内容、操作和产品三个维度,每个维度又由一些相关的因素组成,类似于长方体的长、宽、高。该理论被称为智力的三维结构模型(three-dimensional structure model of intelligence)。第一个维度——内容,指的是智力活动的对象和材料,是测验给予的信息,包括视觉的、听觉的、符号的、语义的和行为的。第二个维度——操作,指的是智力的加工活动,是对原始信息材料的处理,包括认知、记忆、发散思维、聚合思维和评价。第三个维度——产品,指的是智力活动的结果,有单元、分类、关系、系统、转换和蕴含六个因素。由于三个维度分别包含五个、五个和六个因素,因而人的智力可以区分为5×5×6=150种。不同的智力都可以设计对应的测验来检验。

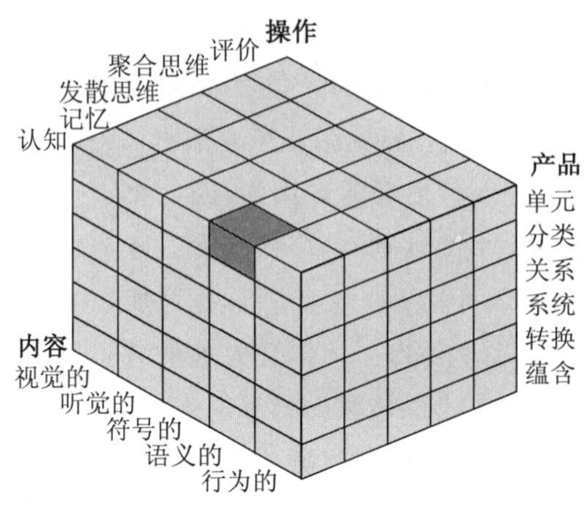

图 9-2 智力的三维结构模型

英国心理学家弗农(Phillip E.Vernon, 1905—1987)继承并发展了斯皮尔曼的两因素理论,提出了智力的层次结构理论(hierarchical structure theory of intelligence)。在智力层次结构理论中,一般智力因素(G 因素)为最高层次;第二层次是两个大因素群,即言语和教育因素群(V-ED)、机械和操作因素群(K-M);第三层次是小因素群,包括言语、数量、机械信息、空间信息、用手操作等;第四层次是特殊因素,即各种各样的特殊能力。

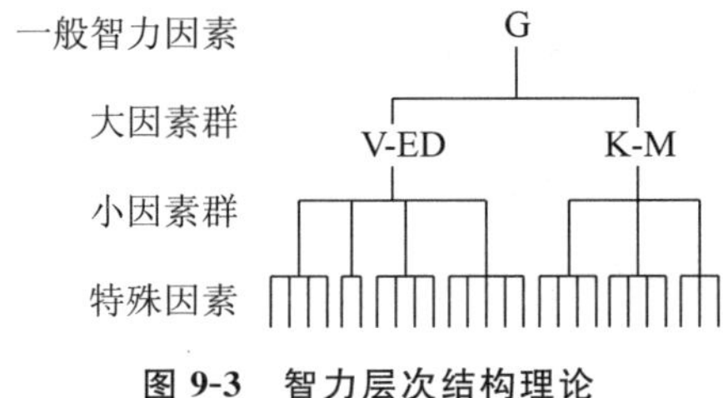

图 9-3 智力层次结构理论

我国心理学家林崇德经过多年深入研究,认为智力是成功解决问题表现出来的良好适应性的个性心理特征,思维是智力的核心成分(林崇德,2002b),进而提出智力的三棱结构模型。该模型认为,智力结构包括智力的目的、智力的过程、智力的材料或内容、智力的反思或监控、智力的品质、智力中认知因素和非认知因素六个方面。其中,智力的目的强调智力是人类特有的成功解决问题的有目的的活动,反映了智力的自觉性、有意性、方向性和能动性,并构成智力结构中的功能因素;智力的过程强调智力活动是一种信息加工的过程,该过程的框架为确定目标——接收信息——加工编码——概括抽象——操作运用——获得成功;智力的材料或内容强调智力活动有两类,一类是包括感觉、知觉、表象等的感性材料,另一类是以概念为主的理性材料;智力的反思或监控强调智力活动的监控结构,自我监控是智力结构中的顶点或最高形式;智力的品质强调个体差异,包括知觉上的、记忆上的和思维上的,思维品质是发展智力的突破口;智力中认知因素和非认知因素强调智力因素与非智力因素之间的密切联系，是将人的心理作为一个完整的大系统或整体观点的反映。图 9-4 以思维结构为例来说明智力的结构，因为智力是思维的核心。

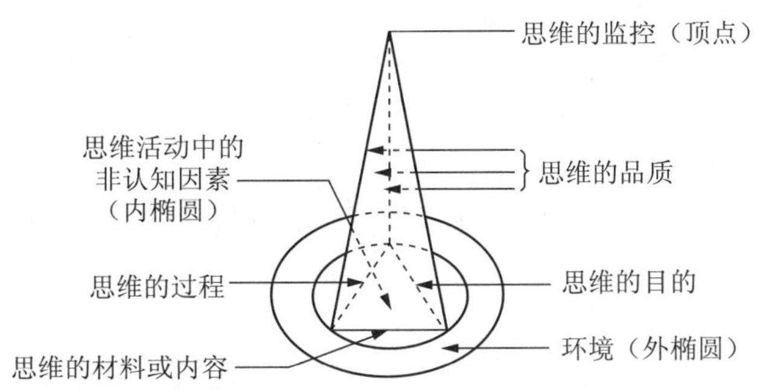

图 9-4 智力的三棱结构模型(以思维结构为例)

3. 多维智力理论

美国心理学家斯腾伯格(Robert J.Sternberg)认为，智力包括成分智力、经验智力和情境智力三个部分，分别代表智力的不同方面。该理论被称为智力的三元理论(triarchic theory of intelligence)。

成分智力(componential intelligence)是智力三元理论的核心，是指个体在问题情境中运用知识分析资料，通过思维、判断、推理解决问题的能力。成分智力包含三种对信息加工至关重要的成分及相应过程，即元成分(metacomponent)、执行成分(performance component)和知识获得成分(knowledge-acquisition component)。元成分是贯彻信息加工过程始终的控制过程，是个体决定问题性质、选择问题、解决问题的策略以及分配资源的过程；执行成分是人实际执行任务的过程，如接受刺激、存储信息、比较、执行元成分作出的决策等；知识获得成分是个体筛选相关信息并对已有知识加以整合从而获得新知识的过程。

经验智力(experiential intelligence)是指个体运用已有经验解决新问题时整合不同观念而形成的能力。斯腾伯格认为经验智力包含两种能力，一种是运用已有经验解决从未经历过的新任务和新环境的能力，另一种是信息加工的自动化，即多次解决某个问题之后，经验智力好的人就能自动地启动程序来解决该问题，从而节省更多的心理资源用于其他工作。

情境智力(contextual component)是指个体在日常生活中应用学到的知识经验解决生活实际问题的能力，主要反映个体对新的和不同环境的适应。智力活动就是有目的地适应环境、选择环境和改变环境。

美国心理学家加德纳(Howard Gardner，1943—)通过对脑损伤患者和智力特殊群体的研究，指出并非只有一种智力，而是有种元智力，每种智力都与其他智力相对独立。不同的智力使人类的祖先能够应对不同的环境问题(找到回家的路，察觉别人的情绪，解决问题等)(Myers，2006)。该理论被称为多元智力理论(multiple intelligence theory)。加德纳归纳了八种智力:(1)语言智力,指读、写、说的能力;(2)数理—逻辑能力,指数学运算、逻辑思考的能力;(3)空间智力,指认识环境、辨别方向的能力;(4)音乐智力,指对声音的辨别和韵律的表达能力;(5)身体—运动智力,指支配肢体完成精细操作的能力;(6)社交智力,指与人交往、和睦相处的能力;(7)自我认知智力,指了解自我、认识自我的能力;(8)自然观察智力,指理解自然界中各种模式的能力。

4. 情绪智力理论

实际生活中,能力强的人之所以"在获得更好的婚姻、成功养育子女以及获得更好的心理与身体健康方面更有效",部分原因可能就在于美国心理学家萨洛维和迈耶(Salovey, & Mayer, 1990)所说的情绪智力(emotional intelligence),即知觉、表达、理解和调节情绪的能力(Myers, 2006)。情绪智力与多元智力理论中的社交智力和自我认知智力有着密切的联系。情绪智力虽受到广泛关注,但也存在较大分歧,甚至导致对情绪智力概念的怀疑和批评(陈猛,车宏生,王丽娜,卞冉,2012)。迈耶和萨洛维对情绪智力进行了修订,认为情绪智力包含四个主要成分:准确和适当地知觉、评价并表达情感的能力;运用情感促进思考的能力;理解和分析情感,有效运用情感知识的能力;调节情绪以促进情感和智力发展的能力。情绪智力反映了情感对智力起积极作用的新观点,也就是情感可以促进思维,个体可以更有效地思考自己和他人的情感(Gerrig, & Zimbardo, 2016)。

专栏 9-1

加德纳的"多元智力"与我国的"六艺"智力观

加德纳原先在波士顿大学工作,其导师在哈佛大学毕生从事艺术心理学研究,因前人对之研究太少,故命名为"零点工程"。1986 年,加德纳转入哈佛大学当教授,从事"零点工程"研究。

在心理学界,最早提出三维智力结构理论的是艾森克,完善这一理论的是吉尔福特。艾森克认为,智力内容是智力三维结构中的一维,并指出凡是研究智力的,都承认智力内容包含数、形和语言三种基本成分。加德纳 1983 年在其《智力结构》一书中提出七种智力,前三种智力就来自艾森克等的传统观点,即数学—逻辑智力、空间智力和语言智力。此外,他从"零点工程"研究成果出发,提出音乐智力和运动智力,又基于人格理论提出人格向外的人际关系智力和人格对内的自我控制智力。1993 年,他出版了《多元智力》一书,进一步论述这七种智力。

加德纳的多元智力理论与我国古代"六艺"教育蕴含的智力理论具有惊人的相似之处。所谓"六艺",是指我国西周时期官学和春秋时期孔子私学的六门基本课程,即礼、乐、射、御、书、数。加德纳于 1993 年指出,智力是在特定文化背景或社会环境中解决问题或者制造产品的能力。而"六艺"的教育目的正在于培养六种能力,即六种智力。所以,可以说"六艺"教育蕴含的理论也是一种智力理论,可称之为"六艺"教育的智力理论。具体包括："礼"的智力——人际关系的智力，"乐"的智力——音乐智力，"射"的智力——运动智力，"御"的智力——空间智力，"书"的智力——语言智力，"数"的智力——数学逻辑智力。在"六艺"教育中，似乎没有单独阐述自我控制智力，但是，不管是西周官学，还是孔子私学，"礼"是第一位的，而"仁"又是"礼"的中心内容。"克己""爱人"则是"仁"的基本内容，"克己"毫无疑问就是自我控制的智力。

加德纳的多元智力理论与"六艺"智力观的相似之处，不仅表现在具体内容上，而且表现在两个实质性的观点上。一是两种智力观核心相似，即"因材施教"。加德纳强调发现每个儿童青少年的天赋，有的放矢地进行教育，不就是因材施教吗？二是两种智力观都重视评价过程与学习过程的有机统一。然而，多元智力理论与"六艺"智力观有两点本质区别：(1)前者认为七种智力相互独立，没有内在的联系，而后者强调以"礼"为中心的相互联系性；(2)前者的"未来学校"还处于实验阶段，而"六艺"已经历了近千年的实践。当然，加德纳的"多元智力"在发展。1998 年后，加德纳先后提出牧民、工人的"自然主义"智力，宗教观的"存在主义"智力，近时又提出"道德智力"，但这些与西周官学至孔子私学"六艺"教育时期流行的"天人合一"智力观、"知情意行"中的道德认知观，等等，都是没法相比的。

资料来源：林崇德(2004)

三、智力的影响因素

1. 遗传与环境的交互作用

智力的形成和发展受到多种因素的影响，历史上存在两种截然相反的观点。一种认为个体的智力完全由遗传决定，即遗传决定论；另一种认为个体的智力完全由环境决定，即环境决定论。目前学界以遗传与环境交互作用的观点为主流，但也认为在作用时机和方式等方面有智力发展的特点。研究遗传与环境对智力的影响，通常有三条途径：(1)研究血缘关系疏密不同的人在智力上的相似程度；(2)研究子女智力与亲生父母和养父母智力之间的关系；(3)同卵双生子研究。图 9-5 表示的是不同遗传关系者的智力测验分数之间的相关(不同研究的综合)，其中横线表示全距，叉号表示平均相关系数。可以发现，遗传关系越接近，相关系数越高：父母与亲生子女的智力测验分数相关约为 0.5，养父母与养子女智力测验分数的相关约为 0.25；同卵双生子智力测验分数的相关约为 0.90，异卵双生子智力测验分数相关约为 0.55。但也不能否认环境的影响，如一起长大的同卵双生子智力测验分数相关高于分开长大的同卵双生子(黄希庭，郑涌，2015)。也有观点认为，遗传对智力的决定不是一个点，而是一段阈限，即从上限到下限的一段距离，称为遗传限(heredity range)。个体生长的环境越好，智商就越接近遗传限的上限，相反则越接近遗传限的下限。

遗传只能为智力的发展提供物质基础和自然前提，是一种可能性。这种可能性要变成现实，环境和教育有重要作用。胎儿发育期间，母亲的营养状况、服药、生病等都会对胎儿智力的发展产生影响。人生早期是智力变化最大的时期，该时期丰富的环境刺激有助于儿童智力的发展。同样，有目的、有组织、有计划的学校教育在个体智力形成和发展中也起着主导性作用。

关系		智力测验分数的相关系数 0 0.1 0.2 0.3 0.4 0.5 0.6 0.7 0.8 0.9	研究用的被试组数
无关系	分开长大		4
	一起长大		6
养父母与子女			3
父母与子女			12
兄弟姐妹	分开长大		2
	一起长大		35
异卵双生	异性		9
	同性		11
同卵双生	分开长大		1
	一起长大		14

图 9-5 不同遗传关系者智力测验分数之间的相关

2. 实践活动和个性品质的作用

人的智力是在实践活动中形成和发展起来的。离开实践活动，即便有良好的先天素质和后天环境、教育，智力也很难形成和发展。实践活动在智力形成和发展中的作用，我国东汉思想家王充就有相关论述。他提出“施用累能”，即能力(智力)是在使用中积累的；“科用累能”，即不同职业的人能发展出不同的能力。

此外，人具有主观能动性。先天素质、所处环境、接受的教育以及参加的活动均相似的两个人，如果个人主观努力程度不同，也会发展出不同的智力。动机、勤奋、谦虚和坚强的毅力等优秀个性品质都有助于智力的形成和发展。

第二节 智力测验

智力测验是人们了解自己、认识自己的必然要求(黄希庭，郑涌，2015)。下面将分析有效智力测验必须具备的条件，介绍常见的智力测验，探讨智力测验与学校教育的关系等。

一、智力测验的起源

智力作为一种心理特征，不能直接测量，但智力是在成功解决各种问题的活动中表现出来的，因此智力测验更多的是间接测验。智力测验的产生是人类希望了解自己、认识自己的必然要求。中国古代就产生了不少智力测验的思想和实践。《尚书》中“知人则哲，能官人”，说的是只有聪明睿智的人才能了解别人，用人得当。孔子认为“中人以上，可以语上也；中人以下，不可以语上也”，意思是中等智力以上的人才能接受高等教育，中等智力以下不行。孟子也说：“权，然后知轻重；度，然后知长短。物皆然，心为甚。”北齐时代的刘昼提出的“使左手画方，右手画圆，令一时俱成”，可能是有记载的最早的智力测验。清代后期出现的七巧板，以及民间流行的九连环等游戏可以看作中国古代的智力测验实践（郑日昌，孙大强，2013）。英国心理学家高尔顿在19世纪80年代设计了高尔顿笛和高尔顿棒，以感官敏锐度为指标，以线段长短（视觉）和声音强弱（听觉）为试题，开展测量，估计个体智力高低。这可以看成是西方智力测验工作的开端。

二、智力测验应具备的条件

智力测验（intelligence test）是指用标准化测量工具评定个体智力高低，是心理测验中发展较早的一种。智力测验必须以科学的智力理论为基础，用标准化方法编制和使用。目前，社会上流行的大量娱乐化倾向的非标准化心理测验，如“心理小测验”“测测你的情商”“谁是恋爱高手”等，大多不是在严谨科学的编制程序下产生的，也没有达到心理测量学的质量要求，测验效用大打折扣（郑日昌，孙大强，2013）。任何良好的智力测验都必须具备标准化与常模、信度和效度等条件。

1. 标准化与常模

良好的智力测验必须经过标准化过程。标准化是指测验的实施和评分中程序的一致性。要使不同受测者所得分数可以进行比较，所有受测者接受的测验条件都必须一致，因此通常要求测试题目、施测过程以及测验评分等过程都必须统一标准化。标准化的另一个重要方面是建立常模。所谓常模（norm）就是标准，是以常模样本代表研究总体的常态水平、正常范围或标准水平。常模是心理测验的灵魂，只有建立了常模，心理测验才能达到标准化的最高境界（童辉杰，2012）。

2. 信度

信度（reliability）是指一个测验分数的可靠性或稳定性，是一个智力测验最主要的心理测量学指标之一。当一个智力测验具有较好的信度时，用它去测量同一群人，在不同的时间内测得的分数应该基本相同。信度可以用一致性来检验。一致性可以是重复施测的结果一致，也可以是各个测验题目在功能上的一致。一般而言，智力测验信度应该高于0.80（张积家，2015），也有观点认为要达到0.9以上（Rust & Golombok, 2011；戴海崎，张峰，陈雪枫，2011）。

3. 效度

效度(validity)是指一个测验实际能测出其要测的心理特质的程度。同样是智力测验的重要测量学指标,效度甚至比信度更为重要。任何一种测量工具都有一定的目的和使用范围。一个有效度的测验,其测量结果必然是该测验想要测量的东西。确定一个测验的效度,通常以一群人在这一测验上的得分与另一个有效的标准求相关,用相关系数来表示效度。智力测验可用的效度标准有标准智力测验结果、学生在校学业成绩、就业后的工作业绩等。

三、常用的几种智力测验

1. 比内—西蒙智力量表

1905 年,法国心理学家比内(Alfred Binet, 1857—1911)和西蒙(Théodore Simon, 1873—1961)受教育部委托设计鉴别儿童学习能力的工具,发表了世界上第一个实用的智力测验,即比内—西蒙智力量表(Binet-Simon Intelligence Scale)。该量表最早有 30 个题目,依据难度从低到高排列,以通过题目的数量作为鉴别智力高低的标准,曾在 1908 年和 1909 年进行过修订。在 1908 年的修订中,采用了心理年龄或智力年龄表示儿童智力水平。心理年龄(mental age)指的是一个儿童实际上达到了某个年龄的平均水平,是对智力绝对水平的测量。1911 年修订后的 3 岁儿童组的题目如下:

指点鼻子、眼睛和嘴。

重复两位数字。

列举图画中的物体。

说出自己的姓氏。

重复一个由 6 个音节组成的句子。

2. 斯坦福—比内智力量表

比内—西蒙智力量表发表后,受到全世界心理学家的关注,很快被翻译成多种文字,在许多国家推广。其中,美国心理学家推孟(Lewis M. Terman, 1877—1956)在斯坦福大学对其进行了多次修订,于 1916 年发表了最为著名的斯坦福版本,称为斯坦福—比内智力量表(Stanford-Binet Intelligence Scale)。推孟将智力年龄改以智力商数来表示。智力商数(intelligence quotient, IQ),简称为智商,是个体的心理年龄(MA)与其实足年龄(CA)的比值,为比率智商(ratio IQ)。

$$比率智商=\frac{心理年龄}{实足年龄}\times 100$$

从此,智商概念被广泛使用,甚至成为日常用语。但是,随着个体年龄的增长,不可能给每一个年龄都编制一套独立的题目,而且智力也不总是随着年龄的增长而增长的。1960 年,该量表舍弃比率智商,引入离差智商作为智力评估指标。离差智商(deviation

IQ)是以标准差为单位来衡量个体智力分数偏离平均水平的程度,表示个体智力在其年龄组中所处的位置,是建立在统计学基础上,表示个体智力高低的一种理想指标。

1986年,桑代克(R.L. Thorndike)、哈根(E.P. Hagan)和沙特勒(J.M. Sattler)等人完成对斯坦福—比内智力量表的第四次修订(SB-Ⅳ)。引进了卡特尔的液态智力和晶态智力概念,以及桑代克和哈根编制的认知能力测验。2003年推出了最新的第五版,测量了智力的五个一般因素:液态智力推理、知识、数量推理、空间视觉过程和工作记忆。每种一般能力又通过言语和非言语两种测验形式来反映(见表9-1)(郑日昌,孙大强,2013)。

表9-1　斯坦福—比内智力量表(第五版)的理论模型

	言　语	非言语
液态智力推理	早期推理(2—3) 语言谬误(4) 语言类推(5—6)	客体关系/矩阵
知识	词汇	程序性知识(2—3) 图像谬误(4—6)
数量推理	数量推理(2—6)	数量推理(4—6)
空间视觉过程	位置和方向(2—6)	形状板(1—2) 形状图(3—6)
工作记忆	语句记忆(2—3) 最后的词(4—6)	延迟反应(1) 阻滞时间(2—6)

我国心理学家很早就开始关注和引进比内的智力量表。1924年,陆志韦在斯坦福—比内量表(1916年版)的基础上修订出中国比内—西蒙智力测验。1936年,陆志韦和吴天敏又发表了第二次修订本。1982年,吴天敏主持修订推出了第三版本,称为中国比内测验。该版本适合2—18岁人群,每个年龄段3题,共51题,采用平均数为100、标准差为16的离差智商。

3. 韦克斯勒智力量表

美国心理学家韦克斯勒(David Wechsler, 1896—1981)经过多年研究与施测,编制了韦克斯勒智力量表(Wechsler Intelligence Scale),成为比内—西蒙量表之后又一套国际通用的智力量表。韦克斯勒智力量表分为三种:韦氏成人智力量表(Wechsler Adult Intelligence Scale, WAIS),评定16岁以上成人智力水平;韦氏儿童智力量表(Wechsler Intelligence Scale for Children, WISC),评定6—16岁儿童智力水平;韦氏学前儿童智力量表(Wechsler Preschool and Primary Scale of Intelligence, WPPSI),评定4—6.5岁儿童智力水平。韦氏系列智力量表一般都包含言语量表和操作量表两个部分,每个部分又包含若干种任务(分测验)。每个分测验的原始分数不同,需要转化为平均数为10、标准差为3的标准二十分。分测验量表分合并可以得到言语量表分、操作量表分和全量表分。再使用常模表,可以查到言语智商(VIQ)、操作智商(PIQ)和总智商(FIQ),三种智商都是平均数为

100、标准差为15的离差智商。

表9-2 韦氏系列智力量表最新版本的分测验(郑日昌,孙大强,2013)

WAIS-Ⅲ	WISC-Ⅳ	WPPSI-Ⅲ
1. 常识(V)	1. 常识	1. 常识(V)
2. 填图(P)	2. 图像概念	2. 动物房(P)
3. 数字广度(V)	3. 类同	动物房复本(P)
4. 图片排列(P)	4. 图片排列	3. 词汇(V)
5. 词汇(V)	5. 算术	4. 填图(P)
6. 积木图案(P)	6. 数字广度*	5. 算术(V)
7. 算术(P)	7. 词汇	6. 迷津(P)
8. 物体拼凑(P)	8. 物体拼凑	7. 几何图形(P)
9. 理解(V)	9. 理解	8. 类同(V)
10. 数字符号(P)	10. 译码	9. 积木图案(P)
11. 类同(V)	11. 字母—数字排列	10. 理解(V)
12. 字母—数字排列(VN)	12. 符号搜索	11. 物体匹配(P)
13. 符号搜索(PN)	13. 矩阵推理	12. 句子(V)*
14. 矩阵推理(PN)	14. 词语推理	
	15. 划消	

*为备用测验。

注:WISC-Ⅳ取消了对言语量表和操作量表的划分;括号中,"P"表示操作量表;"V"表示言语量表;"N"表示新增分测验。

韦氏系列智力量表在我国都有对应的修订版。1982年,龚耀先发表了主持修订的韦氏成人智力量表,称为WAIS-RC(Wechsler Adult Intelligence Scale-Revised in China)。该量表替换了不适合我国国情的条目,并建立了符合当时国情的农村和城市两套常模。韦氏儿童智力量表在20世纪80年代初引入我国,林传鼎和张厚粲主持了该量表第二版的修订,制定了中国常模,1982年形成韦氏儿童智力量表中国修订版(WISC-CR)。2003年,韦氏儿童智力量表发展到第四版(WISC-Ⅳ),张厚粲主持了修订并于2008年开始付诸应用(张厚粲,2009)。韦氏学前儿童智力量表在中国有两次修订。上海市第六人民医院等单位推出过一个版本,龚耀先推出过另外一个版本。其中,龚耀先版本进行过一些修改,如将词汇测验改成图片词汇、类同测验改成图片概括、几何图形改成视觉分析、动物房改成动物下蛋,取消语句背诵等。

四、智力测验在学校教育中的使用

心理测验的目的是通过采用更为客观的测验方法来代替教师、雇主和其他测量者的主观判断(Gerrig & Zimbardo, 2003)。在学校教育中,智力测验主要具有两方面的功能:一是鉴别学生智力上的差异,以便因材施教;二是预测学生未来可能的发展,为学校教育提供依据。

最早的智力测验——比内—西蒙智力量表便是以鉴别学生的智力差异为目的。比内的任务就是“在那些不能在学校教育下正常学习的儿童被开除前分辨出他们，并根据他们能否接受教育的程度将他们分配进特别的班级中”。对于儿童智力测验的使用目的，存在两种模棱两可的观点：一方面似乎能够确保那些比较聪明的儿童不被学习能力慢的同学拖慢进度，从而发挥最大的潜能；另一方面则是让那些学习有障碍的孩子得到特殊资源与帮助。这两种观点之间存在混淆，也无法排除政治的暗示作用(Rust & Golombok, 2011)。当前中小学教育中，有些学校采取按照学业成绩为标准划分好、中、差班级的做法。这可能会导致一些不良后果，如教师对不同类型班级产生不同的期望，甚至是不同的教学态度，学生很容易被贴上标签。

此外，智力水平对学校教育有一定的预测作用。儿童的智商分数预测当前和未来的学习成绩处于中等相关，相关系数大约为 0.5(Neisser, Boodoo, Bouchard et al., 1996)。高智商的学生不仅在学校里学得不错，而且不大可能辍学，更有可能接受完高等教育(雷雳，2014)。当然，智商与学业成绩也只是中等程度的相关，意味着学业成绩也受到学生的学习习惯、学习兴趣、成就动机等因素的影响(Neisser et al., 1996)。通过对智力纵向研究的元分析发现，儿童期的智商分数能够较好地预测成人的收入和职业。处于高分端前25%的个体，在工作中更加突出，收入高，晋升快，获奖多(Strenze, 2007)。

第三节 智力的发展与开发

智力的发展变化具有一定的规律。下面将从智力发展的概况和差异来分析智力的发展规律。根据智力的发展规律，可以在早期教育、教学和实践中促进儿童的智力发展。

一、智力发展的概况

智力是不断发展变化的，个体的智力在变化，整个人类的智力也在不断提高。智力的发展既有共同趋势，也有个体差异。

总体而言，智力会随着年龄的增长而变化。在 11 岁或 12 岁之前，智力通常会快速发展，几乎与年龄的增长同步，之后的发展呈负加速变化。20 岁左右时，智力达到顶峰并保持到 30 多岁，之后开始呈现出衰退迹象。图 9-6 是美国心理学家贝利(Bayley, 1970)通过贝利婴儿量表、斯坦福—比内智力量表和韦氏成人智力量表对一群研究对象长达 35 年的追踪研究得出的智力发展曲线。

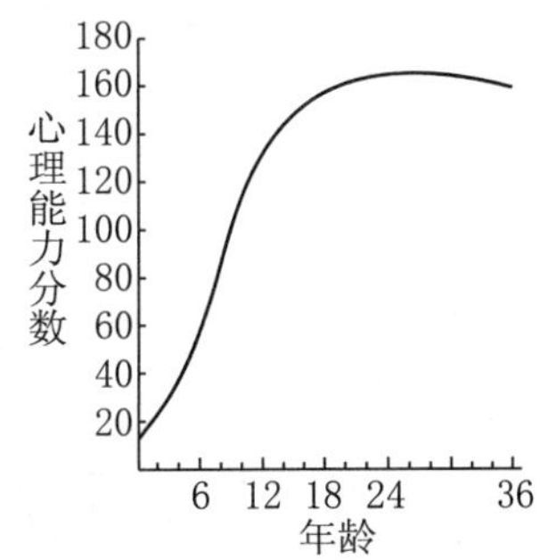

图 9-6 智力发展曲线

智力不同成分的发展速度是不同步的，并在不同的时间达到顶峰。瑟斯顿(Thurstone, 1938)的研究表明,12 岁时知觉速度已发展到成人水平的 80%,而推理能力、词的理解能力和词语运用能力达到这个水平分别需要到 14 岁、18 岁和 20 岁(见图 9-7)。

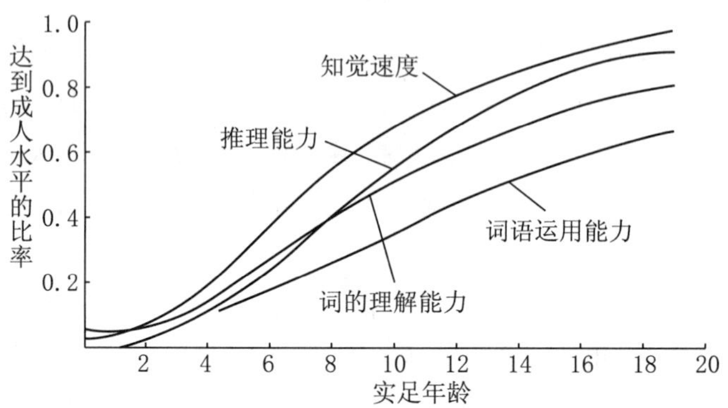

图 9-7 智力不同成分的发展曲线

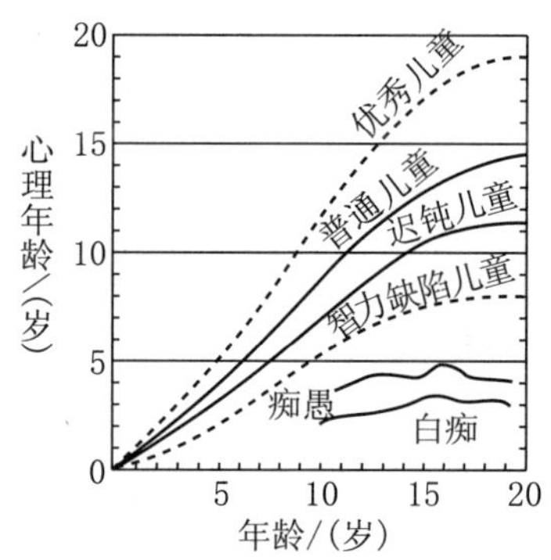

图 9-8 不同智力者的智力发展曲线

此外,智力的发展趋势也存在个体差异(见图 9-8)。智力高的人发展速度快,延续发展的时间也长。智力落后的人不仅发展速度缓慢,而且到达顶峰的时间也早,即可能存在提前停止发展的倾向。

二、智力发展的差异

由于个体的遗传素质不同,后天的环境、教育不同,从事的实践活动不同,因此个体的智力也存在很大的差异。

1. 智力发展水平的差异

智力发展水平上的差异是指个体的智力发展有高有低,这直接表现在智商上(见图 9-9)。人类智商呈正态分布,大部分个体的智商接近平均数,处在两极的很少。最两端的,即智力不足和智力超常者受到的关注最多。

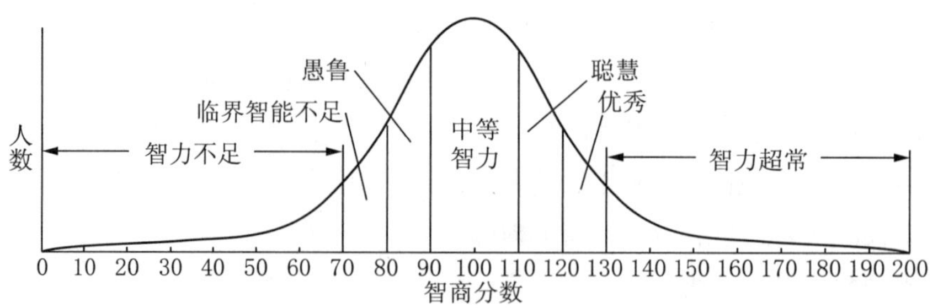

图 9-9 人类智商的理论分布

智商在70分以下者一般被定义为智力落后(亦称智能不足、智力发育不良)。智力落后不是某种心理过程的破坏,而是各种心理能力的低下。评价一个人是否智力落后,除了看其心理能力是否远远低于平均值,还要看其是否具备适应性行为的能力。表9-3为智力落后程度分类、教育分类以及需要他人帮助的程度分类(Coon & Mitterer, 2008)。

表9-3 智力落后程度分类

智商范围	智力落后程度分类	教育分类	需要他人帮助的程度分类
50—55至70	轻度落后	可接受教育正常生活	偶尔帮助
35—40至50—55	中度落后	可通过训练独立生活	有限帮助
20—25至35—40	重度落后	训练后部分依赖他人	大量帮助
低于20—25	极度落后	终身依赖他人的帮助	完全帮助

造成智力落后的原因有很多。大多数智力落后都不是生理疾病导致的,尤其是智商50—70之间的轻度智力落后者其家庭中往往还有其他轻度智力落后的成员。这被称为家庭环境性智力落后,与贫困有关。比较严重的智力落后大多是疾病、中毒、内分泌失调和母体疾病所致。

智力超常指的是智力高度发展,或者具有某方面特殊才能,智商一般达到或超过140。我国心理学家查子秀(1994)通过对超常儿童的追踪研究和教育实验,总结出超常儿童的一些共同心理特征:思维敏捷,记忆力强,观察敏锐,有独创性,求知欲旺盛,兴趣广泛,好胜,自信,有独立性,等等。推孟选择了1 500名智商在140以上的超常儿童进行追踪研究,结果表明,人们对超常者有许多错误的成见。误解和事实如下(引自Coon & Mitterer, 2008):

误解之一:超常者往往是奇特的、社会退缩的人。

事实:正好相反,超常者社会适应良好,而且都具有中等以上的领导才能。

误解之二:"早熟早衰",超常儿童在成人期往往会失败。

事实:超常儿童到成人期后智商仍然在高分的范围。

误解之三:头脑聪明者通常体质差,身体虚弱、书呆子气。

事实:超常者的平均身高、体重和体质都高于中等水平。

误解之四:越聪明的人越容易得精神病,"天才"都近乎疯狂。

事实:超常者的心理健康记录好于平均水平,具有更强的抵抗心理疾病的能力。总的来说,超常者的心理调节都很好。

误解之五:智力与成功没有关系,在实际工作中取得成就不需要高的智力。

事实:推孟研究中最惊人的发现就是那些超常儿童在以后取得的成功。他们念完大学,获得高学位,在工作中都得到高职位。这组超常者后来著书数十部,发表科学论文数千篇,还发表了数百篇短篇小说和其他作品。

我国心理学家林传鼎(引自施建农,徐凡,2004)采用历史测量学的方法对唐宋以后34位历史名人的智商做了定量研究(见表9-4)。

表9-4 34位历史名人的智商估计

序号	人 名	平均等级	标准差	估计的智商范围
1	王 勃	9.5	0.44	181.2—198.8
2	张九龄	7.4	0.48	138.4—157.6
3	李 白	8.4	0.11	165.8—170.2
4	杜 甫	8.0	0.63	147.4—172.6
5	李 密	9.0	0.54	169.2—190.8
6	权德兴	8.0	0.54	149.2—170.8
7	韩 愈	7.7	0.40	146.0—162.0
8	白居易	9.2	0.50	174.0—194.0
9	元 稹	7.7	0.77	138.6—169.4
10	李 贺	8.8	0.74	161.2—190.8
11	贾黄中	8.9	0.80	162.0—194.0
12	司马光	8.8	0.81	159.8—192.2
13	刘 恕	8.5	0.70	156.0—184.0
14	苏 轼	8.5	0.92	151.6—188.4
15	黄庭坚	8.9	0.58	166.4—189.6
16	王庭筠	8.1	0.86	144.8—179.2
17	王 恂	8.3	0.40	158.0—174.0
18	刘 因	8.3	0.67	152.6—179.4
19	吴 澄	7.5	0.89	132.2—167.8
20	陈 栎	8.2	0.83	147.4—180.6
21	齐履谦	8.3	0.74	151.2—180.8
22	吴 莱	8.0	0.70	146.0—174.0
23	方孝孺	9.1	0.56	170.8—193.2
24	解 缙	9.1	0.37	174.6—189.4
25	祝允明	7.0	0.83	123.4—156.4
26	杨 慎	8.7	0.78	158.4—189.6
27	杨继盛	7.5	1.00	130.0—170.0
28	顾炎武	7.0	0.98	120.4—159.6
29	吴敬梓	7.0	0.98	120.4—159.6
30	段玉裁	7.6	0.91	133.8—170.2
31	张 謇	7.5	1.14	127.2—172.8
32	梁启超	8.3	0.74	151.2—180.8
33	林 旭	7.5	0.89	132.2—167.8
34	王国维	7.3	1.02	125.6—166.4

智力超常者是遗传、环境和教育综合作用的产物。良好的遗传素质是塑造超常儿童的物质基础。早期教育也有重要的作用,可以使孩子的潜能、先天素质得到充分发展。

2. 智力发展速度的差异

个体之间的智力发展速度不同，有的人较早就有出众的表现，而有些人到了晚年才作出重大贡献，即所谓的“人才早成，亦有晚就”。大器晚成在科学和政治领域较多。不过，这只是相对的。在人才成长过程中，更多的是中年成才。此外，智力表现的早晚还与从事的职业有关。一般来说，音乐、体育、表演方面的人才成才早，自然科学研究方面的人适中；从事文学创作的人成才较早，从事社会科学，如历史、心理学、法学、哲学的人成才较晚。所有学科中，哲学成才最晚（张积家，2015）。

3. 智力发展类型的差异

智力发展存在类型的差异，主要表现在知觉、表象、记忆、思维等智力活动中（竺培梁，2006）。

在知觉方面，有知觉综合型、知觉分析型和知觉的分析—综合型三种。知觉综合型的个体观察时注意事物的概括性和整体性，分析能力较弱；知觉分析型个体有较强的分析能力，整体性、概括性较差；知觉的分析—综合型个体在观察时既能注意事物的整体，也能注意事物的细节。

在表象方面，有表象视觉型、表象听觉型、表象运动觉型和表象混合型等。表象视觉型个体视觉表象占优势，如画家；表象听觉型个体听觉表象占优势，如音乐家；表象运动觉型个体运动表象占优势，如运动员；表象混合型个体几乎在同等程度上运用各种表象。

在记忆方面，可以同表象类似，分为记忆视觉型、记忆听觉型、记忆运动觉型和记忆混合型；也可以根据记忆不同材料的效果和方法，分为直观形象的记忆类型、词汇抽象的记忆类型和中间的记忆类型。

在思维方面，既有集中思维型、发散思维型之分，也有具体思维型、抽象思维型之分，等等。

4. 智力发展的性别差异

男性和女性谁更聪明？多年研究表明，男性和女性的智力总体上差异不显著，但在智力分布和智力发展的不同时期存在差异。女性智力趋于平均，男性智力差异较大。青春期之前，女性的智力略优于男性。从青春期开始，男性略优于女性。

男女在智力上是平衡的，但在智力表现上存在明显差异。在数学能力方面，女生在计算能力上有一定优势，但只表现在中小学阶段。在问题解决上，初中女生略好，高中和大学男生表现出优势。在言语能力方面，总体上男性属于工作语言，女性属于人际语言。女性的言语能力发展比男性早，在青春期之前一直有明显优势。在空间能力方面，男性在空间知觉和心理旋转测验中占优势，但在空间想象能力方面，男女差异不显著（张积家，2004）。

三、智力的开发

智力开发是心理学、教育学研究和实践的重要课题，有其必要性和可能性（林崇德，辛涛,1996)。开发智力既可以发展每个个体的智力,也是现代教育的需要,同时有利于因材施教。儿童青少年蕴藏着智力发展的极大潜能,通过培养可以将其变成现实。正如维果茨基(Lev Vygotsky, 1896—1934)提出的“最近发展区”,需要明确儿童的两个发展水平——儿童现有的发展水平以及借助成人的帮助能够达到的水平,这两个水平之间的动态变化是由教育决定的,这也充分表明儿童智力发展和开发的可能性。

1. 早期教育

从智力发展的总体情况看,存在先快后慢的规律,因此早期教育显得尤为关键,对发展具有重要作用。施建农和徐凡(2004)总结了超常儿童家庭教育的特点,这些特点对探讨早期教育对智力开发具有重要意义。

第一,超常儿童家庭教育环境。(1)家境与学习条件。超常儿童家庭父母受教育程度高,职业条件较好,收入较稳定,生活条件充裕,能够为孩子的成长提供充足而适宜的材料和活动,拥有对婴幼儿进行早期教育的良好条件。(2)父母的文化素养。受过良好教育的父母非常重视孩子的发展环境,并乐意尽最大努力为孩子创造良好的环境。(3)家庭学习气氛。超常儿童的父母大都表现出自强不息、好学上进的性格。精力充沛和强烈的进取精神是很多杰出人物父母的共性。(4)家庭关系。夫妻之间的爱情、信任、忠诚和帮助是使父母智慧之树长青的营养源泉,相亲相爱的家庭才能营造出最有利于孩子成长的教育氛围。(5)家庭支持。一是家庭对学习的促进程度,即父母提供的学习机会和对子女受高等教育的期望值;二是家庭对孩子的支持程度,即家庭能为子女提供多少帮助。

第二,家庭早期教育中对超常儿童发展起关键作用的因素。(1)亲子交流。亲子交流对婴幼儿的智能和情感发展具有重要意义。所有孩子都有巨大的发展潜能,却只有少数达到,此中差别首先来自家庭。婴幼儿的神经元需要刺激才能联结成可进行各种智力活动的神经系统,这种刺激首先来自儿童与父母的交流活动。儿童的成长过程是探索世界,认识世界,为以后创造世界作准备的过程。儿童好奇、好问、求知的天性,如果引导得好,就能有效开发他们的智力。(2)玩与学。玩是一种使人快乐的活动,对身心健康和智能发展都有神奇的作用。玩能帮助儿童减少焦虑和冲突,也是促进儿童认知能力发展的媒介。(3)品德和个性。优良的品德和个性是成功的基础与保证,其形成首先源于儿童在家庭中与成人、同伴及兄弟姐妹相处的社会经验,是需要培养和锻炼的。超常儿童的家长大多能在一定程度上针对孩子进行生动活泼、卓有成效的教育,重视其品德和个性的发展。(4)自学能力和时间管理。大多数超常儿童都具有极强的自学能力。自学能力不是孩子自己摸索的,而是在家长和教师的指导与帮助下,凭借自身努力逐步形成和累积的。此外,高效率的管理和时间利用也是超常儿童的显著特征。

2. 教学中的智力开发

在智力开发的历史上,存在两种模式:一是智力开发的训练模式,指采用一定的程序在较短的时间内,对智力进行集中开发;二是智力开发的教学模式,指将智力开发融入日常的教学活动中(曹雪梅,方平,姜荣敏,2002)。智力研究的最新进展提示智力开发必须在具体的情境中进行。传统智力理论注重对智力因素的抽象分析,这为智力形式训练提供了依据。但是,人类的智力总是在具体情境、具体活动中表现出来,并进一步得到发展。这个过程不仅会受到纯净的智力因素的影响,而且会受到文化、知识经验的影响,更会受到智力活动的具体场景的制约。正如斯腾伯格所说,智力具有社会实践性品质和现实性品质(张常洁,2003)。因此,当前智力开发越来越多地集中于教学模式。下面介绍两种智力开发的教学模式理论。

第一,以培养思维品质发展学生智力。林崇德教授通过长期的研究和实践,提出培养思维品质是发展学生智力的突破口(林崇德,2006, 2011, 2015)。

从思维的特点来看,概括性是思维乃至智力的最显著特性。思维能够揭示事物的本质和内在规律,主要来自抽象与概括的过程。从教学实践来说,学习和运用知识的过程就是概括的过程,知识迁移的实质就是概括。没有概括,学生就不可能掌握知识、运用知识和学到知识,就难以形成概念,就无法形成认知结构或智能结构。从思维的层次来说,培养思维品质是发展智力和能力的突破口。思维最主要的品质包括深刻性、灵活性、创造性、批判性和敏捷性。从思维的发展来说,最终要发展学生的逻辑思维。逻辑思维包括动作逻辑思维、形象逻辑思维和抽象逻辑思维。在教学中,需要重视各种逻辑思维的发展。三种逻辑思维各有各的用途,差异的来源既有先天的因素,也有后天的因素,对个体逻辑思维的培养需要坚持因材施教。

林崇德还指出,学科能力是总体教育目标的具体化,是总体教育目标与测评系统之间的中间环节。所谓学科能力包含三个方面的含义:一是学生掌握某学科的特殊能力;二是学生学习某学科的智力活动,以及与其有关的智力和能力的成分;三是学生学习某学科的学习能力、学习策略和学习方法的个体差异(林崇德,2015)。

第二,用结构—定向教学理论来发展智力。结构—定向教学理论是我国心理学家冯忠良教授提出的(冯忠良,1992, 1998),他以该理论为基础开展了培养学生智力的研究。结构—定向教学是结构化与定向化教学的简称。结构化教学指的是教学的成效在于心理结构的形成。定向化教学指的是所有教学工作或教学系统都是为了使学生的心理产生预期的变化。结构—定向教学的基本依据包括:(1)教育是知识、技能和行为规范等造就人才的经验的传递系统,经验的传递不同于物的传递,必须通过个体一系列生理与心理水平的编码,借助主体头脑中一系列信息加工动作才能实现;(2)学生的学习其实就是接受—构建过程,学生的学习是主动重新构建的过程,是将所接受的经验进行各种形式和水平的转化,在头脑中重新建构的结构,既与过去经验有关,也与将来学习有关(白学军,2004)。

3. 实践活动中的智力开发

现代智力观认为,智力的来源与现实生活有关,智力活动过程也受现实生活情境的影响,智力最终也需要在现实生活中得到体现(张常洁,2003)。

课外实践活动是促进学生智力发展的方式之一。斯宾塞说过:“在教育中应该尽量鼓励个人发展,应该引导儿童进行探讨,自己去推论。给他们讲的应该尽量少些,而引导他们去发现的应该尽量多些。”实践活动正是可以鼓励、引导学生去探索、认识、改造世界的途径之一。在参与的课外活动中,学生的智力进一步获得充分表现的机会。学生对课外活动的选择、参与方式以及状况就是其智力的一种反映形式。

可以看出,健康、丰富、适合各个年龄段特点的课外实践活动有助于培养学生的广泛兴趣,发展观察力、思维能力和想象力。研究表明,开展科学小实验实践活动,能有效激发学生的学习兴趣,有助于提高学生的学习能力和创新能力(李扬清,2006)。珠心算教育与儿童智力开发实验研究(中央教育科学研究所课题组,2010)表明,珠心算教育对幼儿园和小学儿童的智力发展具有非常显著的作用,对提高小学一至三年级学生语文、数学、英语的成绩作用显著。

专栏 9-2

脑科学的发展对智力开发的启示

脑科学是以脑为研究对象的多学科汇合的新兴研究领域,是研究人、动物和机器的认知与智能的本质和规律的科学(张旭,2016)。脑科学的研究成果对教育、儿童青少年学习有着极其重要的应用价值。建立“基于脑、适于脑、促进脑的教育”,根据脑发育和活动规律,根据脑认知活动规律进行教育教学已成为各发达国家教育研究与改革的重点之一(董奇,2005)。

一、脑发育的关键期和大脑的可塑性对智力开发的启示

脑发育过程中存在关键期,在对应期间,脑在结构和功能上有很强的适应和重组能力,易受环境的影响。关键期内适宜的经验和刺激是运动、感觉、语言及其他脑高级功能正常发育的重要前提。与脑发育关键期密切相关的是脑和神经系统结构与功能的可塑性,也就是说,脑可以被环境或经验修饰,具有在外界环境和经验的作用下不断塑造其结构与功能的能力。可以说,关键期也是脑可塑性最大的时期(杨雄里,彭聃龄,1999)。这提示我们在智力开发过程中要充分利用大脑的可塑性,重视早期教育。因为在敏感期,大脑的可塑性强,进行教育或干预的效果更佳;要提供丰富而适宜的教育环境,全面开发大脑的潜能,促进大脑的整合式发展。大脑的可塑性既是多层面的,也是多通道的;要全面了解影响大脑可塑性的因素,寻求大脑可塑性与教育的最佳结合点(王亚鹏,董奇,2012)。

二、大脑皮质功能网络研究成果对智力开发的启示

在大脑的网络系统中,有一个系统在我们注意集中、专注做事时活跃,属于“向外”的任务指向系统,依赖额顶控制网络;一个系统在我们休息放松或“走神”时活跃,属于“向内”的自我指向系统,依赖默认网络。一个系统持续工作时,另一个系统就会

受到压制，个体在不同状态下需要在两个系统之间互相切换，保持系统平衡。值得注意的是，虽然自我指向的默认网络系统常常在人们“走神”时活跃，但该功能同样关系到人类的心理和行为表现，通常与自我、反思、回忆往事、想象未来、体会、与人交往等自我认知和感受有关。因此，这种脑网络的发展不仅能够帮助儿童建立健康的情绪和认知，也有助于儿童学业提升。在美国，一些中小学已经开始在校内有针对性地开设“走神课程”。这些课程经过特殊设计，学生们在基本的纪律约束下，被要求“自己尽量放松，进入休息状态，脑中可随意思考”，这样的状态约持续一刻钟；接下来，学生们会进入高强度的执行功能训练和学习，如大量的阅读和数学计算训练，持续一刻钟后再次进入放松状态，从而在45分钟的课程内充分、高效地利用脑网络组织特性，有效平衡脑网络使用效率(左西年，苏学权，杨宁，等，2018)。

本章小结

心理学家对智力的定义主要集中于两个取向：描述性取向和操作性取向。智力与能力、知识和技能、创造力都有区别和联系。关于智力的结构有不同的观点：智力的因素理论主要包含智力的二因素理论、智力的群因素理论、智力的形态论；智力的结构理论主要包含智力的三维结构模型、智力的层次结构理论、智力的三棱智力结构模型；多维智力理论主要包含智力的三元理论和多元智力理论。此外，情绪智力理论也受到广泛关注。智力的形成和发展受遗传与环境交互作用的影响，同时也受实践活动和个性品质的影响。

智力作为一种心理特征，不能直接测量，更多的是间接测验。良好的智力测验必须具备标准化与常模、信度和效度等条件。常见的综合性智力测验包括比内—西蒙智力量表、斯坦福—比内智力量表和韦克斯勒智力量表。

智力是不断变化发展的。智力发展有共同的趋势，同时在发展水平、发展速度、发展类型和性别方面存在差异。儿童青少年蕴藏着智力发展的极大潜能，通过培养可以将其变成现实。智力开发可以从早期教育、教育教学和实践活动等方面开展工作。

推荐阅读

1. 白学军.(2004).*智力发展心理学*.合肥：安徽教育出版社.

2. 林崇德.(2008).*我的心理学观——聚焦思维结构的智力理论*.北京：商务印书馆.

3. 施建农，徐凡.(2004).*超常儿童发展心理学*.合肥：安徽教育出版社.

4. Hardiman, M.(2018).*脑科学与课堂：以脑为导向的教学模式*.杨志，王培培，等译.上海：华东师范大学出版社.

5. Sousa, D.A.(2005).*脑与学习*.“认知神经科学与学习”国家重点实验室,脑与教育应用研究中心,译.北京:中国轻工业出版社.

复习思考题

1. 解释下列概念:

   智力　能力　智力的二因素理论　智力的群因素理论　智力的形态论
   液态智力　晶态智力　智力的三维结构模型　智力的层次结构理论
   智力的三棱结构模型　智力的三元理论　多元智力理论　情绪智力　遗传限
   智力测验　常模　信度　效度　心理年龄　智力商数　离差智商　智力超常

2. 如何理解智力概念?
3. 关于智力结构的观点主要有哪些?
4. 遗传和环境在智力发展中的作用有哪些?
5. 在实际工作中使用智力测验需要注意什么问题?
6. 智力发展的差异有哪些?
7. 如何在教学中开发学生的智力?

第十章

教学心理

教学是学校教育活动中的核心环节。教学的本质在于，通过有计划、有目的地传递知识、经验，全面有效地形成和发展学生的综合素质。教学包括教和学两个环节，教师处于教学的主导地位，学生处于教学的主体地位。教学是发挥教师主导作用和学生主体作用，协同完成教学目标，来达到良好的教学效果。近年来，教学越来越注重以学生为中心的基本理念，反对填鸭式教学，主张因材施教，而且在传授知识的基础上更加注重兴趣培养、方法形成、思维训练和灵活运用。因此，了解与教学有关的心理过程，有助于更加灵活、准确地把握教学目标，完善教学过程，评价教学效果。本章主要内容如下：

1. 教学心理概述；
2. 教学目标；
3. 教学策略；
4. 教学评价；
5. 教学反思。

第一节　教学心理概述

教学心理关注在了解学生的学习心理过程的基础上，通过教学来改善学生学习的心理过程，促进学生对知识、技能和行为规范的掌握。其中，教学过程具有若干基本要素和子系统。

一、教学心理的内涵和范围

教学心理(instructional psychology)是指在教学情境中学生学习知识、形成技能的心理规律，主要关注学生学习的内部心理过程、发展，以及如何通过教学来改善学生学习的心理过程，促进学生知识、技能和行为规范(态度与品德)的掌握。教学心理包括教学情境中教师教的心理现象和学生学的心理过程。在师生教学互动中，对课程的理解实际上是师生从自己的主体性出发去解读课程，并在课程传达的思维性沟通中生成课程意义的过程(李海，2016)。

教学心理研究的基本任务是在揭示学生学习规律的基础上，探索教师进行有效教学的理论和操作原理，以提高学生的学习能力，优化学生的学习效果。因此，教学心理研究既是教育学的范畴，也是心理学的范畴，既要考虑教学设计、教学目标、教学模式、教学传媒、教学环境等与教育学相关的环节，也要考虑教学评价、教师品质、教学风格、教学中的人际互动等心理学因素。传统观点认为，教学的基本矛盾是教学要求与学生已有(认知)水平之间的差距，以及教学要求与学生现时需要之间的差距，既在认知层面上涉及学生会不会学、能不能学的可接受性问题，又在情感层面上涉及学生要不要学、愿不愿学的乐接受性问题(卢家楣，2015)。

20世纪70年代末期以来，随着认知心理学的发展，尤其是课堂教学情境中的认知学习论的推进，教学心理更有从课堂教学过程的微观层面深化的趋势。以认知策略为核心的旨在促进学生认知学习发展的教学策略，逐渐成为教学心理研究的热门课题。

二、教学过程的基本要素

教学过程是教学心理研究的载体。加涅(Gagné，1977)将教学过程概括为“九大教学事件”，即教学过程中的九个基本要素。

1. 引起学生注意

引起学生注意是教学过程中的首要基本要素。从信息加工的观点来看，如果个体对作用于感觉器官的刺激信息未加注意，就不会进入信息加工过程，那么这些信息将会被瞬间遗忘。知识教学的基本目的是要使学生将所学内容保存到长时记忆。

教师在教学时引起学生对所学内容的注意，通常有三种做法：(1)激发学生的求知欲。例如，提出能够激发学生思考的问题。当学生对教师提出的问题感兴趣并乐于思考时，学生就会格外注意教师的讲解。(2)变化教学情境。单调的刺激容易使学生的注意涣散，教师应该适当地运用教具，创设丰富多样的教学情境，吸引学生对教学内容的注意。(3)结合学生的经验，从已知到未知。教学内容应该从学生的已有知识出发，由浅入深，或者从生动浅显的例子出发，切入主题。

2. 提出教学目标

在充分引导学生关注教学内容的基础上，教师应当向学生提出教学目标，让学生在进入学习前充分完成心理上的准备：将要学习什么和怎样进行学习。师生沟通确定共同目标之后，教师才能够有效地把握教学进程，学生也能够明确学习方向。

需要注意的是，教师提出学习目标时，应当简明易懂地阐明学习内容，尤其应强调新概念的把握、辨析。如果有必要，还应该分层次、分要点地提出学习目标，确保学生能够充分理解。

3. 唤起已有知识经验

提出教学目标后，学生在认知层面形成对将要学习的新知识的初步认识，并作好了初步计划和心理准备。这时,教师要进一步做的工作是唤起学生与学习新知识有关的已有知识经验。复习的重要性也在于此。新知识的学习应当以已有知识为基础,教师应当强调已有知识与新知识的联系和逻辑关系,以便学生更高效地理解新知识,并能融会贯通。值得注意的是,教师应积极关注缺乏所需已有知识的学生,给予他们有针对性的辅导和点拨。

4. 呈现教学内容

教师呈现教学内容时,不仅应当要求学生学会学习内容本身,更重要的是要教授学习方法,训练学生的思维能力和解决问题能力。从学生方面来考虑,学生要将长时记忆中的相关知识经验提取到容量有限的短时记忆中,结合新知识、新方法、新思维对一系列知识进行加工、理解和整合,并将新知识和新经验储存到长时记忆。因此,以教材为中介构成的教和学始终相互作用,是整个教学过程的核心。教师在提供教材时,必须考虑教材性质、预期学习结果等问题,采用适当的教学策略,使学生在学习时做到眼到、口到、心到、手到,以收到较好的学习效果。

5. 提供学习指导

教师讲解教材内容之后,应当采用课后作业、课后思考、内容扩展、学习小组讨论等形式,指导学生自行学习和巩固。在这一阶段,教师通常需要对学生采取有针对性的个别辅导,答疑解惑。

6. 引出行为表现

如何确定学生的学习效果呢?从心理学角度分析,可以通过学生的外显行为来判定。例如,观察学生在学习过程中的神态、表情,回答问题是否流利、有条理,能否把握重点,能否进行归纳总结,能否顺利完成作业等。

7. 适时给予反馈

从学生的外显行为考察其学习效果后,教师应当给予学生适当反馈。对于正确的反应、正性的学习效果,教师的积极反馈具有正强化作用,能够极大地巩固学生的行为。例如,回答问题时点头微笑、言语称赞,批改作业时给予肯定等都是有效的正强化方式。对于错误的反应、负性的学习效果,教师也应适当给予反馈,点出错误之处,与学生共同分析出错原因,使学生纠正错误之后能够总结经验,不再犯类似错误。

8. 评定学习效果

这主要指一堂课结束时对学生学习结果的评定,这种评定通常不用测验方式进行,而是教师根据自身教学经验,提出课程内容中的几个核心问题、需要注意的问题,让学生总结、回答,以此来评定学习效果。

9. 促进保持与迁移

教师教学的目的,不仅在于知识本身,更重要的是将知识化为经验,能够将所学概念、原理等应用到实际中去,甚至是将在学习过程中获得的方法、思维方式、技巧等迁移到日常生活和问题解决当中。教师在教学中应该着重强调举一反三能力,引导学习迁移,以收获更好的学习效果。

三、教学过程的两大系统和“新五段论”

1. 教学过程的两大系统

苏联教育家巴班斯基最早将教学看作一个系统，认为教学系统从属于学校的教导系统，教学系统自身包括教师(以及其他教导人员)、学生(以及学生集体)和教学条件(物质、卫生、心理等方面)三个子系统。我国学者对这一模型进行了修订，认为教学过程系统只包括教和学两个子系统，教学条件起作用的程度取决于教师和学生两个主体对教学条件开发利用的程度(杨光岐，2006)。

教子系统包含三个分支系统，分别为教学设计系统、师生互动系统和总结反思系统。教学设计系统即计划阶段，主要指教师准备课堂内容，制定教学计划等。师生互动系统即实施阶段，主要通过师生互动来促进学生构建知识。总结反思阶段即总结阶段，主要为教师通过教学目标完成情况检验教学方案的得失，进行反思，以求改善。

学子系统包含三个分支系统，分别是学生自能系统、师生互动系统和学生自为系统。学生自能系统即计划阶段，学生要进行课堂学习准备，这是为在课堂上能够自主建构知识而进行的条件准备，包括心理准备(动机、态度、责任)、方法准备(学习方法、方式)、知识准备(预习、搜集学习资料)。师生互动系统即实施阶段，指课堂内外的学习，学生在教师指导帮助下通过师生互动的方式进行自主建构。学生自为系统即总结阶段，包括两个环节：一是课堂上的总结、评价(教师的反馈和自我评价)，改善学习，努力实现学习目标；二是课堂下的总结反思，课后继续改善课堂上没有实现的学习目标，以求完成目标。

教和学两个子系统共有一个师生互动系统，它成为师生的学习共同体(见图 10-1)。教师和学生在学习共同体内发生交往，形成一种相互制约、相互促进、相辅相成、共同发展的关系。

教与学并不是各自阶段的简单重合，而是交互作用的复合过程。教师的教在某些时段不是由教师来呈现刺激，而是由学生来充当“教师”，由学生来呈现刺激。学生在课前进行教学设计方案制定，在课堂上进行集体作品展示，在师生互动中自主学习(邵龙宝，2007)。

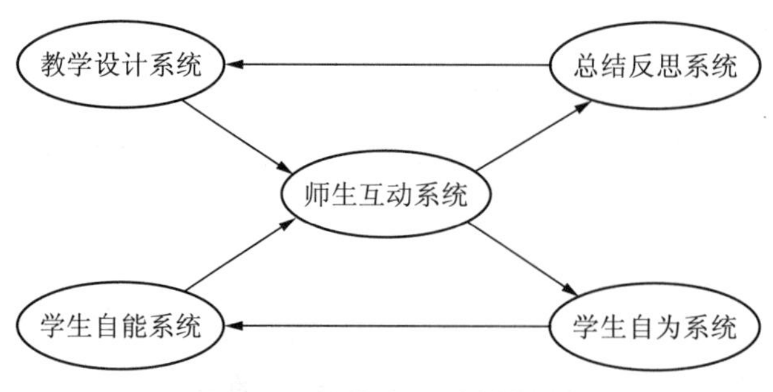

图 10-1 教学过程系统模型图
(资料来源：杨光岐，2006)

2. 教学过程的"新五段论"

杨光岐(2006)以教和学两个子系统为基点，分析师生互动系统中教师与学生两个主体的关系，提出了教学过程的"新五段论"，即准备、启动学习、指导思维、训练建构、反思改善。这五个阶段环环相扣，有机相联，层序递进，构成复杂的教学过程。教师、学生两个主体在教学各个阶段的主要行为见表10-1。

表10-1 教学过程的阶段和主体行为

	准备	师生互动			反思改善
		启动学习	指导思维	训练建构	
教师	● 开发课程资源 ● 教学条件准备 ● 设计方案	● 激发学生兴趣动机 ● 明确目标任务 ● 呈现学习情境	● 方法指导 ● 提供学习条件 ● 变换教学组织形式 ● 过程评价、反馈、激励	● 训练 ● 拓展 ● 强化巩固	● 总结反思 ● 改善设计 ● 指导学生课外自为学习
学生	● 预习 ● 开发学习资源 ● 方法训练	● 集中注意 ● 知识提取 ● 进入学习情境	● 自主探究 ● 合作学习 ● 接受教师讲解和指导帮助	● 应用训练 ● 实践 ● 建构知识网络	● 总结反思 ● 课外自为系统启动

(资料来源:杨光岐,2006)

第二节 教学目标

教学过程中，教师首先要考虑的问题是教学的预期结果，即学生在教学结束后将有何变化，如掌握知识、学会技能等，这就是教学目标(instructional objective)。教学目标用以预期教学之后学生将从教学活动中学到什么，教师在教学过程中应该做些什么，教学目标具有指导教师选择教学策略、进行教学评价，以及指引学生学习等一系列功能。

一、布卢姆的教学目标分类

布卢姆(Bloom,1956)认为教学目标可以分为认知(cognitive)教学目标、情感(affective)教学目标和动作技能(psychomotor)教学目标三种类型。

1. 认知教学目标

认知方面的教学目标包括知识、领会、应用、分析、综合和评价六个层次。

知识(knowledge)是指经教学后学生凭记忆所记住的知识，包含三个水平:对特定事物知识的记忆;对处理事物方法程序知识的记忆;对概念、规则知识的记忆。例如，回忆李白的诗句"举头望明月"。

领会(comprehension)是指学生在学习后对教材含义的认知,包含三个水平:转化,即能够用不同说法表达同一概念的意义;解释,即能够按自己的理解对事物意义作出解释;推断,即能够对事物间的关系作出逻辑推理。例如,用自己的话表述“举头望明月”。

应用(application)是指学生把学到的抽象知识应用于具体情境之中,包括将学到的规则、方法、概念、原则、理论等应用于其他情境以解决问题。例如,学习了四则运算后,可以在购物时计算应该支付的金额。

分析(analysis)是指将整体材料分解成它的构成成分并理解其组织结构,包含三个水平:要素的分析(如一篇论文由几个部分构成);关系的分析(如因果关系分析);组织原理的分析(如语法结构分析)。例如,分析一篇报道中的事实和观点。

综合(synthesis)是指学生能够把学到的零碎知识统整为自己的完整知识系统,包含三个水平:用语言表达自己意见时表现的综合(表现);处理某事物时表现的综合(能力);推演抽象关系时表现的综合(能力)。例如,完成一篇演讲稿的写作。

评价(evaluation)是指学生在学习后能够根据自己的观点对材料(论点的陈述、小说、诗歌、研究报告等)作出价值判断的能力。学生对所学知识有两种判断依据:内在依据(如材料内在组织的逻辑性);外在依据(如材料对目标的实用性)。例如,评价同一主题的两篇文章哪一篇写得更好。

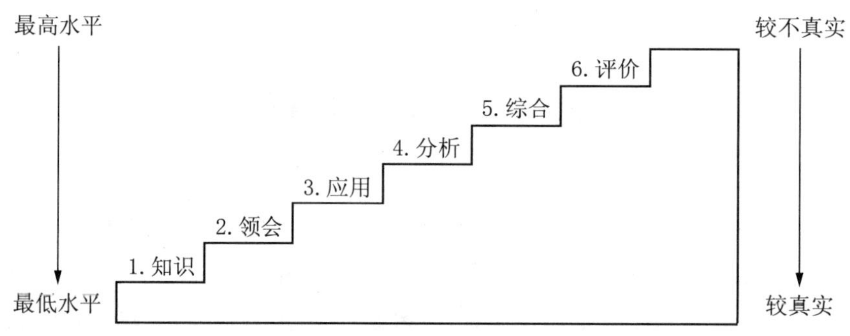

图 10-2 布卢姆的认知目标分类

(资料来源:Bloom, 1956)

2. 情感教学目标

情感方面的教学目标指预期教学后,在学生情感行为方面可能发生的改变,包括接受、反应、评价、组织和价值体系的性格化五个层次。

接受(receiving)是指学生在学习时或者学习后自愿地接受其从事的学习活动并加以注意,包含三个水平:觉知有关刺激的存在;有主动接受的意愿;有选择地注意。例如,教师讲解《桃花源记》时,学生专心听讲。

反应(responding)是指学生主动地参与学习活动并从中得到满足,包含三个水平:默然听从(听命式的);自愿反应(完全主动的);满足反应(带有满足感、愉快感)。例如,自愿阅读非指定的教材。

评价(valuing)是指学生对所学内容在信念和态度上表示正面肯定,包含三个水平:价值的接受,即对所学内容的认可;价值的肯定,即对所学内容的喜爱;价值的内化,即对所学内容的价值肯定成为一种较稳定的追求。例如,讨论爆炸事件时,学生能表达自己对生命积极关注的观点。

组织(organization)是指学生将所学价值内化、概念化,纳入其人格结构之中,建立起内在一致的价值体系,包含两个水平:价值概念化,即对所学内容的价值在含义上予以抽象化,想成个人对同类内容的一致看法;组成价值体系,即将所学得的价值观汇集统合。例如,学生能阐明其支持公民合法权益的理由。

价值体系的性格化(characterization by value)是指个体通过学习,所学的知识观念经由接受、反应、评价、组织等内化后成为自己统一的价值观,并融入性格结构之中,包含两个水平:概念化心向,即对同类情境表现出一般性的心向;性格化,即指心理与行为内外一致,持久不变。例如,学生关心有困难的同学,并能够在力所能及的范围内给予帮助。

3. 动作技能教学目标

动作技能教学目标是指预期教学后在学生动作技能方面应达到的目标,共分为七类。

知觉(perception)是指个体能运用感官获取所需动作技能的线索。该目标分为刺激辨别、线索选择和动作转换三个层次。

心向(mental set)是指在开始某种动作技能学习之前,已完成心理上的准备。该目标也分为心理倾向(心理准备)、动作倾向(身体准备状态)和情绪倾向(乐于从事某种活动的情绪状态)三个层次。

引导反应(guided response)是指在示范者引导下跟着作出的反应。该目标分为两个层次:跟随示范者的行为模仿;自行尝试练习已形成的正确行为。

机械反应(mechanical response)是指技能学习达到了自动化的程度。

复杂反应(complex overt response)是指通过学习达到对包括多种不同反应的动作技能的熟练。该目标分为两个层次:适当的动作定位;能够自动化地进行需要的动作。

适应(adaptation)是指技能达到熟练时,能够根据问题的性质依情境需要随时加以改变。

创新(innovation)是指个人的技能达到熟练后能创新设计。这是动作技能教学目标的最高境界。

布卢姆的教学目标将个体的心理发展分为认知领域、情感领域和动作技能领域,这三个领域的划分突破了传统"知、情、意"的划分,更符合教育实践的需要。布卢姆将认知领域的教育目标进一步分为六个由低级到高级的水平,其分类的心理学依据与认知心理学揭示的学习规律具有一致性。而且,认知领域分类具有可操作性,采用了一套操作方法来区分知识与层次不同的智慧能力。

从当代心理学研究的最新成果来看,布卢姆的教学目标分类也具有一定的局限性。首先,一些心理学家认为,可以将布卢姆六级水平的目标归纳为知识和智慧能力两个水平。布卢姆等人当时无法回答知识和智慧能力的本质,这是该分类最大的局限。其次,布卢姆等人依据学习情境与测验情境是否发生变化来区分知识与智慧能力。该分类中,智慧能力又分为领会、运用、分析、综合和评价,这五级划分的标准不明确,人们难以掌握和应用。最后,该分类只关注目标制定和根据目标进行测量与评价,没有明确说明目标是怎样达成的,无法告诉教师达到教学目标的方法(皮连生,2000)。

二、加涅的教学目标分类

加涅(Gagné, 1977)也对教学目标进行了分类研究。他按照教学结果将教学目标分为言语信息、心智技能、认知策略、动作技能和态度五类。这种教学目标分类具有处方性功能,告诉教师应该怎样操纵教学变量达成预定目标。从学生学习的观点看,这些教学目标分类代表了学生的学习结果。加涅的五类教学目标中,前三类为认知领域,第四类为技能领域,最后一类为情意领域。

1. 言语信息

言语信息(verbal information)是指能够对某种关键或某组概念进行陈述的信息,即通常说的陈述性知识。言语信息以命题网络的形式贮存在记忆中,借助适当的线索即可提取出来。根据言语信息本身具有的不同复杂程度,加涅区分出三类不同的言语信息形式,即符号学习、事实学习、有组织的言语信息学习(陈琦,刘儒德,2007)。

2. 心智技能

心智技能(intellectual skills)是指运用符号学习知识的能力。学生学会的符号主要包括语文和数字两类,两者的交互作用是学习一切知识的基础。按照加涅的解释,学生心智技能的学习包括辨别、概念、原则和问题解决四个层次。

辨别是指学生能学到对不同刺激给予不同反应,或者从众多刺激中辨别出相同刺激。影响辨别学习的内在条件是学生应由感官觉察到刺激并能辨别各刺激间的异同。在教学中安排外在条件时,教师可以按以下原则处理:(1)当学生反应正确时给予适当的强化;(2)对正确反应多加几次练习,以免遗忘。

概念是指对事物的共同特性的认识,包括两类:一类是具体概念,可以直接通过观察获得,许多日常概念属于此类;另一类是定义概念,需通过定义揭示其本质特征,抽象概念便属于此类。对具体概念的学习,其内在条件是先辨别事物的特征,然后将特征归为共同属性从而形成概念。对定义概念的学习,其内在条件是在学习概念的定义前要了解学生是否懂得定义的语文意义;其外在条件是教师应提供具体活动作为示范,让学生懂得抽象的定义。

原则是指对数个概念联系起来表达的完整意义的掌握。这自然是在上述概念获得的基础上才能实现的。影响原则学习的外在条件是学生是否已掌握该原则中的所有概念。

在学习某一原则前，教师应当提前了解学生是否掌握了该原则中的所有概念。

问题解决是指运用原则解决问题的过程。在提出问题让学生解决之前，教师必须了解学生是否已了解解决该问题所需的各项原则。

3. 认知策略

认知策略(cognitive strategies)是指由个人自主控制心理活动获得新知识的方法。教学生学习认知策略是学校教学中极其重要的教学目标，尤重于教学生学习知识。应当教学生哪些认知策略呢？最重要的是以下三种认知策略。

增进记忆策略。记忆是学习一切知识的首要条件。学习新知识时，有效地运用短时记忆十分重要。对于增进短时记忆，有五点建议：先从注意开始、多编码并用原则、组块原则、动作记忆原则、运用复习原则。

组织知识策略。用自己的语言重新组织所学材料的内容，使之转化为自己的知识，如读书做好摘要、听课记笔记等，都是促进组织知识的有效手段。

元认知策略，指对自己认知过程本身的认知。

4. 动作技能

动作技能(motor skill)学习的关键在于，先学习技能中包含的动作，然后学习如何在适当的时空表现某种动作。这类学习主要靠练习，并以两种反馈作为矫正错误的线索：一种是内反馈，指个体完成某种动作时在肌肉肌腱处留下的一种感觉，即动觉的作用；另一种是外反馈，指个体完成某种动作后得到的外在结果，即通过视觉和听觉获悉的结果矫正动作。

5. 态度

态度(attitudes)是指影响个体对行为选择的内在心理状态。心理学通常认为，态度包括认知、情感和行为三个因素。可以采用直接法和间接法来培养学生的良好态度。直接法的态度教学依据斯金纳(Skinner, 1938)的后效强化原理。后效强化(contingent reinforcement)是指个体的行为后果将决定其以后的行为：因努力而努力，将会继续努力；因逃避而免于惩罚，将会继续逃避。间接法的态度教学依据班杜拉的观察学习原理，为学生提供正确的模仿榜样，以便使学生形成这一态度。观察学习(observational learning)是指个体仅以旁观者的身份观察别人的行为表现即可获得学习。

加涅的学习结果分类提出和形成的年代较近，吸取了认知心理学的最新成果，其对教育的最大贡献在于用知识阐明了学生习得能力的本质。按照加涅的观点，学生习得的认知能力除了言语信息之外，还有智慧技能和认知策略。加涅阐明了每类学习结果得以出现的过程和条件，以及每类学习结果测量的行为指标。因此，加涅的教学目标分类不仅有助于学习结果的测量和评价，而且有助于导学和导教。

加涅的教学目标分类与布卢姆的教学目标分类有很多相似之处：(1)两个分类都是对学习结果进行分类；(2)两个分类都包含认知、情感和动作技能三个方面，体现了学生心理结构的全面发展;(3)两个分类都侧重在认知领域进行较深入的研究,将知识和心智能力区分为两类不同的学习结果。但是,布卢姆的教学目标分类强调知识和指导教学结果的测量评价;加涅的教学目标分类因有学习论为依据,不仅可以指导学习结果测量评价,而且可以指导教学过程和方法设计。

三、霍恩斯坦的教学目标分类

美国霍恩斯坦(Hauenstein, 1998)提出一个全新的教育目标分类系统,将教育目标划分为认知、情感、动作技能和行为四个领域(见表 10-2)。

1. 认知

认知领域(cognitive domain),关于知识和心智技能的发展过程,包括五个层次。

概念化(conceptualization)是指在一个特殊的情境中认出、定义和概括一个思想的能力。

理解(comprehension)是指翻译和解释一个思想,以及推断内容信息的能力。

应用(application)是指澄清一个问题或一种情境,并采用适当的原理与程序解决一个具体问题或情境的能力。

评价(evaluation)是指分析并描述信息和资料或情境以进行评判的能力。

综合(synthesis)是指假设或解决产生新办法或答案的复杂问题的能力。

2. 情感

情感领域(affective domain),关于情感、价值和信仰对个体行为的影响,分为五个层次。

接受(receiving)是指觉察、愿意和注意的意向。

反应(responding)是指默认、遵从和评价一种反应情境的倾向。

价值评价(valuing)是指认可、更喜爱和证实一种价值的倾向。

信奉(believing)是指相信并将一种价值作为指导原则的倾向。

举止(behaving)是指遵照一种价值或信念表现和改变行为的倾向。

3. 动作技能

动作技能领域(psychomotor domain),关于发展身体的动作、能力和技能,包括五个类别。

知觉(perception)是指接受和认识到关于概念、思想、物体和现象的详情的能力。

模仿(simulation)是指激活、模仿和协调自然能力以形成一种符合一般模式或情境的行动或行为样式的能力。

整合(conformation)是指将适当动作整合起来并以达到技能认定的质量和特征做出动作。

创作(production)是指保持并调适能够胜任的、有效的技术和技能以执行指定职责的能力。

熟练(mastery)是指创始并完善能力与技能的能力和愿望。这是追求能力与技能的精纯化，意味着优越的举止、综合和创作的能力与技能。

4. 行为领域

行为领域（behavioral domain）是一个综合性领域，是认知领域、情感领域和动作技能领域的综合，包括五个层次。

获取（acquisition）是指在特殊的情境中接受、知觉，并使一个概念、思想或现象概念化的能力。

同化（assimilation）是指在一种情境中理解并作出适当反应的能力，是将概念、思想和观念改变或转换为类似情境的能力。

适应（adaptation）是指改变原有的知识、技能和性格以最大程度融入环境的能力。

施行（performance）是指对情境进行评价和产生结果的能力。

达成（aspiration）是指综合知识和精通技能，并将知识和技能表现在行为中的能力。

表 10-2　霍恩斯坦的教学目标分类

领域层次	认知领域	情感领域	动作技能领域	行为领域
1	**概念化** 认出 定义 概括	**接受** 觉察 愿意 注意	**知觉** 感觉 辨认 观察 意向	**获取** 接受 知觉 概念化
2	**理解** 翻译 解释 推断	**反应** 默认 遵从 评价	**模仿** 激活 模仿 协调	**同化** 反应 理解 模仿
3	**应用** 澄清 解答	**价值评价** 认可 更喜爱 证实	**整合** 统整 标准化	**适应** 价值评价 应用 整合
4	**评价** 分析 描述	**信奉** 相信 信奉	**创作** 保持 调适	**施行** 信奉 评价 创作
5	**综合** 假设 解决	**举止** 显示 改变	**熟练** 创始 完善	**达成** 举止 综合 熟练

霍恩斯坦对教学目标的划分与布卢姆的分类具有相似之处。首先，霍恩斯坦和布卢姆的教学目标分类都以外显行为为分类的对象。其次，教育目标都具有层次结构。两种分类中的各类目标均围绕学生行为由简单到复杂排序，呈现出明显的层次性：从较低层次的目标到较高层次的教育目标是累积性的，较高层次的教育目标是以较低层次的目标为基础的，包含较低层次的教育目标。再次，教育目标都是超越内容的。最后，教育目标分

类都是一种工具。也就是说,教育目标分类本身并不是目的,而是为教育评价,为假设教学过程和学生变化,为课程编制服务的一种工具(丁念金,2004)。

四、教学目标的陈述

教师的学习观会影响目标的设置。持行为主义学习观的教师表述出来的目标主要集中在学生可观察和可测量的变化上,持认知学习观的教师表述出来的目标强调学生内在的变化。

1. 行为目标表述法

梅杰(Mager, 1975)认为,教学目标应当描述学生显示成就时能做的事情,以及你是怎样知道他能做这些事的。行为、行为条件和行为标准是这类表述的三大要素。

行为的表述。它要求以可观察和可测量的具体行为来描述教学目标。说明教学后学生能做什么。表述的基本模式是一个动宾结构的短语,动词说明学习的类型,宾语说明学习的内容。

行为条件的表述。它要求指出学生在什么情况下应该表现出所要求的行为,即明确应该在何种情况下评定学习者是否达到教学目标。

行为标准的表述。它规定了符合要求的行为标准,规定了作为学习结果的行为的最低要求。行为标准的表述一般含有"正确到何种程度""在多长时间内完成"之类的意思,使教学目标具有可测性。

梅杰的行为目标表述法强调应对学生的最终行为作出非常清楚的表述。他相信,如果为学生提供表述清楚的目标,学生一般能够自己教自己。

2. 认知目标表述法

格兰伦德(Gronlund, 2000)提出一种与梅杰截然不同的方法。他认为,教师可以先用一般的术语(如理解、欣赏等)来表达基本的教学目标,然后借助一些样例行为使这一目标更加明确。这些样例行为可以用来判断学生是否达到教学目标(见图 10-3)。

格兰伦德认为,真正的目标是理解,教师并不想让学生停留在定义、识别和区分等具体行为上。根据这些样例的成绩,教师可以判断学生是否已经理解。研究者对教学目标所做的研究倾向于支持格兰伦德的方法,即先表述一些中心目标,然后用一些具体行为的样例来明确它。

表 10-3 格兰伦德教学目标的表述

目 标	例 子
一般的目标	理解"注意"的一些概念
子目标 A	用自己的话表达对这些概念的理解
子目标 B	在上下文中可以识别这些概念的意义
子目标 C	可以区分意义相近的概念

3. 综合方法

一种较为完善的教学目标表述方法是同时考虑认知学习观和行为主义学习观。如果教师给学生的目标是推理、理解，该如何让学生知道是否完成目标？一个方法就是给学生一个具体的、可测量的、能说明行为变化的任务。

不管使用哪种方法表述教学目标，教师都要让学生明白其要传达的意图；其次，保证测试与目标有关；再次，使学习活动适用于教学目标；最后，对于发展学生深层次的思考，可以考虑采用撰写议论文和开展辩论等教学手段。

第三节 教学策略

当教学目标已定，学生的起点行为已知，对教学任务作过分析之后，教学空间也就明确了。所谓教学空间(teaching space)，就是教学活动的范围，即教学目标确定的教学终结状态与教学开始前学生原有状态之间的发展差距(齐军，2011)。教师在教学空间内如何发挥，才能实现最佳效益？这便涉及教学策略的问题。所谓教学策略(teaching strategy)，是指教师教学时旨在优化教学效果的教学操作指南。它并没有特别限定于某种教学方法，而是在一定操作思想的指导下，统合各种方法来达成有效教学的目标(Beery, Shell, Gillespie, & Werdman, 2013)。本节阐述主要的教学策略，并结合新课程标准改革探讨丰富教学策略库的途径。

一、以信息加工为主的教学策略

概念获得教学策略和先行组织者教学策略都是以信息加工为主的教学策略，两者都是为帮助学习者更有效地学习有关概念而设计的，但是它们又建立在不同的理论基础上。

1. 概念获得教学策略

第一，区别对待不同类型的概念学习。概念(concept)是个体对同类事物的共同本质特征的反映。获得概念的方式主要有概念形成和概念同化。概念形成(concept formation)是通过具体的例证(麻雀、燕子等)概括出其中的共同属性，获得概念(鸟)。由于例证处于下位，概括出的概念处于上位，所以这种学习称为上位学习。概念同化(concept assimilation)则是学生通过头脑中已有的认知结构来同化新的知识。具体分两种情况：(1)如果待学习的内容是下位概念(鲸)，而学生认知结构中已有的是上位概念(哺乳动物)，那么这种学习称为下位学习；(2)如果新学习的概念(心理健康)与原有认知结构中的概念(身体健康)只存在相关关系，而且原有概念纳入新概念之后，可以使其本质属性得到扩大和深化(健康即意味着身体健康，也意味着心理健康)，这种学习则被称为相关的下位学习。简言之，上位学习主要运用个别到一般的归纳方式，而下位学习主要运用一般到个别的演绎或类比方式。教师在教授新概念时,应针对不同的概念学习类型,采取不同的教学措施。

第二,充分发挥变式、比较和定义的积极作用。所谓变式,就是概念正例的变化,即保持概念本质特征不变而改变其非本质特征。例如,提供鸡、鸭、企鹅等"鸟"的变式,有利于学生巩固鸟类"有翅膀"这个本质特征,从而获得"鸟"的正确概念。所谓比较,是指辨析正例之间、正反例之间的异同,以便更好地发现事物之间共同的本质特征(正例比较)以及本质与非本质特征的区别(正反例比较)。例如,将麻雀与鸡、麻雀与蝙蝠比较,更能帮助学生理解"鸟"的本质特征。所谓定义,是指对概念内涵给予的准确描述。如果说,变式和比较是从例证的认识上把握概念的本质,那么定义就是从概念本质的语言解释中更准确地把握概念本身。因此,教师在教学中应注意提供变式,进行比较,在此基础上引导学生自己尝试下定义,并使下定义的过程成为进一步准确掌握概念的过程。

2. 先行组织者教学策略

先行组织者(advance organizer),就是在教学内容学习之前呈现的引导性材料。材料应在概括水平与包容水平上高于待学习的教学内容,但是要以学生易于理解、接受的形式呈现。先行组织者可以是一个概念、一条定律,也可以是一段概括性说明文字、一个具体形象化的模型。先行组织者起到使新旧知识之间发生联系的桥梁作用。例如,在一项研究中(Mayer,1983),研究者先让对照组大学生听关于雷达原理的一篇文章,听后要求他们写下自己记住的内容,并回答有关问题。结果他们回忆的信息不到20%,解决问题的正确率不到30%。接着,研究者改变方式,先向实验组大学生呈现先行组织者,1分钟后再听之前的文章。结果,实验组大学生的回忆成绩比对照组提高了50%,解决问题的正确率提高了2倍。

教师在运用先行组织者教学策略处理教材内容时,还应当考虑以下会影响先行组织者有效性的因素。

第一,学生的知识准备程度。当学生头脑中与新知识相关的先前经验不足时,先行组织者最有效。具体表现在两个方面:(1)当学生认知结构中缺乏适当的上位概念来同化新知识时,提供概括水平与包容水平高于新知识的先行组织者——陈述性组织者,有助于学生获得一个可以同化新知识的认知框架;(2)当学生已有同化新知识的上位概念,但原概念已不清晰、不牢固,或者对新旧知识之间的关系已辨别不清时,提供一个指出新旧知识异同的先行组织者——比较性组织者,将十分有益于提高学习效率。反之,当学生并不缺乏学习新材料的必备知识时,先行组织者的作用就会减弱,甚至消失。

第二,先行组织者的抽象程度。先行组织者策略主张运用抽象水平与包容水平较高的先行组织者,以便把新材料纳入其下位学习的模式中。然而,有研究发现,用具体的模型作为先行组织者,更有助于发挥积极的作用。例如,学生在学习关于热在金属中传递的抽象课文时,教师将热在金属中的传导比喻成一系列多米诺骨牌连续倾倒,来促进学生对课文的理解和掌握。结果显示,高抽象水平的先行组织者提高了优等生对主要内容的回忆,却不利于对细节的回忆,而低抽象水平的先行组织者提高了有待进步学生对细节的回忆。因此,不同抽象水平先行组织者的作用,不能一概而论。

二、以探究为主的教学策略

1. 发现学习教学策略

发现学习教学策略由布鲁纳(Bruner, 1972)率先倡导。发现学习(discovery learning)是指在教师的指导下学生运用探究的方法自己发现学科的基本概念、基本原理和基本规律的教学模式。其目的在于,学生在自己发现掌握学科的基本结构的同时,能培养自己敢于探索、勤于思考的精神。

一般来说,发现学习的程序包括四个阶段:(1)提出问题。教师向学生提出问题,为学生提供探究所需的材料。提问的方式多种多样,可以是语言阐述、实验、图例或者真实的情景。(2)提出假设。在教师的指导下,学生通过对材料的观察、分析、讨论,提出解决问题的一个或多个假设。(3)验证假设。在验证的过程中,假设有可能被推翻或者修正。但是假设一旦成立,就会成为学生应掌握的学习内容。进而,学生在教师的指导下用科学的语言表达所获结论,形成概念或定理。(4)运用新概念。教师指导学生将获得的新概念运用到情境中,培养学生解决问题的能力。

发现学习教学策略强调学生学习的主动性、独立性与积极性,有利于激发学习者的探究欲望,培养学习者分析问题、解决问题的能力(毛志新,2016)。但是,发现学习也有其局限性:(1)耗时耗力,不经济;(2)不利于知识的系统讲授,片面夸大学生的学习能力,忽视知识学习活动的特殊性;(3)运用范围有限,只适用于极少数学生,适合自然科学的某些知识领域,而且对教师的知识素养和教学能力要求过高,一般教师很难掌握(陈琦,刘儒德,2007)。

2. 探究训练教学策略

探究训练教学策略认为,一切知识都是不断被修正或者被取代的过程。探究模式利用学生天生的探索精神,通过训练来培养学生的探究能力。在探究训练中,探究的过程就是引导学生学习的教学策略。

在探究模式中,师生之间是一种合作关系,学生主动收集资料,教师提供资料;学生提出假设,教师协助学生进行探究。根据学生的活动可以将探究的程序分为四个阶段:(1)遭遇疑难情境。教师向学生展示问题,使学生处于教师设置的疑难情境中,学生理解需要探究的问题并了解探究的程序。(2)假设和收集资料。在探究模式中,提出假设和收集资料是同时进行的,学生有意识地为验证假设收集资料。在这一阶段,教师充当资料的提供者,对学生提出的问题只回答“是”或者“否”。(3)得出结论。教师要求学生对收集到的资料进行解释,当学生的解释能够说明收集的资料时,就得出结论,反之,则重复第二阶段。

有时,学生会请求教师对他们的解释作出判断。(4)分析探究过程。学生反思探究过程,以便为后期更好地发展自身能力提供依据。这是发展学生探究能力必不可少的阶段(李晓文,2000)。

一方面,探究训练教学策略能够培养学生运用信息资料解决实际问题的能力,以及通过改变单向师“授”生“受”的教学方式,凸显学生的主体地位,体现“以人为本”的教学理念,有利于真正实现教学相长;另一方面,探究训练教学策略要求学生动手参与的部分较多,可能造成教学任务难以完成、课堂秩序难以维持、不能调动所有学生的积极性等问题。

三、以反馈为主的教学策略

教学过程是教师与学生传递信息的过程。要了解信息传递的效果,需要有可操作性的反馈手段。以反馈为主的教学策略主要包括程序性教学策略、掌握学习教学策略等。

1. 程序性教学策略

程序性教学策略的代表人物是斯金纳(Skinner, 1965),他认为程序是执行某一任务所需的步骤和序列的知识。在完成一项任务时,不仅需要对程序的熟知,而且需要一定的技能、策略。因此,在程序性教学中区分知识和技能是十分重要的。例如,一名经理需要知道执行某一程序的步骤,但是他并不需要像操作员那样有精通的技能。操作员虽然对执行任务的步骤很了解,但是他并不像经理那样通晓前后任务之间的内在联系(盛群力,2010)。

程序是为了达成特定目标而形成的有固定顺序的步骤。程序中的步骤一般用“如果……那么……”表示。程序性教学策略的主要原则包括:(1)小步子原则,即将总的学习目标分成若干个小块,由简到难、循序渐进;(2)自定步调原则,即个体之间存在差异,强调的是应做到因材施教、量体裁衣;(3)积极反应原则,强调的是促进课堂内师生之间的互动,以及学生在学习中的参与度;(4)及时强化原则,即在教学过程中,学生完成任务时教师应以表扬鼓励为主,可以是一句赞美的话或者一个虚拟的奖品,往往会起到事半功倍的效果;(5)低错误率原则,一般来说,多次出错会打击学生的自信心,为了减少错误率,教师应着重在学生的最近发展区内进行教学。

2. 掌握学习教学策略

掌握学习教学策略认为,只要给予足够的时间和适当的教学,几乎所有的学生对所有的内容都可以达到掌握的程度(通常能达到完成80%—90%的评价项目),学生学习能力的差异不能决定他能否学习要学的内容和学习的好坏,只能决定他需要花多少时间才能达到掌握该内容的程度。因此,掌握学习教学策略在“所有学生都能学好”的思想指导下,以集体教学(班级授课制)为基础,辅之以经常、及时的反馈,为学生提供所需的个别化帮助以及所需的额外学习时间,从而使大多数学生达到课程目标所规定的掌握标准(李晓文,2000)。

掌握学习的基本程序由五个环节构成：(1)单元教学目标的设计。教学单元依据教学内容的结构而定，通常有相对独立的内容，每个单元的教学实践一般为期两周。(2)群体教学。教师以集体教学为主，根据教学内容的要求、学生的特点以及教学环境等，灵活选择恰当的教学方式进行教学。(3)形成性评价(A)。为了解学生对单元学习任务的掌握情况，在单元教学后实施形成性测验，因为其目的不是对学生的学习评定等级或者作判断，所以在评价时，教师记录的是学生的问题而不是分数。(4)矫正学习。形成性测验后，给予学习达标率在80%以下的学生(未达标组的学生)矫正学习的时间，要求教师变换适合学生理解的教学方式来提高学生的学习速度，矫正时间的长短依据学生在测验中出现的问题而定。(5)形成性评价(B)。第二次形成性评价是为参加矫正学习的学生准备的。如果学生全部达到教学要求，就转入下一单元的学习。掌握学习的关键环节是形成性评价(A)和矫正学习(李晓文，2000)。

一方面，掌握学习教学策略可以帮助教师及时了解学生的学习情况，使学生的问题得到快速、有针对性的解决，从而为后续学习提供适当的认知结构；另一方面，掌握学习侧重学科知识的教学，相比较而言，对学生综合能力的发展没有足够的重视(杨凤军，2016)。布卢姆希望通过掌握学习教学策略缩小学生在成绩上的差距，但是实践证明，学生之间的差距是客观存在的。实际上，教学不是为了消除差距，而是旨在使每个学生的能力都得到最大程度的发展。

四、新课程标准背景下高效的教学策略

1. 高效教学策略具备的特点

教学策略本质上是为实际的教学目标和教学效果服务的，为了达到特定的目标，教师在对教学策略的选择上，都应遵循研究者普遍认可的以下四点。

第一，可操作性。任何教学策略都是针对教学目标的每一个具体要求制定的，具有与之相对应的方法、技术和实施程序。它要转化为教师与学生的具体行动，就要求教学策略必须是可操作的。

第二，灵活性。一方面，教学策略不是固定不变的，而是与真实的教学情境相连，有时候同一策略可以解决不同的问题，不同的策略也能够解决相同的问题；另一方面，教学策略的运用要随教学目标、教学内容和教学对象的变化而变化。教学中不同教学策略面对同一学习群体会产生不同的效果，即便是采用相同的教学策略教授同样的学科内容，对不同的学习群体也会产生不同的教学效果(施良方，崔允漷，1999)。

第三，整合性。教学过程是一个彼此之间相互联系、相互作用的整体。在选择和制定教学策略时，必须统观教学的全过程，综合考虑其中的各个要素。在此基础上，需要对教学进程和师生相互作用方式作出全面的安排，在实施过程中及时地作出反馈和调整(刘电芝，黄希庭，2002)。

第四,层次性。教学内容一般分为课程级、科目级、单元级和个案级四种水平。不同的教学层次有不同的实现教学目的的手段和方法,也就有不同的教学策略。不同层次的教学策略具有不同的适用条件和范围,也具有不同的功能。另外,不同层次的教学策略之间,尤其是相邻层次的教学策略之间,是相互联系的。例如,较高一个层次的策略可以分解为较低一个层次的教学策略,指导和规范较低一个层次的教学策略。

2. 结合我国新课程标准的要求制定合适的教学策略

第一,新课程标准背景下的教学组织形式。在新课程的实施中,教学的组织形式具有三个特征:(1)多样化,新课程改革要求建立多种教学组织形式,包括个性化教学、合作学习、集体学习、学生自学等形式;(2)综合化,教学要根据不同的情境采取不同的教学组织形式;(3)社会化,教学组织形式必须逐步走向社会化,充分利用社会资源来完善教学。

第二,新课程标准背景下,教师丰富教学策略库的途径。把新课程方案倡导的教学观念转化为教师个人的教学观念,通过教学策略这一中介桥梁,使教师把教学观念具体化为可以理解并可以真正实施的日常教学行为,这是新课程方案实施成败的关键(田澜,张大均,2010)。对教师而言,首先要将教学观念生成为个性化的教学策略,其次要在实践中不断反思、总结,丰富、充实自己的教学策略库(田良臣,刘电芝,2003)。

丰富教师个人教学策略库的途径:(1)适时地审视、反思。在教学过程中,教师要适时反思教学策略的运用及其有效性,使教师在教学活动中对自己和学生作出认真的观察和分析(张建伟,1997)。(2)观摩与交流。教学观摩是最常见的,也是最有效的教师培训方式,观摩的对象就是教师的教学策略及其灵活运用(唐丽芳,马云鹏,2002)。(3)专题研究。一般步骤是确定课题、收集材料、提出假设、分析总结教学经验、验证假设、形成结论。通过专题研究,教师不但可以生成相关策略,解决实际问题,而且可以提高自身的科研素养,增强新课程实施的适应能力,不断向专家型教师靠近。

专栏 10-1

教学策略的生成与建构步骤

1. 确立课题,识别问题情境。疑难、困惑中的教师首先要反思和检讨自己的教学,识别问题情境,找到问题症结。

2. 形成教学策略。问题和症结既然已找到,教师个人应力图寻找现实中可行的办法去解决。这时,教学策略的来源有两个方面:一是学习和借鉴他人有效的教学策略;二是根据特定情境和问题,自我建构教学策略。

3. 尝试、修正教学策略。经过选择或自身建构的教学策略,教师自然会将教学策略运用到教学实践中去,以解决相关的教学问题。通过尝试,教师出于自己的经验与情境,会有个人独特的体悟与发现,这些体悟与发现经过价值判断,将融入教师的策略运用中,成为教学策略的一部分。

4. 个性化教学策略。在前面几个阶段的基础上，教师经反思、总结，进一步加工和提炼所得策略，使之条件化、程序化，成为自己的教学智慧和教学艺术的重要组成部分。至此，教师个性化的教学策略初步形成。为什么是初步呢？因为在今后的教学中，诸多教学因素的改变均会导致相关策略再次进入新一轮的生成、建构过程。

资料来源：田良臣，刘电芝(2003)

第四节　教学评价

教学评价就是对学生行为变化的教学价值判断，是评价教学目标是否达成的关键环节。信度和效度是检验教学评价品质的重要指标。

一、教学评价的含义和作用

1. 教学评价的含义

教学评价(instructional evaluation)是指系统收集和分析有关学生学习行为的资料，以确定其达到教学目标程度的过程。在教师围绕教学目标进行教学活动的过程中，必然要评估学生的行为和品质，以了解教学效果是否达到预定的教学目标，借以调整教学、鉴定质量。

为了更好地把握教学评价的含义，有必要理清评价、测量和测验这三个易于混淆的概念。测量(measurement)是凭借一定的工具给对象以数量化的确定。它包含三个基本要素：测量对象、测量工具和测量结果——数量。例如，用温度计(工具)测天气(对象)的温度(数量)，用直尺(工具)测物体(对象)的高度(数量)。测验(test)是测量的一个工具，是测量一个行为样本的一种系统程序。行为样本是指人的少数有代表性的行为，系统程序是指测验在编制、施测和评分等方面都依据确定的法则进行操作的过程。也就是说，测验虽是测量的一种工具，但不同于温度计或直尺，是用于测量人的行为的、内含一整套规范操作程序的复杂工具。评价(evaluation)是依据测量结果对学生的行为变化给予教学价值判断。测量相对评价而言，仍是一种手段，测量所得的结果——数字，其本身尚不能直接说明意义，只有通过评价才能揭示数字的教学价值，测量才具有意义。换言之，评价是测量的目的。因此，评价是依据通过测验获得的测量结果，对学生行为变化给予的教学价值判断。例如，对某班级实施数学教学改革，期终对该班进行数学考试(测验)，全班平均成绩 85 分(运用测验工具得到的测量结果)，与对照班相比，成绩有显著上升，就可以肯定教学改革的成果(对测量结果的评价)。

2. 教学评价的作用

教学评价是教学过程必不可少的组成部分,也是教学心理的一个重要方面。

第一,对教师教而言,评价可以为教师的教学提供依据,教师利用教学评价的结果可以明了教学目标的实现程度,了解学生具体的学习状况,从而有针对性地改进教学方法,不断提高教学水平。

第二,对学生学而言,评价可以为学生的学习提供反馈,让学生了解自己对所学知识的掌握情况,了解自己的优势与弱点,从而明确学习方向,调节自己的学习行为。定期的教学评价作为学生学习结果的反馈,可以增强学生的学习动力,激励学生不断努力。有关研究也表明,使用测验比不使用测验更能使学生受益(Dempster, 1991)。

第三,教学评价提供的信息,还能为选拔人才、社会角色分工、教师绩效评估等多个方面提供重要依据。例如,高考为选拔人才进入高等学府作出巨大贡献,职业资格认证考试为专门人才提供专业能力鉴定,这些都是教学评价的重要作用的体现。

二、教学评价的种类

根据不同的标准,教学评价分为如下不同的种类。

1. 根据教学评价依据的参照

常模参照评价(norm-referenced evaluation),以比较个体的测量结果与同一团体的测量结果的平均值(也称常模)来确定其等级。教师采用这种评价的实质是评价个体在团体内的相对位置,以便为分类排队和选材提供依据,因而也就是相对评价(relative evaluation)。例如,李同学数学测验得 80 分,不能以此确定他属于哪个等级,还要与全班平均分相比较。如果全班平均分为 65 分,而 80 分又居全班前 10%,那么李同学可列为 A 等;如果全班平均分为 78 分,他只居全班前 40%,那么他只能列为 B 等。

标准参照评价(criterion-reference evaluation),以事先预定的标准为依据来评定个体。采用这种评价的实质,就是评价个体是否达到教学目标,以及达标的程度如何,因而也就是绝对评价(absolute evaluation)。学校一般采用 60 分为及格分数、100 分为满分的考核制度,即将考核分数当作绝对标准看待。它不反映学生在团体中的地位,仅反映学生之间的成就高低和达标程度。因此,仅知某学生得 90 分并不能确定他究竟列入哪个等级,也许只能列为 C 等,因为大多数学生都在 90 分以上。

2. 根据教学评价的功能

安置性评价(placement evaluation),是在教学之前为了解学生对学习新知识应具备的基本条件而进行的评价。通过这种评价,教师可以更好地安排教学计划。这种评价相当于学校教学中的摸底检查,旨在确定学生的起点。评价内容包含两个方面:一是学生是否具备学习新内容所需的基础知识或技能。例如,教代数之前,了解学生掌握四则运算的状况。二是学生是否已熟知某些新教学内容。例如,教代数之前,有的学生已知道用“○”和

"△"代替数字的运算,那么代数的引入过程教学就可以简略了。

诊断性评价(diagnostic evaluation),是教师针对某特定的教学目标确定学生的掌握情况,或者对学习有特殊表现(如学习困难)的学生进行的评价,旨在发现问题,实施更有针对性的教学。例如,大学入学时进行英语分级考试,合格者学习高级英语,不合格者补修初级英语,该测试便属于诊断性评价。

3. 根据教学评价的实施阶段

形成性评价(formative evaluation)一般在教学进程中实施,旨在了解学生在达成教学目标过程中的学习状况的评价,以便随时调整教学。这种评价相当于学校教学中的课后检查和单元考查,其实质在于获取教学进展过程中的反馈信息。依据这一反馈信息,教师可以调节对教学变量的操纵,甚至可以采取某些补救措施,使阶段教学更好地切合教学目标;学生也可以调整自己的学习方式。

总结性评价(summative evaluation)一般在教学告一阶段后实施,旨在了解学生最终达到教学目标的情况,以便为教学效果作出客观评估。这种评价相当于学校中的期末考试,其实质是检验教学质量,评定学习成就。同时,这一评价也具有反馈效应,教师能据此总结经验,制定新的教学目标,实施新的教学方案。

4. 根据教学评价使用的工具

量化评价(qualitative evaluation)指通过收集数量化资料信息并运用数学分析方法得出评价结论(南纪稳,2013),即使用以数学工具为基础的评价方法。量化的教学评价相对客观且操作性强,便于进行大范围的团体性测评,有利于促进学生的认知学习。但是,量化评价也存在一定的局限性,客观性项目无法测量学生将知识的理解运用到现实生活的能力(Herman, Aschbacher, & Winters, 1992)。

质性评价(quantitative evaluation)指通过收集非数量化资料信息并运用描述分析方法得出评价结论(南纪稳,2013),即使用以自然工具为基础的评价方法。质性评价强调评价的过程性和多元性,通过实际作品或解决实践中的问题来全方位评价学生的学习能力。常见的质性评价有观察和行为记录法、档案袋评价法、实作评价法、谈话法等。

我国传统的教学评价强调甄选与选拔功能,意图从教育对象中选拔出更加适合继续培养的教育对象,过于重视升学率(张宪冰,朱莉,袁林,2011)。随着新课程标准的实行,教育更加注重学生的全面发展。教育评价在教育发展现实中发挥着"指挥棒"作用,教育改革必须注重评价改革的配套进行(戚业国,杜瑛,2011)。目前,研究者对教育评价的改革研究有很多探讨。例如,除了以上描述的经典教学评价模式,还出现了发展性评价模型、多元评价模型等理论模型,但是这些理论模型还未能付诸实践,还没有产生优秀的新型教学评价范式(舒寒,刘钊,2015)。

三、教学评价常用的测验

可用于评价的测验有很多,而且可以从不同的角度进行分类。从测验的内容上看,有学业成绩测验、学习能力测验、学习兴趣测验、学习动机测验、学习习惯测验等。从测验的试题形式上看,有论文式测验和客观测验,它们包括简答题、论文题、案例分析题和选择题、填充题、是非题、匹配题等。从编制的方法上看,主要有标准化学绩测验和教师自编测验。(1)标准化学绩测验(standardized academic test),是按照一定程序编制的,具有较高效度和信度并遵循严格要求实施的,备有可供比较的标准作为对照的测验。例如,美国教育测验中心组织的托福考试(TOEFL)和研究生入学考试(GRE)。这类测验的最大优点是客观性强、可比性高,但编制比较复杂。(2)教师自编测验(teacher-made test),是教师自行设计和编制的测验。通常是出于日常教学评价的需要由学校教师即时编制的。它具有制作简易、实施便利、紧密结合教学、题型灵活多样等优点,但具有明显的个别化倾向,缺乏统一性。教师在编制这种测验时必须遵循一些命题原则,例如,试题要针对教学目标,内容要具有覆盖面和代表性等。

要关注测验与教学目标之间的关系。在教学中,目标可以分为两个层次:总的目标和具体目标。总的目标是教师在教一门课程或者一个单元时确定的最后教学效果,它往往从总体着眼,缺乏具体的操作性。例如,"学完本单元,学生应掌握对比的写作手法",这样的陈述不能为测验提供具体的操作点,失之笼统。具体目标蕴含了评价具体教学过程的有效性的手段。例如,"学完本单元,学生应能识别出不同的对比类型,了解它们各自的特点,并能学着造句",这样的陈述为测验的编制提供了便利。为此,教师在制定教学目标时,应当先陈述总目标,然后再列出反映总目标的具体行为目标的样本。

四、测验的效度和信度

效度和信度是反映教学测验品质的重要指标。

1. 测验的效度

效度(validity)指测验在多大程度上达到测量目的,反映测验的有效性。它是衡量测验的最重要的质量指标。因此,在编制测验时首先要考虑测验的效度,如果效度很低,测验所得的数据只能是无用的。而效度是相对于测量目的而言的,不同的测量目的需要不同的效度证据来评估。通常,测验的效度证据来自三个方面:一是测验内容;二是测验与某种理论结构的符合程度;三是受测者在工作中的实际表现。与之相对应的就是三种经典的效度:内容效度(content validity)、构想效度(construct validity)和实证效度(criterion-related validity)。

内容效度,指测验实际测量的内容与想要测量的内容的符合程度。成就测验通常以训练内容为测验的题目,对内容效度的要求较高。测验题目越具有代表性,测验的内容效度就越高(林崇德,杨治良,黄希庭,2003)。例如,某教师自编数学测验卷,将教学目标和教学大纲的重点内容一一对应于考试题目，并精心挑选有代表性的题目，这样的测验内容效度便很高。

构想效度，指测验能够测量到理论上的构想和特质的程度。面对一些抽象概念，如能力、智力、人格等时，要测量这些假设性的概念，就必须考虑构想效度。例如，我们考察坚毅品格时依据理论陈述设计一种工具——坚毅性测验，用它来获得坚毅性的量化描述。如果我们真的发现了坚毅性与成就之间的关系同理论陈述一致，那么测量工具是有构想效度的。

实证效度，又称效标关联效度，指一个测验对于评估个体在某特定情境中行为表现的准确程度，即用实际的效标(特定的行为表现)来检验测验是否有效。根据效标收集时间的不同，实证效度可以分为同时效度和预测效度。例如，我们设计了一个测验来评价某公司员工的工作能力，将测验分数分为高分组和低分组，在之后的工作中，高分组也表现出比低分组更高的工作成绩，则说明该测验实证效度高，此为预测效度；若效标资料(工作成绩)收集与测验同时进行，则能得到同时效度(董奇，2004)。

2. 测验的信度

信度(reliability)指测验的稳定性程度，它也是衡量一个测验质量高低的重要指标。相同的测验反复测量同一组研究对象后得到的结果保持一致或者有相近结果，则表示该测验信度高，测验的稳定性和一致性水平高。反之，若每次测得的结果相差很大，则表示该测验信度低。

信度通过计算相关系数来衡量，范围在0—1之间，相关系数越大信度越高，这种相关系数就是信度系数。计算信度系数的常用方法有：(1)重测法，是指相隔一定时间，使用相同测验对同一组研究对象进行重复测试。得分的相关系数为重测信度(test-retest reliability)。(2)复本法，是指使用等价测验(复本)对同一组研究对象施测。两个测验得分的相关系数为复本信度(alternate-form reliability)。(3)分半法，是指在同一次测验中，将测验分为对等的两部分进行分析。两部分得分的相关系数为分半信度(split-half reliability)。(4)同质法，是指测验内部所有题目的一致性程度。各题目得分的相关系数为同质信度(homogeneity reliability)。

信度会受多种因素的影响。例如，个体水平差异、个体测试动机和焦虑水平、施测环境以及题目整体难度。因此，要设计一个信度良好的测验，需要控制一些条件。例如，对于教师自编测验，适当增加试题长度、试题难度控制在中等水平并接近正态分布、努力提高题目的区分度等。

效度和信度是相互独立的概念，信度参照的是测验分数或者测量值，效度证据支持的是我们在测验分数基础上的推论(Sax, 1997)。但是，两者又存在一定的联系，信度是效度的必要条件，但不是充分条件。一个测量工具要有效度必定有信度，没有信度就没有效度。但是，有了信度不一定就有效度。例如，用体重计来测量一个人的身高，每次测量都会得到一致的结果,信度很高,但是得到的结果并不符合测量目的——身高,此时体重计这个测量工具就是信度极高而效度极低,是没有价值的。

专栏 10-2

难度和区分度

在心理测量中,难度和区分度也是衡量测验题目质量的重要指标。

难度指题目的难易程度,通常用通过率来表示,即答对某个题目的人数除以作答总人数所得的值。一般而言,所有题目的总体难度接近 0.5 最佳。难度主要取决于测题的目的、性质和题目的形式。例如,对选择题而言,二选一的题目的难度应在 0.75 较为合适,四择一的题目的难度在 0.63 较为合适。

区分度也称作鉴别力,是指测题能将水平不同的测试对象进行区分的程度,用鉴别指数来表示,其计算方法为:先将所有答题者的总得分由高到低排列,随后取前 27%的分数作为高分组,后 27%的分数作为低分组,分别计算高分组和低分组在该题目上的通过率,之后用高分组的通过率减去低分组的通过率,所得差额就是此题目的区分度。区分度越高,这个题目就越能将高分者和低分者区分开。一般而言,项目区分度达到 0.4,就被认为是很好的项目;0.30—0.39,项目良好,修改后更佳;0.20—0.29,尚可,必须修改;0.19 以下,差,必须删除。

资料来源:郑日昌(2011)

第五节 教学反思

教学反思(instructional introspection)指教学主体对教学内容、教学目的和教学工具等方面问题进行反思,是努力提升教学效果的途径。教学反思包含认知成分和实践成分,具有多个水平和过程。可以采用反思日记、行动研究、在线收集学生意见、同行讨论等方法来实施教学反思。

一、教学反思的特性

教学反思不同于一般意义上的事后反思,是对整个教学活动过程进行全面、清晰、客观的反观,具有及时性、能动性和研究性。

1. 及时性

反思与工作行为可以结合起来。依据行为与反思的发生顺序,反思可以分为行为中反思(reflection-in-action)和行为后反思(reflection-on-action)(Schon, 1983)。行为中反思是指个体在工作中不断对与以往经验相悖的、未曾处理过的问题情境进行重新建构,由此获得行为中知识(knowing-in-action)的过程。这种建构既可能是有意识的,也可能是在潜意识中进行的。行为后反思是指个体对已完成工作进行回顾性的思考,其中也包括对行为中反思的结果和过程的反思。在教学中,研究者更强调行为中反思。在课程进行中,教师往往无意识地执行之前没有考虑过的判断和理解,这促使教师对自己的知识网络进行重新建构,以不断验证更新行为中知识。教学反思发生在教学过程中,属于一种即刻反思。然而,这并不表明教学反思只存在于课程教学的过程中,在课程结束后,教师往往会通过整理教案、征询学生课后反馈等方式及时全面地梳理反观课程的讲授状况。

2. 能动性

教学反思既包含对教学过程的反观能力,又包括反观之后的改进能力(Harrison, 2008)。研究者对教学反思的定义超越了一般意义上的行为反思,同时涉及对事件的分析和改进能力。在教学反思中,教师以旁观者的视角客观冷静地评价教学过程,并在评估之后,对教学中出现的纰漏、错误等方面提出改进的具体措施,进而逐步提升教学效果。也就是说,在课程教学中,教师通过对教学过程进行总结反观,会发现在讲授过程中对学生的误导或者重点不突出等问题,这些问题的存在证明教学具有一定的提升空间,教师在发现问题之后会根据课程的具体安排,对教学进行调整,这就体现出教学反思具有能动价值。

3. 研究性

有研究者将教学反思定义为教学主体借助行动研究探究自身、教学目的和教学工具等方面的问题,将学会教学与学会学习相结合,努力提升教学实践合理性,使自己成为学者型教师的过程(熊川武,2002)。教学反思的研究性主要体现在两个方面。一个方面是使用行动研究发现教学中的问题。行动研究是指社会实践者为提高假说的实践合理性,不断在实践中对假说进行验证、修改的过程(Carr & Kemmis, 1983)。在教学反思中,教师在发现教学中的问题后,提出问题假说,在教学中对假说进行检验以深入了解教学中的问题所在。在实践中对问题假说的反复验证体现出反思过程的研究性。另一个方面是"两个学会"(即学会教学、学会学习)的结合,教学反思的表面目的是学会教学,其深层次目的是学会学习的过程。教师不仅要考虑自己教学的结果,而且要思考为什么会出现这种情况,这种问题意识的产生促使教师不断查找资料进行探究。这是主动学习的过程,同时也体现了教学反思具有科研探索性。

二、教学反思的内容

1. 反思成分

教学反思的成分主要包括认知成分和实践成分(申继亮,刘加霞,2004)。教学反思的认知成分主要包括教学内容反思和教学理念反思。在教学内容反思中,教师原有的知识结构是进行教学的基础,在具体的教学情境下,教师可以灵活、快速地提取知识,对新的知识问题进行的思考分析也会涉及以往的知识经验,在多数情况下还会对原有知识进行重构。教学理念反思包括对教师发展的反思、对学生发展的反思,以及对教育改革的反思。在反思教师发展中关注自身的教学态度和人格发展;在反思学生发展中关注学生学习能力、学习兴趣和心理发展;在反思教育改革中关注相关考试和课程体制改革,关注教育改革的宏观性和实效性。教学反思的实践成分主要包括教学方法反思和师生关系反思。教学方法反思关注教学活动的实施,重视在课堂上对教学重难点剖析的深入浅出,以及对教学策略和教学技巧的合理选用。师生关系反思关注教师与学生的人际关系,以及师生之间沟通的流畅性和即时性。

2. 反思水平

基于哈贝马斯(Habermas, 1974)的认知兴趣理论,范梅南(Van Manen, 1977)将反思分成三种水平。下面根据刘加霞和申继亮(2003)对该反思水平理论的总结提炼作些阐述。

技术合理性水平(technical rationality),又称为经验分析模式(empirical-analytic paradigm),是教学反思的最低水平。在该水平中,教师依据自身的教学经验对教学进行反思。这种反思是非理性、非系统的反思,关注教学效果是否达到教学目的,没有深入考虑教学目的合理性。教师的关注范围仅仅局限在课堂,忽视教学的社会意义,教学主体偏见性较强。

实用行动水平(practical action),又称为解释现象学模式(hermeneutic-phenomenological paradigm),高于技术合理性水平。在该水平中,教师开始分析教学目标背后的意义,为学生着想,这种反思是理性而系统的反思,关注教学后果,考虑教学目标、方针的合理程度。该水平的反思不仅是对教学结果是否达标的检验,而且涉及教师对教学目标设定的主观感受,但是它仍然带有一定的教学主体偏见。

批判反思水平(critical reflection),又称为批判辩证模式(critical-dialectical paradigm),是教学反思的最高水平。在该水平中,教师选择教学活动、教学环境和背景时均遵照师生平等的原则,学生不再是教学活动中的被动接受者,而是从教学客体中脱离出来,可以对教学活动进行质疑或提出自己的想法。在这一阶段,教师不带教学主体偏见地进行教学反思。

三、教学反思的过程

这里阐述四种教学反思的过程模型,分别为埃拜模型、爱德华兹—布朗托模型、考尔德黑德—拉博斯凯模型和布鲁巴切尔模型。下面根据张大均和王映学(2006)的总结提炼作如下阐述。

1. 埃拜模型

该模型是埃拜(Judy W.Eby)依据杜威的反思理论和科尔伯格的道德发展三水平六阶

段理论提出的。杜威的反思理论主张对任何信念、假说及其基础进行连续性的思考，埃拜认为这种连续性的反思涉及教师自身的责任性，也就是教师的道德感，教师的反思水平受其道德习俗阶段的影响。埃拜模型认为，狭义的教学反思仅仅包括课堂行为，而广义的教学反思还包括课前策划和课后评估，广义的教学反思由反思性计划、反思性教学、反思性评价三部分构成，三者不断循环。其中，从事件发生顺序来看，反思性计划是相对起点，教师在课程开始之前，需要先判断希望学生通过课程学习收获什么，接着搜集各种资料，考虑多种备择策略，而且提前构思好计划的实施步骤。在课堂教学过程中，教师在执行教学计划的同时，要留心学生的反馈，而且将教学中出现的问题条理化，这个过程被称为反思性教学。在课程结束后，教师要查找资料对教学中出现的问题进行探索，分析问题的本质，而且判断是否希望问题通过课程被解决，这种判断取决于教师的道德习俗水平及其对学生的了解，这个过程被称为反思性评价。同时，对问题是否应该被解决的判断也是反思性计划的起点，这解释了三种反思过程彼此循环的关系。该模型较为全面地描述了教学反思的整体过程，而且强调了教师的职业道德素养对教学反思的影响，同时考虑到深入学生之中、增进与学生的沟通在教学反思中的重要作用，在阐明教学反思过程上具有重要意义。

2. 爱德华兹—布朗托模型

爱德华兹(A.Edwards)和布朗托(D.Brunton)根据行动研究理论和维果茨基的社会学习理论设计了教学反思模型。他们认为，教学反思过程包括：(1)确定目的，反思各种可能性；(2)改造，在实践中反思；(3)内化，反思实践；(4)显示规范，反思实践和各种可能性。由整体观之，确定目的和显示规范涉及社会层面的教学反思，改造和内化涉及个人层面的教学反思，确定目的和改造涉及集体层面的教学反思，内化和显示规范涉及个体层面的教学反思。当涉及社会层面时，教学反思着眼于教学的社会意义，即对学生群体需求的理解；当涉及个人层面时，教育者参照个人经验进行反思。与此同时，教学反思有时在集体情境中进行，有时在个体情境中进行，而且在两者之间相互转化。教学反思的过程大体可以表现为，在教学问题具有社会性意义的前提下，教师先反思问题出现的各种可能性，随后在教学实践中对这些可能性进行验证，之后对验证结果和过程进行内化反思，最后总结出教学问题及其在教学实践中的情境性体现。该模型细化了公共层面的教学与个人层面的经验建构，以及集体层面的实践验证与个体层面的实践思考，较为细致地阐明了教学反思的整体过程，尤其是教学反思的心理过程，而且强调反思始于对社会要求的认识，即对学生群体要求的了解，突出教学反思的社会性价值。

3. 考尔德黑德—拉博斯凯模型

考尔德黑德(J.Calderhead)和拉博斯凯(V.K.Laboskey)在杜威和布卢姆等人的理论基础上提出教学反思模型。他们从教师先期的教学实验角度进行考虑，从动力特征出发，认为教学反思由反思动力阶段、反思行动阶段、反思结果阶段三部分组成。在内部动力、外部动力的促进下,教师会采取反思行动。这种反思总是产生于特定的情境,反思内容的来源既可能是实践,也可能是教学理论,而且两者在反思中相互结合。教师在思考教学实践中遇到的问题时,会不自觉地总结出相应理论,而在评价一种教学原理时,教师也会考虑教学原理的实践意义。反思过程表现为,教师会对教学问题进行明确的界定,采取手段—目的分析对问题进行探究,最后对问题的解释进行概括梳理。在反思中,教师要具有思想开放性、责任性和执着性;在反思之后,教师会对教学产生区别于之前教学实验的新的理解力,这种理解力往往体现在反思能力的锻炼、教学信念的明了、价值观与态度的澄清以及情绪状态的改善中,从而提高教师自身的教学水平。这为解决未来和当前的教学问题奠定了基础,因此解决实践中的教学问题是教育反思的最终目的。该模型从教师的反思动机入手,着重分析教学反思的过程、内容和态度等要素,同时阐述反思结果的具体体现,实现教学反思中动机与结果的结合统一。

4. 布鲁巴切尔模型

与埃拜模型相似,布鲁巴切尔(J.W. Brubachel)等人从反思与课程的发生顺序角度,将教学反思分为前反思、中反思和后反思。这三种反思过程递进循环。前反思是对课程教学的目的和计划的合理性进行分析思考并予以修改。中反思是在课程中留意教学工具的有效性和程序的恰当性,发现问题,及时调整。后反思是对教学结果的归因总结,肯定成绩,弥补不足。三阶段反思使得教学实践中出现的问题不断被发现、分析和验证。在该模型中,中反思是关键。其中,工具的选择要遵循有效性原则,程序的操作要适当。此外,研究者还强调问题发现和及时调整能力,教学新手与专家的反思能力在这个阶段差异较大,教学新手对教学工具和程序的理解与操作往往不能像专家那样娴熟,在发现问题和进行调整上显露出不足,这也提示对教学新手反思能力的培养要着重关注其反思能力。

上述四种模型的理论基础和侧重点各异。首先就各理论基础而言,埃拜模型主要以杜威的反思理论和科尔伯格的道德发展三水平六阶段理论为基础,关注道德与伦理问题,突出教学反思的道德水平出发点。爱德华兹—布朗托模型主要以维果茨基的社会学习理论和行动研究理论为基础,突出教学反思的心理过程,为教学反思找到心理学解释,同时以行动研究理论为参照,强调在实践中验证反思的意义。考尔德黑德—拉博斯凯模型强调教学反思受动力特征驱使,并以先前的教学实验为依据,不断获得对教学的新理解力。布鲁巴切尔模型主要从反思与课程实践的发生顺序角度出发,将教学反思理解为周而复始、循环往复的过程。就侧重点而言,埃拜模型侧重全面、完整地阐述教学反思的宏观过程,强调师德的影响作用;爱德华兹—布朗托模型侧重阐明教学反思的心理活动及其社会性意义;考尔德黑德—拉博斯凯模型强调反思动机与结果的结合;布鲁巴切尔模型则强调反思的持续性和不间断性,以及课程中反思的重要价值。

尽管四种模型存在这些差异,但反思过程大体上是一致的,都遵循"提出问题—探讨研究—解决问题"的一般顺序。这在埃拜模型和布鲁巴切尔模型对教学反思划分中不明显。反思性教学和中反思主要为提出问题阶段，这两个模型的另外两个阶段既可以是探讨研究阶段，也可以是解决问题阶段，但在一些相同情况下，反思性教学和中反思也可能是探讨研究阶段和解决问题阶段。爱德华兹—布朗托模型中对“各种可能性的反思”就是提出问题阶段，也就是教学反思的起点，随后在改造、内化和显示规范阶段对问题进行探讨，并使问题得到解决。考尔德黑德—拉博斯凯模型在反思行动阶段明确提出对反思问题进行界定，即提出问题阶段，并通过探讨研究构建新的教学理解力，最终解决问题。此外，这几种模型均强调反思对教师能力的提高。这种提高表现在考尔德黑德—拉博斯凯模型就是对教学形成新的理解力；爱德华兹—布朗托模型则强调教师对实践反思的内化推动其提高自身的教学水平；埃拜模型指出，深入的教学反思会推动教师对师德规范的澄清；布鲁巴切尔模型也可以反映出反思对教学基本技能的促进。

四、教学反思的方法

这里提供四种具体的反思方法。

1. 反思日记

这种反思方法着眼于教学问题的理论分析，属于教育叙事研究，即详细描述和深思教师日常的专业生活（郭俊杰，李芒，王佳莹，2014）。第一步是要及时细致、真实客观地描述课堂事件情节，对事件进行解释和说明。第二步是运用相关理论分析事件产生的原因，以及事件的影响因素和可能造成的影响，还可以对关联事件进行迁移。第三步是针对事件作出假设，提出初步的改进措施。

2. 行动研究

教学反思区别于静坐冥想式反思的主要表现是反思结果的应用意义，教学反思的结果只有与具体的教学行为相联系才能体现出反思的意义（Khan，2012；徐炳嵘，2013）。行动研究着眼于教学实践的改进。首先，教师要从教学疑惑中对问题进行澄清，同时界定出核心问题和相关问题。然后，确定改进目标与步骤，这些步骤要遵循伦理道德原则。之后，实施改进方案，同时要选取一定的研究方法（访谈、记录、观察等）收集数据。最后，进行数据分析，判断改进措施的作用，而且在改进显著的前提下对改进措施进行应用。

3. 在线收集学生意见

这种反思方法着眼于学生反馈。互联网的迅速发展使得师生沟通更加便利，教师可以在课后通过开启微信平台、博客和微博留言等方式收集学生对课堂教学的反馈与建议，这在增强师生联系的同时，也为教师提供了反思的方向和重点。对于可以立即作出回复的问题，教师可以在线为学生进行解答，学生集中反映的问题表明了教学过程中出现的纰漏，教师应该反思对相关内容的讲授是否符合学生的认知水平，以及自身的教学方式是否被学生接纳、理解，必要时应该在下一次上课时对相关内容进行再讲授。

4. 同行讨论

这种反思方法着眼于教师之间的经验分享。有相似教学经验的教师可以聚集在一起,就相关教学问题进行讨论,共同探讨解决方案,在反思中,参与者要相互信任,秉持开放的交流态度,在与他人的观点碰撞中,多角度、多层次地理解教学问题,从而丰富对问题的改进方案。

本章小结

本章讨论了教学心理的基本内容。具体从教学过程的基本要素和子系统,教学目标的分类,教学策略的种类,在我国新课程标准下教学策略的特点、教学评价体系,以及教学反思五个方面对教学心理进行了介绍。

教学心理关注在了解学生的学习心理过程的基础上,通过教学来改善学生学习的心理过程,促进学生对知识、技能和行为规范的掌握。教学过程具有若干基本要素和子系统。

布卢姆把教学目标分为认知教学目标、情感教学目标和动作技能教学目标。加涅根据教学产生的结果将教学目标分为言语信息、心智技能、认知策略、动作技能和态度五类。霍恩斯坦将教育目标分为认知、情感、动作技能和行为四个领域。

教学策略包含以信息加工为主的教学策略、以探究为主的教学策略和以及时反馈为主的教学策略。我国的新课程标准为教学策略提供了多样化的要求。

教学评价是指系统收集和分析有关学生学习行为的资料,以确定其达到教学目标程度的过程。按照不同的分类标准,教学评价具有不同的分类。信度和效度是检验教学评价测量工具品质的重要指标。

教学反思包含认知成分和实践成分,具有多个水平和过程。可以采用反思日记、行动研究、在线收集学生意见、同行讨论等方法来实施教学反思。

推荐阅读

1. 奥苏伯尔·诺瓦克·汉内先.(1994).*教学心理学——认知观点*.星南,宋钧,译.北京:人民教育出版社.

2. 罗伯特·斯莱文.(2004).*教育心理学:理论与实践(第七版)*.姚梅林,译.北京:北京大学出版社.

复习思考题

1. 解释下列概念:

教学心理　教学目标　言语信息　心智技能　认知策略　动作技能　教学空间　教学策略　概念形成　概念同化　先行组织者　发现学习　教学评价　教学反思

2. 简述加涅的教学过程要素,指出教学中应注意的问题。
3. 你如何理解“教学过程系统”和“新五段论”?
4. 布卢姆的教学目标分类中的各类目标的内涵是什么?
5. 高效教学策略的特点是什么?
6. 请你结合新课程标准背景,从自身的角度,谈一谈怎样丰富教师的教学策略库。
7. 请你谈一谈量化评价和质性评价各自有什么用途。
8. 尝试回答标准化学绩测验和教师自编测验各有什么优缺点。
9. 请查阅资料,举例阐述测验效度与信度之间的关系。
10. 请选择一种教学反思过程模型,结合实际说明教师的反思过程。

第十一章 道德品质的形成与发展

良好道德品质的形成与培养，是终身发展的必备要素。在国家颁布的《中国学生发展核心素养》中，社会参与作为核心素养的基本内涵之一，强调学生应“能处理好自我与社会的关系，养成现代公民所必须遵守和履行的道德准则和行为规范，增强社会责任感，提升创新精神和实践能力，促进个人价值实现，推动社会发展进步，发展成为有理想信念、敢于担当的人”。本章从心理学角度揭示道德品质形成的过程和规律，试图为道德教育提供心理学依据。本章主要内容：

1. 道德品质内涵；
2. 道德品质形成的主要理论；
3. 道德品质的培养。

第一节 道德品质内涵

道德品质，简称品德，是“个人根据一定的道德规范和准则而采取道德方面的态度、言行和行动时，经常反复地表现出来的某些稳定的心理特征和倾向”（林崇德，杨治良，黄希庭，2003）。道德品质是社会道德在个体身上的反映。例如，某个学生在学习和生活中一贯诚实坦白、明辨是非、遵守纪律、热爱集体，便会被认为具有良好的道德品质。

一、道德与道德品质

道德（moral）是指由社会舆论力量和内心驱使支持的行为规范的总和。在社会生活中，人们为了维护共同的利益和协调彼此的关系，制定了共同遵守的行为规范。人们按照这些行为规范来支配和调节自己的言行，并以此来要求和评价他人的举止。

道德和法律都是调节人们行为的方式，但两者又有着不同之处。法律是由国家权力机关强制执行的，而道德的实行主要依靠舆论、传播、说服、教育、示范、内化和自我调节。道德针对的主要是人的内心世界和行为，既影响个人的心理和意识，也调节着人与人之间的劳动、生活和日常交往方面的相应关系（陈会昌，2004）。

文化人类学认为，道德是文化的重要组成部分，不同文化中蕴含着不同的道德价值体系。例如，我国云南纳西族摩梭人的走婚文化是一种独特的文化，族人内部对婚姻道德的看法与其他民族之间存在一定差异。又如，印度人和美国人都认为"男人走路时看到一只狗睡在路上，上前去踢了它"这个行为是错误的。但是，"在一个家庭中，25 岁的儿子对父亲直呼其名"这个行为，在美国人看来是可以接受的，而印度人认为这是错误的、不敬的(Shweder, Mahapatra, & Miller, 1990)。这是不同文化影响下的道德观念的差异。

道德品质(morality)，简称品德，是指个体依据一定社会的道德原则或者规范行动时表现出来的稳定的心理特征和倾向。道德品质具有以下两个基本特征。

第一，道德行为是判断道德品质的客观依据，道德品质不仅认可某种观念，而且这种观念必须表现在行为中。正所谓"内得于己，身心所自得也"。个体将道德观念内化，同时在日常行为中表现出来，才会形成真正的道德品质。道德观念是形成道德品质的前提和基础，真正的道德品质需要做到道德观念与道德行为的有机统一。如果没有道德观念，即使行为符合道德规范，也不能称之为道德行为。如果个体行为不符合道德规范，即使心存道德观念，也只能被认定为言行不一。实际上，如果没有形成道德观念，也不可能表现出稳定的道德行为。

第二，形成稳定的心理特征和倾向的行为才能称为道德品质。偶尔表现出来的道德行为代表不了道德品质，只有在不同时期、各种场合都表现出某种一贯的道德行为，才意味着某种道德品质的形成。例如，一个助人为乐的人，不仅会帮助身边的同学、朋友，而且会帮助素不相识的陌生人；不仅青少年时期喜欢帮助别人，而且人至中年时也依然愿意帮助别人。这种稳定的行为倾向，才能被称为道德品质。

二、道德品质的心理结构

对道德品质心理结构的研究有助于人们了解道德观念的内化、道德行为的稳固和道德品质的形成过程与心理实质，为有效地培养道德品质提供科学的依据。道德品质的四因素说认为，道德品质由道德认知、道德情感、道德意志、道德行为方式四种基本成分构成，简称为品德的知、情、意、行(马文驹，1990；陈泽河，戚万学，1991)。

1. 道德品质的心理成分

道德认知(moral cognition)，又称道德认识，是指个体对道德关系、道德原则、道德规范和道德活动的认识。人们在按照社会的道德准则采取行动前，首先必须对道德准则有所认识。而道德认知不断深入，就会形成一定的道德观念，当道德观念达到稳定并指导个体行动的时候，就会变成道德信念(汪凤炎，郑红，陈浩彬，2012)。因此，道德认知的结果是形成道德观念和道德原则，并能运用这些观念和原则判断他人行为的是非善恶，并调节和控制自己的行为。

道德情感(moral feeling)，又称道德感，是指人们对道德行为的一种或好或恶的内心感受，即对符合道德准则的行为感到满意、愉快、光荣，对不符合道德准则的行为感到义愤、内疚、羞耻(夏征农，陈至立，2009)。它可以表现为人们根据道德观念来评价他人与自己的行为时产生的内心体验，也可以表现为人们在道德观念的支配下采取行动的过程中产生的内心体验。例如，对见义勇为小伙儿的钦佩，对年轻人霸占公交车爱心座椅的鄙视，对自己不小心撞到他人的羞愧，在敬老院做义工时的自豪和满足，等等，这些都是道德情感。

道德情感会影响道德认知的形成，那些引起人们在情感上共鸣的道德观念会被人们接受并用来指导行为。道德情感还会影响道德行为的强度，成为推动行为的动力之一。

道德意志(moral will)是个体自觉调节行为，克服困难，实现一定道德目的的心理过程。道德意志表现为在实现道德目标的过程中控制行为的力量。

概括而言，道德意志主要包括道德动机斗争、作出道德判断和选择、按照道德选择去行动三种成分(汪凤炎，郑红，陈浩彬，2012)。道德意志的过程也相应分为三个阶段。第一阶段是产生道德动机、确立行动目的。第二阶段是选择道德行为方式，根据已确立的目标考虑如何行动。第三阶段是执行道德决定。执行道德决定会遇到各种各样的困难，克服的困难越大越能体现坚韧不拔的意志品质。

坚定的道德意志是个体将道德认知和道德情感转化为实际道德行动的重要条件。道德意志需要在现实中不断磨炼，帮助人们学会趋善避恶，抵御现实中的各种诱惑，并克服内外部的各种困难障碍，坚守自己的道德底线，追求自己的道德目标。

道德行为(moral behavior)是个体在道德观念的支配下表现出来的对他人和社会有道德意义的活动，是完成道德任务、实现道德目的的手段。道德行为包括道德行为技能和道德行为习惯。与一般的技能、习惯并无区别，道德行为只是在被用来完成一定的道德任务时具有了道德的性质。

道德行为是最终衡量个体是否具有某项道德品质的指标。假如一个人拥有正确的道德认知、恰当的道德情感，却没有转化为最后的道德行为，那么他显然不具有此项道德品质。例如，一个人知道随地吐痰是不文明的行为，但在某些时候他还是会做出随地吐痰的行为，这说明他并没有形成真正稳定的道德品质。

专栏 11-1

道德自我与良心

良心(moral-self)，约等于一个人内心的道德自我，指个体分辨是非善恶的智能，连同一种有爱心并最好能公正地行动或做一个善良的人的义务感与责任感，以及相应的行为倾向。从心理学角度，良心可以分为良知、良情(善良的情绪情感)、良意(善良意志和相应的行动意向)三个成分，而狭义的良心仅指良知，指个体对自己或他人的行为、意图或品格作出的合乎一定社会认可的伦理道德规范的认识。

> 是非心、同情心和羞耻心是构成良心的三大基石。是非心包括良心在道德范围内的求实之心，所谓讲良心话，就是要说实话，求真求实是是非心的基础，也是良心的底色。是非心还包括经过道德判断后的秉公之心，侧重于“对还是不对”。同情心是那种替别人担心，为别人的不幸而落泪，以及对别人的痛苦产生情感上共鸣的能力。一个有良心的人，在面对他人的痛苦和不幸时，不会幸灾乐祸、麻木不仁，而是表现出高度共情、感同身受的样子，发自内心地为他人的痛苦感到伤心。羞耻心是个体对不道德行为或过错产生的耻辱感。这“三心”好比良心中的三盏灯，各自照亮不同的道德区域，为个体的行为指路，而这三盏灯的亮度取决于个体道德实际储备的质和量。
>
> 资料来源：汪凤炎，郑红，陈浩彬(2012)

道德品质的心理成分相互制约、相互联系。其中，道德认知和道德情感居于核心地位，而当道德观念和道德情感成为稳定的、经常推动个人产生道德行为的内部力量时，它们就构成道德动机。

人们在完成特定道德任务时，通常是在道德动机的驱使下，将某些必要的行为技能和习惯构成一定的行为模式。这些行为模式被称为道德行为方式。道德动机和道德行为方式是道德品质中的两个构成部分，道德意志则使这两者得以沟通并实现。

道德动机(moral motivation)是指推动人们产生和完成具有道德意义行为的内在动因(靳宇倡，王冠，2015)，是道德品质的深层心理结构。它决定着道德品质的性质，也制约着道德行为方式的方向和水平。利他动机会使人不计较个人利益，当个人利益与他人利益发生冲突时，会放弃自己的利益，而利己动机会使人更在意自身的个人利益。道德行为方式是道德品质的表层心理结构，是道德品质的外部表现，是实现道德动机的手段。一定的道德动机与一定的道德行为方式之间建立起比较稳固的联系，就是道德品质的形成。

2. 道德品质的心理结构

道德品质的心理结构十分复杂，表现为道德动机与道德行为方式之间并不是一一对应的关系。首先，同样的行为方式在不同人身上可能由不同的道德动机引起。例如，同样是在公交车上让座，有的人是出于满足尊老爱幼的道德动机，有的人是出于同理他人的不便而产生的利他动机，还有的人是为了避免让座问题可能产生的不愉快情境。其次，同样的道德动机在不同情境中会表现为不同的行为方式，或在不同的人身上表现为不同的行为。

道德品质心理结构的复杂性，还表现在道德动机和道德行为方式的层次上。两者都是多层次的，具有水平高低之分，表现出年龄阶段性，有一个逐步发展的过程。道德动机的层次可以从低到高依次排列为具体的道德概念、抽象的道德原则、道德信念。儿童的道德动机往往与一些具体的道德观念相联系，如助人只是帮助自己的小伙伴或邻居老人。道德动机会逐步发展到抽象的道德原则水平和道德信念水平。道德动机的水平越高，概括性越大,在道德行为上可迁移的范围越广。道德行为方式也具有不同的层次,美国心理学家科尔伯格曾将道德行为从低到高分为五个层次:非道德行为、自我中心性行为、依从传统惯例的行为、良心主义行为和理性的利他主义行为(科尔伯格,2004)。

由于道德品质的心理结构具有复杂性,评价和培养儿童道德品质也是极为复杂的。

专栏 11-2

生命史理论视域下的道德行为

生命史理论(life history theory)是进化心理学中具有代表性的理论之一。该理论认为,个体在资源有限的情况下需要考虑如何分配自身资源,而个体所处环境、所经历的生活事件会促使个体形成不同的分配策略。

生命史策略会反映出个体不同的亲社会行为倾向,快生命史策略(指向当下的繁殖投入,如更早生育,更看重当下获利等)的个体在感知到环境恶劣时可能做出更多的自利行为(如在公共资源困境游戏中更多地从公共资源中获取利益)、更少的亲社会行为,而且与这些行为相关的人格因素也可能与不同的生命史策略有关。在社交任务中,慢生命史策略(往往指向未来的生存投入,如更晚生育以及延迟满足行为)的个体往往表现出更多的社会赞许行为,以及亲社会行为和合作行为,通常对社会规范更敏感,更遵守社会规范。研究发现,在给白人研究对象呈现暗示环境恶劣的线索时,他们更不愿意将黑白混血的个体归为内群体,而在暗示环境良好的线索出现时,这一效应就消失了(Rodeheffer, Hill, & Lord, 2012)。

研究发现,快生命史策略与个体的违规行为呈正相关(Bogaert & Rushton, 1989; Wenner et al., 2013),而成长于高压力环境(如贫穷、歧视、家庭暴力等)的儿童在发展过程中更可能产生一些问题行为(Ellis et al., 2012)。具体而言,如果父母对儿童漠不关心,将儿童置于家庭冲突不断的环境,儿童会快速地发展和成熟,这会影响男孩对道德的认识(如诚信),他们可能会在日后的人际交往中做出剥削他人、报复他人的行为(McCullough et al., 2013)。对个体暴力犯罪行为的研究显示,感知到的不良环境线索(包括低预期寿命、无望的教育前景、逐年上升的失业率和离婚率以及密集的人口)会增加年轻人的暴力行为(Copping, Campbell, & Muncer, 2013; Copping & Campbell, 2015),早期不良的生活体验会使个体对未来的看法更悲观,行为上更易不诚信和机会主义。

资料来源:彭芸爽,王雪,吴嵩,孙荣芳(2016)

三、道德品质的形成

1. 道德品质形成的心理实质

个体的道德品质是在社会文化和教育条件下、在人际交往过程中逐步形成的。虽然道德品质的心理结构比较复杂，不同理论学派强调的各有侧重，但目前的一般看法是把道德动机和道德行为方式看作道德品质的两大构成部分，因而道德品质的形成也是这两大部分相互联系的过程。在道德品质形成的过程中，通过大量的道德实践，一定的道德动机与道德行为方式之间形成稳固的联系。在这种条件下，社会的道德规范内化为个人行动的指南，成为个人的道德信念，这是道德品质形成的心理实质。

道德信念(moral belief)是指道德知识成为指导个体行动的基本原则，个体坚信道德知识的正确性。道德信念是道德动机的高级形式，预先决定了个体的行动，一经形成就不会轻易改变，体现为个体在道德行为中的坚定性和一贯性。道德信念是坚定的道德观念与强烈的道德情感的结合，并与道德意志、道德行为密切相关。只有在道德认知的基础上激发起强烈的道德情感，并经过道德实践的反复验证，道德信念才会产生。

道德信念表现为：(1)相信道德知识的正确性，形成坚定的道德观点，并根据自己的信念选择接受新的道德知识；(2)将道德信念作为自己行动的指南和进行道德判断的标准，身体力行；(3)无论是自己还是他人，与道德信念相关的道德行为都会引起强烈的情感体验；(4)用坚强的意志行动去实现自己的道德信念，维护自己道德观点的正确性。因此，培养道德信念是形成道德品质的关键所在。

2. 道德品质形成的开端与基本条件

道德信念的形成需使知、情、意、行这些心理成分都得到相应的发展。如果它们的发展失去了协调统一，某一成分有所偏离，就会相互削弱并影响道德信念的形成。如果不理解道德知识，那么言、情、意、行都会失去正确观点的指导；如果缺乏情感体验，就会难以获得推动道德行为的力量；如果意志不坚定，道德信念就易动摇，道德情感也不易控制；如果不掌握正确的道德行为方式，其他几个成分就会沦为空谈。因此，道德品质的形成是这些心理成分共同发生作用的综合过程。

然而，在培养道德品质的过程中，这几方面心理成分的培养并不是齐头并进的。一般认为，在道德品质的形成和发展过程中，应遵循知、情、意、行的顺序进行。但由于道德品质的发展具有阶段性特征，影响道德品质发展的因素又是多方面且相互影响的，因此道德教育应从最需要、最迫切、最有效的方面入手。例如，可以通过阐明道德概念提高学生的道德认知开始，可以从激发道德情感入手，先在激发道德情感上下功夫，还可以从行为技能和习惯的训练起步。总之，道德品质培养可以有多种开端，但最终还是要使各种心理成分都得到发展，以促进道德信念的最终形成。

形成道德信念，有三个最基本的条件。第一，掌握相关的道德知识。第二，通过道德实践，获得与道德知识相符的道德经验。只有道德知识在道德实践中获得证实，道德规范才具有可信性。第三，道德实践中的情感体验具有重要作用。积极的道德情感可以促进道德知识向道德信念的进一步转化，而道德情感的强烈程度会影响道德信念的坚定性。

专栏 11-3

大脑如何建立道德观念?

当前的认知神经科学从脑机制角度初步揭示了道德现象的心理加工过程,丰富了人们对道德现象的解读。越来越多的研究证据表明,人类的大脑并不存在处理道德事务的专属脑区,道德决策的神经回路与一般决策的神经回路完全一致。道德活动需要前额叶、颞叶、边缘系统等许多脑区的相互影响和共同作用。

不少研究者尝试将诸多研究成果进行整合,提出了道德的整合性脑机制模型。例如,纳瓦埃斯(Narvaez, 2013)的三重道德理论认为,从进化角度来说,人类的三类道德现象对应大脑的三个发展阶段。(1)安全道德,即通过安全措施和维护个人来自我保存,主要基于与生存相关的本能,而这些本能是所有动物先天共有的。安全道德的进化水平较低,是一种较为原始的道德表现,其神经基础是爬虫类脑(又称原始脑或基础脑,包括脑干和小脑等)。(2)卷入道德,即通过关爱和社会关系与他人建立情感联系。安全依恋和移情等情感是道德行为的重要影响因素。卷入道德的神经结构主要是古哺乳类脑(与爬虫类脑同属旧皮质,包括下丘脑、海马、杏仁核等边缘系统等)。(3)想象道德,涉及运用推理能力适应持续的社会关系,与新哺乳类脑(包括新皮质和部分皮层下组织)紧密相连。

德克莱尔等人(Declerck et al., 2013)提出了合作的脑机制模型,认为人们的合作决策基于三个系统的共同作用:(1)奖赏系统,计算自己的行为获得奖赏的可能性,与之相关的脑区包括腹内侧前额叶、腹侧纹状体、背侧纹状体、眶前额叶等中脑边缘系统;(2)认知控制系统,对各种外部因素进行加工,评估奖赏力度和可能的惩罚,与之相关的脑区有背外侧前额、外侧眶前额叶和背部前扣带回等;(3)社会认知系统,主要参与理解他人的意图和内心想法,涉及的脑区包括内侧前额叶、颞顶连接处和杏仁核等部位。通过上述脑区的活动,认知控制系统和社会认知系统对奖赏系统进行调节,从而产生合作行为。

随着研究方法的日趋多元和贴近现实,以及与哲学、社会学和文化学等学科的融合,道德的认知神经科学研究未来或将真正解开“大脑如何建立道德观念”这一谜题。

资料来源:王云强,郭本禹(2017)

第二节 道德品质形成的主要理论

如何看待道德品质的形成、发展和影响因素,不同的理论持不同的见解。例如,精神分析学派将道德心理的研究延伸到潜意识领域,并强调人格的整合对道德发展的影响,而认知行为学派则以道德发展阶段理论与社会学习理论为代表。道德发展阶段理论主要侧重研究道德动机，并以道德判断为研究的主要方向，社会学习理论则主要侧重研究道德行为。本节将重点介绍道德发展阶段理论和社会学习理论。

一、道德发展阶段理论

1. 皮亚杰的儿童道德判断两阶段理论

瑞士心理学家皮亚杰(Jean Piaget，1896—1980)在 20 世纪 30 年代就研究了儿童的道德判断和道德观念的发展。皮亚杰认为，道德判断虽然与个体的认知过程密切相关，但这不仅是一般的认知过程，也不单是个体的心理发展过程，个体的道德判断是在与他人和社会的关系中得到发展的，儿童的道德发展是人的自然天赋与相应的社会因素相互作用的结果。个体道德上的成熟主要表现在尊重准则和社会公正感这两个方面。

皮亚杰采用对偶故事法来研究儿童道德判断的发展，设计了一系列包含道德价值内容的对偶故事，利用这种难题测定儿童是依据事实上的损坏结果还是依据主人公的行为动机进行判断，以此来探析儿童对道德规则的认知。下面是皮亚杰在研究中使用的经典对偶故事。

A. 一个叫约翰的小男孩在他的房间。家里人叫他去吃饭了，他准备去餐厅。门背后有一把椅子，椅子上有一个放着 15 个杯子的托盘——但约翰并不知道门背后有这些东西。他推门进去，门撞倒了托盘，结果 15 个杯子都摔碎了。

B. 从前有一个叫亨利的小男孩。有一天，他母亲外出了，他想从碗橱里拿一些果酱。他爬到一把椅子上并伸手去够。由于放果酱的地方太高，他的手臂够不着。在试图拿果酱时，他碰到了一个杯子，结果杯子倒下来，打碎了。

皮亚杰对每个对偶故事都提了两个问题：(1)这两个小孩是否感到同样内疚？(2)这两个孩子中，哪一个更不好？为什么？

通过大量研究，皮亚杰提出儿童的道德发展是一个由他律逐步向自律、由客观责任感逐步向主观责任感转化的过程，并根据从他律到自律的发展过程，提出了儿童道德判断两阶段理论(皮亚杰，1984)：10 岁之前，儿童对道德行为的思维判断主要依据他人设定的外在标准，称为他律道德(heteronomous morality)；而 10 岁之后，儿童对道德行为的判断逐步开始依据自己的内在标准，称为自律道德(autonomous morality)。皮亚杰认为，儿童的道德判断与其思维发展密切相关，而在 10—11 岁这一期间，道德思维产生了质的变化——年幼儿童的道德判断以后果为依据，而年龄较大的儿童判断多以目的为依据。

在皮亚杰的理论体系中，儿童的道德发展具体分为四个阶段。(1)自我中心阶段(2—5 岁)，这一阶段的儿童由于认识的局限性，无法理解规则和成人要求的约束性，只按照自己的意愿行动。(2)权威阶段(6—8 岁)，这一阶段的儿童倾向尊重权威和成人的命令，也会服从环境的要求，认为独立于自身之外的规则是必须遵守的。(3)可逆阶段(8—10

岁),这一阶段的儿童开始认识到规则不是绝对的,可以与他人相互尊重并合作,共同决定或修改规则。判断好坏的标准不是外在的权威和约束,而是开始转向公平。(4)公正阶段(11—12岁),这一阶段儿童的道德观念开始倾向于公正,已能够从自我中心解脱出来,并开始站在他人的立场上思考问题。皮亚杰认为,公正观念是一种高级的平等关系,这种道德观念已经能够从内部对儿童的道德判断起到决定性的作用。

从这四个阶段可以看出,儿童的道德发展是从单纯认识和服从规则到真正理解规则的意义,由他律转向自律的过程。根据皮亚杰的观点,道德教育的目标是使儿童达到自律,使他们认识到道德规范是在相互尊重与合作的基础上制定的;但只有当儿童意识到自己有义务去遵从这些规范时,道德规范才能成为他的行动准则。

2. 科尔伯格的道德发展三水平六阶段理论

美国心理学家科尔伯格(Lawrence Kohlberg, 1927—1987)在心理学家麦独孤(W. McDougall)和皮亚杰的学说的基础上,对道德教育的哲学和心理学基础进行了长期的实证研究,系统地拓展了皮亚杰的理论和方法,提出人类道德发展的顺序原则,并认为道德认知是可以通过教育加以培养的。

科尔伯格将皮亚杰的研究方法改进为道德两难故事法,他设计的故事包含道德价值上的矛盾冲突,并让儿童在听完故事后对故事中人物的行为进行评价。下面是科尔伯格在研究中使用的道德两难故事。

> 一位妇人患了癌症,生命垂危。医生告诉她的丈夫海因兹,本城有个药剂师新研制的药能治好她——配制这种药的成本是200元,但售价要2 000元。海因兹到处借钱,可最终只凑到了1 000元。他恳求药剂师将药便宜点卖给他,或者允许他延期付款。药剂师拒绝了他,并说:"我研制这种药,就是为了赚钱。"海因兹别无他法,在晚上撬开药剂师的门,把药偷走了。
>
> 让儿童听完故事后回答如下一系列问题:
>
> "海因兹应该偷药吗?为什么?"
>
> "他偷药是对的还是错的?为什么?"
>
> "海因兹有责任或义务去偷药吗?为什么?"
>
> "人们竭尽所能去挽救另一个人的生命是不是很重要?为什么?"
>
> "海因兹偷药是违法的。他偷药在道义上是否错误?为什么?"
>
> "仔细回想故事中的困境,你认为海因兹最负责任的行为是什么?为什么?"

通过大量的实证和跨文化研究,科尔伯格认为儿童的道德判断可以分为前习俗水平、习俗水平和后习俗水平三个水平,每个水平又各包括两个阶段,并在此基础上提出道德发展三水平六阶段理论。

前习俗水平(preconventional level)的主要特点:关注个体行为的具体结果以及与自身的利害关系,认为道德的价值取决于外在的要求。(1)避罚服从阶段。在这一阶段,儿童衡量是非的标准由惩罚来决定，以绝对服从规则和权威来避免惩罚。判断好坏只考虑行为的结果，而不在意行为的动机。(2)相对功利阶段。在这一阶段，儿童的道德价值判断标准来自对自身需要的满足，偶尔也来自对他人需要的满足。进行道德评价时仍具有较强的自我中心性，但已能开始从不同的角度思考行为与需要的关系；判断是非的标准是行为是否满足他人或自己的需要，看重工具性价值而不在意行为的客观结果。

习俗水平(conventional level)的主要特点：着眼于社会的希望和要求，能够从社会成员的角度来思考道德问题，已经开始意识到个体的行为应符合群体或社会的准则；能够了解和认识社会行为规范，并遵守和执行这些规范。(3)寻求认可阶段。这一阶段儿童的道德价值以维持人际关系和谐为导向，顺从传统的要求，附和大众的意见，谋求大家的称赞。进行道德评价时会以他人和社会对"好孩子"的期望和要求进行自我要求。在判断好坏时会根据行为的动机判断，并认为利他的就是好的，利己的就是坏的。(4)遵纪守法阶段。这一阶段以服从权威为导向，服从社会规范，遵守公共秩序，知法守法，并认为不论何种动机，行为只要违背了法规并会给他人带来伤害，就是不道德的。

后习俗水平(postconventional level)的主要特点：个体不仅能自觉遵守某些行为规则，而且能以普遍的道德原则作为行为的基本准则，其道德判断超越了世俗的法律与权威的标准。(5)社会契约阶段。在这一阶段，个体认识到法律或习俗的道德规范仅仅是一种社会契约，是由大家商定的，也可以因大多数人的要求而改变；通过正规的协商、契约、公平的机制和正当的过程来整合各种观点，既考虑道德观点又考虑法律观点，并认识到它们的冲突，正视整合它们的困难。(6)普世价值阶段。在这一阶段，个体有自身的人生哲学，对是非善恶的判断有着独立的价值标准，超越了现实道德规范的束缚，行为完全自主自律。在进行道德评价时，能超越之前的社会契约所规定的责任，以公平、正义、尊严等最为基本的原则为标准进行思考；在遵照自己的原则进行某些活动时，认为只要动机是好的，行为就是正确的。

科尔伯格认为，个体的道德认知是由低级阶段向高级阶段发展的，但个体的年龄阶段与其道德发展阶段并不是绝对对应的。一项以美国中产阶级和工人阶级为对象的调查表明，大多数 9 岁以下儿童都使用第一、第二阶段的推理，也有少数青少年、青少年罪犯及成年罪犯仍使用前习俗道德水平的推理；青年与成人大都使用第三、第四阶段的推理，只有约 10%的人在 20—25 岁后才能达到后习俗道德水平(Kohlberg，1963，1981)。

需要注意的是，该模型的第一至第五阶段已经得到实证研究证明，而第六阶段目前尚未能进行实证研究，只能以哲学和伦理学来阐释。科尔伯格本人也指出，"也许第六阶段具有的心理学实证的意味较小，只是为道德发展的方向作具体的说明，即伦理道德的发展乃是继续前进的"。

3. 道德发展阶段理论的教育含义

皮亚杰与科尔伯格在道德发展阶段理论领域的研究成果，为学校道德教育提供了丰富的理论基础,并具有相当的实践意义。

第一,人类道德认知的发展是先他律后自律的,因此培养儿童的优良品德也应遵循这一规则,在教育的早期就着手培养儿童遵守既定的行为规范,在适当的场合表现出适宜的行为(如注重与人交往的礼仪,遵守交通规则等)。对于年幼的儿童,不管是在家里还是在学校里,在制定规则并要求儿童遵守时,应着重强调并明确可行的规范和准则;当儿童偶有错误时,应及时指出"应该怎样做""可以怎样做",而不是一味斥责。

第二,儿童道德认知的发展是循序渐进的。对大多数人来说,道德认知发展水平均在前习俗水平和习俗水平(第一至第四阶段),水平与阶段的发展只能是循序渐进的。例如,对第二阶段(相对功利阶段)的人灌输第四阶段(遵纪守法阶段)的道理,是很难起到教育效果的。科尔伯格建议在对儿童进行道德教育时,可以提供两难道德情境问题供学生思考判断。提供的问题应贴近学生现实生活,并在学生当前道德认知所处的阶段上提升一个阶段,在教师的辅助下进行思考和辨析,从而提高学生的道德认知判断能力,最终提高学生的道德认知水平。

第三,道德教育需注意知行合一。科尔伯格发现,儿童的道德判断普遍存在与其行为不一致的现象。我国也有研究表明(吴继霞,何雯静,杜晶,2017),中小学生普遍非常明确地知道"诚信"作为道德规范应自觉遵守;然而在实际生活中依然会出现"嘴上说一套,手头做一套"的情况,即"言行不一""知行分离"。尽管按照科尔伯格的观点,道德发展的关键是道德判断能力的发展,然而在实际的道德发展历程中,道德判断能力的提升不是自然产生的,不仅依赖个体道德认知能力的发展,而且受限于社会交往和社会关系的发展,因此在具体的道德教育中应加强对自主性与责任心的培养。

二、道德品质的社会学习理论

社会学习理论最早由班杜拉(Albert Bandura, 1925—)于 20 世纪 60 年代提出,在 20 世纪 80 年代中期又被更名为社会认知理论(social cognitive theory)。这一理论领域中的大量研究与社会行为的获得、维持和表现相关。

1. 观察学习

道德行为是人的社会行为之一。在社会行为习得的问题上,行为主义认为人是通过直接经验来学会社会行为的。所谓"通过反应结果进行的学习",即指人要先做出社会行为,然后根据行为结果是否受到奖惩来决定之后是否再现该行为。班杜拉通过一系列研究证明,对人类而言,更为有效的学习方式是观察学习,并称之为"通过观察榜样示范而进行的学习"。

班杜拉等人(Bandura, Ross, & Ross, 1961, 1963)曾以学龄前儿童为研究对象,开展了一系列关于攻击性暴力行为的社会学习研究,这一经典实验被称为波波玩偶实验。在第一次实验中,参与实验的儿童分为两组,分别观察成人模特的行为:一组成人模特对波波玩偶做出了攻击性动作，另一组成人模特没有做出攻击性行为。随后的观察发现，观察到成人模特做出攻击性行为的儿童，也会出现攻击性行为，但并不是全部儿童都进行了攻击。这一实验初步解释了特定行为是如何通过观察和模仿形成的。而在之后进行的第二次实验中，参与实验的儿童分组观看成人模特的攻击性行为及其后果的电视内容。观看到成人模特表现出攻击性行为并获得奖励的这一组儿童，全部都对波波玩偶进行了攻击；而观看到成人模特表现出攻击性行为并受到惩罚的儿童，更少展现攻击性行为。通过进一步的研究，班杜拉及其同事提出，儿童是通过观察他人的示范来学习某种行为的，习得的行为会在适当条件下表现出来；大量社会行为通过这种观察学习的形式获得（见专栏11-4）。

根据班杜拉的社会学习理论，观察学习包括四个过程：(1)注意过程，即学习者注意到榜样的行为，获取相关信息；(2)保持过程，即通过言语、形象两种方式，将获得的信息进行记忆和保持；(3)行为再现过程，即在适当的条件下，将记忆中的表象转换成行为，并根据反馈来调整行为以作出正确的反应；(4)动机过程，即通过强化激发并维持行为。

对榜样行为的学习需要足够的动机，班杜拉认为有三方面因素影响着学习者再现示范行为：他人对示范行为的评价；学习者对自己再现行为能力的评估；他人对示范者的评价。如果上述四个要素中的某一个出现了问题，如没有注意到榜样的行为，或者忘记了获得的信息，或者无法对榜样的行为进行具体模仿，又或是没有维持行为的动机等，都会影响到观察学习的结果。

2. 榜样与强化

社会学习理论认为，榜样的行为对儿童的影响很大，尤其是在社会行为的学习方面。米歇尔等人(Mischel & Libert, 1966)以儿童为对象，设计了一个滚球实验：将儿童分为两组，玩有规则的滚木球游戏，投中得分，20分以上就可获得奖励。但实际上，如果严格遵守游戏规则，得分机会很少，极难达到20分；如果不严守游戏规则，就可获得高分。在开始阶段，两组儿童分别与一位成人一起玩。第一组成人既要求儿童遵守规则，自己也严守规则。第二组成人严格要求儿童遵守规则，自己却不遵守规则。这时有成人在场，两组得分差别不大，第二组儿童并没有立刻仿照不遵守规则成人的行为。在第二阶段的实验中，两组儿童分别单独玩这种游戏并自报成绩，成人并不在场。结果发现，第一组儿童依然遵守规则，得分很少，但第二组儿童得分高，一旦离开成人，就会仿效不遵守规则的成人，不严格执行规则。在第三阶段的实验中，两组儿童在一起玩，成人不在场。结果发现，第一组儿童由于受第二组儿童的影响，也降低了标准，开始不怎么遵守规则了。这一研究结果表明，在规则与道德教育中，教育者的言行一致、以身作则十分重要，仅有口头教育是难以见效的；同伴的互相影响也不可忽视，道德行为的习得不仅需要正确教育的引导，而且良好的道德环境也不可或缺。

专栏 11-4

示范的形式

社会学习理论中提到的示范有多种形式,主要有以下七种。

1. 行为示范:直接通过榜样的表现传递行为方式,如家长与教师的一举一动都会对儿童的行为产生示范的作用。

2. 言语示范:通过言语表述传递行为方式,如教师的讲解、阅读说明书和操作手册等。

3. 象征性示范:通过影视作品等象征性媒介呈现榜样的行为方式。这一方式在现今社会使用范围很广,可反复呈现并可供多人观察,其弱点在于可信性不如"眼见为实",且信息在传播过程中可能发生歪曲。

4. 抽象示范:通过榜样的各种行为事例,传递隐含在行为事例中的规则。

5. 创造示范:提供多个榜样或多种行为,帮助学习者将学到的行为组合到一起以表现出新的行为或反应方式。榜样越是多样化,学习者就越有可能做出创造性反应。

6. 参与性示范:学习者在观察榜样后立刻采取行动,然后再观察,再行动。这种示范方式将直接学习与观察学习结合在一起,有利于行为方式的快速形成。

7. 延迟示范:观察榜样示范的行为后,经过一段时间,榜样行为的再现仍能对学习者产生影响。

班杜拉认为,强化对人的行为具有控制和调节作用。强化(reinforcement)指在学习过程中,个体表现出正确的行为后,获得奖赏;个体表现出错误的行为时,得到惩罚。虽然在观察学习中,强化并不一定直接地表现出来,学习者依然可以借由示范中获取的信息来形成新的行为模式。强化可以分为直接强化、替代强化和自我强化。直接强化就是对学习者直接进行奖惩。替代强化是指对榜样进行奖惩。自我强化则是学习者根据自己设立的标准来评价自己的行为。

在替代强化的过程中,学习者不受到直接强化,而是观看榜样受到的强化,这种方式也会影响到学习者的行为。班杜拉认为,就学习效果而言,替代强化的作用优于直接强化。通过观察他人的行为是否成功,学习者比行为者本人学得更快,特别是在概念技能学习方面;而受到直接强化和替代强化的人在以后无报酬条件下坚持自己行动的时间比仅受到直接强化的人更长。当替代强化与直接强化的结果不一致时,则会造成多样反应。

3. 社会学习理论的教育含义

社会学习理论揭示了人的行为受环境影响的一面。在教育方面,班杜拉认为,人的行为更多通过自我生成结果或自我强化来进行自我调节。人们会为自己设立各方面的行为标准,并根据自己规定的要求来努力达成这些标准,这也是个体真正得以成长和发展并形成个人风格的社会性基础。

第一，良好的榜样可以帮助学生形成适宜的行为标准。社会榜样演示的行为可以帮助儿童形成自我强化的标准，年龄相近的榜样往往具有更大的影响。需要注意的是，较学生的发展和当前水平而言，过高的榜样形象往往不利于学生形成适宜的标准，而略高一些的标准是比较适宜的，过高的标准可能会导致学生过于自我批评或无法有效地学习。

第二，观察学习可能有多个榜样，多种多样的社会影响都会影响到儿童道德观念的形成与发展。多个榜样间的道德标准一致时，儿童能更容易地接受相同的行为标准；而当标准不一致，或榜样本身产生了言行不一时，儿童的道德形成就会产生困难。对儿童的道德教育必须紧贴日常生活，提供一致的、具体的榜样，注重营造良好的道德环境，这样才能更好地促成正确道德标准的形成，并进一步促进良好道德品质的形成与发展。

第三，社会学习是一个双向决定的过程，人、行为与环境之间的交互是双向的。儿童所处的情境或环境会影响他们，而他们的行为也会给环境带来影响。例如，一个孩子通过欺负其他孩子获得了玩具或金钱，获得的钱物会强化这个孩子的欺负行为；当这一行为反复出现时，所处的环境也会随之发生变化：这个孩子很可能会越来越频繁地欺负其他孩子，受到欺负的孩子也会变得越来越容易挨打，而其他孩子也会逐渐变得分立，或是认同欺负者，或是中立疏远，或是也被欺负。如果欺负行为在萌生之际不能得到制止和矫正，其影响就很可能逐步恶化。成人在教育的过程中必须对学生的行为进行正确引导和及时矫正，教师不仅要致力于引导学生形成良好的道德观念，更应注重道德行为的养成。

第三节　道德品质的培养

道德品质的培养主要表现在道德认知、道德情感、道德意志和道德行为的形成与发展方面。

一、道德认知的形成

1. 道德概念的掌握

掌握道德概念（moral concept）是指儿童对道德规范的正确理解，能够概括地掌握是非善恶的道德标准。只有掌握了道德概念，才能评价他人与自身的道德行为并对自身的道德行为进行指导。

道德概念不仅是一种知识，也与人的社会行为甚至感知觉密切相关，其形成一般分为感性认知和理性认知两个阶段，并可以借助隐喻的方式进行认识与理解。

具体的道德概念，即道德概念与具体的行为或一定的道德形象相联系，如对于“什么是遵守秩序”，小学生可以回答“要排队”“乘车要先上后下”，但对遵守秩序本身无法作出概括性表述。

知识性的道德概念，即作为一种知识来理解，但没有内化为自身的道德观念，不能用于指导自身的言行。例如，小学高年级学生可以背诵行为规范守则，对于如何在生活中具体实施却不甚了解。

内化的道德概念，即形成概括化的道德概念，并能内化为自身的道德观念，成为指导自身言行、进行道德评价的标准。

隐喻式的道德概念获得，即以身体经验为基础的内隐式道德概念形成，如理解“道德”时，身体对物理世界的最初感知参与构建了对“道德”概念的理解(杨继平，郭秀梅，2016)。而具身道德的研究发现，不仅感知觉会对道德行为产生影响，反过来，道德行为也会影响感知觉(Chiou & Cheng, 2013)。

2. 道德评价能力的发展

道德评价(moral evaluation)是指根据已掌握的道德规范，对自身或他人的行为进行是非善恶的道德判断。一般可以分为自我评价和对他评价两类。道德评价能力的发展是个体道德品质形成的重要标志之一。它是道德认知的外在表现，在实际应用中巩固并加深道德认知。在道德评价的过程中，道德概念得以逐步形成并发展。

道德评价有两个特点：(1)道德评价是一种价值判断，即在已知事实的基础上对自身与他人“做得如何”和“应该怎样做”进行的评价；(2)道德评价蕴含着情感的成分，当评价的事物与自身有关时，会带上一定的感情色彩，同时也会受到自身感知的隐喻影响。道德评价不仅使个体的道德认知外显化，而且部分体现了个体的道德态度。

鉴于这两点，道德评价可以促使个体自觉、主动、积极地根据已掌握的道德规范来调节自身的行为。道德评价是道德认知转化为道德行为的重要环节，道德评价能力的发展是道德品质发展中的核心因素(见专栏 11-5)。

道德评价能力发展的一般过程如下：(1)由他律到自律。早期的道德评价往往与成人的道德评价保持一致，年龄越小，受成人影响越大。随着年龄的增长与经验的丰富，道德评价逐步由他律转向自律。一项采用临床访谈法进行的研究认为，3—4 岁是儿童理解说谎和道德评价发展的重要时期(展宁宁，刘亮，2008)。(2)由结果到动机。早期的道德评价往往根据结果的好坏进行判断，随着年龄的增长，逐渐发展到以动机和意图进行判断。徐芬等人(2001)的研究表明，5 岁儿童在作说谎或说真话的判断和道德评价时，还不会利用意图线索；自 7 岁或 9 岁起，意图明确与否影响着儿童的概念判断和道德评价。(3)由片面到全面。片面的道德评价表现为某个行为或某个人的评价趋于绝对肯定或绝对否定两极，也就是非黑即白式评价，这一点在学龄前期特别显著。随着年龄的增长、社会经验的丰富和道德认知的深化，儿童逐步学会对他人和自身进行比较全面、客观的评价。

3. 提高道德认知的措施

道德概念和道德评价是道德认知形成的基础环节。提高学生的道德认知，应结合道德概念和道德评价的发展规律实施教育。

第一，在道德教育中，应注意将抽象的道理、规范与具体生活实例相结合。具体生动的生活实例不仅可以帮助学生更好地理解道德认知，而且有助于唤起学生的道德情感，增强道德教育的效果。围绕道德认知的主题进行多种举例也可以帮助学生更好地理解。此外，还必须注意举例的真实性和社会性价值。

第二，在道德教育中，可以通过提供榜样促进儿童道德认知的发展。社会学习理论认为，教育者应具备良好的行为规范，做到言行一致；年龄相近的榜样影响更大。除了示范正确的道德评价，还可以借助影视作品和故事、书籍来引导学生进行道德评价的学习。

第三，在道德教育中，应有效运用强化的方法促进儿童道德认知的发展。在儿童早期，直接强化对道德认知的学习有着重要的价值，当儿童给出正确的道德判断并做出相应的道德行为时，及时的奖励可以帮助儿童更好地理解道德规范；随着年龄的逐渐增长，替代强化和自我强化的重要作用逐渐凸显，通过对榜样行为及其后果的观察，儿童可以更为有效地习得正确的道德认知，并逐步将其内化为自身的道德规则。

第四，在道德教育中，可以借助道德两难教育模式促进学生道德认知发展。刘爱平(2016)提出道德两难教育模式的训练策略，认为总训练目标是知、情、意、行的全面和协调发展，可以采用道德决策预演实验作为发展学生价值判断的主要训练手段。此外，营造良好的环境氛围是道德两难教育模式训练的重要条件，教师应注意融情于境、以境触感，用正向、健康的思想训练学生，运用有营养的社会文化纠正学生的错误认识和错误行为，在两难选择中正确地进行引导和教育。

第五，在道德教育中，应融入以关怀为核心的道德教育。美国教育家诺丁斯(Noddings, 2002)的关怀道德教育理论强调对学生生命的尊重、对学生体验和感受的重视、教师的榜样作用和道德教育的实践性特征，并提出道德教育的四种方法：以身作则、对话、实践和认可(侯晶晶，朱小蔓，2004)。每个学生都有自己的个性，在认知教育中如此，在道德教育中也是如此。教师应尊重每个学生的生命，并合理引导每个学生生命的个性和差异性。

专栏 11-5

道德评价能力高必然会体现出道德行为吗?

道德评价能力的发展与道德行为的关系十分复杂，道德评价能力高，并不等于个体的行为必然是道德的。实际上，个体道德行为的具体表现往往与许多因素有关，不仅会受到道德评价能力的影响，而且与道德情感、道德动机和道德自我价值感密切相关。

萨奇德瓦等人(Sachdeva, Iliev, & Medin, 2009)在一项研究中要求研究参与者用道德的(如关心、慷慨、善良)、中性的(如书、钥匙、房子)或不道德的(如卑鄙、贪婪、自私)词汇来描述自己，随后给予研究参与者捐赠自己参与实验所得的一些钱给慈善机构的机会。结果发现,道德词汇组的研究参与者捐赠的金额是最少的。一项后续研究排除了用启动解释该结果的可能性,因为当研究参与者用道德的或不道德的词汇来描述他人时,并没有出现相同的效应。显然不管采用什么方式,只要建立起自己的道德性,就会降低人们对随后的行为会损害自己的道德名誉的担心。

在日常生活中,我们不难发现,人们时常会不表达自己的态度,也不总是依其态度行事。原因之一是一些态度的社会认可程度较低,人们担心表达这样的态度或依其行事会违反社会规范、不受欢迎或损害自己的道德名誉,会被视为缺乏道德的人。个体担心某一行为会损害自己的道德名誉不仅取决于行为本身的道德性,而且取决于个体过去的行为。只要他们过去的行为让自己相信那样说或那样做不会损害自己的道德名誉,他们就会觉得获得如此言行的心理许可。例如,一个人也许会因为自己不久前参加了志愿者行动而觉得自己有拒绝赈灾捐款的道德心理许可。一般而言,只要人们能够想起以前自己符合社会规范的、道德高尚的行为例子,他们就会觉得可以表达或做出可能不符合社会规范的、不高尚的、会损害自己道德名誉的态度或行为,这种现象就叫作道德心理许可(moral psychological license)。基于多项研究,莫宁和米勒(Monin & Miller, 2001)提出道德证书模型(moral credentials model)以期解释这一行为。他们认为,之前发生的道德行为,可以让个体将后来的模糊的不道德行为解释为不是不道德的,并以此为后续的不道德行为提供心理许可。简单地说,正因为之前自己已经履行了道德的行为,所以当后续行为不那么符合自身的道德认知时,人们也会偏向将后续的模糊行为也解释为道德的。

有鉴于此,在实际生活和道德教育中,仅仅提高个体的道德认知是远远不够的。在提升学生道德认知的同时,还应加强道德情感和道德意志的培养,并在实际生活中与道德行为实践结合起来,促成认知向价值观的转化,才能真正促进学生的道德行为。

资料来源:石伟(2011)

二、道德情感的培养

1. 道德情感的类型

道德情感是个体根据一定的道德标准评价自己或他人的行为和思想时产生的情绪体验。海德特(Haidt, 2003a, 2003b)认为,道德情感有别于一般的情感,是连接着他人或社会的利益与幸福的情感,并认为道德情感应包含两个典型特征:无私的诱因和亲社会行为意向。

他归纳了四种较典型的道德情感:(1)他人谴责(other-condemning)的情感,是个体对他人违背道德规范的心理体验,如鄙视、义愤、厌恶;(2)自我意识(self-conscious)的情感,是个体意识到自己的行为给他人或社会带来不利或有利的结果时产生的体验,如羞愧、尴尬、内疚、自豪；(3)他人苦痛(other-suffering)的情感，是个体感知他人的不幸经历而产生的体验，如同情、怜悯、移情；(4)他人赞颂(other-praising)的情感，是个体见证他人的善行与伟大而产生的体验，如感激、崇高、敬畏。

海德特(Haidt, 2007)进一步提出，道德情感会将人们带入促进亲社会行为的动机和认知状态，如移情激活利他，感激可促进互惠；放大道德直觉的机能，引发一系列互相关联的情感，并进一步加强实现当前道德行为的可能性。坦尼等人(Tangney, Stuewig, & Mashek, 2007)在此基础上提出，尽管某些情感在评价方面指向自我，或会造成自我的消极体验，但其同样能强化道德观念和道德承诺。

杰罗姆・凯根(2015)则认为，道德的不同内容与五种具有进化基础的情感(焦虑、移情、责任和内疚、倦怠或厌烦、困惑和不确定感)同时存在，而这五种情感多是不愉快的情感体验。例如，焦虑常与过度害怕受到惩罚、社会的否定评价和失败有关。那些属于意义重大且不可侵犯的道德原则的道德内容，由社会中情感反应的强度决定。如果对道德标准的情感反应强，其内容就会保持道德标准的性质。

郑信军等人(2009)提出，在东方文化中，羞愧和尴尬往往与羞怯、谦卑和社交恐惧混合在一起。在等级社会或自我建构高度人际依赖的社会文化下，羞愧和尴尬往往被混合为一种具有道德价值的情绪；而在强调平等主义或追求独立自我的文化中，尴尬作为一种独立的道德情感从羞愧中分离出来。在西方文化中，道德规则与习俗规则相对分离，当个体违背了社会习俗时，感受到的是尴尬，违背道德规则时则体验到羞愧；而在非西方文化中，即便是违背社会文化习俗或处于违背习俗的危险中，也会引发混合了羞愧和尴尬的情绪体验。

2. 丰富道德情感的措施

道德情感在道德品质的培养中具有长期的、核心的动机意义。道德情感的培养重在积累道德体验，并加强对道德规范的理解。培养措施主要如下。

第一，将道德观念与一定的情绪体验相结合。在理解道德要求时，充分激发相应的积极或消极的体验，可以帮助学生加深对道德观念的理解。例如，在讲述他人的善行和伟大事迹时，积极而严肃的表述可以帮助学生体会到感激、钦佩与崇敬的情绪体验；而对不良行为进行批评和指正，可以帮助学生产生鄙视、义愤、厌恶的情感。

第二，借助优秀的影视、文艺作品与生动、具体的榜样，唤起学生道德情感上的共鸣，丰富学生道德实践的间接体验和情感内容。在选择影视文艺作品时，应注意选择兼具思想性与生活实践价值的内容，远离生活实践的内容很难激起学生的情感共鸣。

第三，在具体情感的基础上阐明道德规范，及时引导学生对情感体验加以概括和深化。特别是与生活实践紧密结合的内容，更需由小见大、逐步深化，由生活中的点滴积累，逐步加深学生的道德情感体验并进行升华。

第四，借助移情训练和心理演练等方法促进道德情感。在社会生活中，不同的情境与情绪状态都会对个体的道德认知产生影响,个体是否能体验和分享他人的情感,会影响个体的道德判断与道德行为。移情训练被认为对个体道德发展有着相当的影响,并能在道德教育中起到切实的作用。研究表明,移情训练可以显著提高儿童青少年的移情能力和亲社会行为。李辽(1990)设计的移情训练系列法具有良好的针对性和操作性,至今仍有一定的实践价值。此外,心理演练(mental rehearsal)中的意向演练可以促进个体道德行为的转化,也是一种有效的道德教育方法。唐芳贵和岑国桢(2012)曾设计了一项实验,以自我意象演练法促进大学生德性的发展(见专栏 11-6)。

专栏 11-6

自我意象演练法

心理演练或心理训练,是指在没有明显身体运动的情况下,在内心即大脑中对任务进行模拟式认知演练。意象演练是心理演练的一种形式,更突出形象表征。自我意象演练则是通过对道德榜样典型特征进行言语、意象编码和情感体验等心理活动,生成个体的德性自我意象,并反复对其进行心理操作,提高自我意象特性和情境唤醒水平,从而增强自我意象的行为管理作用的一系列过程。

自我意象演练法主要包含五个基本程序,即德性自我意象生成、德性自我意象系列化、德性自我意象脚本化、德性自我意象类化和贯穿始终的德性自我意象体验;涉及三个关键心理过程,即德性意象的生成过程、自我化过程和情感倾注过程;应用到道德教育中,就是以道德模范人物为教学内容,以基本德性自我意象的习得为教学目标。

资料来源:唐芳贵,岑国桢(2012)

三、道德意志的锻炼

1. 道德意志的表现

道德意志是连接道德内在心理与外在行为的关键环节和纽带。道德意志一旦形成,就成为道德发挥作用的精神动力和调控力量。道德意志主要有下述表现(沈永福,张友国,2011)。

第一,道德目的的定向。道德意志的作用反映在帮助人选择和确定活动目的,并明确活动的价值取向。

第二,道德动机的优化。在面对纷繁复杂的诱惑和动机时,个体能根据自己的道德原则与道德信念,统一和调适自己的各种行为动机,从而促进道德行为的实施。

第三,道德情感的自我调节。当个体产生消极的道德情感时,他可以通过道德意志调节自己的情感,合理化自身的行为,从而采取合乎道德要求的行为方式。

第四,道德行为的自我监控。道德意志作为内部的力量,能使道德行为不受各种主客观不利因素的影响和干扰,自觉地调节道德行为,使道德行为保持一贯性。

第五，道德人格的塑造。道德意志作为个体道德意识的最深层结构和文化积淀，体现着人之为人的主体能动本质，体现着个体对人生、社会和世界的终极价值追求与终极关怀，因此道德意志必然表现为对人生价值和意义的设问、探索、追求与回答，制约和引导着人生的方向与道路。

第六，道德境界的提升。道德意志通过一定的道德原则和规范，对自我行为进行约束与控制，并维持一定的正常道德秩序；同时，道德意志又具有导向性作用，即具有社会示范效应，对他人、社会起着积极的带动影响作用。

2. 培养道德意志的措施

道德认知的形成和道德情感都会影响道德意志的塑造，而道德行为的训练和养成更是与道德意志联系紧密。在培养道德意志时，应注意以下三个方面。

第一，形成道德意志的概念，树立良好榜样。在扩展学生道德认知的同时，可以借助讨论、体验的方式帮助学生形成道德意志的概念，发现道德意志在学习和生活中的表现，理解道德意志的必要性和重要意义。

第二，通过具体生活实践，有意识地锻炼道德意志。教育教学活动与道德意志的锻炼紧密结合，可以成为学生锻炼道德意志的主要途径。例如，从专心上课到认真完成作业，从课堂学习到自我监督，从各种劳动、体育锻炼到社团活动，都是进行道德意志锻炼的契机，成人应结合具体的学习和生活实践，帮助学生意识到意志如何与克服困难相联系。

第三，培养学生的抗诱惑能力。在生活中，诱惑无法避免，因此，在培养道德品质的过程中，不仅需要加强道德认知和道德意志的培养，成人的言行一致、信任与榜样示范作用也是不可或缺的(见专栏 11-7)。

专栏 11-7

社会认知理论视域下的“诱惑”实验

心理学家米歇尔(Mischel，1970)曾设计一项经典的延迟满足实验——“棉花糖”实验。一群 4 岁的小朋友参加了这个实验。孩子面前放着美味的棉花糖，实验人员告诉这个孩子：“你可以马上吃掉这颗糖；或者如果你可以忍住现在不吃，等到我离开一会儿再回来，就可以多得到一颗糖作为奖励。”说完，实验者会离开房间，留下这个孩子独自面对美味。其中，有些小朋友马上吃掉了糖果；有些忍了半天，最终没有等到实验人员回来就忍不住吃掉了糖果；大概有三分之一的小朋友故意背过身或者蒙住眼睛不去看那诱人的糖果，终于等到实验人员回来，得到了两颗糖。

该项实验中的延迟满足能力，是指为了以后获得更多的回报而抗拒当前的诱惑，属于自我控制能力的一部分。事实上，抑制冲动行为、抵制诱惑、延迟满足、制定和完成计划、采取适合社会情境的行为等，都属于自我控制，也都是意志的一部分。

罗彻斯特大学的基德(Kidd，2013)在“棉花糖”实验的基础上开展了新的研究。

在延迟满足实验开始之前,他先将孩子们分成两组,让他们和研究者一起画画,旁边放了一盒用过的蜡笔。一位研究者告诉孩子们:"你们可以现在使用这些旧的蜡笔画画,或者稍等一下,会拿来一些新的、更漂亮的蜡笔。"数分钟后,第一组的研究者拿着全新的蜡笔回来了;第二组的研究者则空手回来,向孩子们致歉:"我记错了,我们没有新蜡笔了。"之后,同样的情况又重复了一遍。第二次是许诺可以获得新的贴纸。同样,第一组的孩子得到新的贴纸;而第二组的孩子没有获得新的贴纸。

经过前期两次"热身"后,基德教授开始引入经典的"棉花糖"实验流程。结果出人意料:在相同的基础上,第一组(即成人两次均兑现承诺的那组)的孩子通过测试的比例要比第二组(即成人的承诺两次均未兑现)的孩子高出四倍。

资料来源:Mischel(1970); Kidd(2013)

四、道德行为的训练

道德行为是道德认知的外部表现。道德行为的最终展现,除了正确的道德认知,还需要明确的道德意志,产生相关的道德情绪。良好道德行为习惯的培养,离不开生活和实践中的道德行为养成。

1. 道德行为的发展

道德行为是在道德动机的推动下为达到道德目的而采取的行为,作为一种意志行为,道德行为具有自觉性的特征。道德行为的发展表现在独立性上,即儿童不再依赖他人的指示,而是独立自主地进行道德活动。道德行为发展的另一个表现是稳定性,即随着年龄的增长,儿童的道德行为逐渐趋于稳定、自主。道德行为的发展还表现为一致性,即儿童会逐渐学会选择适当的行为和方式来达到自身既定的道德标准。

在道德行为的发展过程中,言行一致是十分重要的指标。在实施道德行为时,其他心理成分也会对道德行为产生影响。

2. 道德行为与道德认同

具备道德认知和道德动机的情况下,道德行为并不必然会出现,也会受到多种因素的影响。当前对道德行为的认识依然在不断深化。一部分学者从人格心理学的角度出发,提出道德认同是一种自我调节机制,会激发道德行为。布拉西(Augusto Blasi)认为,道德认同(moral identity)意味着个体的道德系统与自我系统的同化或融合,以至道德观念和个人认同达到一定程度的统合(Hardy, 2006)。当个体认为自己是道德的时,他会继续从事道德行为(Conway & Peetz, 2012)。也就是说,道德认同与道德认知、道德行为密切相关,道德认同高的个体会把自己"是道德的"看得十分重要,并会对自己提出更高的道德要求,具有更强的自我约束力,并实施更多的道德行为。李贺等人(2014)设计了有奖抛掷骰子的游戏以探讨签名的位置以及是否预告签名信息对个体诚实行为的影响,同时探究不同承诺形式对个体道德行为的调节作用。当游戏前告知个体需要签名时，签名位置对个体的诚实行为没有显著影响；而在游戏前不告知个体需要签名时，上位签名的个体比下位签名的个体更倾向于做出诚实行为；口头承诺与上位签名均能促使个体做出诚实行为。

道德行为的掌握与实施实际上受到多种因素的影响，教师必须在实践中探索帮助学生掌握道德行为方式的有效途径。与此同时，从小事做起，从细微处做起，由近及远，由简至繁，在学生的亲身实践与日常生活学习中注重道德认同的培养，更好地促进学生实施道德行为。

3. 道德行为习惯的养成

道德行为习惯是指道德行为的经常化、自动化。良好的道德行为习惯一经养成，就可以促使学生的道德行为更易实现，并不断深化学生的道德认同。在学校的各项教育教学活动中，应有意识地培养学生的道德行为习惯。在培养的过程中应注意以下四点。

第一，帮助学生了解道德行为的社会意义，加深学生对道德行为的自我认同，从而产生自愿实施的愿望。

第二，营造适宜的条件，组织开展行为习惯训练的练习性活动。例如，分享与助人行为的练习，可以设计每周一次的"分享日"活动来逐渐推进。

第三，帮助学生了解行为的结果与练习的进程，及时给予反馈和鼓励。在学生获得正向反馈和鼓励的同时，也应注意对不足之处的引导。

第四，及时矫正不良的行为习惯。在矫正不良行为习惯时，一方面应注意及时引导学生发现该行为的不良之处，另一方面也应循序渐进地进行正确行为习惯养成的指导，并结合生活实践逐步推进。

需要明确的是，良好道德行为习惯的养成是一个长期的过程，教师应坚持不懈地对学生进行教育和指导。

本章小结

本章的目的是概述道德与道德品质的基本概念，主要从认知行为学派的道德发展阶段理论和社会学习理论视角，探析道德品质培养与学校教育的关系。

道德是指由社会舆论力量和内心驱使支持的行为规范的总和。道德品质指个体依据一定社会的道德原则或者规范行动时表现出来的稳定的心理特征和倾向。道德品质的四因素说认为，道德品质由道德认知、道德情感、道德意志、道德行为方式四种基本成分构成，简称为品德的知、情、意、行。道德信念是指道德知识成为指导个体行动的基本原则，并坚信道德知识的正确性。培养道德信念是形成道德品质的关键所在。

认知行为学派对道德的研究侧重由认知发展阶段和具体的社会行为入手，主要理论有道德发展阶段理论和社会学习理论。本章着重介绍了皮亚杰的儿童道德判断两阶段理论、科尔伯格的道德发展三水平六阶段理论和班杜拉的社会学习理论。

道德品质的培养主要表现在道德认知、道德情感、道德意志和道德行为的形成与发展四个方面。培养良好的道德品质,不仅要加强道德认知,而且必须注重道德情感和道德意志的培养,并在实际生活中与道德行为实践结合起来,促成认知向价值观的转化,才能真正促进学生的道德品质培养。

推荐阅读

1. 乔纳森·海特.(2014).*正义之心:为什么人们总是坚持"我对你错"*.舒明月,胡晓旭,译.杭州:浙江人民出版社.

2. 格奥尔格·林德.(2018).*怎样教授道德才有效——德育心理学家给教师的建议*.杨韶刚,陈金凤,康蕾,译.北京:中国轻工业出版社.

复习思考题

1. 解释下列概念:

   道德　道德品质　道德认知　道德情感　道德意志　道德行为　道德动机　道德信念　道德评价　道德认同

2. 道德品质包含哪些心理成分?它们之间的关系如何?

3. 道德品质形成的心理实质是什么?

4. 简述道德发展阶段理论的研究方法和基本观点,并结合教育实践简析道德发展理论在实际教育工作中的应用。

5. 根据社会学习理论分析榜样和三种强化形式在道德教育中的作用。

6. 结合实例,分析如何培养道德认知、道德情感、道德意志和道德行为。

7. 根据本章内容试分析学生"言行不一"的原因。

第十二章

学校的群体心理

教育不是简单的施受过程，师生交往互动中的双主体特性，使得教育影响带有双边互动性。正因如此，教师的工作更像是"辛勤的园丁"，而不是"人类灵魂的工程师"。后者更多是对教师职业的美誉，而不是对教师职业的工作描述。作为"园丁"的教师，不仅要提供学生成长需要的"营养、阳光和水分"，提供适宜的环境以防学生的成长受到不必要的干扰和阻碍，还需要营造条件促使学生产生强烈的内部成长动机。人类的社会性发展也是人从以自我为中心向以社会为中心的转化过程。在这一转化的过程中，人所处的社会环境，特别是实际隶属的群体环境，是重要的影响因素。本章将着重探讨学校群体中的心理现象和心理规律。本章的主要内容：

1. 学校群体心理概述；
2. 学校群体心理；
3. 班集体心理。

第一节　学校群体心理概述

学校主要由教师和学生组成，教师和学生又可以划分为不同年级的教研组和班级。这些教研组和班级，在社会心理学中被称为群体。除了这些正式群体，学校中还有很多由师生、管理者组成的非正式群体。学校的常规工作正是通过这些正式群体和非正式群体各自的运行机制有序开展。了解学校群体的含义、特点和功能，对有效提高学校群体管理水平、促进群体的凝聚力、发挥群体效能具有重要意义。

一、群体的概念

群体(group)是指在共同目标的基础上，由两个以上的人组成的相互依存、相互作用的人群结合体。群体由人群组成，但并不是个体的简单集合。

群体会因其类型、大小、性质、规模而千差万别，但所有群体都具有以下三个特征。

第一，群体具有共同目标。任何一个群体都必须具有群体目标(group aim)，即群体内每一个成员有着共同的心向,并为实现群体目标而作出自己的努力。群体的目标并不总是与个体的目标相一致,同时群体中个体之间的目标一般情况下也不相同。但群体目标的实现是群体存在的根本目的,个体则可以通过群体目标实现自己的目标。群体通过教育、管理、激励和引导等途径妥善处理群体中出现的各种问题、矛盾与冲突,促使全部成员认可群体目标,调整自己的目标,使个人目标与群体目标相一致,并通过努力工作完成群体目标,最终实现个体自己的目标。

第二,群体需要群体成员的分工与协作。群体的目标是通过群体成员的内部分工来完成的,即群体中的每一个成员在群体内占有一定的地位,扮演一定的角色,执行一定的任务,享有一定的权利和义务。例如,一个班级有班主任、班长、副班长、学习委员、生活委员、卫生委员、课代表、小组长、组员等分工,每一个角色各司其职,共同完成班级的各项事务。涂尔干(2000)认为,社会分工减少相似性,表面减少了约束,但个人承担自己的部分职能,与他人、社会的联系更加紧密了。从系统论的观点看,当组成整体的各个部分单独存在时,它们各自有着不同的性质和功能。一旦把这些分散的部分按照一定方式组合成整体,其性质和功能将发生重大变化,整体也将大于各个孤立部分之和。

第三,群体成员之间在心理上产生依存关系和共同感。个体自觉归属于所属群体,就会以这个群体的目标为准则,进行自己的活动、认知和评价,自觉地维护群体的利益,并与群体内其他成员在情感上产生共鸣,这就是群体成员的群体意识(group consciousness)。群体中每个成员都意识到自己是群体的一员,意识到其他成员的存在,并与他们相互影响,建立起相互依存的关系与情感,群体成员之间经常进行必要的交流和沟通。群体的成员资格有助于建立积极的社会认同,有利于形成一体化的自我感觉。

二、学校群体的特征

学校群体与其他群体的主要区别在于学校群体是教育群体,学校群体本身就是学校师生接受知识教育的资源,也是师生社会化的资源、师生进行自我教育的资源。学校群体也是一个共同体,是一个在自愿基础上组织集合起来并由协商建立的、按规则运行的团体。

第一,学校群体是一个学习共同体。学校群体的本质应是学习的共同体。学校作为学习共同体,以完成共同的学习任务为载体、以促进成员全面成长为目的,强调在学习过程中以相互作用式的学习观为指导,通过人际沟通交流和分享各种学习资源而相互影响、相互促进彼此的学习与成长。将学校看作一个学习共同体,与传统教学班和教学组织的主要区别在于强调人际心理相容和沟通在学习中发挥的群体动力作用。

第二,学校群体是一个精神共同体。学校群体建设的最高境界是形成一种平和愉悦的精神共同体,这既是教育工作追求的自然归属,也是师生的快乐所在。学校群体使师生在精神上成为一个相互承认、相互关爱的统一体,具有精神家园的功能。它一方面给人以精神的享受和抚慰，使人心灵有序，保持健康的社会认知心态；另一方面，给人以精神的激励和策动，使人态度积极、乐观地迎接各种人生挑战，创造人生价值。

第三，学校群体是一个文化共同体。学校群体有着共同且公认的制度，这种制度被明文规定并在学校中被自觉维护；学校群体还有着共同且公认的教育目的，这种教育目的也大多成为学校教师、学生、学生家长的共同期望。这些共同且公认的制度、目的，促使学校群体成为一种文化共同体。这种文化共同体给人一种命运、氛围和情绪。在群体文化的习染中，群体成员形成内隐的行为习惯和价值观念。个体虽然往往无法精确地意识到自己的行为原因，但群体成员在这样的文化氛围下遵循着群体的行为规范、文化意识、约定俗成的职责信念，有序地、积极努力地履行着个人的角色职责。学校群体作为文化共同体，就是要形成这种能让师生乐于身处其中的文化空间。

第四，学校群体也是一个伦理共同体。伦理的实质是一定社会历史观和人生价值观，是不同辈分和类别的人们之间合乎特定理性要求的"思想的社会关系"。它使得不同身份的人们在同一种社会历史观和价值观上相知共识、和谐相处。学校群体应该是在良好的伦理原则上形成的共同体，形成成员间良好的伦理关系、师生间的和谐相处与积极互动，避免成员间的伤害，防止个体行为对公众的危害。学校群体伦理原则的制定，无论是学校群体的集体学习伦理，还是生活伦理等，都应建立在良好的公益性基础之上，而不应建立在单纯的个人私利之上，这样才能促使师生之间形成良好的伦理关系，避免相互间的指责、伤害和侵犯，铸造师生健全的人格。

总之，学校群体是师生共同进步的基本组织形式，是师生学习与成长的人生场所和"生命舞台"。学校群体作为一种生活的时空伴随着师生的成长，蕴含着促进师生个体生命成长的价值。

三、学校群体的功能

群体具有两大功能：一是群体对组织的功能；二是群体对个人的功能。群体的组织功能主要是完成组织赋予的基本任务，群体对个体的主要功能是满足群体成员的心理需要。从学校层面来讲，群体的功能包含以下四个方面。

1. 学校群体的社会化功能

个体社会化是指主体在特定的社会与文化环境中，逐渐形成与社会一致的社会态度、价值观、信念和人格特征，遵循社会公认的行为方式，成长为社会的积极成员的过程。学校群体是根据学校教育目的、教育管理的需要组织起来的人群结合体，具有高度组织性和社会倾向性。因此，教师按照一定社会的要求，以班级为单位，通过教学工作和其他各种教育活动，向学生传授社会经验，指引生活目标，教授社会规范，培养社会角色，即促进学生完成自身的社会化过程，从而实现学生从自然人向社会人的转化。与此同时，教师群体也在与学生的互动中获得自我完善和提高，不断升华自身的价值，促进自身的专业化发展。可见,学校群体是师生生成社会价值观、获得社会技能、习得社会规范、培养社会角色的场所,在实现师生的社会化方面具有重要的作用。

2. 学校群体的个性化功能

个性是个体的整个心理面貌,是具有一定倾向性的各种心理特征的总和。苏联教育家苏霍姆林斯基提出的"个性全面和谐发展"的教育思想认为,个性的全面和谐发展应包含劳动与精神的统一、品行上的道德纯洁、体魄的完美、审美需求、趣味的丰富、社会与个人兴趣的多样性(蔡汀,等,2001)。学校群体是师生个性发展的重要基地。通过学校群体和个体目标、自主规范的制定,个性化学校群体环境的设计以及分层教学、多元性评价活动的实施,可以有效促进学校群体个性化功能的实现。师生的成长和发展存在着差异性,这种不平衡的发展形成师生自己的特色与个性。

3. 学校群体的选择性功能

学校群体的选择性功能包含两个方面的内涵。一方面是指学校群体的筛选作用。学校通过管理制度、班级设定、学科设置等对师生进行分类、筛选、选拔。在学校教学和教育过程中,学校对师生的工作、学习进行评价区分,并给予针对性的指导。另一方面是指学校群体培养师生的自主能力。学校群体有较为清晰的结构、明确的目标、有计划的活动,可以培养师生学会选择恰当的行为方式,设定自我目标,选择自己喜欢的生活方式。

4. 学校群体的归属功能

学校群体的归属功能实质上是满足师生身心发展的需要,使师生获得归属感、尊严感和安全感。师生在学校群体和谐的人际交往环境中,相互了解,相互学习,传递各自的思想、感情以及对周围世界的认识,同时也得到他人的理解、尊重和欣赏,使个体获得归属感和尊严感。师生在这种群体的交往中,还可以相互帮助、相互支持、通力合作,使个体能够完成独自一人时不易完成的工作或解决不易克服的困难,得到较高的成就或健康发展,获得群体内的安全感。

四、学校群体的分类

苏联社会心理学家彼得罗夫斯基在其著作《集体的社会心理学》(1985)中,根据群体发展的水平和群体成员之间联系的密切程度,将群体分为松散群体、联合群体和集体。

1. 松散群体

松散群体(loose group)是指群体成员间的关系并不以共同活动的目的、内容、意义和价值为中介的共同体。松散群体的成员只是在空间和时间上聚集在一起,人们之间没有太多共同目标和共同活动,这种群体不能算作真正意义上的群体。例如,刚刚入学的新生,来自不同的家庭,他们怀着个人的理想和目标聚在一起,彼此之间并不认识和了解,尚未具有共同目标，此时的班级属于松散群体。

2. 合作群体

合作群体(corporate group)，随着班主任的教育引导，新生班的同学之间开始形成有效的利益共同性，并在共同活动的基础上发展成一个班级聚合体。此时的班级逐渐凝聚成有组织的集合体，建立起成员之间带有各种情绪色彩的人际关系的群体。各个成员认识到彼此都属于同一个班级，班级内部的互相吸引日益明显。在这样的班级中，情绪等心理关系占主导地位，同时还产生了班级内部一定程度的责任依从关系，每个人在班级中的角色和地位由参与班级共同活动的程度和贡献以及所获评价决定。合作群体是松散群体与集体之间的过渡群体。

3. 集体

集体(collective)是群体发展的最高阶段，是成员间的关系以有个人意义和社会价值的群体活动内容为中介的群体。换句话说，集体成员不仅认识到群体活动对个人和集体的价值，而且认识到群体活动对整个社会的意义。班集体的形成涉及集体目标的确定、班干部的选拔和培养、人际关系的建立、班级活动的开展、行为规范的内化、正确舆论的形成等问题。班集体是学校施加教育影响，学生进行各种活动的基本单位，也是学生在校生活的最重要的集体。班主任应该以科学有效的方法创建理想的班集体，使班级成为一个温馨舒适的家园，促使学生健康快乐地成长。

专栏 12-1

非正式群体交往与初中生的自我同一性发展

根据构成群体的原则和方式还可以将群体划分为正式群体与非正式群体。正式群体发挥的主要是工作性功能，而非正式群体在满足个体的心理需要方面有独特的作用。班级内的非正式群体交往对初中生自我同一性发展有着重要的影响。

自我同一性是在特定社会背景中，自我与他人互动而达成的一种自我平衡状态，主要表现为理想自我与现实自我、自我与他人、自我与群体之间的平衡。这一界定强调了自我同一性的自我主体性自组织的本质性，以及自我与背景的交互作用性。

初中生的自我同一性与人际关系领域的发展关系密切。在班级内非正式群体间交往的过程中，初中生因与同伴之间的联结性、亲密性体验，而能从群体维持的角度思考并解决冲突性事件。面对冲突性事件时，初中生不是轻易回避，而是积极思考面对，努力协调自我与他人之间的关系，从而激发个体关于自己、关于他人以及关于自己与他人之间关系的更深刻认识。初中生开始主动脱离自我中心，开始对他人的心理进行理解和表征，开始把自我与他人之间的冲突作为自我的一种对象进行认识并积极整合，建立起个体积极的自我表征和自我调节能力。

这样的情形更可能发生于在非正式群体中处于核心地位的学生身上。而缺乏群体交往的孤立地位个体,缺乏与同伴的亲密感和信任感,因而在群体交往中面对冲突性事件时,更可能变得“退缩”,这将使他们与同伴的关系疏离,并固守在自我发展的原点上,消极防御,限制了自我同一性的发展。

班级内非正式群体对个体自我探索的支持作用的发挥在一定程度上还依赖个体交往的同伴群体的性质(Hartup & Stevens, 1997; Berndt, 2004)。例如,为抄作业而组织起来的小群体,有高度的群体认同,有明确的头领和活动分工,但在行为上有着集体反抗教师、规避作业检查等情况。因此,教师应非常重视班级内非正式群体的价值观、群体组织形式、群体活动等表现,注意区分非正式群体的性质,并因势利导,发挥非正式群体的积极作用。

资料来源:安秋玲(2017)

五、学校情境中的群体竞争与合作

竞争是人类社会不可避免的社会现象,是人的创造力和活力的重要推动因素,但推动社会发展的最重要因素是合作而不是竞争。学校情境是一种既有竞争又有合作的情境,两者具有相互联系的一面。人究竟表现出竞争行为还是合作行为,是由目标结构(goal structure)驱动的(Deutsch, 1949)。目标结构可以划分为竞争的目标结构和合作的目标结构,相应的行为个体会处于竞争情境和合作情境之中。

在合作情境中,个体的目标与群体中其他人的目标一致,个体目标的实现取决于群体中其他人目标的实现。合作者具有更大的感召力,并表现出更多的互助行为倾向,个体的行为会受到积极的对待。研究表明,合作学习能够提升学生特别是对中等生、学困生的学业成绩,还能够降低学困生的社交焦虑,提升学困生的自尊(蒋波,谭顶良,2011)、同伴关系和成就动机(李原,郭德俊,王巧莉,1995)。

在竞争情境中,个体目标的实现与群体中其他人目标的实现呈负相关,人与人之间是相互排斥的,个体的行为会受到消极的对待。低竞争强度最有利于中学生的科学创造力表现。组间竞争在一定程度上会促进学生之间的积极言语互动与合作绩效的提高(崔丽莹,黄晓娇,陈晓梅,2016)。

因此,将传统教学模式下个人之间的过度竞争转化为小组之间的适度竞争,将个人记分、奖励个人的评价方式转变为小组记分、奖励集体的评价方式,形成“组内成员合作,组间成员竞争”的竞争合作学习格局,巧妙地将竞争学习、合作学习和个人单独学习三个因素熔于一炉,将全班教学、小组教学和个别学习结合在一起,使竞争成为学习的推动力和催化剂,合作成为学习的熔炉和发生器。教师向学生明确合作学习的基本任务和具体目标,重在唤起学生的好奇心、求知欲,并简单复习有关的预备性知识和技能,组织学生通过合作学习突破教学的重点和难点。教师还需要合理控制合作学习过程,确保全体学生积极参与小组合作学习。在组间交流阶段，教师可以组织学生进行组间竞争学习。

在合作竞争学习的课堂上，教师应成为小组合作学习的积极调控者，纠正错误并为学生和小组提供帮助，积极协调人际关系，减少和避免组内、组间冲突，并积极指导学生进行自我监控。教师要采取高效策略实施课堂教学、管理，关注学生对学习任务的理解程度、合作学习的氛围以及学生的参与程度等方面，切实提升合作学习的效果。

第二节 学校群体心理

个体在群体之中，通过个体之间、个体与群体之间的相互作用，促使自身在心理和行为上发生一系列变化。考察和研究群体行为产生和发展的规律，就是从群体成员间的关系以及群体氛围的角度出发，审视个体、群体与社会三者之间的关系。

一、学校群体的心理效应

1. 从众效应

从众行为(conformity behavior)是指个体在群体压力下心理和行为与群体中大多数人趋同的心理现象。从众行为是一种极为常见的现象，广泛存在于社会生活的各个领域。

1951 年，阿希(Solomon E. Asch，1907—1996)做过一个著名的社会心理学实验。他将大学生分成数个 7 人小群体，分别在实验室中坐成一排，要求他们比较判断图 12-1A 上的线段 X 与图 12-1B 上的线段 a、b、c 中的哪一条等长。但在这个小群体中，除了被安排坐在最后并最后回答问题的那个人是不知情的真正大学生之外，前面的六个人都是事先安排好的实验助手。最初几次，实验助手和大学生都能准确判断 b 与 X 等长，但其后的判断中，实验助手故意错误地回答 c 与 X 等长，在这种情况下观察坐在最后的那名大学生的反应。

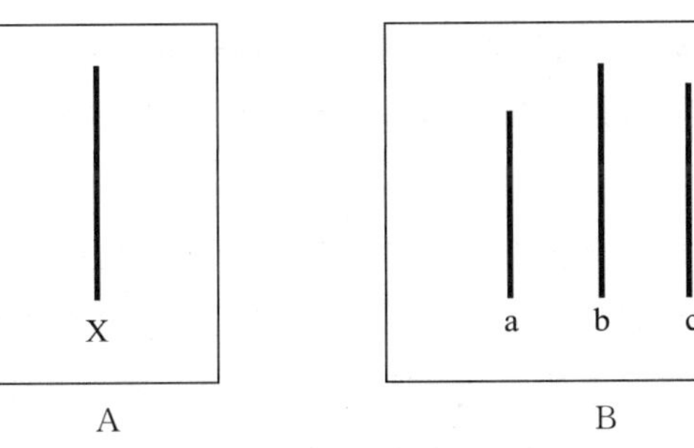

图 12-1 阿希从众实验的材料图示

实验表明，约 15％的大学生从众倾向严重，从众判断占其全部判断的 75％以上；约

25%的大学生没有任何从众行为,始终保持独立判断;约75%的大学生,至少有一次从众行为;全部答案中从众答案的平均比例高达35%以上。

实验后,阿希访谈了有从众行为的大学生,了解到从众有三种情况:(1)知觉歪曲,指大学生确实出现观察错误,是在发生了知觉歪曲的基础上出现了判断歪曲;(2)判断歪曲,指大学生的观察本来并没有错误,但意识到自己的观察结论与大多数人不同,于是认为多数人的判断总比自己一个人的更正确些,最终修改了自己起初的判断;(3)行为歪曲,实验参与者明知自己是对的,其他人都错了,但还是选择了错误回答,发生了行为歪曲。

阿希的实验表明,从众源于个体受到来自群体的压力:(1)群体信息的压力,即越是缺乏自信的人,在难以独立判断的情况下,会越发相信多数人的正确概率比较高,也就越容易从众;(2)群体规范的压力,即群体中的个人往往不愿意违背群体意见而被其他成员视为越轨者,害怕遭受孤立,因此采纳多数人的意见。

从众可以分为以下四种类型。

第一,表里皆不从。这种类型的个体是不从众,在群体的压力下仍然坚持自己的选择和意见,完全独立地对当前情况进行行为选择。个体在这种情况下,如果判断正确,坚持是正确的,则是"真理掌握在少数人手里",表现出独立性人格和顽强的意志。哥白尼在"地心说"盛行时,不屈服当时舆论和宗教势力施加的巨大压力,宁死坚持"日心说",就是典型的不从众事例。但如果此时个体坚持的是错误观念和选择,就成为固执己见、特立独行、我行我素的性格表现。

第二,里从表不从。个体在群体压力下,在心理上已经放弃自己原来的立场和观点,接受或认可了主流意见,但为了维护自己的自尊、面子,在行为上仍然固执地坚持自己的观点和行为。

第三,表从里不从。这种从众是口服心不服,指心理上仍然保持独立,固执己见,不赞同群体大多数人的意见,但出于自我保护的目的,不愿意与大多数人的意见不一致,于是委曲求全,暂时放弃自己的主张,表现出屈从大多数人意见的行为。通俗地讲,就是"识时务者为俊杰"。

第四,表里皆从。这种从众是指从心理到行为都放弃自己的见解和主张,接受群体大多数人的意见,采取从众行为,也就是平时所说的"口服心服"。

2. 服从

服从(obedience)是个体在社会要求、群体规范或他人意志的压力下,被迫产生的符合他人或规范要求的行为。个体服从有两种:(1)在群体规范影响下的服从;(2)对权威人物命令的服从。群体活动要求每一个体服从基本的行为规范,遵守一定的规章制度,以维持群体的正常秩序,完成群体的工作任务,实现群体的目标。

服从是个体适应社会和生活环境的一种方式。奥尔波特(Allport, 1934)在现场调查中发现,75%的汽车司机都能绝对服从交通规则,拒不服从者仅占0.5%。米尔格拉姆

(Milgram，1963，1965，1974)的实验也表明，大部分的实验参与者服从了权威者(实验者)的指令。

个体的服从心理可能与以下五个因素有关。

第一，情感距离。米尔格拉姆(Milgram，1974)的实验中有多达65%的实验参与者出现服从，这与他们和受惩罚者不在一个房间有直接关系。在一些改进的实验中，如果与受惩罚者的距离更远，实验参与者听不到受惩罚者的抗议声，那么几乎所有实验参与者都会镇静地把实验做完；而如果受惩罚者与实验参与者同在一个房间，那么只有40%的人将电击提高到450伏；若是实验参与者必须亲自将受惩罚者的手按在电极上，则只有30%的人将电击提高到450伏。

第二，权威的接近性与合法性。如果权威不在现场，而是通过电话下达指令，则实验参与者的服从率会下降到21%；如果权威借故离开而由另外一个人来下指令，则有80%的实验参与者会拒绝服从。

第三，权威的机构性。在实验后的访谈中，许多实验参与者表示，如果不是耶鲁大学的名声，他们坚决不会服从。事实上，当实验搬到校外的一栋商业楼并换了一个陌生的机构名称进行时，服从率下降为48%。

第四，群体的影响。在后来的实验中，米尔格拉姆安排两个助手和实验参与者一起进行实验，两个助手都公开反抗"研究者"，最后有90%的实验参与者拒绝服从研究者的指令。

第五，人格特征。米尔格拉姆采用性格量表测量实验参与者的权威主义人格倾向，发现服从行为与权威主义人格有内在联系。采用科尔伯格的道德判断两难故事法测量实验参与者的道德判断水平，发现处于科尔伯格道德判断低水平者，坚持服从用电击惩罚他人的人数比例很大；中断实验、拒不服从者，其道德判断水平都较高，从而表明服从行为与人格特征有关。

3. 社会促进效应和社会干扰效应

人们在共同工作或有人在旁边观察的时候，活动效率会比单独进行时升高或降低。他人在场促进了个体的行为能力或水平的提高，称作社会促进效应(social facilitation effect)；而个体在完成某种活动的过程中，因为他人在场而产生紧张、焦虑的情绪，活动效率比单独进行时低的现象，称作社会干扰效应(social interference effect)。

特里普利特(Tripllet，1898)发现，自行车骑手在有竞争者时比自己单独练习时骑得快，因此设计了一项实验以探究儿童在有他人在场时是否会做得更快。结果正如他所预期的那样，在拉钓鱼线的作业上，儿童在有他人在场的群体情境中比独自一人时拉得更快。但人们在研究中也注意到，在某些情况下社会促进现象并未发生，而是相反，他人在场反而会抑制个体的表现，使个体的作业水平下降，产生社会抑制现象。

扎伊翁茨(Zajonc，1965)认为他人的存在可以增强个体与人竞赛的动机和被他人评价的意识,而这些内驱力的增强会带来助长或抑制行为表现的效果。个体在群体中到底出现哪种效果,往往视作业的性质而定。如果作业所需的反应是已经长久练习的娴熟“强势反应”,那么此时动机的增强将是有益的。因此,就简单的工作而言,他人的存在将有助于个体表现。如果作业需要的反应是还未熟练的行为,此时动机的增强反而会干扰个体的注意,加强错误反应,从而破坏其表现。例如,有他人在场的情况下解困难的数学题、记忆新的语文材料、撰写复杂的逻辑演绎文章等均不如个体单独情形下的效率高。

4. 角色效应

现实生活中,人们以不同的社会角色参加活动,这种因角色不同而引起的心理或行为变化被称为角色效应(role effect)。美国心理学家津巴多等人(Haney, Banks, & Zimbardo, 1973)认为,社会角色决定了我们生活中大部分的态度和行为。因此,锁住人类自由的,往往不是监狱那道有形的高墙,而是人类本身对角色规范的认定带来的心灵枷锁。

尽管双生子遗传基础相似,又在同一家庭环境下成长,但他们的性格往往不同。先出生的一个性格稳重,处理问题谨慎、全面、果断,较早具备独立生活的能力;而后出生的那一个往往生性活泼,但遇事缺乏主见,喜欢依赖他人。他们性格上的差异主要是他们在家庭中充当的“角色”不同造成的。出生后,父母对待他们的态度不同。尽管他们是孪生,但先出生的为姐姐或哥哥,后出生的为妹妹或弟弟。大的必须照顾小的,要对小的行为负责,于是,大的逐渐养成独立处理问题的能力。

角色效应对班级管理具有重要的意义。由于不同的班级角色被赋予不同的职能,履行角色职能的过程无形中也是培养学生的行为习惯、价值观念的过程。因此,教师应在班级管理中更好地利用角色效应,合理安排学生角色,使学生的个性得到最优发展。

在分配班级角色的时候还应注意以下几个问题:一是角色固着。学生长期担任固定的班级角色易产生角色固着,会对学生的人格发展产生不利影响。例如,班干部角色时时遵守较高的行为准则,做同学们的表率,固然培养了较高的自律性和责任感,但同时也容易出现谨小慎微、追求完美、处处迎合教师的不良个性特点,同样不利于学生的个性健康发展。因此,在班级管理中应推行班干部轮换制,定期更换班委,让更多的同学担任班委角色,得到相应的培养和锻炼,以避免因角色缺失而造成学生个性的片面发展。二是在班级管理中,要尽可能创设更多有益于学生身心发展的角色,让每一个学生都在活动中找到最适合自己的项目,担任最适合自己的角色,促使学生在担任角色的过程中激发自己的进取精神,在角色实践中展示自己、完善自己。

5. 旁观者效应

旁观者效应(bystander effect),也叫责任分散效应(diffusion of responsibility),是指一个群体面对任务时,群体中每个个体的责任感会很弱,面对困难或遇到责任往往会退缩。

例如,《纽约时报》报道(1964 年 3 月 27 日第一版),1964 年 3 月 13 日夜 3 时 20 分,在美国纽约郊外克尤公园某公寓前，一位叫基蒂·珍诺维丝(Kitty Genovese)的年轻女子在结束酒吧工作回家的路上遇刺。她绝望地喊叫："有人要杀人啦！救命！救命！"听到喊叫声，附近住户亮起了灯，打开了窗户，凶手吓跑了。当一切恢复平静后，凶手又返回作案。当她再次叫喊时，附近的住户又打开了电灯，凶手又逃跑了。当她认为已经安全，回到公寓上楼时，凶手又一次出现在她面前，将她杀死在楼梯上。在这个过程中，尽管她大声呼救，她的邻居中至少有38位到窗前察看，但无一人施救，甚至无一人打电话报警。这件事引起纽约社会的轰动，也引起社会心理学工作者的重视和思考。人们将这种众多旁观者见死不救的现象称为责任分散效应。

尽管《纽约时报》的上述报道失实，真实的现场只有十多人听到呼救声或看到凶案的部分过程，甚至有人以为是情侣或醉鬼在吵架。但两位年轻的心理学家达利和拉塔内(Darley & Latane，1968)事后的实验证明了旁观者无动于衷、见死不救的责任分散效应。为了验证自己的解释和说明，他们进行了以下实验。他们让72名不知真相的参与者分别以一对一和四对一的方式与一名假扮的癫痫病患者保持距离，并利用对讲机通话。他们要研究的是，在交谈过程中，当那个假病人大呼救命时，72名不知真相的参与者作出的选择。事后的统计显示：在一对一通话组中，有85%的人冲出工作间报告有人发病；而在有4个人同时听到假病人呼救的组中，只有31%的人采取了行动！因此，两位心理学家对克尤公园的杀人案无人见义勇为的现象给出了令人信服的社会心理学解释，并概括为旁观者效应。

在不同的场合，人们的行为确实有所不同。当一个人遇到紧急情境时，如果只有他一个人能提供帮助，他会清醒地意识到自己的责任，对求助者给予帮助。如果见死不救，他会产生罪恶感、内疚感，这需要付出很高的心理代价。如果有许多人在场的话，帮助求助者的责任便由大家来分担，造成责任分散，每个人分担的责任很少，旁观者甚至可能连他自己的那一份责任也意识不到，从而产生"我不去救，由别人去救"的心理，造成集体冷漠的局面。

二、学校群体心理的影响因素

1. 群体成员的角色

群体成员的角色主要指群体内各成员的职能差异。在一个群体中，并不是所有的人都做同样的事情，发挥相同的作用，而是不同的人完成不同的任务，扮演不同的角色。无论角色是如何获得的，人们都倾向使扮演的角色内化，并把扮演的角色与自我概念相联系，无论个体是否在该群体内，都会在行为中体现角色的期望和特征。

2. 成员在群体中的地位

成员在群体中的地位主要指群体成员在群体中的位置和等级。群体中存在地位差异。地位不同，人们的权利也不相同。个体在群体中的地位对个体的影响很大，人们往往对它极其敏感,拥有较高地位便意味着拥有更多权利。从进化论的视角看,在生存和繁衍上,地位高的人比地位低的人更容易获得食物或配偶。简言之,地位实际上是群体给成员的一种奖励,也是群体影响的一种表现。

3. 群体规范

群体规范(group norms)作为一种标准化观念,涉及的对象非常广泛,内容也多种多样,可以是国家的法律制度,民族的风俗、习惯、礼仪、传统文化,人们的知识、观念、信仰,也可以是机关、工厂、学校里的规章制度、守则和纪律等。遵守这些规范往往是维护群体秩序,保证群体功能正常发挥的必要条件。

群体规范与群体的价值观念联系在一起,建立在价值观念的基础上,具有维系群体、统一认知、划定群体成员活动范围的作用。在群体规范的作用下,群体内大多数成员的意见会产生一种无形的力量,使群体内每个成员自觉或不自觉地保持与大多数人的一致性,这个力量就是群体压力。这种群体压力和群体多数成员对群体规范的评价决定着群体规范的约束力。

4. 群体的凝聚力

凝聚力(cohesion)是群体成员之间人际吸引的总和。凝聚力较高的群体是成员之间相互喜爱的群体,而且凝聚程度可以通过喜爱程度进行测量。凝聚力不同,群体对成员心理与行为的影响力也不同。凝聚力高的群体对个体的影响更大。

学校群体的凝聚力是发展的、动态的、可调控的。学校群体凝聚力的主要影响来自教师、学生和活动三个方面。对影响凝聚力因素的早期研究主要关注群体内部的人际吸引,而影响人际吸引的主要因素就是交往双方的熟悉性和相似性。熟悉性意味着群体成员在高频互动中易于产生相互之间的喜欢,而这种喜欢又往往以相似的兴趣、爱好、动机、价值观、态度等为基础。因此,在一般情况下,群体成员之间在某些方面具有相似性会愿意彼此接近,容易形成好感,能增强班级凝聚力。群体目标实现的成败经验也直接影响着群体凝聚力。全体成员通过努力实现了自己的群体目标会提升群体的凝聚力,并带来较好的心理氛围。

5. 群体压力

群体压力(group pressure)是群体对其成员形成的约束力和影响力,包括信息压力和规范压力。当人们依赖他人获得社会信息时,他人就获得一种权力,可以影响人们的行动或态度。这些人对人们具有信息压力,因为人们需要他们提供信息,所以人们才会服从他们。规范性群体压力指的是服从群体内其他人积极期望的一种影响力。处在某个群体中的个体只要还想继续作为这个群体的一部分,都会了解被这个群体拒绝的可能性激起的那种焦虑,这不是没有根据的害怕,这种拒绝是令人痛苦和烦恼的。

影响群体压力的因素主要来自群体成员个体层面和群体层面。个体因素包括群体成员的智力水平、创造力、自信、容忍、责任感和事业心。而群体意见的一致性程度、群体的规模和凝聚力、群体的专长和群体的性质是影响群体压力的群体因素。

6. 群体舆论

群体舆论(group opinion)实质上是对社会存在的反映,是群体成员对受到普遍关注的社会事件或社会问题公开表达的一致意见,或者说是信息沟通后的一种共鸣。群体舆论反映了群体主流的道德观念、价值取向、需要和共同期望。

群体舆论是群体对个体行为活动施加精神影响的手段,是道德关系和人际关系的一种表现,执行着调节、教育和管理群体的职能。社会舆论也是对人们的个性、责任感、义务感、荣誉感、羞耻心与集体主义精神、组织纪律性施加强有力心理影响的手段。从某种意义上说,个体的社会态度、抱负水平和自我监督能力都是在社会舆论影响下形成和发展起来的。一般认为,对个人社会行为起调节作用的不是某个人自己的意向,而是那些以群体公认的道德标准和原则为基础的群体舆论。

从结构上看,群体舆论包括认知成分、情感成分和意志成分。认知成分包括事实陈述、价值评价、思维观点和信仰信念,也称为见解(view)。情感成分包括肯定或否定的价值取向、喜怒哀乐的情绪选择,也称为偏好(preference)。意志成分包括动机、意图和愿望要求,也称为意向(intention)。这三种成分相互影响、相互作用,从而使社会舆论变得扑朔迷离、错综复杂。群体舆论的正确性与客观性取决于其中科学、理智的认知成分。科学的、理智的成分越多,则发展水平越高。如果社会舆论中情感成分占主导地位,则容易"感情用事",产生不恰当的舆论导向。

总之,群体的角色、地位、规范、凝聚力、压力和舆论一起发挥作用,共同决定了群体成员的各种心理与行为。

三、塑造学校群体心理的主要策略

在学校群体管理的方法系统中,策略比教育思路便于操作,但策略也离不开清晰的教育思想。管理策略既要超越具体的事务处理,又要渗透于事务处理之中,发挥更广泛的适用性。因此,学校群体心理的塑造策略应分别着眼于并用于工作方向的选择、培育目标的确定和教育方式的明确上。

1. 将事务性问题转化为教育性问题

在学校情境下,以"成事育人"为核心的群体管理属于教育活动,群体心理塑造的首要策略应当是将事务性问题转化为教育性问题,为群体教育开发更多的现实资源,让群体成员主动展现和创造更多的成长体验,从而在"成事"的过程中"育人"。

如何将事务性问题转化为教育性问题呢?学校中的事务性问题与教育性问题并没有本质上的区别,只是视角的不同。就学校群体中的各种事务来说,如果仅仅将它们看作一种自上而下布置下来的任务,就非常容易将它们视为实现其他目的的手段、维持正常秩序需要完成的琐碎事件,也就无法发现这些事务本身内在的教育价值,更不用说对其进行系统审视和规划了。如果换一个视角,将它们看作具有潜在教育价值的资源,对这些事务的处理则有可能激发师生更多的思考,提供更多的锻炼机会,营造更开阔的发展空间。

开发班级事务的教育价值,应注意将群体的常规管理转化为参与的机会,为师生提供多方面展现自我、认识自我、理解别人、理解学校、自主管理、参与学校生活的舞台。同时,还要善于将上级规定的任务转化为激励创造的活动,安排有一定专长的师生负责完成任务,并让他们承担组织和教育别人的责任,使这些成员都获得更多的主动发展。再有,就是对偶发问题因势利导,将其转化为师生自我教育的契机,引起反思、讨论和辨析,作出合理的选择,以促使群体逐步形成自我教育的意识和能力。总之,从促成群体成员主动发展的角度来转换问题的性质,使事务性问题变为教育性问题,在"成事"中"育人",是优秀群体建设的逻辑起点。

2. 以培育自觉为管理目标

教育的目的之一就在于培养学校情境中人的自主发展的意识和能力。从教师的角度来说,教师应主动、科学地研究学生的成长规律;从学生的角度来说,学生应在学习过程中发挥明显的主体意识。教师在研究学生的成长规律时,最为关键的是要做到用心研究,而不是仅用技术研究。换句话说,要用心把握学生教育的新思想,用心体会学生的立场、生活和心理发展需要。培育学生的主体意识就是让学生对自己的现状和发展目标形成清晰的自我意识,由此形成主动发展的动力。因为学生的发展归根结底取决于学生自己的成长活动,而只有自主意识清晰,学生才有可能主动选择发展目标、资源和方式。从当代教育改革的要求看,关注学生本人对自己的理解,激发他们主动发展的动力,这是一切教育的关键着力点。

3. 以交往共生为教育方式

教育活动的本质是教育者与受教育者之间的交往互动。相比于学科教学,学校群体中的人际交往可以产生的教育价值更为直接、更为丰富,师生交往、生生交往是教育活动的主体部分,是师生生命实践的核心领域。从学生个体的角度看,学生只有通过与其他人的互动交往,才能形成自己的人格同一性和对社会的成熟认识。因此,教师也应充分利用多样化的交往合作机会,让学生共同参与各种班级事务,尤其是班级活动的策划、实施与反思、改进。在这些过程中,学生之间的真诚合作会让学生获得真切的成长体验。这些成长体验又可以成为进一步发展的资源,从中升华出更为丰富的教育意义。同时,还应让学生在经历诸多交往合作之后,及时反思和总结已有的活动成效,并在此基础上促进后续发展,以便学生形成更清晰的自我意识、更大的动力、更强的自主发展能力。

第三节　班集体心理

班集体(class collective)是班级发展的高级形式,其形成需要较长的时间,需要教师付出大量的艰辛劳动，并非自然之物。优秀班集体拥有共同的目标和集体活动，具有健全的组织和坚强的核心，创造正确的舆论与和谐的气氛。班级中，正确的舆论持久地发生作用就会形成良好的班风。良好的班风一旦形成，将成为巨大的教育力量，成为影响班级成员的积极因素。

一、班集体的形成阶段

健全的班集体不是自发产生的，而是班主任、班级任课教师和全班学生按照一定的教育目的和任务，按照一定的工作计划和要求，齐心协力逐步建设形成的。班集体形成的过程，是班集体各要素从量变到质变的过程。一般而言，班集体的形成主要经历以下四个阶段。

1. 松散的群体阶段

班级刚组成时，同学之间、师生之间都很陌生，班级共同的价值目标和行为规范尚未形成，自我管理机制尚未建立，处处依赖班主任的决策和指挥，学生自身无自律性要求。

2. 班集体初步形成阶段

经过一段时间，班级成员之间通过各种活动彼此有了了解，涌现出一些热心集体工作的积极分子；通过选举，组建起班干部系统，在班主任的指导下发挥组织管理的作用。虽然初步形成班级核心，但班级的行为规范尚未变成全班同学的共同需要，集体舆论没有形成，班级奋斗目标尚未成为全班同学的共同追求和行动动力。

3. 班集体的确定阶段

这时，班级已有了比较稳定的领导核心，班干部各司其职，独立而有计划地开展工作；集体有了共同的奋斗目标，并为全体成员所认可，内化为个人的目标；班级内形成正确的舆论和有特色的班风；班级有严格的组织性和纪律性，人际交往环境良好；学生具有较强的集体荣誉感，能主动承担集体交给的任务。

4. 班集体巩固、发展阶段

班集体一旦形成，班主任就要提出更高的要求，使班集体能创造性地开展丰富多彩的活动，使集体的核心、骨干力量不断扩大，涌现出更多的积极分子，达到人人关心、热爱班集体，使优良的班风逐步形成和巩固，使班集体真正成为促进全班学生自我教育、健康成长的力量。

二、优秀班集体形成的标志

有的班级可能要经过几年的时间才能建立起班集体，有的班级到毕业时仍是一个散漫的班级，始终未能形成班集体。优秀班集体形成的标志有以下三个方面。

1. 拥有共同的目标和集体活动

班级的共同目标是形成班集体的首要条件。在优秀的班集体中，每个学生都了解和拥护班集体的目标,并深刻体验到集体力量和协作精神,认识到自己在班集体中的价值。集体的目标并不是个人目标的重叠部分,也不是众多个人目标的简单相加。集体目标是各种不同目标整合的结果。这个目标一方面为每个学生所接受,另一方面与学校教育目标相符合。集体的目标决定着集体的行为,没有共同的目标也就没有共同的行动。

班集体的目标必须与学校教育目标保持高度的统一,为教师、家庭、学校、社会所赞许。同时,班集体的目标也要为每位成员所理解和接受,使班集体目标成为个人目标的有机组成部分,并使学生的个人目标能在班集体目标实现的同时得以实现,使每个学生都能得到最好的发展。

集体的活动是建立、巩固和发展班集体的基础,是集体目标达成的过程。一方面,班集体没有活动就会死气沉沉,班级成员就会感觉不到集体的存在,也就不会关心集体,更谈不上为集体的荣誉而奋斗;另一方面,班级活动还是加强学生之间了解和友谊的重要手段,是学生自发的社交需要得以满足的良好途径。从某种意义上说,班级活动既是班集体生命力的体现,又是班集体生命活力常青的条件,因此班级活动需要有计划、有节奏地经常开展,更要与集体目标相关联,要有针对性。

2. 具有健全的组织和坚强的核心

当学校组织班级时,班主任被任命为班级的领导者,成为班级的一员。但班主任毕竟不是随时随地都与学生在一起,所以由学生组成的班级领导、管理机构必不可少,它包括班委会和团队组织,班干部、团队干部开始可以由教师指定,学生们都熟悉以后则应当由学生选举产生,这两个领导机构都需要得到学生、教师和学校的正式承认。班干部、团队干部在班级活动中起着核心作用,他们依据集体的目标组织班级学生的活动,使学校的教育目标在班级得以彻底贯彻和实现,协调集体目标与班级学生个人目标,团结同学,使班级具有凝聚力。在一个良好的集体中,如果班干部和团队干部管理富有成效,就能很好地维持班级的正常秩序,督促同学遵守纪律,解决班里出现的问题,保证教学活动和教育活动的顺利进行。班委会、团支委会本身是班级这个大组织中的小组织,是班级的核心和神经中枢,要担负起调节整个班级活动的任务。班级中设立的平行小组、兴趣小组等,是基层组织,是进行特色活动、开展合作和竞争的基本单位,是可以利用的重要管理资源。

一个良好的班级除班干部、团队干部、小组长和课代表之外,还应有一定数量的积极分子。如果说班干部、团队干部对班级学生的影响是正式的,那么积极分子对其他同学的影响则是非正式的。在一个集体中,成员之间具有互动作用,班级积极分子对其他同学起着积极的潜移默化的作用。

3. 形成正确的班级舆论与和谐的班级氛围

班级舆论(class opinion)就是集体中占优势和多数人赞同的正确议论与意见,是推动班集体及其成员发展进步的力量。班级舆论以议论、褒贬等形式肯定或否认集体的动向或集体成员的言行。班级舆论通过奖赏或处罚来保持行为的一致性,从而推动班集体的形成和发展。正确的班级舆论，就是在集体中占优势和多数人赞同的正确舆论与意见，是班主任教育和学生自我管理的手段。班级舆论的形成不是自发的，而是在班主任的正确引导下经教师和全班学生共同努力形成的。

班级氛围(class atmosphere)是由班级成员共同营造的一种集体氛围，体现出班级的内在品格与外部形象，引领着班级未来发展的方向。班级氛围是班集体长期形成的具有自身特色、稳定的集体作风。它是班集体的精神面貌和道德风尚的反映，体现在班级成员的思想认识、情感意志、言论行动的共同倾向中。班级中正确舆论持久地发生作用，就会形成良好的班级氛围。良好的班级氛围一旦形成，将成为巨大的教育力量，成为影响班级成员的积极因素。而良好的班级氛围若日渐巩固和长久保持就形成传统。优良的班级氛围和传统，是班级成员长期努力的结果，是班级精神和灵魂的积淀，它可以深入学生的心灵深处，具有引导、鼓励、催人奋进的作用。它会使班级成员对班集体产生自豪感、荣誉感，从而自觉履行并维护优良的班级氛围和传统，进一步促进班集体的成熟和发展。

专栏 12-2

班级氛围的调节效应：外化行为问题与集体道德情绪、集体责任行为之关系

外化行为问题(externalizing behavior problem)指的是一组表现在外的、反映儿童对外部环境消极反应的行为，如注意缺陷或活动过度、反抗性偏差行为、攻击和行为失常等，主要表现为品行问题和活动过度两种形式。

集体道德情绪(collective moral emotion)是指集体内成员对集体中他人违背道德准则或道德规范之行为产生的情绪。这一概念综合了集体情绪和道德情绪两方面的因素。目前，对集体情绪的理解主要有共有情绪(collective emotions)和群体情绪(group-based emotions)两种。其中，共有情绪是指在某个群体中大多数个体共有(或者一致)的情绪；群体情绪是指在某个群体中作为其成员的个体体会到的情绪，更强调只有个体认同其所属的群体时才能体验到的情绪。

集体责任行为(collective responsibility behavior)是集体中其他成员为某个成员的过错共同承担责任而采取的补偿行为。集体责任行为是与集体道德情绪相伴随的行为反应倾向。个体在意识到群体内其他成员的过失后，作为群体的一员而采取的弥补措施是由集体道德情绪驱动的。

李丹等人(李丹，宗利娟，刘俊升，2013)的研究表明，中小学生的集体道德情绪和集体责任行为随着年级的增高而呈下降趋势，十年级学生在两方面均处于最低水平。这样的研究结果与小学儿童的道德认知发展处于好孩子阶段有一定关联。小学儿童对教师有较强的依赖和服从，因此低年级学生体验到较高的集体道德情绪，表现出较高的集体责任行为可能只是出于对成人权威和群体秩序的考虑。而到了初中高年级后,学生的自我意识开始增强,抽象批判思维也得到较好发展,外部评价的作用逐渐减弱,学生的行为受集体的影响逐渐减小。另外,沉重的学业、升学的压力令许多学生无暇顾及班级氛围、同伴关系或师生关系,而且会削弱集体道德情绪和集体责任行为水平。

与消极的班级氛围相比,积极的班级氛围能够弱化外化行为问题与集体道德情绪、集体责任行为的负向关联。班级氛围之所以能调节个体外化行为问题与集体道德情绪、集体责任行为之间的关系,是由于在消极的班级氛围中,教师可能对外化行为问题学生严加斥责并给予较强烈的负面评价,周围同学在教师的影响下更有可能疏远和排斥这些学生,使他们处于人际孤立状态,无法形成对班集体的认同感和归属感,从而降低集体道德情绪表达或集体责任行为反应。而良好的班级氛围,如高秩序的教学组织和管理、教师积极的情感支持等为学生的学习提供了和谐友好的环境,这在一定程度上降低了外化行为问题发生的可能性,也有利于改善师生、生生关系,有助于提高学生的班级认同水平和归属感。

因此,积极的班级氛围对有外化行为问题的学生而言有一定的保护作用,有利于其积极的社会化情绪和行为的培养与发展。因此,如何更好地营造良好的班级氛围,使班级成为所有学生健康成长的乐园,是教师应该重视的重要问题。

资料来源:李丹,宗利娟,刘俊升(2013)

三、班集体建设的策略

1. 了解学生的心理需要是班级管理的起点

了解学生的需要是教育和管理的前提条件,也是班集体塑造的起点。需要是个体在生活中感受到某种欠缺而力求获得满足的内在心理状态,它不仅是一种主观状态,也是主体反映现实要求的一种行为目的。德雷屈尔(Dreikurs, 1957)将大多数的行为目的归纳为寻找归属感、通过控制自己的生活寻求被重视的感觉、体验公平、逃避压力、逃避恐惧情境五个方面。对于班级学习和生活中的中小学生,其最突出的需要有以下三类。

第一,爱与归属的需要。在班级这个群体中,学生和教师都希望有一席之地,希望获得他人的尊重,希望归属于这个群体之中。但是,由于教育的民主化是一个渐进的发展过程,师生关系至今依然存在许多不平等的因素;教育中的竞争又无时不在,班级集体内部的竞争使得居于劣势的学生处在群体的边缘;再加上教师的个人偏好,时常导致爱与归属的需要在某些学生身上处于相对缺失状态。归属需要是儿童在学校中最主要的需要。自我感觉良好且健康的学生能够找到积极的方法表现自己,并为集体作出贡献。他们喜欢合作和参与,可以与周围的人和睦相处。相反,因某种原因遇到挫折的学生可能会感到被排斥或轻视,不再愿意参与集体活动,而是试图在集体之外找到自己的位置。这样的学生往往会改变自己的行为，以自己特有的方式适应周围的环境，不管是好的还是坏的行为，都要找到属于自己的位置。

第二，尊重的需要。库珀史密斯(Copersmith，1967)在研究与自尊有关的各种因素时发现，个体要保持高度自尊，必须体验到器重感、胜任感和权力感。器重感是指个体在真诚地互相关心的双向关系中获得的受到重视的感觉。胜任感是指个体觉得自己能够完成某种社会看重的任务或比同龄人做得更出色的感觉。权力感是指个体觉得有控制自己所处环境的能力。格拉瑟(Glasser，1986)经过40多年的观察和研究也发现，只有学校环境允许学生体验到支配自己学习的控制感和权力感时，学生才能在学校努力学习。因此，格拉瑟在《课堂的控制理论》(*Control Theory in the Classroom*)一书中说，为了了解学校中学生做出不良行为的原因，以及与需要的关系，教师应该在每年中抽出一整天去当学生(要与普通学生完全一样)，体验其中的滋味。

过度的比赛、评比和竞争会使班级、学生一直处在竞争之中，感受着压力、紧张和担忧。而对竞争失败的学生来说，控制感的消失、自尊的危机会使得他们抬不起头来，有的无可奈何，有的反抗报复，有的则堕落甚至自杀。因此，钟启泉(2001)认为，基于竞争原理的班级管理是一切问题的可能根源，不铲除这个根源，问题便不能根本解决或者无处着手。

第三，自我价值和乐趣的需要。学生的成长过程需要充满信心和希望，需要不断体验成功感、价值感。这样学生才会继续努力去实现自己更大的价值，展示自己的才华，从而获得生活和学习的乐趣。如果情况恰恰相反，学生在成长的道路上，在学习的过程中遭受了一次又一次挫折，其心理就会出现变化，这时对挫折的归因往往显得格外重要。归因得当可以增强学生的信心，从而产生争取成功的持续行为。归因不当往往会对学生造成心理伤害，使学生产生习得性无助感。当学生对自身的能力产生怀疑，对学习失去信心和乐趣时，就会丧失进步的动力。还需注意的是，学生的需要是动态变化的、发展的，教师要摆脱自己的偏见，着眼于创建一个促进学生学习的环境。

2. 构建良好的师生关系是班级管理的关键

从师生关系的形成与发展的过程来看，教师是良好师生关系形成的决定性因素。亲其师，才能信其道。学生喜欢教师，才会对教师给予的教育影响产生更大的接纳感，才会带着积极的情感来理解教师的要求，并通过积极努力地学习来迎合教师的期望。因此，构建良好的师生关系是提高教育和管理效能的关键所在。具体表现为：(1)良好的师生关系在激发学生学习的动机、提高学生参与教学活动、增强与教师进行信息交流的意愿、引发学生学习时的积极情绪状态等方面的影响最终都会反映到学生的学习成绩上，即师生关系直接或间接地影响学生的学习成绩。(2)教师是学生心目中最重要的他人，教师的评价是中小学生认识自己、建构自我概念的重要信息来源。(3)性格是个体与环境相互作用的产物，师生关系也是学生性格形成的重要影响因素。(4)良好的师生关系形成的是一个安全、愉快、轻松的人文环境,有利于学生形成健康的心理。

3. 优秀的班干部群体和多样化的班级活动是班级管理的有力推手

班干部是班集体的骨干力量。在班集体中,他们是组织者、服务者、领导者和实施者,也是班级共同奋斗目标的积极实践者,是全班同学的带动力量,是班主任的得力助手。作为一名学生干部,要完成自己的角色职责就要具备较高的责任心、学习力、心理素质、领导力、沟通力等个人素质和一定的组织、工作能力,才能发挥自身的榜样作用、组织作用、桥梁作用、检查监督作用、宣传作用等。

班级活动作为学校教育活动的重要组成部分,涉及学生学习和生活的各个方面,不仅有利于锻炼学生的实践能力和发展学生的个性,而且有利于培养学生的表达、组织、合作等社会交往能力,还可以拓展学生的知识面,形成社会责任感。

4. 适当的班级规范是班级良性运转的保障

规范是班级里的"游戏规则",是班级管理的根本依据,是制度管理、民主管理、自我管理的前提条件。班级规章制度是班集体为实现共同的奋斗目标而制定的规则、法则,是班集体按一定程序办事的规矩,是班级管理的准绳。班级管理离不开规章制度。俗话说"没有规矩,不成方圆",健全而科学的班级管理制度是班级工作走向科学化的客观需要,是班集体形成和发展的标志,是做好班级工作的重要保证。健全的班集体规章制度不仅是建设优良班风的有力保障,而且是实现班级团队目标的客观要求。为此,班主任必须加强制度建设,以规范班级工作,提高班级工作的透明度,引导班集体的持续健康发展。

班级管理规范基本上是为了谋求调和一对矛盾而制定的,这对矛盾就是实现团体要求的力与满足个人需求的力之间的矛盾。班级群体规范是调和这两种力量间冲突的产物。班级规范应简单明确,具体可行,要多从积极方面鼓励和引导,避免从消极方面限制和防范,经得起实践的检验。同时,规章制度一经建立,就应保持相对的稳定,要执行一段时间,虽然可以在执行中不断地修改和完善,但是不能朝令夕改,要尊重制度的严肃性和权威性。

5. 追求卓越的班级文化是营造班级氛围的利器

班级文化是指班级成员(包括教师和学生)在班级活动中创造的物质财富和精神财富的总和,是班级成员共同创造的群体文化。它包括以信念、价值观、习惯、态度为主要内容的班级精神文化,以教室内外环境为主要内容的班级物质文化,以班级组织与规章制度为主要内容的班级制度文化。班级精神文化是灵魂,班级物质文化是基础,班级制度文化是保障。

班级精神文化是一个班级的本质、个性和精神面貌的集中反映。班主任应该积极引导和精心打造,通过设计班名、班歌、班训,树立正确的价值观念、健康的奋斗目标与和谐的人际关系,营造积极的班级舆论氛围。

班级物质文化是指班级成员创造或使用的,能体现班级成员共同价值、信念,并为班级成员感官所直接触及的客观存在物。它通过班级标语、黑板报、学习园地、图书角、宣传栏等视觉识别系统来传达班级精神，是班级文化中看得见、摸得着的东西。班主任应对教室进行精心布置，设计出人性化、温馨的教室环境，让教室每面墙、每个角落都有教育内容，富有教育意义。

班级制度文化是指班级全体成员共同认可并自觉遵守的行为准则和规范，以及监督执行机制表现出来的文化形态。班级制度文化为学生提供评判行为是否符合规定的标准，从而使每个学生时时都在一定的准则规范下自觉地约束自己的言行，朝着班级精神文化指引的方向前进。班级制度文化是班级文化建设的保障。班级制度文化建设要把握正确的方向，发扬民主，发挥学生的主体作用，注重正面引导，体现人文关怀，更要符合本班实际。

四、班集体建设的途径

班集体的发展和形成不是自发的，而是在班主任的教育、管理和指导下，通过自我教育和自我发展形成的。建设班集体，将班级团队与个体成员的发展融合起来，既能促进学生的和谐发展，也能促进班主任个人组织管理水平的提高，最终促进学校的持续发展。

1. 建立班集体的目标

共同的发展目标是班集体形成的基本条件和前提，同时具有激励、凝聚和教育作用，能将集体的价值渗透到个人的思想和行为中去。

班集体的目标是班集体形成和发展的核心动力，不但为班级的决策提供重要的参考依据，而且为班级的发展指明方向。班集体的目标的重要意义在于：(1)班集体的目标能满足学生健康的心理需要；(2)班集体的目标能激活学生的内驱力；(3)班集体的目标能增强集体的凝聚力。

在制定目标的过程中，班主任首先应认识到学生自我独立意识较强的特点，让每个学生充分参与，以增强学生的参与意识和集体责任感。其次，要注意结合本班特色，融思想性、针对性、可行性和鲜明性于一体。既要树立长远目标，又要有步骤地提出更加贴近实际的近期努力目标，在此基础上逐步接近长远目标，以增强对长远目标的信念。最后，根据阶段目标设计班级教育系列活动。班主任制定班集体发展目标的时候，还应使目标具有明确性、可衡量性、可接受性、现实性和时限性等特征。

2. 建立班集体的核心队伍

班干部是一个班集体的骨干和核心，是班级工作顺利开展的保证。一个优秀的班集体必须有一支素质优良、团结协作、富有活力、能独立工作的干部队伍。可以说，班干部是班级团队中的精英人物。班干部作为班主任的助手和全班学生的带头人，既是联系师生的桥梁和纽带，又是班级各项工作的组织者和执行者。班干部的素质如何，作用发挥得怎样，对整个班集体建设有着举足轻重的作用。因此，选择和培养班干部是班集体建设的重要环节,是建立良好班集体的基础。班干部必须是班集体成员中的优秀分子。从班干部自身的素质来说,班干部要具备:(1)良好的道德素养,例如,班干部要公正无私,以身作则,热情积极,团结协作,具有一定的威信;(2)良好的学习品质,这里学习品质不仅指成绩,也是进取心、勤奋度、学习方法和学习能力等要素的综合反映;(3)一定的组织管理能力,班干部要善于并正确处理各种人际关系。只有坚持以上标准,班干部队伍才能在班集体中维持旗帜效应,学生才会以担任班干部为荣,班干部队伍才会有生命力。

3. 建立班集体的正常秩序

班集体的正常秩序是维持和控制学生在校生活的基本条件,是教师开展工作的重要保证。班集体的正常秩序包括必要的规章制度、共同的生活准则,以及一定的活动节律。

班级制度包括成文的制度和不成文的制度两个方面。班级组织制度主要是指成文的制度,而不成文的制度主要是指班级的传统、舆论、风气、习俗等。例如,某班的"每日教育制度",包括"每日一题""每日新闻""每日格言""每日英语谚语"和每天的值日班长汇报活动。"每日一题"写在后黑板上。数理化每天一题,因为理科是许多学生的薄弱科目。"每日新闻"安排在每天晚修之前,每天由一位同学播报当天的重大新闻,这一活动可以扩展学生的视野和心胸,了解天下大事,培养世界情怀。"每日英语谚语"由英语科代表搜集,每天一条写在前面黑板的右角。"每日格言"由每天的值日班长送给大家,并写在后面黑板上。语文课上,教师找同学作即席发言,谈对格言的感想,又可锻炼学生的语言表达能力。

班集体的制度建设应遵循严格化和具体化的原则。严格的制度能对班集体成员起到一定的规范、约束甚至威慑作用。松松垮垮的制度没有任何约束力可言,形同虚设。班集体执行严格的规章制度是班集体公正、公平的表现,也有利于班集体形成积极向上的精神风貌。具体化是指班集体制度建设应具有细节标准,应具有较强的可识别性。如果一项制度很笼统,粗中无细,那么执行起来就会缺乏可识别或量化的依据,这也将导致制度名存实亡。

4. 组织形式多样的教育活动

班集体是在全班学生参与各种教育活动中逐步成长起来的,而各种教育活动又可使每个学生都有机会为集体出力并展示自己的才能。设计并开展班级教育活动是班主任的经常性工作之一。

班级活动是建设良好班集体的重要组成部分和最重要内容。班级的目标要靠班级每个成员参与共同的活动来实现。班集体的形成需要通过一系列教育活动,而集体活动的有效开展有助于实现集体目标、增强集体纪律和发展同学友谊,因而也在一定程度上标志着集体的形成、发展和巩固。没有经常的集体活动,集体的生命是脆弱的,整个班级没有生气,集体的发展将停滞以至"窒息死亡"。

中小学生喜欢参加各种生动活泼、富有情趣的集体活动,他们的集体观念、集体的义务感和责任感、集体的荣誉感、为集体服务的能力在集体活动中得到发展。集体活动会增强集体凝聚力，调动每个成员的积极性，形成健康积极的集体舆论和良好风气。

5. 培养正确舆论和良好班风

班级是一个小社会。在班级成员的交往中，某些信息、观念和意见会得到大多数人的认同，从而得以在班级中广泛传播，形成班级舆论。舆论是自发产生的，带有非理性的成分，它在表达公众意志的同时也集中了各种短见和偏见。培养班集体的舆论和班风时需要注意以下三点。

第一，强化正确舆论和良好班风的制约作用。舆论代表大多数人的意见，它可以对每个人产生压力，约束每个人的言论和行动。正确的、健康的舆论能够阻止不道德的言论和行为的发生，也能够使积极的言行得到弘扬。可以说，健康的班级舆论是形成良好班风、学风的保证，是全体同学正常学习、生活的保证。在班集体建设中必须建立正确舆论，抵制不健康的舆论。

第二，加强正确舆论和良好班风的指导作用。学生在生活和学习的过程中会遇到许多实际问题，这些问题在正确舆论指导下能很好地得到解决。班主任是学校中最主要的舆论指导者，由于他们是专业的教育工作者，又有比学生丰富的生活、学习经验，所以他们的宣传更有说服力。因此，在形成正确舆论的过程中，班主任应充分发挥舆论指导者的作用。

第三，加强正确舆论和良好班风的鼓舞作用。正确舆论往往可以成为学生积极行动的先导，只有以正确舆论作导向，才能发展学生的积极行为。只有形成人人都要刻苦学习的舆论，才能产生积极的学习行为；形成人人献出一份爱心的舆论，才能产生资助“希望工程”的行动。因此，班主任要积极地营造正确舆论，鼓励学生为实现自己和班级的目标发奋努力。

五、班集体的管理

班集体的管理由班主任具体操作实施。班主任要善于管理，勤于管理，树立良好的班风，实践“管是为了不管”的教育思想，从而使班集体成为学生的精神家园。

1. 培养团队精神

团队精神(team spirit)，简单来说就是大局意识、协作精神和服务精神的集中体现。团队精神的基础是尊重个人的兴趣和成就，核心是协同合作，最高境界是全体成员的向心力、凝聚力，反映的是个体利益和整体利益的统一，进而保证组织的高效运转。一个班集体就是一个团队，一个优秀的班集体就是一个有着团队精神的高效团队，充满活力，不畏挫折，负有责任，共同奋进。

培养班集体的团队精神，可以从以下四方面着手。

第一，增强班干部的领导力。班干部是班级团队行为的导向和核心，采取何种领导方式将直接影响班级团队凝聚力的高低。班干部是班级的领头羊,更是班级团队的榜样式人物。班干部是否以身作则、严于律己,是否公平、公正地对待团队成员,对培养学生的团队精神具有重要影响。

第二,引导全员参与。全员参与管理这种形式,吸引着班级团队成员直接参与班级的各种管理活动。全员参与的管理形式促使团队成员不仅贡献劳动,而且贡献智慧,直接为班级团队的发展出谋划策,激发主人翁责任意识,使团队形成更强大的向心力。

第三,开发成员潜能。班级团队发展归根到底是团队成员个人的发展。教师有责任研究每一个学生的才能、潜力、志向等,帮助他们规划设计学习和生活,为不断提高学生的素质、开发其潜在能力作出积极努力。学生能在团队中得到发展,就会对团队产生归属感,从而愿意为团队的目标尽心尽力,合力拼搏。

第四,强化团队意识。教师可以运用个人奖励与集体奖励相结合的方式强化学生的团队意识。个人奖励易于在团队内部形成压力、弱化协作,增强团队成员间的竞争力。集体奖励则可以使团队成员意识到个人的荣辱与所在团队密不可分,从而增强团队的凝聚力。因此,强化团队意识应注意将个人奖励与集体奖励结合起来。

2. 严格执行制度管理

班集体的制度管理是指通过制定和执行规章制度管理班级的日常事务性工作。规章制度是学生在学习、工作、生活中必须遵守的行为规则,具有管理、控制和教育的作用。班集体管理制度中的纪律规范、行为规范、生活规范等,使班集体这样的小社会的正常运转成为可能。制度不仅仅是为教室里表面的平静而设计的工具,也是班集体里的美德。

为了使班级规范逐步内化为学生的自觉行为,可以采用自查和互查相结合的方法加强经常性的检查和评比。自查是指要求学生对照班集体的规范制度和班级公约等反省自己的言行,发现问题,寻找差距。互查就是在自查的基础上互相检查,互相监督,互相帮助。执行纪律和规章制度是为了维护集体利益,为每个成员的发展创设良好的环境,那种动辄处罚、以罚代教的管理必然是失败的管理。实践证明,不失时机地对学生提出科学的合理的行为要求,并通过正确的教育引导和训练,巧妙地运用形成规范的心理机制,就能逐步将管理目标转化为集体价值观、集体的习惯与传统,进而形成训练有素的团队行为。

3. 培养学生的自主管理

培养学生自主管理的能力和自主自律的意识,是素质教育力求实现的一个目标。实现班级自主管理、把班级管理权交给学生无疑是实现这一教育目标的有效形式。也可以说,实现班级自主管理是班级管理的一个重要发展趋势。

一个优秀的班集体将在班主任的指导和帮助下,逐步使班级管理机构的作用得到充分发挥,学生初步学会自主管理,不断增强自我教育的能力,基本上能达到班主任在与不在一个样。作为教师,应该引导学生进行自我管理,达到管理自动化。班级自主管理过程一般分为计划、实施、检查、总结四个阶段。计划阶段主要是向全体学生作思想动员,明确自主管理的目标。教师应多方动员，激发学生自主管理的乐趣，让他们感到自己是管理的主人，从而增强管理意识。实施阶段和检查阶段是自主管理班级的重要环节。教师应针对学生特点和班级实际，引导学生依规有序管理班级，并在具体实施中定期进行检查、评比，引导提高。总结是教师根据学生自主管理的实际，及时总结效果，并通过全班决策、民主表决，确定自主管理的新目标和要求。

自主管理班级的过程是从他律到自律的转变。自律形式多样，一般包括让学生自我决策、自我监督、自我约束等，即在班级管理的过程中由教师引导学生集体对重大事情、重大事件作决策，寻找解决方案，并在运行中形成一整套自我监督和自我约束的自动化操作系统。

4. 开展班集体的人本管理

班级人本管理是指班主任(或有关管理者)首先确立学生在管理过程中的主体地位，继而围绕调动学生的主动性、积极性和创造性展开的一切管理活动。

在班级文化建设上，新的教育理念倡导创设有个性、有特色，体现人文关怀，充满生长气息的人文班级环境。在工作中，应从小处着手，潜移默化，为学生营造一个既令人赏心悦目又寓意深刻的教室环境。清洁、整齐、美观固然是不容忽视的重要方面，但教育行家都懂得，还必须让教室环境发挥陶冶学生情操、激发学生向上的积极作用。

在班级制度建设方面，应该建立富有人文情怀的班级制度。一般而言，每个班都会制定一些适合本班的管理制度，提出具有自己班级特色的班风要求，设计自己的班标。班级制度毕竟不同于具有社会意义的法律，它只是对学生不良行为的约束和纠正，因此在约束和规范的同时应具有人文性，富有人情味，要允许学生犯错，尊重学生，落实学生自主性和主动性的地位，张扬学生的个性。

在人际交往方面，应努力营造融洽和谐的人际环境。人际关系是一种高级形式的文化，良好的人际关系不仅可以使学生全身心地投入学习，促进学生奋发向上、健康成长，还可以形成良好的集体意识。良好的集体意识是一种向上的群体规范，是影响学生成长的一种无形的巨大的力量。

在评价体系方面，应该构建人性化的自我评价体系。自我评价既能使学生得到反馈信息，又能加深学生对自己行为的自我认识，是深化了的认识过程。中小学生评价能力的发展规律是，从他律到自律，从效果到动机，从评人到评己，从片面到全面。社会现象的复杂性、学生见识的局限性以及学生评价能力的发展规律，都要求我们在班级管理中对不同的学生提出不同的要求，构建人性化的自我评价体系。

在班级活动方面，应开展多种形式的人文教育活动。教育要以活动为载体，通过丰富多彩的活动促进学生的发展。围绕人文教育，除了学校开展的升旗仪式活动、讲座报告活动之外，还要经常在班内开展一些主题班队活动，组织一些参观访问活动，同时也要注意从细微之处，以学生身边发生的事为题材大做文章，引导学生身体力行地贯彻人文精神。

本章小结

学校教育功能的发挥主要是在学校群体活动中实现的。相对其他群体而言,学校群体是一个学习共同体、精神共同体、文化共同体和伦理共同体。在学校群体内部的相互作用中,群体成员的心理和行为将出现从众效应、服从、社会促进效应和社会干扰效应、角色效应、旁观者效应等一系列群体心理现象。这些心理现象的发生发展受群体成员的角色和地位、群体规范、群体的凝聚力、群体压力、群体舆论等因素的影响。班集体是班级发展的高级形式,其形成需要教师付出大量的艰辛劳动。优秀的班集体不仅拥有共同的目标和集体活动,还具有健全的组织和坚强的核心,并形成正确的舆论与和谐的气氛。班集体的建设需要教师在了解学生心理需要的基础上,通过组织多样化的班级活动、构建良好的师生关系、培养优秀的班干部群体、建立适当的班级规范和塑造追求卓越的班级文化等途径来进行。

推荐阅读

1. 李宁.(2000).*群体心理学*.广州:暨南大学出版社.

2. 严进,王重鸣.(2003).群体任务中合作行为的跨阶段演变.*心理学报*,*35*(4),499-503.

复习思考题

1. 解释下列概念:

   群体　从众行为　服从　社会促进效应　社会干扰效应　旁观者效应　群体规范　凝聚力　群体压力　群体舆论　班集体　班级舆论　班级氛围　团队精神

2. 学校群体的特征有哪些?
3. 学校群体的心理效应有哪些?
4. 学校群体心理的影响因素有哪些?
5. 塑造学校群体心理的主要策略有哪些?
6. 优秀班集体形成的标志有哪些?
7. 班集体建设的策略有哪些?
8. 班集体的管理有哪些内容?

第十三章 学校的人际关系

荀子说:“人之生也,不能无群。”一个人只要不是处于与世隔绝的地方,总会形成各种各样的人际关系。在学校,教师、学生和教辅人员在内的任何一人,乍一看都是完全独立的个人,但又都是纵横交错的人际关系网络上的一个节点。人际关系和谐是个体健康发展的重要指标,也是个体生存发展的必要条件。学校作为专门从事教育工作的机构,需要培养学生良好的人际交往能力,也有责任构建和谐的学校人际氛围。这些都要求教师和学校精心研究学校人际关系的特点与规律。本章主要内容:

1. 学校人际关系概述;
2. 学校中基本的人际关系;
3. 学生人际交往能力培养。

第一节 学校人际关系概述

生活在群体当中的人,在不同的情境中扮演着不同的角色,这些角色都对应着各自不同的人际关系。在传统社会,人们的生活场域相对稳定,人际关系也显得稳定、简单和单纯。而现代社会中的人普遍觉得人际关系复杂。这一方面与社会生活的日新月异密切相关,另一方面也与人们对人际关系的认识不够存在一定关联。

一、人际关系的概述

1. 人际关系的定义

人际关系(interpersonal relation)是为了满足某种需要,人与人之间借助交往平台或者交往关系的相互作用而产生的一种心理联系。人际关系是人最基本的精神需要之一,是生命体之间的相互影响和彼此创造。它反映了人与人之间的心理距离,也反映着人与人之间需要满足的状态。如果你和另一个人只是路上擦肩而过,或者偶然同乘一辆火车,这样的接触并不会建立人际关系,因为你们双方在心理上、行为上都未发生相互影响,也并没有满足彼此的任何需要。

人与人之间的关系何以有大小之分？人与人之间的关系又何以有亲疏之别？人际交往激励理论认为，这主要由不同个体在人际关系中获得的需要满足程度不同所致(Schutz，1958；Alderfer，1969；Maslow，1987)。以社会心理学家舒茨(Schutz，1958)提出的人际需要三维理论来看，人际交往中包括包容需要、支配需要和情感需要三种基本需要。其中，包容需要是指个体想要与人接触和交往、隶属于某个群体、与他人建立并维持一种满意的相互关系的需要；支配需要是指个体控制别人或被别人控制的需要，是个体在权力关系上与他人建立或维持满意人际关系的需要；情感需要是指个体爱别人或被别人爱的需要，是个体在人际交往中建立并维持与他人亲密的情感联系的需要。若彼此的需要都能从对方那里得到满足，则产生接近、信任的心理关系；反之，则产生疏远、回避甚至敌对的心理关系。

2. 人际关系的成分

人际关系表明个体相互交往过程中心理关系的亲密性、融洽性和协调性的程度，通常包括认知成分、情感成分和行为成分(见图 13-1)。

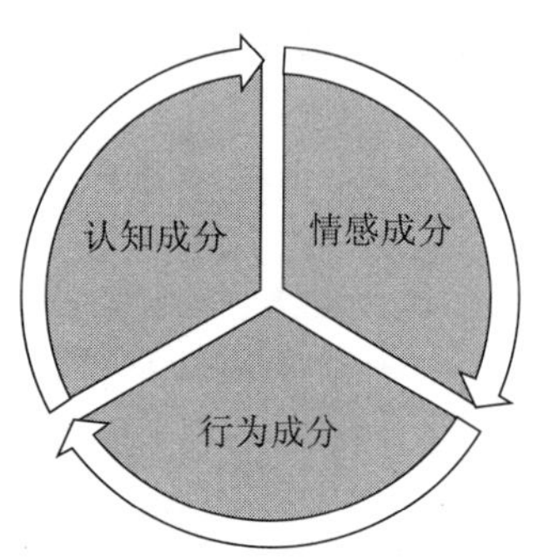

图 13-1 人际关系的三成分

认知成分反映的是个体对人际关系状况的了解程度。个体通过知觉了解他人与他人的关系、他人与自己的关系以及他人对自己的反应。正是基于这种了解，个体才能更好地认识自己，调节自己与他人的关系。因此，认知成分是人际关系得以形成的理性条件。

情感成分是指人际交往双方在情感上的满足程度。人际关系的亲疏主要通过人际距离来反映，其主要内容就是对关系中另一方的喜欢(讨厌)、欣赏(厌恶)、敬慕(敌意)等情感体验。在人际关系的三种成分中，情感成分是最核心的部分，往往被当作判断人际关系状态的主要指标。情感成分也是人际关系的基础，没有情感的人际关系是无法维持的。

行为成分是指人际关系的双方实际交往的外在表现。在一般情况下，人际关系好，则行为上表现出亲近、接触、祝福等；人际关系不佳，则行为上表现出回避、疏远或视而不见等。因此，人际关系的行为表现主要是“真情毕露”，也可以视为一个比较灵敏的人际关系指标。

人际关系的三种成分不是独自发生作用的，任何一种成分的改变，都会牵涉其他两种成分。例如，换位思考可以重新认识对方当初的交往行为，改变之前的交往体验；快乐相聚则可能一笑泯恩仇，开启交往行为的新阶段；协同合作则可能重新认识对方的新特质，带来交往新体验。因此，若要改变人际关系，可以从认知、情感、行为任一方面开始以点带面，也可以三管齐下、全面出击。

二、学校人际关系的发展

学校人际关系(school relationships)是人际关系的特殊形式,是指在学校这一特定环境中人与人之间的交往关系,是学校成员在同一群体中或不同群体间相互认知、体验而形成的带有浓烈情感色彩的人与人之间比较稳定的心理关系。从人际交往的对象上看,师生关系和学生关系是学校人际关系中的基本类型。

学校人际关系是一个由浅入深、由表及里的渐进发展过程。在学校中,师生或同学之间从初次见面到感情深厚,建立良好的人际关系一般要经历一系列的过程。

1. 学校人际关系的状态

莱文格和斯诺克(Levinge & Snoek, 1972)提出的相互依赖模型描述了关系状态随着依赖程度的提高而发生变化的特点。由图 13-2 可知,个体之间的共同心理领域和情感融合是衡量人际关系状态的核心指标。人际关系是一个由表及里、由浅入深的发展过程,随着共同心理领域的扩大和情感融合的加深,人与人之间的相互作用水平也在不断提高。

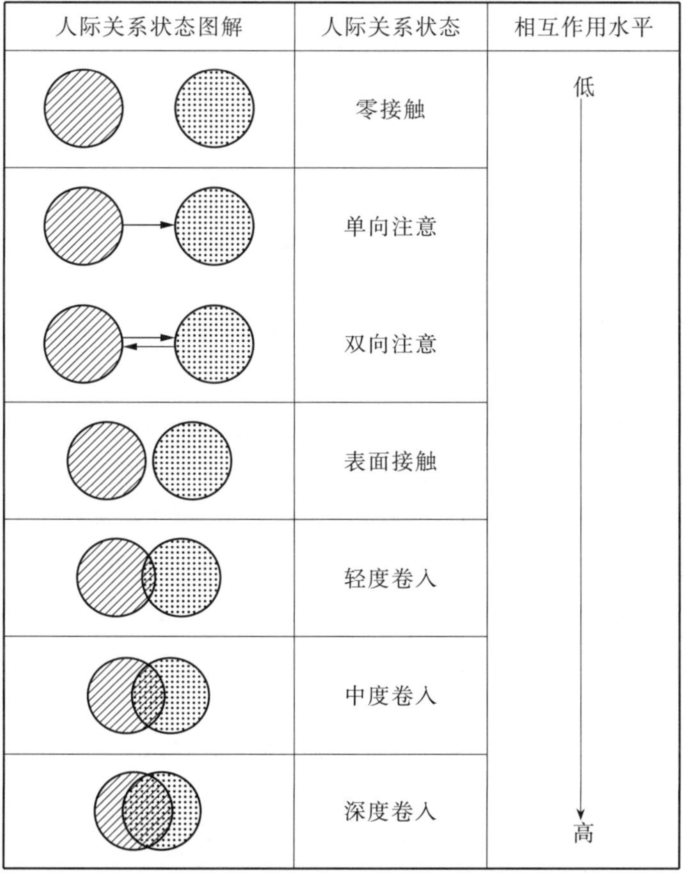

图 13-2　人际关系的状态与相互作用水平

在校园生活中,人际关系状态最常见的情况是零接触。在校园中,青少年不认识的人占绝大多数,能够认识的人相对较少。只有当双方开始第一次交谈,人际关系才会从彼此问候、谈论天气或询问对方姓名等表面接触开始。这一阶段获得的第一印象对人际关系的发展很重要。若单方(或双方)对对方的第一印象不深,他们之间的人际关系可能就到此为止。如果随着双方了解的增加,共同心理领域逐渐增大,情感融合也开始出现,那么最初的点头之交就会出现不同程度(轻度、中度和深度)的情感卷入。当然,不是所有的人际关系都会逐步走向情感的深度卷入。有一些人际关系可能只停留在轻度卷入的层次,也就是通俗意义上所说的"泛泛之交"。很多人同学多年,彼此交往泛泛,就是因为他们之间的关系只停留在这个阶段。日常生活中,个体与很多人就是维持着这种关系。

总体而言,具备良好人际关系的个体不仅能拥有情感深度卷入的挚友,而且能将不同卷入程度的各种人际关系维持在和谐状态。

2. 学校人际关系的发展过程

在学校中,青少年学生的人际关系会在各种情况下发生——教室、寝室、食堂、商铺、网络……但是,从心理学的角度来看,人际关系开始的第一步是交往双方的彼此吸引。纵观大多数学校人际关系的发展过程,大致可分为以下四个阶段(Levinger & Snoek, 1972;郑全全,1999, 2011)。

第一,定向吸引阶段。在这一阶段,彼此陌生的双方因某一方(或双方)受到对方的吸引,与对方(或彼此)接近,开始表面接触。只有那些具有某种会激起我们兴趣的特征的人,才会引起我们的注意。只有那些引起我们注意的人才会在适当的时机进入我们的交际圈,从而产生初步接触和沟通。从时间上看,新生入校、学期开学、集体活动启动等校园生活的开始阶段往往是学生人际关系定向吸引的发生时期。在此期间,空间接近、形象良好、学业优异、才艺出众、志同道合等往往是激起人际吸引的重要因素。

第二,情感探索阶段。这一阶段的交往双方会有意识地努力寻找共同兴趣或经历,通过表达自己的观点、态度和价值观,观察对方的反应来进行试探。在情感探索阶段,每件事情都是愉快的、轻松的、非批评性的,这也是学校人际关系的"蜜月期"。如果双方出现冲突或冲突不能解决,此时,人际关系可能就停滞不前。如果彼此熟悉、了解之后,双方选择继续扩大共同心理领域,情感融合开始出现,那么人际关系就会进入下一个发展阶段。

第三,感情交流阶段。随着彼此的熟悉与了解,交往双方的情感互动增加,具体表现为花更多时间在一起分享和交流。双方在心理上开始将对方视为知己,愿意与对方分享重要的信息、观点和情感。这种对人开放自我的心理历程,称为自我表露。人际关系发展到彼此都能自我表露的程度时,那就是到了友谊阶段。在日常生活中,能使个体自我表露的对象并不多。因此,个体的同学虽然很多,但其中难得有几个知己,原因就在于此。值得注意的是,随着自我表露的增加,交往双方发生矛盾或冲突时可能带来的伤害也会增大。这也是现实生活中许多好朋友恶语相加、反目成仇的重要缘由。交往双方真诚相待并能相互接纳、宽容和体谅之时，双方关系就能在各种考验中得到升华。

第四，稳定交往阶段。这一阶段的交往双方不仅能互相理解、包容，而且能更好地相互预测和解释对方的行为。谈话中也出现共同的期望和假设，可以理解为达到知根知底、心有灵犀的程度，这可以视作人际关系的"成熟期"。有的朋友关系重在信息与意见的交换，在感情上表露得较少，这是以事业或学问为基础的友谊关系。有的朋友间除分享信息与意见之外，更重视感情的表露，这是以情感分享为基础的友谊关系。人际关系发展至此，也就达到"你中有我，我中有你"的境界，同性之间通常会成为莫逆之交；而在异性之间，如果在感情上又有性的需求，以及奉献与满足的心理成分，那就会成为爱情。

三、学校人际关系对学生发展的作用

从进化心理学的角度看，与他人建立亲密感和归属感对人类的生存和繁衍有着重要的适应意义。个体的生存，社会的发展，人类的进步，并非靠某一个体的力量就可完成。从人类进化史可以看到，一个群体的繁衍、生存乃至壮大，离不开集体的力量，离开了团队协作，孤单的人将很难成功。卡耐基(Dale Carnegie)曾说："我们生活在一个人际关系重于其他的世界里，人与人相处的好坏是决定人生成败的重要因素。"可见，人际关系对人生发展具有重要作用。

1. 学校人际关系可以满足青少年学生的交往需求

根据马斯洛的需要层次理论(Maslow, 1987)，爱与归属的需要是人类的基本需要之一。在马斯洛看来，人们解决了果腹之欲、安全之忧后，就会努力寻求社会交往需要的满足。此时，个体会寻求亲情、友情和爱情，需要与人交流，需要得到他人的关心，也需要去爱护他人，并被他人接受。对青少年学生而言，同伴关系的需求显得尤为强烈和突出。研究发现，青少年学生与父母的关系对他们的影响渐趋平稳，而同伴的接纳、认同和肯定对他们的影响开始逐渐增大；其中，同伴关系中的个人朋友、朋党和团伙是青少年尤为看中的同伴关系。

2. 学校人际关系可以帮助完善青少年学生的自我认识

青少年学生主要通过三种方式来完善自我认识。第一种方式是社会比较，即以人为镜，通过与同学、朋友和教师等进行比较来认识自我；第二种方式是他人评价，即通过人际交往对象的言语、表情和行为等信息来认识自我；第三种方式是自我比较，即通过比较分析现实自我与理想自我来评价自我。不难看出，这三种完善自我认识的方式中至少有两种是在人际关系交往中实现的。学校是青少年人际关系发生的重要领域，在良好的学校人际关系中，青少年可以更客观、更合理、更全面地认识自我，避免"夜郎自大"或"自我贬低"的认知偏差。正所谓，人只有在人群之中才能认识自己。

3. 学校人际关系有助于提高青少年学生的社会化程度

社会化是个体在特定的社会文化环境中，学习和掌握一定社会生活准则的过程。对社会化的衡量通常是看个体能否认清自己在社会中扮演的角色，以及承担的社会责任。如果没有人际关系交往过程中形成的各种各样的网络关系，以及人们扮演的各种各样的社会角色，社会就不称其为社会，个体的社会化也无从谈起。在与异性同学、同性同学、低龄或高龄同学、学优生、学困生、班干部、班主任、科任老师和学校领导的人际互动中，青少年学生可以在一个相对安全的环境内学习并掌握与不同性别、不同年龄、不同社会身份和不同性格特点者互动的方法，了解不同角色及其承担的责任。在这一过程中，青少年学生逐渐掌握与不同的人交流或相处时，什么行为是恰当的，什么行为是不恰当的。

4. 学校人际关系有助于促进青少年学生的身心健康发展

青少年学生人际交往的时间、空间越大，精神生活往往越丰富、愉悦；而人际关系不良，不合群的大学生常有更多的烦恼和难以排解的苦闷。良好的人际关系，如他人的尊重、信任、关心与认可，以及真诚的友谊和爱情，可以减少和消除青少年学生的孤独感；在遭遇困难或疾病的时候，同学或朋友的陪伴、倾听、帮助和安慰可以给予他们精神支持。对青少年学生而言，拥有良好学校人际关系不仅能获得心理上的支持，而且能获取成长、学习、升学和兴趣培养等方面的信息，为自身的学习和发展提供多方面的帮助。

第二节　学校中基本的人际关系

从人际交往对象来看，学生的学校人际关系主要包括师生关系和学生关系两大类。然而，不同年龄或学龄段的青少年，他们在校园中的人际关系还具有一些发展性或阶段性的特点。心理学提供了社会测量法、社会距离测量法和问卷法等多种行之有效的方法，用于评估学生在校人际关系的特点。

一、学校中的师生关系

师生关系(teacher-student relationship)是指教师和学生在教育、教学和课余生活中结成的相互关系，包括彼此所处的地位、作用和相互对待的态度等(沃建中，等，2001)。师生关系是影响教育系统发挥其最大功能的重要因素之一，师生关系问题也一直是教育界长盛不衰的话题。良好的师生关系能够使教师与学生的交往需要得到满足，形成亲密关系，体验愉快情绪，产生工作、学习和生活的愉快感；同时，师生之间建立良好愉快的关系，有助于建立相互之间信任和了解的关系，令教师能够更清晰地了解学生，更好地促进学生的成长和成才。

1. 师生关系的发展特点变化

整个学龄阶段是个体从儿童走向成人的心理过渡阶段，心理与行为都有其独特的发展特点。无论个体是在哪个学龄段，与教师的人际交往都是不可或缺的。国内外研究都表明，不同学龄段学生与教师的人际关系具有发展阶段性。

在学生的童年时期，教师是学生的重要他人之一，也是学生心目中绝对的权威(Birch et al., 1998；周相玲，2007)。许多儿童经常会以“我们老师说……”作为是非曲直的判断标准；教师对学生的一句肯定或表扬会让他们心花怒放，开心好几天；而教师对学生的批评或教育则会令他们伤心难过，甚至哭泣流泪。总体而言，学生对自己的教师既信赖又敬畏，教师要求学生做到的一切，他们几乎是无条件服从。在这个时期，教师的权威地位也不会受到学生的挑战，师生关系是友好且平稳的。

到了少年期，即小学高年级和初中阶段，学生的同伴交往增多，也更看重同伴之间的评价和交往，同伴的重要性和影响力显著提高。与此同时，学生的自我意识开始凸显，在认知和行为上表现出自立与独立的趋向。在学校中，学生对教师的无条件信赖和服从开始下降，开始依据自己的标准对教师进行评论。学生会一起议论自己的教师，对喜欢或满意的教师表现出亲近和尊敬，对讨厌或不满意的教师则表现出疏远或反抗。“调皮蛋”开始在班级或课堂上出现，他们会自觉不自觉地挑战教师的权威，甚至公然对抗教师的要求。然而，他们在遇到学习困难和具有社会意义的复杂难题时，也时常求助于教师。在这个阶段，教师的权威地位开始动摇，师生关系中出现不平衡的状态。

进入青年初期之后，从高中到大学，学生的身体发育逐渐成熟，知识经验增长，思维的独立性、批判性增强。在师生关系中，青年学生希望从教师那里获得更多的尊重、平等、关心和信任，不希望教师一味地高高在上地进行教育或指导。同时，他们对教师的专业水平、教学能力、为人处事等也有了更高的期望。能满足这样要求的教师会受到学生的喜爱，师生交往也会更为和谐；而满足不了此要求的教师，会受到学生的排斥，难以形成和谐的师生关系。在这个阶段，学生在师生交往中表现出比较强烈的独立和尊重的需求；教师的权威地位进一步下降，师生关系日趋平等，开始向成人关系过渡。

随着年龄的增长，青少年逐渐从童年幼稚期向成人期过渡，师生关系也随之发生变化，而且不以人的意志为转移。有人曾形象地比喻：“师生关系对教育质量、教学效益和学生成长的重要意义丝毫不亚于空气对人的价值。”了解这些发展变化的规律性特点，有利于学校、教师科学地认识和处理师生关系，不因关系稳定而忽视问题，也不因关系不稳定而惊慌失措。

2. 师生关系的基本结构

传统的师生关系被视为教育教学活动的一种外在条件，或者师生关系被定位在单纯的教与学的关系上。随着师生关系问题研究的深入，师生关系不应被简单地视为某种单一的关系形式，而是一个包含着多种内容的复杂关系体系。其中，比较有影响的有“三侧面三层面的三棱柱体”式师生关系模型和四因素师生关系模型。

我国学者陈枚(1986)从社会心理学角度深入探讨了师生交往问题，提出“三侧面三层面的三棱柱体”式师生关系模型，即从“三个侧面三个层面”认识师生关系，系统构建师生关系的动态过程。

“三个侧面”是指教师和学生是在相互影响、信息交流、相互认识这三个主要侧面进行师生互动,并逐步形成特定风格的师生关系。其中,相互影响是指师生之间在教学活动过程中相互影响、相互作用。教师按照既定方向进行教学,促进学生的健康成长;学生则按照既定目标进行学习,督促教师改进教学活动。信息交流是指教师与学生不断进行知识、观点、情感、意向和兴趣的信息交流,从而使师生关系形成、发展和不断变化。相互认识是指师生双方在相互影响和信息交流的过程中,因发生直接或间接的接触而产生的相互感知、观察、理解、评价等过程。

师生交往的三个主要侧面互相交叉、互相作用并互为条件。同时,这三个主要侧面又是在个性、角色和群体三个层面上全面展开的。具体而言:(1)师生关系是双方在个性基础上的人际交往。教师在课堂上与学生的交往,虽然是面对全体的,但作为基础的是对每一个学生的交往。因此,教师既要看到自身的个性特点,也要把握好每一个学生的需要、动机、态度、才能和性格等个体差异。(2)师生关系是双方在不同角色上的人际交往。师生双方在社会生活体系中都不只扮演单一的社会角色。在学校中,教师除扮演知识传播者的角色之外,还扮演着家长代理人、纪律执行者、模范公民、心理卫生专家、学生知己朋友、团体领导者和替罪羊等社会角色。如果教师单一或片面地看待师生双方的角色,极易忽视双方在狭隘的教师或学生角色特点掩盖下的其他角色面貌,难以建立多元、和谐的师生关系。(3)师生关系是双方在不同群体层面的人际交往。教师和学生都以自己所属群体的成员身份进行交往。在现实生活中,师生都加入多种正式群体(如党团组织、班级、年级等)和非正式群体(如学习小组、兴趣爱好协会、朋友圈子)等。这些群体都有成文或不成文的规范制约着他们的行为。例如,许多学校都有升学率、竞赛名次和考试成绩等评价指标。教师作为学校的一员必须努力完成考核要求。然而,学生群体不一定都能接受教师群体类似的目标或要求,进而导致师生关系失和,甚至发生冲突。

基于亲子依恋理论,并借鉴亲子关系和同伴关系的研究思路与方法,皮安塔和斯坦伯格(Pianta & Steinberg, 1992)研究发现,师生关系的内在结构包括亲密性、冲突性、依恋性和愤怒性四个维度,它们反映着师生关系的交往质量。其中,亲密性是指学生是否表现出与教师亲密相处、相互接纳的态度或行为;冲突性是指学生是否经常在情绪或行为上表现出与教师的冲突;依恋性是指学生是否表现出对教师的钦慕和敬意;愤怒性是指学生是否表现出对教师的愤怒情绪。不同群体、不同性别和不同年级的学生在四个维度上的表现存在差异。这就是四因素师生关系模型。

王耘等人(2001, 2002)研究发现,小学生的师生关系特点主要表现为冲突性、亲密性和反应性三个方面。其中,冲突性表现为师生间是否经常具有情绪、行为上的冲突;亲密性则体现为师生之间是否具有亲密相处、相互接纳的态度和行为;反应性是指师生间是否具有情绪、认知上的主动反应。这三个因素不仅构成师生关系的内在结构,而且是影响师生交往过程的重要因素。随着年级的增长，小学生师生关系的亲密性从四年级开始呈下降趋势；冲突性呈波浪式起伏，三、五年级时较高，四、六年级时较低；反应性一直处于比较稳定的状态，六年级开始有所下降。从总分来看，四年级是小学生师生关系最好的时期，但四、五年级也是师生关系发生最大变化的时期。此研究还发现，我国小学生积极的师生关系仅占43.3%，而冲突型和冷漠型等消极的师生关系比例则达56.7%。

有关中学生的研究发现，他们的师生关系特点主要表现为冲突性、依恋性、亲密性和回避性（回避或不愿意与教师交往）四个方面（赵晨，2015）。从年级发展趋势来看，中学生师生关系质量随年级升高呈波浪式下降趋势，初一学生的师生关系最好，初二和高二学生的师生关系以回避疏远型最多，也最不理想。从数据来看，中学生中亲密和谐型师生关系的人数仅占34.8%，而冲突型和回避疏远型师生关系的比例为65.2%。涂敏霞（2000）和姚计海等人（2005）的研究也发现，大多数中学生认为他们自己与教师之间的关系不是非常密切。

对大学生的研究发现，大学生的师生关系包含亲密（主要反映学生与教师的接触与互动）、冲突（主要反映学生对教师的不满意、不认同和回避接触等）、理解（主要表现为学生对教师的理解与认可）、期待（主要体现学生在师生交往中对教师的期望）四个维度（臧晓莉，2010）。大学生师生关系在总体上随年级的升高而呈下降趋势，大一时师生关系质量最好，大二时次之，大三时显著下降，大四时最差。大学生师生关系存在显著的性别差异，男生与教师的关系总体上优于女生。此外，大学生师生关系还存在显著的学科差异，文科男生与教师的亲密程度、对教师的理解程度最高；理科女生与教师的亲密程度优于文科女生，对教师的理解优于理科男生。

3. 师生关系的基本类型

根据师生关系双方的地位或教师控制学生行为的程度来看，师生关系可以分为专制型师生关系、民主型师生关系和放任型师生关系（李长吉，陶丽，2013；周相玲，2007）。

专制型师生关系以命令、权威、服从、疏远为其心态和行为特征。教师常使用权威和强制手段管理学生，学生只是听从教师的命令，处于被动地位。师生之间缺少交流、沟通和相互作用，关系疏远，甚至紧张对立。在我国传统的教育观念中，“一日为师，终身为父”的师生观一直留存，由此演化出的“师生如父子”的观念也依然影响着许多教师和学生。近现代教育理念中，以赫尔巴特为代表的传统教育派的师生观，主张教师是教学过程的权威，学生只是被动接受知识的容器，这也是典型的权威型师生关系的表现。

民主型师生关系以开放、平等和互助为其典型特征。教师热爱、关心、尊重和信任学生，既利用权威又用自己的学识、才能和品德教育学生。学生理解和尊重教师，师生之间交往较多，互相支持配合，关系融洽、密切。对于民主型师生关系，我国春秋时期的孔子，古希腊时期的苏格拉底、柏拉图和亚里士多德等对此都有探讨和实践。在近代教育理论中，进步主义、合作主义、存在主义和后现代主义教育流派等也对此进行了系统阐述，强调教育应充分发挥人(教师与学生)的主动性和创造性。这种关系的形成在很大程度上源于教师的民主意识、平等观念、创造精神以及教师的业务素质和人格力量。这种关系也是近现代比较推崇的师生相处模式,主张师生之间建立平等信任、合作对话的关系,力图摆脱教师至高无上的权威地位,主张师生关系民主和谐。

放任型师生关系以无序、随意、放纵为其心态和行为特征。教师不重视师生关系,采取放任的作风,不负任何实际责任,给予学生充分的自由,让他们学习自己喜欢的东西。教师不控制学生的行为,也不指示学习的方法,一切活动由学生自己进行。特别是,随着民主型师生关系日益受到推崇,一部分人简单地将民主型师生关系绝对化或泛化,把基于人格平等的师生关系理解为师生在任何情况下都是平等的。学生对教师也持无所谓的态度,消极对待教师的要求。师生之间交往甚少,交流有限,既缺少相互期望和帮助,也无明显的冲突和对抗,关系冷淡。

从上述三种师生关系的特点来看,权威型师生关系容易限制学生的健康发展。民主型师生关系对此有一定程度的改善,有助于教师与学生的主体性发展。放任型师生关系极易转变成教师在师生交往中的"不作为",既不利于教育目标的实现,也不利于发挥教师的引导作用,更不利于学生的健康成长。目前,学术界也提出许多关于师生关系的新理念,如对话型师生关系、理解型师生关系、关心型师生关系,等等(唐道秀,2012),尤其是在后现代主义教育观的引导下,师生关系模式的探索也更加多元化、具体化。

专栏 13-1

关心型师生关系:师生相处的新选择

教育的目的是培养人格健全能独自面对社会的人。学校教育必须重视满足学生对关心的需要,否则学校将难以实现其在学术上的目标。目前的学校教育遵循以认知为本的学科教育,关心被置于无足轻重的地位。学校、教师、家长都更注重孩子的考试分数、学校班级的升学率、孩子能否进入重点中学和名牌大学,等等。教育的功利化现状甚为严重。由此可以看到,很多孩子失去童年、失去自由、失去快乐、失去健康,最终不堪重压,甚至采取极端的做法毁灭自己。对师生关系而言,这样的导向也容易导致师生双方出现紧张、对立、冷漠、冲突等不和谐现象。

关心型师生关系(caring teacher-student relationship)是指在教育情境中,以师生双方的个体生命发展为内核,教师与学生之间形成的一种充满关心的情感交融和精神交流关系。它建立在教师与学生个性全面交往的基础上,具有一种和谐、真诚、温馨的心理和情感氛围,以及一种真正的人与人之间的心灵沟通,是真善美的统一体。在具体情境中,师生交往的过程需要双方的情感投入,关心的真正实现也需要情感的参与,只有这样才能引发师生的情感体验与共鸣。关心型师生关系可以超越传统的专制型师生关系、民主型师生关系、放任型师生关系存在的不足,同时也可以超越"教师主导、学生主体”的师生关系状态。

首先，关心型师生关系崇尚师生交流的情感性，是对现代知识理性的超越。当代教育对理性的过度推崇，对非理性的挤压隔离，阻碍了师生间心灵的实质性交流。后现代教育则要“充分挖掘情感的资源，重新释放感性的力量”。关心型师生关系作为后现代师生关系中的一种，认为教师与学生之间不是冷冰冰的工作关系，而是存在着温暖的人与人之间的情谊沟通。情感是师生交往的重要纽带，可以超越教师与学生之间以理性为基础的冷漠状态，将师生从惯例、规范、标准化和确定性中解救出来，投放到一个开放的、充满情感交流的相对自由的空间里。

其次，关心型师生关系贴近师生生活世界的情境性，是对传统知识教育的超越。关心关系实际上来自教师与学生的交往与相互活动中，这种交往与相互活动就是师生的生活世界。关心型师生关系立足于师生生活的实践性，而且交往的过程也存在于丰富多样的生活之中。关心行为本身就体现在师生生活每个角落的一种实实在在的行动，体现在每一个具体的生活事件和故事当中。教师作为关心者必须捕捉学生的每一言每一行，由此才能真正知道学生到底需要什么样的关心，所以这一切都必须以走近学生的生活世界为前提，而且教师也必须是一个懂生活的人。

最后，关心型师生关系关注生命成长的整体性，是对片面化教育的超越。关心教育理论强调关注教师与学生个体生命成长的整体性，重视学生的整体生命的成长与发展，而不是把学生看作一个没有思想或批判意识的容器，也不是只关心学生的单方面发展。在关心型师生关系中，教师并不否定关心知识，但会以内在的精神关心为支撑点，对学生进行完整的、全面的关心与教育。教师能够认识到学生是一种可能性的存在，对学生的各种体验保持开放的态度，用一种关心的、敏感的、支持的方式与他们相处，满足学生的多样化需要，从而促进学生的健全成长与发展。

资料来源：诺丁斯(2003)

古人云：“亲其师信其道。”良好的师生关系能使学生拥有良好的情绪去面对学习。学生会因为喜欢一位教师而喜欢一门功课，同样也可能因讨厌一位教师而讨厌学习。一位被学生喜欢的教师，其教育效果总是超出一般教师。良好的师生关系也能促进学生个性的多元发展。根据加德纳(Gardner，1985)的多元智力理论，学生的发展有个体差异。良好的师生关系有助于发现每一个学生的独特优势，重视每一位学生的个性化需求，保障每一位学生的发展空间与自由，促进每一个学生“各美其美，美人之美，美美与共”。

4. 网络对师生关系的影响

随着虚拟网络社会的发展，传统师生关系也出现了新的发展，甚至催生了新型的师生关系(张香兰，2007；马泽霖，王国祥，2016)。

由于我国传统文化中的宗法等级制思想、权威意识以及教师政治功用带来的影响，当前的师生关系仍具有自上而下、权威性、等级性的特点，教师仍居于师生关系的主体地位，学生仍居于客体地位。随着网络文化的盛行，网络社会的多极主体思维模式形成多极主体交往模式，师生之间的交往也由主客型转向主体间性型，教师的主体地位、中心地位受到动摇。同时，网络提供的强大信息搜索引擎和超大容量的学习资源环境消解了教师的知识权威，迫使传统师生角色发生转向，教师由先前的知识传授者、教学的控制者转向学生学习的合作伙伴；学生由知识的被动接受者转为主动学习者，由被教育者转向求教育者。传统师生关系自上而下的不对等性和等级性开始出现松动。总体而言，在科学主义教育盛行背景下的网络社会中，教师的角色开始异化为知识授受的工具，教学成为控制过程，远离了教育性，师生之间形成工具性师生关系。

在网络社会中，师生关系的平等性、民主性和包容性特点日益明显。师生关系走向视界融合，学生获得精神的成长，网络赋予师生较强的平等意识和民主意识等，这些都为师生关系提供了新的互动基础。研究认为(张香兰，2007)，当前网络社会下的师生关系可以分为网上虚拟师生关系、网络学校中的师生关系和实体师生关系三种类型。面对这些新的变化，教师应充分发挥网络工具或平台，成为网络师生关系的引导者，积极发挥教育者自身的引领和教育功能。同时，教师还需积极主动与家长建立密切联系，争取家长的积极参与。此外，学校必须创建和谐的育人环境，为新型师生关系的创建提供外部动力，增进师生间的理解，构建和谐的新型网络师生关系。

二、学校中的学生关系

随着年龄的增长，青少年学生受人尊重的需要、友谊的需要与交往的需要等社会性需要越发强烈，他们开始逐渐疏远成人而热衷于同伴交往，对同伴倾注越来越多的感情，同时萌生了与异性交往的强烈欲望。同学及其关系的影响作用显著增强，学生间的同伴关系对青少年的发展具有无可取代的独特作用与适应价值。

1. 学生关系特点的发展变化

学校的学生关系是在校学生在交往过程中建立和发展起来的同辈人际关系。这种人际关系是平行的、平等的，不同于他们与家长或教师等成人之间建立的垂直型人际关系。学校的同学关系是学生同伴交往的主要内容，它在青少年学生的发展中起到与父母同等重要的作用，对青少年的情感、认知和社会性发展以及适应等均产生重要影响。

第一，小学阶段学生关系的特点。在小学阶段，学生的同伴交往技能已初步形成，交往意愿也比较清晰、主动，但人际交往对象多以同性为主。他们往往通过游戏、分享和帮助，促进部分同伴关系往友谊方向转化(Belsky, Steinberg, & Draper, 1991)。在低龄阶段，这种友谊关系往往与实利和物质属性以及时空上的接近相关联。同时，这个阶段的友谊是不稳定的、单向的，具有强烈的排他性和独占性。如果顺从自己就是朋友，如果不顺从就不是朋友。进入小学高年级阶段，儿童能互相帮助，但还不能共患难。儿童对友谊的交互性有了一定了解，但仍具有明显的功利性特点。随着年龄的增加，儿童的外部（身体）攻击行为趋于稳定，但比较隐蔽的关系攻击逐渐增多。同时，外部攻击与关系攻击是一种共生的关系：外部攻击水平高的儿童，其关系攻击水平也较高；外部攻击行为变化较快的儿童，其关系攻击变化也较快。此外，儿童的安静退缩行为的逐渐减少，同伴交往的主动性不断提高，同伴网络也不断扩大；他们的初始社交领导行为水平逐渐稳定，并表现出典型的马太效应发展模式。这个阶段的儿童还会对自己的同伴交往进行主观评价。对三至六年级儿童的追踪研究表明，儿童不仅有具体明确的同学交往需求和目标，而且能对自己的社交状况进行主观评价（周宗奎，等，2015）。

第二，中学阶段学生关系的特点。在中学阶段，中学生的同伴交往更加紧密、更加频繁、更加重要，同伴交往的数量、范围也不断扩展。在年级上，初中生与同伴交往的波动仍较大，高中生的同伴关系则日趋稳定。在友谊方面，中学生的友谊关系逐步稳定、成熟，逐步迈入共享、共存阶段。他们对友谊或朋友的要求不再是单向的顺从，逐步理解友谊是可以相互分享的，朋友之间应相互信任和忠诚，同甘共苦。朋友之间可以倾诉秘密，讨论和制订计划，互相帮助，但友谊的排他性和独占性也比较明显。此阶段同伴交往的另一大特点是异性交往兴趣不断增加，主动交往行为也不断增多。随着中学生的生理成熟，他们对与异性同学交往的渴望逐步增加。加之社会观念的逐步开放，学校、家长和教师对异性交往的态度也不再是一味压制或禁止，中学生不再像过去那些年代那样压抑自己对异性的好感。随着年龄的增加，他们的人际交往能力也不断提高，对同伴的情感或态度往往会以直接、正面的方式加以表达。值得注意的是，在初三和高三两个年级，中学生的竞争和冲突关系相对其他阶段或年级明显增多，而且女生与同伴的竞争和冲突高于男生（周宗奎，等，2015；曾荣，2010）。这在一定程度上提醒教育机构和教育工作者应重视中学生同伴交往的性别差异，开展相关教育和辅导时应注意进行针对性的分类指导。

第三，大学阶段学生关系的特点。根据埃里克森的心理社会性发展阶段理论，大学阶段的青年正面临"亲密与孤独"的发展冲突。他们都表现出强烈的交往需要，渴望与他人建立友好亲密的关系。与小学和中学不同，大学生同伴交往在自主性、多样性、社会性等方面远远超过之前的同伴交往经历。具体而言：(1)大学生人际交往的愿望比中小学生更为迫切，他们力图通过交往开阔视野、丰富知识、学会处世以表现自己各方面的才能，获得情绪的稳定，获得和维持自尊自信。(2)大学生的独立意识普遍增强，价值观、世界观和人生观基本形成，人际交往的原则和目标也更加清晰，总体上都能积极自主地开展人际交往活动。(3)大学生的潜在同伴交往对象十分丰富，从室友、同学、同乡、恋人到社团成员等都是他们的人际交往对象。(4)大学生的同伴交往社会性大大强化，他们的同伴交流内容丰富多彩，涉及文学、艺术、体育、政治、外交、人生、理想、爱情和社会问题等各个方面，希望对周围人和社会产生一定影响。不幸的是，不少研究表明，大学生的人际交往质量并不理想，难以满足自己的同伴交往期望，甚至出现较为严重的人际交往障碍（李敏，甘怡群，

2011;臧晓莉,2010)。近年来,不时发生的大学校园恶性事件(储殷,2016)更是在不断提醒和警示相关部门和教育工作者应重视大学生的人际交往问题,加强大学生人际交往能力的培养,提升大学校园的人际和谐水平。

2. 学生关系的类型

根据人际交往的对象、目的和场地等特征,学生的人际关系可以划分为不同的类型。这里我们将从学生之间人际关系的融洽程度进行划分,将学生关系分为友好型学生关系、冲突型学生关系和疏离型学生关系三种类型。

友好型学生关系是指学生之间彼此相容、互相悦纳的人际关系状态。友好关系的程度有深浅之分,高度的友好是知心的、坦率的。对大多数学生而言,他们的许多心里话不愿与父母或教师交流,他们的主要交流对象是同伴,所以他们愿意把知心话告诉同伴。中学生的学习互助型同伴交往类型之所以较多,是因为他们的主要任务是学习,通过学习互助能够相互提高,共同进步。早期研究发现,中学生同学关系的知心程度和坦率度都要高于父母,他们认为"朋友比父母更知心、更谈得拢",更愿意把心里话与朋友或同学分享。中学生同伴交往的目的主要是"相互帮助",而且"坦诚、宽容"是交友的主流态度(韩仁生,朱桂贞,2003)。中学生同伴交往内容中最多的是向同学倾诉心声和学习互助,而且女生的这种倾向比男生更明显,男生则更愿意与同伴交流娱乐爱好和其他共同关注的话题(刘薪,2013;周宗奎,2015)。由此可见,学生之间的同伴关系在学生心目中占有重要位置。当然,学生间的友好关系与学校教育和学生成长相一致。如果不是这样,那就应当加以教育引导,使之步入正确轨道。

冲突型学生关系表现为心理上不能相容,行为上不能合作,甚至表现为攻击行为。冲突型学生关系的表现程度有所不同,有的可能表现为摩擦,有的可能表现为冲突,而极端表现就是对抗。冲突型学生关系可能由误会造成,可能由利害冲突造成,也可能由嫉妒、骄横等原因导致。受到社会广泛关注的校园欺凌就是冲突型学生关系的典型表现。校园欺凌是指孩子之间权力不平等导致的欺凌与压迫,包括身体欺凌(肉体上的欺凌行为)、言语欺凌(取绰号、辱骂、嘲弄、恐吓)、社交欺凌(人际上孤立、排挤或对立)、网络欺凌(以短信、微信、微博等媒介散播谣言、中伤等攻击行为)、性欺凌(以身体、性征、性取向等作为取笑对象或评论对象的行为,或者直接的性侵犯)(Olweus, 1978;孙晓冰,柳海民,2015)。上海、北京和广州等城市的一系列调查发现(储殷,2016;孙晓冰,柳海民,2015; Cao et al., 2018),我国中学生的校园欺凌发生率在15%以上,个别城市的发生率甚至高达25%。校园欺凌除使受侵犯的学生遭受财物损失之外,还对他们的身心健康造成更大伤害……这些伤害对某些人可能是终生的。对于处在这种关系中的学生,教师有时必须作出原则性的处理,但同时也必须机智地设法化解他们之间的对抗情绪,既能让施害方受到恰当教育并诚心改正,又能让受害方得到及时保护并勇敢面对,将学生之间无意义、无益处的对抗能量转化为学业或社会活动上的积极竞争。

有的学生对别的同学在情绪上既无积极体验，也无消极体验，相互之间都忽视对方，对彼此比较冷淡，这就使他们与别人的关系若有若无，即表现为疏离型学生关系。随着移动网络的逐步普及，青少年学生逐渐成为手机依赖度较强的用户群，“被手机绑架”的现象越来越严重。他们往往容易沉溺于网络世界，忽视与现实世界的人际互动。研究发现，大学生的手机依赖对疏离感有显著的预测作用。有些人与迎面而来的同学之间形同陌路，有意无意间与周围同学的关系越来越冷淡，越来越疏远，呈现出疏离型学生关系。在学校中，一个寝室的疏离关系越多，寝室的氛围越差；一个班级中疏离型学生关系越多，班级凝聚力越差；一个学校的疏离型学生关系增多，学校归属感下降。因此，教育工作者不能因疏离者不太惹事而忽视他们，而应该给予这些同学以关心、帮助，引导他们积极参与寝室活动、班级活动和校园活动，让他们在集体活动中接近同学，了解同学，从而与同学建立起亲近、友好的人际关系。

专栏 13-2

人际冲突的处理策略

人际冲突是影响学生人际关系质量的重要问题。为了更好地帮助人们解决这一问题，美国行为学家托马斯和庞迪(Thomas & Pondy, 1977)提出处理人际冲突的两维模式。他们认为，人际冲突发生后，冲突双方采取的策略有两种取向：关心自己的利益和关心他人的利益。前者以追求个人利益过程中的武断性程度为指标进行评估，后者以追求个人利益过程中与他人合作的程度为指标进行评估。基于此，人们的冲突处理策略可以分为强制、合作、迁就、折中(妥协)和回避五种类型。

由图 13-3 可知，强制策略只关注自己的利益，不惜损害对方的利益。即使获得一时的利益最大化，但长期来看往往会导致关系的破裂和敌意增加。回避策略的使用

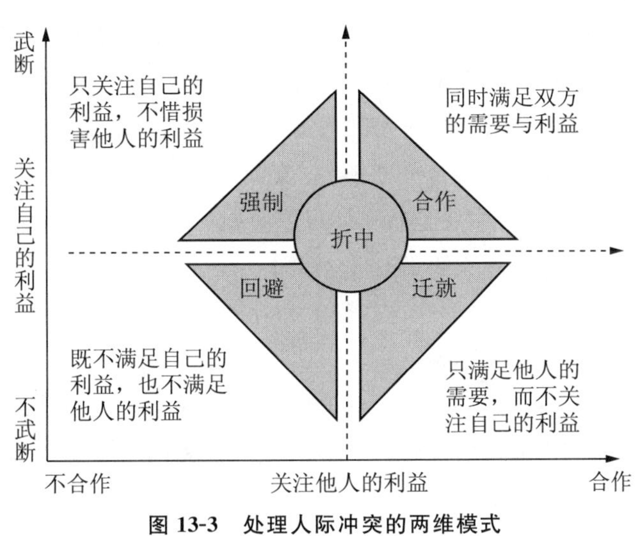

图 13-3　处理人际冲突的两维模式

者倾向被动、不果决,也不主动合作,通常表现为冷淡、冷漠、保持缄默、不发表态度或意见。这样的结果往往是自己的需要得不到满足,也难以维持与他人的和谐关系。迁就策略是将对方的利益看得比自己还重的策略。使用这一策略的人倾向顺从他人的要求,一味遵从对方或完全听从对方,但长期来看这往往会带来人际冲突的“大爆发”。折中或妥协是一种让双方利益或需要得到部分满足的策略,是一种小输小赢的暂时性策略。合作策略同时关注双方的需要和利益,力求彼此利益最大化。它也是受到大多数人推崇的一种双赢模式。

在处理冲突的过程中,个体可能会对其中一两个策略有着自然的或习惯的偏向。国内学者发现,我国学生人际冲突处理策略的使用和偏好从高到低依次为折中(妥协)——合作——强制——迁就——回避。从理性层面来看,双方采用合作策略处理人际冲突,彼此的需要与利益都能得到满足。面对冲突,采用开放、平等、客观的态度进行沟通,澄清彼此的差异,共同思考如何解决问题。这样往往可以找到彼此都满意的问题解决方案,还可以使双方的人际关系得到进一步发展,是一种双赢的人际冲突处理模式。

资料来源:Thomas & Pondy(1977)

3. 网络对学生关系的影响

网络人际关系(network interpersonal relationship)是以计算机、网络和数字符号为中介,在超文本和多媒体链接中人与人的互动关系(Tang & Huang, 2004)。在网络时代,学生之间的人际交往方式日益多元化是最典型的特征(姜永志,等,2016)。值得注意的是,学生使用微信/QQ等社交媒体进行人际交往的比例,仍低于班级学习、社团活动和社会实践活动等现实人际交往途径。

网络使学生之间的人际交往范围日益扩大(吕剑晨,张琪,2017)。微信、QQ、微博等手机客户端的流行以及“摇一摇”“附近的人”“漂流瓶”等功能,让学生的交往对象可以轻松突破班级、年级、校际等现实限制,能够很便捷地与不同地域的学生进行交流互动。此外,网络也让学生之间的交流内容进一步丰富,交流的频次进一步增加。在网络世界,学生与同学之间的人际交往内容主要包括在学习方面相互请教和探讨、生活中的各种琐事、情感上的相互分享与倾诉、国家大事的评论与分析、社会实践的趣闻与收获、娱乐圈的绯闻八卦以及各自的未来发展前景等。这些交流和互动理论上可以在网络世界随时随地发生,交流的便捷性大大提高了互动频率。

网络是一把双刃剑。网络的匿名性、开放性、平等性和超时空性等给学生人际关系带来一定的积极影响,而网络的弱监控性、虚拟性、随意性和网络成瘾等却有一定的消极影响。从积极方面看,网络人际交往拓展了学生人际关系的来源,深化了已有的人际关系,而且可以解决某些现实人际关系中的矛盾。研究表明,使用互联网能有效减轻交往主体的孤独感，缓解社会焦虑，主体的社交网络也随之扩大，对现实生活和心理健康都有积极作用(Shaw & Gant, 2002)。从消极方面看，网络也使学生更容易忽视现实人际关系，淡化人际交往规则，出现亲情疏离、友情冷漠和爱情盲目等问题。一项关于国内学生的调查发现，网络会占用过多的人际交往时间，使现实中的人际交往时间和频率减少(Lu & Yao, 2010)。网络时代学生人际交往的变化是教育者值得关注的重要问题，它们对改进教育过程中的教学方法、辅导方法和管理方法都具有重要的指导价值。

三、学校人际关系的测量方法

1. 社会测量法

社会测量法(sociometry)也称为群体成员关系测量，是心理学家莫雷诺(Jacob L. Moreno, 1889—1974)1934 年提出的一种人际关系测量方法(Hale, 2009; Moreno, 1941)。它的基本思想是以群体成员对他人的喜欢或厌恶为依据，探测群体成员相互之间的人际关系和人际结构特征。社会测量法通常是对某一个人进行的人际关系评价，因此较容易引起被测者较强的兴趣与动机。然而，这种方法不适合大群体研究，比较适合小群体中个体的人际关系状况评估，或考察小群体的团体效率和凝聚力等。

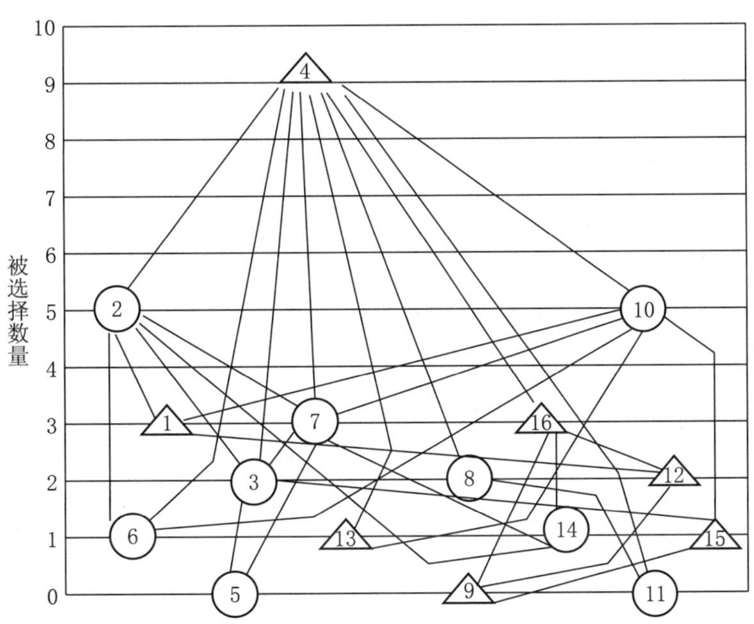

图 13-4 社会测量法人际关系图

在正式测量前，测量实施者应充分考虑测量题目的性质、内容、数目和问题，如学校人际测量题目包括“讨论问题”“一起谈心”“一起学习”等。此外，测量实施者还应制定清晰的指导语，明确告知施测任务，如何完成作答，以及结果的保密处理等问题。同时，测量实施者还需要根据作答人数,做好测量场地和测量时间的计划安排。

以这种方法调查群体人际关系时,第一步是以问卷了解测量对象的择友意向,如问“你最喜欢和谁一起讨论问题”“你最喜欢与谁同住一个寝室”,要求根据测量对象自己的真实想法填写。第二步是根据问卷调查得到的资料,绘制人际关系图(见图 13-4)。

从这种关系图中可以看出,谁最受欢迎(“人缘型”),谁最不受欢迎(“嫌弃型”),谁被忽视(“孤立型”),以及哪些人相互不喜欢(“互拒型”),以及哪些人形成非正式群体,等等。

用社会测量法了解学生群体成员之间的人际关系,有省时、直观的便利,但信度、效度有时可能比较低,因为它取决于学生的回答是否认真,是否报告了他们的真实想法。此外,还必须注意结果和结论的保密,否则有可能扩大人际矛盾,造成不良后果。

2. 社会距离测量法

社会距离(social distance)是指个体与另一个体之间亲近或接纳的程度。人类学家霍尔(Hall, 1969/1990)发现,所有人都需要在自己周围有一个自己能够把握的自我空间,这种空间需求大体上可以分为四种距离:公共距离(360—750 厘米),适用于类似演出的非正式聚会;社交距离(120—360 厘米),用于处理非个人事物的一般社交场合;个人距离(45—120 厘米),朋友、熟人或亲戚之间往来一般以这个距离为宜;亲密距离(0—45 厘米),交谈双方关系密切,适用于夫妻和情侣之间。空间距离能反映人际关系的亲近程度。因此,人们可以通过观察法来评估人与人之间的空间距离,评估当事人的人际关系状况。

除了观察人与人之间的空间距离之外,人们也可以要求群体中的每一个人给群体内的其他人进行等级评分。例如,可以让受测者进行三个等级的评分:对自己喜欢的人评 3 分,对说不上喜欢还是不喜欢的人评 2 分,对不喜欢的人评 1 分;也可以分为五个等级:对喜欢的人评 5 分,对较喜欢的人评 4 分,对说不上喜欢还是不喜欢的人评 3 分,对不太喜欢的人评 2 分,对很不喜欢的人评 1 分。然后,统计出每一个人的得分。这个成员的分数便表示他/她的社会距离,或者说受群体成员喜欢的程度。

3. 自我评定法

自我评定法(self-rating measurement)是指让受测者自己评估自身人际关系的方法。以下是黄希庭(1984, 2004a)修订的人际关系自我评价量表的样例。

请你仔细阅读下列 16 个问题。每一个问题后面,各有 A、B、C 三个选项,请你按照自己的真实情况任选其一。

1. 在人际关系中,我的信条是(　　)。

A. 大多数人是友善的,可与之为友的

B. 人群中有一半是狡诈的,一半是善良的,我将选择善良者与之交友

C. 大多数人是狡诈虚伪的,不可与之为友的

2. 外出旅行时,我总是(　　)。

A. 很容易交上新朋友

B. 喜欢一个人独处

C. 想交朋友，但又感到很困难

……

这个量表的记分方法分为3级，总分值为48分。总分值越高，表示人际关系越融洽。

以上介绍的是三种了解人际关系状况的简便方法。然而，任何一种方法都有局限性。比如说，这些方法未能回答人际关系选择的动机问题。而了解这种动机对教师的教育引导工作是非常重要的。因此，归根结底，教师在师生共同活动中观察和了解学生的人际关系动态和动因是必不可少的。任何测量工具都取代不了教师本身的观察和分析。当然，若能正确运用这些工具，则更便于把握学生的人际关系状况，更好地开展教育管理和课堂教学工作。

第三节　学生人际交往能力培养

和谐的人际关系是青少年理想的人际关系状态。这不仅有利于促进他们的学习，也有助于他们身心的健康发展。近年来，师生冲突和校园欺凌等人际问题不时在校园中出现，受到社会各界的关注。这些问题无益于学校开展正常的教学活动，甚至危及学生的安全和成长。类似现象的出现也提醒我们需要重视和思考如何培养学生的人际交往能力，帮助他们更好地处理类似校园欺凌这样的人际冲突或矛盾。

一、学生学校人际关系的影响因素

影响学生学校人际关系的因素主要包括人际间因素和个体内因素。人际间因素是指个体自身难以选择和避免的影响因素，个体内因素是指学生个体自身的内在因素。

1. 人际间因素

第一，接近且接纳。时空距离是形成密切人际关系的重要条件。由于时空接近会带来人际接触增多，因接触而相识，因相识而彼此吸引，建立友谊或相爱这样的亲密关系的机会也会大大增加。心理学将由时空上的接近而影响人际吸引的现象称为接近性。美国心理学家费斯廷格等人(Festinger, Back, Schachter, Kelley, & Thibaut, 1950)曾以麻省理工学院已婚学生眷属宿舍的居民为研究对象，探究这些人之间的友谊关系与空间远近的关系。结果发现，他们从互不认识到入住一段时间后结交的新朋友来看，主要包括四个接近性特征：彼此是邻居；彼此是同楼层的人；彼此的信箱非常靠近；彼此上下楼走同一个楼道。由此看来，经常见面是建立和深化人际关系的一个重要因素。

第二，相似或互补。正所谓“物以类聚，人以群分”。人们对某种事物或事件具有相同或相似的态度，彼此具有共同的兴趣、信念、理想和价值观，都容易引发感情上的共鸣，进而形成密切的人际关系。纽科姆在1961年曾对大学新生进行为期16周的免费住宿实验(Newcomb, 1961)。在入住宿舍前,研究人员先让这些互不相识的学生完成态度、价值观和人格特征等测验,再将这些学生安排在一间房子里住。之后,研究人员定期测量他们对一些事情的态度、看法,以及他们对同寝室室友的喜欢程度。在早期阶段,空间距离是决定彼此交往较多的重要因素;但到了后期,心理特征的相似性超过空间距离对人际关系亲密度的重要性。这可能是由于心理特征相似的人,他们的观念和行为方式也较为一致,人与人之间更容易相互理解、相互支持,更容易拉近双方的人际距离或促进人际亲密,发生人际冲突的机会也较少。

在成长的过程中,每一个人都不可能发展得十全十美,总难免有一些不太擅长的部分。因此,大多数人又都期望他人能弥补自身的不足。当对方优势与自身不足刚好互补时,彼此之间自然就会对对方有好感。例如,学理工的同学可能爱好文艺但又无法专精于此,若交到长于文艺的同学,并愿意与其分享在文艺上的心得与快乐,就可以使他对自己的缺憾得到某种补偿,自然也增进了彼此的人际互动。相似与互补看似矛盾,其实是针对不同的方面,前者多含有价值取向的意味,后者则多表现为现实的需求,两者都有利于促进人际关系。

第三,外表与个性。在一项实验中,研究者给学生们看3个学生的照片,分别是外貌吸引力高、相貌一般和无吸引力;接着,让学生在27种人格特征上作出评价,并要求他们估计这3个人未来是否幸福(黄希庭,2005)。结果发现,最合人心意的、最幸福的预言都安在外貌有吸引力的人身上。无论是对同性照片的评价,还是对异性照片的评价,结果都是一致的,基本上没有差别。这表明人们都倾向"以貌取人",喜爱漂亮或英俊的人胜过喜爱相貌不好看的人,而且往往把一切好的特性都安在这些外貌吸引力高的人身上。当然,性格本身更是引人注意、令人欣赏的重要条件。性格是个体对现实的稳定的态度和习惯化了的行为方式。在人际交往中,个体如果具有诚恳、坦率、幽默等性格,便较能吸引别人的注意、获得别人的赞赏。

2. 个体内因素

第一,人际安全。在学校生活中,学生的人际关系能否适应与个体是否感受到人际安全密切相关。人际安全(interpersonal security)是指个体在人际交往中对自身状况保持有利地位的肯定性体验。一般而言,人际关系不好的学生,其人际安全感往往得不到保证,常常觉得自己被别人欺负、愚弄或嘲笑,也可能过于担心自己的弱点或劣势会暴露出来。因此,在特定的环境和人际关系中常感到局促不安,担心别人关注自己,也不敢主动与他人交往。也就是说,学生在感觉不到人际安全的情境中会本能地表现出退缩或逃避,以降低自己的不安感。

第二,人际期望。在人际关系中,人际期望(interpersonal expectation)是个体对人际交往对象在一定条件下心理、行为的预期和愿望。这些预期基本上都是个体的主观意愿,本质上是一种投射心理。人际情境制约人际期望的内容,校园中的学生对教师的期望与对同学的期望是不一样的;人际距离决定人际期望的价值,人际距离越近,个体的人际期望价值越高。因此,尽管人际期望是自发的或无意识的,但学生在不同的人际关系中有不同内容、不同价值的期望。人际期望与个体的人际关系状况密切相关,甚至可以说,几乎所有人际关系不良都是个体人际期望不当造成的。

第三,人际张力。人际张力(interpersonal tension)也称人际应激,是指个体在特定人际关系中体验到的一种心理紧张状态。当处于某些特定人际情境中时,个体可能会强迫性地感到紧张、压抑、无奈、无能为力,或表现为冲动、偏激、难以克制,人际张力越大,个体越难适应某种人际关系。一旦脱离某种人际情境,相应的人际张力就自行解除了。例如,一些同学与异性同学进行人际互动时,会出现紧张不安、不知所措,甚至面红耳赤、心跳加速、说话结巴等,但他们与其他同学或其他异性接触时不会这样,表现得非常得体。然而,学生的同学关系、师生关系不是随便就能摆脱的,所以有些个体深受人际张力之苦。

第四,人际报复。在学生的人际关系中还普遍存在一种微妙的人际报复现象。如果某一个体有意或无意地贬损了另一个体,不管被贬损的个体当时反应如何,该个体往往会在以后的某个时候遭到被贬损个体的报复,虽然这种报复可能是无意识的,而且不一定是激烈的暴力行为,这就是人际报复(interpersonal revenge)。人际报复会直接增加人际张力,影响人际关系。

二、学生人际交往能力的培养策略

人际交往技能是学生发展的重要内容,也是他们解决其他发展问题的重要必备技能。如果缺乏人际交往能力,学生可能会性格孤僻冷漠、缺少社会支持、不能适应周围环境,这将严重影响他们身心的健康发展。大量研究也表明,人际关系问题是学生群体中相对多发或突发的心理问题。教师需要在日常教学管理过程中,重视学生人际交往技能的培养,并积极采取多种教学策略将其融入课堂教学之中。

1. 合作学习策略

合作学习(cooperative learning)是指学生为了完成共同的任务进行的有明确责任分工的互助性学习。合作学习是 20 世纪 70 年代初兴起于美国,并在 70 年代中期至 80 年代中期取得实质性进展的一种富有创意和实效的教学理论与策略(Slavin, 1980;高艳,2001;高丹,2014)。在承认课堂教学为基本教学组织形式的前提下,合作学习是以小组活动为主体的一种教学活动,强调个体间的共同目标、相互配合与协调,并以团体成绩作为评价的依据。

合作学习具有两方面的人际功能:(1)合作学习改变了在传统集体教学的师生单维交流中,教师垄断整体课堂的信息源而学生处于被动地位的局面。在合作学习中,学生的人际主动性与创造性得到释放,课堂互动也转向以学生为中心,教师的中心地位被弱化。然而,这并不意味着教师的角色和功能弱化,合作学习中的教师是以学生学习小组为重要的教学组织手段,通过引导小组成员展开合作,促进成员充分交流、讨论,发挥个体与集体的积极功能,进而完成特定教学任务。这样的教学形式将大大改变传统的师生关系模式,也将为师生关系带来平等、尊重、民主等丰富多元的互动体验,促进师生关系的良性发展。(2)合作学习也创造了学生相互认识、相互交流、相互了解的机会。在合作过程中,他们学会了把自我融入群体之中。小组成员成为彼此的好朋友,一起交流观点、讨论问题,一起学习与思考。在群际互动中,学生既能让自己与小组成员发生各种各样的人际互动,也能以观察者的身份看到其他成员之间形式多样的互动过程,这些都会大大地丰富他们的同辈交往经验,提升他们的人际交往技能。

运用合作学习促进人际交往技能需要注意的三个技巧:(1)选择恰当的主题。教师应该根据内容选择合适的时机来进行小组合作学习,在任务比较简单没有必要合作的情况下,使用这一方法会显得多余。通常,教师可以在学生思维受阻、意见出现分歧的时候进行合作学习。例如,在高中语文《孔雀东南飞》这堂课中,教师问:"刘兰芝那么完美,为什么焦母还要赶走她呢?"学生对这个问题的答案可能是多种多样的,这时可以采取辩论的方式开展合作学习(高丹,2014)。(2)制定合理的目标。合作学习的目标既要包括课程的知识能力目标,也要包括人际训练目标。以《孔雀东南飞》这堂语文课为例,合作学习的目标除要包括实词、多义词、古今异义词等文言文基础知识,刘兰芝形象的正面描写与侧面描写手法,以及赋、比、兴等乐府诗歌的写作手法之外,还应包括学生口语表达能力、书面表达能力和身体语言交流能力等。(3)保证学生均衡的参与程度。在合作学习过程中,学优生在小组活动中往往处于"领袖"地位,学习后进生或性格内向的学生则处于从属或被忽略的地位。针对这一现象,可以采用任务分割法,即把一项任务分割为若干部分,由小组中每一个学生负责其中之一。例如,在辩论型合作学习中,教师可以设置不同的辩论环节,促使学生都有机会进行交流与发言。

合作学习作为一种学习方式,从形式上来说应是多种多样的。在实践过程中,有些教师容易错误地将小组合作理解为小组讨论。针对这一现象,教师可以根据课程内容、场地情况和学习特点等教学要素的实际情况设计合作学习的方式,如辩论、分角色朗读、角色扮演、故事接龙等。

2. 对话式教学策略

对话式教学(conversation teaching)是把教育活动看作师生进行一种生命与生命的平等对话,把教学过程看作一个动态发展着的教与学统一的交互影响和交互活动过程(Applebee, 1996;王金柱,2012)。对话式教学策略是一种民主、自由、平等、开放的教学,它的内在本质是让学生的主体地位在课堂上得到落实。在授受式传统教学模式中,教师是课堂的主角,学生是课堂活动中的配角。在对话式教学策略中,师生共同合作、共同探索、共同解决问题,其教学主体正由教师为中心转变为教师和学生双主体。

在传统教学中，教师是课堂的权威，是主讲者，是主动者；而学生是非权威，是听众，是被动者。在对话式教学中，教师与学生的地位都发生了变化，教师不再仅仅是知识的传授者，学生不再仅仅是知识的接受者，师生之间进行着民主、平等、坦率、真诚的有声或者无声的信息交流。

教学过程是一个全面交流、互动的过程，要促使每个学生、教师都可以参与其中，而不能只局限于教师与少数优秀学生之间的对话。对于不主动发言的学生，教师可以采取“抛绣球”的方式，引导其思考回答问题，也可点名回答。只有实现对话的全员性、广泛性，才能实现教学互动向更深更广的方向拓展，使全体学生的能力得到培养和锻炼。

运用对话式教学策略促进学生交往技能的技巧：(1)转变教师的权威角色。对话式教学策略的运用对教师素质提出更高要求，特别是不能再以权威的身份开展对话，对学生进行对错、是非评价。教师需要平等、耐心地倾听和理解学生的观点，给予学生及时、恰当的反馈。教师应以积极的眼光看待学生的分享，灵活采用差异性评价反馈、整体性评价反馈、结果性评价反馈、情感性评价反馈和行为评价反馈，给予学生恰当、公正的反馈。当然，对于明显错误或偏激的观点，教师也能高屋建瓴地对学生的观点给予反馈或指导。总之，教师需要以自己扎实、丰富的知识作为后盾，灵活掌控课堂的互动过程与结果，能对学生谈论的问题做到收放自如。(2)精心设计“对话”问题。课堂对话的问题太浅、太小，没有对话的必要性；对话问题太深太大，则学生讨论起来无所适从，难以展开对话，最终又变成教师的独角戏。因此，课堂对话问题的设计既要难易适中、范围恰当，又要能激发学生的兴趣。例如，在学习《海燕》一文时，如果讨论的问题是：课文中海鸥、海鸭和企鹅的描写有什么作用？这样的对话主题过于简单，学生的观点很可能趋于一致，讨论意义不大。若将此知识点的对话问题设计为：你认为课文中海鸥、海鸭和企鹅分别象征了哪几类人？理由是什么？这样的问题则可能更能引起学生对文章的学习，并调动起自己的生活经验进行思考，从而产生课堂的真正对话。

3. 竞争与合作教学策略

在学校中，学生处于多种形式或层次的人际关系之中，如个体与个体之间，个体与群体内各成员之间，群体与群体之间。这些关系中总是会出现竞争与合作的状态。

竞争(competition)是个体或群体力求胜过对方的对抗性行为，是人际关系的一种基本形态。竞争必须具备三个基本条件：一是有共同竞争的目标；二是竞争的各方必须争夺同一对象；三是竞争的结果必须使一方获胜。对同一个目标来说，竞争的双方是互不相容的。因此，竞争不仅有对抗性，而且有排他性。在学校中，课程学习、升学择校、文体生活等各个领域里都存在着竞争，一切带有“考”“赛”“评”字样的活动，基本上都是竞争。尽管人们对竞争带来的消极影响心存疑虑，但竞争是不可能取消的，也取消不了，因为社会的发展、学校的发展都需要竞争。

合作(cooperation)是群体成员为了共同的利益而同心协力实现同一目标的行为。合作有两个必备条件:一是目标共同、利益共同;二是相互依存、缺一不可。在合作情境中,正因为人与人之间的目标是一致的,因此相互之间有着互助性和依存性。合作现象也是普遍存在的社会心理现象。社会、学校、个体之间需要合作就如同需要竞争。在现代条件下,从经济发展到科技创造,没有人与人之间的合作,就不可能取得重大成就。在学校里也是如此,教育目标的实现,需要人与人之间的通力合作。扬长补短、相互支持、共同奋斗产生的教育效果是难以估量的。如果没有合作,甚至连一场班级球赛也赢不下来。

在学校中,竞争与合作看似是学生人际关系中相互对立的行为。但是,在现实生活中,两者难以截然分开。竞争中常常包含着合作,合作中也常常包含着竞争。以学校为例,各班级之间存在着竞争关系,但这种竞争又必须以内部合作关系为前提,因为一盘散沙的班级没有竞争力。这就是以合作争取竞争胜利的现象。而合作也并不意味着大家平均出力。以足球赛为例,球员比赛时分工明确、密切配合,故能给人以讲求合作的印象,但在比赛过程中,球员并没有忘记与同伴竞争,因为每个人都希望证明自己在场上的表现是最出色的。这就表明,合作中也存在着竞争。

通过校园中多种形式的竞争与合作,学生首先可以更好地了解自己与他人的能力和特点,看到人与人之间存在的差异,从而更好地与不同特点的同学进行交流互动。其次,他们也可以了解人际关系的动态性,竞争与合作不是一成不变的,今天是对手,明天也可能成为朋友。再次,竞争与合作还可以激发学生的人际交往动机,在比较中发现各自的优势与不足,无论是虚心求助还是热心出手,都会推动学生与人交流、与人互动。当然,竞争与合作也可能给学生的人际关系带来负面的冲击,如愤怒情绪或报复心理。然而,所有这些冲击正是他们在现实社会中必须处理好的一部分,这或许也是运用竞争与合作更有价值的地方。

运用竞争与合作教学策略促进学生交往技能的技巧:(1)做好"学情"了解,合理分配分组。教师在分组时要根据任务安排每组的人数,最好按照"组内异质、组间同质"的原则,使得人人都能够在小组合作中发挥自己的作用,并保证小组间公平竞争。因此,在分组前,教师应充分了解学生已有的生活经验、知识基础及其情感、态度和价值观,进而为分组作好充分的准备工作。(2)注重把握"组内合作、组间竞争"的原则。以小组为单位开展合作与竞争,应促进小组内成员进行合作,鼓励大家以实现集体目标、完成学习任务和共同的荣誉而努力,彼此相互帮助、团结合作,使学习效果最优化,并使所有成员都取得进步与提高。同时,小组内的合作还可以培养学生善于听取别人意见、热心帮助和真诚相待的人际品质。组间的竞争应注意避免将比较变成愤怒或仇恨情绪,甚至言语或身体的攻击,应将竞争的压力转换成相互学习、相互促进的动力。(3)正确引导落后或失败者。落后或失败是竞争的必然结果。因此,教师对落后或失败学生的正确引导就显得尤为关键。一方面,教师在小组划分过程中一定要注意小组成员之间的能力平衡,争取让每一个小组都既有机会体验到胜利者的喜悦,又能感受到失败者的酸楚;另一方面,教师也要作好充分的危机处理预案。例如,有教师组织的一场教学竞争引发学生之间激烈的言语冲突。如果教师没有敏锐地觉察,没有进行及时有效处理,这可能就会变成一场不可预料的冲突事件。因此,教师在活动前、活动中和活动后都要设计一定的应对措施,并作好在关键时候、关键场域处理竞争危机的准备。

本章小结

人际关系是为了满足某种需要,人与人之间借助交往平台或者交往关系的相互作用而产生的一种心理联系。它能体现人与人相互交往过程中心理关系的亲密性、融洽性和协调性程度,通常包括认知成分、情感成分和行为成分。

学校人际关系是人际关系的特殊形式,是学校成员在同一群体中或不同群体间相互认知、体验而形成的带有浓烈情感色彩的人与人之间比较稳定的心理关系。

学校人际关系是一个由表及里、由浅入深的渐进发展过程,大致可以分为定向吸引、情感探索、感情交流和稳定交往四个阶段。学校人际关系可以满足青少年学生的交往需求,帮助完善自我认识,提高社会化程度,促进身心健康发展。

青少年的学校人际关系主要包括师生关系和学生关系。师生关系是指教师与学生在教育、教学和课余生活中结成的相互关系。在学生的童年期、少年期和青年初期,师生关系中的权威性降低,平等性日益明显,开始向成人关系过渡。师生关系也可以大致分为专制型师生关系、放任型师生关系和民主型师生关系。学生关系是平行的、平等的,不同于学生与家长或教师等成人之间建立的垂直型人际关系。在小学、中学和大学阶段,学生关系的对象、形式、模式和目的都存在明显差异。根据人际关系的融洽程度,学生间的关系状态可以划分为友好型学生关系、冲突型学生关系和疏离型学生关系。网络时代催生出了新型的师生关系,学生之间的人际交往方式也日益多元化。测评学校人际关系的方法主要包括社会测量法、社会距离测量法和自我评定法。

影响学生人际关系的因素主要包括人际间因素和个体内因素。前者是指个体自身难以选择和避免的影响因素,主要包括接近且接纳、相似或互补、外表与个性等;后者是指学生个体自身的内在因素,主要包括人际安全、人际期望、人际张力和人际报复。

结合学校的教学管理,学生的人际交往能力可以通过合作学习策略、对话式教学策略、竞争与合作教学策略等形式多样的教学活动,在课堂教学中进行潜移默化的培养与提升。

推荐阅读

1. 戴维·迈尔斯.(2012).*他人即地狱?——人际冲突的源起与化解*.北京:人民邮电

出版社.

2. 罗伯特·博尔顿.(2012).*人际关系学*.天津:天津社会科学院出版社.

3. 克罗斯·帕克.(2007).*人际网络的潜在力量*.北京:商务印书馆.

4. 戴尔·卡耐基.(2018).*人性的弱点*.北京:商务印书馆国际有限公司.

复习思考题

1. 解释下列概念:

人际关系　学校人际关系　师生关系　网络人际关系　社会测量法　社会距离　人际安全　人际期望　人际张力　人际报复　合作学习　对话式教学

2. 从人际交往的对象来看,学校人际关系的基本类型是什么?

3. 学校人际关系的发展过程主要分为哪几个阶段?

4. 学校人际关系对学生发展的主要作用是什么?

5. 学生之间的人际关系状态可以分为几类?如何帮助学生正确认识学生关系的不同状态?

6. 在班级管理中,如何营造和睦的班级师生关系和学生关系?

第十四章 课堂学习管理

课堂学习管理是学校教育管理的重要组成部分。良好的课堂是高效率学习的基本保障，并能促进教学质量的提高。如何进行课堂学习管理是教育学家、教育心理学家以及广大教育实践工作者共同关注的问题。进行课堂学习管理应遵循什么原则？如何建立良好的学习环境，创设积极的课堂气氛，维持课堂的正常秩序？如何看待课堂学习中的问题行为？课堂问题行为应如何予以纠正？本章将对这些问题进行分析和探讨。本章主要内容：

1. 课堂学习管理概述；
2. 课堂气氛与学习共同体管理；
3. 课堂学习中的问题行为；
4. 课堂中的师生冲突管理。

第一节　课堂学习管理概述

课堂学习管理贯穿教学过程的始终，是课堂教学过程的重要组成部分，是开展教学活动、完成教学任务、实现教学目标的保证。

一、课堂学习管理的概念与功能

1. 课堂学习管理的概念

课堂学习管理(classroom learning management)是对课堂教学各个环节的运作进行计划、决策、组织、指挥、监督和调节，也是教师在教学活动中主导建构有效的学习环境，促进学生积极参与教学活动，从而实现预定教学目标的过程。

课堂教学是学校最基本的教学单位，教师是教学活动的组织者和管理者，学生是学习的主体。在教学过程中，教师不仅要传授知识，还必须进行组织管理工作，吸引学生的注意，引发学生的学习兴趣，促使学生积极参与教学活动。同时，教师还有责任创设良好的学风班风，管控好纪律和问题行为，使学生积极主动地参与学习，充分发展每个学生的聪明才智,否则就会出现纪律问题,发生问题行为,干扰课堂教学。总之,课堂学习管理得当、组织有力,不仅可以促进教学活动的正常进行,实现教学目标,而且可以增强学生参与教学任务的意识,形成良好的学风和积极的课堂环境。

2. 课堂学习管理的功能

课堂教学管理是建立良好学习环境不可或缺的。课堂是一种有组织、有领导的师生共同进行的教与学的群体活动。在教学过程中,有时难免会遇到一些问题或干扰。例如,有的学生上课时玩游戏,有的学生精神不振、睡觉,等等。这些情况如不及时处理或排除,就会造成课堂秩序的混乱或冲突,造成课堂纪律的涣散。教师必须随时对课堂教学进行管理,及时预见和排除影响课堂教学正常进行的各种不利因素。

课堂教学管理促进学生的学习。教师应调动学生学习的积极性,激发学生自觉,促进学生的学习。教师在课堂教学中,应引导和维持学生的注意,明确学习的任务,激发学生学习的兴趣,减少紧张和焦虑的气氛,使学生在和谐的环境中进行学习。课堂上不仅要有学生的问与答,而且要使学生的静心聆听与积极思维同时进行,使课堂气氛严肃中不乏轻松、紧张中也有欢乐。课堂学习管理的基本目标是调动学生学习的自觉性,使学生养成勤奋好学、积极向上、互相帮助的好学风。这种好学风对学生的问题行为会起到积极的预防作用。

总之,课堂学习管理就是教师运用管理学的知识和技能建立起良好的课堂教学环境,促进学生学习的积极性和自觉性,以便保证教学任务的顺利完成。

二、课堂学习管理的基本原则

基于积极促进、预防为主的观念,课堂学习管理一般遵循以下四条原则。

1. 了解学生的需要

课堂学习管理不是靠简单的监督和控制就可以达到目的。了解学生的各种需要是课堂学习管理的心理依据。教学的目的、内容和方法只有与学生的需要相适应,才能更好地激发学生学习的自觉性,学生也才能有效地完成学习任务。

2. 建立积极的师生关系和同伴关系

良好的师生关系和理性的教师权威,不仅有助于教师传授知识,而且有助于学生学习。教师与学生之间具有较大的相容性,相互产生积极主动的促进作用,学生主动接纳教师的指导,接纳各项教育措施,教师的行为可以对学生产生潜移默化的影响,教师的教学活动才能高效顺利地开展。积极向上的同伴关系对提高学习效率和形成良好品德都具有重要意义。

3. 采用有效的教学措施,促进最佳学习

教师要有明确的、适合学生心理需要和学业程度的教学目标,并使教学目标成为学生的需要。教师还必须为学生提供有效的指导,使用难度适当的教材和好的教学方法,使学生对学习内容本身感兴趣。同时，教师还应对学生的学习结果进行评价，以鼓励学生不断获取学业成就，增强他们的内在兴趣和积极性。

4. 建立教室常规

教室常规(routine of classroom)是保证教学顺利进行的行为准则。例如，发言之前要先举手，得到教师同意后才开始发言。建立教室常规是使全体学生认识到在教学活动中必须遵守的行为准则，形成良好的课堂学习行为，预防违纪行为。在制定教室常规时，必须使全班每一位学生都了解规则的意义，同时还应考虑执行的现实性，使规则真正有效。

三、课堂学习管理的影响因素

课堂学习管理受学校、班级、师生等因素的共同影响。

1. 学校因素

学校领导的管理方式、学校的管理制度等因素对教师课堂学习管理有直接的影响。学校如果采取民主管理方式，学校的气氛比较宽松、和谐、积极向上，教师就能够发挥自主性和创造性，敢于发表意见，敢于根据课堂的具体情况进行教学改革，学校中大部分的课堂学习气氛就会是活跃的、良好的。学校如果采取监督式的、权威的、专制的领导方式，学校领导与教师之间的关系紧张、冷淡，在这种学校气氛下，课堂学习管理也会比较紧张，学习氛围也就比较沉闷。学校的管理风格直接影响着教师的思想和情绪，而教师必然会把这些情绪带入课堂。

2. 班集体的特点

不同班集体的群体规范、凝聚方式不同。应依据班集体的性质、类型和特点，采取不同的课堂学习管理的模式。例如，优秀的班集体已经形成良好的学风和群体规范，而且有较强的凝聚力，此时教师应采取启发式的课堂学习管理，充分发挥学生的积极性和主动性，放手让学生进行自我管理。而对于班集体尚未形成、学习风气不浓、学生问题行为较多、纪律差的班集体，教师应采取控制式的课堂学习管理，培养学生骨干，逐渐引导班集体的群体行为形成规范，形成班集体，同时形成良好的课堂学习气氛。

班集体的大小对课堂学习管理也有一定影响。一般而言，班集体大，师生之间、同学之间交往的频率低，相互了解少，情感纽带弱，建立集体规范比较困难，容易形成各种非正式的小群体。班级群体不宜过大，一般以 30—40 人为宜，最多不超过 50 人。

3. 师生期望

角色期望(role expectancy)是指人们对某一种职业或职务类型的人，在行为表现、动机和意向方面的期望。例如，教师应为人师表，一切行为应符合比较高的道德标准，这就是人们对教师行为的一种定型化期望。学生对教师的课堂教学行为同样会怀有期望，他们希望教师以某种方式进行教学和课堂学习管理。如果教师的行为表现与学生的期望不一致,学生就会产生不满。因此,教师要时刻了解学生对自己的期望,尽量使自己的行为方式、管理方式等与学生的期望一致和协调,从而取得更好的课堂学习管理效果。

第二节　课堂气氛与学习共同体管理

健康积极的课堂气氛,有助于提高学生的积极性;反之,则会削弱学习效果。学习共同体是课堂学习气氛的载体,也是课堂气氛建设的高级形式。

一、课堂气氛的内涵与类型

课堂气氛(classroom atmosphere)是指师生在课堂上围绕教学活动进行互动过程中形成的心理氛围。课堂气氛既包含教师的心理状态,也包含学生的心理状态;既与教师的水平特别是威信有关,也与学生的素养有关;既与已经形成的班风有关,也与特定的物理结构有关;既与教学内容有关,也与教学行为的互动性有关(宋广文,刘凤娟,2010)。课堂气氛是影响课堂行为和教学质量的重要因素,它一经形成就会形成一种社会压力(social pressure),从而使置身其中的教师和学生不由自主地受其影响(吴晓义,2007)。师生如能有意识地营造良好课堂气氛,在课堂上形成和谐共生的状态,将有助于教学达到最佳效果。

依据心理状态综合特点将课堂气氛划分为积极的、消极的和对抗的三种类型(黄秀兰,1986)。从学生思维活动状态和情感体验角度,将课堂气氛分为四类:智力紧张、情绪轻松型;智力紧张、情绪紧张型;智力轻松、情绪紧张型;智力轻松、情绪轻松型(宋广文,刘凤娟,2010)。

表 14-1　学生在不同课堂氛围中的表现

表现 气氛	注意	想象力	反应速度	兴趣	情绪	对教师态度	课堂纪律
智力紧张、情绪轻松型	集中	很强	快	浓厚	轻松、愉快、有安全感	乐于配合、有亲近感	好
智力紧张、情绪紧张型	集中	较强	较快	一般	压抑、紧张、易疲劳	能配合	好
智力轻松、情绪紧张型	不集中	一般	慢	冷淡	胆怯、易焦虑	被动配合	好
智力轻松、情绪轻松型	不集中	差	慢	冷淡	随意	不配合 甚至对立	差

课堂气氛是由知识结构、情感态度、人生信仰、价值观念和思维方式等因素构成的复杂整体,它在一定程度上决定了教学主体生存和发展的基本方式。教学实际上是一个教

学主体对课堂气氛进行批判和重建的奠基、发展和完善的过程。通过创设一种充满勃勃生机和生命活力的课堂气氛，有利于扩展学生的学习、生活和思维空间，使学生感受到学习及其成长的乐趣，培养学生的批判精神和创新能力。

二、教师的领导方式与课堂气氛

教师的领导方式直接影响着课堂气氛的形成。勒温、利皮特和怀特(Lewin, Lippitt, & White, 1939)曾对领导方式进行研究，将教师领导方式分为专制型、民主型和放任型。权威型领导(authoritarian leadership)，即课堂中的一切由教师决定，学生没有自由，只是听从教师的命令，教师完全控制学生的行为。民主型领导(democratic leadership)，即教师在教室里以民主的方式教学，重视集体的作用。教学的要求、活动及工作步骤交给学生集体讨论，然后由学生提出课堂目标，确定可选择的步骤，让学生自己分配工作，教师对学生的表现给予客观的表扬与批评。放任型领导(laissez-faire leadership)，即在教学中仅给学生提供各种材料，要求学生完成作业，教师采取一种不介入的、被动的姿态，不提供任何计划和建议，在学生解答问题时也不提供帮助，给学生充分自由。大量调查表明(宋广文，刘凤娟，2010)，学生普遍欢迎的是民主型领导方式，最讨厌的是放任型领导方式。随着学生年龄的增长，对专制型领导的讨厌程度也有所增加。教师的领导方式与学生学习管理的关系见表 14-2。

表 14-2 教师领导方式与学生学习管理的关系

教学的各方面	权威型领导方式	民主型领导方式	放任型领导方式
教学计划	教师决定一切学习计划并控制学生行为	师生共同设立学习目标，拟定学习计划	无指导，完全自由活动，常有干扰
学习方式	在教师的控制下，学生表面上学习，实际上不一定生效	学生一起讨论，提出评判，求得结果，成效卓著	教师不指导学生，遇着困难就自行停顿
努力情况	教师督促学生努力学习，教师在场有效，离开就不行了	努力求达目标，自己负责学习，不论教师是否在场	学生任意学习，不知努力的方向，效率很低
教室秩序	形式主义的学习，表面似守秩序，实际因循苟且	学生们按计划行动，互助合作，秩序良好	有时生动活泼，有时吵闹混乱，缺乏纪律
课堂气氛	着重个人学习，无社会化行为，气氛严肃	师生友好，大家愉快，学习有兴趣，成功有信心	大家喜怒无常，时而兴高采烈，时而忧郁丧气

(采自黄希庭，1997)

三、创造良好的课堂气氛

1. 运用恰当的课堂气氛形成理论

理论是实践的先导，积极课堂氛围的营造可以参考多种理论，根据班级特点选用(吴晓义,2007)。

目标导向理论(goal directed theory)是一种偏重民主取向的课堂管理理论,它主张教师与学生共同决定班级常规和奖惩逻辑,师生双方共同营造有助于学习的积极课堂气氛。其基本信念是应该给学生选择的机会,强调学生必须接受自己选择的行为的自然后果,并学会对自己的选择负责。

和谐沟通理论(effective communication theory)基于人本主义发展观,主张通过创造师生之间的和谐沟通来形成积极的课堂气氛,以促进学生的发展。教师与学生和谐沟通就能由外而内地培养学生的自制行为和责任感,使学生自己寻求答案和解决问题。和谐沟通强调培养学生的自制、自强、合作与负责等良好品质,以减少和控制不良行为。

团体动力理论(group dynamics theory)认为,个体在团体中表现出的行为与个体独处时表现出来的行为有可能完全不同。团体能强烈地影响个体的行为,为课堂管理带来建设性作用,也可能产生一定的问题,如导致不良行为蔓延、瓦解课堂凝聚力等。教师必须有能力察觉到团体的特征,有能力察觉和判别团体中的各种角色,并明确自己在团体期待中扮演何种角色。

2. 提升教师的课程运作能力

课程运作(lesson movement)强调课堂中有效管理与有效教学之间紧密的联系。课堂运作能力通过教师的一系列课堂学习管理实现。

教师的课堂掌控首先是合理安排教学进程。在教学的导入环节,要根据不同教学对象、教学任务、教学内容、教学时间和教学目的等选择导入方式,通常选取与教学内容相关性较大,有利于学习产生正迁移的导入内容和分析视角。在教学的主体环节,教师讲课是否条理清晰、主次分明、重难点突出,是否做到讲解深入浅出,都将对学生的注意、兴趣等产生显著影响。这有赖于教师对教材的深刻把握,扎实的教育教学艺术功力与教学技能,以及良好的语言表达能力。另外,教师还须重视知识的呈现方式,正确选择教学媒体。教学接近尾声时,教师恰当的总结可以起到“画龙点睛”的作用。

课堂掌控还体现为对课堂进程的调节。课堂教学是一个动态过程,要求教师“眼观六路,耳听八方,随机应变,反应迅速”。教师不仅要讲课,而且要随时观察学生的反应,善于从细节中捕捉学生对教学内容的理解状况、思维状态和情绪状态,及时对教学行为进行调节。对偶发事件的处理采用智慧与幽默相结合的方式,不仅要机智果断,而且要善于驾驭自己的情绪。要实现良好的课程运作,除了依赖教师过硬的专业素质(参见第十六章)之外,还要求教师掌握一些技能和方法。首先是与学生“同在”,即定时监控课堂,让学生意识到教师随时随地与他们“同在”,教师能够捕捉到学生不恰当行为的微妙信息并将其消灭在萌芽状态。其次是兼顾,高效率的教师能够同时做几件事情,如在巡查课堂作业时能够用眼睛的余光注意到其他学生,在满足个别学生的需要时不会干扰全班活动的进行。再次是保持上课的连贯性和兴致。教师要认真备课,上课时给学生提供连贯的“信号”。

解决个别学生纪律问题不应影响上课，这样可以减少不良行为的“传染性”，避免引发更大的混乱而打断课程的连续性。最后是教师给出的课堂作业应具有多样化和挑战性，即为学生提供难度适宜且具有一定挑战性的课堂作业，吸引学生的注意和兴趣(王桂平，史晓燕，郭瑞芳，吕艳，2005)。

专栏 14-1

课堂教学时间管理的策略

课堂教学时间管理是对课堂教学活动的时间进行科学预测、系统计划、合理分配和适时调控的过程(李德全，杨正强，2014)。精心设计、合理安排课堂教学活动时间，可以保证课堂教学的有序开展，提高课堂教学的效率，促进学生的健康发展和教师的专业发展。课堂教学时间管理的目的在于充分利用课堂有限的时间资源，做最有意义的事情(陈列，靳玉乐，2008)。课堂教学时间管理的策略如下。

1. 科学规划课堂时间

教师课堂时间规划科学化策略包括课前预设、课中调控和课后反思(柳国辉，2014)。教师备课要围绕课堂教学的 45 分钟制定清晰、详细、操作性强的时间计划；在课堂教学活动中，合理掌控教师教的独立活动时间、学生学的独立活动时间、课堂上教与学的互动时间；教师课后反思应集中思考课前的教学时间预设是否足够合理，课中对各类教学时间的调控是否恰当，通过反思提升时间管理效能。

2. 把握最佳教学时机

教学时机是教师根据学生的心理特征、教学主题和学科特点，选择最佳的手段、方式和方法，在课堂极为有效、最易发生的时间段实施教学。教师教学时机把握的最佳策略包括注重教学机会成本、掌握课堂教学契机、发挥教师专业智慧(柳国辉，2014)。把握好教学时机，包括导入新课的时机、教学组织的时机、提问的时机、演示的时机、组织讨论的时机、表扬与批评的时机、课程资源呈现的时机、教育技术手段使用的时机以及评价学生的时机。教师的教育智慧表现为解决问题、激励学生探究、升华学生的生命价值等。教师的教育智慧在课堂教学中呈现为教学机智，也是追求和谐课堂的源泉所在。

3. 课堂教学中教师的时间管理

这包括教师对讲授学科专业知识和技能知识的时间管理、进行思想教育(含维持课堂秩序等)的时间管理，以及板书(或多媒体运用)时间的策划、分配、调整与利用的时间管理。有两种策略，即程序性策略和计划性策略(李德全，杨正强，2014)。程序性策略指教师按照重要性和紧迫性对课堂中的各个环节予以分等，然后按顺序和类别科学合理地安排时间权重。计划性策略指教师围绕课堂教学的 45 分钟制定明确详细的短、中、长期计划，分类推进。备课是计划性策略的集中表现，在课前备课标、备教材、备学生、备练习、备教法是课堂教学时间管理优化的先决条件。

4. 课堂教学中学生的时间管理

课堂教学中学生学的时间管理既涵盖了教师对学生学的时间安排和调控,也包含学生自身学习的时间把握和利用,是对学生独立阅读、质疑、思疑、解疑、练习、实践操作时间的计划、分配、协调、利用的活动过程。

教师既要留更多的时间给学生自主学习、自主探索、自我消化,又要加强指导和引导,提高教学时间的利用率,还要综合考虑学生学习所花时间与所需时间的辩证关系,采取灵活多样的教学策略和方法,促使学生在有限的时间内获得最大的学习效益。

就学生而言,要树立效率意识,在单位时间里获得尽可能好的学习效果,还可以通过课堂支配的时间建账策略提高时间管理的质量,如自己及时复习的时间、完成随堂习题的时间等。

5. 课堂教学中教与学互动的时间管理

课堂教学中教与学互动的时间管理,主要指师生之间进行交流、对话、讨论、辩论乃至共同实践的时间策划、分配、调控的活动过程。良好的心理氛围是促进课堂有效互动的前提和基础。师生之间、学生之间的关系正常和谐,学生就能产生愉快、满意、羡慕、互谅、互助等积极的态度和体验,从而提高时间管理与利用的效率。美国学者对中学物理课的课堂互动时间实验结果表明,在课堂中至少应该有 11 分钟作为互动时间(李德全,杨正强,2014)。师生问答、师生辩论以及学生讨论等课堂互动时间应超过课堂教学总时间的四分之一。

3. 发掘教师的人格魅力

在课堂教学管理过程中,教师的人格魅力是教师综合素质的体现,更是一种无形的号召力,为课堂建设注入活力。

第一,教师的亲和。必须尊重学生的人格,尊重学生的选择自由和独立意识。只有尊重才能形成真正的共同目标与和谐沟通,也才能有真正的团体动力和积极课堂气氛;只有学生拥有了选择的自由和独立的意识,积极性和主动性才能真正得到发挥,他们的生命活力才能真正充分释放(吴晓义,2007)。只有通过倾听,才能了解学生的真实想法和行为动机,才能找出问题行为的真正原因;只有倾听学生的想法、意见和要求,教室常规才能被学生接受和认同。

第二,教师的威信。教师威信是指教师具有一种使学生感到尊严而信服的精神感召力量(宋广文,刘凤娟,2010)。有威信的教师让学生感到心悦诚服、亲切而不失威严,对教师所授知识及其思想观点深信不疑;让学生感到安全,敢于提出问题,大胆表达自己的观点;教师的表扬让学生感到骄傲与自豪,对学习产生更大的信心与激情;对于教师的批评,学生也会欣然接受,并将教师的表扬作为鞭策自己的动力。相反,对于缺乏威信的教师,很多学生会自觉或不自觉地流露出轻视、不信任，有的学生甚至会在课堂上故意捣乱，影响他人学习，干扰教师的工作，破坏课堂纪律。

第三，教师的期望。期望(expectancy)是人们在对外界信息不断作出反应的经验基础上，或者在推动人们行为的内在力量需求基础上，产生的对自己或他人行为结果的某种预测性认知。教师如果能充分了解每个学生的认知能力和人格特征，形成对每个学生恰如其分的期望，期望就可能对学生产生良好的自我实现预言效应，促使学生向好的方向发展，并形成和谐的课堂气氛。如果教师对学生带有偏见，看不到学生的优点而形成低期望，学生在这种期望的影响下就可能自暴自弃，学习成绩越来越差，并严重影响课堂气氛。这种期望效应产生的基本过程，以及它影响学生行为和课堂气氛的机制，基本上是一致的。

教师期望可以通过言语或非言语的方式传达给学生。教师在课堂可以有意识地将自己的期望以言语传递给学生，让学生感到自信，以改善课堂气氛，提高学生学习效率，促进教学顺利进行。非言语式期望可以通过对学生的期待、信任、赞许等眼神来实现。但要注意的是，对学生的正面期望宜适度，过高容易让学生感到“高不可及”，过低则会使学生认为自己没用，影响学生的价值感。教师也要根据学生发展变化的情况调整期望水平，用发展、变化的眼光看待和期望学生，随时注意每一个学生的表现和积极变化，并及时调整自己心目中的学生形象和期望。

第四，教师的共情。共情(empathy)是指在人际交往中，当个体感知对方的某种情绪时，他自己也能体验相应的情绪，即设身处地地以对方的想法去体察其心情。在课堂学习管理中，教师要有体察学生情感的能力，将自己置于学生的位置，才能准确地观察学生，体验学生的情感，使自己在情感上和理智上都能处于学生的位置，为学生着想。如果教师总是以自我为中心，习惯向学生提出单向要求，就容易产生认知障碍。因此，共情好比师生间的一座桥梁，它可以将教师与学生的意图、观点和情感联结起来，创造良好的课堂气氛。教师给予同情、热情而诚恳的帮助，师生间就容易产生情感共鸣，而这对形成和谐的课堂气氛也很重要。

4. 营造良好的班级风气

班级风气，简称为班风，是由班级成员之间以及成员与各群体之间在情感、认识、行为、道德规范等方面相互影响而形成的一种集体氛围。班风反映着一个班级学生的精神面貌，影响着班级整体学习风气，在一定程度上对学生行为起着舆论与心理导向的作用，产生一种群体压力和活力。班风如何往往体现在课堂气氛中。一般情况下，良好的班风会推动良好课堂气氛的形成，不良班风会对不良课堂气氛的形成起到推波助澜的作用。

5. 消除不良心态，产生师生情感共鸣

教师要善于观察了解学生的心理状态，自觉激发学生良好的心理状态，有意识消除学生不良的心理状态。首先,教师应从学生非言语行为中了解学生的心理状态,即从学生在课堂学习时的表情、目光、动作、姿势等方面,观察和了解学生的心理状态,针对学生的状态,及时提出表扬、赞赏,使学生的心态始终是积极的、兴奋的。其次,教师应满腔热情地激发学生产生和保持良好的心理状态。再次,课堂教学中要不断消除和克服学生学习中出现的不良心理状态,这可以从两个方面入手(徐小兵,2008):一是分析产生不良心理状态的原因;二是消除课堂教学中师生双方在认知、情感、动机、兴趣、注意、意志、性格、师生关系等方面的心理障碍。

师生情感共鸣是课堂心理气氛的重要变量。教学过程是师生在理性、情感方面的互动过程。课堂教学中要使师生双方的意图、观点和情感连结起来,使知识、信息能引起学生强烈的求知欲望、积极的思维活动和强烈的内心体验,使知识、信息附加情感色彩,以情感体验营造良好和谐的课堂心理气氛。教师本身的情感状态可以产生共鸣作用,使学生受到潜移默化的影响,使课堂中出现某种心理气氛。

四、培育课堂学习共同体

学习共同体是指师生追寻共同的学习愿景,通过创设教学情境,师生之间、学生之间协商对话,共享学习的乐趣,共同寻找和生成新知识的学习团队。将课堂理解为师生学习的共同体,其本质是建构一种学生本位的新型课堂教学生活世界(时长江,刘彦朝,2008)。在学习共同体中,师生平等合作、协商沟通、交流情感,彼此之间形成互相信任、共同进步的人际关系,每个成员在实现个人愿景的同时,也为达到全班的共同愿景而努力,对共同体形成很强的认同感和归属感(朱正平,2015)。培育课堂学习共同体,可以采取以下建设策略。

1. 共享愿景,寻求共同的情感归属

博耶尔(Ernest L.Boyer)将拥有共同愿景作为在学校建立学习共同体必须具备的第一个条件(刘光余,邵佳明,董振娟,2009)。在课堂学习共同体发展的初级阶段,师生为了共同的目标走到一起,每个人都希望自己被别人喜欢、被别人接受,并试图找到适合自己的位置。在该阶段,班级应该花时间和精力来构建理想说话环境,从熟悉彼此开始,建立师生之间和学生之间的联系,建立共同愿景,促进相互包容,让个体感受到归属感,体验到自己是共同体的一员,从而在心理上彼此接受。

2. 建立规章,确定内化的行为标准

建立规章制度是为了实现课堂学习共同体的目标,保证课堂学习共同体有序运行。规章制度必须从师生的生活需要和发展需要出发,并能够内化为师生的行为标准;规章制度经过讨论后就应由口头转变为书面,在组织语句书写时,所用语句应尽量体现人文关怀,尽量少用或者不用“严禁”“必须”等词语,多运用“请”“需要”等更具人文关怀的词语,营造一种师生心情舒畅、积极向上的心理氛围。

3. 解决冲突,建立互惠的合作关系

冲突解决对课堂学习共同体具有建设性作用。产生冲突的原因是多方面的,其中一个重要原因就是共同体成员缺少合作技能(倾听、说明、求助、反思、自控、帮助、支持、说明、建议、协调),师生在解决冲突的过程中,建立互惠的合作关系,促使课堂学习共同体由不平衡向平衡进行动态发展。

要营造互惠合作氛围,还需建立相互支持和信任的学校氛围。在解决冲突的过程中,师生的不同观点受到尊重和鼓励,师生敢于表达自己的观点,学校成为满足师生安全需要、归属需要和成就需要的地方。互惠合作氛围是将个体间的差异作为一种教学资源,倡导不同主体价值的创造、建构与分享。教师可以通过批判思考,进行内部协商,培养互惠合作意识。

4. 沉浸体验,达成双赢的发展目标

在课堂学习共同体持续改进的过程中,只有将共同目标转化为每个成员的个人目标体系,课堂学习共同体的共同目标才能实现。在确立共同目标之前,要进行系统分析,找出课堂学习共同体的优势和劣势,利用各自的专长,相互支持与合作,共同协商确定学习目标。在达到目标的过程中,要注意课堂学习目标的层次性,共同目标和个人目标在不同发展阶段也应有所侧重。

5. 反馈信息,实现动态的持续发展

要及时有效地反馈课堂学习共同体的有关信息,根据课堂学习共同体不同发展阶段的特质,适时调整甚至重新设计各项措施、方案,实现课堂学习共同体动态的持续发展。

6. 对话协商

学生之间的互动与合作是教学过程必不可少的组成部分,在知识建构中起着关键性作用,有利于激发学生追求知识的好奇心,增强学生的参与意识。更重要的是,在这个过程中,学生的不同意见和观点会发生碰撞、交流与协商,使学生看到问题的不同侧面,对知识形成更加全面和深刻的理解。对话协商从接受知识到学会认知,让课堂成为学生智慧生成的场域。对话和共同的探索活动将公共知识转化为个人知识,将个人问题转化为公共难题,借助集体智慧解决个人困境,从而构成一种促进个体智慧学习和实践创新的良性循环。

对话协商实现从知识学习到精神相遇,让课堂能够形成相互维系的、共同的精神、文化价值与心理倾向,并通过不断的社会化互动激发和维持学习共同体的生命活力,使共同体成员产生“同舟共济”的共同体意识和情感,形成“人人为我,我为人人”的相互依赖关系。在通过对话协商相互分享各自专长的时刻,共同体内部就建构起了新的知识,形成了共同的智慧和信念,从而有助于应对单凭个人知识与能力无法解决的学习任务。

第三节　课堂学习中的问题行为

问题行为(problem behavior)是指带有反社会性或破坏性的行为。课堂问题行为是问题行为的一种,是指发生在课堂教学中的,违反课堂行为规范和教学要求,影响正常课堂教学秩序、教师教学、自身和他人学习,并给教师教学和学生学习带来消极影响的课堂行为(张彩云,2007;张彩云,武浩,2016)。绝大多数学生的不良行为相对轻微,大多与课堂中的注意、对课堂纪律的控制和完成作业有关。

一、问题行为的类型

1. 个体水平的不良行为和集体水平的不良行为

个体水平的不良行为主要包括提醒后才开始完成课业,不用心做功课,不能完成作业,不听从指示,做作业马虎,擅离座位,打扰别人,随便讲话,撒谎,说话粗鲁,退缩,持续寻求安慰,作自我否定的评价,在不适当时哭,做小动作,不与别人交往,不参与集体活动,轻易放弃,不能与他人分享,情绪与环境不适合,没有正当理由抱怨身体不适,逃学,不合作,不遵守秩序,攻击行为,破坏公物,性情暴躁,偷窃和欺骗。集体水平的不良行为主要包括不团结同学,不遵守行为准则,消极对待小组成员,认同不良行为,容易分心,妨碍上课,模仿别人,道德水平低并表现出敌意、反抗和攻击行为,缺乏适应环境的能力等(王桂平,史晓燕,郭瑞芳,吕艳,2005)。

2. 内向型问题行为和外向型问题行为

内向型问题行为包括回避、烦躁不安、焦虑等。外向型问题行为表现为反抗、冲动、侵犯性、反社会行为和过度活跃。两种类别之下又可以细分为多种具体表现。例如,外向型问题行为具体表现为打骂、推撞、追逐、嘲笑、交头接耳、替换座位、传递纸条、高声谈笑、发出怪音、做怪异动作、不服从指挥、反对班干部和教师等。内向型问题行为具体表现为胡思乱想、心不在焉、乱涂乱写、抄袭作业、胆小退缩、迟到、早退、逃学、过度寻求帮助等(郑显亮,2005)。外向型问题行为会直接干扰课堂纪律,影响教学活动的正常进行。内向型问题行为往往具有隐蔽性,虽然不会直接干扰课堂秩序,但会影响教学效果,同时也会对学生的身心健康带来极为不利的影响(张彩云,武浩,2016)。

3. 教师知觉到的课堂问题行为表现

中小学教师知觉到的学生课堂问题行为主要包括十个类别,分别为走神、随便说话、多动、不跟随任务、不参与合作、退缩、嘲笑别人、妨碍他人、不服从和情绪失控。其中,小学生中最常见的问题行为依次是走神、随便说话和多动,这三类问题行为占教师报告总数的90%。中学生中最常见的问题行为是走神、随便说话和不参与合作,这三类问题行为占 82%(张彩云,2007, 2015;张彩云,武浩,2016)。

4. 学生知觉到的课堂问题行为表现

在小学高年级学生知觉到的课堂问题行为表现中,外向型问题行为有故意惹人注意(上课插嘴、扮鬼脸发怪声、恶作剧等)、扰乱秩序(交头接耳、大声说笑、擅离座位走动、听音乐等)、攻击(吵闹、打架等)、无理对抗(不服从管理、顶撞老师等);内向型问题行为有注意分散(走神、传纸条、递书本、摆弄物品做小动作、上课睡觉、无精打采、吃东西等)、退缩(厌学不参与学习、紧张、害怕不举手等)、神经过敏(烦躁不安、过度焦虑等)、不负责任(抄袭作业、考试作弊、做其他科目作业、看课外书等)、违纪(旷课、迟到、早退、找借口逃课或逃学等)。在所有类型的课堂问题行为中,注意分散行为所占比例最高,其中走神问题行为所占比例超过 90%(张彩云,武浩,2016)(见专栏 14-2)。

专栏 14-2

学生课堂问题行为表现的年龄差异

小学高年级和初中是学生纪律问题最严重的阶段。在这个阶段,越来越多的学生开始从取悦教师转向取悦同伴,他们开始讨厌以权威人物自居的教师,某些学生变得喜欢捣乱,难以控制(王桂平,史晓燕,郭瑞芳,吕艳,2005)。

对不同学段课堂问题行为的研究(张彩云,2007;祝玉晶,2014)发现,小学生中最常见的行为是走神、随便说话、多动、不跟随任务和不参与合作,课堂问题行为以轻度为主,真正程度严重的问题行为只占少数,如与同学吵闹、打架的占 22.3%,不服从管理、顶撞老师的仅占 6%。初中生中常见的问题行为,包括故意引起他人注意、顶撞教师、上课看课外书、听音乐等。

初中生的问题行为有一部分指向教师,表现出一定的反抗性。还有一部分带有一定的目的性,如希望获得他人的注意等。有的行为带有一定的闭锁特点,如不参与课堂,沉浸在音乐中等。

高中阶段是学生身心矛盾较多、情绪较不稳定的时期。升学和择业的压力,使高中生在课堂中产生的问题行为有别于小学生和初中生。在外向型问题行为上,讲话、做小动作、上课睡觉、无精打采、神情疲惫、做其他科目作业、看课外书籍等表现最为突出。在内向型问题行为上,5%的学生认为自己极端羞怯、害怕教师提问,22.4%的学生认为自己在课堂上做白日梦,20.1%的学生认为自己厌学,13.5%的学生认为自己敏感多疑、过度焦虑。

二、引发课堂问题行为的因素

学生问题行为不仅仅直接来自课堂教师与学生的互动之中,也不仅仅来自学生本身,而且也与社会、家庭因素有关。

1. 学生自身因素

学生自身因素主要包括心理发展问题,如适应不良、厌烦、挫折与紧张、寻求注意与获得地位(杨敦宏,2007)、建立自我同一性时期的冲动与理智的矛盾、渴望交流与自我封闭的矛盾等(温小利,2014)。除此之外,还包括生理发展问题,如神经发展迟缓或神经功能障碍造成的注意缺陷多动障碍(attention-deficit hyperactivity disorder, ADHD),导致学生注意涣散、活动过度、冲动任性(袁莎,2008)。部分学生沉溺于网络游戏,学习精力分散,睡眠失调,导致课堂学习不专心(付建军,邹光伟,蒋真理,2011)。

2. 同伴因素

同伴关系也会影响学生的课堂行为,如其他同学制造麻烦、同学之间相互影响、同伴关系紧张等。学生在受到周围同学的影响或激惹时,就会出现问题行为。有的课堂问题行为(如嘲笑和打架)直接源于同伴之间紧张的关系。

3. 教师因素

影响学生课堂问题行为的教师因素包括要求不当、滥用惩罚手段、缺乏自我批评精神、教学内容与方法不当(杨敦宏,2007),也包括专业基础理论知识不扎实、业务能力差、事业心不强、功利主义(袁莎,2008),以及缺乏与学生进行平等交流等(王桂平,史晓燕,郭瑞芳,吕艳,2005;温小利,2014)。消极回避型处事风格的教师更倾向使用惩罚和侵犯性的管理措施,社会问题解决型和放松型处事风格的教师则更多采用肯定、奖励、讨论、提醒等管理措施。教师使用的惩罚和侵犯性管理措施会使原本的问题行为进一步恶化(Lewis, Roache, & Romi, 2011; Tran, 2016)。

4. 学校因素

课堂氛围会对学生课堂问题行为产生影响。课堂氛围与学生课堂攻击行为具有相关性,积极的课堂氛围可以减少课堂攻击行为,而消极的课堂氛围会持续增加学生的攻击行为(Thomas, Bierman, & Powers, 2011)。此外,学校基础设施差,教学资源匮乏、课程设置不合理等因素都会影响学生的行为。公立学校、弱势家庭学生、家庭收入低、家庭成员受教育水平低的学生课间活动时间更少,而课间活动较少的学生,课堂行为表现也越差。学校应保证每天进行适当的课间活动,每天至少活动1次,时间至少为15分钟(Barros, Silver, & Stein, 2009)。

若学校过分注重学生分数,教学方法、教学环节设计较为单一、呆板,学生信心、兴趣都会受影响。另外,不当的赏识教育也会使部分学生责任意识迷失,课堂行为失序(付建军,邹光伟,蒋真理,2011)。

5. 家庭和社会因素

家庭因素包括家庭结构(单亲、独生子女、有隔代老人)、家庭氛围(父母双方是否和睦、性格是否乐观向上)、家长教育方式(民主型、专制型、溺爱型)等(袁莎,2008;温小利,2014)。此外,家庭的社会经济地位,以及家长要求学生参加课外学习的时间等都会影响学生的课堂问题行为。过多的课外学习会使学生上课时容易走神;家长忙于谋生,缺乏时间监督孩子的学业,学生在课堂上也容易出现懒散、厌学等问题;而家长表现出的暴力、粗俗语言,学生也会模仿并带到学校中去。

学生课堂问题行为的产生还受到社会风气、媒体导向等因素的影响。媒体对教师的负面报道使个别学生和家长不尊重教师,学生出现问题时倾向归责于教师。教师权威感的流失影响教学的掌控力。微博、微信等社交软件的广泛使用使部分自控力较弱的学生容易分心,从而出现问题行为(袁莎,2008)。

6. 文化因素

课堂问题行为表现也有文化差异。在西方国家,中小学生发生最普遍、教师最难解决的问题行为是随便说话。而在我国,学生出现的最普遍的问题行为是走神。这与西方文化中强调个体自由发展、师生平等,而我国文化更强调教师的权威性和集体主义有关。国内传统的教育理念和特有的面子文化使得学生与教师之间互留余地,学生的课堂问题行为很少指向教师,教师也较少表现出侵犯性的管理措施。相比之下,西方文化下学生与教师的关系更为平等,学生的课堂问题行为较多影响教学秩序,教师的管理措施也更加外在、直接。

三、课堂学习中问题行为的调控

1. 预防性策略

在课堂管理中,教师应该着力营造积极的学习环境,通过建立起良好的规范来预防课堂问题行为产生。教师根据先前制定的规则或计划及时处理学生出现的问题行为,这就是先行策略(antecedent strategies)。先行策略主要聚焦于引起问题行为的一些事件,通过实施先行干预策略,建立结构化、有序的课堂环境,消除或改变问题行为的诱发事件,从而避免问题行为的出现。

先行策略一般包括以下三个方面(张彩云,吴珂,2015):(1)与学生共同拟定课堂计划。这一方面便于学生了解课堂上应该做些什么,另一方面也会帮助教师了解自己的课堂是否在控制范围之内,以便管理。(2)确立行为规则。一般在学期初进行,由教师和学生经讨论后制定。这些规则的内容应合理,符合学生的心理发展水平,保证大多数学生经过努力后能够达到要求。在确定行为规则时还要明确奖励和惩罚的标准。符合规则的行为得到及时强化,而违反规则的行为要通过惩罚让学生学会对自己的行为负责。(3)营造良好的课堂环境。课堂物理环境要整洁有序,让学生有秩序感。应充分利用教室里的器材和资源,避免学生因资源不足而产生问题行为。合理安排学生座位,尽量让性格相异的学生相邻,便于互相学习。同时,教师应创设良好的心理环境,师生之间平等沟通,让学生感到安全、放松,减少冲突的发生。

先行策略干预的优势在于:(1)能够有效阻止问题行为的发生;(2)反应迅速,当引起问题行为的事件被消除或改变时,问题行为迅速减少;(3)能够改善教学环境,当与问题行为有关的诱发事件减少或消除时,学生的良好行为会随之增加,课堂环境得到改善,这会增强学生的课堂参与和学习动力。

2. 反应性措施

教师的轻微反应主要针对学生轻度的不良行为,如小声说话、递纸条、心不在焉等。教师的反应可以是非言语性的,如有意忽略、提醒、接近控制、接触控制等,也可以是言语性的,如强化他人的好行为、叫名字、幽默技术、说出自己的感受、言语责备等。

教师的中度甚至重度措施主要指各种形式的惩罚,包括收回积极强化物或期望刺激,也包括增加厌恶刺激。常采用的方式有收回特权、写检讨书、隔离、滞留、叫家长、到校长室、情境性过度矫正和积极练习性过度矫正等。惩罚可以控制行为,但不能教给学生好的行为。惩罚本身并不能解决问题,惩罚的强制性也会给学生带来不同程度的负面影响,故只有在必要时才可以使用。

3. 严明纪律模式

这种方法以管理理论为基础,强调个体的发展来自支持或强化积极行为,认为儿童的发展是成人有组织的环境因素影响的结果。严明纪律模式强调教师鲜明而坚定地主张自己在明确和执行行为标准过程中的权利,这些权利包括建立适合学习的班级规则和程序、坚持学生遵从要求和促进学生积极发展的权利,以及在教育过程中得到学校管理者和家长帮助的权利。学生也有相应的权利,包括在表现出积极行为时得到教师的支持,在犯错时得到教师的指导,明确告诉他们应该怎样而不应该怎样。为了满足教师和学生双方的需要,教师必须学会以一种自信的方式与学生交往,即表达对学生行为清晰而具体的期望和要求,并把这些期望和要求转化为一系列规则,只要规则是合理的,就应告知学生必须遵守,否则便会受到不同程度的惩罚。

4. 现实疗法与控制理论

现实疗法是一种用于矫正学生不良行为的方法,控制理论则是现实疗法在课堂纪律领域中的进一步发展(王桂平,史晓燕,郭瑞芳,吕艳,2005)。控制理论以领导理论为基础,强调儿童发展是内外影响相互作用的结果,个体行为是为了满足个体自身的需要,每个人都有满足需要的独特方式,个体的各种社会的或心理的问题是个体在满足需要时选择了错误行为导致的。个体的需要(爱、控制、自由和快乐)被满足,便没有理由再制造麻烦。教师的任务是帮助学生学会以合理的方式满足和平衡自己的各种需要,以及协调自己和他人的需要。

在现实疗法中,矫治学生问题行为的四个基本步骤:(1)帮助学生明确自己的错误行为;(2)帮助学生认识到错误行为的各种可能后果;(3)对错误行为及其后果作价值判断;(4)制定计划消除错误行为,要求学生坚持计划并承担不坚持的后果。在控制理论中,强调帮助学生在满足需要的过程中对自己的行为承担责任。教师可以通过班级会议、合作学习等形式预防和减少纪律问题的发生。

5. 积极行为支持

积极行为是指可以使个体在生活的各个方面获得成就感和满足感的行为，而所有可以增加个体积极行为的方法则被称为支持(张彩云，吴珂，2015)。支持可以通过提高个体的行为技能、重新构建个体的环境来提高个体的生活质量，减少问题行为。

积极行为支持关注改变个体的生活方式，是一种在自然的日常生活中改善个体生活质量的干预方法。该方法关注对个体行为的功能性评估，确定问题行为产生的原因；主张改变环境中导致问题行为的各种影响因素，提倡积极预防，重视多元干预，减少惩罚的使用；一方面教给个体适应性行为，另一方面改变和调整个体生活环境，减少不良行为产生的可能性，强调生态效度和社会效度。

学校积极行为支持的三级干预模式：(1)初级干预。面向所有学生，营造良好的教育教学环境，教授并强化学生适应性行为，使学生掌握适应性行为。(2)二级干预。针对初级干预无效的学生，除了要对他们实施初级干预的支持之外，还要使用一些群体性干预策略(如代币等)对学生进行干预。(3)三级干预。个别化的行为干预，对象是存在严重行为危机的学生。

6. 学生自我管理

学生自我管理是指学生自觉地对自己的心理和行为进行控制与约束，学生能够独立自主地学习、自觉监督自己的行为并延伸到课堂之外，从而使问题行为得到实质性改变。该方法通常包含目标设定、自我监督、自我评价、自我指导和策略学习(张彩云，吴珂，2015)。目标设定是指学生选择需要改变的目标行为，并对自己的目标行为进行规划，诱发积极的表现。自我监督是多次观察和记录行为的过程。自我评价指的是学生将他们的表现与先前设定好的标准进行比较，如果学生达到先前制定的标准，则会获得奖励。自我指导指的是用自我陈述的方法指导自己行为的技术。在完成任务之前，学生先用自我陈述的方式来明确自己的行为目标，指导自己真正实践目标行为。策略学习是指教给学生一系列步骤程序，帮助学生独立解决自己的问题，达到理想的改进效果。

对于学生课堂中的问题行为，应以预防为主，引导和促进学生端正学习态度，帮助学生适应课堂环境，逐渐减少问题行为的发生。

第四节 课堂中的师生冲突管理

课堂中师生冲突产生的原因复杂多样，解决策略也因冲突的形式和内容而有所区别。

一、课堂中的师生冲突

师生冲突是在课堂互动中，教师与学生之间因目标、情感、利益等方面的差异而产生的言语、行为和心理上的对抗(王晓丽,芦咏莉,栾子童,钟珩,2010)。

1. 一般性冲突和对抗性冲突

按冲突发生发展的先后顺序和剧烈程度,师生冲突可以分为一般性冲突和对抗性冲突(冲突激化)。

一般性冲突通常不影响课堂教学,仅是课堂中的小插曲。师生对立不严重,教师可以通过自己的权威地位控制整个局面。学生的表现往往是消极应付教师合理的教育教学要求,上课讲话、做小动作、搞恶作剧等。如果不重视对一般性冲突原因的诊断,教师的威信会大大降低,最终影响到教师的教学和教学质量。一般性冲突处理得当,有利于激发学生群体的活力,处理不当则容易转化为对抗性冲突。

对抗性冲突程度一般较激烈,影响到整个课堂教学,甚至可能导致课堂教学中止。在对抗性冲突中,教师不能以自己的特殊地位控制局面,往往表现出行为失控。学生在这一过程中也往往怀有强烈的抵制情绪。若不控制,双方僵持下去将会产生恶劣的后果,有时会出现过激言语或行为。对抗性冲突会对师生关系造成破坏性影响。

2. 显性冲突和隐性冲突

根据冲突的表现形式,可以将师生冲突分为显性冲突和隐性冲突。

显性冲突表现为公开的对抗行为,而隐性冲突主要表现为一种紧张的状态,师生之间可能没有面对面的交锋,教师可以用漠不关心、不尽职尽责来表达自己的不满,而学生可能用不抵抗的消极态度来抵制教师的要求,虽然没有直接的言语与行为对立,但是双方态度和情绪上的对立使双方在互动过程中呈现出一种明显的不和谐氛围。

相较于显性冲突,隐性冲突是师生冲突中主要的表现形式。隐性冲突是一种内向性的退缩行动,是互动的一方因权力、地位、价值观等不同于互动的另一方而从心理上产生的抵制与对抗行为。隐性冲突可能是情境性的,也可能是持续性的,通常表现出沮丧、忧郁、冷漠、排斥、压抑与痛苦,个体心理上的厌恶与生理上的痛苦并存,心理上产生攻击与压抑之间的冲突。这类冲突会严重影响互动一方的身心健康和人格发展。由于这类冲突不易被觉察和识别,较难得到针对性解决。

3. 现实性冲突和非现实性冲突

根据冲突的起因,可以将师生之间的冲突分为现实性冲突和非现实性冲突。

因要求得不到满足或者追求目标没有达到而产生的冲突叫作现实性冲突。现实性冲突有着直接的目标指向,冲突是一种为了实现自己的要求或者目的的手段。在现实性冲突情境中,冲突并不是唯一可以解决问题的手段,而是存在替代性手段,即可以在各种争斗的形式之间进行选择,其关键在于评价各种手段的工具适应性。

非现实性冲突没有确定的冲突对象,冲突并不是由对立双方竞争性目标引起的,而是以表达敌对情绪、释放紧张状态,发泄不满本身为目的。非现实性冲突的具体冲突对象可以转换或偶然选择,但发泄作为手段并不能替换。学校师生冲突多表现为非现实性冲突。

非现实性冲突的发生与情绪有关，是冲突一方或双方为发泄不满、释放紧张情绪的需要引发的。例如，找“替罪羊”往往是一种非现实的冲突，一位刚受到校长训斥的教师可能会把学生作为发泄对象，一位学生因考试失败或失利而在课堂上把教师作为他的发泄对象。非现实性冲突通过转移冲突的原初对象，回避冲突的现实根源，寻找另外的突破口将无法解决的问题表达出来，而鉴于情绪宣泄就是冲突的目的，这有时也是师生会认为对方不可理喻的原因之一。

二、课堂中师生冲突的成因

1. 教师心理因素

第一，处理冲突的态度。教师在面临冲突时，是选择回避还是对冲突抱有开放的态度，将直接影响冲突的走向。在尊重基础上处理和化解冲突，避免对学生身心造成伤害，是教师处理冲突应当秉持的态度。

第二，对待学生的态度。公平对待和尊重学生是教师立足的根本，教师尊重学生会赢得学生的尊敬。有学生会因为不喜欢教师对待学生的态度而失去对教师的信任，对教师所教科目失去兴趣和信心，故意与教师作对，挑起冲突，影响学习与发展。

第三，教师的威信。教师是知识与能力的权威，学生愿意听从有能力教师的指导。如果教师能力有所欠缺，学生就会失去对教师的信赖，产生对抗情绪，成为冲突的根源之一。教师对威信的拿捏要适度，在小学阶段，学生倾向于听从威严的教师，到了高中阶段，学生比较听从知识渊博的教师。

2. 学生心理因素

第一，需要得不到满足。主要是学生认知需要不平衡以及情感需要未得到满足。

第二，情绪波动。学生的情绪波动强度大或持续时间过久，超过个体的承受能力，而个体又不能正确应对，则可能引起情绪紊乱、心理失衡和适应不良，造成行为失常，引发冲突。

第三，认知方式的差异。大部分个体的认知方式都介于沉思型与冲动型之间，处于两个极端的学生在课堂中会产生更多的冲突行为。

第四，行为偏差和品行障碍。一般行为偏差大多属于心理发展过程中的暂时性偏异，通常都会随年龄增长而自行消失，如孤僻、爱发脾气、害羞等。反复出现违反社会道德准则或纪律、侵犯他人或公共利益的行为，妨碍了个体的正常学习或生活时，就是出现了品行障碍。

第五，学习倦怠。教学活动如果没有引起学生的注意，学生没有积极思考，注意涣散，学习成就感低，就会引发课堂隐性冲突。

三、课堂中师生冲突的应对策略

课堂教学中不可避免地会出现失去秩序的情形。课堂中师生冲突并不只有负面功能,如一般性冲突有利于维护现行制度和秩序,促进群体的良性互动。如果冲突冲击到核心价值,那么这种冲突就会具有消极影响。

1. 提高教师的人格魅力

教师的人格魅力来源于多个方面。

第一,关注所有学生的需要,给予学生积极的期望。教师肯定并接纳学生合理的需要,在学生需要满足的过程中向学生提供一些帮助,使学生产生被重视和被尊重感,被接纳感和安全感。积极情感体验有助于积极自我观念的形成和发展,会使学生更加自尊、自信、自爱。

第二,在教育教学过程中公正地对待每一个学生。这意味着对学生一视同仁,尊重学生的个性发展,善于移情和换位思考,觉察体验学生的学习困难,宽恕学生的无知和错误,为学生提供良好的学习方法,与学生共同商讨对策,以及在处理学生问题时,同样的事情给予同等待遇,不同的事情给予不同的待遇。教师要在尊重每一个学生的基础上,肯定他们都具有成功的潜能,给予每一个学生恰如其分的评价。

第三,具备高超的教育教学能力和管理技能。教师熟谙教学规律,遇到冲突,善于克制自己的情绪,不带情绪进课堂;善于营造融洽的课堂氛围;善于进行教学反思,化解冲突和矛盾,将冲突消灭在萌芽状态。

2. 提高课堂管理水平

第一,实施人性化管理。课堂管理应关注学生的内在体验,也只有得到学生认同的制度规范才对学生有持久的约束力。为此,要合理制定规范制度。在学校中,教师拥有制定制度的权力,学生处于听从的地位,而任何不受约束的权力有可能无限扩张,教师的权力也有被滥用的危险。正是教师在课堂规定方面的过分要求,才导致学生的反抗。在规则制定和修改过程中,应以学生为主体,通过师生之间、学生之间平等对话交流,共同商议形成自愿遵守的行为规范。学生通过参与规则的制定,能够清楚地明白什么行为属于违纪行为,以及会招致什么惩罚。再次,通过师生商议,教师能够了解学生对惩罚的态度。

第二,运用好心理学规律。处理课堂冲突的有效心理效应包括以下几种。(1)信任效应。学生对教师的信任来源于教师的言而有信。因此,教师对学生作出的承诺一定要兑现,长此以往,学生才会对教师产生一定的敬畏感。(2)无声效应。有些学生发生冲突是为了引起教师的注意,教师可以采用无声效应,即知道了问题的发生,但不予理睬,让学生自觉没趣而停止冲突行为,等该学生表现出良好行为则予以强化。(3)暗示效应。对于一般性课堂冲突行为,教师不需要中断教学进程去处理它,只需要采用一些暗示策略,让学生感觉到教师对其行为的不满,既维护学生的自尊心,又可以提高教学效率。(4)近因效应。近因效应是指最近的信息对认知的影响相对比较大,留下的印象也相对比较深刻。处理冲突时的批评和惩罚可以让学生认识到错误的性质,但也容易伤及学生的自尊心,甚至会产生对抗心理。因此,批评和惩罚学生后要给予安慰,让学生有心理缓冲。

3. 建设性地处理冲突

第一，引导学生恰当地表达分歧与不满。当学生公开地表达不满情绪时，可能引发冲突；而当学生不满的情绪长期压抑与累积时，则可能引发恶性冲突。这需要教师创设的课堂情境有利于分享彼此的观点与情绪，化解分歧，避免冲突；也需要提升课堂对冲突的容忍度，允许学生恰当地表达分歧与不满，不压制，不回避，避免因不满情绪的长期压抑与累积而引发恶性冲突。

第二，培养学生管理冲突的能力。例如，在教学过程中纳入可供学生讨论的议题，通过讨论教会学生如何通过沟通、协商，学习管理他们日常生活中面对的冲突；还可以设计化解冲突的课程，教给学生冲突化解的过程与技巧；另外，可以通过生活中的真实冲突，学习与人沟通的技巧，学会心理置换，学会宽容他人，等等。

4. 综合干预引发冲突的消极心理

第一，正确诊断学生易发冲突的原因，从心理上弄清问题行为背后的心理机制，实施综合的心理干预。学校、班主任、任课教师、家长之间要形成合力，关心和了解学生的心理变化。平时应注重指导，不但在师生之间形成良好的态度与合作的氛围，保持整个群体的正面互动和发展，减少冲突机会，还要充分认识冲突的心理成因，化解心理矛盾，以免引发非现实性冲突，乃至冲突激化。

第二，指导学生自我心理调节，控制情绪激化，避免师生冲突发生。学生不但要正确认识自我，而且要学会自我宣泄，转移注意，避免心理困扰。对于常见情绪障碍，重点易发冲突倾向，要有针对性预防，必要时应寻求专业干预。

本章小结

课堂学习管理是对课堂教学各个环节的运作进行计划、决策、组织、指挥、监督和调节，也是建构有效的学习环境，实现预定教学目标的过程。在课堂学习管理中，通过了解学生的需要、建立积极的师生关系和同伴关系、采用有效教学措施、建立教室常规等，可以调动学生学习的自觉性，养成勤奋好学、积极向上、互相帮助的好学风。

课堂气氛在一定程度上决定了教学主体生存和发展的基本方式。选用恰当的课堂气氛形成理论，提升教师的课程运作能力，发掘教师人格魅力，营造良好的班级风气，消除不良心态，产生师生情感共鸣，可以创造良好的课堂气氛。培育课堂学习共同体是良好课堂气氛的自然延伸，这需要师生共建、共享愿景，建立规章和行为标准，立足对话协商、冲突解决等，实现班级课堂的可持续发展。

课堂问题行为影响正常课堂教学秩序、教师教学、学生自身和他人学习。课堂问题行为与学生、同伴、教师、学校、家庭、社会、文化等因素均有关。对课堂学习中问题行为的调控可以采用预防性策略，也可以采用反应性措施，还可以立足积极行为支持，实现学生对问题行为的自我管理。

师生冲突是教师与学生之间因目标、情感、利益等方面的差异而产生的言语、行为和心理上的对抗，可以通过提高教师的人格魅力、提高课堂管理水平、建设性地处理冲突，也可以通过消除引发冲突的消极心理，实现综合干预。

推荐阅读

1. 徐晓燕，陈红梅.(2017).*学习管理与课堂重构：上海市金山中学“三学三研”创新教学实践*.上海：上海远东出版社.

2. 佐藤学.(2010).*学校的挑战：创建学习共同体*.钟启泉，译.上海：华东师范大学出版社.

复习思考题

1. 解释下列概念：

   课堂学习管理　课堂气氛　课程运作　问题行为　师生冲突

2. 课堂学习管理在教学中有什么地位和作用？
3. 课堂学习管理有哪些基本原则？
4. 如何创造良好的课堂气氛？
5. 课堂学习共同体如何培育？
6. 引发课堂问题行为的因素有哪些？
7. 如何应对课堂学习中的师生冲突？

第十五章　中学生心理健康与辅导

根据世界卫生组织给出的定义，健康不是指没有疾病或虚弱，而是指一种生理、心理和社会性全面发展的良好状态。心理健康是健康不可或缺的重要组成部分。学校教育的中心任务是育人，是促进学生人格的健全发展。学校教师在向学生传授知识技能、发展学生智慧才能、培养品德、增进学生身体健康的同时，还应自觉担负起维护学生心理健康的职责。本章将讨论心理健康和学校心理辅导问题。本章主要内容：

1. 中学生心理健康概述；
2. 中学生心理辅导的内容与原则；
3. 中学生心理辅导的基本方法。

第一节　中学生心理健康概述

中国社会正处于全面发展和变革的时代，生活节奏加快，社会竞争激烈，多元文化与价值冲突日益加深，人们感受到的压力越来越大，对心理健康问题也越来越重视。要维护心理健康，必须探明心理健康的概念，并了解生活压力及其应对方式的影响。青春期是个体发展的重要阶段，中学生的心理健康水平既面临自身身心发展带来的挑战，也直接或间接地受到外部社会环境的影响。因此，中学生的心理健康状况又有其特殊性。

一、心理健康的含义和标准

什么是心理健康？世界卫生组织将心理健康定义为一种健康状态，在这种状态中，每个人能够实现自己的能力，能够应付正常的生活压力，能够有成效地从事工作，并能够对其所在的社区作出贡献(World Health Organization，2015)。该定义的一个重要含义在于，对心理健康的描述，超出了没有精神疾患或残疾的范畴。国内外学者对心理健康的界定还有更多论述，至今尚无一个公认的定义。他们在区别心理健康与不健康、正常与异常的标准方面，在刻画心理健康者与心理不健康者的行为特征方面，也还存在一些分歧。这主要是因为学者确立心理健康标准的依据不同。重要的依据可以归纳为以下六类：(1)统计常模。它主要基于众数原则,假设人的各项心理特质(如智力、乐群性等)的测量值在人群中呈正态分布,个体的某项心理特质的测量值如果处于平均数附近,他在这一方面就是健康的、正常的;如果处于分布的某一端,偏离常模,他在这一方面就是不健康的、异常的。(2)社会规范。个体的行为如果符合社会规范,得到社会认可,就会被判断为健康的、正常的,而偏离正常的行为就会被判断为不健康的、异常的。(3)生活适应。生活适应良好者就是健康的,适应困难、给社会或个体造成危害的就是异常的。(4)心理成熟状况。个体身心两方面成熟程度相当者是心理健康的,心理成熟程度远低于同龄人者就是异常的。(5)主观感受。自觉幸福、满足者即为健康,反之为不健康。(6)医学标准。将有临床症状或病因的人视为不健康。

综合考虑国内外学者对心理健康的多种论述,可以归纳出心理健康的六条标准。

1. 对现实的真实知觉

在认识和解释周围发生的事物时,能持客观态度,能真实地看待各种事物,而不将它们看作自己希望的东西。对他人内心活动有较敏锐的觉察力,不会总是误解他人的言行,很少有错误的知觉。

2. 情绪上的安全感与自我接纳

对生活中遭遇的不可避免的冲突与挫折具有必要的忍耐力;具有积极的自我形象,能现实地评价自己的长处和短处,并能接纳自己;在对事尽力、对人尽心的过程中体验自我价值;不过分掩饰自己,不刻意取悦他人,保持自己适度的自尊。

3. 自我调控能力

有控制自己行为的能力,必要时能遏制自己非理性的冲动;有调节自己心理冲突的能力;有成长的意愿,能有效地调动自己的身心力量,在有关领域实现较高水平的目标。

4. 与人建立亲密关系的能力

有正确的人际交往态度和有效的人际沟通技能,关心他人,善于合作;不为满足自己的需要而苛求于人;人际关系适宜,有知心朋友,有亲密的家人。

5. 人格结构的稳定与协调

能参与丰富多彩的活动,其各项心理机能健全,并有较高整合水平。例如,理想自我与现实自我的差距适度,认识与情感协调,行为手段与目标相适宜。

6. 生活热情与工作效率

热爱生活,乐于工作。有从经验中学习的能力、解决问题的能力,工作较有成效;有独立谋生的能力和意愿;能在学习、工作、娱乐、享受活动的协调中追求生活的充实。

在理解和把握心理健康标准时,应该考虑到以下三点(刘华山,2001):首先,判断个体心理健康状况应兼顾个体内部协调与对外良好适应两个方面。从内部来说,心理健康的人各项心理机能健全,人格结构完整,能用正当手段满足自己的基本需要;从对外关系来说,心理健康的人能适应周围环境,有较好的人际交往能力。其次,心理健康具有相对性。

应把心理健康与心理疾病视为人类精神生活的两个极端，大多数人实际上都位于这两个极端的中间某一位置。因此，心理健康就有高低层次之分。低层次的心理健康主要指没有心理疾病，而高层次的心理健康不仅指没有心理疾病，而且意味着能够充分发挥个人潜能，发展建设性的人际关系，从事具有社会价值的创造，追求高层次需要的满足。最后，心理健康既是一种状态，也是一种过程。心理健康不是无失败、无冲突、无焦虑、无痛苦的，而是能在这些境遇下作有效的自我调整，而且能保持良好的工作状态。除要认识到心理健康是一个主客观的结合，心理健康是一个连续谱系之外，还要注意心理健康有文化差异(邓云龙，戴吉，2010)。

二、生活压力与心理健康

1. 压力的性质与来源

心理学上所说的压力(stress)通常有三种含义：一是指现实存在的具有威胁性的刺激，即压力源；二是指人对压力事件的反应，即压力反应；三是指由威胁性刺激带来的一种被压迫的主观感受，即压力感。压力有持久性与暂时性之分，当压力变成一种持续存在的感受时，就叫作生活压力。并不是所有具有威胁性的刺激事件都能引起人的压力感受，关键在于当事人如何根据自己的经验对刺激事件作认知评估。在对压力源的反应方面，存在着显著的个体差异。只有当事人确信该事件涉及个人康宁而自己对处理该事件又没有把握时，才会产生压力感。压力的来源各种各样，压力既可以由外界事件引起，也可以由主体内部事件引起。

重要的压力来源有以下几类：(1)灾难性事件。自然灾害如洪水、地震，人为灾害如战争，灾难性事件如车祸，人身灾祸如遭抢劫，这些超出个体正常痛苦范围的灾难事件，都会引起个体的长期压力反应。(2)生活改变。生活中的任何改变，不论是有益的还是有害的，凡是要求个体作出应对努力的，都会成为压力源，如亲人去世、转学、职务升迁、面临考试。这些生活变化，无论是使个体体验威胁感还是挑战感，都能引起个体的心理紧张。为了测量生活改变引起的压力感受，有人编制了生活事件量表，具体内容见专栏15-1。(3)日常困扰。并非只有重大的生活改变才会造成压力，日常生活琐事的缠绕累积也会对人的身心造成不良影响，如与同学发生争吵、工作不如人意、丢失课堂笔记、受到他人不合实际的批评等。(4)心理冲突。未解决的冲突是压力的另一来源。冲突是指两种需要或动机相互对立时造成的心理困境。从冲突表现的形式说，有双趋冲突、双避冲突、趋避冲突、多重趋避冲突(详见第四章)。从冲突的内容上说，以下四种冲突构成对人的心理的重要压力源：儿童与少年既期盼独立成熟，又想依赖成人帮助的“独立对依赖”的冲突；愿意与他人亲近以分享思想感情与害怕自我暴露太多反而会受到伤害的“亲密对隔离”的冲突；在学业上、职业上的“合作对竞争”的冲突；表达内心冲动可能带来的直接快感与担心违背道德标准可能引起的内疚感之间的“冲动表达对道德标准”的冲突。

专栏 15-1

生活事件与压力感

霍姆斯和雷赫(Holmes & Rahe, 1967)考察了数千份谈话资料与病史,从中识别出人们认为的富有紧张性的事件类别。因为结婚对大多数人而言是一个重要事件,因此被赋予一个中间的压力感分数 50,然后请 394 名美国人将其他事件与结婚比较,以便给每个事件评分,分数越高表示压力感越重。采用此量表所做的研究发现,生活事件变化分高(在一个特定时间阶段内总分达 300)同各种疾病、心理障碍、交通事故发生的次数有关。生活事件变化分高的人中有一大半在测量后一年患病。

表 15-1 生活事件量表

生活事件变化	压力感	生活事件变化	压力感
1. 配偶亡故	100	23. 子女成年离家	29
2. 离婚	73	24. 官司缠身	29
3. 夫妻分居	65	25. 个人有杰出成就	28
4. 坐牢	63	26. 妻子再就业或离职	26
5. 亲人亡故	63	27. 初入学或毕业	26
6. 个人患病或受伤	53	28. 改变生活条件	25
7. 结婚	50	29. 改变个人习惯	24
8. 失业	47	30. 得罪上司	23
9. 夫妻破镜重圆	45	31. 改变工作时间或环境	20
10. 退休	45	32. 搬家	20
11. 家中有人生病	44	33. 转学	20
12. 怀孕	40	34. 改变休闲方式	19
13. 性关系适应困难	39	35. 改变宗教活动	19
14. 家庭又添新成员	39	36. 改变社交活动	18
15. 改变买卖行当	39	37. 借债少于万元	17
16. 经济状况改变	38	38. 改变睡眠习惯	16
17. 密友亡故	37	39. 家庭成员团聚	15
18. 改变行业	36	40. 改变饮食习惯	16
19. 夫妻争吵加剧	35	41. 休假	13
20. 借债超过万元	31	42. 过圣诞节	12
21. 抵押被没收	30	43. 涉及轻微的诉讼事件	11
22. 改变工作职位	29		

2. 生活压力的应对方式

压力情境会使人产生焦虑反应。此时,当事人会采取一系列措施来处理压力情境,以减轻不适感,这一处理过程叫作应对(coping)。采取有效的应对方式,不仅可以减少身心所受的伤害,而且可以使人增长生活经验,使压力产生催人奋进的积极影响。应对通常有两种方式：着重于问题的应对和着重于情绪的应对。

着重于问题的应对旨在直接处理产生焦虑的情境：克服它，或者回避它。例如，一个打算报考理科专业的高中生近几次物理考试成绩都不及格，他可以找出自己物理知识的缺陷所在，进行有重点的复习；或者决定参加暑期物理补习班；或者决定改报高校文科专业。这些都是着重于问题应对的方法。

着重于情绪的应对侧重减轻焦虑，减少压力情境对自己的威胁。具体方法既可以是行为上的，如外出旅游几天以便暂时忘掉令人烦心的问题，或者找个知心朋友谈谈以求得情感支持；也可以是认知上的，即通过重新评估压力事件、改变认识，从而缓解情绪反应，如上述那个物理考试不及格的学生，可以借"一两次物理考试不及格并不说明问题""仅有一科成绩偏低并不值得严重担心"的想法来减轻压力事件的威胁。而当对压力事件的评估具有歪曲现实的性质时，当事人实际已在采用自我防御机制(ego-defence mechanism)来减少焦虑，维护自尊。自我防御机制多是潜意识的，它并不能真正改变压力情境，而只能帮助当事人暂时渡过难关，多含有自欺欺人的成分。

常用的自我防御机制有：(1)压抑(repression)，把那些太具有威胁性的冲动和记忆内容压抑到潜意识中去，造成一种自然的、不知不觉的遗忘。(2)合理化(rationalization)，为自己的不当行为寻求一个"好"理由，使它看起来是合理的、正当的，因而能被自己和社会接受，如吃不到葡萄说葡萄是酸的。(3)否认(denial)，即当外界现实令人极不愉快以致不能正视时，当事人会极力予以否认，如犯罪青少年的父母不相信自己的子女会犯罪。(4)投射(projection)，将自己不认可的动机、观念推诿给他人，以求得内心的宁静。例如，一个考试作弊的学生，如果相信同班大多数同学都在作弊，他就可以减轻自己因考试作弊而产生的自责。(5)白日梦(day dreaming)，借助幻想来满足自己受挫的欲望。例如，一个与父母发生冲突的少年，想象自己的父母不是生身父母，而是养父母；幻想自己终有一天会回到"生身父母"身边，享受父母的抚爱。(6)转移(displacement)，用一种方式将不能满足的动机转移到一个危险性较小的对象上。迁怒是一个常见的例子。例如，学生受到教师的批评，就将怨气发泄到比他弱小的同学身上，或者故意损坏桌椅、乱扔书籍来发泄愤懑。

在着重于问题的应对和着重于情绪的应对这两种应对方式中，就多数情况而言，着重于问题的应对是比较健康的应对方式，但并不能解决所有的问题。在遭遇过于强大的压力而个体又无力控制压力情境的情况下，当事人可以先采用着重于情绪的应对来缓解情绪，保存希望，以便使人能恢复精力，从而更有效地处理现实问题。因此，在日常生活中，人们常常是两种应对方式并用。国内有学者(景怀斌，2006)从中国社会文化出发提出，中国人群中广泛存在儒家式应对，这对心理健康起到独特的作用(具体内容见专栏 15-2)。

专栏 15-2

儒家式应对

在应对研究中,心理学家意识到应对具有文化属性。在西方价值中,存在一种强烈的文化倾向,即更认同和尊崇着重于问题的应对而不是着重于情绪的应对。而在东方文化下,情况有所不同。景怀斌(2006)提出,应从中国文化的主体属性来考虑中国应对方式的特点。虽然中国文化是多元文化的复合体,即儒家、道家、佛教以及当代西方文化的复合体,但基本上公认其主流是儒家文化。

从心理学角度看,儒家的应对思想有以下五个性质:(1)信念性。儒家式应对的中心思想是困苦能够成就人。这一主张其实是一种信念,而不是具体的应对技能。(2)整体性。儒家的应对具有整体性。它不仅涉及儒家对人生、社会、生活目的等的认识,而且涉及自我超越性的境界体验。(3)亲挫折性。对儒家来说,困苦起着促进成长的作用。这就使人对困苦有亲和感,而不是疏离感。(4)发展性。儒家式应对的目的不是直接消除压力源,也不是消除心理上的压力感,而是强调通过该应对方式,积累经验,发展能力,培养意志,提升认识、能力和境界,为将来取得更大成就作准备。(5)认知转化性。儒家把困苦解释为有利于自己成长的机会,把挫折等逆境性压力事件作为成长的机会,是对逆境本身的含义进行了心理意义转换。

实证研究表明,儒家式应对有利于中国人的心理健康。它运用困苦可以锻炼人的意志、培养人的品性、提高人的能力,以及蕴涵着发展的新机会等观点,从积极角度重新解释了个体遇到的困苦境遇,消解了困苦原本的意义,使个体在心理上接受而不是排斥困苦事件,从而化解了个体因挫折等困苦事件而产生的心理冲突和压力感,也减轻了沮丧、压抑等身心反应。同时,儒家式应对一方面认为挫折是暂时的,另一方面对将来持乐观的态度,这也起到维护心理健康的作用。

相关研究编制的儒家式应对问卷,包括 4 个维度(困苦内在乐观性;“命”认识;人的责任性;挫折作用评价)和 15 个题项:

1. 不经历苦难磨炼,就不会有顽强的意志。
2. 挫折是坏的事情,没有什么益处。
3. “命”就是各种外在因素随机作用的结果。
4. 即使在自己最失败的时候也感到将来有希望。
5. 自己能够控制事情的发展。
6. 在现代社会,人的道德品质是不重要的。
7. 人生太顺利的人不会有大的出息。
8. 人本质上很难说是善良的。
9. 人生的好坏是由外在的、神秘的“命”决定的。

10. 面对挫折，常常努力从中学习些什么。

11.“运气”不好时，还努力发展自己，为将来准备。

12. 人天然地承担着社会责任。

13. 害怕挫折。

14.“命”是神秘的、预先确定的。

15. 经历很多挫折的人才能做大事。

3. 生活压力对心理健康的影响

许多研究表明，持续的生活压力会引起人的消极情绪，大量消耗人的身心资源。压力是形成心理障碍与躯体疾病的重要原因之一。在不寻常的紧张状况下，人体将各种资源（首先是内分泌资源）都动员起来，以应对紧张的局面，这时产生的复杂生理和心理反应就属于应激状态。现代科学已经证明(Selye, 1936)，人在各种紧张刺激的影响下会出现一系列激素分泌的增加，引起人体全身性反应。这种反应持续一定时间就会产生全身性适应综合征。而慢性压力源会影响人的身体健康：一是造成胃溃疡、高血压、心脏病一类的身心疾病；二是损害人的免疫系统，降低身体抵抗入侵细菌与病毒的能力。

持续存在的生活压力会给个体带来认知损害和情绪问题（焦虑、愤怒、恐惧、淡漠和抑郁），从而对个体的心理健康造成不良影响。在面对不可控的压力情境时形成的习得性无助感(learned helplessness)，是对压力情境导致抑郁神经症的一种解释。习得性无助感是指个体因遭受痛苦折磨而形成的一种绝望心态。即使脱离苦难的机会摆在面前，个体也鼓不起勇气去尝试解除困难。这种现象最初是由塞利格曼(Seligman, 1975)在动物实验中发现的。例如，将一只狗放进开闭箱中，然后给它一连串的疼痛电击，它就会四处乱跑，直到偶然地越过障碍逃离了电击。这样几次试验之后，这只狗很快学会了逃避电击。如果将一只狗放进开闭箱中，然后给它一连串的疼痛电击，狗无论作出何种反应，都不能逃脱电击，这只狗作几次尝试之后，便躺下来静静地呜咽。此时，即使实验者关掉电击，让狗逃离，它似乎也放弃了这种尝试而被动地接受电击。海罗托和塞利格曼(Hiroto & Seligman, 1975)对学生的研究也证实了习得性无助感在人类身上可能发生。研究者先让学生相信以某种方式按压弹簧钮可以终止恼人的噪声。然后将学生分为A、B两组。A组在学生按压四次弹簧钮后终止噪声；而B组学生无论如何行动都无法终止噪声。之后让两组学生猜一系列字谜，结果B组猜出谜语的数量、速度都明显不如A组。这是因为B组在完成第一项任务时的失败经历造成了一种无能为力、自暴自弃的自我感觉（习得性无助感），干扰了对第二项任务的完成。塞利格曼的研究还确认，习得性无助感的表现与人的神经性抑郁症状非常相似（消极、被动、悲观）。因此，人在面对持久压力而不能作出有效应对时产生的习得性无助感就是对神经性抑郁症的一种可以接受的解释。

应该指出的是，接二连三的压力事件并不一定会损害人的心理健康与身体健康。调节压力影响的性质和程度的重要变量是个体对压力情境的认知评估和个体的应对资源，而影响这两个变量的因素又有许多，如个体的人格特点、生活态度、生活经历、对自己命运的把握感、解决问题技能、有无支持性的社会联系等。学业压力是学生的主要压力源，社会支持系统的不同作用方式对中学生的压力应对具有极其重要的影响(李田伟，陈旭，廖明英，2007)。教育工作者和家长应该给予学生积极支持以缓解学生的学业压力，肯定学生的价值，建立亲密的感情。通过惩罚来鞭策学生的方式也要依据具体情况而行。

三、中学生常见的心理障碍及其成因

1. 焦虑症

焦虑症(anxiety disorder)是以与客观威胁不相适合的焦虑反应为特征的神经症。正常人在面临压力情境时也会出现焦虑反应，但他的焦虑是与客观情境的威胁程度相适合的。焦虑症的特征是：在心理体验方面，当事人感到紧张不安，担心害怕，极度过敏，难以作决定；在躯体症状方面，心跳加快，过度出汗，手足发抖，肌肉持续紧张，尿频尿急，有睡眠障碍等。中学生中常见的焦虑反应是考试焦虑，是学生在夸大了考试情境或考试结果对自己的潜在威胁性后产生的一种紧张的内心体验与生理反应。考试焦虑的表现是随着考试临近，心情极度紧张；考试时不能集中注意，知觉范围变窄，思维刻板，出现慌乱，时刻担心失败，无法发挥正常水平(许又新，1993)。

学生焦虑症产生的主要原因有：学校考试、升学的持久压力；学生缺乏良好稳定的自尊和价值感；学业上多次失败的创伤经验；家长对子女过高的期望；当事人过分地争强好胜；对自己不切实际的过高要求等。辅导实践表明，肌肉放松训练、生物反馈训练和系统脱敏对缓解焦虑反应有较好效果。

2. 强迫症

强迫症(obsessive-compulsive disorder)包括强迫观念和强迫行为，这两种症状往往共同存在于一个人身上。强迫观念是指当事人身不由己地思考他不想考虑的事物。强迫动作是指当事人反复去做他不想做的事情，如果不做，他就会感到极端焦虑。反复洗手、反复检查门是否上锁、生活中执行烦琐的固定程序等，都是典型的强迫症状。大多数人可能都有过某些轻微的强迫观念或强迫行为，但只有当它们干扰了个体的正常适应时，才是神经症的表现。

早年创伤带来的不安全感和适应不良的人格特质与强迫症的发病密切相关。有研究发现，儿童期情感虐待、情感忽视和躯体忽视评分越高，个体的强迫症程度越严重(齐素芳，2016)。另外，强迫症还与个体的人格特征有关，很多强迫症患者在思维和行为上也是刻板的、缺少变通的、一丝不苟的。一般认为，治疗强迫症比较困难，可以采用心理治疗与药物治疗相结合的治疗方法。一个有益的建议是，对强迫观念不要作无用的控制，要顺其自然！

3. 恐惧症

恐惧症(phobia)是对特定的无实在危害的事物或场景的非理性惧怕。恐惧症可以分为单纯恐惧症(对存在或预期的一件具体的东西、动物或情境的恐惧)、广场恐惧症(对开放空间和人群拥挤场合的不合理焦虑)和社交恐惧症(对一种或多种社交情境存在持久的强烈恐惧和回避行为)。其中,社交恐惧症在中学生中最常见。社交恐惧症患者因害怕别人对自己的表现作出不好的评价而避免与他人的接触和交流,尤其害怕在公开场合讲话(公开讲演或在公共场合交谈等)。在不得不与人交流时,他们常常不敢抬头,不敢正视对方的眼睛。他们的自我倾注水平较高,常常觉得自己言谈举止不够自然,同时又担心自己会因双手发抖、脸红、声音发颤、口吃而暴露自己的焦虑。对恐惧症的心理干预可以采用系统脱敏法。

4. 抑郁症

抑郁症(depression)是以心境低落为特征的神经症。其主要表现有三个方面:一是情绪消极、悲伤、颓废、淡漠;二是消极的认知倾向,即无能感、将失败归咎自己、责难自己;三是低水平动机、被动、缺少热情;四是躯体上的疲劳、失眠、食欲不振。

造成抑郁症的因素是多方面的,具体包括神经生理基础、人格特征、认知思维模式、长期存在的压力、生活中缺少强化,等等。对抑郁症的临床干预也可以通过心理治疗与药物治疗相结合的方式。其中,认知行为疗法、正念训练对矫治抑郁性神经症有较好效果,抗抑郁药物可用于缓解相关症状。但是,抑郁症的复发率较高。因此,对青少年学生而言,预防性干预显得更为重要。具体而言,教师要多关心学生的先天倾向和家庭状况,及早发现和关注抑郁易感群体,提前进行心理疏导,并与当事学生家庭多沟通交流,保证给予当事学生更多的情感支持和鼓励。

5. 人格障碍

人格障碍(personality disorder)是指人格特征明显偏离正常,使个体形成一贯的反映个人生活风格和人际关系的异常行为模式。这种模式显著偏离特定的文化背景和一般认知方式(尤其在待人接物方面),明显影响个体的社会功能,造成对社会环境的适应不良,使个体为此感到痛苦。人格障碍者的社会化过程不完善,性格怪异,思想奇特,情感不成熟,难以与人合作,人际关系不良。常见的人格障碍包括反社会型、回避型、边缘型、依赖型、戏剧型、自恋型、强迫型、分裂型等。人格障碍是个体先天素质与后天教养的产物,早期家庭关系尤其是亲子关系的异常是人格障碍的主要成因。

对中小学生而言,其人格正处在趋于完全成熟与稳定的过程中,具有相当的可塑性。有一些程度较轻的人格障碍,可以称为人格缺陷,表现为自卑、怯懦、孤僻、依赖、敏感多疑、敌对、嫉妒、退缩、消极,这些表现多带有内攻性行为的特征。无论是从培养学生的健全人格还是从对成年后严重人格障碍的预防角度来看,学生的人格障碍状况必须引起教师的高度重视。

6. 性偏差

性偏差(sexual anomaly)是指个体性行为表现上出现异常现象，如青少年性发育过程中出现的过度手淫、迷恋色情网站、对性问题过分关注、不安全性行为、轻度性别认同困难等适应不良。这些现象一般不属于性心理障碍，但应给予有效干预。

需要注意的是，手淫本身不是心理障碍，对身体并无损害，也不是罪恶。但是，关于手淫的错误观念引起的心理冲突可能给学生带来不必要的心理包袱乃至各种情绪问题。对于过度手淫，则要采取转移注意(转向参与文体活动等)的方法予以纠正。

7. 进食障碍

进食障碍包括神经性贪食症和神经性厌食症。神经性贪食症(bulimia nervosa)的典型特征是暴食现象。神经性厌食症(anorexia nervosa)则是因节食不当而引起严重的体重失常。凡是因厌恶进食而导致正常体重骤然下降25%，即被视作厌食症的症状。神经性厌食症多发生于女生(女生比男生多20倍)，其症状是对食物极端厌恶，甚至恐惧，四肢无力，女生也可能出现闭经。由于家庭不断施加压力，当事人有可能变得脾气暴躁。神经性厌食症可以采用行为矫治给予矫正。

8. 睡眠障碍

睡眠障碍(sleep disorder)指失眠、夜惊、梦魇等。失眠可能由压力事件、脑力或体力劳动过度引起，也可能是神经症的伴生物。夜惊可能与儿童发育阶段精神功能暂时失调有关。梦魇与学生日间情绪压力有关。睡眠障碍可以采用肌肉松弛法治疗。

四、中学生心理健康的维护

中学生处于青少年期，这是个体发展的一个急剧转变的时期。由于缺乏必要的经验和充分的思想准备，大多数青少年会出现短暂的不适应，体验到焦虑、紧张、恐慌与不安。

首先，青少年生理上的快速变化，特别是性生理方面的一系列变化，使他们在惊恐中夹杂着几分好奇。在这一时期，成人对他们的要求和责备往往增多，这就使得他们一方面要适应自己的生理变化，另一方面又要遵守外来的许多特殊规范，难免顾此失彼。其次，青少年独立性的增长也遭遇到来自主客观两方面的限制与阻碍。从主观上说，他们渴望独立自主而又自知缺乏独立处世的能力经验；从客观上说，成人既要求青少年子女减少依赖行为，又要限制他们的独立活动，这就使他们对自己的身份地位感到迷惑。再次，青少年交往范围日益扩大，交往活动增多，群体意识增强，但青少年中流行的价值观念，学生中非正式群体的规范，往往与成人社会的价值观念、学校正式群体的规范冲突，使青少年无所适从。最后，社会对学生学业成就的强调，学校应试教育观念的影响，家长对子女不切实际的高期望，也可能造成相当一部分学生学业上的挫折感，而学业上的多次失败又会使这些学生在同伴中地位下降，使他们的自我概念因此变得比较消极。

面对上述各种压力，部分学生一方面可能长期体验难以缓解的焦虑和冲突，因而损害心理健康；另一方面也可能产生对社会的对抗情绪，在行为上不与他人合作，成为正常社会生活中的消极因素。学校教育的根本目标是确保学生人格的完整发展，教育工作者对维护学生的心理健康负有重要责任。学生一生中有相当长一段时间是在学校中度过的，学生受到的各种奖惩大多是由学校施予的，学生体验到的成功、失败、挫折以及各种心理压力大都发生在学习过程中。教师应清楚地意识到自己充当的“心理辅导员”的角色要求，努力学习有关心理辅导的知识技能，建立民主的师生关系，创造谅解和宽容的气氛，鼓励学生自我探索、自我提高，促进他们健康地成长。

同时，社会因素对学生心理健康的影响也不容忽视。一项研究表明，1992—2005 年间，中学生的心理健康状况在逐年缓慢下降。进一步的分析发现，这种下降趋势主要由社会变迁引起的经济状况、社会威胁和教育状况的变化引起。我国自改革开放以来，居民生活水平的提高、城市化进程的加快、教育的普及，以及在这一过程中出现的贫富差距扩大和失业率、离婚率、犯罪率的上升，均成为影响中学生心理健康的重要因素。除此之外，近十几年来、中学生心理健康的变异程度也有所增加，这可能意味着当前有许多中学生存在较为严重的心理问题（辛自强，张梅，2009）。这提醒我们，为了做好学生心理健康的维护者，学校、教师还需要积极与学生所在的家庭、社区广泛交流和沟通，建立起长期有效的合作模式，共同为学生营造起完整良好的成长环境。

第二节　中学生心理辅导的内容与原则

中学生的心理健康关系到他们的快乐成长，也关系到他们未来的幸福与成功，还关系到国家未来的人才质量。大力开展学生心理辅导工作，加强学校心理健康教育，已成为世界性的教育共识。为了使中学生心理辅导工作能顺利开展，并取得预期效果，学校与辅导教师要理解心理辅导的实质，明确心理辅导的目标与内容，遵循心理辅导的基本原则。

一、心理辅导的实质

辅导（guidance）泛指有关专业人员对当事人的协助与服务。学校心理辅导（或称学校辅导）是指在一种新型的建设性人际关系中，学校辅导人员运用其专业知识技能，给学生以合乎其需要的协助与服务，帮助学生正确地认识自己、悦纳自己，根据自身条件确立有益于个人和社会的生活目标，克服成长中的困难和障碍，充分发挥个人潜能，并在学习、工作和人际关系各方面表现出良好的适应。

在理解辅导的实质时，应注意以下四点含义：(1)辅导是一种合作式、民主式的协助过程。辅导教师只是协助学生解决问题，不是代替学生解决问题。(2)辅导是专业知识技能的运用。应由专门的辅导人员，运用专业知识和技能给学生以辅导，有时还需要运用各种特殊的方法开展活动。学校辅导涉及多学科知识,其中心理学知识占有重要地位。(3)辅导有自己独特的目标。学校辅导的总目标与学校教育目标一致,辅导目标的着眼点有其独特之处。关于这一点,下文还有专门论述。(4)辅导以正常学生为主要对象。辅导更强调正常学生的成长与发展。在这一方面,它不同于以各种心理疾病患者为主要对象的心理治疗。

二、心理辅导的目标

心理辅导(psychological guidance)的目标有一般目标与特殊目标之分。一般目标是指心理辅导的总体目标、适用于一切学段(小学、初中、高中、大学)的目标。特殊目标是指适用于某一辅导活动单元的目标、针对某一特定学生的辅导目标、某一次个别会谈的具体目标等。

学校心理辅导的一般目标就是要促进学校教育目标的实现。但心理辅导毕竟只是学校教育的一个方面,其目标应有自己的独特之处。综合多数学者意见,可以认为心理辅导的主要目标是:帮助学生认识自己,接纳自己,管理自己;协助学生认识和了解周围环境,与环境相适应;帮助学生解决面临的问题,应付危机,摆脱困难,并增强面对困境与压力的能力和勇气;使学生能去除特殊症状,改善行为,化解负向的或冲突的思想与情感;指导学生作选择,作决策,制定行动计划;鼓励学生通过自己探索寻求生活的意义,认清自己内在的潜力与资源,充分发挥个人潜能,过健康的、有意义的、自我满足的生活。

根据心理健康层次,可以将上述心理辅导的一般目标归纳为两个方面:学会调适和寻求发展。调适包括调节与适应,调节处理的是个体内部精神生活的各方面及其相互关系,调整的重点是个体的内心体验;适应处理的是个体与周围环境的关系问题,调整的重点是个体的行为。寻求发展就是引导学生认清自己的潜力与特长,确立有价值的生活目标,负起生活责任,扩展生活方式,发展建设性的人际关系,发挥主动性、创造性以及作为社会一员的良好的社会功能,过积极而有效率的生活。这两个目标中,学会调适是基础目标,以此为主要目标的心理辅导可以称为适应性辅导(adjustive guidance);寻求发展是高级目标,以此为主要目标的心理辅导可以称为发展性辅导(developmental guidance)。

心理辅导的特殊目标是针对某年级、某学段学生的突出矛盾,针对一些学生的特殊问题,根据心理辅导过程中特定阶段的独特要求制定的,因而比较具体。例如,针对某班班主任老师意外亡故的情况,学校对该班学生实施了特殊的团体辅导,辅导目标是:(1)帮助学生宣泄哀伤情绪,表达对班主任老师的缅怀;(2)帮助学生将对已故班主任老师的情感升华为对所有教师、同学等身边人的感恩与珍视;(3)促进学生从已故班主任老师曾经的期许中获得动力,并将之转化为实际的行动与努力;(4)在对已故班主任老师的共同缅怀中,促进学生对新班主任老师的认同与接纳。

适当的心理辅导目标应符合四条准则:(1)受辅导学生能够理解和接受;(2)必须是具

体的、可评估的；(3)必须是可行的，即通过心理辅导是能够达到的；(4)应是兼顾社会与个人需求的，因为既符合社会规范又能满足主体需要的行为才是心理健康者的特征性行为。如果心理辅导的目标仅在于满足学生的心理要求，而无视社会规范的制约和学生应承担的社会责任，则可能导致当事人的反社会行为；如果心理辅导只考虑使学生行为服从社会规范，而不考虑学生主体需要的满足，学生不能从自己的行动中获得乐趣，则这种符合社会规范却与主体需要相悖的行为就无异于自我苛求。心理辅导工作追求的是当事人社会适应与自我肯定的统一(林孟平，2005；吴武典，1990)。

三、学校心理辅导的内容

学校心理辅导可以分为学习辅导、生活辅导和职业辅导三个方面。

1. 学习辅导

学习辅导(learning guidance)的具体内容包括：了解自己学习潜能的辅导；学习动机、学习兴趣、学习态度的辅导；学习志向水平的辅导；学习习惯的辅导；学习方法与策略的辅导；学习计划与监控的辅导等。其中，学习方法与策略的辅导，强调学习方法的学习，注重指导学生在学科学习中逐步掌握阅读的方法、记笔记的方法、检验的方法，掌握集中注意的策略、理解与记忆的策略、解决问题的策略等。此外，学习成败归因辅导、协助个人充实学习内涵的辅导、有效运用各种学习资源的辅导、考试辅导等都属于学习辅导的范围。

2. 生活辅导

生活辅导(life guidance)的具体内容有以下方面。

生活目标与态度的辅导，指导学生形成有社会价值的生活目标，追求人生意义，确立负责任的、积极进取而又乐观旷达的生活态度。

日常生活辅导，指导学生养成整洁、有秩序的生活习惯，培养生活自理能力，注重个人卫生与公共卫生。

社交生活辅导，使学生正确认识自己、认识他人，学会推己及人，为他人着想，接纳他人与自己的不同之处，建立正常的人际关系，养成社交活动的兴趣，掌握人际沟通的技巧，敢于表达自己的正当要求和不同意见。

情绪辅导，使学生认识人类情绪情感的丰富多样性，掌握控制、表达、发泄情绪的适当渠道和方式，变消极情感、冲突情感为积极健康的情感。

休闲辅导，使学生了解休闲生活的意义，建立正确的休闲观念，促进学生广泛尝试并获得符合自己兴趣、能力的健康休闲活动，掌握休闲活动的知识技能，学会安排自己的休闲时间。

性问题辅导，帮助学生认识性别差异，接受性成熟过程中的一系列生理和心理变化，建立适当的性别角色，学会与异性进行正常的交往，解决青春期特有的性生理问题及相关心理困扰，如初恋、对性问题的过分关注、对异性的偏见，以及在性发育过程中对自我形象的过度担忧与不满等。

此外,消费辅导、安全辅导、危机辅导、家庭生活辅导、学校团体生活辅导等,也都可以归入生活辅导范围。

3. 职业辅导

职业辅导(vocational guidance)涉及专业选择、职业选择、就业准备、职业适应等问题。职业辅导内容的要点是协助学生了解自己的能力倾向、职业兴趣、职业价值观,了解工作特性,获得有关就业、社会人才需求方面的信息,了解国内外行业发展趋势和国家就业政策,掌握择业决策的技巧,正确处理个人职业兴趣与社会需要之间的关系等。

四、学校心理辅导的原则

1. 面向全体学生原则

从本质上看,心理辅导是日常教育教学活动的有力配合与合理补充,因此应面向包括正常学生在内的全体学生。心理辅导之所以要面向全体学生还因为,当教师对全体学生的辅导工作做得有成效时,个别学生的问题便较少发生,或更易于解决。面向全体学生原则要求教师在制定心理辅导计划时,着眼于全体学生;确定心理辅导活动的内容时,要考虑大多数学生的共同需要与普遍存在的问题;组织团体辅导活动时,要创造条件,让尽可能多的学生参与,尤其要给那些内向、沉静、腼腆、害羞、表达能力差、不大引人注目的学生提供参与和表现的机会。

2. 预防与发展相结合原则

有人将心理干预的功能分为矫治、预防和发展三个层次。学校心理辅导也兼有矫治、预防和发展三种功能。不过,就整体而言应该是预防、发展重于矫治,因为所有严重的心理疾病与行为偏差的产生都有一个发展过程。青少年在学会适应社会和谋求自我发展的过程中,难免会遇到失败和挫折,往往会经历心理困扰而不能解脱,从而陷入危机。此时,采取及时而恰当的心理辅导措施,可以帮助当事人脱离困境,使当事人回到正常生活轨道。这比等到当事人已经有了严重的心理疾病再来治疗要有效得多,省事得多,解决问题也要彻底得多。在预防的同时,还要追求发展,将预防与发展结合起来。

贯彻这一原则时,我们应注意到,心理辅导应采取主动态势,宜未雨绸缪,注意防微杜渐。因此,需要建立学生的心理档案(详见第三节)。对于那些社会处境不利的学生、生活发生了重大变故的学生、自我期望偏高又屡遭挫折的学生,应及早发现征候,实行早期干预。

3. 尊重和理解学生原则

尊重与理解是心理辅导过程中对待学生态度和师生关系方面应该遵循的基本原则。尊重,就是尊重学生的人格与尊严,尊重每个学生存在的权利,承认每个学生是不同于其他人的独立个体,承认每个学生与教师、与其他人在人格上具有平等的地位。贯彻这一原则应注意以下要点：(1)尊重学生个人的尊严，以平等、民主的态度对待学生。(2)尊重学生的选择。辅导教师应承认每个学生是自主的，具有抉择的能力和作决定的权利，具有选择目标和实现目标的方法的自由。(3)运用同理心的态度和技术加深对受辅导学生的理解。在与学生谈话时，教师不但要理解学生明确表达出的思想和感受，而且要觉察出学生故意回避或以隐喻形式透露出来的深层含义。

4. 学生主体性原则

学生主体性原则要求教师在心理辅导中尊重学生的主体地位，充分发挥学生作为辅导活动主体的作用。(1)心理辅导的基本功能是促进学生成长与发展，而成长与发展从根本上说是一种自觉的和主动的过程。如果学生缺乏主动精神，缺乏受辅导动机，教师强行对他进行辅导，那么这种辅导必定会因学生的抗拒、冷漠和敌意而毫无效果。正如西方谚语所说，你可以牵马到河边，但不能强迫它饮水。(2)心理辅导是一种助人自助的过程。助人只是手段，让学生自助才是目的。(3)青少年期是学生自我意识、独立倾向快速发展的时期。处于这一阶段的学生，渴望通过自己的独立思考和主动探索解决面临的问题，检验个人影响环境和控制自己的能力。因此，学生主体性原则对青少年学生的辅导具有特殊的意义。

贯彻学生主体性原则应考虑以下两个方面：(1)开设心理辅导活动课要以学生需要为出发点。心理辅导不以传授系统学科知识为目的，其内容的选取和安排应充分考虑学生的需要，围绕学生关心的实际问题进行。(2)尊重学生的主体地位，鼓励学生“唱主角”。在活动设计中要给学生发挥想象力留有余地，在辅导过程中要鼓励学生发表看法、宣泄情感、探索解决问题的办法。在与学生沟通的过程中，作为协助者，教师应避免使用“你听我说”“我告诉你”之类的命令式、灌输式口吻，宜用鼓励性的、商量式的语气说话，如“如果换成我，我可能会……”“我想作一点补充”“如果这样看是不是更全面”等。

5. 个别化对待原则

重视学生的个体差异，强调对学生的个别化对待，是学校心理辅导的又一条重要原则。贯彻该原则应考虑以下要点：(1)了解学生的个体差异。学生的个体差异是实施个别化对待的基础。心理辅导教师应了解学生的共性，更要注意了解学生的个体性、差异性；要了解事实性的资料，更要了解价值性的资料。(2)区别对待不同学生。心理辅导教师应充分考虑学生的年龄特征、性别特征、个性特征，灵活运用心理辅导的通用原理，找出适合每个学生的处置方法。(3)认真做好个案研究。个案研究的对象是单个学生，通常是学校里有个别化问题的学生。开展个案研究，积累个案资料，有利于深入探讨个性化对待方面的经验，提高个别辅导的实效。

6. 整体性发展原则

心理辅导追求学生人格的整体性发展。从社会价值取向看，它重视学生德、智、体、美几方面的全面发展；从满足学生自我完善的需求看，它注重学生知、情、意、行几方面的协调发展。

贯彻这一原则应考虑以下要点:(1)树立学生全面发展的观念。不论从事哪一个领域的辅导,都要关注学生人格整体的完善。即使是从事学习辅导,目标也不仅仅在于学生知识的获得,还应关注学生学习态度、习惯、方法的改变,以及让学生增强学习信心、享受学习乐趣。(2)不宜把心理辅导课程变为单纯的知识传授课。向学生传授心理健康一类的知识无疑是有益的,但心理辅导涉及学生知识、社会技能、情感、态度、价值等多方面的体验与学习,而不仅仅是让学生掌握知识。因此,开展多种多样的活动就显得十分必要。在积极参加各种专门设计的辅导活动或实践活动的过程中,学生可以品尝人生体验,感受发现的喜悦,回味奋斗的乐趣,重温父母的恩情,理解教师的关怀,领悟朋友的情谊。由此获得的丰富人生经验,对于学生个人的成长是无比珍贵的。

第三节 中学生心理辅导的基本方法

中学生心理辅导可以通过不同的途径实施。主要有个别辅导、小组辅导、开设心理健康课、开展心理辅导活动、在学科教学中渗透心理辅导等。无论通过何种途径实施,都要运用一些基本的辅导方法。这些方法就其功能看,有的涉及建立良好的辅导关系,为辅导创造基本条件;有的涉及学生心理资料的搜集与整理;有的涉及学生认识、态度与行为的改变。

一、心理辅导有效性的基本条件

良好的辅导关系,是指辅导教师与受辅导学生之间建立起来的一种新型的、建设性的、具有辅导功能的人际关系。它是使辅导工作取得实效而不致流于形式的基本条件。能否建立良好的辅导关系,主要取决于辅导教师的个人修养,以及对受辅导学生的态度。良好的辅导关系应包含以下三个要点。

1. 同理心

同理心(empathy)是指辅导教师听取学生的自我陈述后,在言行上表现出的理解和体谅的态度,即以设身处地的态度为学生着想。用罗杰斯(Carl Rogers, 1902—1987)的话说,就是“能体会当事人的秘密世界,仿佛身历其境”。同理心由两个要素构成:一是“感人之所感”,即平常所说的“同情”(sympathy)。教师要站在学生的角度,用当事人的眼睛去看,用当事人的耳朵去听,用当事人的心去体会,设身处地地理解当事人的痛苦与担忧。二是“知人之所感”,即平常所说的“理解”(understanding)。教师要切实了解学生的心理状况、心理行为问题的实质以及问题产生的原因。也就是说,辅导教师真正做到既理解又同情,才能使受辅导学生领会到辅导教师好像进入他的内心世界,既了解受辅导学生的困难，又分担受辅导学生情感上的痛苦。只有这样，辅导教师的“辅导”，才能对受辅导学生产生积极作用。

2. 尊重

尊重(respect)是接纳受辅学生的前提。尊重的实质是将对方当作一个有价值的个体。不仅如此，还要把这种尊重表达出来，让对方察觉到。这主要通过专注地聆听对方讲话并作出恰当的反应来实现。得当的眼神、面部表情、肢体语言等都能表达教师对学生的尊重。每个人都有体验，与他人交流时，即使对方一言不发，我们也能从他人的眼神和表情中发现自己是否被尊重。因此，教师要注意非语言表达的管理，用真正的尊重态度面对学生。但是，尊重一个人并不一定要认同对方的意见。

3. 真诚

真诚(genuineness)要求辅导教师在辅导关系中采取开放、诚恳的态度，做到表里一致、言行一致、前后一致。辅导教师虽是一个专业人员，但他必须以普通人的心态与当事人相处。他不必戴假面具，不必将自己隐藏在专业角色后面，更不应像一个熟练技师般地完成例行工作。辅导教师首先要有健康的自我形象，要有充分的自信，才能达到这些要求。

二、建立学生心理档案的方法

为了有针对性地做好心理辅导工作，必须了解学生，搜集与整理有关受辅导学生的资料，并在此基础上建立学生心理档案，以保证对学生资料的科学管理、妥善保存和有效利用。

1. 学生资料的搜集

可以采用多种方法搜集有关学生心理和行为方面的资料，如观察法、自我报告法、会谈法、测验法等。

观察(observation)可以分为参与观察和非参与观察两种。在参与观察(participant observation)的条件下，研究者在参与被观察者活动的同时，对他们的行为进行观察。在非参与观察(non-paticipant observation)的条件下，观察者不介入被观察者的活动，以旁观者的身份进行观察。对于观察的结果，可以用各种方式作记录：(1)项目检核表。将所要观察的心理特质和特征性行为作为项目列于表上，当被观察的学生具有某种特质或行为时，就在相应的项目前作出标记。(2)评定量表。将想要观察的特质或行为作为项目列于表上，将被观察学生的表现与表中各项目相对照，并根据符合的程度进行等级评定，以记录被观察者某种行为出现的频率(是“总是”“常常”，还是“偶尔”“很少”“从不”)或具有某种特质的强度。(3)轶事记录，以叙述性文字对观察到的事实所作的一种简明记录，包含被观察者的姓名、年级、观察时间、观察事实及其发生情境的描述、观察者的解释与建议。

自我报告(self-report method)是指通过学生书面形式的自我描述来了解学生生活经

历和内心世界的一种方法。日记、周记、作文、自传、内心独白等是自我报告法的具体形式。其中,自传又分主题式自传和综合式自传。主题式自传的内容限于个人生活的某一方面,如“我的童年生活”“我的学校生活”“我的未来生活”“自己的苦恼”等。在对学生自传进行解释时,要考虑:自传反映了作者什么样的情绪基调?自传中提及哪些重大经历和重要的背景资料?在按时间顺序记载个人经历时有无明显的时间中断?有无逃避敏感性问题的意向?此外,自传的长度也可以透露一些信息,如作者的表达能力、自我省察能力、书写自传的动机等。

2. 学生心理档案的建立

为了加强对学生心理辅导资料的科学管理,方便对这些资料的利用,必须建立学生心理档案。心理档案分个人心理档案和团体心理档案两类。心理档案中收集的资料包括观察的原始记录、心理测验的答案纸和剖析图、谈话的记录、自传、专项调查表以及经过分类整理的学生综合资料一览表等。

学生个人心理档案的内容通常包括下述各项。(1)本人概况。姓名,性别,民族,出生年月日,籍贯,入学时间,各年级班主任姓名,参加团队、校内其他团体及担任职务情况,个人简历。(2)家庭状况。家庭成员,出生顺序,父母年龄、文化程度、职业、健康状况,家庭气氛,生活习惯,宗教信仰,经济状况,居住条件,家用设施,本人住宿状况(住家、住校、寄居亲戚家中),父母管教方式,居住地周围环境。(3)身体状况。一般健康状况,身体发育状况,生理缺陷,个人病史。(4)学习状况。学科兴趣,特殊专长,各科成绩,劳动表现,体育锻炼状况。(5)毕业后计划。是否打算升学,专业与职业志愿。(6)生活适应。生活习惯,集体活动表现,休闲娱乐方式,人际关系,交友状况,纪律状况。(7)测验记录。智力测验、成就测验、特殊能力测验、人格测验、兴趣测验记录。(8)轶事记录与奖惩记载。(9)心理与行为障碍记录。心理与行为障碍的表现、诊断、原因分析,辅导与咨询的方法和过程,辅导效果与追踪记录。(10)教师评语摘录。(11)其他资料,如学生日记、自传,与教师、家长访谈记录,与学生个人谈话记录等。

学生心理档案资料可以采用档案袋或专项卡片的形式给予保管。当前,更多的学校结合现代信息技术和数据处理技术,运用心理档案软件进行电子化管理。现有的学生心理档案系统一般包括心理健康测评模块、心理档案管理模块、学籍档案管理模块和危机预警模块。其优点是自动化程度高,工作效率高,功能齐全,适应性强,安全可靠;可以减少差错,防止资料丢失,保证资料管理的准确、规范;可以按照需要以文字报告、数据报告,以及表格、图形等形式输出有关信息,便于查询和统计分析。

三、辅导会谈的方法

会谈是辅导活动的基本方法。教师通过会谈既可以了解学生的心理与行为,也可以对学生的认识、情绪、态度施加影响。辅导会谈是一个连续的过程,大体上可以分为四个阶段:(1)预备阶段。辅导教师要关注受辅导学生,留心倾听,表示对他的尊重和信任,培养学生接受辅导的动机,建立初步的辅导关系。(2)探索与回应阶段。鼓励受辅导学生对自己作自由探索。辅导教师细心聆听,作适当的回应,协助受辅导学生对问题作澄清和整理。这个阶段主要找问题症结,为后面的行动阶段作铺垫。更快、更深入地探索诊断出学生的问题,有助于后续阶段的顺利进行。(3)行动阶段。找出问题症结后,教师针对问题所在作适当引导,让学生采取行动,使学生发生积极转变。(4)追踪阶段。教师评估学生已有变化,鼓励学生将习得经验迁移到辅导外的情境。评估资料可以从多方面搜集,如辅导教师的观察,学生自我评估,家长、同学或其他教师的反馈,以及心理测量的结果。

为了使辅导会谈富有成效而不流于形式,除了要注意建立良好的辅导关系之外,辅导人员还要运用一些专门的技术。

1. 倾听

在会谈中,倾听是专注而主动地获取信息的过程。倾听时应采取开放态度,与对方保持目光接触,注意获取言语沟通和非言语沟通的信息。倾听是建立良好辅导关系的手段。倾听比询问更有利于搜集资料,因为询问会给对方造成心理压力,而倾听可以减少对方的心理防卫。

2. 鼓励

在会谈中,辅导教师可以向对方提供鼓励信息,如说“嗯,我懂”“我能体会”“请继续讲”“然后呢”“原来如此”“有意思,我正陪着你”等。教师也可以通过非言语的方式表达对学生的肯定,如肯定的眼神、善意的微笑等。因此,在运用鼓励技术时,教师需要同时训练自己言语与非言语的表达能力。

3. 询问

不要提过多的问题,尤其是少提封闭式问题(用“是”或“否”就可以作答的问题),多提开放式问题(如“你能说说原因吗?”)。不但要问事实,而且要问看法与感受,如“我想知道你对这件事的感受如何”。学生应阐述得更多,因为只有这样,教师才可以了解事件的完整背景。而学生对事件的看法和感受,往往是导致学生心理问题的症结。

4. 反映

反映是指辅导教师将受辅导学生表达出的思想、观念或流露出的情绪,加以综合整理,用自己的言语再表达出来,以协助学生更好地了解自己。需要注意,反映技术只是客观地陈述学生的所思所感所想,不涉及教师的主观评判。

5. 澄清

当事人处于思想困扰时,其思考和言语表达往往不明确。辅导人员可把当事人不连贯的、模糊的、隐含的想法与感受说出来,帮助当事人在混乱的思想中理出眉目。运用这一技术主要是辅助学生明确问题,切记不可过度引导或过多加入自己的主观判断,以免误导学生。

6. 面质

当会谈中发现受辅导者前后所说内容不一致,或者他具有的自我形象与他的行为不一致时,可以向他提问,以协助当事人弄清自己的真实感受。例如,在处理人际关系的案例中,有学生认为朋友之间不需要时时刻刻关心彼此,而应该是舒服自在的友谊交往,但他又在随后的陈述中表露出因某好友不及时关心自己而产生的不满与委屈情绪。该生的认知前后不一致,教师应以此为突破点,对学生进行提问,帮助他发现自己的不协调。

7. 自我开放

在必要的情况下,辅导人员可以将自己的经验、行为感受与受辅导学生分享。例如,学生对亲人的离去表现出深切的痛苦,此时,教师可以采用自我开放,讲述自己类似的经历,表达自己拥有相同的痛苦经历,加深教师与学生的关系,促进学生的开放。需要注意的是,运用该技术时仍然要遵循学生主体性原则。

四、影响学生行为改变的方法

1. 行为改变的基本方法

行为改变的基本方法有强化法、代币奖励法、行为塑造法、示范法、消退法、处罚法、自我控制法等。这里只介绍其中几种。

强化法可以用来培养新的适应行为。根据学习原理,一个行为发生后,如果紧跟着一个强化刺激,这个行为就会再一次发生。例如,一个学生起先不敢与教师说话,学习上遇到了疑难问题也没有勇气向教师求教,如果每当他敢于主动向教师请教,教师就表扬他,并耐心地解答问题,那么这个学生的行为就会受到强化,此后他就会主动向教师请教。还要说明的是,运用强化法时需注意频率和强度,好似"糖多则不甜"的道理,教师对学生的正向强化需要适时适量,才能发挥最大的效用。

代币(token)是一种象征性强化物,筹码、小红星、盖章的卡片、特制的塑料币等都可以作为代币。当学生做出符合社会期许的良好行为后,给予学生数量相当的代币作为强化物。学生可以用代币兑换有实际价值的奖励物或活动。代币奖励的优点在于,可以使奖励的数量与学生良好行为的数量、质量相适应,代币不会像原始强化物那样产生"饱足"现象而使强化失效。

自我控制(self-control)是让学生自己运用学习原理,进行自我分析、自我监督、自我强化、自我惩罚,以改善自身行为。自我控制的优点在于,强调学生个人责任感,增加了改善行为的练习时间。例如,身体超重的学生可以通过对进食行为进行自我控制来达到体重趋于正常的目的。他可以制定减轻体重的目标,记录每日进食的种类和数量,控制刺激条件(如不把食品放在书房),规定正常的进食行为(如专注地进餐,细嚼慢咽),发展与贪食行为对立或替代的反应(如在规定进食时间之外想吃东西时,可以听音乐),记录体重改变的进程并作自我分析,当通过努力体重有所减轻时,给予自我强化(如看一场电影)。

需要注意的是，过度的奖励或外部强化可能会让学生将原有的目标抛弃，甚至使学生原有的行为热情降低。因此，在运用强化和奖励的方法时，也要尽可能保护和提升学生的内部动机。

2. 全身松弛法

全身松弛法，或称松弛训练（relaxation training），是通过改变肌肉紧张，减轻肌肉紧张引起的酸痛，以应付情绪上的紧张、不安、焦虑和气愤，即通过肌肉的放松达到精神上的放松。全身松弛法有不同的操作方式，紧张、松弛对照训练是最常见的一种。松弛训练的要点是：训练者要学会接收自身生理状态的信息，辨认肌肉紧张、放松的感觉；对肌肉作"紧张——坚持——放松"的练习，从紧张与放松的感觉对比中学会放松；按固定次序依次放松全身多处肌肉；每日练习，坚持不懈。

3. 系统脱敏法

系统脱敏（systematic desensitization）是指某些人对某事物、某环境产生敏感反应（害怕、焦虑、不安）时，在他们身上发展起一种不相容的反应，使其不再对本来可以引起敏感反应的事物发生敏感反应。系统脱敏法包含以下三个步骤。

步骤一：进行全身放松训练。

步骤二：建立焦虑刺激等级表。焦虑等级评定以受辅导学生主观感受为标准，排序为（1）的是仅能引起最弱程度焦虑的刺激。下面是一个关于考试焦虑的焦虑刺激等级表：

（1）学期结束了，明年再也没有考试了。

（2）上学期第一天，老师告诉我们教学计划与考试计划。

（3）约在考试一周之前，我感觉到它即将来临。

（4）考试前两天，我变得特别紧张，开始感到难以集中思想。

（5）考试前一天，我的手掌变得潮湿，并且感到把一切重点都忘了。

（6）考试前一夜，我失眠，并且半夜惊醒。

（7）前往考场的路上，我觉得自己摇摆不稳，几乎生病了。

（8）当我走进教室时，我双手潮湿，我真把一切都忘了，我真想离开。

（9）当考卷传过来时，我几乎全身紧张，无法行动。

（10）当我看着考卷时，发现其中有一两道题我实在不知如何作答，并且感觉十分紧张，有次我便离开了教室。

如果引发求助者焦虑或恐惧的情境不止一种，如学生既有学习动力不足、热情不高的困扰，又有人际交往的问题，则需要针对不同情境建立几个不同的焦虑等级表，然后对每个焦虑等级表实施脱敏训练。

步骤三：焦虑刺激与松弛活动相配合，让受辅导学生作肌肉放松。等达到完全放松后，要求学生想象上述焦虑刺激等级表上第一个刺激情境，然后转入想象第二个刺激情境。进行30—40秒的肌肉放松运动后，再想象等级表上第三个刺激情境，如此训练，直到完成焦虑刺激等级表上的全部刺激情境。当这种想象情境中的练习有一定效果后，可以在现实情境中进行验证。研究证明，对矫治恐惧、焦虑来说，系统脱敏是一种十分有效的自助方法。

4. 生物反馈训练

生物反馈训练（biofeedback training）在 20 世纪 60 年代由美国心理学家米勒根据操作性条件作用理论创建（Miller，1978）。该方法借助现代电子仪器将人体内脏器官的生理功能（如皮肤温度、心率、血压、肌电、脑电节律、胃肠蠕动等）的状态予以描记，并转换为声音、图形和数据等信号反馈给当事者，这样当事者便可以根据反馈信号提供的信息了解其内脏器官功能的变化情况，有意识地进行反复训练来调节和控制内脏机能与身体功能，矫正已产生的某种病理过程，促进功能恢复，达到治病的目的。临床实践证明，生物反馈技术确实是一种行之有效的行为治疗技术。生物反馈和松弛反应训练相结合，可以使个体更快、更有效地通过训练学会使用松弛反应来对抗并消除一般的心理、情绪应激症状，已经被广泛应用于治疗各种心身疾病和精神疾病。对学生而言，生物反馈训练则能有效降低考试焦虑水平（谢念湘，佟玉英，2012）。

5. 角色扮演法

角色扮演法（role play method）就是让受辅导者在一种特定的或创设的情境中扮演某一角色，使受辅导者认清角色的理想模型，了解社会对角色的期望和自己应尽的角色义务，从而有助于受辅导者控制或改变自己的态度与行为，以达到改善人际关系和提高工作或学习效率的目的（章志光，1996）。角色扮演有不同的表现形式。

一种常见的形式是表演心理剧，心理剧是帮助当事人通过演剧展示心理事件的一种心理治疗方式，当事人即时即地的表演使之能体验其既往、当前和将来的事件或者真实和想象的情节（李鸣，1995）。表演心理剧的主要步骤包括五步：(1)设定目标，确定情境。例如，一种可能的情境是：学生在考试中作弊，被发现后，他应如何应对？(2)辅导教师对角色扮演作解释，排除学生各种顾虑。(3)辅导教师指导学生发展情节，准备剧本，设定角色，分派角色。(4)演剧时，教师可以作指导和示范，也可以扮演一个角色。(5)事后分析讨论，表达感受。

另一种形式是固定角色扮演。让学生按照辅导教师为他撰写的扮演草稿，在生活中“扮演与自己原来性格不同的角色”。若学生原来是被动的，就让他扮演主动的角色。在两周时间中，学生每天必须细读扮演草稿三次，并在日常生活中按角色要求去说、想、做，去与他人打交道。

6. 肯定训练法

肯定训练法（assertiveness training method）旨在帮助性格过于退缩，经常压抑感情，不敢表达意见和受人欺压而不敢抗议的人，使其增强自我肯定，敢于坦诚自然地表露自己的感情或意见。这一方法主要用于增强自信心和社交能力，也称为社交技能训练。社交技能主要表现在三个方面:(1)请求,即请求他人为自己做某件事,以满足自己合理的需求;(2)拒绝,即拒绝他人的无理要求而又不伤害对方;(3)真实地表达自己的意见和情感。许多学生在社交技能方面存在如下弱点:谈话时眼睛不敢看着对方,说话句子短;不敢提出合理要求,不敢拒绝别人的无理要求;不敢表达自己的不满情绪;与同学发生矛盾时不敢正面解决问题,而是哭着找教师等。

肯定训练包括五个步骤:(1)设置训练情境。这些情境都是当事人难以应对的情境,如排队购票时有人在你前面“加塞”,教师不公正地批评了你,把不合格商品退回给商家,考试时你不愿意同座抄袭你的答案,因眼睛近视要求教师将你调到靠前的座位上。(2)以角色扮演方式逐一进行训练。(3)决定其他变通的方式。(4)在现实生活中运用学到的交往方式。(5)评价训练效果。

五、促进学生认知改善的方法

促进学生认知与态度改变的方法很多,这里只介绍艾利斯(Albert Ellis, 1913—2007)的理性情绪辅导方法。艾利斯认为,个体的情绪由其思想决定,理性的观念导致健康稳定的情绪,不理性的观念导致消极的、不稳定的情绪(Ellis & Bernard, 1985)。个体有许多非理性观念。例如,我“必须”成功,并得到他人赞同;别人“必须”对我关怀和体贴;事情“应该”做得尽善尽美;别的同学有的东西,我也“应该”有;课堂上回答问题有错误是很糟糕的。

这里有几个概念:A——个体遇到的主要事实、行为、事件。B——个体对A的信念、观念。C——事件造成的情绪结果。D——驳斥个体的非理性观念。E——个体建立新信念。

情绪反应C由B(信念)直接决定。可是许多人只注意A与C的关系,而忽略了C是由B造成的。B如果是一个非理性的观念,就会导致负面情绪,若要改善情绪状态,则必须驳斥(D)非理性观念B,建立新概念E。这就是艾利斯理性情绪治疗的ABCDE步骤。理性情绪治疗是一项具有浓厚教育色彩的心理治疗法,要求教师引导学生自我反思和辩论,直至找到学生自己信服而又理性的观念,并对之前的观念进行替换。例如,以下这个案例:

A事件:“我是一个学习成绩一贯名列前茅的学生,这次数学考试却不及格。”

B观念:“好学生不应该考这么差”“我变成差生了,我的将来没希望了”“老师、同学从此就会瞧不起我了”。

C情绪:痛苦、羞耻。

D驳斥:没有常胜将军,好学生也一定会有考试失败的经历;一次考试失利,不能否定我一贯的学习能力,更不会否定我在老师、同学心目中的印象。

E新观念:我只是经历了偶尔的失败,获得了人生必要的挫折和教训;我的学习能力仍然是强的,只要用功,成绩一定可以好起来;我仍然是大家心目中的好学生,我要加倍努力不让他们失望。

本章小结

心理健康不仅是没有心理疾病,它有不同的评价标准和依据,是一个主客观结合的概念。生活压力以及个体选择使用的各类应对方式是影响心理健康的重要因素。中学生常见的心理障碍有焦虑症、强迫症、恐惧症、抑郁症、人格障碍、性偏差、进食障碍、睡眠障碍。对中学生开展心理辅导工作,要遵循心理辅导的基本原则,围绕调适和发展两个目标,关注学习、生活和职业三大领域的内容。在具体的辅导工作中,辅导教师要在与学生建立良好关系的前提下,有机结合建立心理档案、辅导会谈、影响行为改变以及促进认知改善等方法。

推荐阅读

布兰农,费斯特.(2007).*健康心理学:行为与健康导论(第6版)*.北京:北京大学出版社.

布鲁斯·D.佩里.(2015).*登天之梯:一个儿童心理咨询师的诊疗笔记*.曾早垒,译.重庆:重庆大学出版社.

戴维·迈尔斯.(2013).*心理学(第9版)*.黄希庭,译.北京:人民邮电出版社.

樊富珉.(2006).*青年心理健康十五讲*.北京:北京大学出版社.

复习思考题

1. 解释下列概念:
   健康　压力　应对　压抑　合理化　习得性无助感　焦虑症　强迫症　恐惧症　抑郁症　人格障碍　性偏差　进食障碍　睡眠障碍　学校心理辅导　同理心
2. 你是怎样理解心理健康的?
3. 中学生中有哪些常见的心理障碍?
4. 谈谈你对心理辅导目标的认识。
5. 学校心理辅导有哪些原则?
6. 良好的辅导关系应具备哪些条件?
7. 辅导会谈中应注意些什么问题?
8. 心理辅导有哪些基本方法?
9. 压力来源有哪些?应如何应对压力事件,以减轻身心伤害,维护身心健康?

第十六章

教师心理

教师是学校的教育专职人员，是学校教育工作的主要实施者，承担着教书育人、培养社会主义事业建设者和接班人、提高民族素质的使命。这就要求教师应该具备作为专业化教育人才必备的各种素质，并不断促进自己的专业成长，同时还要时刻调整自己的心态，不断适应工作中的新挑战，以饱满的情绪、积极乐观的心态投入到伟大的教育事业中去。本章将着重探讨教师专业成长过程中的心理现象和心理规律。本章的主要内容：

1. 教师的心理素质；
2. 教师的专业成长；
3. 教师的心理健康。

第一节　教师的心理素质

教师完成教书育人的职责需要具备相应的素质。《中华人民共和国教育法》《中华人民共和国教师法》《教师资格条例》规定，教师应当具备政治思想素质和专业素质。政治思想素质的核心是忠诚于人民的教育事业。专业素质是指教师在系统的教师教育和长期的教育实践中获得并逐渐发展而成的，在教育活动中体现出来并直接作用于教育过程的，具有专门性、指向性和不可替代性的心理品质，主要包括教育专业知识、教育专业能力和教育专业精神（王卓，杨建云，2004）。本节将详细阐述教师的职业道德品质、知识结构、教育教学能力、教育智慧、专业信念和职业人格等心理素质，以帮助师范生深入理解一名合格教师应该具备的专业素质。

一、教师的职业道德品质

道德是人们在实际生活中根据自身需求逐步形成的一种具有普遍约束力的行为规范，是一种心灵的契约，靠人们自觉遵守，强有力的道德约束表现为个体的坚定道德品质。道德品质综合体现了一定社会或阶级的道德要求，高度凝结着个体自觉的意志和信念，并因此表现为道德行为总体的稳定倾向。

教师的职业道德品质是教师行业的道德要求在教师个人思想和行动中表现出的稳定的特征和倾向,是教师职业的道德认知、道德情感、道德意志、道德行为等要素的统一体。

1. 教师职业道德认知

教师职业道德认知是对教师职业道德规范的认识,是对教师职业思想要求、政治要求和职业内部活动道德要求的认识。教师职业道德认知的核心是职业道德价值观,是教师对职业道德的认可转化为教师的爱与责任的认知观念。这种认知观念经由内化和认同形成教师自身的义务观念。道德范畴的义务是由个体的内在精神力量支持的。因此,教师的道德认知是形成教师的爱的职业情感认知、责任意识和义务观念等的基础。

2. 教师职业道德情感

教师职业道德情感是教师在践行教师职业道德时的情感体验。当教师将职业道德认知付诸职业实践时,积极的情感付出在道德实践回馈的积极情感作用下得到增强,便会感受到情感付出后的满足感。教师的职业道德满足感主要来自学生的成长、认可,以及学生家长、同行和领导的赞赏与信任。教师职业道德情感的重要范畴是对学生和教育教学的爱和责任感。

3. 教师职业道德意志

教师职业道德意志是教师在道德情境中自觉地确定道德目的,并支配自身行动克服困难以实现预定道德目的的心理过程。道德意志的主要特征包括:(1)明确的道德目的性,即意志行动总是自觉确定和执行道德目的行动;(2)与克服困难直接相联系,即只有克服各种困难才能实现预定的道德目的;(3)直接支配人的行动,即意志主要是为完成一定道德目的任务而组织起来的行动。道德意志对行动的支配作用具体表现在两个方面(莫雷,2007):一是使道德动机战胜不道德动机、利他动机战胜利己动机;二是排除困难,将道德行为进行到底。道德意志尤其突出地表现在抗拒不良环境的诱惑、抑制不道德行为的过程中。

4. 教师职业道德行为

教师职业道德行为是教师职业道德规范在教师行为上的具体体现。教师的行为自觉地符合教师职业道德规范的要求,是教师形成职业道德品质的标志。教师职业道德行为的基本范畴是责任。当教师将践行教师职业道德规范作为责任时,就会自觉地将自己的职业行为约束在教师职业道德规范规定的行为范畴之中。

教师的职业道德心理是教师对道德知识、道德行为、社会道德要求以及道德文化的心理反映,是以道德情感为内心体验,以道德意志支配自身行动,并最终形成道德行为习惯,养成高尚道德品质和完善道德人格的心理过程。而教师的职业责任就在于满足促进个体发展的要求,为在教育活动中促进个体发展提供保障。从这个意义上说,教师职业道德的价值与教育活动的价值是统一的。因此,在教师的心理素质中,职业道德是中小学教师心理素质的灵魂，也是教师实现促进学生全面发展教育目标的前提条件和基本保障。

二、教师的知识结构

教师要完成传道、授业、解惑的基本职责，就要具备比较合理的知识结构。合理的知识结构，就是既有精深的专门知识，又有广博的知识面，具有事业发展实际需要的最合理、最优化的知识体系。概括而言，专业教师应该具备通识性知识、本体性知识、条件性知识和实践性知识。

1. 通识性知识

通识性知识是处于教师知识结构最基础层面的有关当代科学、人文和艺术几方面的一般性知识，即通常意义上的一般科学文化知识。这是教师要与充满好奇心、随时会提出各种问题的学生共处，并能进一步激发学生求知欲和胜任教育者角色的教师所必需的，也是随着时代、科学发展而不断学习、不断自我完善和发展的教师所必需的。教师的阅读既要广泛，又要有意识地进行选择，特别是注意各学科知识的搭配与多学科内容的融合。

2. 本体性知识

本体性知识是指教师具有的特定的学科知识，如历史知识、数学知识等。本体性知识是教师知识的主干和核心部分，也是教师职业身份的标志。一位教师的专业知识首先是精通自己所教的学科，掌握本体性知识能使教师准确无误地将本学科的知识传授给学生。扎实的本体性知识是教师教育教学工作取得成功的基本保证。

3. 条件性知识

教师的教育学和心理学知识是教师成功进行教育教学的条件性知识。教师的条件性知识主要由帮助教师认识教育对象、开展教育教学活动和教育研究的专门知识构成。在教学中，条件性知识涉及教师对“如何学”“如何教”的理解。教学过程可以被看作教师将其具有的通识性知识和本体性知识转化为学生可以理解的知识的过程。在这个过程中，教师使用教育学和心理学的规律来思考通识性知识和本体性知识，即对通识性知识和具体的本体性知识作出教育学和心理学的解释。例如，如何处理教材、如何激发学生的学习动机，在课堂中如何组织教学、设计活动和实施评价等。

4. 实践性知识

实践性知识是指教师真正信奉的，并在其教育教学实践中实际使用和表现出来的对教育教学的认识。实践性知识是教师在具体的日常教育教学实践情境中，通过体验、沉思、感悟等方式发现并洞察自身的实践和经验中的意蕴，并融合自身的生活经验，逐渐积累而成的运用于教育实践的知识，包括情境知识、有关学习者的知识、有关自我的知识、案例知识（学科教学中的特殊案例、个别经验）、策略知识等。简略地说，实践性知识是教师教学经验的积累与升华。例如，教师在教学中运用教育机智，灵活有效地激发学生的学习兴趣,培养学习动机,妥善处理突发事件,巧妙化解矛盾,保证教学的顺利进行。

以上四个方面的知识相互结合、相互交融。在教学过程中,教师将他们已具有的学科知识与具体的课堂情境结合起来,形成一种与行为有关的知识。也就是说,教学的中心任务是对学科作出教育学的解释,同时将学科知识心理学化,即考虑学生已有的认知结构等,以便学生能理解、掌握,内化到自己的认知和行为体系中去。

三、教师的教育教学能力

教师的专业技能是指教师在教学过程中运用一定的专业知识和经验顺利完成某种教学任务的活动方式。它可以分为教学认知能力、教学操作能力和教学监控能力三个方面。

1. 教学认知能力

教学认知能力是教师成功完成教学活动最重要的心理条件。教学认知能力主要是指教师对教学目标、教学任务、学习者特点、教学方法与策略以及教学情境的分析判断能力,主要包括分析掌握课程标准的能力、分析处理教材的能力、教学设计能力、对学生学习准备性与个性特点的了解、判断能力等。在教学能力结构中,教学认知能力是基础。它直接影响到教师教学准备的水平,影响到教学方案设计的质量,影响着对所教学科内容的选择和分析,影响着知识的组织和呈现方式,是提高教学效率的前提。教学认知能力作为教师教学能力的核心成分,是教师在长期教学过程中创生出的知识与经验的积淀,以及在此基础上孕育出的有效组织教育教学活动的技能。

2. 教学操作能力

教学操作能力是指教师在教学中使用策略的水平,它要解决的不是“做什么”而是“如何做”的问题。教学操作能力水平的高低主要看教师如何引导学生掌握知识、积极思考、运用多种策略解决问题。教学操作能力具体包括制定教学目标的策略、编制教学计划的策略、选择和运用现代教学方法、选择设计教学材料和教学技术、课堂组织管理策略、因材施教的策略、教学效果评价策略、教学反思策略等。在教学中,综合运用各种教学策略解决各种问题和冲突的能力被称为教育机智,这是教师面临复杂教育情境时表现出来的机敏、迅速而准确地进行判断和反应的能力。它源于教师敏锐的观察、灵活的决策和果断的意志,也源于教师教育经验和知识的积累以及对学生的了解和关爱。

专栏 16-1

学生的成绩与教师行为的关系

教师一向被认为是影响学生学业成绩的重要因素,那么教师是如何影响学生学习的呢?对这一问题的看法有一个演变的过程,在学生可得的教学资源和学习资源较为匮乏的20世纪,研究者大多认为教师的学科知识与学生的学习之间表现出正相关,或者教师知识在一定程度上影响着学生的学习。

然而，进入 21 世纪后，互联网和数据库的广泛使用，使得教师的学科知识对学生的影响下降了。梁和朴(Leung & Park, 2002)对韩国与中国香港小学数学教师的研究表明，学生的学习并不与教师的学科知识直接有关。

另一项跨文化的研究(黄慧静，辛涛，2007)再次表明，教师教龄、教育水平、所学专业对学生成绩没有显著影响。研究还发现一个引人深思的现象，教师特定的行为因素，如教学的准备、对作业的重视、对考试的重视、对推理和问题解决的重视、电脑的使用确实能有效影响美国和瑞典的学生成绩，但对两个亚洲国家(地区)没有影响。美国数学课的终极目标是解决问题。教师在课堂中将首先演示或解释如何解决一个范例的问题，然后学生运用他们得到的方法来解决问题。在日本，对数学的理解是数学课的首要目标，解决问题只是为了加强对数学的理解，因此日本的教师在课堂中首先呈现要解决的问题，然后引发学生思考问题，讨论他们得到的解决方法，从而理解内在的数学概念。这样看来，在亚洲国家(地区)，影响学生数学成绩的因素应该是如何启迪学生的思考和对问题的准确理解。这样的观念在另一项研究(李琼，倪玉菁，2006)中得到证实。该研究对 32 位数学教师及其 1 691 名学生进行调查，结果发现，教师在课堂中实施的学习任务的认知水平对学生数学成绩的变异解释率最大，为 48.3%。

因此，专家型教师在课堂中给予学生更多高认知水平的数学问题，注重让学生经历问题的情境与任务的挑战性，为学生思维的探索打开了空间。相反，在课堂中更多运用重复练习性数学问题，会使学生遵循着教师既定的步骤与解法，减少了问题性，也缩小了学生的思维空间，从而降低了学生思维的创造性；当学生经常处于这种没有多大变化的数学任务中，不难想象学生会渐渐形成机械化的解题方式(李琼，倪玉菁，2006)。

3. 教学监控能力

教学监控能力(monitoring ability of teaching)是指教师为了保证教学达到预期的目的而在教学的全过程中将教学活动本身作为意识对象，不断对其进行积极主动的计划、检查、评价、反馈、调节和控制的能力。在这个教学能力结构中，教学认知能力是基础，教学操作能力是教学能力的集中体现，而教学监控能力是关键。

第一，教学监控能力的构成。教师的教学监控能力主要可以分为三个方面：一是教师对自己的教学活动的预先计划和安排；二是对自己实际教学活动进行有意识的监察、评价和反馈；三是对自己的教学活动进行调节、校正和有意识的自我控制。

根据教学监控的对象，可以将教学监控能力分为自我指向的教学监控能力和任务指向的教学监控能力。自我指向的教学监控能力是指教师对自己的教学观念、教学兴趣、动机水平、情绪状态等心理操作因素进行调控的能力。任务指向的教学监控能力是指教师对教学目标、教学任务、教学材料、教学方法等任务操作因素进行调控的能力。

根据作用范围,教师的教学监控能力可以分为一般教学监控能力和特殊教学监控能力。一般教学监控能力是指教师对自己作为教育者这种特定角色的一般性的知觉、体验和调控的能力,是一种超越具体教学活动的、具有广泛概括性的整体性能力。特殊教学监控能力是指教师对自己教学过程中各具体环节进行反馈和调控的能力,它决定着教师在具体教学活动中的具体的自我调节和自我控制行为。

第二,教学监控能力的作用。教学活动是一个极其复杂的系统,在这一系统中存在许多相互联系、相互影响、相互作用的因素,其中包含教师自身的因素,如教师的智力、教学能力、教学风格、自我概念等,也包括教学环境方面的诸多因素,如学生状况、班级环境、学校风气、社会环境等,还包括教学过程方面的因素,如教学任务、教学内容、教学手段等。教学监控扮演着“领导者”“督察官”的角色,教学过程中的其他因素都要在它的监视、领导下展开。因此,在实际教学中,教学监控是否合理有效地发挥作用,是能否达到理想教学效果的关键。拥有一定的教学监控能力,教师才能根据课程标准和教学目标的要求,制订合理科学的教学计划,选择适宜而有效的教学方法,并能在教学过程中不断进行自我反馈,及时发现问题,作出相应的修正,从而减少教学活动的盲目性和错误,提高教学活动的效率和效果。

教学水平高的教师,其教学监控能力往往也高。他们具有较多关于教育教学方面的知识,并且善于计划、评价和调节自己的教学过程,灵活地运用各种策略,以达到既定的目标。教学水平低的教师则正好相反,他们的学科知识也许与高水平教师没有明显差别,但是他们关于教学和教学策略方面的知识比较贫乏,不善于根据教材和教学目标以及学生的特点和教学的具体情况,灵活采用适当的教学方法或补救措施。可见,教学监控能力是影响教师教学效果的关键性因素。从一定程度上可以说,教师的教学行为是教师教学监控能力的外化形式,教师教学行为对学生发展的促进作用实际上是教师教学监控能力以教学行为为中介对学生发展的影响。

决定教师教学监控水平的直接因素有三个方面:一是教师能否正确、全面地发现并觉察自己正在进行的教学活动的状况和存在的问题;二是教师是否具备解决教学活动中问题的足够的知识经验;三是已有的知识是否能与现存的问题联系起来,进行合理有效的知识重组。决定教师教学监控水平的因素,除上述直接因素之外,还有间接因素,即教师的心理状态,如教育动机、教学效能感、自我知觉等因素。这些间接因素虽然不直接决定教师的教学监控水平,但对教师的教学监控过程有明显的影响,是教师从事教育教学活动的心理背景。

第三,教师教学监控能力的发展。(1)从他控到自控。他控是指教学活动为外界所左右,自控是指教学活动由教师自主调节管理。在教学监控能力获得发展之前,教师的教学活动通常受制于外界环境。随着各方面知识的不断丰富,教学监控经验的日益增多,教师教学监控能力由低级到高级发展起来,书本、专家的指导和监督由主导作用变为辅助作用，教师的教学监控能力逐渐发挥起主要作用。(2)从不自觉经过自觉达到自动化。在教学监控能力开始形成时，教师的监控行为往往表现出很大的不随意性。随着教学经验的积累和有意识的自我培养，教师可以开始主动在教学过程中进行监控活动，能够注意到自己教学的进程，能根据学生的反应调整自己的教学。这时，我们可以说他的教学监控能力已经初步形成。随着教师自身的努力和外界专家的指导，教师的教学监控能力最终会达到自动化的程度。(3)敏感性逐渐增强。教学监控的敏感性包括教师根据教学情况和学生反应对自己教学中各种线索变化的敏感性以及在不同情境下灵活选择最适合的教学策略的敏感性两个方面。前者直接决定教师进行教学监控的信息反馈水平，后者则与教学监控能力中的调节水平密切相关。教师在教学中不仅要具有所教学科的知识、教学策略、教学方法方面的知识，而且要具有为何、何时、何地使用何种教学方法和策略的知识。这与教学监控中的敏感性密切相关。(4)迁移性逐渐提高。教学监控能力的迁移性是指教师教学监控的过程和方式可以从一种具体的教学情境迁移到与其相同或类似的其他教学情境中去。随着教师教学监控迁移性的提高，他们将以往教学监控的过程和方式恰当地运用到提高与其相同或类似的环境中的能力也会逐渐增强。迁移性的增强是教师教学监控能力真正提高的一个重要标志。

四、教师的教育智慧

教师不仅要善于把握教育时机，还要有善于充分利用和创造教育机会的教育智慧(pedagogical thoughtfulness)。教育智慧在教育教学实践中主要表现为教师对教育教学工作的规律性把握、创造性驾驭和深刻洞悉、敏锐反应，以及灵活机智应对的综合能力(田慧生，2005)。教育智慧可以看作一种实践性的专业智能，受洞察力支配并依赖情感，普遍存在于教师的各项教育工作中。

教育智慧中最引人瞩目的是教育机智。教育机智(pedagogical tact)是教师综合运用教育理论、教学策略解决各种问题和冲突的能力，是教师面临复杂教育情境时表现出来的机敏、迅速而准确进行判断和反应的能力。

教育机智具有三个基本特性：(1)事件的偶发性。教师的教育机智多体现在教师毫无思想准备的情况下对偶发事件的处理上。班级工作千头万绪，教育目标、教育内容的多样性，学生身心特征的复杂性，教育过程中的生成性，决定了班级工作不可能都按照事先设定的程序运行，偶发事件会时有发生。(2)处理的迅速性。偶发事件具有发生的突然性与偶然性、处理的紧急性和潜在的教育性等特点。这类事件一旦发生，就会使学生的注意马上聚焦于事件的发展，对多数人的思想产生影响，甚至带来一些干扰作用。这就要求教师马上作出判断，因势利导，随机应变，迅速处理，防止事态进一步扩大，使事件的影响得到及时控制。(3)效果的良好性。处理方法是否正确，效果是否良好，这是衡量教育机智的最终标准。面对负向的偶发事件，缺乏实践机智的教师往往会出现冲动、急躁、主观、武断、发怒、处理方式简单粗暴等行为。一个拥有教育机智的教师,并不见得能明察秋毫地预见到他的课将如何发展,但是他能根据课堂本身提示的学生思维的逻辑和规律性来选择那唯一必要的途径而走下去(苏霍姆林斯基,1984)。正因为教育机智具有重要的教育价值和审美意义,所以很多教育家都将它看作一个优秀教师必备的素养。乌申斯基(1959)指出:“教师若缺少了所谓的教育的机智,无论他怎样研究教育理论,也永远不可能成为一个优秀的实践的教师。”

教育机智是一种实践机智,它源于教师敏锐的观察、灵活的决策和果断的意志,也源于教师教育经验和知识的积累,以及对学生的了解和关爱。因此,有研究者(马克斯·范梅南,2008)认为,教育机智不能简化为一套技术,教育实践需要很多创造力。

富有教育机智的教师会体现出以下四个方面的本质特征:(1)具有敏感的认知,能够从手势、举止、表情和身体语言等间接方面理解儿童内在的思想、理解、感情和渴望等。(2)能够从心理意义和交往意义上理解学生的内心生活。因此,在具体情境中与特定孩子或儿童群体相处时,机智的教师知道如何从更深层的意义上理解孩子的害羞、挫折、兴趣、困难、脆弱、幽默、纪律等。(3)拥有很好的准则、限度和平衡,能够知道如何保持与情境的距离。例如,教师总是对儿童抱有越来越多的期望,然而教师必须意识到,当有了困难,当孩子不能达到期望时,就不应该再抱有这些期望,但富有教育机智的教师知道在对儿童的众多期望中有多少是可以期望的。(4)教育机智具有道德直觉的特征。机智的教师瞬间就能知道做什么是合适的、正确的或好的,而这样的能力又是建立在对学生个性和教育理解的基础上。

总之,教育机智是教师对学生活动的敏感性,以及能根据新的、意外的情况迅速作出反应、果断采取恰当教育教学措施的一种独特的心理品质。有了这种品质,教师才可能避免刻板公式,才能估量此时此刻的情况的特点,从而找到适当的手段并正确地加以运用(赞可夫,1980)。

五、教师的专业信念

教师的专业信念是教师对成为一个成熟的教育专业工作者的向往与追求,它为教师提供了奋斗目标,是推动教师专业发展的巨大动力。具有专业信念的教师会对教学工作产生强烈的专业认同感和投入感,抱有强烈的专业承诺,致力于提高专业才能和专业服务水平,努力维护专业的荣誉和形象等。

教师在专业信念的驱动下提高了自己的业务水平,就会产生强烈的教学效能感。教学效能感是指教师对自己影响学生的学习活动和学习结果的能力的一种主观判断。这种判断是教师对自身专业能力的一种较稳定的看法,影响着教师对教育事业的追求,是解释教师工作动机的关键因素。高水平的教学效能感,反过来也会加强教师的专业信念,并表现为教师的专业信念。阿什顿等人(Ashton, Webb, & Doda, 1982)在班杜拉的自我效能感理论的基础上，将教师的教学效能感划分为一般教育效能感和个人教学效能感。前者指教师对教与学的关系、对教育在学生发展中的作用等问题的一般看法与判断；后者指教师对自己的教学效果的认识与评价。阿什顿等人的研究表明，教学效能感高的教师会对学生寄予较高的期望，认为自己对学生的成长负有责任并相信自己有能力把学生教好。在课堂教学中，教学效能感高的教师不断探索新的教学方法，在对学生进行指导时，更多地鼓励学生自己探索解决问题的方法。当学生遇到学习上的失败时，教学效能感高的教师表现得有耐心，他们通过重复提问、给予必要的提示等方法促进学生对问题的理解。

六、教师的职业人格

教师的职业人格是指教师成功进行教学工作具有的人格特征，或者说适合教学工作的个性倾向。霍兰德(John Henry Holland)的职业生涯理论将劳动者和职业划分为六种类型：实际型、学者型、艺术型、社会型、事业型、常规性。他认为，社会型劳动者喜欢从事为他人服务和教育他人的工作，其个性比较适合做教师。

从学生喜欢的角度看，和蔼温和、外向、平易近人、关心学生等是最受初中生欢迎的教师人格特征，高中生最喜欢的教师人格是平易近人、风趣幽默、公平公正、认真负责、善解人意等，大学生则更加注重教师的个人修养、专业、博学多才、平易近人等人格特征(见表16-1)。从以上分析可以看出，随着学生年龄的增长，其喜爱的教师人格特征从交往性人格特征逐渐转向教师的专业涵养品质，但平易近人是各年龄阶段学生都喜爱的教师人格特征。

表 16-1　初中、高中和大学生喜欢的教师人格特征排序

理想教师的人格	初中	高中	大学
和蔼可亲、温和、慈祥、不凶	69%	27%	4%
外向、开朗、活泼	63%	27%	4%
平易近人、尊重、信任学生	48%	46%	39%
有爱心、关心爱护学生	43%	21%	18%
有耐心	25%	18%	0
风趣幽默	24%	33%	17%
公平、公正、一视同仁	22%	40%	35%
认真、负责、敬业、有献身精神	22%	32%	23%
善解人意、理解学生	7%	32%	37%
有威信、有理性	3%	17%	2%
博学多才	1%	21%	47%
个人修养高、有涵养、品德高	1%	17%	58%
专业好	0	21%	47%
气质好	0	26%	13%

(张焰，黄希庭，阮昆良，2005)

关于优秀教师的职业性格，盖兹达等人综合众多研究认为，优秀教师职业性格的基本内核是促进(肖川，2005)。促进指的是，一个人对别人的行为有所帮助。对教师来说，促进包括提高学生的学习能力，增强学生的自尊心和自信心，缓解学生的焦虑感，帮助学生形成并巩固待人处世的积极态度等。

中小学教师在与学生交往的过程中，需要注重培养自己三个方面的人格特质：(1)宽容。宽容包含三层含义：灵活、体察、无偏见。对教师来说，宽容能够摆脱个人的习惯与理解，而不受个人经验的局限，能够接纳学生各种不同的观念，对不同的学生都给予关注，与学生和睦相处。教师的宽容可以在很大程度上鼓励学生的独立性和自主性的发展，形成健全的人格。(2)敏感性与移情理解。敏感性是指个体能及时对其人际交往中出现的变化作出情绪反应的特质。在学生产生某种需要、冲突或困难时，具有敏感性的教师能够作出深入和自发的反应，与学生积极互动。移情理解使教师能在教学情境中站在学生的角度，充分体会学生的看法和情感，从而给予学生更有效的建议和指导。(3)情绪安全感与自信。情绪上有安全感的教师能够在讲台上从容面对众多学生的注视，当课堂上出现意外情况或问题行为时，能够镇静、客观地解决遇到的问题。自信有助于教师有效处理日常教学中的各种问题，使教师能够承担并超越失败与挫折，不因工作中的失败而过于自责乃至放弃。自信的教师能时时引导学生，传递积极的教师期望，表现出的成熟感与安全感常常会感染学生，促进学生的健康成长。

第二节 教师的专业成长

教师的专业成长立足于教师职业，是教师专业素质、职业规范和职业意识的养成与完善的过程，是教师的专业素养不断更新、演进和丰富的过程。教师的专业成长也是教师以专业自主意识为动力，促进自身专业知识技能素质和教育信念不断完善、提升的动态发展过程。教师在职前教育、岗位实践和在职进修的整个过程中都必须持续地学习与研究，不断发展自身专业内涵，才能逐渐达到专业成熟，实现从新手到专家的转变。

一、教师的专业发展

1966 年 10 月，联合国教科文组织发表了一份划时代的文献——《关于教师地位的建议》。这份文件指出："教育工作应被视为一种专业，这种专业要求教师经过严格且持续不断的研究，才能获得并维持专业知识和专业技能，从而提供公共服务；教育工作还要求教师对其教导的学生的教育和福祉具有个人的和共同的责任感。"自这份文件确认和鼓励教师为专业以来，视教师为专业已渐成共识。

教师专业化(teacher specialization)是指教师在整个专业生涯中，通过终身专业训练，习得教育专业知识技能,实施专业自主,表现专业道德,并逐步提高自身素质,成为一个良好的教育专业工作者的成长过程。教师专业发展是教师个体专业不断发展的历程,是教师不断接受新知识,增长专业能力的过程,具有非常明确的三个特征。

第一,教师专业发展是一个有意识的过程。教师专业发展的目的是使教师成为一个成熟的专业人员。教师的主观努力和自我教育是教师专业发展的内在条件。教师的专业发展需要教师发挥自身的自觉性,自觉更新自己的知识结构,自觉地反思和监控自己的教学过程,自觉地促进将自身的知识向能力转化。只有在这些自觉中,教师才会深化自己的专业认识(如对专业自我、专业角色的认识,对教育、学校的理解,以及对所教学科在学生成长与发展过程中的价值的认识等),提高自己的专业素养。

第二,教师专业发展是一个持续的过程。教育是一个动态的专业领域,其知识基础在不断扩展。同时,课堂教学中应有的知识和技能、教育教学理念也在不断变化,社会、学校、学生对教师的专业素质的要求越来越高。为了与这些新知识、新技能、新理念、新要求保持同步,各个层次的教育者在其整个专业生涯中都必须成为终身学习者,不断提高和更新知识结构,不断学习,不断实践,不断创新,不断利用外部资源和条件进行优势积累,尤其是不断实施自我监控、自我调节和自我超越。

第三,教师专业发展是一个复杂的过程。教育本身的复杂性决定着教师专业发展也是一个复杂的过程,与其相对应,一位教师从走上讲台到成为一名成熟的专家型、学者型教师,需要经历漫长而复杂的成长过程。这一过程的复杂性不仅在于实践性知识形成本身的复杂性、教学知识向教学能力转化本身的复杂性,还在于教师的教育对象和教育环境不断变化呈现出的复杂性。在这一复杂的发展过程中,需要教师持续不断地努力和投入,不断地探索和研究,因此,敬业精神在教师的专业发展中发挥着重要作用。

二、教师的专业成长:从新手型教师到专家型教师

斯腾伯格等人(1997)认为,专家型教师就是具有某种教学专长的人。教师专业发展的核心是教学专长的形成与发展问题,教师成长的过程实质上是教师从新手型教师成长为专家型教师的过程。自 20 世纪 80 年代以来,从专长的角度探讨从新手型教师到专家型教师的规律,揭示教师教学专长的形成发展过程,已经成为一种有影响的教师专业发展观。教师教学专长的获得一般要经历新手、熟手、专家三个阶段(连榕,2008)。

1. 新手型教师的专业特点

从不同时代研究者的研究结果(Berliner, 1988; Burden, 1980; Katz, 1972; Huberman, Grounauer, & Marti, 1993;袁克定,张溉,2000)来看,新入职教师的职业适应期大致要经历五年的时间。经过五年左右的教学实践,新手型教师在获得最初教学经验的同时,也领悟到教学的高度复杂性,了解到成长为一名优秀教师的艰辛。绝大多数新手型教师可以顺利地进入熟手阶段,向新的职业目标努力。但也有少数没有获得足够成就感和

教学效能感的教师开始对职业选择产生怀疑,导致其教学热情下降、工作主动性降低,影响其教师职业生涯的顺利发展。

第一,从教学上看,新手型教师重视课前准备,甚至计划好课中要讲的每一句话。课堂教学也是按照课前准备按部就班地展开,新手型教师对课堂的调节能力不高,多以准备好的教学内容为中心开展课堂讲授。

第二,从心态上看,新手型教师关注外界对其教学状况的评价,关心能否向他人证明自己的能力,职业生涯早期的生存问题是其关注的焦点。新手型教师的工作动机在成就目标上以成绩目标为主,因此也最容易在受到挫折时气馁,产生职业倦怠感。

第三,从感受上看,新手型教师对学校的物质支持、教师群体文化、共享的态度等更为敏感,也更能感受到学校领导、同事的关心和帮助,更容易感受到上级的赏识和认可,一般来说,也更容易产生积极的情绪,个人的主观幸福感更高。

2. 熟手型教师的专业特点

熟手型教师是指能按照常规熟练处理教学问题但教学创新水平不高的教师。熟手肯定是昨天的新手,但不一定是明天的专家。许多教师的发展往往停滞在这一阶段,习惯于熟手角色,直至职业生涯结束也未能成为专家型教师。熟手型教师经过十年左右的教学实践有可能成长为专家型教师。

与新手型教师和专家型教师相比,熟手型教师具有以下五个特点。

第一,在教学认知方面,熟手型教师的课堂教学策略应用水平较高,已经熟练掌握基本的教学程序,对课堂教学的调节和控制水平比新手型教师高,能够胜任常规的教学。但与专家型教师相比,熟手型教师的教学监控能力不足,教学创新水平不高。

第二,在教师人格特征方面,熟手型教师具有随和、乐群、宽容的特点,但情绪的稳定性和自我调节能力与专家型教师有差距。

第三,在工作动机和成就目标方面,与专家型教师强烈而稳定的内部动机相比,熟手型教师的内部动机还不强,教师的角色信念有可能发生动摇,从教学工作中获得的乐趣与满足感有待提升。

第四,在职业心理方面,熟手型教师在职业承诺上低于专家型教师,教学情感投入程度不够,教师职业的责任感、荣誉感和成就感不如专家型教师。

第五,在学校情境心理方面,熟手型教师较少感受到学校和同事群体的支持,主观幸福感较低,容易出现疲倦、无助、焦虑等消极情绪。

高水平的课后评估和反思能力的获得是熟手型教师转化为专家型教师的关键(连榕,2004)。熟手型教师应积极加深对教师职业的认同感,形成教师职业的自尊和自信,不断积累教育教学的成功体验,重视教师职业角色的自我完善,尽快走出专业发展的停滞期。

3. 专家型教师的职业行为特征

专家型教师即有教学专长的教师,是指那些在教学领域中具有丰富且组织化了的专门知识，能高效率地解决教学中的各种问题，富有职业洞察力和创造力的教师。处于这一阶段的教师对所在学校、所在地区的教学改革和发展有较大的影响力，成为某一学科或某个地区教学的领军人物。斯腾伯格(2012)总结了专家型教师的三个基本特征。

第一，拥有丰富且组织化了的专门知识，并能够有效运用。专家型教师拥有更丰富的专业知识并能更有效地将这些知识组织起来运用到教学中。专家型教师具有的知识包括：教授的学科内容知识；各种教学法知识，如怎样激发学生的学习动机等；与具体学科内容有关的教学法知识，如怎样阐明某一概念；与教学相联系的社会背景知识等。与新手型教师相比，专家型教师对知识进行了更充分的整合，使各个知识点更紧密地联系在一起，并灵活地运用在教学中。

第二，能够高效率地解决教学领域内的问题。专家型教师解决学科和教学问题的效率要比新手型教师高。首先，专家型教师善于利用认知资源。他们的知识经验丰富并且高度类化，某些教学技能已经程序化、自动化，他们依靠类化了的广泛知识经验能够迅速且只需很少或不需要认知努力即可完成多项活动，在单位时间里比新手型教师处理更多的信息。其次，专家型教师善于监控自己的认知执行过程。例如，在处理课堂纪律问题时，他们比新手型教师更具计划性且善于自我觉察。此外，专家型教师的自动化和程序化了的技能，使他们能够在教学过程中更好地将注意分配和集中于更高难度的推理和问题解决上。

第三，有很强的洞察力，善于创造性地解决问题。专家型教师在应用知识分析解决问题时，往往能够突破常规思维，产生新颖和独特的解决方法，并且富有敏锐的洞察力，能够鉴别出有用的信息，使问题得到更恰当、更合理的解决。研究发现，有三个方面的表现使专家型教师在问题解决上优于新手型教师。首先，专家型教师会将与问题解决有关的信息和无关的信息区分开来。其次，专家型教师按照有利于问题解决的方式对信息进行结合，他们能够发现单独看来与问题解决无关的两个信息之间的可利用的潜在关系。最后，专家型教师在解决问题时善于观察和类比，善于将其他情境中获得的知识应用于教学领域。

三、教师专业成长的心理历程

富勒等人(Fuller & Brown, 1975)根据教师关注的焦点问题，提出著名的教师专业成长三阶段论。

1. 关注生存阶段

新手型教师非常关注自己的生存适应性问题，如“学生喜欢我吗?”“同事们怎么看我?”“领导是否觉得我干得不错?”等等。出于这种生存忧虑，有些教师可能会把大量时间花在如何与学生搞好个人关系上，想方设法控制学生，而不是教导他们知识和技能，并让他们获得学习上的进步。在这个阶段，教师努力成为一个好的课堂管理者。这种情况通常由新手型教师过分看重学校领导的认可和评价造成。

2. 关注情境阶段

当教师感到自己完全能够生存时,会越来越关注学生的成绩,从而把精力放在如何教好每一堂课上,考虑一些与教学情境本身有关的问题,如“材料是否充分得当?”“如何呈现教学信息?”“如何掌握教学时间?”等等。

3. 关注学生阶段

当教师顺利适应了前两个阶段后,教师将考虑学生的个体差异和个体需要问题,并认识到学生的先前知识与学习能力是不同的。例如,同样一种材料可能适合某些学生,但不适合另外一些学生;同样一种教学方法对好学生有效,但对差生则行不通。教师开始针对不同的学生确定不同的学习目标,选择不同的学习内容,采用不同的教学方法。事实上,有些教师从来没有进入到这一阶段。

教师在成长过程中的每一个阶段都有自己的需要,这些需要将影响他们的课堂行为和教学活动。富勒等人将教师关注的内容作为衡量教师发展水平的标志和教师专业发展的顺序,即从关注内容到教学任务再到学生的顺序是比较固定的。如果早期关注的问题没有解决,那么其后的关注就不会出现。

四、教师专业成长的途径

怎样成长为一名专家型教师?英国课程论专家斯腾豪斯(Stenhouse, 1975)从教师自我培训角度,提出教师专业发展的三条途径:系统的理论学习;研究其他教师的经验;在教室里检验已有的理论。以下是当前几种重要的教师专业发展方法,教师可以根据自己的需要和条件综合选用。

1. 观摩和分析

对优秀教师的课堂教学活动进行观摩和分析是一种有效的教师训练方法。这种观摩有两种形式:结构化观摩和非结构化观摩。结构化观摩是指在观摩之前制定较详细的观察计划,确定观察的主要行为对象、角度以及观察的大致程序,也可以进行有组织的讨论分析。非结构化观摩则没有以上特征。一般而言,结构化观摩要比非结构化观摩效果好。这种观摩可以是现场观摩,也可以是观看优秀教师的教学录像。在观摩之前,先思考和预测:本节课如果由自己上会使用什么样的教学模式、教学策略?为什么要使用这样的教学模式或教学策略?在观摩的过程中,要仔细观察他人运用了什么样的教学模式、教学策略,他人是如何运用的?观摩之后,对比预测和实际情况的不同,思索自己能够从中学到什么,并且想一想,自己是否可以在此基础上有所创新?

2. 微格教学

通过实际教学获得丰富的经验,是提高教学水平的另一种重要途径。但对经验较少的新任职教师来说,一开始就以众多学生为对象进行正规的一个课时的课堂教学是一件困难的事。在这种情况下，可进行微格教学，即以少数学生为对象，在较短的时间内(5—20分钟)尝试进行小型的课堂教学，然后将这种教学过程摄制成录像，课后再进行分析。

微格教学中教学录像分析的基本程序：(1)明确选定特定的教学行为作为拟着重分析的问题，如解释的方法、提问的方法等。(2)观看相关教学录像。这时，需要明确所分析的教学行为具有的特征，并能理解其要点。(3)制定微格教学的计划，以一定数量的学生为对象，实际进行微型教学并摄制录像。(4)与指导者一起观看录像，分析自己的教学行为。指导者帮助教师分析特定的行为是否合适，考虑改进行为的方法。(5)在以上分析和评论的基础上，再次进行微格教学。这时要考虑改进教学的方案。(6)进行以另外的学生为对象的微型教学并录像。(7)与指导者一起分析第二次微格教学。

微格教学使得教师可以对自己的教学行为进行更深入的分析，并提高改进教学的针对性，因而往往比正规课堂教学的经验更有效。

3. 教学决策训练

教师的教学过程中包含着一系列的决策。例如，判断自己的教学行为所引起的学生的反应是否符合期望，如果符合，就继续维持自己的行为，如果不符合，就要采取一定的预防和矫正措施，等等。教学决策训练可以提高教师的教学能力。教学决策训练一般事先向接受训练的教师提供有关所教班级的各种信息，包括学业水平、学习风格、班级气氛等，可以是印刷资料，也可以是录像等。然后让他们观看教学实况录像，从中吸取自己认为重要的成分。在这一过程中，指导者一边呈现出更恰当的行为，一边给予说明。通过这种方法，教师可以获得近乎实际上课的经验，而且可以获得指导者的及时解释说明。这种方法不仅可以改善他们的教学行为，而且可以使他们对决策的有效线索更加敏感，而这正是专家型教师的重要特征。

4. 教学反思训练

通过反思训练来提高教师的教学水平，是近年来教师心理研究的一个重要领域。波斯纳(Posner, 1989)曾提出，教师成长公式为“经验＋反思＝成长”。也有研究(孟迎芳，连榕，郭春彦，2004)认为，从新手型教师到熟手型教师主要是一个教学程序熟练化的过程，而从熟手型教师到专家型教师主要是一个不断反思的过程。

教学反思是教师着眼于自己的教学活动过程来分析自己做出某种行为、决策及其产生的结果的过程。教师的教学反思包括三种：(1)对活动的反思(reflection on action)，即个体在行为完成之后反思自己的活动、想法和做法。(2)活动中的反思(reflection in action)，即个体在做出行为的过程中反思自己在活动中的表现和自己的想法、做法。(3)为活动的反思(reflection for action)，这种反思是以上两种反思的结果，以前面两种反思为基础来指导以后的活动。

教师反思要经历四个阶段：(1)具体经验阶段。这一阶段的任务是使教师意识到问题的存在，并明确问题情境。一旦教师意识到问题，就会感到一种不适，并试图改变这种状况,于是进入反思环节。事实上,让教师明确意识到自己教学中的问题往往并不容易,因为这是对个人能力自信心的威胁。作为教师反思活动的促进者,此时要创设轻松、信任、合作的气氛,帮助教师看到自己的问题所在。(2)观察与分析阶段。教师开始广泛收集并分析有关经验,特别是关于自己活动的信息,以批判的眼光反观自身,既包括自己的思想和行为,也包括自己的信念、价值观、目的、态度和情感。获得观察数据的方式可以有多种,如反思日记、他人的观察模拟、角色扮演,也可以借助录音、录像、档案等。在获得一定信息之后,要对它们进行分析,查看驱动自己的教学活动的各种思想观点到底是什么、它与自己倡导的理论是否一致,以及自己的行为与预期结果是否一致等,从而明确问题的根源所在。(3)重新概括阶段。在观察分析的基础上,教师重新审视旧有的观念,并积极寻找新思想与新策略来解决面临的问题,并形成概括化的行动计划和假设。(4)积极的验证阶段。这时要检验前一阶段形成的概括化的行动和假设。它既可能是实际尝试,也可能是角色扮演。在检验的过程中,教师会遇到新的具体经验,从而再次进入第一阶段,开始新的反思循环。

5. 教师行动研究

行动研究的特点是“为了行动而研究,对行动进行研究,在行动中研究”。教师行动研究的本质在于对研究之内在精神的尊重,更多的是一种研究的态度,是发现问题、分析问题和解决问题的过程。20 世纪 60 年代,斯腾豪斯将行动研究引入课程研究领域,主张让教师参与课程研究,使教师成为研究者,通过促进教师专业自主能力的发展,达到提高教师专业水平的目的(范敏,刘义兵,2017)。由于行动研究强调从经验中学习,强调实践者就是研究者,注重研究与实践效果的有机结合,因而它不仅能在较短时间内促进教学效果的提高,而且有助于教师的专业成长。

在行动研究中,教师研究的问题可以是来自日常教学经验的任何问题,而不一定是大的课题。研究途径可以是任何非正式的探索方法,包括做笔记、写日志、做谈话记录和保留学生的作品等。教师可以形成研究者的团体,其中包括教师与其他成员之间的非正式网络联系,而更重要的是在课堂教学中与学生的联合。

教师开展行动研究的基本程序:(1)确定问题。从教学疑难中寻找问题,从具体教学情境中寻找问题,从阅读交流中发现问题,从学校发展或学科发展中确定研究的问题。(2)制定行动计划。一份完整的计划包括计划实施后预期达到的效果,教育教学因素的改变,行动的步骤和时间的安排,研究涉及的人员,收集资料的方法。(3)实施行动、记录行动、收集资料。实施计划和采取行动都是与教师的日常教育教学实践结合在一起的,即在教育实践中展开,根据实际需要对计划进行调整。在实施计划的过程中,需要对行动的情况进行观察和记录,收集有关资料以便清楚地了解行动的实施情况,对行动的结果进行客观的分析与评价。(4)反思和评价。反思与评价的内容要全面。反思要以教育理论为指导,结合研究假设进行深入反思;反思与评价要以实际问题的解决程度为依据,而不追求解释是否完善。在反思后拟定下一步的行动计划。(5)撰写行动研究报告。行动研究报告可以有多种形式，如研究日志、教育叙事、教育案例、教学课例、教学反思等。根据研究的问题、行动的实施过程、收集和处理资料的方法、研究的成果、研究者的个人特点等因素采用适宜的报告形式。

第三节　教师的心理健康

教师这一职业虽然被誉为“太阳底下最光辉的职业”，但在实际的工作生活中，教师面临着教学、科研、知识更新和家庭负担等多重压力。信息技术的普及和大众传媒的发展，使教师权威日渐失落；社会政治经济环境的急剧变化、各种社会转型对教师的心理生活带来了巨大的冲击和震荡，使教师产生了较多的心理困扰和迷惑；而社会文化和价值冲突加剧、文化思想急剧变迁使教师心理产生了极大的冲击和震动；社会对教师的过高期望也加重了教师的心理负担；教育教学体制改革给教师带来强大的精神和心理压力，各种竞争又使教师长期处于高压之下。即使如此，教师职业的特殊性决定了教师必须拥有健康的心理，无论是对教师职业职责的履行，还是对教师个人来讲，教师的心理健康都有着极其重要的意义。

一、教师心理健康的标准

教师职业的特殊性决定了心理健康对教师比对从事其他职业的人更为重要。教师不仅要符合一般的心理健康标准(参见第十五章)，而且要符合教师职业的特殊要求。俞国良等人(俞国良，曾盼盼，2001)认为，教师心理健康的标准，主要应包括以下五个方面。

第一，对教师角色认同，热爱教育工作；能够积极投身于教育工作，并在工作中获得成就感和满足感；能够认识到教师这一职业的优势与劣势，预见教育过程中可能出现的问题并作好心理准备。

第二，具有良好和谐的人际关系。了解交往各方彼此的权利和义务，将相互的关系建立在互惠的基础上，个人的思想、目标、行为与社会要求相协调。教师良好的人际关系在师生互动中表现为师生关系融洽，教师能够建立自己的威信，善于领导学生，能够理解并乐于帮助学生。

第三，对现实环境有正确的感知，能够平衡自我与环境、理想与现实的关系。在教育活动中主要表现为：能够根据自身的实际情况确定工作目标和个人抱负；具有较高的教学效能感；能够在教学活动中进行自我监控，完善知识结构，调整教育观念，做出更适当的教学行为；能够通过他人认识自己，学生和同事的评价与自我评价较为一致；具有自我控制、自我调适的能力。

第四,具有教育独创性。在教学活动中不断学习、不断进步、不断创新;能够根据学生的心理发展特点富有创造性地理解教材,选择教学方法,设计教学环节等。

第五,在教育教学活动和日常生活中能真实地感受内心情绪体验,并恰当地控制和表达情绪。具体表现为:在工作中保持积极乐观的心态;不将生活中的不愉快情绪带入课堂;能冷静处理课堂情境中的偶发事件;能够克服偏爱情绪,对待学生一视同仁;不将工作中的不良情绪带入家庭。

二、教师常见的心理问题

教师劳动的特殊性会导致角色冲突、角色负荷过多,使教师感到紧张和无所适从。教师群体的相对封闭性又使教师的社会支持较少,再加上教师群体在人格上具有理想主义倾向,自我实现的需要和自尊需要都较强,有过分追求完美的倾向。所有这些主客观因素汇集到一起,导致一部分教师角色冲突大、心理压力大、工作倦怠感强、主观幸福感低、心理健康状况差。

1. 教师角色冲突

教师的职业特点和工作内容决定了教师在教育教学过程中扮演多种角色,这是教师的职责和价值所在。教师角色的多重性和高要求必然伴随着压力。教师角色冲突是指当教师不能同时满足对其多方面的角色期待,或者与来自社会不同方面的要求不一致时,教师产生的紧张心理或矛盾心理。教师的角色冲突主要源自两个方面:一是社会期望要求教师为学生提供高质量的教育,而教师又缺乏选择自己认为最为有效的教学方法、教学组织形式、教学评价等方面的自主权;二是教师有维护纪律的责任,但教师又没有足够的权威。

随着时代的进步,社会对教师提出了更高的要求。作为社会倡导的价值楷模,教师必须以标准化、典范化的形象影响学生,时时做到自律自控,维护良好的职业形象。在社会生活中,教师又只是一个普通的个体,需要不断地在普通社会成员与社会价值楷模之间进行角色转换。教师作为普通社会成员,又承担着家庭等方面的社会角色。教师承担的职业角色与其他社会角色之间也会因难以同时满足不同的要求而产生冲突,如教师对教育教学全身心的投入,势必会占用照顾家庭的时间和精力。教师这些多方面的角色冲突,往往会造成教师心理负荷过大,影响心理健康。

2. 教师职业倦怠

职业倦怠(job burnout)主要用来描述个体在长期的工作压力下,因得不到有效缓解而产生的心理、生理上的疲惫(Freudenberger,1974)。具体表现为:工作能力下降,工作热情衰退,对他人逐渐冷漠,自我成就感降低,等等。职业倦怠容易发生在行政、医疗护理、教育等与人打交道的行业中,教师是职业倦怠的高发人群(见专栏 16-2)。教师职业倦怠是教师不能顺利应对工作压力时的一种消极反应,是教师在长期压力体验下产生的生理、情绪、认知、行为等方面的耗竭状态。

教师职业倦怠的主要表现:(1)情绪衰竭,即因压力过大而导致教师的情绪情感处于极度疲劳状态,工作热情消失,不能适应社会的快速变革和知识的急剧更新,学习能力薄弱,难以应付学生提出的各种问题等。(2)去个性化,即以一种消极的、否定的态度对待自己身边的人,对他人缺乏同情心。(3)个人成就感降低,即对自己工作的意义和价值的评价下降,自我效能感降低,时常感觉无法胜任工作,在工作中体会不到成就感,不愿付出努力。

专栏 16-2

影响教师职业倦怠的因素

纵观国内外研究,60%—70%的教师反复出现压力症状,至少30%的教师具有明显的职业倦怠症状(张丽华,王丹,白学军,2007)。教师经历长期的职业倦怠往往会导致腹痛、呕吐、周期性偏头痛和心悸等生理上的不适,同时也影响着教学质量。为了更好地避免和干预教师的职业倦怠,需要首先了解影响教师职业倦怠的因素。

个人层面影响教师职业倦怠的主要因素:(1)社会比较方式。教师职业倦怠与较少采用积极的社会比较方式有关。当教师发现自己与比自己更优秀的同事之间潜在的相似性,并坚信自己也可以通过努力达到优秀者的境界时,有助于教师职业倦怠的降低。而当教师将自己从比自己表现得更差的同事中辨别出来或将比自己更优秀的同事当作竞争对手来比较时,更容易产生职业倦怠(Carmona, Buunk, Peiro, Rodríguez, & Bravo, 2006)。(2)应对方式。应对方式与教师职业倦怠关系密切,采取直接应对方式的教师有利于降低职业倦怠,而采取间接应对方式的教师却容易增加职业倦怠(Griva & Joekes, 2003)。(3)创造力。创造性的最大价值就在于帮助教师识别出所有有效的解决问题的策略,创造性是缓解教师工作压力和职业倦怠的有效因素。(4)教师效能、性别和教龄等。高教师效能对降低情感衰竭、提高个人成就感有直接的影响;从性别上看,女性在情感衰竭、低个人成就上普遍比男性高;而较长的教龄往往会出现情感衰竭方面的职业倦怠表现。

学校层面影响教师职业倦怠的因素:(1)教师集体效能。教师集体效能越高,教师的衰竭、疲劳感、无助感越低,越不会逃避社会交往,并愿意与学生接触。在一个高集体效能的群体中,教师更易得到来自集体的精神和教育技能上的支持,这对改善教师在职业上的无助将会发挥直接的作用。(2)校长领导行为。校长领导行为对教师职业倦怠的影响有性别和教龄的差异。关心人对改善低教龄教师的成就感更为有利,关心工作容易导致女性的个人成就感降低,但对高教龄教师的成就感有更为积极的影响(石雷山,高峰强,2010)。(3)集体自尊。对自己所在集体的功能范围和程度的自尊认知得分高的教师具有较高的个人成就感;对关于他人对自己所在集体的功能范围与程度的认知的自尊得分高的教师具有较低的情感衰竭和较高的个人成就感(Butler & Constantine, 2005)。(4)组织支持。来自学校内部对教师精神和物质上的支持,包括关怀照顾,倾听抱怨,在遇到问题时给予帮助,并且公平地对待他们。感受到组织的关怀照顾有利于减轻工作压力,因为高度的组织帮助和支持能有效减少引起教师工作压力和职业倦怠的心理与生理的危险因素(Asad & Khan, 2003)。

3. 人际适应不良

良好的人际关系是个体心理健康的标准和外在表现,也是个体维护心理健康的重要条件之一。教师的工作比较封闭,一些教师与领导、同事、家人等存在人际适应不良,不能充分与学生沟通以达到相互理解,不能建立积极融洽的师生关系,不能得到周围人的支持与理解,容易导致心理压力的积累,心理健康受损,影响教育教学效果。

三、教师心理健康的维护

1. 社会层面

创造一个融洽、温馨、积极进取的工作环境,是维护教师心理健康的重要外部条件。政府应加大执法力度,维护教师的合法权益,增加教育投入,改善教师的经济待遇,不断提高教师的社会地位。教育行政部门要理解教师的苦衷,切实解决教师工作和生活中的各种困难,特别要减轻他们的工作负担与心理负荷。成立教师心理健康指导中心,建立教师心理健康档案,了解教师心理健康动态,发现问题及时指导,帮助教师排解压力,并对教师开展心理卫生知识的相关培训。全体社会成员都应关心、理解、支持、配合教师,尊重教师的劳动,从而提高教师工作的积极性。

2. 学校层面

第一,建立一个民主、平等、和谐的学校环境。学校领导转变管理观念,坚持以人为本,进行人性化管理,树立民主平等的观念。学校要关心教师的心理状况,及时帮助教师解决心理困惑,减轻他们的工作压力。学校改革教育评估体系,深入教育实际,针对教师的不同需求,采取不同激励方式。帮助教师改善工作环境,让教师心情舒畅地工作,使教师身心健康得到维护和发展。

第二,为教师提供学习进修的机会,提高教师的业务能力。学校要创造条件为教师提供学习进修的机会,鼓励支持教师提高学历层次,通过各种途径帮助教师“充电”“加油”,提高适应能力,使他们赶上时代发展的步伐。重视对教师的心理辅导,提高教师心理健康水平。学校要在教师中普及心理健康知识,为教师推荐心理健康和心理辅导方面的书籍和文章,定期、不定期地为教师进行心理健康测试,并为教师提供外界心理服务帮助的有关资讯。学校应通过聘请专家定期为教师开设心理健康讲座,并有针对性地采取集体心理辅导、个体心理咨询等方式,指导教师掌握心理健康的理论知识,帮助解决教师的心理问题，以提高教师的心理承受能力和心理健康水平。

3. 个人层面

第一，树立正确的人生价值观。教师要树立科学的人生价值观，充分认识教育工作的意义，以积极乐观的态度面对生活和工作，能够根据社会要求，随时调整自己的意识和行为，修正自己不合理的教育信念和认知观念，使它们科学、符合实际。教师要摆正个人与集体、社会的关系，正确对待个人得失，时刻保持良好的心态。教师要热爱教育事业，自觉履行教师职责，做到爱岗敬业、教书育人，能够自觉按教师的标准要求自己，对教师工作充满信心和热诚，将自己的全部身心都投入到本职工作中，最大限度地发挥自己的智慧和能力。

第二，了解并接纳自己。教师不但要充分地了解自己和认识自己，确认自我价值，坦然面对自己的一切，接受自己，而且要清醒地看待自己，剖析自己的优点和缺点，客观评价自己，合理要求自己，对自己形成一个合理的期待，并为其努力；能平衡自我、现实和理想的关系，并尝试完善自我，实现理想与现实的统一。

第三，悦纳和善待学生。教师要对当今的学生有充分的认识，树立正确的人才观、学生观。教师要用发展的、全面的观点看待学生，了解学生的时代特点，要热爱学生，相信学生是可教育的，对他们充满信心和期望。教师要平等地对待学生，关心和尊重学生，让每一个学生都抬起头来走路。教师若能以愉快的心态看待各种不同类型的学生，就能在爱与被爱的教育中、尊重与被尊重的交往中获得自我实现。

第四，建立良好的人际关系。(1)教师要乐于并善于与学生交往，成为学生的良师益友，建立良好的师生关系。(2)教师要与领导、同事、家长进行沟通与合作，采取宽容的态度对待他人，相互理解，缩短彼此间的心理距离，形成良好的人际关系。(3)教师还应了解社会，参与社会活动，建立和运用社会支持系统。

第五，提高情绪的调控能力，保持平和的心态。教师要善于自我调节，控制情绪，保持愉悦心境和乐观情绪。教师在工作中要正确看待竞争，宽容对待竞争对象，就会心胸开阔、心情开朗。教师要正确对待成功与失败，遭遇挫折能沉着自控，不急躁，不消沉，主动转移注意，转换环境，学会用自我安慰、自我暗示、自我禁止、自我激励等方法改变不良心境。教师要设法使消极的情绪得到合理释放和宣泄，如在适当的环境下放声大哭或大笑，对亲近和信任的朋友或亲人倾诉衷肠，给自己写信或写日记，以减轻精神压力和积郁的不良情绪。

第六，学会休闲和放松。教师要妥善安排自己的生活，注意劳逸结合，适度放松，注重休闲生活。教师可以进行各种身体锻炼和户外活动，养成健康的生活习惯。教师可以积极参加文体活动与社会活动，扩大生活圈子，培养多方面兴趣爱好。广泛的兴趣爱好能帮助教师舒缓紧张的神经，解除心理疲劳，形成良好的心境和积极的工作态度，使身心得到调节。

本章小结

教师完成教书育人的职责,需要具备教师的职业道德品质、知识结构、教育教学能力、教育智慧、专业信念和职业人格等心理素质。教师的专业成长是一个有意识、持续而复杂的过程。在这一过程中,教师从关注生存、关注情境,最终转向关注学生,并通过观摩和分析、微格教学、教学决策训练、教学反思训练、教师行动研究等手段,不断促进自身的专业成长,成为在教学领域具有丰富和组织化了的专门知识的、能够高效率地解决教学中各种问题的、富有职业洞察力和创造力的教师。

教师职业的特殊性还决定了教师必须拥有健康的心理,这需要在社会层面上创造一个融洽、温馨、积极进取的工作环境;在学校层面上建设一个民主、平等、和谐的学校环境;在个人层面上树立正确的人生价值观,了解并接纳自己,悦纳和善待学生,建立良好人际关系,提高情绪的调控能力,保持平和的心态,学会休闲和放松等途径来实现对教师心理健康的维护。

推荐阅读

1. 冯塔纳.(2000).*教师心理学*.王新超,译.北京:北京大学出版社.

2. 连榕.(2015).专长发展与职业发展视域下的教师心理.*心理发展与教育*,*31*(1),92-99.

复习思考题

1. 解释下列概念:

   教师的职业道德品质　教学监控能力　教育机智　教师专业化　职业倦怠

2. 教师的心理素质主要包括哪些方面?
3. 教师教学监控能力的发展要经历哪几个阶段?
4. 专家型教师具有哪些特征?
5. 教师专业发展的途径有哪些?
6. 教师心理健康的标准有哪些?
7. 教师常见心理问题有哪些?
8. 怎样维护教师的心理健康?

参考文献

中文部分

Coon, D., & Mitterer, J.O. (2008).*心理学导论——思想与行为的认识之路(第 11 版)*.郑钢,等译.北京:中国轻工业出版社.

Coon, D., & Mitterer, J.O. (2014).*心理学导论——思想与行为的认识之路(第 13 版)*.郑刚,等译.北京:中国轻工业出版社.

Gazda, G.M. (2006).*教师人际关系培养:教育者指南*.吴艳艳,等译.北京:中国轻工业出版社.

Gerrig, R.J., & Zimbardo, P.G.(2003).*心理学与生活(第 16 版)*.王垒,王甦,等译.北京:人民邮电出版社.

James, W.(2013).*心理学原理*.唐钺,译.北京:北京大学出版社.

Jerry M.Burger (2014).*人格心理学导论(第 8 版)*.陈会昌,译.北京:中国轻工业出版社.

McClelland, D.C.(2003).成就动机理论.*中国人才*,(2), 24 - 28.

Myers, D.G.(2006).*心理学(第 7 版)*.黄希庭,等译.北京:人民邮电出版社.

Pervin, L.A.(2001).*人格科学*.黄希庭,主译.上海:华东师范大学出版社.

Rust, J., & Golombok, S.(2011).*现代心理测量学(第 3 版)*.李晓,缪晶晶,译.北京:中国人民大学出版社.

Sternberg, R.J., & Sternberg, K.(2016).*认知心理学*.邵志芳,等译.北京:中国轻工业出版社.

Zimbardo, P.G., Johnson, R.L., & McCann, V.(2016).*津巴多普通心理学(第 7 版)*.钱静,黄珏萍,译.北京:中国人民大学出版社.

安秋玲.(2007).青少年自我同一性发展研究.*心理科学*,*30*(4), 895 - 899.

奥尔波特.(1932).*社会心理学*.赵演,译.上海:商务印书馆.

白学军.(2004).*智力发展心理学*.合肥:安徽教育出版社.

彼得罗夫斯基.(1985).*集体的社会心理学*.卢盛忠,译.北京:人民教育出版社.

毕重增,黄希庭.(2007).中国文化中自信人格的内涵和功能.*心理科学进展*,*15*(2), 224 - 229.

毕重增,黄希庭.(2009).青年学生自信问卷的编制.*心理学报*,*41*(5), 444 - 453.

毕重增,黄希庭,窦刚.(2008).青年学生自信类型划分初探.*心理科学*,*31*(2), 431 - 433.

蔡汀,等.(2001).*苏霍姆林斯基选集(第一卷)*.北京:教育科学出版社.

曹长德.(2010).*当代班级管理引论*.合肥:中国科学技术大学出版社.

曹雪梅,方平,姜荣敏.(2002).智力开发的最新研究及发展趋势.*首都师范大学学报(社会科学版)*, (2), 115 - 119.

曹子义,任杰,严进洪.(2013).注意焦点对动作技能学习的影响.*上海体育学院学报*,*37*(2), 81 - 84.

车丽萍,黄希庭.(2006).青年大学生自信的理论建构研究.*心理科学*,*29*(3), 563 - 569.

陈红,冯文锋,黄希庭.(2006).青少年理想身体自我量表编制.*心理科学*,*29*(5), 1190 - 1193.

陈红兵,董奇.(1992).中学生理解水平与元理解知识关系的研究.*心理发展与教育*,*8*(3), 7 - 14.

陈会昌.(2004).*道德发展心理学*.合肥:安徽教育出版社.

陈建文,王滔.(2007).自尊与自我效能关系的辨析.*心理科学进展*,*15*(4), 624 - 630.

陈列,靳玉乐.(2008).初中课堂时间管理的问题与改进.*中国教育学刊*,(4), 45 - 48.

陈枚.(1986).试论师生交往的社会心理结构.*心理学报*,*18*(3), 14 - 23.

陈猛,车宏生,王丽娜,卞冉.(2012).情绪智力理论的整合:挑战、依据和方法.*北京师范大学学报(社会科学版)*, (3), 14 - 22.

陈琦,刘儒德.(2007).*当代教育心理学(第二版)*.北京:北京师范大学出版社.

陈泽河,戚万学.(1991).*中学德育概论*.济南:山东教育出版社.

程乐华,曾细花.(2000).青少年学生自我意识发展的研究.*心理发展与教育*,(1), 12 - 18.

储殷.(2016).当代中国"校园暴力"的法律缺位与应对.*中国青年研究*,(1), 23 - 25.

崔丽莹,黄晓娇,陈晓梅.(2016).组间竞争对小学生合作绩效及言语互动策略的影响.*心理与行为研究*,*14*(6), 788 - 794.

戴海崎,张峰,陈雪枫.(2011).*心理与教育测量(第3版)*.广州:暨南大学出版社.

戴维·迈尔斯.(2018).*心理学精要(第6版)*.黄希庭,等译.北京:人民邮电出版社.

戴维·谢弗,等.(2012).*社会性与人格发展*.陈会昌,等译.北京:人民邮电出版社.

邓雅丹,吴建平.(2014).论大学生同学关系疏离的普遍性.*当代青年研究*,(6), 42 - 46.

邓云龙,戴吉.(2010).心理健康标准的中国文化解读尝试.*中国临床心理学杂志*,*18*(1), 125 - 126.

邓铸.(2008).创造力的本质及其对基础教育的启示.*教育研究与实验*, (5), 38 - 42, 47.

丁俊武.(2007).动作技能学习理论的演变及发展展望.*北京体育大学学报*,*30*(3), 420 - 422.

丁念金.(2004).霍恩斯坦教育目标分类与布卢姆教育目标分类的比较.*外国教育研究*,(12), 10 - 13.

董会芹.(2015).同伴侵害与儿童问题行为:自尊的调节作用.*中国临床心理学杂志*,*23*(2), 281 - 284.

董奇.(2004).*心理与教育研究方法(修订版)*.北京:北京师范大学出版社.

董奇.(2005).译丛总序.见 Eric Jensen, *适于脑的教学*.北京:中国轻工业出版社.

董文梅,毛振明,包莺.(2008).从体育教学的视角研究运动技能学习过程规律.*体育学刊*,*15*(11), 75 - 78.

窦泽南,方圆,周伟,乔志宏.(2017).自我控制的奖励模型与神经机制.*心理科学进展*,*25*(1), 86 - 98.

杜丛新,李改,王郁平.(2012).表象训练的理论依据及应用模式述评.*武汉体育学院学报*,*46*(4), 76 - 80.

恩格斯.(1971).*自然辩证法*.北京:人民出版社.

范敏,刘义兵.(2017).斯腾豪斯的"教师成为研究者"思想.*全球教育展望*,*46*(8), 83 - 94.

方平,马焱,朱文龙,姜媛.(2016).自尊研究的现状与问题.*心理科学进展*,*24*(9), 1427 - 1434.

冯文锋,罗文波,廖渝,陈红,罗跃嘉.(2010).胖负面身体自我女大学生对胖信息的注意偏好:注意警觉还是注意维持.*心理学报*,*42*(7), 779 - 790.

冯忠良.(1992).*结构—定向教学理论与实践*.北京:北京师范大学出版社.

冯忠良.(1998).*结构化与定向化教学心理学原理*.北京:北京师范大学出版社.

付慧娥,邓新洲,郭昕.(2011).高校师生关系现状调查分析.*中国健康心理学杂志*,*19*(4), 451 - 453.

付建军,邹光伟,蒋真理.(2011).高中生课堂不良学习行为的分类干预研究.*中国教育学刊*,(8), 24 - 27.

傅小兰.(2001).探索问题解决的奥秘:表征与策略.见中国心理学会编,*当代中国心理学*(pp.37 - 42).北京:人民教育出版社.

傅小兰,何海东.(1995).问题表征过程的一项研究.*心理学报*,*27*(2), 204 - 210.

高丹.(2014).让自主合作探究的学习方式真正走入我们的语文课堂——以《孔雀东南飞》为例.*新课程导学*,(7),75 - 75.

高觉敷.(1983).*近代西方心理学史*.北京:人民教育出版社.

高觉敷.(2001).心理学的哲学问题与神经生理学的研究.*心理科学通讯*,(1), 3 - 6.

高笑，王泉川，陈红，王宝英，赵光.(2012).胖负面身体自我女性对身体信息注意偏向成分的时间进程：一项眼动追踪研究.*心理学报*，*44*(4)，498 - 510.

高艳.(2001).合作学习的分类、研究与课堂应用初探.*教育评论*，(2)，14 - 17.

高志华，杨绍清，Juergen Margraf，Xiaochi Zhang，路平.(2016).施瓦茨价值观问卷(PVQ-21)中文版在大学生中的修订.*中国健康心理学杂志*，*24*(11)，1684 - 1688.

耿晓伟，张峰，王艳净，范琳琳，姚艳.(2018).健康目标启动降低高热量食物消费.*心理学报*，*50*(8)，840 - 847.

顾雪英，胡湜.(2012).MBTI 人格类型量表：新近发展及应用.*心理科学进展*，*20*(10)，1700 - 1708.

郭爱克.(2016).智能时代脑科学的核心是探索智力的本质及其实现.*中国科学：生命科学*，*46*(2)，203 - 205.

郭俊杰，李芒，王佳莹.(2014).解析教学反思：成分、过程、策略、方法.*教师教育研究*，*26*(4)，29 - 34.

郭秀艳.(2004).内隐学习对技能类教学的启示.*心理发展与教育*，*20*(1)，87 - 91.

郭永玉.(2016).*人格研究*.上海：华东师范大学出版社.

郭占基，张振声，祖晶.(1988).青年友谊观调查.*心理科学*，(3)，41 - 42

哈贝马斯.(1999).*认识与兴趣*.李黎，郭富义，译.上海：学林出版社.

韩进之，等.(1990).中国儿童青少年自我意识发展与教育.见朱智贤主编，*中国儿童青少年心理发展与教育*(pp.433 - 465).北京：中国卓越出版公司.

韩仁生，朱桂贞.(2003).中学生同伴交往的现状及其教育对策.*当代教育科学*，(21)，48 - 49.

韩晓燕，迟毓凯.(2012).自发社会比较中的威胁效应及自我平衡策略.*心理学报*，*44*(12)，1628 - 1640.

侯晶晶，朱小蔓.(2004).诺丁斯以关怀为核心的道德教育理论及其启示.*教育研究*，(3)，36 - 43.

胡桂英，许百华，胡婷婷.(2009).运动技能内隐学习研究的现状与展望.*心理科学*，*32*(6)，1395 - 1397.

黄慧静，辛涛.(2007).教师课堂教学行为对学生学业成绩的影响：一个跨文化研究.*心理发展与教育*，(4)，57 - 62.

黄希庭.(1994).未来时间的心理结构.*心理学报*，*26*(2)，121 - 127.

黄希庭.(1996).*人格心理学*.台北：东华书局.

黄希庭.(1997).*心理学*.上海：上海教育出版社.

黄希庭.(1999).*中学生心理健康教师读本*.北京：新华出版社.

黄希庭.(2002).*人格心理学*.杭州：浙江教育出版社.

黄希庭.(2004a).*大学生心理健康教育*.上海：华东师范大学出版社.

黄希庭.(2004b).再谈人格研究的中国化.*西南师范大学学报(人文社会科学版)*，*30*(6)，5 - 9.

黄希庭.(2005).*心理学与人生*.广州：暨南大学出版社.

黄希庭.(2007).*心理学导论(第二版)*.北京：人民教育出版社.

黄希庭.(2014).*探究人格奥秘*.北京：商务印书馆.

黄希庭，陈红，符明秋，曾向.(2002).青少年学生身体自我特点的初步研究.*心理科学*，*25*(3)，260 - 264.

黄希庭，范蔚.(2001).人格研究中国化之思考.*西南师范大学学报(人文社会科学版)*，*27*(6)，45 - 50.

黄希庭，凤四海，王卫红.(2003).青少年学生自我价值感全国常模的制定.*心理科学*，*26*(2)，194 - 197.

黄希庭，李媛.(2001).大学生自立意识的探索性研究.*心理科学*，*24*(4)，389 - 392.

黄希庭，时勘，王霞珊.(1984).大学班集体人际关系的心理学研究.*心理学报*，*16*(4)，109 - 119.

黄希庭，孙承惠，胡维芳.(1998).过去时间的心理结构.*心理科学*，*21*(1)，1 - 4，16.

黄希庭，徐凤姝.(1988).*大学生心理学*.上海：上海人民出版社.

黄希庭,尹天子.(2012).从自尊的文化差异说起.*心理科学*,*35*(1), 2 - 8.

黄希庭,张进辅,李红.(1994).*当代中国青年价值观与教育*.成都:四川教育出版社.

黄希庭,郑涌.(2000).时间透视的自我整合:I.心理结构方式的投射测验.*心理学报*,*32*(1), 30 - 35.

黄希庭,郑涌.(2005).*心理学十五讲*.北京:北京大学出版社.

黄希庭,郑涌.(2015).*心理学导论(第三版)*.北京:人民教育出版社.

黄秀兰.(1986).试论课堂心理气氛与教学效果.*应用心理学*,(2), 18 - 20, 23.

吉尔福特.(1991).*创造性才能*.施良方,等译.北京:人民教育出版社.

贾远娥,李宏翰.(2007).大学生理想自我与现实自我差异问卷的编制.*中国健康心理学杂志*,*15*(5), 476 - 478.

姜桂春.(2000).新型师生关系模式探析.*教育探索*,(12), 66 - 66.

姜金伟,姚梅林.(2011).学业自我概念对技工学生学校投入的影响——群体内部认同的中介作用.*心理发展与教育*,(1), 59 - 64.

姜永志,白晓丽,刘勇,阿拉坦巴根.(2016).大学生网络社会支持、人际信任对手机依赖的影响.*集美大学学报*,*17*(3), 24 - 29.

蒋波,谭顶良.(2011).学优生、中等生和学困生:合作学习对谁更有效.*教育理论与实践*,(2), 43 - 45.

杰罗姆·凯根.(2015).*人性火花:人类发展科学*.何子静,译.北京:机械工业出版社.

金盛华,郑建君,辛志勇.(2009).当代中国人价值观的结构与特点.*心理学报*,*41*(10), 1000 - 1014.

金亚虹,于宗成,常淑芝,吉承恕,戴群.(2010).练习间插入活动对运动技能学习的影响.*西安体育学院学报*,*27*(4), 503 - 506.

靳宇倡,王冠.(2015).趋避道德动机调节方式的作用.*心理科学进展*, *23*(9), 1647 - 1657.

景怀斌.(2006).儒家式应对思想及其对心理健康的影响.*心理学报*,*38*(1),126 - 134.

剧凤书,丁向东.(2010).论当代大学生网络人际关系.*中国成人教育*,(7), 45 - 46.

卡拉·西格曼,伊丽莎白·瑞德尔.(2009).*生命全程发展心理学*.陈英和,审译.北京:北京师范大学出版社.

科尔伯格.(2004).*道德发展心理学:道德阶段的本质与确证*.郭本禹,等译.上海:华东师范大学出版社.

寇慧,苏艳华,罗小春,陈红.(2015).相貌负面身体自我女性对相貌词的注意偏向:眼动的证据.*心理学报*,*47*(10), 1213 - 1222.

莱因贝格.(2012).*动机心理学*.王晚蕾,译.上海:上海社会科学院出版社.

赖丹凤,伍新春,吴思为,胡博.(2012).我国中学教师激励风格的表现形式与主要类型.*教师教育研究*,(4),21 - 26.

赖小林,乐国安.(1996).当代中国大学生“理想自我”的特点.*汕头大学学报(人文科学版)*,*12*(3), 1 - 8.

雷雳.(2014).*毕生发展心理学:发展主题的视角*.北京:中国人民大学出版社.

李长吉,陶丽.(2013).师生关系研究三十年.*浙江师范大学学报(社会科学版)*, *38*(1),86 - 91.

李姮,付全.(2013).视觉参与程度对不同速度运动物体表象准确性的影响.*沈阳体育学院学报*,*32*(3), 20 - 23.

李丹,宗利娟,刘俊升.(2013).外化行为问题与集体道德情绪、集体责任行为之关系:班级氛围的调节效应.*心理学报*,*45*(9), 1015 - 1025.

李德全,杨正强.(2014).论课堂教学时间管理策略.*课程·教材·教法*,*34*(3), 26 - 31.

李海.(2016).对教学过程基本要素关系的分析及思考.*教育探索*,(5), 16 - 20.

李海江,杨娟,贾磊,张庆林.(2011).不同自尊水平者的注意偏向.*心理学报*,*43*(8), 907 - 916.

李海江，杨娟，袁祥勇，覃义贵，张庆林.(2012).低自尊个体对拒绝性信息的注意偏向.*心理科学进展*，*20* (10)，1604－1613.

李贺，莫雷，罗秋铃，莫然，俞梦霞，黎沛昕，衷禾.(2014).签名对个体诚实度和道德感的影响.*心理学报*，*46*(9)，1347－1354.

李辽.(1990).青少年的移情与亲社会行为关系.*心理学报*，*22*(1)，74－81.

李敏，甘怡群.(2011).大学生成人依恋类型与同伴交往关系调查分析.*全科医学临床与教育*，*9*(3)，297－299.

李鸣.(1995).心理剧的历史和理论.*临床精神病医学杂志*，*5*(6)，353－354.

李琼，倪玉菁.(2006).教师变量对小学生数学学习成绩影响的多水平分析.*教师教育研究*，*18*(3)，74－80.

李蓉蓉，韩向明.(2002).大学生人际关系取向与自我概念的相关研究.*心理科学*，*25*(3)，371－372.

李森，兰珍莉.(2017).全球化背景下师生冲突及其调适.*教育研究与实验*，(2)，62－66.

李寿欣.(2008).关于场依存性认知方式的理论及其理论模型修订.*西南大学学报(社会科学版)*，*34*(1)，19－21.

李田伟，陈旭，廖明英.(2007).社会支持系统在中学生学业压力源和应对策略间的中介作用.*心理发展与教育*，*23*(1)，35－40.

李小平，刘穿石.(2005).*新编基础心理学*.南京：南京师范大学出版社.

李晓文.(2000).*教学策略*.北京：高等教育出版社.

李扬清.(2006).*课外活动对学生能力培养的研究*.昆明：云南师范大学硕士学位论文.

李原，郭德俊，王巧莉.(1995).合作学习对小学生同伴关系、成就动机和成就影响的研究.*心理科学*，*18* (4)，216－220.

李振兴，郭成，邓欢，毛俊，邹文谦，王芳.(2016).维度比较：个体内不同领域的比较.*心理科学进展*，*24* (4)，603－611.

连榕.(2004).新手—熟手—专家型教师心理特征的比较.*心理学报*，*36*(1)，44－52.

连榕.(2008).教师教学专长发展的心理历程.*教育研究*，(2)，15－20.

联合国教科文组织.(1989).关于教师地位的建议.薛化元，黄居正，译.*现代学术研究专刊*，*1*，169－192.

梁波，金珂屹，姜勇，宋冬寒.(2016).认知负荷调控对不同复杂程度运动技能学习的影响.*北京体育大学学报*，(2)，125－133.

梁波，商伟，姜勇.(2012).基于认知负荷理论的教学设计对运动技能学习影响的研究.*北京体育大学学报*，(12)，94－98.

梁宁建.(2014).*当代认知心理学(修订版)*.上海：上海教育出版社.

廖红.(2008).中学生人际关系心理功能发展研究.*辽宁师范大学学报(社会科学版)*，*31*(2)，44－47.

林崇德.(2002a).*发展心理学*.杭州：浙江教育出版社.

林崇德.(2002b).智力结构与多元智力.*北京师范大学学报(人文社会科学版)*，(1)，5－9.

林崇德.(2005).质疑加德纳"多元智力"——兼论多元智力与思维结构.*科技文萃*，(1)，160－163.

林崇德.(2006).智力的培养及其干预实验.*北京师范大学学报(社会科学版)*，(1)，41－47.

林崇德.(2011).*学习与发展——中小学生心理能力发展与培养(修订版)*.北京：北京师范大学出版社.

林崇德.(2015).从智力到学科能力.*课程·教材·教法*，*35*(1)，9－12.

林崇德，董奇，陈英和.(1990).中国儿童青少年思维发展与教育.见朱智贤主编，*中国儿童青少年心理发展与教育*(pp.230－305).北京：中国卓越出版公司.

林崇德,申继亮,辛涛.(1996).教师素质的构成及其培养途径.*中国教育学刊*,(6), 10 - 14.

林崇德,辛涛.(1996).*智力的培养*.杭州:浙江人民出版社.

林崇德,杨治良,黄希庭.(2003).*心理学大辞典*.上海:上海教育出版社.

林焕平.(1980).*高尔基论文学*.南宁:广西人民出版社.

林孟平.(2005).*辅导与心理治疗*.上海:上海教育出版社.

凌辉,黄希庭.(2008).场依存—独立性认知方式与儿童自立水平的关系.*中国临床心理学杂志*,*16*(4), 384 - 386.

刘爱平.(2016).“道德两难”教育目标与训练策略研究.*中国教育学刊*,(6), 97 - 100.

刘电芝,黄希庭.(2002).学习策略研究概述.*教育研究*,(2), 78 - 82.

刘凤娥,黄希庭.(2001).自我概念的多维度多层次模型研究述评.*心理学动态*,*9*(2), 136 - 140.

刘光余,邵佳明,董振娟.(2009).课堂学习共同体的构建.*中国教育学刊*,(4), 65 - 67.

刘华山.(2001).心理健康概念与标准的再认识.*心理科学*,*24*(4), 481 - 481.

刘加霞,申继亮.(2003).国外教学反思内涵研究述评.*比较教育研究*,*24*(10), 30 - 34.

刘靖东,钟伯光,姒刚彦.(2013).自我决定理论在中国人人群的应用.*心理科学进展*,*21*(10), 1803 - 1813.

刘沙.(2016).小学生父母教养方式与人格发展的关系:以父母共同养育为调节变量.*中小学生心理健康教育*,(17), 9 - 12.

刘万伦,沃建中.(2005).师生关系与中小学生学校适应性的关系.*心理发展与教育*,*21*(1), 87 - 90.

刘薪.(2013).中学生同伴交往的特点、发展功能及影响因素研究.*内蒙古师范大学学报(教育科学版)*,*26*(4), 51 - 53.

刘学涛,陈桂岭,刘微娜.(2012).自我监控对青少年男子网球运动员动作技能影响的实验研究.*沈阳体育学院学报*,*31*(5), 103 - 106.

柳国辉.(2014).教师课堂时间管理的误区与有效超越.*中国教育学刊*,*7*,39 - 41.

卢家楣.(1988).关于情绪发生心理机制的需要—预期假说.*心理科学*,(4),62 - 65.

卢家楣.(1989).*现代青年心理探索*.上海:同济大学出版社.

卢家楣.(1991).*高校教与育的心理学*.上海:上海交通大学出版社.

卢家楣.(1995).情绪发生机制及其对教育中调控的启发.*教育研究*,(2), 37 - 41.

卢家楣.(2015).对情感教学心理研究的思考与探索.*心理发展与教育*,*31*(1), 78 - 84.

罗伯特·费尔德曼.(2013).*发展心理学——人的毕生发展(第六版)*.苏彦捷,邹丹,等译.北京:世界图书出版有限公司北京分公司.

罗森塔尔,雅各布森.(2003).*课堂中的皮格马利翁:教师期望与学生智力的发展*.唐晓杰,崔允漷,译.北京:人民教育出版社.

吕剑晨,张琪.(2017).网络与现实:人际关系的质量差异.*应用心理学*,*23*(1), 31 - 39.

马克斯·范梅南.(2008).教育敏感性和教师行动中的实践性知识.*北京大学教育评论*,*6*(1), 1 - 20.

马启伟,张力为.(1998).*体育运动心理学*.杭州:浙江教育出版社.

马斯洛.(1987).*自我实现的人*.许金声,刘锋,译.北京:三联书店.

马文驹.(1990).*当代心理学手册*.上海:上海科学技术出版社.

马泽霖,王国祥.(2016).网络环境下高校师生关系浅析.*科教文汇*,(33), 125 - 126.

毛志新.(2016).布鲁纳认知—发现学习理论对成人教育学科建设的启示.*中国成人教育*,(20), 4 - 6.

孟迎芳,连榕,郭春彦.(2004).专家—熟手—新手型教师教学策略的比较研究.*心理发展与教育*,*20*(4),

70－73.

孟昭兰.(1984).*人类情绪*.上海：上海人民出版社.

孟昭兰.(1989).*人类的情绪*.上海：上海人民出版社.

莫雷.(1996).*论学习理论*.*教育研究*，(6)，46－53.

莫雷.(2007).*教育心理学*.北京：教育科学出版社.

南纪稳.(2013).量化教学评价与质性教学评价的比较分析.*当代教师教育*，*6*(1)，89－92.

内尔·诺丁斯(2003).*学会关心教育的另一种模式*.于天龙，译.北京：教育科学出版社.

帕帕拉·黛安娜，奥尔兹·萨莉，露丝·费尔德曼.(2013).*发展心理学：从生命早期到青春期(第十版)*.李西营，等译.申继亮，审校.北京：人民邮电出版社.

潘颖秋.(2015).初中青少年自尊发展趋势及影响因素的追踪分析.*心理学报*，*47*(6)，787－796.

庞维国.(2011).认知负荷理论及其教学含义.*当代教育科学*，(12)，23－28.

彭芸爽，王雪，吴嵩，金盛华，孙荣芳.(2016).生命史理论概述及其与社会心理学的结合——以道德行为为例.*心理科学进展*，*24*(3)，464－474.

皮连生.(2012).*教育心理学(第四版)*.上海：上海教育出版社.

皮连生，蔡维静.(2000).超越布卢姆——试论"知识分类与目标导向"教学中的学习结果测量与评价.*华东师范大学学报(教育科学版)*，*18*(2)，40－49.

皮亚杰.(1984).*儿童的道德判断*.傅统先，陆有铨，译.济南：山东教育出版社.

戚业国，杜瑛.(2011).教育价值的多元与教育评价范式的转变.*华东师范大学学报(教育科学版)*，*29*(2)，11－18.

齐军.(2011).教学空间的内涵及与邻近概念的关系摭论.*上海教育科研*，(4)，12－14.

齐素芳.(2016).强迫症患者症状与大五人格、儿童期创伤经历的相关研究.*精神医学杂志*，*29*(5)，325－327.

秦启文，黄希庭.(2006).*应用心理学导引：个体与团体的效能*.北京：高等教育出版社.

沙晶莹，张向葵.(2016).中国大学生自尊变迁的横断历史研究：1993～2013.*心理科学进展*，*24*(11)，1712－1722.

邵龙宝.(2007)."学习共同体"与创新人格的培养——《思想道德修养》课程建设的实践与思考.*教育研究*，(1)，90－93.

申继亮.(2006).*教学反思与行动研究*.北京：北京师范大学出版社.

申继亮，刘加霞.(2004).论教师的教学反思.*华东师范大学学报(教育科学版)*，*22*(3)，44－49.

申继亮，辛涛.(1996).关于教师教学监控能力的培养研究.*北京师范大学学报(社会科学版)*，(1)，37－45.

沈永福，张友国.(2011).论道德意志的功能.*首都师范大学学报(社会科学版)*，(6)，135－141.

盛群力.(2010).分类教学设计论——罗米索斯基论知能结构、学习模型与教学策略.*远程教育杂志*，*28* (1)，25－35.

施建农，徐凡.(2004).*超常儿童发展心理学*.合肥：安徽教育出版社.

施良方，崔允漷.(1999).*教学理论：课堂教学的原理策略与研究*.上海：华东师范大学出版社.

石雷山，高峰强.(2010).影响教师职业倦怠的多层变量之间的关系.*心理发展与教育*，*26*(5)，521－526.

石伟.(2011).道德心理许可研究述评.*心理科学进展*，*19*(8)，1233－1241.

石伟，黄希庭.(2003).内隐自尊研究.*心理科学*，*26*(4)，684－686.

石艳.(2004).隐性冲突：一种重要的师生互动形式.*湖南师范大学教育科学学报*，*3*(2)，67－70.

石中英.(2015).关于当前我国普通高中教育任务的再认识.*清华大学教育研究*,*36*(1), 6 - 12.

时长江,刘彦朝.(2008).课堂学习共同体的意蕴及其建构.*教育发展研究*,*24*, 26 - 30.

史金霞.(2012).*重建师生关系*.北京:中国轻工业出版社.

舒寒,刘钊.(2015).我国教学评价研究进展与反思.*教育教学论坛*,(39), 198 - 199.

舒首立,郭永玉,黄希庭.(2015).中国人的自尊结构初探.*心理学探新*,*35*(5), 425 - 431.

斯坦利·米尔格拉姆.(2013).*对权威的服从:一次逼近人性真相的心理学实验*.王利群,赵萍萍,译.北京:新华出版社.

斯腾伯格.(2012).*教育心理学*.姚梅林,张厚粲,等译.北京:机械工业出版社.

斯腾伯格,霍瓦斯.(1997).专家型教师教学的原型观.高民,张春莉,译.*华东师范大学学报(教育科学版)*,(1), 27 - 37.

宋广文,刘凤娟.(2010).试析良好课堂气氛形成的条件.*中国教育学刊*,(S1), 55 - 58.

宋修娟.(2005).*不同动作技能水平中学生内隐学习的实验研究*.上海:华东师范大学硕士学位论文.

苏霍姆林斯基.(1984).*给教师的建议*.杜殿坤,编译.北京:教育科学出版社.

孙宏碧.(2002).中学生人际关系的特点及交往能力的培养.*教育科学研究*,(12), 55 - 56.

孙炯雯,郑全全.(2004).在社会比较和时间比较中的自我认识.*心理科学进展*,*12*(2), 240 - 245.

孙晓冰,柳海民.(2015).理性认知校园霸凌:从校园暴力到校园霸凌.*教育理论与实践*,(31), 26 - 29.

唐道秀.(2012).诺丁斯视野中的关心型师生关系及其启示.*教学与管理*,(9), 33 - 35.

唐芳贵,岑国桢.(2012).大学生德性自我意象演练的教育干预实验.*心理科学*,*35*(2), 334 - 339.

唐丽芳,马云鹏.(2002).新课程实施情况调查:问题与障碍.*教育理论与实践*,(7), 52 - 55.

唐日新,解军,林崇德.(2006).自尊水平划分方法与青少年自尊的现状.*心理科学*,*29*(3), 550 - 552.

陶舒曼,陶芳标.(2016).孕期环境暴露与儿童发育和健康.*中国预防医学杂志*,*50*(2), 192 - 197.

田慧生.(2005).时代呼唤教育智慧及智慧型教师.*教育研究*,(2), 50 - 57.

田澜,张大均.(2010).策略教学的有效性及教学设计保障.*现代教育技术*,*20*(3), 18 - 20.

田良臣,刘电芝.(2003).教学策略:沟通教学观念与教学行为的中介桥梁——兼论新课程方案的实施.*贵州师范大学学报(社会科学版)*, (4), 98 - 102.

童辉杰.(2012).*心理学研究方法导论*.北京:中国人民大学出版社.

涂尔干.(2000).*社会分工论*.渠东,译.北京:生活·读书·新知三联书店.

涂敏霞.(2000).平等互动:现代学校师生关系的新境界——"教师与青少年"(广州地区)调研报告.*当代青年研究*,(2), 44 - 48.

汪安圣.(1992).*思维心理学*.上海:华东师范大学出版社.

汪凤炎,郑红,陈浩彬.(2012).*品德心理学*.北京:开明出版社.

王东晖,傅小兰.(1997).换位棋问题规则的表征与解题正确率间关系的研究.*心理科学*,(6), 536 - 540.

王钢,张大均,吴明霞.(2011).中学生自尊与主观幸福感:学业自我的中介作用.*心理与行为研究*,*9*(4), 291 - 296.

王桂平,史晓燕,郭瑞芳,吕艳.(2005).国外关于课堂纪律问题的研究述评.*外国教育研究*,*32*(6), 77 - 80.

王海燕.(2013).*复合反馈对运动技能学习影响的研究*.北京:北京体育大学博士学位论文.

王洪青.(2010)."团队合作、分组竞争"教学策略的应用.*中国校外教育*,(1), 69 - 69.

王后雄.(2008).课堂中师生冲突心理因素分析及应对策略.*教育科学*,*24*(1), 45 - 50.

王健,曲鲁平,赖勤.(2015).分散练习和集中练习对运动技能学习效果影响的研究.*天津体育学院学报*,

30(1), 1 - 6.

王金柱.(2012).“对话式教学”积极意义的几点思考.*中华少年:研究青少年教育*,191.

王曼,陶嵘,胡姝婧,朱旭.(2010).新的视角:从脆弱高自尊看人格障碍症状.*心理科学进展*,*18*(7), 1141 - 1146.

王媚,喻坚.(2016).内隐学习对运动技能教学的启示.*湖北体育科技*,(2), 139 - 141.

王申连,郭本禹.(2013).人格行为遗传学研究的两类取向.*心理科学进展*,*21*(5), 827 - 836.

王甦,汪安圣.(1992).*认知心理学*.北京:北京大学出版社.

王晓丽,芦咏莉,栾子童,钟珩.(2010).中学教师师生冲突外显态度和内隐态度的比较研究.*教育学报*, *6* (4), 71 - 76.

王旭东.(2000).*国外师生关系研究*.海口:海南出版社.

王亚鹏,董奇.(2012).脑的可塑性研究及其对教育的启示.*珠算与珠心算*,(6), 22 - 25.

王轶楠.(2016).自尊的神经生理基础.*心理科学进展*,*24*(9), 1422 - 1426.

王云强,郭本禹.(2017).大脑是如何建立道德观念的:道德的认知神经机制研究进展与展望.*科学通报*, *62*(25), 2867 - 2875.

王耘,王晓华.(2002).小学生的师生关系特点与学生因素的关系研究.*心理发展与教育*,*17*(3), 18 - 23.

王耘,王晓华,张红川.(2001).3—6 年级小学生师生关系:结构、类型及其发展.*心理发展与教育*,*17*(3), 16 - 21.

王争艳,王莉,陈会昌,王京生.(2000).杰罗姆·凯根的气质理论及研究进展.*心理学动态*,*8*(2), 33 - 38.

王卓,杨建云.(2004).教师专业素质内涵新诠释.*教育科学*,*20*(5), 51 - 53.

韦慧民,龙立荣.(2009).主管认知信任和情感信任对员工行为及绩效的影响.*心理学报*,*41*(1), 86 - 94.

韦特海默.(1987).*创造性思维*.林宗基,译.北京:教育科学出版社.

魏华,范翠英,平凡,郑璐璐.(2011).网络游戏动机的种类、影响及其作用机制.*心理科学进展*,*19*(10), 1527 - 1533.

魏运华.(1998).少年儿童的自尊发展与人格建构.*社会心理科学*,(1), 8 - 14.

温小利.(2014).高中生课堂问题行为的成因分析及应对策略研究.*新课程学习(下)*,(12), 119.

文萍,李红,马宽斌.(2005).不同时期我国青少年价值观变化特点的历史性研究.*青年研究*,(12), 1 - 8.

沃建中,林崇德,马红中,李峰.(2001).中学生人际关系发展特点的研究.*心理发展与教育*,*17*(3), 9 - 15.

乌申斯基.(1959).*人是教育的对象*.郑文樾,译.北京:教育科学出版社.

吴继霞,何雯静,杜晶.(2017).在中小学生诚信品质培养中架设知行之桥.*中国德育*,(8), 12 - 16.

吴明证,孙晓玲,耿开迪,丁莹.(2009).青少年内隐自尊稳定性的压力缓冲作用.*心理科学*,*32*(6), 1321 - 1324.

吴武典.(1990).*辅导原理*.台北:心理出版社有限公司.

吴晓义.(2007).国外积极课堂气氛形成理论及其对我国的启示.*外国教育研究*,*34*(9), 31 - 36.

武成莉,王淑敏.(2016).*大学生人际关系心理学*.西安:电子科技大学出版社.

夏凌翔,耿文超.(2012).个人自立与自我图式、他人图式.*心理学报*,*44*(4), 478 - 488.

夏凌翔,黄希庭.(2008).青少年学生自立人格量表的建构.*心理学报*,*40*(5), 593 - 603.

夏凌翔,黄希庭.(2011).个人自立对注意偏向影响的眼动研究.*心理科学*,*34*(1), 67 - 70.

夏凌翔,黄希庭,万黎,杨红升.(2011).大学生的自立人格与现实问题解决.*心理发展与教育*,(1), 52 - 58.

夏征农,陈至立.(2009).*辞海(第六版彩图本)*.上海:上海辞书出版社.

肖川.(2005).*教育的理想与信念*.长沙:岳麓书社.

肖三蓉,徐光兴.(2007).中学生人格特质的性别差异研究,*中国临床心理学杂志*,*15*(3),276-278.

谢念湘,佟玉英.(2012).生物反馈疗法对大学生考试焦虑的治疗作用.*心理科学*,*35*(4),1009-1012.

辛自强,池丽萍.(2008).*社会变迁中的青少年*.北京:北京师范大学出版社.

辛自强,张梅.(2009).1992年以来中学生心理健康的变迁:一项横断历史研究.*心理学报*,*41*(1),69-78.

熊川武.(2002).论反思性教学.*教育研究*,(7),12-17.

熊恋,凌辉,叶玲.(2010).青少年自我概念发展特点的研究.*中国临床心理学杂志*,*18*(4),511-513.

徐炳嵘.(2013).教学反思:教师专业成长的阶梯.*江苏教育研究:实践版*,(4),70-74.

徐芬,刘英,荆春燕.(2001).意图线索对5—11岁儿童理解说谎概念及道德评价的影响.*心理发展与教育*,*17*(4),35-39.

徐敏,杨丽珠.(2013).小学生友谊质量结构及其发展特点研究.*心理学探新*,*33*(4),361-367.

徐世勇.(2007).Cloninger的人格生物社会模型及其生理机制的证据.*心理科学进展*,*15*(2),344-349.

徐小兵.(2008).课堂心理气氛与激发学生积极性.*中国教育学刊*,(9),70.

许又新.(1993).*精神卫生:走向心理健康之路*.沈阳:辽宁人民出版社.

宣兆凯.(1983).社会测量法.*社会科学战线*,(1),245-248.

杨敦宏.(2007).初中学生课堂问题行为的形成原因及其应对策略.*教育理论与实践(学科版)*,(S2),87-88.

杨凤军.(2016).掌握学习方法提高复习效率.*课程教育研究:新教师教学*,(10),69.

杨光岐.(2006).教学过程"新五段论".*教育研究*,(2),64-68.

杨国枢,陆洛.(2009).*中国人的自我*.重庆:重庆大学出版社.

杨继平,郭秀梅.(2016).具身视角下道德概念的隐喻研究.*心理学探新*,*36*(5),387-391.

杨荣华,陈中永.(2008).自我差异研究述评.*心理科学*,*31*(2),411-414.

杨雄里,彭聃龄.(1999).脑科学与儿童智力发展(上).*现代特殊教育·优才教育版*,(3),45-46.

杨雪,宫火良.(2010).可能自我:相关研究及应用.*心理科学进展*,*18*(10),1548-1553.

杨勇涛,张忠秋.(2015).虚拟环境中的知觉动作和心理训练研究.*西安体育学院学报*,(1),101-115.

杨治良.(1994).*记忆心理学*.上海:华东师范大学出版社.

杨中芳.(2009).试论中国人的自己:理论与研究方向.见杨国枢,陆洛编,*中国人的自我:心理学的分析*(pp.83-130).重庆:重庆大学出版社.

姚本先,周宵,全莉娟,张灵.(2015).当代中国青少年理想的现状及影响因素研究.*心理发展与教育*,*31*(1),71-77.

姚计海,唐丹.(2005).中学生师生关系的结构、类型及其发展特点.*心理与行为研究*,*3*(4),275-280.

叶平枝.(2003).幼儿攻击性行为游戏矫正的倒返设计研究.*中国临床心理学杂志*,*11*(1),15-17.

叶仁敏.(1992).成就动机的测量与分析.*心理发展与教育*,*8*(2),14-16.

于素梅,毛振明.(2009)."前自动化阶段"存在的必然性分析——从体育教学看运动技能的形成过程.*西安体育学院学报*,*26*(1),107-111.

俞国良,曾盼盼.(2001).论教师心理健康及其促进.*北京师范大学学报(社会科学版)*,(1),20-27.

袁克定,张溉.(2000).教师策略性知识的发展规律及影响因素研究.*心理科学*,*23*(4),488-490.

袁莎.(2008).*中学生课堂问题行为的归因分析与矫正策略研究*.长春:东北师范大学硕士学位论文.

乐国安.(2002).*当前中国人际关系研究*.天津:南开大学出版社.

岳彩镇,黄希庭,彭玉,廖翌凯.(2008).投射自我研究述评.*西南大学学报(社会科学版)*,*34*(6),16-21.

岳彩镇,黄希庭,岳童.(2012).青少年反思自我评价的记忆效应.*心理发展与教育*,(3), 225 - 230.

赞可夫.(1980).*和教师的谈话*.杜坤,译.北京:教育科学出版社.

臧晓莉.(2010).*大学生师生关系问卷的初步编制*.沈阳:沈阳师范大学硕士学位论文.

曾荣,张冲,邹泓.(2010).中学生的学校人际关系特点及其与社会适应的关系.*中国特殊教育*,(12), 74 - 79.

曾仕强,刘君政.(2004).*人际关系与沟通*.北京:清华大学出版社.

曾维希,张进辅.(2006).MBTI人格类型量表的理论研究与实践应用.*心理科学进展*,*14*(2), 255 - 260.

曾晓青,刘建平,陈关荣.(2010).场独立—场依存型认知风格与内隐、外显记忆关系的实验研究.*心理科学*,*33*(1), 138 - 140.

查子秀.(1994).超常儿童心理与教育研究15年.*心理学报*,*26*(4), 337 - 346

詹鋆,任俊.(2012).自我控制与自我控制资源.*心理科学进展*,*20*, 1457 - 1466.

展宁宁,刘亮.(2008).幼儿对说谎的理解及道德评价.*学前教育研究*,*35*(28), 37 - 40.

张彩云.(2007).小学教师对学生课堂问题行为的知觉.*中国特殊教育*,(8), 69 - 74.

张彩云.(2015).中学生课堂问题行为的调查研究.*教育理论与实践*,(10), 56 - 60.

张彩云,吴珂.(2015).中小学生课堂问题行为干预研究的新进展.*中国特殊教育*,(1), 68 - 73.

张彩云,武浩.(2016).中小学生课堂问题行为研究述评.*心理与行为研究*,*14*(3), 420 - 425.

张常洁.(2003).智力理论的新进展及其教育含义.*心理科学*,*26*(4), 676 - 679.

张春兴.(1996).*教育心理学:三化取向的理论与实践*.上海:东华书局.

张春兴.(2005).*现代心理学:现代人研究自身问题的科学(第2版)*.上海:上海人民出版社.

张大均,王映学.(2006).*教学心理学新视点*.北京:人民教育出版社.

张宏如,沈烈敏.(2005).学习动机、元认知对学业成就的影响.*心理科学*,*28*(1), 114 - 116.

张厚粲.(2009).韦氏儿童智力量表第四版(WISC-Ⅳ)中文版的修订.*心理科学*,*32*(5), 1177 - 1179.

张厚粲,吴正.(1994).公众的智力观——北京普通居民对智力看法的调查研究.*心理科学*,*17*(2), 65 - 69.

张积家.(2004).*普通心理学*.广州:广东高等教育出版社.

张积家.(2015).*普通心理学*.北京:中国人民大学出版社.

张建人,秦启文.(2013).青春期开始时间早晚对初中女生自我概念的影响.*心理科学*,*36*(4), 870 - 875.

张建伟.(1997).反思——改进教师教学行为的新思路.*北京师范大学学报(社会科学版)*, (4), 56 - 62.

张锦坤,白学军.(2006)."半投射"和"客观性":动机测验的两种新形式.*心理学探新*,*26*(4), 83 - 87.

张力,周天罡,张剑,刘祖祥,范津,朱滢.(2005).寻找中国人的自我:一项fMRI研究.*中国科学:生命科学*,*35*(5), 472 - 478.

张丽华,邸秀娟,赵玲,尹小磊.(2013).高中生自尊发展特点研究.*中国健康心理学杂志*,*21*(2), 271 - 273.

张丽华,王丹,白学军.(2007).国外教师职业倦怠影响因素研究新进展.*心理科学*,*30*(2), 492 - 494.

张敏,雷开春,张巧明.(2005).中学生学习效能感的特点研究.*心理科学*,*28*(5), 1148 - 1151.

张宁,张雨青.(2010).性格优点:创造美好生活的心理资本.*心理科学进展*,*18*(7), 1161 - 1167.

张庆林.(1997).*元认知的发展与主体教育*.重庆:西南师范大学出版社.

张庆林,Robert J.Sternberg.(2002).*创造性研究手册*.成都:四川教育出版社.

张宪冰,朱莉,袁林.(2011).从单一走向多元化——论学生评价方式的转换.*当代教育科学*,(24), 7 - 9.

张香兰.(2007).网络文化对传统师生关系的冲击与挑战.*天津市教科院学报*,(6), 41 - 44.

张旭.(2016).发展中国脑科学和智能科技的思考和建议.*中国科学·生命科学*,*46*(2),199-200.

张焰,黄希庭,阮昆良.(2005).从青少年学生的评价看教师的人格结构.*心理科学*,*28*(3),663-667.

张悦,季成叶,潘勇平,何鲜桂,李勃,高爱钰.(2008).遗传和环境效应对儿童少年智力影响的双生子研究.*中国学校卫生*,*29*(11),974-975.

张枝实.(2017).虚拟现实和增强现实的教育应用及融合现实展望.*现代教育技术*,*27*(1),21-27.

章志光.(1996).*社会心理学*.北京:人民教育出版社.

赵晨.(1998).*中学生师生关系的量化和质化研究*.石家庄:河北师范大学硕士学位论文.

珍妮特·沃斯,戈登·德莱顿.(1998).*学习的革命:通向21世纪的个人护照*.顾瑞荣,等译.上海:上海三联书店.

郑剑虹,黄希庭.(2004).自强意识的初步调查研究.*心理科学*,*27*(3),528-530.

郑剑虹,黄希庭.(2007).论儒家的自强人格及其培养.*心理科学进展*,*15*(2),230-233.

郑全全.(1999).*人际关系心理学*.北京:人民教育出版社.

郑全全,俞国良.(2011).*人际关系心理学(第2版)*.北京:人民教育出版社.

郑日昌.(2011).*心理与教育测量*.北京:人民教育出版社.

郑日昌,孙大强.(2013).*心理测量与测验(第2版)*.北京:中国人民大学出版社.

郑显亮,袁浅香.(2005).学生课堂问题行为及其矫正技术.*现代中小学教育*,(10),27-29.

郑信军,孙洲,缪芙蓉.(2009).道德情感的研究趋向:从分立到整合.*心理科学*,*32*(6),1408-1410.

中央教育科学研究所课题组.(2010).珠心算教育与儿童智力开发实验研究.*教育研究*,(11),52-59.

钟启泉.(2001).*班级管理论*.上海:上海教育出版社.

钟启泉.(2003).*普通高中新课程方案导读*.上海:华东师范大学出版社.

钟启泉.(2008).*教师实践性知识研究*.上海:华东师范大学出版社.

周国韬,贺岭峰.(1996).11～15岁学生自我概念的发展.*心理发展与教育*,(3),37-42.

周军,韩玮.(2011).关于中学师生关系现状的调查分析.*中国教育学刊*,(S2),85-87.

周相玲.(2007).*关心型师生关系的研究*.长春:东北师范大学硕士学位论文.

周宗奎.(1995).*儿童社会化*.湖北:湖北少年儿童出版社.

周宗奎,孙晓军,赵冬梅,田媛,范翠英.(2015).同伴关系的发展研究.*心理发展与教育*,*31*(1),62-70.

朱文芬,傅一笑,李涛,邓伟,王英城.(2017).青少年行为问题与遗传、环境因素关系的双生子研究.*中国心理卫生杂志*,*31*(2),127-132.

朱小林,孙天威,钱振勤.(2015).试论表象训练在军事动作技能训练中的运用.*海军工程大学学报(综合版)*,*12*(2),39-42.

朱正平.(2015).论高职院校课堂"学习共同体"的构建.*中国高教研究*,(3),108-110.

竺培梁.(2006).*智力心理学探新*.合肥:中国科学技术大学出版社.

祝玉晶.(2014).小学高年级课堂问题行为应对策略及措施.*考试周刊*,(17),190-192.

邹泓,屈智勇,叶苑.(2007).中小学生的师生关系与其学校适应.*心理发展与教育*,*23*(4),77-82.

左其沛.(1985).自我意识的发展与少年期的特点.*心理学报*,(3),257-263.

左西年,苏学权,杨宁,等.(2018).脑智科学研究的最新进展与实践应用.*中小学管理*,(5),5-9.

英文部分

Adams, J.A. (1987). Historical review and appraisal of research on the learning, retention, and transfer of human motor skills. *Psychological Bulletin*, *101*(1), 41-74.

Alderfer, C.P. (1969). An empirical test of a new theory of human needs. *Organizational Behavior and Human Performance*, *4*(2), 142 - 175.

Allport, F. H. (1934). The j-curve hypothesis of conforming behavior. *Journal of Social Psychology*, *5*(2), 141 - 183.

Allport, G.W. (1937). *Personality: A Psychological Interpretation*. New York: Holt, Rinehart & Winston.

Allport, G.W. (1961). *Pattern and Growth in Personality*. New York: Holt, Rinehart & Winston.

Amorose, A. J. (2002). The influence of reflected appraisals on female middle school and high school athletes' self-perceptions of sport competence. *Pediatric Exercise Science*, *Champaign*, *14*(4), 337 - 390.

Anderson, C. A., & Bushman, B. J. (2002). Human aggression. *Annual Review of Psychology*, *53*, 27 - 51.

Anderson, J.R. (1980). *Cognitive Psychology and its Implications*. San Francisco: W.H.Freeman.

Applebee, A. N. (1996). Curriculum as conversation: Transforming traditions of teaching and learning. *American Journal of Education*, *30*(1), 359 - 362.

Asad, N., & Khan, S. (2003). Relationship between job stress and burnout: Organizational support and creativity as predictor variables. *Pakistan Journal of Psychological Research*, *18*(314), 139 - 149.

Asch, S.E. (1951). Effects of group pressure upon the modification and distortion of judgment. In H. Guetzkow (Ed.), *Groups, Leadership and Men*. Pittsburgh, PA: Camegie Press.

Asencio, E. K. (2011). Familiarity, legitimation, and frequency: The influence of others on the criminal self-view. *Sociological Inquiry*, *1*, 34 - 52.

Ashton, P.T., Webb, R.B., & Doda, N. (1982). *A Study of Teachers' Sense of Efficacy* (Final Report, Vol. 1 *Academic Achievement*). Gainesville: University of Florida.

Ausubel, D.P., Novak, J.D., & Hanesian, H. (1968). *Educational Psychology: A Cognitive View*. New York: Holt, Rinehart & Winston.

Baddeley, A. (2003). Working memory: Looking back and looking forward. *Nature Reviews Neuroscience*, *4*, 829 - 839.

Bandura, A. (1977). *Social Learning Theory*. Englewood Cliffs, NJ: Prentice Hall.

Bandura, A. (1982). Self-efficacy mechanism in human agency. *American Psychologist*, *37*(2), 122 - 147.

Bandura, A., Ross, D., & Ross, S.A. (1961). Transmission of aggressions through imitation of aggressive models. *Journal of Abnormal and Social Psychology*, *63*(3), 575 - 582.

Bandura, A., Ross, D., & Ross, S.A. (1963). Imitation of film-mediated aggressive models. *Journal of Abnormal and Social Psychology*, *66*(1), 3 - 11.

Barros, R.M., Silver, E.J., & Stein, R.E. (2009). School recess and group classroom behavior. *Pediatrics*, *123*(2), 431 - 436.

Bartels, D.M., & Rips, L.J. (2010). Psychological connectedness and intertemporal choice. *Journal of Experimental Psychology-General*, *139*, 9 - 69.

Bartels, D.M., & Urminsky, O. (2011). On intertemporal selfishness: How the perceived instability of identity underlies impatient consumption. *Journal of Consumer Research*, *38*, 182 - 198.

Baumeister, R.F., Campbell, J.D., Krueger, J.I., & Vohs, K.D. (2003). Does high self-esteem cause better performance, interpersonal success, happiness, or healthier lifestyles? *Psychological Science in the Public Interest*, *4*, 1 - 44.

Baumeister, R.F., & Heatherton, T.F. (1996). Self-regulation failure: An overview. *Psychological Inquiry*, *7*(1), 1 - 15.

Baumrind, D. (1967). Child care practices anteceding three patterns of preschool behavior. *Genetic Psychology Monographs*, *75*(1), 43 - 88.

Baumrind, D. (1971). Current patterns of parental authority. *Developmental Psychology Monographs*, *4* (1, Pt. 2), 1 - 103.

Bayley, N. (1970). Development of mental abilities. In P.H. Mussen (Ed.), *Carmichael's Manual of Child Psychology* (Vol. 1, pp. 1163 - 1209). New York: Wiley.

Beery, T.A., Shell, D., Gillespie, G., & Werdman, E. (2013). The impact of learning space on teaching behaviors. *Nurse Education in Practice*, *13*(5), 382 - 387.

Belsky, J., Steinberg, L., & Draper, P. (1991). Childhood experience, interpersonal development, and reproductive strategy: An evolutionary theory of socialization. *Child Development*, *62*(4), 647 - 670.

Berliner, D.C. (1988). *The Development of Expertise in Pedagogy*. American Association of Colleges for Teacher Education, Washington, D.C. (ED 298 122).

Berlyne, D.E. (1962). Uncertainty and epistemic curiosity. *British Journal of Psychology*, *53*, 27 - 34.

Berndt, T.J. (2004). Children's friendships: Shifts over a half-century in perspectives on their development and their effect. *Merrill-Pahner Quarterly*, *50*(3), 206 - 223.

Biggs, J.B., & Moose, P.J. (1993). *The Process of Learning*. New York: Prentice Hall.

Birch, S.H., & Ladd, G.W. (1998). Children's interpersonal behaviors and the teacher-child relationship. *Development Psychology*, *34*(5), 934 - 946.

Blatny, M., Jelinek, M., & Osecka, T. (2007). Assertive toddler, self-efficacious adult: Child temperament predicts personality over forty years. *Personality and Individual Differences*, *43*(8), 2127 - 2136.

Bloom, B.S. (Ed.) (1956). Taxonomy of educational objectives. In *The Classification of Educational Goals—Handbook I*, *Cognitive Domain*. New York: Longman.

Boele, S., Sijtsema, J.J., Klimstra, T.A., Denissen, J.J.A., & Meeus, W.H.J. (2017). Person-group dissimilarity in personality and peer victimization. *European Journal of Personality*, *31*(3), 220 - 233.

Bogaert, A.F., & Rushton, J.P. (1989). Sexuality, delinquency and r/K reproductive strategies: Data from a Canadian university sample. *Personality and Individual Differences*, *10*(10), 1071 - 1077.

Bosson, J.K., Lakey, C., Campbell, W.K., Zeigler-Hill, V., Jordan, C.H., Kernis, M., et al. (2008). Untangling the links between narcissism and self-esteem: A theoretical and empirical review. *Social and Personality Psychology Compass*, *2*, 1415 - 1439.

Boucher, H.C., & Kofos, M.N. (2012). The idea of money counteracts ego depletion effects. *Journal of Experimental Social Psychology*, *48*, 804 - 810.

Bousmana, C.A., Chernera, M., Akea, C., Letendrea, S., Atkinsona, J.H., Pattersona, T.L., et al. (2009). Negative mood and sexual behavior among non-monogamous men who have sex with men in the context of methamphetamine and HIV. *Journal of Affective Disorders*, *119*(1 - 3), 84 - 91.

Brown, J.D. (1986). Evaluations of self and others: Self-enhancement biases in social judgments. *Social Cognition*, *4*, 353 - 376.

Brown, J.D., Dutton, K.A., & Cook, K.A. (2001). From the top down: Self-esteem and self-evaluation. *Cognition and Emotion*, *15*(5), 615 – 631.

Brown, R., & Kulik, J. (1977). Flashbulb memories. *Cognition*, *5*, 73 – 99.

Bruner, J.S. (1960). *The Process of Education*. New York: Vintage Books.

Bruner, J.S. (1972). A theory of instruction (Book reviews: Toward a theory of instruction). *Studies in Philosophy and Education*, *7*(4), 280 – 290.

Bruyneel, S.D., Dewitte, S., Franses, P.H., & Dekimpe, M.G. (2009). I felt low and my purse feels light: Depleting mood regulation attempts affect risk decision making. *Journal of Behavioral Decision Making*, *22*(2), 153 – 170.

Burden, P.R. (1980). *Teachers' perceptions of the characteristics and influences on their personal and professional Development*. Manhattan, Kansas: Kansas State University College of Education of Curriculum and Instruction.

Burger, J.M. (1985). Desire for control and achievement-related behaviors. *Journal of Personality and Social Psychology*, *48*(6), 1520 – 1533.

Buss, A.H., & Plomin, R. (1984). *Temperament: Early Developing Personality Traits*. Hillsdale, NJ: Erlbaum.

Butler, S.K., & Constantine, M.G. (2005). Collective self-esteem and burnout in professional school counselors. *Professional School Counseling*, *9*(1), 55 – 62.

Cao, Y., & Yang, F. (2018). Self-efficacy and problem behaviors of school bully victims: Evidence from rural china. *Journal of Child and Family Studies*, 1 – 9.

Carmona, C., Buunk, A.P., Peiró, J.M., Rodríguez, I., & Bravo, M.J. (2006). Do social comparison and coping styles play a role in the development of burnout? Cross-sectional and longitudinal findings. *Journal of Occupational and Organizational Psychology*, *79*(1), 85 – 99.

Carr, W., & Kemmis, S. (1983). *Becoming Critical: Education, Knowledge and Action Research*. Geelong, Victoria: Deakin University Press.

Cauffman, E., & Steinberg, L. (1996). Interactive effects of menarcheal status and dating on dieting and disordered eating among adolescent girls. *Developmental Psychology*, *32*(4), 631 – 635.

Cherry, E. (1953). Some experiments on the recognition of speech with one and with two ears. *Journal of the Acoustical Society of America*, *25*, 975 – 979.

Chi, M.T.H., Feltovich, P.J., & Glaser, R. (1981). Categorization and representation of physics problem by experts and novices. *Cognitive Science*, *5*, 121 – 152.

Chiou, W.B., & Cheng, Y.Y. (2013). In broad daylight, we trust in God! Brightness, the salience of morality, and ethical behavior. *Journal of Environmental Psychology*, *36*(4), 37 – 42.

Cloninger, C.R. (1987). A systematic method for clinical description and classification of personality variants. *Archives of General Psychiatry*, *4*(6), 573 – 588.

Coie, J.D., Underwood, M., & Lochman, J.E. (1991). Programmatic intervention with aggressive children in the school setting. In D.J.Pepler & K.H.Rubin (Eds.), *The Development and Treatment of Childhood Aggression*. Mahwah, NJ: Lawrence Erlbaum Associates.

Conway, P., & Peetz, J. (2012). When does feeling moral actually make you a better person? Conceptual abstraction moderates whether past moral deeds motivate consistency or compensatory behavior. *Personal-*

ity and Social Psychology Bulletin, *38*(7), 907 - 919.

Coopersmith, S. (1967). *The Antecedent of Self-Esteem*. San Francisco: Freeman Press.

Copping, L.T., & Campbell, A. (2015). The environment and life history strategies: Neighborhood and individual-level models. *Evolution and Human Behavior*, *36*(3), 182 - 190.

Copping, L.T., Campbell, A., & Muncer, S. (2013). Violence, teenage pregnancy, and life history. *Human Nature*, *24*(2), 137 - 157.

Covington, M.V. (1984). The self-worth theory of achievement motivation: Findings and implications. *The Elementary School Journal*, *85*(1), 5 - 20.

D'Argembeau, A., & Van der Linden, M. (2012). Predicting the phenomenology of episodic future thoughts. *Consciousness and Cognition*, *21*(3), 1198 - 1206.

Dandeneau, S.D., & Baldwin, M.W. (2009). The buffering effects of rejection-inhibiting attentional training on social and performance threat among adult students. *Contemporary Educational Psychology*, *34*(1), 42 - 50.

Dandeneau, S.D., Baldwin, M.W., Baccus, J.R., Sakellaropoulo, M., & Pruessner, J.C. (2007). Cutting stress off at the pass: Reducing vigilance and responsiveness to social threat by manipulating attention. *Journal of Personality and Social Psychology*, *93*(4), 651 - 666.

Darley, J.M., & Latane, B. (1968). Bystander intervention in emergencies: Diffusion of responsibility. *Personality and Social Psychology Bulletin*, *8*(4), 377 - 383.

Deci, E.L., & Ryan, R.M. (2000). The "what" and "why" of goal pursuits: Human needs and the self-determination of behavior. *Psychological Inquiry*, *11*(4), 227 - 268.

Declerck, C.H., Boone, C., & Emonds, G. (2013). When do people cooperate? The neuroeconomics of prosocial decision making. *Brain and Cognition*, *81*(1), 95 - 117.

Dempster, F.N. (1991). Synthesis of research on reviews and tests. *Educational Leadership*, *48*(7), 71 - 76.

Derrick, J.L. (2013). Energized by television: Familiar fictional worlds restore self-control. *Social Psychological and Personality Science*, *4*(3), 299 - 307.

Deutsch, M. (1949). An experimental study of the effects of cooperation and competition upon group process. *Human Relation*, *2*(3), 199 - 232.

Dreikurs, R. (1957). *Psychology in the Classroom: A Manual for Teachers*. Oxford, England: Harper.

Duncker, K. (1945). On problem solving. *Psychological Monographs*, *270*(58), 1 - 113.

Dweck, C.S. (1986). Motivational processes affecting learning. *American Psychologist*, *41*(10), 10 - 40.

Ebbinghaus, H. (1949). Experiments in memory. *Science*, *6*(135), 198 - 199.

Ellis, A., & Bernard, M.E. (1985). What is rational-emotive therapy (RET)? In A.Ellis & M.E. Bernard (Eds.), *Clinical Applications of Rational-Emotive Therapy* (pp.1 - 30). Boston: Springer.

Ellis, B.J., Del Giudice, M., Dishion, T.J., Figueredo, A.J., Gray, P., Griskevicius, V., Hawley, P.H., Jacobs, W.J., James, J., Volk, A.A., & Wilson, D.S. (2012). The evolutionary basis of risky adolescent behavior: Implications for science, policy, and practice. *Developmental Psychology*, *48*(3), 598 - 623.

Ellis, R. (1999). *The Study of Second Language Acquisition*. 上海：上海外语教育出版社.

Erikson, E.H. (1950). *Childhood and Society*. New York: Norton.

Erikson, E.H. (1968). *Identity: Youth and Crisis*. New York: Norton.

Epstein, S. (2013). Conscious and unconscious self-esteem from the perspective of cognitive-experiential self-theory. In M.H. Kernis (Ed.), *Self-Esteem Issues and Answers: A Source Book of Current Perspectives* (*2nd ed.*, pp.69 – 76). New York: Psychology Press.

Eysenck, H.J. (1970). *The Structure of Human Personality* (*3rd ed.*). London: Methuen.

Eysenck, H.J., & Eysenck, M.W. (1985). *Personality and Individual Differences: A Natural Science Approach*. New York: Plenum.

Feldman. R.S. (2004). *Essentials of Understanding Psychology* (*6th Edition*). New York: McGraw-Hill.

Feltz, D.L., & Landers, D.M. (1983). The effects of mental practice on motor skill learning and performance: A meta-analysis. *Journal of Sport Psychology*, *5*(1), 25 – 57.

Festinger, L. (1957). *A Theory of Cognitive Dissonance*. California: Stanford University Press.

Festinger, L., Back, K., Schachter, S., Kelley, H.H., & Thibaut, J. (1950). *Theory and Experiment in Social Communication*. Ann Arbor, MI: Research Center for Group Dynamics, Institute for Social Research.

Foster, J.D., Kernis, M.H., & Goldman, B.M. (2007). Linking adult attachment of self-esteem stability. *Self and Identity*, *6*, 64 – 73.

Frazier, L.D., Hooker, K., Johnson, P., & Kaus, C. (2000). Continuity and change in possible selves in later life: A 5-year longitudinal study. *Basic and Applied Social Psychology*, *22*, 237 – 243.

Freudenberger, H.J. (1974). Staff burn-out. *Journal of Social Issues*, *30*(1), 159 – 165.

Fuller, F., & Brown, O. (1975). Becoming a teacher. In K.Ryan (Ed.), *Teacher Education: Seventy-Fourth Yearbook of the National Society for the Study of Education*. Chicago: University of Chicago Press.

Gagné, R.M. (1977). *The Conditions of Learning* (*3rd ed.*). New York: Holt, Rinehart & Winston.

Gagné, R.M. (1985). *The Conditions of Learning* (*4th ed.*). New York: Holt, Rinehart & Winston.

Gailliot, M.T., & Baumeister, R.F. (2007). The physiology of willpower: Linking blood glucose to self-control. *Personality and Social Psychology Review*, *11*(4), 303 – 327.

Gardner, H. (1985). Frames of mind: The theory of multiple intelligences. *Quarterly Review of Biology*, *4*(3), 19 – 35.

Gerrg, R.J., & Zimbardo, P.G. (2016). *Psychology and Life*(*19th*). Beijing: Posts & Telecom Press.

Glasser, W. (1986). *Control Theory in the Classroom*. New York, NY: Harper & Row Publishers.

Goldstein, R.A. (2005). Symbolic and institutional violence and critical education spaces: In the name of education. *Journal of Peace Education*, *2*(1), 33 – 52.

Greeno, J. (1978). Natures of problem-solving abilities. In W. Estes (Ed.), *Handbook of Learning and Cognitive Processes* (pp.239 – 270). Hillsdale, NJ: Lawrence Erlbaum Associates.

Griva, K., & Joekes, K. (2003). UK teachers under stress: Can we predict wellness on the basis of characteristics of the teaching job? *Psychology and Health*, *18*(4), 457 – 471.

Gronlund, N.E. (2000). How to write and use instructional objectives. *Analytical Chemistry*, *40*(14), 2133 – 2133.

Guilford, J.P. (1967). *The Nature of Human Intelligence*. New York: McGraw-Hill.

Guilford, J.P. (1968). Intelligence has three facets. *Science*, *160*(3828), 615 – 620.

Guilford, J.P. (1968). A sixty-year perspective on psychological I measurement. *Applied Psychological Measurement*, *9*(4), 341 - 349.

Gyurak, A., & Ayduk, Ö. (2007). Defensive physiological reactions to rejection: The effect of self-esteem and attentional control on startle responses. *Psychological Science*, *18*(10), 886 - 892.

Gyurak, A., Hooker, C. I., Miyakawa, A., Verosky, S., Luerssen, A., & Ayduk, O. N. (2011). Individual differences in neural responses to social rejection: The joint effect of self-esteem and attentional control. *Social Cognitive and Affective Neuroscience*, *19*, 279 - 280.

Habermas, J. (1974). *Theory and Practice*. Boston: Beacon Press. (Translated by John Viertel, an Abridgement by the Author of His German 4th Edition Work, Published in 1971.)

Haidt, J. (2003a). Elevation and the positive psychology of morality. In C.L. Keyes, & Haidt, J. (Eds.), *Flourishing: Positive Psychology and the Life Well-Lived*. Washington, DC: American Psychological Association.

Haidt, J. (2003b). The moral emotions. In R.J.Davidson, K.R.Scherer, & H.H. Goldsmith (Eds.), *Handbook of Affective Sciences*. Oxford: Oxford University Press.

Haidt, J. (2007). The new synthesis in moral psychology. *Science*, *316*(18), 998 - 1002.

Hale, A.E. (2009). Moreno's sociometry: Exploring interpersonal connection. *Group*, *33*(4), 347 - 358.

Hall, E.T. (1969/1990). *The Hidden Dimension*. New York: Anchor Books.

Haney, C., Banks, C., & Zimbardo, P. (1973). Interpersonal dynamics in a simulated prison. *International Journal of Criminology and Penology*, *1*(1), 69 - 97.

Hardy, S.A. (2006). Identity, reasoning and emotion: An empirical comparison of three sources of moral motivation. *Motivation and Emotion*, *30*(3), 205 - 213.

Harlow, H.F., & Harlow, M. (1966). Learning to love. *American Scientist*, *54*(3), 244 - 272.

Harrison, J. (2008). Professional development and the reflective practitioner. In S.Dymoke & J.Harrison (Eds.), *Reflective Teaching and Learning: A Guide to Professional Issues for Beginning Secondary Teachers* (pp. 7 - 44). London: SAGE.

Hartup, W.W., & Stevens, N. (1997). Friendships and adaptation in the life course. *Psychological Bulletin*, *3*, 355 - 370.

Hastorf, A.H., & Cantril, H. (1954). They saw a game: A case study. *Journal of Abnormal and Social Psychology*, *49*, 129 - 134.

Hattie, J. (1992). *Self-Concept*. Hillsdale, NJ: Erlbaum.

Hauenstein, A.D. (1998). *A Conceptual Framework for Educational Objectives: A Holistic Approach to Traditional Taxonomies*. Lanham, MD: University Press of America.

Hawkey, R.A. (1982). *Investigation of Interrelationships Between Cognitive/Affective and Social Factors and Language Learning*. University of London. Unpublished PhD thesis, Institute of Education.

Heatherton, T.F., & Baumeister, R.F. (1991). Binge eating as escape from self-awareness. *Psychological Bulletin*, *110*(1), 86 - 108.

Herman, C.P., & Mack, D.M. (1975). Restrained and unrestrained eating. *Journal of Personality*, *43*(4), 647 - 660.

Herman, J.L., Aschbacher, P.R., & Winters, L.A. (1992). *A Practical Guide to Alternative Assessment*. Alexandria, VA: Association for Supervision and Curriculum Development.

Hershfield, H.E. (2011). Future self-continuity: How conceptions of the future self transform intertemporal choice. *Annals of the New York Academy of Sciences*, *1235*(1), 30 - 43.

Hershfield, H.E., Garton, M.T., Ballard, K., Samanez-Larkin, G.R., & Knutson, B. (2009). Don't stop thinking about tomorrow: Individual differences in future self-continuity account for saving. *Judgment and Decision Making*, *4*(4), 280 - 286.

Hershfield, H.E. & Galinsky, A.D. (2011). *Respect for the Elderly Edicts National Savings and Individual Saving Decisions*. Evanston, IL: Northwestern University Press.

Higgins, E.T. (1987). Self-discrepancy: A theory relating self and affect. *Psychological Review*, *94*(3), 319 - 340.

Higgins, E.T., Shah, J., & Friedman, R. (1997). Emotional responses to goal attainment: Strength of regulatory focus as moderator. *Journal of Personality and Social Psychology*, *72*, 515 - 525.

Hiroto, D.S., & Seligman, M.E. (1975). Generality of learned helplessness in man. *Journal of Personality and Social Psychology*, *31*(2), 311 - 327.

Holland, J.L. (1959). A theory of vocational choice. *Journal of Counseling Psychology*, *6*(1), 35 - 45.

Holmes, T.H., & Rahe, R.H. (1967). The social readjustment rating scale. *Journal of Psychosomatic Research*, *11*(2), 213 - 218.

Hoyle, R.H., & Sherrill, M.R. (2007). Future orientation in the self-system: Possible selves, self-regulation, and behavior. *Journal of Personality*, *74*(6), 1673 - 1696.

Hulerman, A. M., Grounauer, M. M., & Marti, J. (1993). *The Lives of Teachers*. New York: New York Teachers College Press.

Hull, C.L. (1943). *Principles of Behavior: An Introduction to Behavior Theory*. Oxford: Appleton-Century.

Izard, C.E. (1977). *Human Emotions*. New York: Plenum.

James, W. (1890). *The Principles of Psychology*. NY: Henry Holt and Company.

Jansen, A. (1998). A learning model of binge eating: Cue reactivity and cue exposure. *Behaviour Research and Therapy*, *36*(3), 257 - 272.

Jansen, M., Scherer, R., & Schroeders, U. (2015). Students' self-concept and self-efficacy in the sciences: Differential relations to antecedents and educational outcomes. *Contemporary Educational Psychology*, *41*, 13 - 24.

Job, V., Walton, G.M., Bernecker, K., & Dweck, C.S. (2013). Beliefs about willpower determine the impact of glucoseon self-control. *Proceedings of the National Academy of Sciences*, *110*, 14837 - 14842.

Job, V., Walton, G.M., Bernecker, K., & Dweck, C.S. (2015). Implicit theories about willpower predict self-regulation and grades in everyday life. *Journal of Personality and Social Psychology*, *108*, 637 - 647.

John, R.E. (1979). *Juvenile Delinquency and its Origins: An Integrated Theoretical Approach*. New York: Cambridge University Press.

Jones, E.E., & Nisbett, R.E. (1972). The actor and the observer: Divergent perception of the causes of behavior. In E.E. Jones, D.E.Kannouse, H.H.Kelley, R.E.Nisbett, S.Valins, & B.Weiner (Eds.), *Attribution: Perceiving the Causes of Behavior*. Morristown, NJ: General Learning Press.

Jones, J.D., Cassidy, J., & Shaver, P.R. (2015). Parents' self-reported attachment styles: A review of links with parenting behaviors, emotions, and cognitions. *Personality and Social Psychology Review*, *19*(1), 44 - 76.

Kagan, J. (1981). *The Second Year: The Emergence of Self-awareness*. Cambridge: Harvard.

Kagan, J., Roseman, B. L., Day, D., Albert, J., & Philips, W. (1964). Information processing in the child: Significance of analytic an reflective attitude. *Psychological Monographs*, *78*(1), 1 - 37.

Kail, R., & Pellegrino, J.W. (1985). *Human Intelligence: Perspectives and Prospects*. New York: W.H. Freeman.

Katz, L. (1972). Developmental stages of preschool teachers. *Elementary School Journal*, *73*(1), 50 - 54.

Kazdin, A.E. (2000). *Encyclopedia of Psychology*. Washington, DC: American Psychological Association.

Kernis, M. H. (2003). Toward a conceptualization of optimal self-esteem. *Psychological Inquiry*, *14*, 1 - 26.

Kernis, M.H., Brown, A.C., & Brody, G.H. (2000). Fragile self-esteem in children and its associations with perceived patterns of parent-child communication. *Journal of Personality*, *68*, 225 - 252.

Kernis, M.H., & Lakey, C.E. (2010). *Fragile Versus Secure High Self-Esteem: Implications for Defensiveness and Insecurity*. New York, NY: Psychology Press.

Khan, M.I. (2012). *Reflection as a teacher education concept, connotation and implementation: A qualitative case study of a postgraduate certificate in education (secondary) program at a UK university*. Leicester: University of Leicester.

Kidd, C., Palmeri, H., & Aslin, R.H. (2013). Rational snacking: Young children's decision-making on the marshmallow task is moderated by beliefs about environmental reliability. *Cognition*, *126*(1), 109 - 114.

King, L.A., & Hicks, J.A. (2007). Lost and found possible selves: Goals, development, and well-being. *New Directions for Adult and Continuing Education*, *114*, 27 - 37.

Kohlberg, L. (1963). The development of children's orientations toward a moral order: I. Sequence in the development of moral thought. *Vita Humana*, *6*, 11 - 33.

Kohlberg, L. (1981). *The Philosophy of Moral Development*. San Francisco: Harper & Row.

Konrath, S.H., Chopik, W.J., Hsing, C.K., & O'Brien, E. (2014). Changes in adult attachment styles in American college students over time: A meta-analysis. *Personality and Social Psychology Review*, *18*(4), 326 - 348.

Kopystynska, O., Paschall, K.W., Barnett, M.A., & Curran, M.A. (2017). Patterns of interparental conflict, parenting, and children's emotional insecurity: A person-centered approach. *Journal of Family Psychology*, *83*(7), 150 - 158.

Krathwohl, D.R., Bloom, B.S., & Masia, B. B. (1964). *Taxonomy of Educational Objectives: The Classification of Educational Goals—Handbook 2: Cognitive Domain*. New York: Longman.

Leeper, R.W. (1948). A motivational theory of emotion to replace emotion as disorganized response. *Psychological Review*, *55*(1), 5 - 21.

Lemay, E.P., & Clark, M. (2008). How the head liberates the heart: Projection of communal responsiveness guides relationship promotion. *Journal of Personality and Social Psychology*, *94*, 647 - 671.

Lemay, E.P., & Dudley, K.L. (2009). Implications of reflected appraisals of interpersonal insecurity for suspicion and power. *Personality and Social Psychology Bulletin*, *35*, 1672 - 1686.

Leonesio, R.J., & Nelson, T.O. (1990). Do different metamemory judgments tap the same underlying aspects of memory? *Journal of Experimental Psychology: Learning Memory Cognition*, *16*, 464 - 467.

Leung, F. & Park, K. (2002). Competent students, competent teachers. *International Journal of Educational Research*, *37*, 113 - 129.

Levinger, G.K., & Snoek, J.D. (1972). *Attraction in Relationship: A New Look at Interpersonal Attraction*. Morristown: General Learning Press.

Lewin, K., Lippitt, R., & White, R. K. (1939). Patterns of aggressive behavior in experimentally created "social climates". *The Journal of Social Psychology*, *10*(2), 269 - 299.

Lewis, R., Roache, J., & Romi, S. (2011). Coping styles as mediators of teachers' classroom management techniques. *Research in Education*, *85*(1), 53 - 68.

Li, W. (2012). Interpersonal relations and subjective well-being among preadolescents in china. *Child Indicators Research*, *5*(4), 587 - 608.

Locke, E.A., & Bryan, J.F. (1968). Goal-setting as a determinant of the effect of knowledge of score on performance. *American Journal of Psychology*, *81*(3), 398 - 406.

Loewenstein, G. (1994). The psychology of curiosity: A review and reinterpretation. *Psychological Bulletin*, *116*(1), 75 - 98.

Lu, X., & Yao, J. (2010, October). *The Influence of Internet Interpersonal Communication to Relationship and Loneliness of College Students*. International Conference on Web Information Systems and Mining, Sanya, China.

Luchins, A.S., & Luchins, E.H. (1950). New experimental attempts at preventing mechanization in problem solving. *Journal of General Psychology*, *42*, 279 - 297.

Mager, R.F. (1975). *Preparing Instructional Objectives*. Belmont, CA: Fearon Pubulishers.

Marcia, J.E. (1980). Identity in adolescence. In J.Adelson (Ed.), *Handbook of Adolescent Psychology* (pp. 159 - 187). New York: Wiley.

Markus, H.R., & Kitayama, S. (1991). Culture and the self: Implications for cognition, emotion, and motivation. *Psychological Review*, *98*(2), 224 - 253.

Marlatt, G.A., & Gordon, J.R. (1985). *Relapse Prevention: Maintenance Strategies in the Treatment of Addictive Behavior*. New York: Guilford Press.

Martin, A.J., & Dowson, M. (2009). Interpersonal relationships, motivation, engagement, and achievement: Yields for theory, current issues, and educational practice. *Review of Educational Research*, *79*(1), 327 - 365.

Maslow, A.H. (1954). *Motivation and Personality*. New York: Harper & Row.

Maslow, A.H. (1987). *Motivation and Personality (3rd ed.)*. New York: Harper & Row.

Matarozzo. J.D. (1972). *Wechsler's Measurement and Appraisal of Adult Intelligence (5th Ed.)*. Baltimore: Williams & Wilkins.

Matz, S., Yin, W.F.C., & Kosinski, M. (2016). *Models of Personality*. Switzerland, Cham: Springer International Publishing.

Mayer, R.E. (1983). *Thinking Problem Solving Cognition*. New York: W.H.Freeman and Company.

Mayer, R.E. (2005). *Principles for Reducing Extraneous Processing in Multimedia Learning: Coherence, Signaling, Redundancy, Spatial, Contiguity, and Temporal Contiguity Principles*. Cambridge, MA: Cambridge University Press.

McAdams, D.P., & Olson, B.D. (2010). Personality development: Continuity and change over the life course. *Annual Review of Psychology*, *61*, 517 - 542.

McClelland, D.C. (1985). *Human Motivation*. New York: Cambridge University Press.

McCrae, R. R., et al. (2000). Nature over nurture: Temperament, personality, and life span development. *Journal of Personality and Social Psychology*, *78*(1), 173 - 186.

McCullough, M.E., Pedersen, E.J., Schroder, J.M., Tabak, B.A., & Carver, C.S. (2013). Harsh childhood environmental characteristics predict exploitation and retaliation in humans. *Proceedings of the Royal Society B: Biological Sciences*, *280*(1750), 1 - 7.

McDermott, R., Tingley, D., Cowden, J., Frazetto, G., & Johnson, D. (2009). The warrior gene (MAOA) predicts behavioral aggression following provocation. *Proceedings of the National Academy of Sciences of the United States of America*, *106*(7), 2118 - 2123.

Mckee, S.A., Sinha, R., Weinberger, A.H., Sofuoglu, M., Harrison, E.L., Lavery, M., & Wanzer, J. (2011). Stress decreases the ability to resist smoking and potentiates smoking intensity and reward. *Journal of Psychopharmacology*, *25*(4), 490 - 502.

Meilman, P.W. (1979). Cross-sectional age changes in ego identity status during adolescence. *Developmental Psychology*, *15*(2), 230 - 231.

Meiri, H., et al. (2012). Frontal lobe role in simple arithmetic calculations: An fMIR study. *Neuroscience Letters*, *510*(1), 43 - 47.

Metcalfe, J., & Mischel, W. (1999). A hot/cool-system analysis of delay of gratification: Dynamics of willpower. *Psychological Review*, *106*(1), 3 - 19.

Milburn, M. C. (2011). Cognitive-behavior therapy and change: Unconditional self-acceptance and hypnosis in CBT. *Journal of Rational-Emotive and Cognitive-Behavior Therapy*, *29*(3), 177 - 191.

Milgram, S. (1963). Behavioral study of obedience. *Journal of Abnormal and Social Psychology*, *67*, 371 - 378.

Milgram, S. (1965). Some conditions of obedience and disobedience to authority. *Human Relations*, *18*, 57 - 76.

Milgram, S. (1974). *Obedience to Authority: An Experimental View*. New York: Harper & Row.

Miller, N.E. (1978). Biofeedback and visceral learning. *Annual Review of Psychology*, *29*(1), 373 - 404.

Mischel, W., & Ebbesen, E. B. (1970). Attention in delay of gratification. *Journal of Personality and Social Psychology*, *16*(2), 329 - 337.

Mischel, W., & Liebert, R.M. (1966). Effects of discrepancies between observed and imposed reward criteria on their acquisition and transmission. *Journal of Personality and Social Psychology*, *3*(1), 45 - 53.

Möller, J., & Marsh, H. W. (2013). Dimensional comparison theory. *Psychological Review*, *120*(3), 544 - 560.

Monin, B., & Miller, D. T. (2001). Moral credentials and the expression of prejudice. *Journal of Personality and Social Psychology*, *81*(1), 33 - 43.

Moreno, J.L. (1941). Foundations of sociometry: An introduction. *Sociometry*, *4*(1), 15 - 35.

Muraven, M. (2008). Autonomous self-control is less depleting. *Journal of Research in Personality*, *42*(3), 763 - 770.

Muraven, M., Shmueli, D., & Burkley, E. (2006). Conserving self-control strength. *Journal of Personal-*

ity and Social Psychology, *91*(3), 524 - 537.

Myers, S. S. (1991). Performance in reading comprehension—product or process? *Educational Review*, *43*(3), 257 - 272.

Narvaez, D. (2013). Neurobiology and moral mindsets. In K.Heinrichs, & F. Oser (Eds.), *Moral and Immoral Behavior: Theoretical and Empirical Perspectives on Moral Motivation*. Rotterdam: Sense Publishers.

Neisser, U., Boodoo, G., Bouchard, T.J., et al. (1996). Intelligence: Knowns and unkonwns. *American Psychologist*, *51*(2), 77 - 101.

Newcomb, T. M. (1961). The acquaintance process. *American Journal of Sociology*, (6), 704 - 705.

NeWell, A., & Simon, H.A. (1972). *Human Problem Solving*. Englewood Cliffs, NJ: Prentice-Hall.

Nisbett, R.E., Caputo, C., Legant, P., & Marecek, J. (1973). Behavior as seen by the actor and as seen by the observer. *Journal of Personality and Social Psychology*, *27*, 154 - 165.

Noddings, N. (2002). *Education Moral People*. New York: Teachers' College Press.

Nurra, C., & Pansu, P. (2009). The impact of significant others' actual appraisals on children's self-perceptions: What about Cooley's assumption for children? *European Journal of Psychology of Education*, *24*, 247 - 262.

O'Brien, M., Mistry, R., Hruda, L., Caldera, Y., & Huston, A. (2000). Gender-role cognition in three-year-old boys and girls. *Sex Roles*, *42*(11), 1007 - 1025.

Olweus, D. (1978). Aggression in the schools: Bullies and whipping boys. *Journal of the American Academy of Child Psychiatry*, *20*(1), 205 - 206.

Osborne, D.K. (1975). Social distance. *Quality and Quantity*, *9*(4), 339 - 348.

Paradise, A.W., & Kernis, M.H. (2002). Self-esteem and psychological well-being: Implications of fragile self-esteem. *Journal of Social and Clinical Psychology*, *21*, 345 - 361.

Parsons, T., Shils, E.A., & Smelser, N. J. (Eds.). (1965). *Toward a General Theory of Action: Theoretical Foundations for the Social Sciences*. Transaction publishers.

Peetz, J., & Wilson, A.E. (2013). The post-birthday world: Consequence of temporal landmarks for temporal self-appraisal and motivation. *Journal of Personality and Social Psychology*, *104*(2), 249 - 266.

Pelham, B.H., & Swann, W.B. Jr. (1989). From self-conception to self-worth: On the sources and structure of global self-esteem. *Journal of Personality and Social Psychology*, *57*, 672 - 680.

Peterson, C., & Seligman, M.E.P. (2004). *Character Strengths and Virtues: A Handbook and Classification*. Washington, DC: American Psychological Association.

Petty, R.E., Briñol, P., Loersch, C., & McCaslin, M.J. (2009). The need for cognition. In M.R. Leary & R.H. Hoyle (Eds.), *Handbook of Individual Differences in Social Behavior* (pp.318 - 329). New York: Guilford Press.

Pfeifer, J.H., Masten, C.L., Borofsky, L.A., Dapretto, M., Fuligni, A.J., & Lieberman, M.D. (2009). Neural correlates of direct and reflected self-appraisals in adolescents and adults: When social perspective-taking informs self-perception. *Child Development*, *80*, 1016 - 1038.

Pianta, R.C., & Steinberg, M. (1992). Teacher-child relationships and the process of adjusting to school. *New Directions for Child and Adolescent Development*, *57*, 61 - 80.

Pohlmann, B., & Möller, J. (2009). On the benefit of dimensional comparisons. *Journal of Educational*

Psychology, *101*(1), 248 - 258.

Posner, G. (1989). *Field Experience: Methods of Reflective Teaching* (*2nd ed.*). New York: Longman.

Prince, D., & Nurius, P. S. (2014). The role of positive academic self-concept in promoting school success. *Children and Youth Services Review*, *43*, 145 - 152.

Pronin, E., Olivola, C. Y. & Kennedy, K.A. (2008). Doing unto future selves as you would do unto others: Psychological distance and decision making. *Journal of Personality and Social Psychology*, *34*, 224 - 236.

Ray, J.V., Frick, P.J., Thornton, L.C., Wall Myers, T.D., Steinberg, L., ... Cauffman, E. (2017). Callous-unemotional traits predict self-reported offending in adolescent boys: The mediating role of delinquent peers and the moderating role of parenting practices. *Developmental Psychology*, *53*(2), 319 - 328.

Reitman, W. R. (1965). *Cognition and Thought: An Information-Processing Approach*. New York: John Wiley & Sons.

Ren, J., Hu, L., Zhang, H., & Huang, Z. (2010). Implicit positive emotion counteracts ego depletion. *Social Behavior and Personality: An International Journal*, *38*(38), 919 - 928.

Richards, M.H., Boxer, A.W., Petersen, A.C., & Albrecht, R. (1990). Relation of weight to body image in pubertal girls and boys from two communities. *Developmental Psychology*, *26*(2), 313 - 321.

Rodeheffer, C.D., Hill, S.E., & Lord, C.G. (2012). Does this recession make me look black? The effect of resource scarcity on the categorization of biracial faces. *Psychological Science*, *23*(12), 1476 - 1478.

Rogers, C. (1951). *Client-Centered Therapy: Its Current Practice, Implications and Theory*. London: Constable.

Rokeach, M. (1973). *The Nature of Human Values*. New York: Free press.

Rosenberg, M. (1979). *Conceiving the Self*. New York: Basic Book.

Rosenblum, G.D., & Lewis, M. (1999). The relations among body image, physical attractiveness, and body mass in adolescents. *Child Development*, *70* (1), 50 - 64.

Sachdeva, S., Iliev, R., & Medin, D.L. (2009). Sinning saints and saintly sinners: The paradox of moral self-regulation. *Psychological Science*, *20*(4), 523 - 528.

Salovey, P., & Mayer, J.D. (1990). Emotional Intelligence. *Imagination, Cognition and Personality*, *9*, 185 - 211.

Sax, G. (1997). *Principles of Educational and Psychological Measurement and Evaluation*. Belmont, CA: Wadsworth Publishing Company.

Schmidt, R.A. & Lee, T.D. (1999). *Motor Control and Learning* (*3rd ed.*). Champaign, IL: Human Kinetics.

Schon, D. (1983). *The Reflective Practioner*. New York: Basic Books.

Schutz, W.C. (1958). Firo: A three-dimensional theory of interpersonal behavior. *American Journal of Sociology*, *20*(3), 360 - 360.

Seligman, M.E. (1975). *Helplessness: On Depression, Development, and Death*. San Francisco: W.H. Freeman.

Selye, H. (1936). A syndrome produced by diverse nocuous agents. *Nature*, *138*(3479), 32.

Shavelson, R.J., Huber, J.J., & Stanton, G. C. (1976). Self-concept: Validation of construct interpretations. *Review of Educational Research*, *46*, 407 - 441.

Shaw, L.H., & Gant, L.M. (2002). In defense of the internet: The relationship between internet communication and depression, loneliness, self-esteem, and perceived social support. *Cyberpsychology and Behavior*, *5*(2), 157 - 171.

Shukla, K.C., & Chand, T. (2000). *Encyclopedia of Psychology*. American Psychological Association.

Shweder, R.A., Mahapatra, M., & Miller, J.G. (1990). *Cultural Psychology: Culture and Moral Development*. Chicago: University of Chicago Press.

Singer, R.N. (1980). *Motor Learning and Human Performance: An Application to Motor Skills and Movement Behaviors*. NY: Macmillan.

Sinha, R. (2009). Modeling stress and drug craving in the laboratory: Implications for addiction treatment development. *Addiction Biology*, *14*(1), 84 - 98.

Skinner, B.F. (1938). *The Behaviour of Organisms: An Experimental Analysis*. New York: Appleton-Century Company Incorporated.

Skinner, B.F. (1965). The technology of teaching. *Proceedings of the Royal Society of London, Series B, Biological Sciences*, *162*(989), 427 - 443.

Slavin, R.E. (1980). Cooperative learning. *International Encyclopedia of Education*, *50*(2), 315 - 342.

Slavin, R.E. (1991). Synthesis of research of cooperative learning. *Educational Leadership*, *48*(5), 71 - 82.

Song, I.S., & Hattie, J.A. (1984). Home environment, self-concept, and academic achievement: A casual modeling approach. *Journal of Educational Psychology*, *76*, 1269 - 1281.

Spranger, E. (1928). *Types of Men: The Psychology and Ethics of Personality*. New York: Hafner Publishing Company.

Steele, C.M., & Aronson, J. (1995). Stereotype threat and the intellectual test performance of African-Americans. *Journal of Personality and Social Psychology*, *62*(1), 26 - 37.

Stenhouse, L. (1975). *An Introduction to Curriculum Research and Development*. London: Heineman.

Sternberg, R.J. (2006). The nature of creativity. *Creativity Research Journal*, *18*(1), 87 - 98.

Sternberg, R.J., et al. (1981). People's conceptions of intelligence. *Journal of Personality and Social Psychology*, *41*(1), 37 - 55.

Strenze, T. (2007). Intelligence and socioeconomic success: A meta-analytic review of longitudinal research. *Intelligence*, *35*(5), 401 - 426.

Tang, J.Y., & Huang, R.H. (2004). E-mail questionnaire method and simulation based on network interpersonal relationship. *Systems Engineering*, *22*(5), 90 - 93.

Tangeny, J.P., Stuewig, J., & Mashek, D.J. (2007). Moral emotions and moral behavior. *Annual Review of Psychology*, *58*(58), 345 - 372.

Tasci, A.D.A. (2009). Social distance. *Journal of Travel Research*, *47*(4), 494 - 507.

Taskinen, P.H., Schütte, K., & Prenzel, M. (2013). Adolescents' motivation to select an academic science related career: The role of school factors, individual interest, and science self-concept. *Educational Research and Evaluation*, *19*(8), 717 - 733.

Tayler, E.O. (1984). *Rientation to Study: A Longitudinal Investigation*. Unpublished PH D dissertation, University of Surrey.

Taylor, S.E., Wayment, H.A., & Carrillo, M. (1996). Social comparison, self-regulation, and motivation.

In R.M. Sorrentino & E.T.Higgins (Eds.), *Handbook of Motivation and Cognition* (pp.3 – 27). New York, NY: Guilford Press.

Thomaes, S., Bushman, B.J., Stegge, H., & Olthof, T. (2008). Trumping shame by blasts of noise: Narcissism, self-esteem, shame, and aggression in young adolescents. *Child Development*, *79*, 1792 – 1801.

Thomaes, S., Stegge, H., & Olthof, T. (2007). Externalizing shame responses in children: The role of fragile-positive self-esteem. *British Journal of Developmental Psychology*, *25*, 559 – 577.

Thomas, D.E., Bierman, K.L., & Powers, C.J. (2011). The influence of classroom aggression and classroom climate on aggressive-disruptive behavior. *Child Development*, *82*(3), 751 – 757.

Thomas, K.W., & Pondy, L.R. (1977). Toward an intent model of conflict management among principal parties. *Human Relations*, *30*(12), 1089 – 1102.

Thurstone, L.L. (1938). *Primary Mental Abilities*. Chicago: University of Chicago Press.

Tomkins, S. (1962). *Affect Imagery Consciousness: Volume I: The Positive Affects*. New York: Springer Publishing Company.

Tracy, J.L., & Robins, R.W. (2003). Death of a (narcissistic) salesman: An integrative model of fragile self-esteem. *Psychological Inquiry*, *14*, 57 – 62.

Tran, V.D. (2016). Coping styles with student misbehavior as mediators of teachers' classroom management strategies. *International Journal of Higher Education*, *5*(1), 1 – 10.

Triandis, H.C. (1989). The self and social behavior in differing cultural contexts. *Psychological Review*, *96*(3), 506 – 520.

Triplett, N. (1898). The dynamic factors in pace making and competition. *American Journal of Psychology*, (9), 507 – 533.

Trouilloud, D., & Amiel, C. (2011). Reflected appraisals of coaches, parents and teammates: A key component of athletes' self? *International Journal of Sport Psychology*, *1*, 97 – 114.

Tschirhart, M., & Bielefeld, W. (2012). *Motivation and Performance: Managing Nonprofit Organizations*. New York: John Wiley & Sons.

Tyler, J.M., & Burns, K.C. (2008). After depletion: The replenishment of the self's regulatory resources. *Self and Identity*, *7*(3), 305 – 321.

Van Manen, M. (1977). Linking ways of knowing with ways of being practical. *Curriculum Inquiry*, *6*, 205 – 228.

Van Merriënboer, J.J., & Sweller, J. (2010). Cognitive load theory in health professional education: Design principles and strategies. *Medical Education*, *44*(1), 85 – 93.

Vroom, V.H. (1964). *Work and Motivation*. New York: John Wiley & sons.

Wakslak, C.J., Nussbaum, S., Liberman, N., & Trope. Y. (2008). Representations of the self in the near and distant future. *Journal of Personality and Social Psychology*, *95*, 757 – 773.

Wang, J., Kitayama, S., & Han, S. (2011). Sex difference in the processing of task relevant and task-irrelevant social information: An event-related potential study of familiar face recognition. *Brain Research*, *1408*, 41 – 51.

Webb, T.L., & Sheeran, P. (2003). Can implementation intentions help to overcome ego-depletion? *Journal of Experimental Social Psychology*, *39*(3), 279 – 286.

Weiner, B. (1972). *Theories of Motivation*. Chicago: Markham.

Weiner, B. (1980). *Human Motivation*. New York: Holt, Rinehart & Winston.

Wenner, C.J., Bianchi, J., Figueredo, A.J., Rushton, J.P., & Jacobs, W.J. (2013). Life history theory and social deviance: The mediating role of executive function. *Intelligence*, *41*(2), 102 - 113.

Wilson, A.E., & Ross, M. (2001). From chump to champ: People's appraisals of their earlier and present selves. *Journal of Personality and Social Psychology*, *80*, 572 - 584.

Witkiewitz, K., & Villarroel, N.A. (2009). Dynamic association between negative affect and alcohol lapses following alcohol treatment. *Journal of Consulting and Clinical Psychology*, *77*(4), 633 - 644.

Witkin, H.A., Moore, C.A., Oltman, P.K., Goodenough, D.R., Friedman, F., Owen, D.R., & Raskin, E. (1977). Field-dependent and field-independent cognitive styles and their educational implications. *Review of Educational Research*, *47*(1), 1 - 64.

Wixted, J.T., & Ebbesen, E.B. (1991). On the form of forgetting. *Psychological Science*, *2*(6), 409 - 415.

World Health Organization. (2015). Investing in mental health. *Eastern Mediterranean Health Journal*, *21*(7), 531 - 534.

Wouters, S., Germeijs, V., Colpin, H., & Verschueren, K. (2011). Academic self-concept in high school: Predictors and effects on adjustment in higher education. *Scandinavian Journal of Psychology*, *52*(6), 586 - 594.

Xu, P., Gu, R., Broster, L. S., Wu, R., Van Dam, N. T., Jiang, Y., ... & Luo, Y. J. (2013). Neural basis of emotional decision making in trait anxiety. *Journal of Neuroscience*, *33*(47), 18641 - 18653.

Yerkes, R.M., & Dodson, J.D. (1908). The relation of strength of stimulus to rapidity of habit-formation. *Journal of Comparative Neurology and Psychology*, *18*(18), 459 - 482.

Zajonc, R.B. (1965). Social facilitation. *Science*, *149*(3681), 269 - 274.

Zimmerman, B.J., & Kitsantas, A. (1997). Developmental phases in self-regulation: Shifting from process goals to outcome goals. *Journal of Educational Psychology*, *89*(1), 29 - 36.